公共政策学

Public Policy

王洛忠 主 编
闫倩倩 陈 宇 孙枭坤 副主编

图书在版编目(CIP)数据

公共政策学/王洛忠主编.—北京:北京大学出版社,2022.3
21世纪公共管理学规划教材
ISBN 978-7-301-33148-4

Ⅰ.①公… Ⅱ.①王… Ⅲ.①公共政策—高等学校—教材 Ⅳ.①D0

中国版本图书馆CIP数据核字(2022)第117207号

书　　　名	公共政策学 GONGGONG ZHENGCEXUE
著作责任者	王洛忠　主编
责 任 编 辑	梁　路
标 准 书 号	ISBN 978-7-301-33148-4
出 版 发 行	北京大学出版社
地　　　址	北京市海淀区成府路205号　100871
网　　　址	http://www.pup.cn
新 浪 微 博	@北京大学出版社　　　@未名社科-北大图书
微信公众号	ss_book
电 子 邮 箱	编辑部 ss@pup.cn　　总编室 zpup@pup.cn
电　　　话	邮购部 010-62752015　发行部 010-62750672 编辑部 010-62765016
印 刷 者	天津中印联印务有限公司
经 销 者	新华书店 730毫米×980毫米　16开本　32.5印张　640千字 2022年3月第1版　2024年7月第3次印刷
定　　　价	78.00元

未经许可,不得以任何方式复制或抄袭本书之部分或全部内容。
版权所有,侵权必究
举报电话:010-62752024　电子邮箱:fd@pup.cn
图书如有印装质量问题,请与出版部联系,电话:010-62756370

前　言

　　党的十八大以来，习近平总书记高度重视和关心教材建设，将之作为"国家事权"进行统筹规划，多次强调教材建设是育人育才的重要依托，教材建设是铸魂工程。在多年的教学科研过程中，我深切感受到，教材作为教育理念、教育内容、教育规律的集中体现，是保证教育教学质量、提升教师育人能力的关键支撑，是培养拔尖创新人才、落实立德树人根本任务的重要基础。编写公共政策教材，培养一批高素质、实用型公共政策专业人才，才能更好地为人才强国、教育强国建设贡献力量。

　　我在北京大学求学十年，一直师从陈庆云教授。恩师常年深耕于公共政策学领域，他学术造诣深厚，治学态度严谨，使我受益匪浅。入职北京师范大学以来，在恩师的熏陶和影响下，我为本硕博学生分别开设了"公共政策分析""公共政策理论研讨""公共政策前沿理论与方法高级研讨课"等课程。在多年教学积累和讲稿修订的基础上出版一本高质量的公共政策教材，是我多年的夙愿。

　　公共政策学诞生至今，发展路径主要遵循"政策过程研究"与"公共政策分析"两条逻辑主线。公共政策教材作为公共政策学科知识传播的重要载体，其编写过程亦遵照这两条逻辑主线。西方公共政策学已形成一整套较为完善的学科体系，威廉·邓恩（William N. Dunn）编写的《公共政策分析导论》、托马斯·戴伊（Thomas R. Dye）编写的《理解公共政策》等被公认为公共政策学的经典教材。

　　我国公共政策学起步晚，但在学科发展不同阶段亦不乏精品教材。学科发展早期有林水波教授和张世贤教授合著的《公共政策》、伍启元教授的《公共政策》等；中期有张金马教授的《政策科学导论》、陈庆云教授的《公共政策分析》、陈振明教授的《政策科学》等；近期有谢明教授的《公共政策导论》、杨冠琼教授的《公共政策学》、杨宏山教授的《公共政策学》等，这些教材在一定程度上体现了国内公共政策学科建设的质量和水平，是中国公共政策学科发展的"领跑者"和"见证者"，是本人教学与科研工作中学习的"标杆"和"榜样"。

　　本教材是一部将"政策过程研究"与"公共政策分析"两种路径相结合、注重构建完善的公共政策知识体系的"百科全书式"公共政策教材，在汲取国内外公共政策最新理论成果和中国共产党治国理政丰富实践经验的基础上,系统介绍公共政策的基本理论与主要模型,剖析政府决策的基本过程与主要规律,探讨政策分析的基本方法与主要范式,清晰描绘公共政策学科的知识图谱与方法体系。相较以前,本教材努力体现以下四个方面的特色:

第一,思想性与学术性融合。本教材坚持以马克思主义理论为指导,将马克思主义基本立场、观点、方法贯串教材始终,紧密围绕党和国家的教育方针和教育法律法规,以习近平新时代中国特色社会主义思想为根本遵循,努力打造"培根铸魂、启智增慧"的精品教材。本教材注重将中西方国家治理的政策过程进行比较分析,对西方公共政策理论进行批判性借鉴和本土化改造,构建具有中国特色的公共政策理论体系、学术体系和话语体系,推动公共政策教材建设扎根中国大地、站稳中国立场、讲好中国故事,努力提高公共政策专业人才培养能力和培养质量。

第二,基础性与前沿性并重。本教材在内容上涵盖了公共政策学的基本理论和方法体系,体现了国内外公共政策理论研究的最新成果和公共政策实践变革的最新动向。不仅系统梳理了国内外学者对多源流理论、倡导联盟框架、间断—均衡理论等公共政策理论与方法的创新性发展,也突出强调在日新月异的政策环境中,以大数据为代表的新一代信息技术在改变政府思维方式、推动公共政策范式创新中的重要驱动作用。

第三,理论性与实践性统一。教材的重要价值不仅在于体现广阔的理论视野与深厚的理论深度,而且要及时反映公共政策的最新实践和变革发展的最新动向。本教材注重理论联系实际,每章最后附有案例分析,将公共政策理论方法和中国特色政策实践紧密结合起来,引导学生关注实际问题、回归本土现实,帮助学生在实践中构建知识,在求解中创新思维,培养学生准确把握公共政策过程、解决现实政策问题的能力。

第四,规范性与可读性兼顾。本教材基于科学性、规范性、系统性的原则,构建了以公共政策基本概念与学科发展脉络为起点,包含公共政策要素、公共政策过程、公共政策理论、公共政策分析等公共政策学科中主要分支门类的逻辑框架。同时,本教材充分体现本学科中相对成熟、稳定的教学经验和学术成果,确保学术观点正确、写作规范严谨;教材按照学生的认知规律和思维特点编写,书中的理论知识和方法体系便于学生阅读和理解;行文既力求用语准确,表达严谨,又力求语句通顺,简洁流畅,确保深入浅出、通俗易懂,更好满足教学和学习实际需要。

本教材分为六编,共有二十四章。第一编为绪论,主要讲授公共政策概念的内涵和外延、公共政策学科的发展与演变;第二编为公共政策要素,主要介绍公共政策主体、公共政策客体、公共政策工具与公共政策环境;第三编为公共政策过程,主要介绍政策问题构建、政策方案制订、政策内容执行以及政策绩效评估等内容;第四编为公共政策理论,包括多源流理论、倡导联盟框架、政策网络理论、间断—均衡理论、制度理性选择理论、政策创新扩散理论、政策叙事理论等,重点介绍20世纪90年代以来政策过程理论的创新性发展;第五编为公共政策分析,主要介绍公共政策的政治学分析、经济学分析、系统分析以及比较公共政策等政策分析方法;第六编为结语,总结政策风格、政策范式和政策循环,介绍公共政策知识及其应用,探讨政策分析理论的多样性和本土化。

　　本教材是向恩师和前辈学习的结果,是集体协作、联合攻关的产物,是师生交流、教学相长的结晶。主编负责拟定编写计划与大纲框架,统一编写体例与写作规范,把控写作进度与教材质量;三位副主编配合主编加强沟通协调,推进写作分工,进行了多轮校改。编写团队中既有多年从事公共政策教学与研究、具有丰富学识与教学经验的教授、博导,也有受过良好的专业训练、思维敏捷、敢于创新的年轻学者。在统一的编写体例与写作规范的基础上,本教材按照每位作者的学科基础与研究专长进行分工,既充分体现每一位作者的研究优势,也反映出公共政策学知识的多学科交叉特点。具体分工如下:

　　王洛忠、果　佳　　第一章;
　　孙　宇、曹堂哲　　第二章;
　　王洛忠、崔露心　　第三、四、六章;
　　王洛忠、王寅初　　第五章;
　　王洛忠、孙枭坤　　第七、十三章;
　　王洛忠、闫倩倩　　第八、十一章;
　　王洛忠、陈　宇　　第九、十四章;
　　王洛忠、杨济溶　　第十章;
　　王洛忠、蒋晓飞　　第十二章;
　　王洛忠、都梦蝶　　第十五、十七章;
　　刘　伟、庞　锐　　第十六章;
　　刘　燕、周惠妹　　第十八章;
　　李水金、崔露心　　第十九章;
　　樊　瑛、董宴廷　　第二十章;
　　涂晓芳、杜静静　　第二十一章;
　　王洛忠、李建呈　　第二十二、二十三章;
　　王佃利、李建呈　　第二十四章。

此外,感谢我的博士研究生谭晓婷和硕士研究生李帆、杨柳依依、徐敬杰、许家敏、姜思妮、李文琦等同学,他们多次参与书稿的讨论和校对,确保了教材出版的速度和质量。感谢每一位选课同学的交流分享,他们的真知灼见是本人编写教材与进行科研的重要灵感来源。

我们希望本教材能够立足基础、面向前沿、与时俱进,擘画公共政策理论知识与方法体系的全面貌和新图景,为广大读者观察和认识现实政策问题提供更丰富的研究视角和更宽阔的理论视野。尽管我们已经付出了很大的努力,但是由于时间和水平有限,书中难免存在疏漏之处,真诚欢迎前辈恩师、学界同人和广大读者批评指正!

本教材的付梓出版,离不开诸位作者的共同努力,离不开责任编辑梁路和审校专家的辛苦付出,离不开北京大学出版社的信任支持,离不开北京师范大学领导同事的关心帮助。在此,谨对所有为本教材的出版做出贡献的人士,表示衷心的感谢!

王诗忠

2022 年 3 月

目 录

第一编 绪 论

第一章 公共政策概念：内涵和外延 …… 3
    第一节 公共政策的含义与特征 …… 3
    第二节 公共政策的类型与作用 …… 14

第二章 西方公共政策学科的发展与演变 …… 23
    第一节 政策科学的诞生 …… 23
    第二节 西方政策科学的历史孕育 …… 25
    第三节 西方政策科学的产生时期 …… 27
    第四节 西方政策科学的发展时期 …… 30
    第五节 西方政策科学的转型时期 …… 34
    第六节 西方政策科学的拓展时期 …… 41

第二编 公共政策要素

第三章 公共政策主体 …… 49
    第一节 官方决策主体 …… 50
    第二节 非官方参与者 …… 56

第四章 公共政策客体 …… 64
    第一节 公共政策直接客体：社会问题 …… 64
    第二节 公共政策间接客体：目标群体 …… 66

第五章　公共政策工具　　　　　　　　　　70
第一节　公共政策工具概述　　　　　　　71
第二节　公共政策工具的类型　　　　　　77
第三节　公共政策工具的选择　　　　　　88

第六章　公共政策环境　　　　　　　　　100
第一节　公共政策与政策环境　　　　　100
第二节　公共政策环境的构成要素　　　101

第三编　公共政策过程

第七章　公共政策问题的构建　　　　　　113
第一节　公共政策问题概述　　　　　　114
第二节　公共政策问题构建的程序　　　120
第三节　公共政策议程的建立　　　　　124

第八章　公共政策方案的制订　　　　　　142
第一节　公共决策体制　　　　　　　　142
第二节　政策方案规划的综合分析　　　146
第三节　政策方案规划的基本程序　　　149
第四节　公共政策合法化　　　　　　　158

第九章　公共政策内容的执行　　　　　　166
第一节　政策执行的理论研究　　　　　166
第二节　公共政策执行的模型　　　　　178
第三节　公共政策执行过程与手段　　　190

第十章　公共政策绩效评估　　　　　　　202
第一节　公共政策绩效评估概述　　　　202
第二节　公共政策绩效评估操作　　　　208
第三节　公共政策绩效评估方法　　　　214
第四节　公共政策绩效评估应用　　　　223

第四编　公共政策理论

第十一章　多源流理论　　235
第一节　多源流理论的理论渊源　　235
第二节　多源流理论的理论内容　　239
第三节　多源流理论的学术评价　　246
第四节　多源流理论的修正与发展　　248

第十二章　倡导联盟框架　　255
第一节　倡导联盟框架的产生与发展　　255
第二节　倡导联盟框架的基本内容　　262
第三节　倡导联盟框架的应用　　272
第四节　倡导联盟框架的评价　　274

第十三章　政策网络理论　　279
第一节　政策网络理论的兴起　　279
第二节　政策网络理论的主要流派　　281
第三节　政策网络理论的主要内容　　284
第四节　对政策网络理论的评价　　293

第十四章　间断—均衡理论　　299
第一节　间断—均衡理论的产生背景　　299
第二节　间断—均衡理论的理论框架　　302
第三节　间断—均衡理论的应用　　311
第四节　对间断—均衡理论的评价　　314

第十五章　制度理性选择理论　　321
第一节　理论缘起：回应集体行动的困境　　321
第二节　理论内容：制度分析与发展框架　　323
第三节　研究展望：应用情况与发展前沿　　331

第十六章　政策创新扩散理论　　341
第一节　政策创新扩散理论缘起与概念辨析　　341

第二节　政策创新扩散理论模型与基本框架　　　　　345
第三节　政策创新扩散理论应用与实证检验　　　　　352
第四节　政策创新扩散理论评价与研究展望　　　　　357

第十七章　政策叙事理论　　　　　363
第一节　理论缘起：叙事概念的引入　　　　　363
第二节　理论内涵：叙事政策框架　　　　　366
第三节　研究展望：应用与挑战　　　　　375

第五编　公共政策分析

第十八章　公共政策的政治学分析　　　　　383
第一节　公共政策的政治学分析框架和合法性基础　　　　　383
第二节　政治体制与官方决策主体的政治互动　　　　　385
第三节　政策过程中非官方决策主体的作用　　　　　387
第四节　公共政策政治学分析述评　　　　　395

第十九章　公共政策的经济学分析　　　　　400
第一节　公共政策分析的经济学途径　　　　　400
第二节　福利经济学与公共政策分析　　　　　403
第三节　新制度经济学与公共政策分析　　　　　407
第四节　公共选择理论与公共政策分析　　　　　412
第五节　政府、市场与公共政策关系分析　　　　　415

第二十章　公共政策的系统分析　　　　　424
第一节　系统分析　　　　　425
第二节　系统分析的工作内容与步骤　　　　　429
第三节　系统分析在公共政策中的应用　　　　　432

第二十一章　比较公共政策　　　　　443
第一节　比较公共政策概述　　　　　443
第二节　比较公共政策的方法论　　　　　448
第三节　比较研究的理论　　　　　451

第六编 结 语

第二十二章 政策风格、政策范式和政策循环   471
    第一节 政策风格   471
    第二节 政策范式   475
    第三节 政策循环   479

第二十三章 公共政策知识及其应用   484
    第一节 公共政策知识的价值、特征与类型   484
    第二节 公共政策知识应用的思维、过程与模式   488
    第三节 公共政策知识应用的障碍及其克服   491

第二十四章 政策理论的多样性和本土化   499
    第一节 政策理论的多样性   499
    第二节 政策理论的本土化   502

第一编 绪 论

第一章　公共政策概念：内涵和外延

【内容提要】

自 1951 年哈罗德·拉斯韦尔(Harold Lasswell)和丹尼尔·勒纳(Daniel Lerner)出版《政策科学：范围与方法的新发展》以来，公共政策作为一个新兴研究领域正逐步成为学术界和实务界的主流话语之一，甚至被誉为当代西方社会科学发展中的一次"科学革命"、当代西方政治学的"最重大的突破"以及"当代公共行政学最重要的发展"。公共政策的确切内涵是什么？其本质特征又是什么？公共政策的类型有哪些？公共政策有何作用？这些是开展公共政策研究首先需要把握的问题。

第一节　公共政策的含义与特征

一、公共政策的含义

公共政策(Public Policy)是公共政策学最为核心的概念。习惯上，"公共政策(学)"、"政策科学"(Policy Sciences)、"政策分析"(Policy Analysis)、"政策研究"(Policy Resesrch)这几个词是经常用于表示公共政策学科领域的术语。[1] 在西方文献中，这些术语有时被当作同义词而不加区别地使用，有时则被有区别地加以界定。为表达与使用方便，本书将不加区别地使用这些术语，不再区分其细微差异。基于视角、学科、理论、认识的不同，国内外学者对公共政策的理解可谓"仁者见仁，智者见智"。[2]

（一）国外学者对公共政策的理解

美国政治学家卡尔·弗雷德里奇(Carl J. Friedrich)把政策看成是"在某一特定的环境下，个人、团体或政府有计划、有目的的行为过程。提出政策的用意就是

---

[1] 李国正主编：《公共政策分析》，北京：首都师范大学出版社 2019 年版，第 3 页。
[2] 蒋硕亮主编：《公共政策学》，上海：复旦大学出版社 2018 年版，第 1 页。

利用时机、克服障碍,以实现某个既定的目标,或达到某一既定的目的"①。

美国学者詹姆斯·E.安德森(James E. Anderson)认为,政策是一个有目的的活动过程,而这些活动是由一个或一批行为者,为处理某一问题或有关事务而采取的。②

伍德罗·威尔逊(Thomas Woodrow Wilson)认为,公共政策是由政治家,即具有立法权者制定的,而由行政人员执行的法律和法规。③

政策科学的创立者哈罗德·拉斯韦尔与亚伯拉罕·卡普兰(Abraham Kaplan)认为,公共政策是一种具有目标、价值与策略的大型计划。④

托马斯·戴伊(Thomas R. Dye)认为,公共政策就是政府选择做或者不做的事情。⑤

戴维·伊斯顿(David Eston)认为,公共政策是对全社会的价值做有权威的分配。⑥

(二)国内学者对公共政策的理解

张金马教授认为,公共政策是党和政府用以规范、引导有关机构团体和个人行动的准则或指南。其表现形式有法律规章、行政命令、政府首脑的书面或口头声明和指示以及行动计划与策略等。⑦

陈庆云教授认为,公共政策是政府、非政府公共组织和民众为实现特定时期的目标,在对社会公共事务实施共同管理过程中所制定的行为准则。⑧

宁骚教授认为,公共政策是这样一门科学,它尽可能地运用科学方法研究公共政策的内容、过程与产出,探索其固有的规律,形成系统性知识,并运用这种知识进行政策分析,进而通过公共权力机关将研究成果转化为政策实践。⑨

---

① Carl J. Friedrich, *Man and His Government: An Empirical Theory of Politics*, New York: McGraw-Hill Book Co., 1963, p. 79.
② 〔美〕詹姆斯·E.安德森:《公共政策制定》(第五版),谢明译,北京:中国人民大学出版社2009年版,第1页。
③ 转引自伍启元主编:《公共政策》,香港:商务印书馆(香港)有限公司1989年版,第4页。
④ Harold D. Lasswell and Abraham Kaplan, *Power and Society: A Framework for Political Inquiry*, N. Y.: Routledge, 2017, p. 71.
⑤ 〔美〕托马斯·R.戴伊:《理解公共政策》(第十二版),谢明译,北京:中国人民大学出版社2011年版,第1页。
⑥ David Easton, *The Political System*, N. Y.: Knopf, 1953, p. 129.
⑦ 张金马主编:《政策科学导论》,北京:中国人民大学出版社1992年版,第19—20页。
⑧ 陈庆云主编:《公共政策分析》(第二版),北京:北京大学出版社2011年版,第3—4页。
⑨ 宁骚主编:《公共政策学》(第三版),北京:高等教育出版社2018年版,第3页。

杨宏山教授认为,公共政策是经由一定的政治过程制定的集体行动规则。①

朱春奎教授认为,公共政策是公共权力机关为了解决公共问题、达成公共目标、实现公共利益,经过政治过程选择和制定的行为准则或价值规范。②

陈振明教授认为,公共政策是国家(政府)执政党及其他政治团体在特定时期为实现一定的社会、政治、经济和文化目标所采取的政治行动或所规定的行为准则,它是一系列谋略、法令、措施、办法、方法、条例等的总称。③ 参考国内外学者对公共政策的理解,本书认为,公共政策是公共权力机关依据特定时期的目标,为有效增进与公平分配社会公共利益而制定的行为准则。这一定义揭示了公共政策的如下内涵:

第一,公共政策的制定主体为政府、政党等公共权力机关,并体现制定主体的意志。不同于个人或企业的决策,公共政策具有法定权威性。

第二,公共政策以实现特定的目标为目的。任何政策都是以实现特定时期的特定目标为目的。公共政策是国家权力机关为解决某一特定时期的特定问题而制定的,旨在推动社会发展、增进人民福祉,其制定与实施具有明确的目的性和时效性。

第三,公共政策是一种特定的行为准则或行为规范。它规定了政策客体(政策作用对象)的行为边界,且这种规定具有强制性,其表现形式包括宪法、法律、法规、规章、决定与命令、国际条约等。

二、公共政策的本质

戴维·伊斯顿从政治系统理论出发,认为公共政策是对全社会的价值做有权威的分配。按照这个定义,公共政策应包括政府官员的权威性或制裁性的决定,因此它涉及政府作为的实质,而并非作为的过程。因此,公共政策应视为政府过程的结果或产出。

戴维·伊斯顿的定义由于侧重于公共政策的价值分配功能而备受中外学者的青睐。在其基础上,我们认为政府利益分配是一个动态过程,分配的前提是利益生产和利益增进;分配的基础是政府选择利益和综合利益;分配的关键是落实利益。在社会公共利益的分配中,从利益生产和利益增进出发,由利益选择到利益综合,再由利益分配到利益落实,构成了完整的过程。公共政策的过程取向,则是与这种利益取向完全一致的。

---

① 杨宏山编著:《公共政策学》,北京:中国人民大学出版社2020年版,第3页。
② 朱春奎主编:《公共政策学》,北京:清华大学出版社2016年版,第2页。
③ 陈振明编著:《公共政策分析导论》,北京:中国人民大学出版社2015年版,第21页。

(一) 利益增进

从戴维·伊斯顿下定义的逻辑出发,我们可以得出,政府利益分配是一个"由利益选择到利益综合,由利益分配到利益落实"的动态过程,公共政策的本质是对社会公共利益的权威性分配。但除此以外,政府还要带领社会民众,通过扩大生产或者其他活动,去有效增进社会的公共利益。从一定意义上讲,政府通过公共政策对社会公共利益进行分配,是个被动行为;而政府通过公共政策去促进社会公共利益的增长,是一种主动行为。这两者的作用都是不可忽视的。

政府通过制定和执行科学化的公共政策,有效增进社会公共利益,主要表现为:第一,政府在遵循市场规律的前提下,通过制定科学的宏观经济政策,引导本国国民经济持续、快速、健康、稳定地发展,进而极大地增进了社会的物质财富。第二,政府通过执行直接投资、国家控股等政策,为社会直接提供公共物品和公共服务。这种公共政策的生产功能在政府主导型的后发展国家尤为突出。越来越多的国家和地区推行民营化策略,在公共物品供给中实行公私合作与签约外包,从而在提高公共物品供给的数量及质量的同时,使政府行政成本最小化,间接增进了社会公共利益。第三,政府遵循比较优势原理,通过签订和执行政府间外贸协议,开展国际合作与国际贸易,互相交换社会价值。

(二) 利益选择

政府对利益的分配,不是任意的、无的放矢的。在阶级社会中,无论何种社会、何种政府,它们所制定的公共政策,都必须符合统治阶级的利益要求。在剥削阶级占统治地位的国家里,政策从根本上讲是为维护剥削阶级利益而制定。而在无产阶级掌握政权的国家中,公共政策的制定和执行则是为了维护无产阶级和广大劳动人民的根本利益。

在市场经济条件下,政府也是多元利益主体之一,也要寻求自身利益的最大化。这种人为的、主观的选择特征,必然使公共政策在分配社会利益时带有明显的倾向性。比如,少数政府官员偏袒某些利益群体,经常给予这些利益群体"优惠政策",使得他们从政策中获得更多的利益。然而,无产阶级政权与一切剥削阶级政权的本质差别在于,无产阶级政党能勇于修改或中止一切不利于人民群众根本利益的公共政策。

(三) 利益综合

政策所反映的利益关系是通过社会问题表现出来的。由于人们已获得的利益和想要得到的利益之间总是存在着差距,且由利益差距所形成的个人利益与他人利益、集体利益的矛盾总是客观存在的。为解决这些矛盾,持有不同利益的政策制定者会提出或制定不同的政策,以引导有关组织和个人采取不同的行动。因此,公共政策需要提供一种被普遍遵循或至少相关人员应遵循的行为准则,来规范人们在追求利益时所表现出的冲突行为。政府必须综合平衡多方利益关系,即"利益综合"。

利益综合建立于利益选择的基础之上,前者既是后者的逻辑结果,又是现实结果。同时,利益综合还体现在原则性与灵活性的结合上。现实社会中,利益是多元化的。政策既要反映社会大多数人的利益需求,又要兼顾和保护少数人的合法利益,从而使得各种利益矛盾尽量控制在较小的范围之内,以保证社会的稳定与发展。

（四）利益分配

不少人认为,政策是一种资源,谁得到了政策,谁就拥有了一定资源。实际上,公共政策本身并不是资源,而是由于政策发挥了其分配利益的功能。对不同的政策对象来说,公共政策所分配的利益可能是直接的,也可能是间接的。

利益分配既能使部分人获得利益,也能使部分人失去利益。比如物价政策,它会在生产者与消费者之间谋取一个合理的平衡,有时会削弱生产者的利益,有时则抑制消费者的利益。但公共政策的最大特点之一,就是它总是保护多数人的利益,尤其是多数人的长远利益,而抑制少数人的利益。不过,人们从政策中获得利益或失去利益不是绝对的。比如人口流动政策,一方面使得农村剩余劳动力大量涌入城市,这固然使农民得到利益,同时给城市居民也带来了某些生活服务方面的便利;但另一方面,因流动人口管理上的困难以及其他多种原因,城市居民的某些利益又常常因此受到减损。

（五）利益落实

政策进行利益分配,进而满足一部分利益群体的合理要求是十分重要的。但更重要的是:这些利益群体能否按照政府的预定目标,获得应有的利益。政府居于政策主体地位,因此需要它们主动将政策内容贯彻到实践当中,进而产生应有的政策效果。比如,为规范行业协会商会管理,2020年国务院办公厅印发了《关于进一步规范行业协会商会收费的通知》,明确提出了"五个严禁"要求:严禁强制入会和强制收费;严禁利用法定职责和行政机关委托、授权事项违规收费;严禁通过评比达标表彰活动收费;严禁通过职业资格认定违规收费;严禁只收费不服务或多头重复收费。一经发现违法违规收费行为,立即全面清理取消,并限期退还违法违规所得。

三、公共政策的形式

我国现行体制下的公共政策涵盖了公共部门制定的一系列集体行动规则,包括宪法、法律、法规、规章、决定、命令以及国际条约等。①

(一) 宪法

宪法规定了国家的根本性质、根本道路、根本制度、根本任务等,是国家的根本法,是治国安邦的总章程,具有最高的法律地位、法律权威、法律效力。宪法属于元政策,在我国公共政策体系中居于最高地位,对法律、法规等其他政策具有直接指导作用,其他政策的制定与实施必须以宪法为依据,不得与宪法相抵触。

(二) 法律

我国宪法规定,全国人大及其常委会行使国家立法权。全国人大及其常委会制定的法律,确立了国家经济建设、政治建设、文化建设、社会建设以及生态文明建设各个方面重要的基本的法律制度,为行政法规、地方性法规的制定提供了重要依据。②

按照制定机关及调整对象和范围的不同,法律可分为基本法律和一般法律③:基本法律由全国人大制定和修改,规定和调整带有基本性和全面性的社会关系,如《中华人民共和国刑法》《中华人民共和国合同法》《中华人民共和国刑事诉讼法》等;一般法律由全国人大常委会制定或修改,规定和调整某一具体方面的社会关系,如《中华人民共和国治安管理处罚法》《中华人民共和国高等教育法》《中华人民共和国劳动法》《中华人民共和国数据安全法》等。

(三) 法规

法规主要包括行政法规和地方性法规。行政法规一般以"条例""规定""办法"等形式发布;国务院根据全国人民代表大会及其常务委员会的授权决定制定的行政法规,称"暂行条例"或者"暂行规定"。

行政法规是国家最高行政机关国务院根据宪法和法律制定的规范性文件,一般由总理签署国务院令公布,其地位和效力仅次于宪法和法律,不得与宪法、法律相抵触。国务院行政立法承担着将治国理念转化为法律制度的重要职责。如,2021年4月27日,国务院第133次常务会议通过的《关键信息基础设施安全

---

① 杨宏山编著:《公共政策学》,北京:中国人民大学出版社2020年版,第4—5页。
② 钟显林、李铁主编:《中国特色社会主义法律体系概要》,北京:中国民主法制出版社2014年版,第5页。
③ 杨宏山编著:《公共政策学》,北京:中国人民大学出版社2020年版,第4—5页。

保护条例》就是在《中华人民共和国网络安全法》框架下制定的全面规范关键信息基础设施安全保护的基础性法规,体现了国家依法治理关键信息基础设施的理念。

地方性法规由具有立法权的地方人大及其常委会制定,可分为省、自治区、直辖市人大及其常委会制定的地方性法规和设区的市、自治州人大及其常委会制定的地方性法规。根据《中华人民共和国立法法》规定,地方性法规可以就下列事项作出规定:(1)为执行法律、行政法规的规定,需要根据本行政区域的实际情况作具体规定的事项;(2)属于地方性事务需要制定地方性法规的事项;(3)此外,除国家专属立法权事项外,其他事项国家尚未制定法律或者行政法规的,地方根据本地方的具体情况和实际需要,可以先制定地方性法规。

(四) 规章

规章包括中央行政部门制定的规章和地方行政部门制定的规范性文件。规章的名称一般称"规定""办法",但不得称"条例"。

国务院各部、委员会、中国人民银行、审计署和具有行政管理职能的直属机构,可以根据法律和国务院的行政法规、决定、命令,在本部门的权限范围内,制定规章。部门规章规定的事项应当属于执行法律或者国务院的行政法规、决定、命令的事项。

省、自治区、直辖市和较大的市的人民政府,可以根据法律、行政法规和本省、自治区、直辖市的地方性法规,制定规章。地方政府规章可以就下列事项作出规定:(1)为执行法律、行政法规、地方性法规的规定需要制定规章的事项;(2)属于本行政区域的具体行政管理事项。

(五) 决定和命令

决定是对重要事项或重大行动做出的决策或安排,命令是国家机关及其领导人发布的指挥性、强制性的公文。决定和命令的决策程序相对简单,表现形式也多样,如批复、批示、规定、通知、讲话、宣布等。从中央到地方、基层,各级政府(包括立法机关、行政机关、司法机关)都有权发布决定、命令。[1] 在我国,中国共产党中央委员会也通过决定、命令的形式,面向社会发布重大决策信息。[2]

(六) 国际条约

国际条约是国与国之间以国际法为准则而确立相互之间的权利和义务的书面协议。国际条约一经生效便成为公共政策,对其签署国的所有国家机关、社会

---

[1] 杨宏山编著:《公共政策学》,北京:中国人民大学出版社2020年版,第4—5页。
[2] 同上。

组织和公民的行为都具有法律效力。如,我国自签署《关于持久性有机污染物的斯德哥尔摩公约》以来,每年减少了数十万吨持久性有机污染物(POPs)的生产和环境排放,提前完成含多氯联苯电力设备下线处置的履约目标,为全球环境质量改善作出了重要贡献。

四、公共政策的特征

(一) 公共政策的普遍特征

1. 公共政策的政治性与公共性

公共政策与国家政权相联系,是国家政治系统运行的重要环节和主要结果,公共政策必然服从和服务于政治系统中公共权力所规定的意志、利益、任务和目标。这就是公共政策的政治性特征。公共政策的政治性在阶级社会中有时又表现为阶级性。当政治系统中占据统治地位的阶级与其他处于被统治地位的阶级的矛盾具有对抗性质时,政治性就表现为强烈的阶级性;而当二者的矛盾属于非对抗性时,政治性中的阶级性就不太强烈。因此,公共政策也不全是具有阶级性的。

与公共政策政治性相对应的特性是公共性。公共政策活动特指人类在公共领域中运用公共权力、坚持公共价值、解决公共问题、实现公共利益的活动。[①] 公共性是公共政策的本质特征。公共政策以解决社会公共问题(如贫困问题、种族问题、人口问题等)为内容,以增进公共利益、维持社会公正为目的。因此,公共政策必须立足于整个社会发展,从全社会绝大多数人的公共利益出发制定和实施各种行为规范。

公共政策的政治性与公共性既有一致的一面,也有相互矛盾的一面。当政治系统中占据统治地位的阶级、政党,以及贯彻统治阶级意志的政府所具有的特殊利益与它们所代表的社会公众的利益一致时,公共政策的政治性与公共性就能有机结合;但是,当政治上、经济上占统治地位的阶级,取得执政地位的政党,以及由它们推选的代表组成的政府所具有的利益与社会绝大部分公众的利益相冲突时,公共政策的政治性与公共性就会相互矛盾。

在现代社会中,随着民主政治的发展,公共政策的公共性与政治性之间的矛盾正逐步趋于缓和,并逐渐呈现出了结合的趋势。

2. 公共政策的稳定性与变动性

追求稳定(包括政治统治的稳定、社会秩序的稳定、经济增长的稳定等)是任

[①] 胡宁生编著:《公共政策学:研究、分析和管理》,南京:南京大学出版社 2016 年版,第 57—58 页。

何国家和政府的基本目标。公共政策作为政府履行基本职能的手段和推行公共管理的途径,自身也必须保持稳定。稳定性意味着特定政策在其有效期内保持有效性和权威性;非特殊原因不对它进行重大调整甚至完全废止;在必要的调整中对利益受到损害的社会群体实施补偿;在政策变迁的过程中,旧政策和新政策之间保持一定的连续性和继承性。只有保持前后一致、新旧衔接、连续不断、贯彻始终,政策才稳定。

公共政策的稳定性是相对的。也就是说,公共政策既具有稳定性的一面,又具有变动性的一面。任何公共政策的制定和执行都是依据政策环境、政策资源和政策效力的变化而变化的,当原有的政策环境、政策资源、政策效力改变了,公共政策就必须做出相应调整。

公共政策的稳定性和变动性是一对矛盾。公共政策的稳定性是相对的,是包含合理变动的稳定,是稳中求变;公共政策的变动性也是相对的,是遵循规律的变动,是变中求稳。①

3. 公共政策的公平性与效率性

公共政策的根本目标是实现社会的公正、公平。因此,评价一项公共政策的好坏,首要标准是观察它在实施以后,有没有使社会价值、社会利益的分配更加公平、合理。

在强调公共政策公平性的同时,也不可忽视其效率性。公共政策的效率有内部效率和外部效率之分。外部效率是指政府必须科学制定、有力执行宏观经济政策,推动宏观经济持续、快速、健康、稳定发展,这是公共政策公平分配社会公共利益的前提与基础;内部效率是指政府制定和执行公共政策过程中的行政效率。公共政策的制定、执行和评估,需要有一定政策资源作为支撑。一方面,在社会发展的特定阶段,政府的公共政策资源是有限的、稀缺的;另一方面,社会需要政府通过公共政策加以解决的问题却越来越多。在这种情况下,公共政策的运行就必须是高效率的,即"少花钱、多办事"。

公共政策的公平性与效率性在许多情况下是一种"此消彼长"的关系,但在公共政策实践中,二者并不是截然对立的,而是存在着最佳结合点,使得公共政策兼具公平性与效率性。公共政策的公平性并非绝对平均,而是将差别控制在公众可接受的范围内;公平是包含一定差别的公平,这种差别有利于竞争和创新。只有允许这种差别存在,公共政策才能具有效率性。公共政策的效率应当服务于公平,效率应当是公平基础上的效率。一定的效率提供了公平分配的物质基础。②

---

① 胡宁生编著:《公共政策学:研究、分析和管理》,南京:南京大学出版社2016年版,第64页。
② 同上书,第65页。

4. 公共政策的强制性与合法性

公共政策是政府等公共组织制定并实施的一种特殊行为规范和行为准则。由于公共政策的最终决定者是掌握公共权力的公共组织及其代表者，其执行者也主要是政府部门及其官员，因此，公共政策的制定和执行更多地表现为自上而下的运动。政府背后强大的国家力量是这种运动的基础与支撑。另外，任何公共政策都包含着奖惩机制，人们只要遵循政策去行动，就会获得政策分配的好处；否则会招致惩罚。因此，任何公共政策都带有明显的强制性。

公共政策作为对社会公共利益的权威性分配，必须得到相关目标群体的认可与接受。为此，公共政策需要一个按照规定程序合法化的过程：一是制定公共政策的政府组织、机构及其权力必须是合法的；二是公共政策必须经过特定的法律程序，或依据公认及约定的习惯性程序制定，并由法定的公共组织执行；三是法定主体按照法定程序制定出的公共政策从具体内容到价值目标，均不能与现行法律规定和法治精神相背。

公共政策的强制性与合法性必须统一起来。缺乏合法性的公共政策，其权威性与强制性就会受到损坏。公共政策只有具备了合法性，其权威性与强制性才有了坚实的基础。而且，只有在合法性的基础上，依靠国家强制力，对拒不执行政策或歪曲政策的行为主体做出处罚，才能体现出政策的原则性和严肃性，才能使政策真正得到实施。①

(二) 大数据时代公共政策的新特征

随着 A+B+C+D [人工智能(AI)、区块链(Blockchain)、云计算(Cloud Computing)、大数据(Big Data)] 的快速发展，信息技术与人类生产生活深度融合，全球数据爆炸式增长，信息技术不仅推动科学技术的进步，而且日趋重塑着国家的治理生态。② 大数据时代，作为国家治理手段之一的公共政策也呈现出一些新的特征。

1. 公共政策的动态性特征更加凸显

大数据时代，网络新媒体技术革命塑造了"人人都是通讯社、个个都有麦克风"的舆情生态，个体社会成员成为社会信息网中的信息缔造者和传播者③，网络平台已成为思想文化信息的集散地和社会舆论的放大器，并对公共政策议程设置

---

① 胡宁生编著：《公共政策学：研究、分析和管理》，南京：南京大学出版社2016年版，第66页。
② 王建冬、童南南、易成岐：《大数据时代公共政策评估的变革：理论、方法与实践》，北京：社会科学文献出版社2019年版，第1页。
③ 黄玉环、徐慧芳：《公共事件舆情发展瞬息万变 引导慎落"对错"讨论陷阱》，浙江舆情网，https://yq.zjol.com.cn/ztpd_12316/2017yqgflt/201709/t20170915_5092929.shtml，2022年2月23日访问。

产生巨大影响。网络大数据的高速生产与传播使得社会舆情发展瞬息万变,公共政策的动态性特征更加凸显。如何迅速掌握舆情信息及网络动向,做好舆情研判,提升网民数字素养,提高政府组织及其成员的信息素养并构建公共政策网络舆情话语机制等成为摆在决策者面前亟待解决的问题。

2. 公共政策的复合性特征更加鲜明

数字经济的高创新性、强渗透性、广覆盖性,使得生产与消费的清晰边界被打破,二者经由网络平台可在流水线上实时对接。生产者与消费者的对接合作将消除"信息不对称",生产的社会化程度随着商品价值链的拓展而越来越深。① 大规模应用数据、组织生产和共享经济的时代正在开启,共享经济、平台经济、网红经济等新经济遍地开花。新经济的发展过程中也集中产生了大量的新的社会问题:共享单车乱停乱放、平台算法压榨骑手、网红虚假宣传、网络主播偷税漏税……

一方面,这些新的社会问题的形成因素愈加复杂,既有政治因素、经济因素、社会因素、文化因素,又有国际因素,多种因素相互交织。另一方面,这些新的社会问题横跨多个政策领域,同时多个政策问题相互结合、相互渗透,政策问题边界更加模糊,政策问题界定更加困难。大数据时代,政策问题的解决比以往任何时候都需要政府跨界协同。

3. 公共政策的数字化特征更加突出

大数据作为实现公共政策目标的技术,可以在公共政策任何阶段来获取和展现传统政策技术所不能获得的政策信息,公共政策各阶段之间的界限在大数据条件下变得更加模糊。②

在政策问题分析和议程设定阶段,综合运用大数据分析技术,可实现对跨领域、跨渠道的多元数据的分析,全面掌握社会治理中的热点、焦点、难点问题及其变化趋势,建立人口分析、网格化管理、民生服务、城市管理等主题分析模型。③ 大数据技术的运用,极大提高了政府决策的精准性与有效性。

在政策执行和监测阶段,实时连续的大规模轨迹数据的快速抓取和精细分

---

① 徐浩然:《大数据时代的社会化大生产》,《学习时报》2020年7月10日,第A6版。
② 黄璜、黄竹修:《大数据与公共政策研究:概念、关系与视角》,《中国行政管理》2015年第10期,第27—28页。
③ 张楠、马宝君、孟庆国:《政策信息学:大数据驱动的公共政策分析》,北京:清华大学出版社2019年版,第25页。

析,为公共政策执行管理和监测提供了极大便利。① 比如,贵州省清镇市通过搭建食品安全云平台,实现了食品安全智慧监管,政府监管人员可通过收集客户端信息实时对食品生产各个环节进行全过程监管,市民可通过客户端及时了解食品的如条形码、生产日期、检测报告、营养成分等信息,有效解决了传统食品监管易出现的监管漏洞与"搭便车"问题。②

在公共政策的评估阶段,评估行为不再单纯依赖于评估主体的直接评估,所有社会成员的所有行为都可成为政策评估的数据源。社会成员的购房行为可能成为教育政策的评估数据,社会成员上下班的时间早晚可能是对交通政策的评估数据,社会成员看病的习惯与偏好可能是对医疗政策的评估数据……大数据时代的公共政策评估正在成为一种隐性行为。③

第二节 公共政策的类型与作用

一、公共政策的类型划分

分类是分析公共政策的基本途径。依据不同的标准,可将公共政策作不同分类。

(一)按照政策所涉及的社会生活领域划分

按照政策所涉及的社会生活领域划分,可分为政治政策、经济政策、社会政策与科教文卫政策等四类。

(1)政治政策。政治政策是由国家和执政党规定的,涉及国家政权建设和维护,调节国家、政党、阶级、民族的政治关系,规范人们政治活动的行为准则。政治政策一般包括政党政策、阶级政策、民族政策、国防政策、外交政策等。在公共政策体系中,政治政策居于优先和支配地位,经济政策、社会政策和科教文卫政策都要受到政治政策的制约。

(2)经济政策。经济政策是一个国家在经济领域所制定的各项政策的总和,是政府管理经济活动的主要方式和手段,其作用是配置国家的经济资源、调整人们的经济关系、规范人们的经济活动。经济政策一般包括农业政策、工业政策、金融政策、财政政策、贸易政策等。经济政策是管理国家经济活动的重要手段,是国

---

① 张楠、马宝君、孟庆国:《政策信息学:大数据驱动的公共政策分析》,北京:清华大学出版社2019年版,第25页。
② 和军、祝敏:《基于大数据的政府监管创新》,《中共杭州市委党校学报》2018年第4期,第56页。
③ 陈家刚:《大数据时代的公共政策评估研究:挑战、反思与应对策略》,《河南社会科学》2019年第8期,第47—48页。

家的主要政策之一。

（3）社会政策。社会政策是国家解决社会问题、维护社会稳定、增进社会利益、提高社会福利、促进社会进步的基本规范和行为准则。社会正义、社会公正、社会和谐和社会稳定是其核心价值。社会政策一般包括人口政策、劳动工资政策、社会救济政策、社会保障政策等。

（4）科教文卫政策。科教文卫政策总体上属于精神文明建设的政策范畴，本身是由各类政策构成的大系统，包括科技政策、教育政策、文化政策、卫生政策、体育政策等。科教文卫政策是国家、政府管理公共事业的重要依据，体现着社会精神文明领域的发展方向，事关国家精神文明建设。

（二）按照中央与地方之间的关系来划分

按照中央与地方之间的关系来划分公共政策可分为元政策（总政策）、基本政策和具体政策。

（1）元政策（Meta-policy），也称总政策，它是一个与哲学密切相关的概念。元政策是用以指导和规范政策行为的一套政策理念（Policy Mind）、政策价值观、政策风格，或称为政策哲学（Policy Philosophy）。这一概念是相对于作为有关机构、团体和个人的行为准则或行动指南的一般公共政策而言的，它指的是规范与引导政策制定行为本身的准则或指南，即关于如何制定政策的政策。元政策决定着哪些组织和个人按照怎样的程序、依据什么原则、采用什么方法来制定政策，它牵涉到整个政策制定系统，其基本作用在于保障其他各项政策遵循同一套政策理念、谋求实现统一的政策目标。

元政策在政策体系中居于统帅地位，是其他政策的依据，其他政策必须服从于元政策。元政策一旦形成和确定，便在较长时期内具有稳定性，其正确与否，事关国家的兴衰成败。

（2）基本政策，也称为方针性政策。基本政策是用以指导具体政策的主导性政策，是执政党和政府给有关团体、个人的行动规定或指明大方向的公共政策。它主要确定具体政策应采取的态度、应依据的假设、应遵循的指导原则，是一种主导政策。

任何一个国家或一个政治系统都会有若干基本政策或国策作为其根本的行动准则，它们常常明确地写在国家的根本大法——宪法里；如果在宪法中没有详细的阐述，也可以在国家所信奉的重要思想家的著作中或政府对宪法的解释里发现梗概；此外，在执政党的党纲、政府首脑的指示、政府所参与的国际条约或相关法律法规中也可以发现和确定一个国家的基本政策。

基本政策在政策体系中居于中间层次，是连接总政策与具体政策的中间环节,它具有双重属性:一是从属于总政策,是总政策在某一领域或某一方面的具体化;二是指导具体政策,对具体政策起统摄作用。因此,它具备中介和协调的功能与作用。

(3) 具体政策,也称部门政策或方面政策。具体政策主要指针对特定而具体的公共政策问题而做出的政策规定,是执政党或政府为解决具体问题而给有关部门和个人规定的行动准则。

具体政策在政策体系中处于基础层次,是元政策、基本政策在现实中最具体的表现。它涉及面广,形式多样;针对性强,内容详尽;时效性强,变动性大;执行性强,操作性强。

(三) 从利益分配的角度划分

美国政治学家西奥多·罗威(Theodore J. Lowi)等学者从利益分配的角度,将公共政策划分为分配性政策、管制性政策、再分配性政策三种类型。之后,学者罗伯特·萨利斯伯瑞(Robert H. Salisbury)在此基础上增加了自我管制性政策。[1]

(1) 分配性政策(Distributive Policy)。分配性政策指政府使用公共资金来帮助特定的社会群体而将政策成本分配给所有公众(纳税人)承担的政策,如社会福利政策、义务教育政策、财政补助政策等。这种政策基本上是一种非零和博弈的政策,它一般只产生利益受益者(赢家),而没有明确的利益受损者(输家)。因此,此类政策的实施往往能得到较多的社会支持。

(2) 管制性政策(Regulatory Policy)。管制性政策是指政府对个人、群体的某些行为活动进行限制和约束的政策,如污染管制政策、交通管制政策、外汇管制政策、出入境管制政策等。与分配性政策不同,管制性政策必须对谁受益和谁受损做出选择,存在明显的利益受益者和利益受损者。因此,这类政策的制定和执行过程往往会产生竞争与冲突,属于典型的零和博弈。

(3) 再分配性政策(Re-distributive Policy)。再分配性政策指政府通过某种机制对社会群体之间的收入、财产和权力等进行转移性分配的政策。政府实施这类政策旨在增进社会公平和保障人的基本经济、社会权利。如,通过累进税来调整富人和穷人之间的资源再分配以保障穷人的最低生活水平。与分配性政策相反,这类政策涉及不同社会群体之间成本和收益的重新分配,因此这类政策往往会导致以广泛动员社会行动者为特征的高度冲突的政治进程。[2]

(4) 自我管制性政策(Self-regulatory Policy)。自我管制的政策又称为构成政

---

[1] 转引自朱春奎主编:《公共政策学》,北京:清华大学出版社2016年版,第6页。
[2] Christoph Knill and Jale Tosun, *Public Policy: A New Introduction*, London: Red Globe Press, 2020, p. 15.

策(Constituent Policy),是指政府未设定严格且一致的管制性规范,仅规定了某些行为的原则性规范,行动者在行动时可自主决定行为选择的政策。这类政策在本质上是一种"游戏规则"。对于特定的团体来说,自我管制性政策不会产生利益上的排他性,不是要去减少其利益,而是为其行为方式的选择提供规则。相对于其他类型的政策,自我管制性政策不太吸引公众的注意,仅具有较高政治地位的人才会关注这类政策。

(四)根据政策效果或所分配利益的种类划分

默里·埃德尔曼(Murray Edelman)根据政策效果或所分配利益的种类,将公共政策分为两种:物质性政策和象征性政策。[1]

(1)物质性政策。物质性政策向受益人提供具体的资源或实质性的权力,或将真正的不利条件强加给那些受相反影响的人,如确立最低工资标准、公共住宅计划拨款、农民收入补贴等政策都具有物质性政策的特征。

(2)象征性政策。与物质性政策相对,象征性政策不分配任何物质利益,主要依靠社会成员珍视的价值观发挥作用,如和平理念、爱国主义和社会公平等。

(五)根据内容的侧重性划分

根据内容的侧重性,公共政策可以分为实质性政策和程序性政策。[2]

(1)实质性政策。实质性政策涉及政府旨在解决的实际问题,如"双减"政策、垃圾分类政策、楼市调控政策等。

(2)程序性政策。程序性政策则关注谁负责、如何组织、如何行动等程序性问题,又被称为"例行政策""常规政策""重复性政策"。《中华人民共和国行政许可法》就属于程序性政策,它明确规定了行政许可的实施机关及实施程序、行政许可的费用、监督检查、法律责任等内容。

(六)根据政策的公私性质划分

根据政策的公私性质,可将公共政策划分为涉公政策和涉私政策。[3]

(1)涉公政策。涉公政策是指涉及公共产品提供的政策。非排他性是公共产品最重要的性质,即没有任何有效的方法可以在向某些人提供此种服务的同时把其他人排除在外。这些产品通常由政府通过税收加以提供,如国防、公共安全、公共交通等。国防政策、公共安全政策、公共交通政策等是典型的涉公政策。

(2)涉私政策。涉私政策是指涉及私人产品提供的政策。私人产品具有排

---

[1] 朱春奎主编:《公共政策学》,北京:清华大学出版社2016年版,第7页。
[2] 杨宏山编著:《公共政策学》,北京:中国人民大学出版社2020年版,第6页。
[3] 谢明主编:《公共政策简明教程》,北京:高等教育出版社2021年版,第24页。

他性,可阻止其他人的使用或者向使用者收费,如公共住宅、垃圾收集等。公共住宅政策、垃圾收集政策等是典型的涉私政策。

二、公共政策的功能作用

(一) 导向作用

公共政策的导向功能是指以执政党组织、政府部门为主的公共机构在公共政策活动中,通过目标制导或价值和行为制导,引导政策标的群体按照一定的规范和准则去行动,从而发挥出缓解和消除公共社会问题、保持社会有序和谐持续发展的作用。[①]

公共政策的导向作用主要有两种实现途径。一是目标控制的途径。公共政策的制定与实施将社会中存在的相互冲突的、复杂多变的多种目标强制性地统合为统一的既定政策目标,以引导社会成员朝着既定政策目标行动。二是价值和行动控制的途径。任何公共政策都包含了一定价值体系、规范体系和行动体系,它告知社会成员应该做什么,不应该做什么以及采取何种途径去做。

公共政策的导向作用从结果看,既有正向功能也有负向功能。所谓正向功能,即政策发挥了对事物发展方向的正确引导,体现了公共政策与事物发展规律的协调一致;所谓负向功能,即政策对事物发展方向的错误引导,表现了公共政策与事物发展规律的冲突与矛盾。这里需要强调的是:并非只有错误的政策才具有负面导向功能,一些正确的政策也可能产生负面导向功能。比如西方某些国家的一些福利政策,使得社会寄生阶层受益,懒汉越养越多,这无疑体现了政策的负面导向功能。

(二) 管制作用

为避免影响社会良性运行的不利因素出现,公共政策要发挥对目标群体的约束和管制作用。公共政策的管制作用是指通过制定标准、程序、准入条件等规范,运用许可、认可、裁定等手段,对个人和社会组织的行动进行管理和监督。[②] 公共政策的管制功能可分为积极管制与消极管制、经济性管制与社会性管制。

1. 积极性管制与消极性管制

所谓积极性管制,是指政策条文的规定突出正激励原则,即对某种行为加以物质或精神方面的奖励,以刺激这种行为反复出现,从而达到减少其反向行为的目的。所谓消极性管制,是指政策条文的规定突出负激励原则,即对某种行为加

---

① 胡宁生编著:《公共政策学:研究、分析和管理》,南京:南京大学出版社2016年版,第58页。
② 杨宏山编著:《公共政策学》,北京:中国人民大学出版社2020年版,第10页。

以物质或精神方面的惩罚,以抑制这种行为重复出现的可能,从而达到有效管制的目的。

2. 经济性管制与社会性管制

经济性管制服务于政府经济职能的实现,旨在使经济更有效率地运行。社会性管制服务于政府社会职能的实现,旨在维护社会秩序和社会稳定。

社会性管制政策在提高社会福利水平的同时,能够有效避免生产和消费过程中的各种伤害,因此社会性管制政策近年来得到世界各国的高度重视。相反,传统的经济管制政策因扭曲了社会资源配置,导致政府腐败,受到越来越多的批判。①

(三)调控作用

公共政策调控作用是指政府运用政策手段对社会生活中出现的利益冲突进行调节与控制。调控作用主要体现在调控各种社会利益关系,特别是物质利益关系。社会生活中,利益差别使得矛盾不可避免,公众的利益矛盾经常会涉及以下问题:第一,公众利益增长快一点还是慢一点。第二,社会中一部分人与另一部分人的利益冲突,如工人与农民之间、城镇人口与外来流动人口之间的利益冲突。第三,公众这方面的利益与那方面的利益之间的矛盾。为平衡利益矛盾,推动社会稳步发展,政府有必要通过公共政策这一管理手段来调控社会利益。

公共政策的调控作用有两种形式:直接调控与间接调控。比如,我国目前实施的三孩生育政策,对人口增长与优化具有直接的调控作用,对产业结构的调整与优化具有间接的调控作用。

公共政策不仅需要指明人们应该做什么和不该做什么,还需要指明人们应该先做什么和后做什么,并以此调控社会群体和个人的行为趋向。因此,公共政策的调控功能还常常表现出其特有的倾斜性。政府工作在不同时期会有不同的侧重点,公共政策也应具有一定的倾斜性,即优先考虑某一地区或某一领域的发展,特别要保护某些利益群体。

(四)分配作用

对社会公共利益进行分配是公共政策的本质特征。每一项具体政策的制定与实施都会涉及利益向谁分配、如何分配、为什么分配等问题,最终影响社会成员在国民收入分配中所占的份额与社会地位。② 社会资源的总量是有限的,但社会成员的利益需求是不同的,且每一个社会成员都希望尽可能多地占有社会资源。因此,公共政策对利益的分配不可能同时满足所有人的需要,往往是一部分人从

---

① 杨冠琼编著:《公共政策学》(第二版),北京:北京师范大学出版社2017年版,第28—29页。
② 吴江主编:《公共政策学》,北京:科学出版社2017年版,第45页。

中获得了较多的利益,另一部分人却不能从中获取利益,甚至损失了原有的利益。通常情况下,下列三种利益群体和个体容易从公共政策中获得利益[①]:

(1) 与政府主观偏好一致或基本一致者。政府不仅是政策制定的主体,还是公共利益分配的主体。政府愿意将公共利益分配给自己的拥护者,而非反对者。

(2) 最能代表社会生产力发展方向者。公共政策的利益取向是明确谁是政策的受益者。对于任何一届政府来说,大力发展生产力都是十分重要的。政策的好与坏,正确与错误,首先看它是否有利于生产力的发展。因此,其行为体现生产力发展趋势者,必然会从政策中获益。

(3) 公共政策必须努力使社会上多数群体和个体普遍获益。一项政策的实际效果取决于该政策是否符合绝大多数人的利益。因为在政策实施中,利益得到满足或得到基本满足的各种利益群体或个体,会自觉地拥护和执行公共政策,促使政策的实际效果与预期效果达成一致。一般地说,政策受益的人越多,发生政策偏离的可能性就越小。

【关键术语】

公共政策 元政策 基本政策 具体政策 分配性政策 管制性政策 自我管制性政策

【复习思考题】

1. 简述公共政策的含义与特征。
2. 简述公共政策的形式。
3. 公共政策的类型划分有哪些?
4. 在当今时代,公共政策有哪些功能和作用?

【案例分析】

让三孩生育支持政策落地见效[②]

一段时间以来,随着党中央作出"实施一对夫妻可以生育三个子女政策及配套支持措施"的重大决策,各地各部门陆续出台了一系列三孩生育支持政策。北京市明确生育三孩可享 30 天假期奖励的过渡政策;四川省攀枝花市对"二孩""三孩"每月每孩发放 500 元育儿补贴金直到孩子 3 岁;国家医保局规定将参保女职工生育三孩费用纳入生育保险待遇支付范围;中国计划生育协会面向社会征集

---

① 陈庆云主编:《公共政策分析》(第二版),北京:北京大学出版社 2011 年版,第 16—17 页。
② 张博令:《让三孩生育支持政策落地见效》,《人民日报》2021 年 8 月 18 日,第 7 版。

三孩生育政策宣传标语口号……从假期奖励的政策安排,到真金白银的支持,再到价值观念的引领,一系列政策举措将党中央决策部署落细落实,形成了促进三孩生育政策落地见效的推进合力。

党的十八大以来,根据我国人口发展变化趋势,党中央、国务院审时度势,先后作出单独两孩、全面两孩等重大决策部署,取得了积极成效。当前,我国正处于人口大国向人力资本强国转变的重大战略机遇期,立足国情,遵循规律,实施一对夫妻可以生育三个子女政策及配套支持措施,有利于改善人口结构,落实积极应对人口老龄化国家战略;有利于保持人力资源禀赋优势,应对世界百年未有之大变局;有利于平缓总和生育率下降趋势,推动实现适度生育水平;有利于巩固全面建成小康社会成果,促进人与自然和谐共生。实施三孩生育政策及配套支持措施,是进一步适应人口形势新变化、推动高质量发展新要求的重大举措,各地应严格执行,将中央部署落到实处。

在国家层面,从取消社会抚养费,清理和废止相关处罚规定,到将入户、入学、入职等与个人生育情况全面脱钩,再到修改《人口与计划生育法》,一系列重要改革举措拟将出台,支持生育、养育和教育的政策体系正在形成。在地方和部门层面,各地各部门促进相关惠民政策与生育政策有效衔接,精准做好各项管理服务,根据各地实际出台相应的支持政策,为落实中央决策部署提供了具体支撑。以人民为中心、以均衡为主线、以改革为动力、以法治为保障,实施三孩生育政策及配套支持措施,就是要满足群众多元化的生育需求,切实解决群众后顾之忧,释放生育潜能,促进人口长期均衡发展。

也要看到,支持生育除了在物质上降低生育、养育、教育成本之外,精神上的激励、价值观的引领同样重要。《中共中央 国务院关于优化生育政策促进人口长期均衡发展的决定》指出:"尊重生育的社会价值,提倡适龄婚育、优生优育,鼓励夫妻共担育儿责任,破除高价彩礼等陈规陋习,构建新型婚育文化。"提高生育意愿不仅要解决现实困难,让人们能生、敢生,还需要弘扬中华民族传统美德,尊重生育的社会价值,营造生育友好的社会氛围,让人们愿生、想生。比如,中国计划生育协会面向社会征集三孩宣传标语口号,一个重要目的就是"弘扬婚育新风,传播适龄婚育、优生优育、责任共担、代际和谐等婚育观、家庭观"。

生育,一头连着千家万户的民生幸福,一头连着经济社会的持续发展。接下来,将婚嫁、生育、养育、教育一体考虑,提高优生优育服务水平,发展普惠托育服务体系,降低生育、养育、教育成本,还需要各级党委政府继续深化改革,破除影响人口长期均衡发展的思想观念、政策法规、体制机制等制约因素,建立健全相关政策体系,引导社会力量积极参与。在政策托举上出实招、见实效,才能推动实现适度生育水平,让三孩生育政策落地见效。

案例讨论题

1. 三孩生育支持政策体现了公共政策的哪些特征?
2. 三孩生育支持政策体现了公共政策的何种功能作用?

【推荐阅读文献】

1. 〔美〕托马斯·R. 戴伊:《理解公共政策》(第十二版),谢明译,北京:中国人民大学出版社 2011 年版。
2. 陈振明编著:《公共政策分析导论》,北京:中国人民大学出版社 2015 年版。
3. 胡宁生编著:《公共政策学:研究、分析和管理》,南京:南京大学出版社 2016 年版。
4. 宁骚主编:《公共政策学》(第三版),北京:高等教育出版社 2018 年版。
5. 张楠、马宝君、孟庆国:《政策信息学:大数据驱动的公共政策分析》,北京:清华大学出版社 2019 年版。
6. 谢明主编:《公共政策简明教程》,北京:高等教育出版社 2021 年版。
7. Christoph Knill and Jale Tosun, *Public Policy: A New Introduction*, London: Red Globe Press, 2020.

第二章　西方公共政策学科的发展与演变

【内容提要】

对公共政策的观察、描述、解释和研究交织着人类理性和感性的智力努力,已经在人类历史上留下了深厚的知识积淀。政策科学的迅速兴起和发展,既与现代社会的特征相关,也与公共政策学科的特征有关。本章首先分析了政策科学诞生的社会背景和历史背景,而后详述了西方政策科学产生时期、发展时期、转型时期和拓展时期的核心观点,呈现了政策学科发展与演变的图景。

第一节　政策科学的诞生

政策科学(政策研究或政策分析)是第二次世界大战后首先在美国兴起的一个跨学科、综合性的全新研究领域,被誉为当代西方社会科学发展过程中的一次"科学革命"。政策科学之所以诞生于美国,是因为美国"具有适合公共政策学生长的土壤"[①]:一是行为主义的盛行;二是20世纪60年代与公众自身利益密切相关的特殊公共政策问题开始增多,如污染与环境保护、住房、公共交通等;三是政治学中接受政策替代方案的文化盛行。[②]

一、行为主义的盛行

从20世纪20年代后期开始,一股新的政治学研究浪潮——行为主义在美国流行开来。早在1925年,芝加哥大学政治学系主任查尔斯·梅里安(Charles E. Merriam)教授就在其政治学会会长的任职演说中强调,政治行为学将是以后政治学研究的方向。1928年,美国记者弗兰克·肯特(Frank Kent)出版了《政治行为》一书,抨击传统的政治学研究。他指出,当时多数的政治学家只顾埋头于规范性研究,总是在追问政府"应该"怎样进行统治,而对实际政治生活中发生的事情不屑一顾。结果,满腹经纶的政治学家们连一次总统竞选的结果都预测不出来。在

---

① 〔日〕药师寺泰藏:《公共政策》,张丹译,北京:经济日报出版社1991年版,第33页。
② 同上书,第20—21页。

他看来,政治学家必须抛弃规范研究,转向对实际问题的探索。

对于这位新闻记者提出的挑战,美国的政治学家们开始并不以为意,而瑞典政治学家哈伯·丁伯根做出了积极回应。他对欧洲各国的选举行为进行了个案探究与分析,并著《政治行为:欧洲选举的统计研究》一书。这一著作在美国政治学界,特别是在芝加哥大学政治学系引起了强烈反响。

同时,另外两股力量也推动了行为主义在美国的发展。一股力量是在二战中幸存的一批崇尚实证分析的犹太学者,他们云集哥伦比亚大学,并将以数据分析为中心的行为主义研究方法移植到美国;另一股力量则是一些出资支持政治行为研究的财团,如洛克菲勒财团等。

因此,以梅里安教授为首的一大批政治学家从行为主义研究出发,倡导"新政治科学",并促成了美国的"新政治科学运动"。梅里安曾指出,之所以要掀起这股运动,就是要促使人们对政府机构的运转过程加以明智的控制,从而消除政治运动中的浪费,减少各种动乱因素。

二、社会问题不断增多

20世纪60年代到80年代,美国公众对战争、贫困、犯罪、种族关系、环境污染、交通等社会问题开始给予特别关注,而政府解决社会问题时表现出的软弱无力引起社会的强烈不满,要求提高政府工作效率、政府行政能力和改善政府工作方法的呼声日益高涨。建立政策科学,改变传统的"试错式"的问题解决方式,已成为十分迫切的问题。

三、接受政策替代方案的文化

美国通行的是政党政治,有民主党与共和党两大党派,民主党略倾向于自由,共和党略倾向于保守。但总的来说,美国的政治斗争并不是基于不同意识形态的政党间的抗争,这就使得美国选民的投票行为带有如下特征:当两党的政策相差不大时,选民一般表现为"党派投票倾向"。但当社会问题激化,美国两党的路线分歧就逐渐加大。共和党日益发展成为白人和高薪阶层的代表,而民主党则成为美国社会弱势群体的代表。原先处于意识形态天平正中央的这两个党,开始在天平上滑动,共和党逐渐滑向左边,民主党逐渐滑向右边。选民投票时并非事先定好要支持哪个政党,而是在真正了解候选人的政策纲领后,才决定如何投票。因此,在美国的选举政治中,选民会依据不同情况,从认可政党到认可政策,即从"党派投票倾向"转向"问题投票倾向"。在"党派投票倾向"中,党派成为政治的中心;而在"问题投票倾向"中,政策讨论成为政治的中心。这就形成了"政策替代方案"(Policy Alternatives),而这种政治文化进一步促进了政策科学的产生。政策科学在美国诞生以后,发展迅速,在美国政治、经济、社会、军事、外交、文化等领域都做出了直接而颇有成效的贡献。

第二节 西方政策科学的历史孕育

政策科学源远流长,其源头可以追溯到人类文明之初。哈罗德·拉斯韦尔等人认为,分析公共政策的专门程序和专业知识的出现,不仅与部分自治程度较高的部落文明有关,也与全球城市文明的扩展和分化有关。[①]

产生于公元前18世纪的《汉谟拉比法典》(Code of Hammurabi)可能是已知最早的与公共政策有关的文献。它涉及司法程序、财产权、贸易和商业、家庭和婚姻关系以及公共责任等。在古希腊,有一个"智者"阶层,他们中的许多人充当统治者的"智囊"(柏拉图曾是西西里统治者的顾问,亚里士多德是亚历山大的私人教师);从柏拉图、亚里士多德、马基雅维利等西方圣哲先贤的哲学和政治学著作中,可以找到大量有关公共政策和政府管理的论述,如柏拉图的《理想国》(如神创等级论,第一等级哲学家,第二等级武士,第三等级农民和手工业者;正义国家论,即人们各守其位,就是实现政治正义)、亚里士多德的《政治学》(人是天生的政治动物;政体可以分为君主政体、贵族政体、共和政体、平民政体、寡头政体、僭主政体;最好的城邦政治就是以中产阶级为基础的共和政体)、马基雅维利的《君主论》(政治关系的基础是财产关系;狐狸-狮子说)等。

在古代中国,"士"阶层在很早就已经出现,他们中多是辅助统治者审时度势、选择时机、提供政策咨询的谋士。统治者注重权势稳定,强调安邦治国,因而重视政策制定与执行等朴素的政策思想,如,"世异则事异,事异则备变"的政策应变,"不患寡而患不均"的政策倾向,"惠民""养民"的政策传统,"重农抑商"的政策主张,"以民为本""政在得民"的政策原则,"天时""地利""人和"的政策管理,"政通人和"的政策功能,"无为而治"的政策方案,等等。另外,统治者赏识谋臣贤士,重视智囊制度,得天下英才而辅佐之。最早进行政策咨询的智囊可追溯到夏商之家臣,西周之命士;春秋战国时期群雄争霸,有识之士挟术怀策周游列国。《战国策》专门记录了这些策士们的言行,可以说是人类历史上第一部较为完整的政策研究及咨询的著作;诸子百家的著作也包含了大量的政策研究的思想和经验,为人类留下了丰富的政策思想遗产。

随着中世纪城市文明的逐步扩散和分化,不仅国家内部的社会日趋复杂,而且国家间经济交往日益频繁,统治者面临的问题常常超出其所能提出对策的范

[①] Harold D. Lasswell, *A Pre-view of Policy Sciences*, New York: Elsevier Inc., 1971, pp. 9-13.

围,因此,他们不得不经常地召集某些在特定方面具有专门知识的人为其出谋划策,特别是在财政、对外贸易、战争等方面寻求建议或技术上的帮助。于是,各种专门的政策分析人才应运而生。中世纪政策相关知识的生产者的角色已经分化,主要的团体是专家官员或韦伯所称的"职业政治家",而教会牧师包括基督教徒、婆罗门教徒和佛教徒等是专门知识的生产和传播的主要团体,大学教师是中世纪新出现的知识分子群体,大学培养出来的法官以及人文主义的文学家等在政策制定中的作用也相当突出。当然,在古代和中世纪产生政策相关知识的程序和方法基本上是不科学的,人们主要依赖神秘的手段或宗教仪式来预见未来。

到了 18 世纪,欧洲工业革命逐渐兴起与扩散,资本主义生产方式逐渐生长。同时,相对独立的公共政策分析开始伴随着资本主义生产方式的生长而不断地发展起来,并逐步建立在系统的经验数据基础之上。在 19 世纪,应用社会科学作为了解和控制社会复杂性的手段成长起来,先是以统计学和人口统计学的形式,后又以经济学、社会学、政治学和行政学的形式确立起来。在这一时期,神秘主义、魔术和神圣的东西让位于科学,经验的、定量的科学方法迅速成长与发展起来。这种方法论上的变化并不仅是经验科学发展的结果,而且也是人类社会由农业文明向工业文明过渡的必然产物。

进入 20 世纪,政策研究领域出现了一个全新的变化,即主要的社会科学学科,如经济学、社会学、政治学及行政学的职业化。如果说 19 世纪产生政策相关知识的团体主要是银行家、工业家、记者以及统计学会的学者的话,那么 20 世纪则主要是大学教授,尤其是社会科学学者。这些教授学者从事专门的教学科研,同时也为政府提供有关政策制定和行政管理的建议。就其背景、经验和动机而言,他们是社会科学职业化的成员。在美国,社会科学家在威尔逊政府和胡佛政府时期开始产生积极影响。然而,他们向政府部门的大量流动是在罗斯福的"新政"时期,在这一时期建立起许多的新政府机构,其成员大部分是由社会科学家担任的。二战以及战后的调整给社会科学家们提供了机会以证明他们在解决社会问题中的价值。[①]

必须特别指出的是,19 世纪和 20 世纪上半期,在拉斯韦尔提倡政策科学之前,社会科学特别是经济学、社会学、政治学领域已经积累起相当丰富的政策研究的理论和方法。例如,在经济学领域,经济政策的研究早就备受重视,英国古典政治经济学就带有明显的经济政策研究的性质,涉及经济领域中公共政策制定原则

[①] 〔美〕威廉·N.邓恩:《公共政策分析导论》(第二版),谢明等译,北京:中国人民大学出版社 2002 年版,第 50 页。

和政策建议及政策选择问题;20世纪30年代出现的凯恩斯理论也是为经济政策服务的。可以说,在政策科学形成之前,经济学关于经济政策的研究已经取得长足的发展,其内容包括政策制定原则、政策评价标准、政策目标体系、政策工具选择等等。又如在社会学领域,西方社会学家也很早就展开了对社会政策的研究,1873年德国成立了社会政策学会;日本在明治三十年(1897年)也成立了社会政策学会。

总之,政策科学并不是突然降生的,它经历了漫长的历史孕育时期。古代和中世纪的政策研究思想和经验是政策科学的早期思想源泉,近现代经验研究的成长、应用社会科学的成长及其职业化是政策科学发展中的重要事件,而近现代社会科学对政策研究理论和方法的讨论则成为当代政策科学的先导。随着二战后社会政治、经济和科技的发展,政策科学最终诞生。

第三节 西方政策科学的产生时期

20世纪50年代至60年代是西方政策科学的产生时期,以梅里安的学生哈罗德·拉斯韦尔等为代表的一些美国的行为主义政治学家,以敏锐的眼光看到了政策科学发展的必然性,率先倡导建立政策科学,并得到了政治学、经济学、社会学、心理学、人类学等相关学科专家学者的响应。

一、政策科学诞生的标志

1951年,斯坦福大学出版社出版了由哈罗德·拉斯韦尔和丹尼尔·勒纳主编的《政策科学:范围与方法的新发展》一书。该书首次提出并界定了"政策科学"这一概念,指出"政策科学是用于解决社会问题特别是解决那些结构和关系都很复杂的社会问题的工具"。这本书被誉为"公共政策学的开山之作""公共政策学的经典著作"[1],被认为是公共政策学诞生的标志。拉斯韦尔被誉为"现代政策科学的创立者"。此后,在美国兴起了一场旷日持久的"政策科学运动"(Policy Sciences Movement),并形成了该研究领域的一个主导范式,即拉斯韦尔-德罗尔的政策科学传统。

二、政策科学诞生的原因

拉斯韦尔提倡政策科学源于他对当时社会科学零碎的专门化的不满和担忧。在他看来,哲学、自然科学和社会科学的专门化是不可避免的,但这种专门化却造

---

[1] 〔日〕药师寺泰藏:《公共政策》,张丹译,北京:经济日报出版社1991年版,第32页。

成了科学(理论)与实践的脱离。他认为,政策科学应当超越社会科学的零碎的专门化(超越社会科学各学科的门户界限),确立起一种全新的、统一的、跨学科的社会科学。政策科学将与过去决裂,应致力于一般选择理论的研究;应关心"社会中人的基本问题";"关心解释政策制定和政策执行过程,关心搜集数据并提供对特定时期政策问题的解释"。政策科学应采取一种全球观点,强调政策的历史脉络,尤其是面向未来,重视对变化、创新和革命的研究。[①]

三、拉斯韦尔的主要贡献

拉斯韦尔的系列论著奠定了政策科学的基础。

1951年,他在《政策科学:范围与方法的新发展》一书中,第一次对政策科学的对象、性质、发展方向和政策过程等问题加以论述,奠定了政策科学发展的基础。

在拉斯韦尔看来,政策科学具有以下几个基本特征:

(1) 政策科学是关于民主主义的学问。公共政策是与个人选择相关联的学问,必须以民主的政治体制作为前提。政府必须首先弄清楚公民个人对公共政策的反应,然后再进行政策干预。

(2) 政策科学的目标是追求政策的"合理性"。它必须使用分析模型、数学公式和实证数据,用科学的方法论作为研究、分析的工具,以建立起可检验的经验理论。

(3) 政策科学是一门对于时间和空间都非常敏感的学问。当选择某一模型进行政策分析时,必须明确模型所适用的时间与空间。

(4) 政策科学具有跨学科的性质。拉斯韦尔指出政策科学不等于政治学,它融合了其他社会科学,要依靠政治学、经济学、社会学、心理学等学科的知识来确立自己崭新的学术体系。

(5) 政策科学是一门需要学者和政府官员共同研究的学问。从公共政策学研究对象的特殊性来说,学者们非常需要了解政府官员对公共政策的认识和他们所掌握的数据;同时,政府官员也需要了解学者们的研究思路与政策建议。

(6) 政策科学具有"发展建构"的概念。政策科学是一门以社会变迁和发展变化为研究对象、以动态模型为核心的学问。公共政策必须重视发展的概念,强调对变化、创新和革命的研究。当研究一项以社会发展为前提的公共政策的实施

---

① Daniel Lerner and Harold D. Lasswell, *The Policy Sciences: Recent Development in Scope and Method*, Stanford, CA: Stanford University Press, 1951, pp. 3-15.

时,必须注重观察它究竟给社会带来了哪些积极的变化。①

在后来的著作中,拉斯韦尔继续致力于政策科学的研究。1956 年,在《决策过程:功能分析的七种类型》等论著中,拉斯韦尔对政策过程进行探索,并把注意力集中在政策过程中的各种功能活动上,提出了包含七个因素,即情报(Intelligence)、建议(Promotion)、规定(Prescription)、合法化(Invocation)、运用(Application)、终止(Termination)和评价(Appraisal)在内的"功能过程理论",也称作政策过程七阶段理论。②

1963 年,在《政治科学的未来》一书中,他将政策科学看作重建政治科学的主要方向,呼吁政治科学家致力于这方面的研究,特别是政策制定中选择理论的研究,并更多关注政策和社会问题。他说:"政策科学要面向未来,就必须采取这样一种明确的立场,即以知识和政策的高层次上的思想和组织的创造性整合作为重要的出发点。必须认识到各种不同研究途径的有效协调已经为政治科学家提供了一种过去只是部分地被利用了的机会,即取得一种一致的看法——建立一门以社会中人的生活的更大问题为方向的解决问题的学科。"③

1971 年,在《政策科学展望》一书中,他对政策科学做了进一步的讨论,将政策科学定义为对"政策过程的知识"和"政策过程中的知识"的研究,并将政策科学家定义为在公共和市政秩序的背景中关注和掌握与明智决策有关的技巧的人。④ 在这里,他强调了政策分析中技巧的重要性,而关于历史的、跨文化的、多元方法的"背景"的论述则体现出他对过去的政策科学概念更深刻的理解。他认为政策科学家在政策过程中可做出三方面的贡献:(1)确定一项公共政策的目标与价值;(2)收集和提供与决策相关的信息;(3)提出备选政策方案并比较其优劣,以做出最佳选择。⑤

四、对拉斯韦尔的评价

拉斯韦尔的贡献在于:(1)他第一次对政策科学的对象、性质、发展方向和政策过程等问题加以论述,奠定了政策科学发展的基础,深刻地影响了美国的"政策

---

① Daniel Lerner and Harold D. Lasswell, *The Policy Sciences: Recent Development in Scope and Method*, Stanford, CA: Stanford University Press, 1951, pp. 3–15.
② Harold D. Lasswell, *The Decision Process: Seven Categories of Eunctional Analysis*, College Park: University of Maryland, 1956, p.38.
③ Harold D. Lasswell, *The Future of Political Science*, New York: Atherton, 1963, pp. 38–39.
④ Harold D. Lasswell, *A Pre-view of Policy Sciences*, New York: Elsevier Inc., 1971, p. 13.
⑤ Daniel Lerner and Harold D. Lasswell, *The Policy Sciences: Recent Development in Scope and Method*, Stanford, CA: Stanford University Press, 1951, pp. 3–15.

科学运动"。有人将他誉为政策科学发展的第一个分水岭、第一块里程碑。①
(2)拉斯韦尔这一代人对政策科学的理解中有许多科学合理的方面,比如对民主主义和实证主义合理性的赞赏、政策科学的跨学科性、时空观念的必要性、发展观念的重要性、政府官员应参与公共政策的学术研究等,这些对公共政策学的健康成长无疑是有帮助的。

拉斯韦尔观点的局限性在于:(1)自政策科学诞生以来,拉斯韦尔赋予政策科学区别于以往学科的三个特点——跨学科的角度、情景和问题导向、价值规范的清晰表述——这使得政策科学产生了学科内在难以调解的张力。这一张力来自政策科学自身囊括了价值和事实、主体间和主客体间、合法性和合理性这些在静态发展中难以通约的矛盾。(2)这一时期,行为主义在美国的社会科学中已经占据统治地位,各门学科都普遍接受了行为主义,政治学的行为主义完全取代了规范的、理性的研究传统。在该背景下,拉斯韦尔等人创立的公共政策学也不可避免地浸染了行为主义的色彩。他们过分看重自然科学的方法,并将这种方法等同于理性,造成了人们在进行政策分析时,不考虑伦理价值,使公共政策游离于价值判断之外。这种冰冷的、生硬的、粗鲁的公共政策学"不可能对推动社会前进、执行具体政策的人产生任何影响。公共政策学的第一个分水岭,就这样脆弱地崩溃了"②。

此后的许多学者,特别是叶海卡·德罗尔(Yehezkel Dror)等人沿袭了拉斯韦尔所规定的政策科学的方向;而另一些学者则吸收了拉斯韦尔的有关政策科学的思想,不断研究与反思,并致力于探索公共政策研究的新范式。

第四节 西方政策科学的发展时期

20世纪70年代,西方政策科学迎来了发展时期,叶海卡·德罗尔成为此时的关键人物。1968—1971年,在旅居美国短短的几年里,他出版了所谓政策科学"三部曲"——《公共政策制定检讨》(1968)、《政策科学进展:概念与应用》(1971)、《政策科学构想》(1971),并发表了一系列政策科学论文。面对即将崩溃的公共政策学,德罗尔勇敢地进行了重建工作,他认为应当批判行为主义,对整个政策科学的基础进行建设。同时,德罗尔主张对制定政策的系统加以研究,并提出了政策制定的若干设想。他继承和发展了拉斯韦尔的政策科学理论,对政策科学的对象、性质、理论和方法等问题做了进一步具体而详尽(有时近乎烦琐)的论

---

① 〔日〕药师寺泰藏:《公共政策》,张丹译,北京:经济日报出版社1991年版,第155页。
② 同上。

证,从而形成了拉斯韦尔-德罗尔的政策科学传统。这是政策科学发展的第二个分水岭[①]、第二块里程碑。

一、德罗尔对政策科学的贡献

首先,德罗尔批判了行为主义对政策科学的妨碍。德罗尔认为,行为科学分为理论行为科学和应用行为科学,前者提供有关人的行为的理论分析框架,后者以直接应用为标志。有人将上述划分与自然科学分为理学和工学的划分等量齐观,这显然是错误的。因为自然科学对它的研究对象是不加任何价值评价的,但社会科学的研究却必须以某种价值判断为前提。行为主义者宣称他们的研究方法和结论是纯客观与无任何价值色彩的,这无异于"掩耳盗铃",因为面对具有是非价值标准的社会现象而采取所谓的价值中立态度,本身就是一种价值选择。

其次,德罗尔提出宏观分析模式,规范了政策分析。德罗尔认为,政策科学之所以发展缓慢,主要是因为缺少一种规范分析模式。这种模式应该将相关的知识融为一体,通过分析模式,就像医生治病一样,对社会弊病进行诊治。这种规范分析模式应该包括总体政策目标、政策调适范围、政策有效时间、政策风险承受力、渐进或革新的政策策略、普遍性或特殊性的政策选择(通常所有政策都同时具有两种特性,但每项政策有所侧重,如"中国特色社会主义"强调特殊性;"中国决定加入WTO"强调普遍性)、均衡时或侧重时的政策选择(如允许一部分人先富起来是侧重;"先富带动后富、实现共同富裕"是均衡)等分析环节。

再次,德罗尔将政策科学看作科学革命,强调了公共政策学的学科特征。德罗尔在《政策科学构想》一书中借鉴托马斯·库恩(Thomas S. Kuhn)的范式理论,将政策科学看作一场科学革命,概括了政策科学的十四个特征[②]:

(1)政策科学主要关心的是理解和改善全社会的发展方向。因此,它主要关注全社会的指导系统,特别是政策制定系统及产生更好的政策,它直接关注的并不是具体的政策问题,而是改进了的政策制定系统的方法和知识。

(2)政策科学研究的是公共政策制定的宏观层次,即地方的、全国的和跨国的政策制定系统。政策科学是处理个人的、团体的和组织的决策过程,需要从公共政策制定的角度上看待它们。

(3)政策科学在传统的学科特别是行为科学和管理科学之间架起桥梁。它以行为科学和管理科学的融合为基础,但也吸收来自其他相关学科的知识因素。

---

① 〔日〕药师寺泰藏:《公共政策》,张丹译,北京:经济日报出版社1991年版,第156页。
② Yehezkel Dror, *Design for Policy Science*, New York: Elsevier, Inc., 1971, pp. 50-53.

（4）政策科学在通常纯粹的研究和应用的研究之间架起了桥梁。因此，真实世界构成政策科学的主要实验室，而对大部分抽象的政策科学理论的最终检验是看他们是否对政策制定的改进有所贡献。

（5）政策科学除了使用常规的研究方法外，还将不证自明的知识和个人的经验当作重要的知识来源。努力提炼政策实践者不证自明的知识，并将高水平的政策制定者吸收进来，作为政策科学建设的合作者，这是政策科学区别于当代常规科学（包括行为科学和管理科学）的一个重要的特征。

（6）与当代常规科学一样，政策科学既关心工具规范的知识（工具理性），又重视政策价值观（价值理性）的研究。政策科学突破了当代科学与伦理学、价值哲学的严格界限，并将建立一种具有可操作性的价值理论作为政策科学的一部分。

（7）有组织的创造性构成政策科学各部分的一个重要因素。因此，鼓励和刺激这种创造性是政策科学的一个主题和重要的方法论之一。

（8）政策科学对于时间非常敏感，它将现在看作过去和未来之间的桥梁。它既强调历史发展，又注重未来研究，以此作为改善了的政策制定的脉络。

（9）政策科学对于变化的过程和动态的环境十分敏感。

（10）政策科学涉及系统化的知识和结构化的合理性对公共政策制定的贡献，但政策科学也明显地认识到超理性（如创造性、直觉、魅力和价值判断）和非理性过程（如深层动机）的重要作用。

（11）政策科学既修正已被接受的科学原则和基本方法论，又将它们扩展到已被接受的科学研究的界限之外。

（12）政策科学要成为自觉的社会科学，就必须寻求自己的范式、假定和理论。

（13）政策科学为它自己在实际政策制定中日益增强应用性和职业化而奋斗。

（14）政策科学尽管有种种的创新，但它属于科学的事实，并为科学的传统（如实证和有效性）而努力。

最后，德罗尔反思了政策科学的发展，探寻了政策科学的重建之路。德罗尔于1986年出版了著作《逆境中的政策制定》，反思了政策科学距当时二三十年的发展，试图找到走出政策困境、重建政策科学的途径。在该书中，德罗尔认为"困境"是当今政府公共政策的主要特征之一。政策制定与政策执行的无能和两难选择显得尤为突出，为此，德罗尔明确提出，政策科学需要突破与创新，并提出了一些公共政策研究中存在的问题和新的研究视角，包括：提供关于政策制定和政策科学的哲学和思想的基础；增加历史和比较的认识；真实地处理政策实际问题；探求宏观理论;政策范式批判;探讨宏观政策创新;研究元政策制定乃至统治方式的重建;考虑改善政策制定的途径;探索政策制定的输入方式;加强学科基础;开发多维方法和技术;等等。①

二、对德罗尔的评价

首先,德罗尔深刻地认识到库恩"范式"概念的历史主义特征,即它不但从内在逻辑的角度看待政策科学,而且从政策科学的外在社会功能和社会建制的角度看待政策科学,大大丰富和深化了政策科学的学科内涵。德罗尔的政策科学"范式"是拉斯韦尔的政策科学理论的发展和完善,构成政策科学发展史上又一里程碑。拉斯韦尔-德罗尔的政策科学传统是美国政策科学运动的主导"范式"之一,被许多政策科学研究者所赞同和遵从。

但是,由于拉斯韦尔和德罗尔提倡的跨学科、综合性的全新的政策科学过于宽泛,没有明确的边界条件,使得政策科学几乎成为一门凌驾于所有社会科学之上的总科学(统一的社会科学),因此遭到一些社会科学家的批评:一部分社会科学家批评拉斯韦尔和德罗尔等人所建立的政策科学不是科学,而是意识形态;也有人认为"德罗尔的失败就在于:他试图在统一的公共政策学的旗帜下统率其他相关学科"②。

20世纪70年代以来,在众多政策科学家的共同努力下,政策科学作为一门独立学科,获得了快速发展;美国出现了一大批研究公共政策的专家,其中较为著名的有:曾任美国政治学会主席、加州大学伯克利分校政治学教授艾伦·威尔达夫斯基(Aaron Wildavsky),他在1973年与杰佛里·普里斯曼(Jeffrey Pressman)合著了《执行:联邦政府的期望在奥克兰市落空》,1979年又先后出版了《预算过程中的新政治》和《权力之实——政策分析的艺术和诀窍》,这些书奠定了他在政策科学界的地位;美国匹兹堡大学公共和国际事务研究生院教授威廉·邓恩(William N. Dunn)也是一位很有影响力的政策科学家,其代表作是1981年出版的《公共政策分析导论》和1982年出版的《伦理、价值和政策分析实践》;此外,美国伊利诺伊大学政治学教授斯图亚特·那格尔(Stuart S. Nagel)是一位多产的政策科学家,他先后出版了《政策研究和社会科学》(1975)、《法律政策分析》(1977)、

---

① 〔以〕叶海卡·德罗尔:《逆境中的政策制定》,王满传等译,上海:上海远东出版社1996年版,第222—235页。
② 〔日〕药师寺泰藏:《公共政策》,张丹译,北京:经济日报出版社1991年版,第156页。

《决策理论和法律程序》(1979)、《社会科学研究中的政策分析》(1979)、《改善政策分析》(1980)、《政策评价》(1982)、《公共政策:目标、策略和方法》(1983)等著作并发表了一系列政策分析方面的论文。

第五节 西方政策科学的转型时期

一、从政策科学到政策分析的转型:工具理性的张扬

(一)政策科学研究范式的局限

尽管拉斯韦尔、德罗尔等人的研究促进了20世纪60年代至70年代西方政策科学的发展,但因政策科学研究范式自身仍存在一定局限性,使得其在70年代的发展陷入了困境,主要表现在以下几个方面:

一是将政策科学当作一个统一的社会科学,造成了在科学共同体中建立共识的困难,包括在划定学科边界、建立学科理论体系和形成特有研究方法等方面的困难。

二是政策科学为自己确立的目标过于宏伟,难以在短时间内有所突破,而且它抽象地大谈改善全人类公共决策系统,端正人类社会发展方向,回避各个国家和地区的价值观念、意识形态和政治制度的差异。

三是拉斯韦尔和德罗尔所确立的政策科学范式过分注重政策制定的研究,对政策过程的其他环节关注较少。

这些问题一直困扰着政策科学的持续发展,到了20世纪80年代中期仍然未能得到解决。在此背景下,有些学者对政策科学的发展进行反思和批判,取得了新的突破,即从拉斯韦尔-德罗尔的政策科学传统转向以量化分析为主导的政策分析。

(二)政策分析范式的兴起

政策分析的兴起主要受到三股力量的驱动。一是政策科学理性精神的驱动。政策科学的理性精神与系统分析的方法是一致的。二是系统论和系统分析方法的成熟应用。系统论肇端于1937年路德维希·冯·贝塔朗菲(Ludwig Von Bertalanffy)提出的一般系统论思想。三是二战以后,特别是美国社会的巨大变化使得诸多的政治、经济和社会问题大量涌现,并且日益复杂化和专业化,这就要求政府政策在解决这些问题的时候能够兼顾复杂化和专业化。正是以上三股力量的结合,共同推动了政策分析的兴起。

第二章 西方公共政策学科的发展与演变

早期的政策分析与系统分析是重合的,主要运用于二战期间军事作战研究。1944 年"兰德计划"的签署和 1948 年兰德公司的成立①,以及兰德公司在 50 年代政策分析研究上获得的成功②,进一步使系统分析和政策分析的思想与方法成为当时政策科学研究的主流。

政策分析的黄金时代还体现在政策分析在美国政府管理实践当中的广泛运用以及出现了"政策分析员"的职业称谓。20 世纪 60 年代初,罗伯特·麦克纳马拉(Robert McNamala)出任美国国防部部长,采用系统分析的方法,设计了"规划、计划和预算系统"(PPBS),大大提高了国防项目建设的经济、效率和效益。国防部的成功使得 PPBS 进一步扩展到联邦政府的大部分行政机构,而进行 PPBS 工作的人员,就被称为系统分析员或政策分析员。

长期以来关于政策分析的文献可谓汗牛充栋,其中既有技术性较强的学院式研究,也有学术性和现实性紧密融合的研究咨询报告,还有政府实施的管理政策和法律规章。美国人克朗(R. M. Krone)在 20 世纪 80 年代出版的《系统分析和政策科学》一书,较为全面地阐释了系统分析与政策分析之间的关系,也对系统分析运用于政策分析的局限做了较为全面的归纳。③

二、从工具理性到价值理性的转型:工具理性的批判

在 20 世纪五六十年代乃至整个 70 年代的政策科学运动中,政策分析的成长最引人注目,尤其是对政策分析的途径与方法的争论。按照西方学者的看法,这

---

① 1944 年 11 月,当时陆军航空队司令亨利·阿诺德(Henry Arnold)上将提出一项关于《战后和下次大战时美国研究与发展计划》的备忘录,要求利用这批人员,成立一个"独立的、介于官民之间进行客观分析的研究机构","以避免未来的国家灾祸,并赢得下次大战的胜利"。根据这项建议,1945 年底美国陆军航空队与道格拉斯飞机公司签订了一项 1000 万美元的"研究与发展计划"的合同,这就是有名的"兰德计划"。"兰德"(Rand)的名称是英文"研究与发展"(Research and Development)的缩写。不久,美国陆军航空队独立成为空军。1948 年 5 月,阿诺德在福特基金会捐赠 100 万美元的赞助下,将"兰德计划"脱离道格拉斯飞机公司,正式成立独立的兰德公司。

② 朝鲜战争前夕,兰德公司组织大批专家对朝鲜战争进行评估,并对"中国是否出兵朝鲜"进行预测,得出的结论只有一句话:"中国将出兵朝鲜。"当时,兰德公司欲以 200 万美元将研究报告转让给五角大楼。但美国军界高层对兰德公司的报告并不感兴趣。在他们看来,当时的中国无论人力还是财力都不具备出兵的可能性。然而,战争的发展和结局却被兰德公司准确言中。这一事件让美国政界、军界乃至全世界都对兰德公司刮目相看。二战结束后,美苏称雄世界。美国一直想了解苏联的卫星发展状况。1957 年,兰德公司在预测报告中详细地推断出苏联发射第一颗人造卫星的时间,结果与实际发射时间仅差两周,这令五角大楼震惊不已。兰德公司从此真正确立了自己在美国的地位。此后,兰德公司又对中美建交、古巴导弹危机、美国经济大萧条和德国统一等重大事件进行了成功预测,这些预测使兰德公司的名声如日中天,成为美国政界、军界的首席智囊机构。

③ 〔美〕R. M. 克朗:《系统分析和政策科学》,陈东威译,北京:商务印书馆 1985 年版。

种争论是围绕"全面的"(Synoptic)途径与"反全面的"(Anti-synoptic)途径而展开的。全面的途径即综合理性模式,依赖拉斯韦尔政策科学中的科学因素,以系统分析为缩影;反全面的途径则依赖拉斯韦尔政策科学中的人文因素,强调综合理性的局限性或不可能性。

(一)综合理性模式

一般而论,一项理性主义的公共政策分析及其理性选择要求同时具有以下要件:(1)清楚所有的社会价值偏好及其在社会人群中的比重;(2)详尽了解相关资料,并以此为基础制订各种可能的政策方案;(3)充分把握每一种政策方案可能产生的结果;(4)准确估计每一种政策方案的损益期望值和社会价值比;(5)合理选择最为经济有效的政策方案。

(二)对工具理性的批判

随着政策实践的进一步丰富化,人们越来越感觉到在公共政策分析领域,尤其在宏观公共政策的关键性抉择方面,现行的理性主义的诸多公共政策分析方法不仅常常无济于事,在某些情况下还可能将人们导入误区。其中,PPBS受到的批评和责难就是一个显著的例子。艾伦·威尔达夫斯基1964年出版了《预算过程中的政治》,又于1969年在《公共行政评论》上发表《将政策分析从PPBS中拯救出来》等文,强调预算的政治属性,指出政策分析理性崇拜的偏颇。因此,PPBS因为其内在无法克服的问题,在20世纪60年代末期逐渐被其他的制度安排代替。

从实践的情况来看,要在一项政策过程中同时具备综合理性政策分析的五方面的要件几乎是不可能的。这主要是因为,对任何具体的、实际的公共政策问题来说,政策的分析过程和决定过程都是一个极具复杂性和挑战性的过程。这种复杂性不仅来自人类认知现实生活和未来社会基本原则的感情倾向和利益追求,而且来自人类判别自然界运动法则和相互关系的时空界限;前者导致了政策制定者对社会基本价值标准的不同理解,后者则造成了政策分析者应用理性分析方法的有限性,从而使得理性主义的公共政策分析只具有部分的、过程的意义,而不具有全部的、结论的意义。

在公共政策分析的领域里,"价值中立"和"最优化"是基本的理念之一。所谓理性选择,是指政策决定者和政策分析者在公共政策分析的过程中,依据"价值中立"和"最优化"的基本价值标准,在特定的公共政策问题上选优。然而,无论是政策决定者还是政策分析者,在具体的公共政策分析问题上,从一开始就不可避免地具有一定的价值取向,并在彼此互动的过程中相互影响。如果把互动扩大到社会主体的层面上,与政策决定者和政策分析者相关的直接和间接的相互影响则几乎是无限的;如果再考虑到利益关系对于政策决定者和政策分析者的作用力,以"价值中立"为逻辑前提的"理性选择"的结果在实际生活中实在很难实现所谓"最优化"。不难理解,任何理性化的公共政策分析都是以政策决定者和政策分析者的理性态度、理性思维和理性方法为前提的,而人的理性化总是一个由"必然王国"向"自由王国"发展的过程,因此理性主义公共政策分析的逻辑起点显得先天不足。

理性主义公共政策分析的误区还在于,作为一种分析方法,它过于重视研究架构的合理性,过于相信研究模型的真实性,以至于忽视了这样一个基本的事实:研究构架和研究模型都是人为设定的,都只是真实世界的仿真或类比,都不可避免地要使用加权或模拟的方法,因而其真实性总是有限的。其实,偶然因素、不确定因素、不可预知因素和变化性因素总是客观存在的。而这些因素会造成研究架构的不完整性和研究模型的不确定性,从而使得主张建立静态研究架构和数理研究模型的理性主义的公共政策分析常常出现预期目的与实践结果之间存在差距,甚至背道而驰。

同时,由于过分强调工具理性化(instrumental rationality),理性主义的分析还可能出现"手段代替目的"的现象,进而导致所谓"理性虐政";理性工具愈强大,产生"理性虐政"的可能性就愈大。这种手段与目的的本末倒置,必定会导致公共政策的分析结果与实际情况的差距,进而导致政策失败。

概括起来说,对理性主义公共政策分析的批评,主要集中在它对主、客观条件的理想化的要求上。批评者认为,诸如知识的广博性、动机的纯正性、价值标准的中立性、数据(资料)的完整性、分析模型的真实性、政策方案的周全性、未来预测的准确性等多项理性主义公共政策分析的要求,都不是现实人类的知识和能力所能实现的。因此,理性主义公共政策分析的理念和方法,不应当亦不可能是实际公共政策分析的唯一理念和唯一工具。尽管如此,批评者认为,如果进行适当的改进,那么理性主义的公共政策分析就可以成为基本的、重要的、现实可行的政策理念和政策研究方法。于是,人们开始研究如何弥补理性主义公共政策分析的某些不足,使之尽可能地克服局限性,以进一步适应实际政策的需要。在对理性主义公共政策分析的所有批评中,查尔斯·E. 林德布洛姆(Charles E. Lindblom)的渐进主义政策理论和赫伯特·A. 西蒙(Herbert A. Simon)的有限理性政策理论最具代表性。[①]

对理性主义公共政策分析进行批判的同时,也有学者强调在公共政策分析当中还有诸如判断、直觉、灵感、意志、隐含的知识、超感觉交流等因素。

---

① 本部分内容参考了张国庆主编:《公共政策分析》,上海:复旦大学出版社2004年版,第39—44页。

总之,政策分析将政策科学的理性崇拜推向了极致,必然会引起人们对政策科学当中非理性以及作为工具理性对立面的价值理性、合法性、主体间性和民主问题的关注。

(三) 价值理性的凸显

按照马克斯·韦伯的阐释,价值合乎理性是人"通过有意识地对一个特定的举止的伦理的、美学的、宗教的或做其他阐释的无条件的固有价值的纯粹信仰","向自己提出某种'戒律'或'要求'"。"行为服务于他内在的某种对义务、尊严、美、宗教、训示、孝顺,或者某一种'事'的重要性的信念","不管"采取"什么形式","不管是否取得成就","甚至无视可以预见的后果","他必须这么做"。①

其实韦伯所讲的价值理性,与马克思所讲的"人的交往形式",现象学者所说的"主体间性",哈贝马斯(J. Habermas)所言的"合法性""交互理性"等范畴都是相同的。他们强调人的目的、自由和人与人之间的共识和规则。恰巧这一维度也是政策科学本身所倡导的一个方面,即政策科学倡导的民主、共识和发展的维度。

政策分析对价值理性的强调,是对仅强调工具理性的纠偏。如果说政策分析主要是实证主义的研究方法的话,那么对价值理性的强调,则属于后实证主义的研究方法。

同时,与公共行政学中"价值回归"思潮相一致,政策科学对价值理性的倡导主要体现在新公共行政、"黑堡宣言"的政策主张和公共政策的民主研究学派当中。②

1. 新公共行政的政策主张③

1968年9月,由美国行政学家德怀特·沃尔多(Dwight Waldo)号召和资助,几位年轻的行政学学者会聚在位于美国纽约州雪城大学(Syracuse University)的明诺布鲁克会议中心(Minnowbrook Conference Center),试图回顾和检讨公共行政学的发展方向。会议提出了"新公共行政学"(New Public Administration)作为区别以往行政学理论的标志,并以政府及其官员在公共行政过程中的价值观和伦理观作为新公共行政学的核心概念和关键性问题。H.乔治·弗雷德里克森(H. George Frederickson)成为新公共行政学的主要代表人物,其观点主要集中在1980

---

① 〔德〕马克斯·韦伯:《经济与社会》(上卷),林荣远译,北京:商务印书馆1997年版,第56页。

② 1947年罗伯特·达尔(Robert A. Dahl)在《公共行政科学:三个问题》中指出,公共行政学应该充分考虑行为的复杂性、价值和社会背景,倡导通过比较研究促进政学研究。1948年,沃尔多在《行政国家》等论著中强调行政研究的哲学、政治和制度维度。我们把达尔和沃尔多对行政价值理性的关注称为行政学当中的"价值回归"思潮,这一思潮与威尔逊开创的公共行政学的工具理性定位形成内在的紧张。

③ 有关新公共行政的政策主张,转引自张国庆主编:《行政管理学概论》(第二版),北京:北京大学出版社2000年版,第49—52页。

年出版的《新公共行政学》一书中。会议的成果由马林尼(Frank Marini)编辑成论文集《迈向新公共行政：明诺布鲁克观点》,于1971年出版。

1988年,认同新公共行政观点的学者再次会聚雪城大学,试图总结第一次会议以来的发展变化,研讨公共行政所面临的新问题以及解决问题的途径。第二次明诺布鲁克会议以后,《公共行政评论》于1989年3、4月以"第二次明诺布鲁克会议：公共行政的变迁纪元"(Minnowbrook Ⅱ: Changing Epochs of Public Administration)为题,专号刊登了会议的观点。

新公共行政的政策主张具有强烈的价值理性色彩,主张社会正义(Social Justice)和社会公平(Social Equity);主张通过重新定义分配过程、整合过程、边际交换过程和社会情感过程,构建新型的公共组织,进而实现社会公平;主张突出政府的"公共"性质,政府必须坚持公共目的,承担公共义务或社会责任;主张"民主行政"(Democratic Administration),并以此作为新公共行政的"学术识别系统"。

2. "黑堡宣言"的政策主张①

"黑堡宣言"由美国弗吉尼亚州理工学院暨州立大学(Virginia Polytechnic Institute and State University)的公共行政与政策中心的若干位教授合力研究提出,其代表人物有格雷·万斯莱(Gary L. Wamsley)、约翰·罗尔(John A. Rohr)、詹姆斯·沃尔夫(James F. Wolf)等,他们也被称为弗吉尼亚理工学院重建学派。其理论观点于1983年在《公共行政与治理过程》一文中做了最初的表述。1990年,万斯莱发表了《重建公共行政》一文;1995年,万斯莱以及罗尔、沃尔夫等人又发表了《重建民主公共行政》一文,试图对公共行政原理进行再阐释。他们认为,其理论的意义不在"新公共行政"之下,因此他们以所在学校校址地名"黑堡"(Blacksburg)为名,并将其理论定名为"黑堡宣言",以兹纪念。

他们基本的立论问题为：政府的本质是什么,政府应当履行哪些职能,什么样的政府是最具有效率的政府等。他们的中心观点是：公共行政作为民主政府治理过程的必然部分,必须成为公共利益的捍卫者;因其专业功能,政府行政人员应成为具有强烈自我意识的公共利益的受委托者,应成为"睿智的少数"而不是"强权的少数"。"黑堡宣言"的政策主张张扬了政策科学价值理性的一面。

3. 政策科学民主化研究

政策科学民主化(Democratization of the Policy Sciences)研究,又称作民主的政策科学(Policy Sciences of Democracy)或者参与型政策分析(Participatory Policy Analysis),旨在探讨政策科学的民主价值理性基础。

---

① 有关"黑堡宣言"的政策主张,转引自张国庆主编：《行政管理学概论》(第二版),北京：北京大学出版社2000年版,第645—646页。

彼得·德利翁(Peter DeLeon)于 1988 年出版了《建议和赞成》一书,1992 年发表了《政策科学与民主化》一文,1995 年发表《民主的政策科学》一文,1997 年出版了《民主与政策科学》一书。① 与此相应,1988 年德博拉·斯通(Deborah A. Stone)出版了《政策悖论和政治理性》一书。② 1991 年,利恩·凯瑟林(Lyn Kathleen)与约翰·马丁(John A. Martin)发表了《强化公民参与:面板设计、观点和政策制定》一文。③ 1993 年,弗兰克·费希尔(Frank Fischer)发表了《公民参与与专家的民主化:从理论研究到实践案例》一文。④ 1993 年,丹·德宁(Dan Durning)发表了《参与式政策分析:对一个社会公益服务机构的案例研究》一文。⑤ 1994 年,路易斯·怀特(Louise G. White)发表了《作为话语的政策分析》一文。⑥ 1997 年,圣安尼·斯切斯德(Anne Larason Schncider)和海伦·英格拉姆(Helen Ingram)出版了《针对民主的政策设计》一书。⑦ 2000 年,迪亚·维格尔(Udaya Wagle)发表了《民主的政策科学:公民参与的理论和方法问题》一文。⑧ 这些论著和论文紧紧围绕政策与民主化之间的关系展开,在以往对实证主义和后实证主义探讨的基础上,讨论了民主化和公民参与在政策科学当中的角色,探讨了政策科学当中的价值、道德和民主化的制度安排问题,主张通过公民参与、对话和民主制度安排,实现公共政策的价值。总之,政策科学民主化研究主张在更广泛参与的基础之上,重建政策科学的理论和方法。

政策科学可以说是对一般选择理论的研究,而选择则以价值作为基础。因此,价值、伦理问题在政策科学及政策分析中占有突出的重要地位,以至于有的学

---

① Peter DeLeon, *Advice and Consent*, New York: Russell Sage Foundation, 1988; "The Democratization of the Policy Sciences," *Public Administration Review*, Vol. 52, 1992, pp. 125-129; "The Policy Sciences of Democracy," *American Journal of Political Science*, Vol. 39, Iss. 4, 1995; *Democracy and the Policy Sciences*, Albany: State University of New York Press, 1997.

② Deborah A. Stone, *Policy Paradox and Political Reason*, Chicago: Scott, Foreman, 1988.

③ Lyn Kathleen and John A. Martin, "Enhancing Citizen Participation: Panel Designs, Perspectives, and Policy Formation," *Journal of Policy Analysis and Management*, No. 10, 1991, pp. 46-63.

④ Frank Fischer, "Citizen Participation and the Democratization of Policy Expertise: From Theoretic Inquiry to Practical Cases," *Policy Sciences*, No. 26, 1993, pp. 165-188.

⑤ Dan Durning, "Participatory Policy Analysis in a Social Service Agency: A Case Study," *Journal of Policy Analysis & Management*, No. 12, 1993, pp. 231-257.

⑥ Louise G. White, "Policy Analysis as Discourse," *Journal of Policy Analysis and Management*, No. 13, 1994, pp. 506-525.

⑦ Anne Larason Schncider and Helen Ingram, *Policy Design for Democracy*, Lawrence: University Press of Kansas, 1997.

⑧ Udaya Wagle, "The Policy Science of Democracy: The Issues of Methodology and Citizen Participation," *Policy Sciences*, Vol. 33, Iss. 2, 2000, p. 207.

者如邓恩称公共政策学为应用伦理学。20世纪80年代以来美国政策科学中对政策价值观的研究主要采取三种途径：

一是从政治哲学的立场探讨政策伦理的最一般方法，如约翰·罗尔斯（John Rawls）的《正义论》主张用分配的正义取代传统的功利主义伦理学；

二是从特定的政策案例分析政策伦理或价值，如从国家安全、社会福利、堕胎、死刑中的案例引申出伦理问题，这方面的著作有詹姆斯·布坎南（James M. Buchanan, Jr.）的《伦理与公共政策》等；

三是从政府机构或职业组织的伦理问题入手分析公共责任与义务，即探讨政策分析的职业伦理规范问题，代表作有高斯罗普（Gawthrop）的《公共部门的管理、系统与伦理学》等。

第六节 西方政策科学的拓展时期

20世纪90年代，经济全球化所带来的国际政治经济环境的变化对各国国内政策的影响和压力与日俱增。苏联、东欧诸国的制度变迁，世界贸易组织的创立及其新规则的形成，联合国介入地区冲突和重大事件的作用明显增强，欧洲共同体的实质性进展和欧洲统一货币制度的推行，亚洲金融危机引发的经济震荡和全球恐慌，所有这些政治经济事变和发展在不同程度上对各国政府的政策制定和执行产生了深刻的影响。

这一时期，公共政策研究的拓展主要表现在以下几个方面：

一、比较公共政策与发展公共政策的研究

比较公共政策（Comparative Public Policy）研究是一个重要的研究领域，它主要研究专业领域和国家间政策过程以及实质性的政策内容，比较公共政策拓展了政策科学的基础。

比较公共政策研究有两大焦点：其一是政治经济焦点，其二是民主理论焦点。前者在于寻求某个政策领域中能够显示相关权力运作的全面原因阐释，即寻求一个有关政策为何及如何随时空改变的全面而具体的模式。后者主要研究政党、政策、选举行为与政策之间的关系。①

发展公共政策（Development Public Policy）研究与发展问题紧密相关，其主要研究政策在发展或走向现代化之途上的作用。比较公共政策和发展公共政策其实是

---

① 〔美〕罗伯特·古丁、汉斯-迪特尔·克林格曼主编：《政治科学新手册》（下），钟开斌等译，北京：生活·读书·新知三联书店2006年版，第854页。

两个相互伴生的研究领域。学者们总是在比较中提出和检验研究假设,而研究的内容主要是围绕相似的政策为何在不同的国家会产生不同的结果,以及政策为何会出现多样性等问题展开。① 比较公共政策和发展公共政策研究具有双重特性。

首先,在研究内容上拓展了研究的范围和视野。一个国家的政治经济变量对公共政策的影响、政治和经济变量在政策过程中的交互影响、政策实际效果等方面都纳入了比较公共政策和发展公共政策的研究范围。比如20世纪60年代凯伊(V. O. Key, Jr.)对公共舆论与美国民主的研究,卡特瑞特(P. Cutright)对政治结构、经济发展与社会保障计划的研究,戴伊对公共政策与政治、经济之间关系的研究都体现了比较公共政策研究内容的扩展。70年代和80年代诸如此类的研究也相当地繁荣。②

其次,比较公共政策适当地选用案例研究和量化研究的方法,在大量国别与实质性政策比较分析的基础上,形成和检验假设,进而发展理论并进行预测,有助于推动公共政策的科学化和本土化发展进程。

20世纪90年代出版了一批关于比较公共政策方面的教材和专著,1990年阿诺德·海登海默(Arnold Heidenheimer)等人出版了《比较公共政策》一书。③ 1992年,道格拉斯·艾士福德(Douglas Elliott Ashford)出版了《比较公共政策的历史和脉络》一书。④ 1998年,弗朗西斯·凯斯特(Francis G. Castles)出版了《比较公共政策:战后的转型模式》一书。⑤ 诸如此类的文献大量地涌现出来,繁荣了比较公共政策领域的研究。

二、重视宏观政策研究,促进政策制定系统改革

宏观政策研究更加重视国家总体政策制定,重视战略性大政方针和政策范式的改进与创新。原欧共体各国在全民公决与签署《马斯特里赫特条约》后陆续开始重视和审视本国政策与欧共体规则的一致性;美国政府于1993年成立"国家绩效评议委员会",并开展了"重塑政府运动";韩国在民主化改革后又开始"第二次

---

① Gedeon M. Mudacumura and M. Shamsul Haque, *Handbook of Development Policy Studies*, New York: Marcel Dekker, Inc., 2004, pp. 1-7.
② 〔美〕罗伯特·古丁、汉斯-迪特尔·克林格曼主编:《政治科学新手册》(下),钟开斌等译,北京:生活·读书·新知三联书店2006年版,第852—869页。
③ A. Heidenheimer, H. Heclo and C. Adams, *Comparative Public Policy*, N.Y.: St. Martin Press, 1990.
④ Douglas Elliott Ashford, *History and Context in Comparative Public Policy*, Pittsburgh: University of Pittsburgh Press, 1992.
⑤ Francis G. Castles, *Comparative Public Policy: Patterns of Post-war Transformation*, Cheltenham, U. K.: Edward Elger, 1998.

建国运动",对国家总体发展战略中的多个领域进行全面革新;日本政府的"新行政审议会"不断推出改革政府政策制定的新思路,促进了《行政程序法》等一系列政策法规的出台,大力推动了政府政策制定体制和程序的改进。我国在启动市场化改革以后,着手进行政治体制改革和公共管理体制改革,革新政府政策理念(以人为本、可持续发展、和谐社会、习近平"两山"理念、新时代共同富裕),完善政策制定体制,强化政策方案执行,扩大公民在公共政策过程中的有序参与,提高了公共政策的科学化、民主化程度。这一时期宏观政策研究的主要代表作有:叶海卡·德罗尔的《面向大政方针的宏观政策分析》,海伦·英格拉姆的《为实现民主的公共政策》《制高点》,马克·穆尔(Mark Moore)的《创造公共价值:政府战略管理》等。

三、开辟新的研究领域,开展公共政策调查

现代公共政策以现代社会的一切问题为行为对象,而现代社会是复杂的,现代社会问题也是复杂的,这使得政策问题具有系统相关性、动态性和诉求的多元性等复合型特征。这些特征促使公共政策在研究层次、范围和方法上的多样性、多元性和多重性。

政策科学家将研究的兴趣转向一系列新的社会问题,比如电脑犯罪、网络陷阱、温室效应、试管婴儿、艾滋病防治、克隆技术等问题。因为这些新的公共问题既是对人类的挑战,也是对公共政策研究的挑战。不少研究者认为仅通过以往的纯客观研究方法不能完全解决这些问题,还必须采用后实证主义等主观研究方法,如曼纽尔·卡斯特(Manuel Castells)的《网络社会的崛起》等。新的研究领域的开辟,增强了公共政策的应用性。

其次是公共政策调查的兴起。以往政策科学家过于重视经济与技术理性为主体的政策抉择研究,总是强调如何使"利益最大、损失最小",强调如何依据政策制定者的偏好,排列方案的优先顺序。这种研究方法在实际生活中已经暴露出弊端。诸多政策科学家逐渐转向政策调查研究,他们认为不存在一个最佳的、社会全体大众都能接受的政策。所谓好政策就是具有法律正当性的政策。为此,就必须通过政策调查、政策辩论获得合理性,并由此确定出某项政策的前提条件是否可接受。

四、公共政策学与公共行政学、公共管理学日益融合,促成公共政策新的研究范式

公共政策与公共管理犹如一个硬币的两面,密切相关,难分彼此。公共政策必须靠公共管理来推行,而公共管理主要是对公共政策的管理。梅尔斯纳

(Arnold Meltsner)和贝拉维塔(Christopher Bellavita)在《政策组织》一书中提出了政策管理、政策沟通、政策组织、政策行动四者相互联系的理论;劳伦斯·林恩(Lourence E. Lynn)在《管理公共政策》一书中提出组织行为、政治理论与公共政策的融合思想,他认为把公共管理与组织行为以及政治与政策形成理论融于一体,才能有效管理公共政策。美国政策科学与政策分析的最权威组织——公共政策分析与管理学会(Association for Public Policy Analysiss and Manapeoreut)的成立,目的之一就是希望建立政策分析研究与政策管理研究的联系,促进组织政治与公共政策的融合。这种融合,最终促使了新公共管理运动的萌芽。新公共管理运动对传统的政策科学提出了严峻的挑战,这种范式正在逐步取代传统的政策科学范式而成为当代西方政策科学与公共管理研究的主流。

【关键术语】

行为主义　拉斯韦尔　德罗尔　工具理性　价值理性　比较公共政策　发展公共政策　宏观政策研究

【复习思考题】

1. 为什么政策科学会在20世纪50年代的美国产生?
2. 西方政策科学是如何得以确立的?
3. 如何理解政策科学中的工具理性与价值理性?
4. 政策科学未来的发展方向是什么?

【案例分析】

中国政策科学发展的问题与应对策略[①]

进入21世纪以后,中国经济社会建设的进一步推进和政策实践的需要推动了政策科学的快速发展,理论建构与教学体系日趋成熟,政策科学研究成果不断丰富,出现了一批杰出的研究学者和相关成果,尤其是初步建立起中国政策科学的理论框架,形成了政策科学人才培养机制,政策科学的相关理论和研究范式也被应用到政策制定中,政策科学已经成为我国社会科学的重要组成部分。

然而,在取得长足进步的同时,政策科学在中国的发展也存在着诸多掣肘和问题。首先,政策科学缘起于国外,其理论依据和研究范式出发点是解决国外的

---

① 节选自郑石明:《政策科学的演进逻辑与范式变迁》,《政治学研究》2020年第1期,第87—101,127—128页。有改动。

社会问题,然而中国的政治体制和发展环境与西方存在很大区别,因此在政策科学本土化的研究上还需要进一步加强。中国政策科学还未摆脱对西方政策科学的模仿,在话语体系方面,受西方政策科学的影响也仍然十分显著,难免存在套用西方政策科学话语体系的现象。其次,国外政策科学研究起步早,积累丰厚,第一时间掌握了研究新动向、新方法,而我国学者往往还停留在对上一阶段理论、方法的消化和吸收上,难以跟上研究趋势,在政策科学学科建设与政策分析人才培养方面投入也不足。最后,国内对于政策科学的研究大部分还停留在理论层面,对其相关研究范式涉猎较少,尤其是定量方法研究。而且,政策科学的理论研究滞后于实践,还未建立健全政策科学知识的应用机制,如何解决科学研究与实践应用之间的鸿沟仍是有待解决的重要问题。

政策科学在中国的进一步发展可从以下几方面着手。首先,要进一步拓展我国政策科学学术研究的深度和广度,夯实政策科学基础理论,加强政策科学范式研究。对于政策科学的研究范式,我国学者主要倾向于定性方法,缺乏对定量方法的研究和使用。然而,定量方法中的模型和数据正是对政策科学的科学性最好的阐释。这就要求我国学者熟练掌握统计学、运筹学、系统分析等相关学科知识。同时,大数据技术的兴起,给数据分析、仿真模拟带来了质的飞跃。因此,我国政策科学的发展和突破要聚焦在定量分析技术上,并更好地将定性与定量方法结合起来。其次,不同研究领域不再独立分割,而是相互交叉影响,政策科学也是如此:既拥有自身研究领域,同时也是社会科学的重要组成部分。因此在开展政策科学研究时,我们既要加深自身研究领域的深度,又要拓宽研究领域的宽度,要站在社会科学发展的全局上看问题,拓展政策科学研究的主题,更好地将政策科学应用到社会问题解决的实践方案中去。最后,要深入调查研究我国的政策实际问题,找出政策实践中的矛盾,使政策科学真正实现本土化,更好地服务于我国政策科学研究。例如关注改革开放、环境污染、医疗卫生、教育公平、科技创新、公共危机与应急管理等重大政策问题研究,充分应用政策科学相关理论与研究范式,推动我国政策决策的科学性和民主化。

案例讨论题

1. 如何看待西方政策科学对中国政策科学发展的影响?
2. 如何看待中国政策科学的发展前景?

【推荐阅读文献】

1. 〔日〕药师寺泰藏:《公共政策》,张丹译,北京:经济日报出版社1991年版。
2. 〔美〕詹姆斯·E. 安德森:《公共决策》,唐亮译,北京:华夏出版社1990年版。

3. 张国庆主编:《公共政策分析》,上海:复旦大学出版社2020年版。

4. 陈庆云主编:《公共政策分析》(第二版),北京:北京大学出版社2011年版。

5. 宁骚主编:《公共政策学》(第三版),北京:高等教育出版社2018年版。

6. Harold D. Lasswell, *The Decision Process*: *Seven Categories of Functiond Analysis*, College Park: University of Maryland Press, 1956.

7. Yehezkel Dror, *Design for Policy Science*, New York: Elsevier, Inc., 1971.

第二编 公共政策要素

第三章 公共政策主体

【内容提要】

公共政策主体是直接或间接参与公共政策全过程的行动者。公共政策主体一般由官方决策主体和非官方参与者构成。其中，官方决策主体包括立法机关、行政机关、司法机关、执政党团等，非官方参与者包括利益团体、公民、大众传媒、思想库等。本章主要介绍了公共政策主体的构成及其在公共政策过程中的地位及作用等相关知识。

公共政策主体是指在公共政策过程中，能够直接或间接参与和影响公共政策制定、执行、评估及监督等阶段的机构、团体或个人。不同国家在政治制度、经济社会发展水平、文化传统等方面存在差异，因而公共政策主体的构成内容和类型也有所差别。

"公共政策主体"概念最先是由西方学者在西方社会，特别是在美国的多元权力结构背景下提出的，一般由立法机关、行政机关、司法机关、执政党团、利益团体、公民、大众传媒、思想库等构成。关于公共政策主体的分类，国内外学者有不同的观点。在西方，安德森根据是否拥有法定权威，将公共政策主体分为官方政策制定者和非官方参与者，前者包括立法机关、行政决策机关、行政执行机构和法院，后者包括利益集团、研究组织、大众传媒和公民个人[1]；查尔斯·琼斯（Charles Jones）和马瑟斯（Dieter Matthes）根据政府提案的来源，将政策制定者分为政府内部和政府外部制定者两类，前者包括行政长官（总统、州长、市长等）、官僚、咨询者、研究机构、议员及其助手，后者包括利益团体和协会、委托人团体、公民团体、政治党派和传播媒介等[2]。在我国，以主体是否具有公共权力为标准，将公共政策主体划分为两个类别，即官方主体和非官方主体[3]；根据主体参与政策过程的

---

[1] 〔美〕詹姆斯·E.安德森：《公共政策制定》（第五版），谢明等译，北京：中国人民大学出版社2009年版，第55—78页。

[2] 〔美〕斯图亚特·S.那格尔编著：《政策研究百科全书》，林明等译，北京：科学技术文献出版社1990年版，第102—103页。

[3] 张国庆主编：《公共政策分析》，上海：复旦大学出版社2004年版，第114页。

方式,将公共政策主体划分为直接主体和间接主体。

综上所述,可以发现公共政策主体的分类标准虽然不同,但其分类方式非常相似。国内外学者均倾向于以政治体制为界,将公共政策主体大致分为体制内政策主体和体制外政策主体两类。前者主要探讨集权模式下执政党团、立法机关以及行政机关的权力配置问题;后者则侧重于探讨参政党、利益团体以及公民个人的政策参与问题。① 因此,我们从官方决策主体和非官方参与者两个角度,介绍不同公共政策主体并探讨其在公共政策过程中的作用。

第一节 官方决策主体

官方决策主体是拥有合法权威的公共政策主体,在公共决策中发挥主导作用。现代西方国家主要依据三权分立原则分配国家公共权力,立法权、行政权和司法权分别掌握在议会、内阁和法院手中,这三大系统相互独立又彼此制约,形成体制内稳定有效运转的政策主体。中国政治体制有别于西方国家的三权分立制与多党制。我国实行的是中国共产党领导的多党合作与政治协商制度,实行审判独立。在许多国家,执政党团的思想观念、政策主张也是公共政策主体必须遵循的基本依据,因此我们所探讨的官方决策主体主要包括立法机关、行政机关、司法机关和执政党团。

一、立法机关

(一)概述

立法机关是国家机关的重要组成部分,行使国家立法权,有权制定、修改和废止法律。资本主义国家例如美国和日本的议会或者国会是国家的立法机关。社会主义国家例如中国的全国人民代表大会是国家的立法机关。立法机关作为最高权力机关,在法律上拥有至高无上的地位。不同国家因政治体制和法律环境不同,立法机关所拥有的具体权力也不相同。

(二)西方国家的立法机关

西方国家的立法机关通常能够在独立决策的意义上行使立法权,比如美国国会就是具有独立立法权的立法机关,其他的公共政策就是在此基础上产生的。但我们并不能据此就认为立法机关在实质上具有完全独立的立法权,立法机关的立法权也会受到其他方面的限制。这些限制主要来自行政机关和司法机关,比如有

---

① 陈庆云主编:《公共政策分析》(第二版),北京:北京大学出版社 2011 年版,第 68—74 页。

的西方国家议会所通过的议案要经过总统签署方能生效;而司法机关有权弹劾议员,在开会期间,甚至有权终止议会日程安排。

(三) 我国的立法机关

我国的立法机关指的是中华人民共和国全国和地方各级人民代表大会,是国家权力机关,主要体现在如下几个方面:

(1) 法律地位。《中华人民共和国宪法》明确规定,全国人民代表大会是最高国家权力机关,全国人民代表大会和全国人民代表大会常务委员会行使国家立法权。

(2) 主要权力和重要职能。全国人民代表大会所拥有的权力和职能是紧密联系在一起的,其主要权力有最高立法权、最高监督权、重大人事任免权和国家重大事项决定权等。具体而言,主要包括如下权力:第一,立法权,主要是修改宪法,制定和修改刑事、民事、国家机构的和其他的基本法律。第二,监督权。监督宪法和法律的实施是全国人大及其常委会行使监督权的主要内容。这种监督的基本形式是执法检查、法规备案审查。第三,重大人事任免权。人民代表大会及其常务委员会有权选举、决定、任免、撤换、罢免有关国家机构组成人员。第四,国家重大事项决定权。全国人民代表大会依据宪法规定有权批准决定行政区划和建置,以及决定战争等重大问题。①

(3) 政策特征。我国立法机关行使立法权的政策特征是以各种法律形式来行使权利和履行职能,主要的政策形式包括以下几种:第一,宪法。宪法是国家的根本大法,只有全国人民代表大会有修改宪法、解释宪法和监督宪法执行的权力。宪法是国家公共政策的基本指导方向,修宪代表着国家政策导向的变化。第二,基本法。基本法建立在宪法基础上,包括全国人民代表大会制定和通过的刑法、民法、选举法和组织法等范畴。第三,其他法律。这是指基本法以外的其他法律范畴,包括环保、外交、治安法律等。第四,地方性法规、自治条例和单行条例。

二、行政机关

(一) 概述

行政机关是国家机构的基本组成部分,是国家权力机关的执行机关,包括各级政府组织和职能部门。它依照法律执行立法机关制定的法律和决定,管理国家的内政外交等具体事务。

---

① 参阅谢庆奎主编:《当代中国政府与政治》,北京:高等教育出版社2003年版,第111—114页。

（二）西方国家的行政机关

在西方国家特别是总统制国家,总统在立法和政策制定方面的权力很大,法律赋予总统行政机关的最高行政权力,总统能够任命各行政机关的首长和工作人员,各行政机关首长直接对总统负责,总统则对议会和宪法负责,这就从根本上确立了总统的绝对权威。此外,行政机构不仅是政策执行的主导机构,毫无异议地执行立法机关的法律规定,而且作为公共政策的制定主体之一,越来越多地参与到公共政策的制定过程中来。而在一些发展中国家,行政机关在政策制定过程中所拥有的权力和影响力,可能比发达国家的行政机关所拥有的权力还要大。

（三）我国的行政机关

我国的行政机关包括中央和地方各级人民政府,以及中央和地方各级人民政府所辖的政府职能部门。从纵向行政层级看,我国从中央到地方包括国务院、省、市、县、乡镇五级人民政府;从横向行政职能看,国务院包括国务院办公厅和国务院职能部门及其直属机构。

（1）法律地位。行政机关本身就是国家依法设立的立法机关的执行机关,依法行使国家行政职能,依法组织和管理国家事务,在法律地位上是仅次于国家立法机关的权力执行机构。

（2）主要职权。全国和地方行政机关要执行立法机构所制定的法律和有关规定,地方各级行政机关还要执行上级行政机关的命令和本级立法机关的决议。此外,中央一级的行政机关还要管理内政外交事务。行政机关在行使职权的过程中,有权作出行政决策,发布行政命令,并采取必要的相关行政措施。

（3）政策特征。行政机关的政策内容广泛,包括内政外交等各项具体事务。此外,行政机关还要最广泛直接地和个人、组织打交道。行政机关的政策制定和执行实行层级制,亦即一级制定一级的政策,上级的政策决议对下级同样具有效力;政策执行过程中出现问题时实行逐级汇报的原则。这些特征是与行政机关在组织体系上实行领导从属制相一致的。此外,行政机关的政策决议遵循少数服从多数的原则,在决策体制上实行首长负责制。

三、司法机关

（一）概述

司法机关是行使司法权的国家机关,是国家机构的重要组成部分。西方国家实行三权分立制度,司法机关和立法机关、行政机关相互制衡,互不隶属。在社会主义国家,司法机关是国家权力机关的组成部分,又相对独立于其他国家机关。

（二）西方国家的司法机关

西方国家的司法机关具有如下权力：

（1）司法审查权。所谓司法审查权就是对国家机关立法、司法和行政是否合理合法的最终审核和裁量权。如有存在违反宪法或者不符合法律规定的行为，司法机关可以以司法建议的形式向行政机关提出建议，但是不能随便更改行政决议。

（2）法令解释权。司法机关享有对法令的解释权，包括对法令的运用以及与法令有关的问题，通过决定、批复、答复和复函等形式加以解释说明。法令解释权是西方国家司法机关除司法审查权以外的一项重要权力。司法机关作为政策主体所享有的法令解释权对于公共政策也会产生影响，它在一定程度上左右了人们对于法律的理解和倾向，同时，法令解释也可以有利于某些特定的利益团体。

（3）判例使用权。判例使用权是西方国家司法机关的一项重要权力。历史上的判例在同等情况下都可以被引用。判例使用权是司法机关参与公共决策的一个重要方面，在美国，法院"不只是司法机关，而且是政治机构，是一个对某些有争议的政策问题形成最后决定的政治机构"①，可见，法院既是国家的司法机关，又作为政治机构参与国家的政策决定，它"常常能通过司法审查权和提交给它们的法令解释对公共政策的性质和内容产生很大的影响"②。

（三）我国的司法机关

我国的司法机关没有成为真正的政策制定主体，主要原因如下：

（1）我国议行合一的政治体制决定了司法机关不具有独立性。在我国，司法机关是国家机构的重要组成部分，由人大产生，受人大监督，对人大负责；我国司法机关接受中国共产党的统一领导，其审判和监察工作遵循中国共产党的路线方针。

（2）从我国司法机关参与立法过程情况来看，现行法律未对法律草案的起草人做出明确规定，实践中通常由法律议案的提案人所属机构或部门起草。司法机关虽有权向全国人大及其常委会递交制定、修改、补充、废止某项法律的提议，但当立法过程进入实质性阶段后，司法机关所起的主体作用也就不复存在。

（3）我国司法机关在法律实施过程中所做出的相关判决和裁定，是将一般性法律运用于具体和个别情况，并不能作为以后适用法律的基础，是一种非规范性

---

① M. D. Irish and J. W. Prother, *The Politics of American Democracy*, Englewood Cliffs, New Jersey: Prentice Hall, 1971, p. 186.
② 〔美〕詹姆斯·E.安德森：《公共决策》，唐亮译，北京：华夏出版社1990年版，第50页。

的法律文件,不具有公共政策表现形式的一般性特征。

(4) 司法机关的法律解释是司法决策的重要途径和形式。在我国,司法机关虽具有法律解释权,但这种权力非常有限,仅限于在司法工作中具体应用法律的相关问题。法律、法规和规章的解释更多是由全国和地方人大、国务院和地方各级政府做出,因此,司法机关所做出的法律解释不可能具有公共政策的一般特性。

四、执政党团

(一) 概述

执政党团的执政地位决定了其在公共政策制定过程中的重要地位和对公共政策的重要影响。"政党本质上是特定阶级利益的集中代表者,是特定阶级政治力量中的领导力量,是由各阶级的政治中坚分子为了夺取或巩固国家政治权力而组成的政治组织。"[①]而执政党是占据统治地位,获得国家政治统治权力的政党。政党特性决定了其在公共政策过程中的地位和影响是关键性和决定性的。不同性质国家的政党制度不同,决定了执政党在公共政策中所发挥的作用有所差异。

(二) 西方国家情况

西方发达资本主义国家主要实行两党制或多党制。政党首先与权力而不是与政策相联系。政党指引和指导着政策制定的走向,与政党有关的各项政策都是服从和服务于其夺取和维护政权的需要。可见,政党是政策的重要指导者和影响者,任何政策都不能偏离执政党的利益需求和执政要求。

实行两党制的国家,两个政党在政策立场上既有相同之处,也有相左之处,但为了在竞选中获胜,它们必须在政策中体现更多选民的利益和要求。一方面,任何政党执掌政权都要服从于统治阶级——资产阶级的意志,服务于资产阶级的利益。权力集中在资产阶级手中,两党制"轮流地使政权从一只手中放下,又立刻被另一只手抓住"[②],这就决定了两党决策立场的根本一致性,也就从根本上决定了两党的决策具有相同之处。另一方面,为了拉到更多选票,在竞选中获胜,政党必然极力迎合选民的利益和需求,使其对本党更感兴趣。这时两个政党就各显神通,使出浑身解数,迎合选民偏好,出台或者允诺的政策各有差异,最终令选民更满意的政党胜出。

实行多党制的国家,政党的利益聚合功能相对较弱。多党制国家的政党制度具有"党派林立,党派情况复杂;内阁更迭频繁,政局不稳;政党不断组成政党联

---

① 王浦劬等:《政治学基础》(第四版),北京:北京大学出版社2018年版,第259页。
② 《马克思恩格斯全集》(第十一卷),北京:人民出版社1962年版,第399页。

盟,而且随着政局发展,政党联盟又不断发生新的分化组合"等特点①,这些特点决定了政党的利益聚合度较低,政策连续性较差。

(三) 我国情况

中国共产党领导的多党合作和政治协商制度是中国的一项基本政治制度。中国共产党是执政党;八个民主党派,包括中国国民党革命委员会、中国民主同盟、中国民主建国会、中国民主促进会、中国农工民主党、中国致公党、九三学社、台湾民主自治同盟是参政党。中国共产党与各民主党派坚持长期共存、互相监督、肝胆相照、荣辱与共,形成了"共产党领导、多党派合作,共产党执政、多党派参政"的政治格局。

(1) 中国共产党的执政党地位决定了其在政策过程中起主导作用。中国共产党的执政党地位是经过艰苦卓绝的斗争在革命年代确立起来的,是经历过社会主义革命、建设和改革事业的历练稳固的,是历史的选择,是人民的抉择。中国共产党的纲领和章程指导了公共政策发展的方向,坚持中国共产党的领导是四项基本原则之一,公共政策必然也要坚持中国共产党的领导,坚持四项基本原则。任何政策的制定和执行都要与此相符。"中国共产党是各级公共政策的制定核心,基本的大政方针要由各级党组织制定,这也是党作为现代化事业领导核心地位的具体体现。"②

(2) 党和政府在政策过程中起作用的方式与职能是不同的。我国的政策过程就是以中国共产党组织为核心的、所有履行当代中国社会公共权力的组织机构的决策与执行的全过程。③ 中国共产党引领政策制定的方向,是政策的间接制定者,在政策过程中以间接的方式发挥作用,以间接的方式进行利益的聚合和表达,间接承担制定政策、执行政策和监督政策执行的职能。政府则是政策的直接制定者,在政策过程中以直接的方式发挥作用,直接承担制定政策、执行政策和监督政策执行的职能。政府是公共政策制定和执行的主体,在政策制定和执行过程中发挥着关键性作用。

(3) 中国共产党制定的是具有综合指导性和根本性的总政策。中国共产党通过合法路径将本党的主张上升为国家意志,将本党政策合法化为公共政策,其所制定的都是具有综合指导意义的根本政策,例如党章、党纲以及其他政策性文

---

① 王浦劬等:《政治学基础》(第四版),北京:北京大学出版社2018年版,第269—270页。
② 汪大海主编:《现代公共政策学》,北京:清华大学出版社2010年版,第33页。
③ 胡伟:《政府过程》,杭州:浙江人民出版社1998年版,第17页。

件等。中国共产党作为执政党所制定的政策都是提纲挈领地表达工人阶级的利益要求的纲领性文件,都是根本性的总政策,代表着人民的根本利益,代表着国家和社会发展的大方向。

(4)我国各民主党派是参政党,履行政治协商、参政议政和民主监督的职责。"长期共存、互相监督、肝胆相照、荣辱与共"是中国共产党同各民主党派合作的基本方针,中国共产党也是遵照这样的原则处理与其他民主党派的关系的。中国共产党领导的多党合作和政治协商制度对于我国的社会主义现代化建设具有重要意义:有利于协调关系,解决矛盾;有利于聚合利益,集思广益;有利于建言献策,共同发展;有利于长治久安,安定团结。

第二节 非官方参与者

非官方参与者包括利益团体、公民、大众传媒、思想库等。相较于官方决策主体而言,他们不具有公共权力,不能直接参与公共政策制定过程,但同样是政策制定过程中不可忽视的主体。

一、利益团体

利益团体一度被视为资本主义的产物,在西方还有压力集团、院外集团等说法。很长一段时间以来,我国民众曾经一度提"利益团体"而色变,实际上,随着对利益团体研究的深入,人们发现利益团体不只是资本主义的产物,在社会主义国家同样也存在利益团体。

(一)利益团体的定义

关于利益团体,不同学者有不同的理解与定义。安德森认为:"利益集团几乎在所有国家的政策制定中都起着重要的作用。利益集团表达需求并为政策行动者提供替代方案。"[1]阿尔蒙德等认为,利益团体是指"因兴趣或利益而联系在一起,并意识到这些共同利益的人的组合"[2]。格雷海姆·威尔逊认为:"利益团体是指为了寻求或主张代表一种或几种共同利益或信念的公民或团体的组织。"[3]我们认为,利益团体是具有某种共同价值和利益诉求的团体或群体等社会组织,

---

[1] 〔美〕詹姆斯·E.安德森:《公共政策制定》(第五版),谢明等译,北京:中国人民大学出版社2009年版,第67页。

[2] 〔美〕加布里埃尔·阿尔蒙德、小G.宾厄姆·鲍威尔:《比较政治学——体系、过程和政策》,曹沛霖等译,北京:东方出版社2007年版,第180页。

[3] Graham K. Wilson, *Interest Grounds in The United States*, Oxford: Clarendon Press, 1981, pp. 65-66.

其职责是发挥利益聚合与利益表达的功能,目标是保障、增进成员的共同利益。

(二)利益团体的分类

根据不同的标准,利益团体有不同的分类;根据利益团体的目标不同,分为公共利益团体和特殊利益团体;根据利益团体所属行业不同,分为农业利益团体、工业利益团体、渔业利益团体、商业利益团体等;根据利益团体成员所属职业不同,分为律师利益团体、教师利益团体、会计师利益团体、农民利益团体等;此外,性别、种族、民族等都有可能成为利益团体的分类标准。这里需要特别指出的是,按照第一个标准分类的公共利益团体和特殊利益团体,区分二者的关键在于其利益目标是否对本利益团体成员有利,例如中国宋庆龄基金会和中国红十字会就是公共利益团体,因为它们的目标是服务于社会上那些需要帮助的人,而不是基金会成员;而美国的律师协会和教师协会就是特殊利益团体,其团体目标是对本团体成员有利,而不是对团体以外的其他社会成员有利。

(三)利益团体的特征

利益团体具有如下特征:第一,利益团体不以夺取政权为目标,这是利益团体和政党的区别所在。第二,公共利益团体的利益目标具有共享性,即凡是本利益团体所争取到的利益为所有服务对象所享有,例如中国消费者协会和世界环保组织等;特殊利益团体的利益目标具有排他性,不是本团体的成员就不具备享有特定权利的资格,例如我国的工会和美国的律师协会等。第三,一般而言,各国的利益团体都具有目标单一、数量众多和组织相对松散的特点。人类社会的利益目标纷繁复杂,所以利益团体数量众多,利益团体的结合方式决定了其组织相对松散,这也是它和政党的区别之一。然而,我国的公共利益团体因为和政府的依附关系很强,有的甚至是国家机关隶属单位,例如中国宋庆龄基金会,所以组织比较严密。

(四)利益团体的代表模式——团体决策模型

团体决策理论研究的起源是集团理论,主要的代表人物有阿瑟·本特利(Arthur Bentley)、戴维·杜鲁门(David B. Truman)、罗伯特·达尔、格兰特·麦康纳尔(Grant McConnell)以及西奥多·罗威。本特利认为利益就是集团,集团就是利益,二者不可分割。他建立了著名的"趋向稳定—干扰—反抗"模式,强调了在稳定状态持续一段时间以后,某个群体的利益受到挤压,就会形成利益集团(或团体),产生反抗的行为,并且这种反抗行为足够影响决策。杜鲁门在他的《政治过程》一书中试图运用这一模式来解释美国利益集团对政治过程和政府决策的影响。达尔进一步解释了这一模式,指出美国社会大多数公民是不具有政治倾向性的,但是非政治性和非冲突性的行为也能引发对政府决策的影响,当他们的生存利益或者生活需要受到威胁的时候,他们会采取政治行动以避免面临的危险,建立正式的利益集团，寻求支持和同情以实现自身利益。麦康纳尔更加重视精英在集团中的作用，"更强调政府机构施惠于根深蒂固的利益集团的倾向"①，并且认为集团总是坚持某一项政策或者把持某一机构以排挤其他政策的影响和其他集团的干预。另一位学者罗威更加注重政治的过程，而非政治的结果，他认为应"抛弃利益集团自由主义来诊断不健全的集团政治，以建立符合政府行动原则的框架"②。奥尔森在《集体行动的逻辑》中探讨了集体行动的困境，对团体决策进行了分析。

二、公民

公民是指具有某国国籍并依照该国宪法和法律享有权利、履行义务的个人，是重要的公共政策主体。在现代民主社会，"政策制定要考虑公民的愿望"③这一理念逐渐被社会各界所接纳，公民能够通过多种途径参与政策制定与执行的过程，成为最广泛的非官方政策参与者。具体而言，公民参与公共政策过程主要通过如下途径实现。

（一）民意调查

民意调查是针对某项公共政策征求公众的意见，并将意见反馈给制定公共政策的相关部门，主要方式有发放问卷、电话访谈、当面征集意见等。民意调查是政策研究部门广泛使用的方法，能在一定程度上表达民意，代表民众心声，具有一定的实用性和可操作性。

（二）公开听证

公开听证指的是针对某项公共政策的实施与否或者备选实施方案的确定召开由相关利益主体参加的，面向公众开放的听证会，以听取各方代表的意见和建议，并将听证结果反馈给制定公共政策的相关部门。例如，2021年5月24日，北京市针对两起知识产权行政诉讼监督案件召开了听证会。这种形式越来越被广泛使用。

（三）政策咨询

政策咨询指的是一项公共政策实施以前，为了让公众更好地熟悉和了解政策，减少政策实施的摩擦成本，方便政策的贯彻执行，请熟悉政策的专业人士或者

---

① 〔美〕格林斯坦、波尔斯比编：《政治学手册精选》（上卷），竺乾威等译，北京：商务印书馆1996年版，第415页。
② 同上书，第427页。
③ 〔美〕查尔斯·林德布罗姆：《决策过程》，竺乾威、胡君芳译，上海：上海译文出版社1988年版，第73—74页。

相关工作人员对政策进行解释说明,并针对公众提出的问题进行解答。政策咨询一方面为公众提供了便利,另一方面也有利于与公众沟通,收集反馈信息,进而提高政策效率。

(四)社会团体

社会团体是公众参与公共政策过程的一个重要路径。社会团体在共同利益需求的基础上,为了共同的利益目标而结合在一起,来共同表达意愿,以引起更多的关注,获得更多的支持,影响公共政策的发展方向,使本团体获得更多的利益。社会团体一般是相对松散的组织,只是为了方便参与公共政策而建立的。

(五)公私合营

公私合营指的是某些公共事业部门实行公私合营,在适合竞争的领域适度引入竞争。这些部门或者具有一定的公共产品的性质,关系国计民生;或者具有一定的自然垄断性,例如自来水、天然气、石油、道路、交通、电信等领域的管理部门。适度引入社会资本也是公民参与公共政策的一个重要路径。

目前我国正处于转型期,民主政治建设虽取得显著进展,但还有待进一步加强,公民对政策过程的影响还十分有限。事实上,大部分公民缺乏政治参与的热情和能力,他们常常是被动参与政策过程,象征性地参与政策制定,被动配合政策执行,在政策过程中并未发挥积极能动作用,进而未能对公共政策产生实质性影响。未来要重视公民在政策过程中的作用,尤其是医疗、教育、环境等公共政策关系社会民生,涉及公民切身利益,公民对之有切实感受,这就需要保障公民在公共政策过程中的话语权,从而真正实现政策目标。

三、大众传媒

大众传媒是公共政策信息传播的有效工具,其类型包括报纸、广播、电视、纪录片和互联网等。在现代社会中,大众传媒为政策系统各方利益的汇集、整合、表达提供了平台,其自身具有世俗化和公共化倾向,对政策及相关政策议题的大众化进程起着催化作用。在政策过程中,大众传媒主要扮演着议题建构者、民意代言人、政策宣讲者以及监督者的角色[①],其对政策的影响主要表现为以下两个方面:

第一,大众传媒为政策制定传递信息。大众传媒是社会问题进入政府议事日程的重要途径,它可以迅速捕捉社会变化,搜集和汇聚来自各个领域的声音,使政

---

① 唐云锋、刘佳:《试论转型时期的大众传媒与公共政策》,《中国行政管理》2010年第1期,第64—67页。

府关注公众利益诉求,从而影响政策议程的建立。同时大众传媒也能够将政策议题信息传递给社会公众,激发公众对政策议题的兴趣,并将公众对政策议题的反映传递给相关决策部门,为政策制定提供依据。

第二,大众传媒是政策输出与反馈的催化剂。在政策执行过程中,一方面大众传媒可以通过解读与宣传政策内容,形成具有一定倾向的报道,来制造舆论环境,从而在很大程度上引导公众的价值取向,促进政策系统稳定有序运行。另一方面,大众传媒可以对政策执行过程进行监督和反馈,对公共政策执行施加影响,从而保证政策执行的有效性。

四、思想库

思想库是一种相对稳定且独立运作的政策研究和咨询机构[1],又称为专家库或智囊团。它是由专家、学者及退休官员组成的跨学科与跨领域的综合性政策研究组织,具有独立性、非营利性、现实性和政治性等特征,在公共部门特别是政府决策方面发挥着生产思想、提供方案、储备和提供人才、教育社会公众等重要作用。在西方国家,例如美国的兰德公司、胡佛研究所,英国的伦敦国际战略研究所等思想库,都是不可或缺的政策参与者。

国外学者对思想库的分类具有多样性。威佛根据职能将其分为以研究为导向的机构、以接受合同(委托)研究为主的研究机构(又称为"政府合同的研究组织")、倡导型思想库。[2] 詹姆斯·麦肯则将思想库分为政策制定型、政党代言型、影子型、学者型、社会活动家型等类型。[3] 由于我国与西方国家政权组织和政治体制存在差异,我国思想库的分类与西方国家略有不同。有学者将我国思想库分为事业单位法人型、企业型、民办非企业单位法人型、大学下属型等类型。[4] 一般而言,我国思想库可以分为以下四种类型:

一是官方思想库。官方思想库通过立法或惯例存在于政府及其职能部门之中,为政府首脑和部门领导层决策服务,带有鲜明的官方色彩。诸如国务院研究室、国务院发展研究中心、国家行政学院等政府直属事业单位的思想库,是政府决策咨询的主要对象。

二是半官方思想库。半官方思想库从机构设置上来看不属于政府组织,但与

---

[1] 朱旭峰:《"思想库"研究:西方研究综述》,《国外社会科学》2007年第1期,第60—69页。
[2] 薛澜、朱旭峰:《"中国思想库":涵义、分类与研究展望》,《科学学研究》2006年第3期,第321—327页。
[3] 汪廷炯:《论思想库》,《中国软科学》1997年第2期,第24—28页。
[4] 薛澜、朱旭峰:《"中国思想库":涵义、分类与研究展望》,《科学学研究》2006年第3期,第321—327页。

政府关系十分密切。一方面,它可以通过政府的经费支持、人员配置为政府服务;另一方面,它可以与政府签订合同,挂靠在官方机构名下,建立相互依存的关系。中国国际经济交流中心、中国企业改革与发展研究会以及部分行业协会等都属于半官方思想库。

三是民间思想库。民间思想库是由民间发起、政府支持、基金会和企业资助的社会性政策研究机构。其研究范围广,类型多样,包括企业型思想库、民办非企业单位法人型思想库和民间非营利性研究机构等。

四是大学附属型思想库。大学附属型思想库主要指依附于各类高校的研究中心和研究院。它们既有政府资金支持,也有基金会及企业资助,资金来源广泛,对政府和企业政策发展发挥着重要作用,如清华大学公共管理学院的国情研究院、北京大学中国经济研究中心等,均在为政策发展建言献策方面发挥积极作用。

【关键术语】

公共政策主体　立法机关　行政机关　司法机关　执政党　利益集团　公民　大众传媒　思想库

【复习思考题】

1. 简述公共政策主体的含义及构成。
2. 简述我国司法机关没有成为真正的政策制定主体的原因。
3. 简述公民参与公共政策过程的主要途径。
4. 简述大众传媒对公共政策的影响。
5. 简述思想库的类型及其对公共政策发挥的作用。

【案例分析】

民主党派在中国公共政策过程中的制度定位[①]

在我国,虽然存在多个政党,但各个政党在国家政权层面上并不存在相互竞争的关系,中国共产党的执政地位和民主党派的参政地位都是法定的。毫无疑问,中国共产党作为执政党,在公共政策过程中扮演着主导性角色,民主党派作为参政党在整个公共政策过程中也发挥着不可或缺的作用。民主党派的基本职能

[①] 节选自黄天柱:《参与性政策主体:民主党派在中国公共政策过程中的制度定位新探》,《政治学研究》2013年第2期,第20—28页。有改动。

是参政议政、民主监督。这可以说是当代中国政党制度与西方政党制度的本质区别所在。

一、参与性政策主体：民主党派的政策主体类型归属

一般而言，政策主体可以被简单界定为直接或间接参与政策制定过程的个人、团体或组织。尽管世界各国的政治环境不尽相同，但政策主体的构成因素并无大的差别，只是它们对政策过程的作用方式和影响程度有所不同罢了。

结合中国的具体制度背景，尤其是中国共产党作为执政党，在中国政策过程中扮演了主导性角色，国内学者在对政策主体的界定时特别强调中国共产党作为官方决策者并且是核心决策者的定位，但是对于民主党派的定位却没有相对统一的认识。

实际上，在作为决策核心的官方决策者与在决策圈外对公共决策施加影响的非官方政策主体之外，还存在一个中间状态的组织类型，我们不妨称之为"参与性政策主体"。

二、民主党派作为参与性政策主体的基本特征

（一）国家化组织资源

2006年开始实施的《中华人民共和国公务员法》正式将民主党派机关工作人员纳入国家公务员管理体系。据财政部制定的《行政单位国有资产管理暂行办法》，各民主党派机关作为行政单位进行管理。财政部行政政法司在解读该文件时专门就将政党机关作为行政单位进行管理做了说明："政党组织的中央和地方各级常设工作机构从一般意义上讲，不属于国家机关，但由于其业务活动的方式和财务活动的特点与国家机关类似，因此，作为行政单位管理。"这说明，民主党派组织运行所依托的主要资源实现了国家化。

（二）科层化组织体系

民主党派作为以参政议政和民主监督为基本职能的组织，也是有层级节制、专业分工并进行独立运作的政治实体和行政实体，在自身的组织结构发展与运作过程中呈现出科层化的组织特征。首先，从组织层次看，民主党派的组织体系自上而下分为中央组织、地方组织和基层组织。其次，从组织制度看，民主党派实行党代表大会制度。最后，从分工和专业化程度看，民主党派经过多年发展，已经形成了高度专业化的运作规范和具有明确分工的组织体系。

（三）宪法性政治惯例

现代政治是政党政治，政党对政治生活的影响越来越广泛深入。中国虽没有制定专门的"政党法"，但经过多年的实践，就执政党与参政党的合作方式，已经

形成了一些宪法惯例,包括在重大事项决策之前,执政党会同参政党进行广泛协商,达成共识之后再按法律程序交由国家权力机关决定,并由行政机关执行;同时,为切实发挥作为多党合作重要机构的作用,中国人民政治协商会议往往同全国人民代表大会同时举行,政协委员列席人大会议。

（四）统战性治理功能

民主党派具有鲜明的统战性,其统战性治理功能在不同阶段侧重点有所不同。自党的十一届三中全会以后,民主党派的整体趋势是逐步把工作重点转移到社会主义现代化建设上来,开展了多种形式的为统一战线服务、为"四个现代化"服务、为祖国统一服务的带有较强治理性功能的活动,主要包括智力支边扶贫、招商引资、提供咨询服务、社会办学、解决就业问题、开展海外联谊、扶危济困、应对突发事件等等。这些活动涉及政治、经济、社会等各个领域,其显著特点是具有明显的公共性。

案例讨论题

1. 从公共政策的视角看,民主党派是一种什么性质的政策主体?
2. 我国民主党派在参与公共政策过程中表现出哪些特征?

【推荐阅读文献】

1. 〔美〕詹姆斯·E.安德森:《公共政策制定》(第五版),谢明等译,北京:中国人民大学出版社2009年版。

2. 〔美〕约翰·W.金登:《议程、备选方案与公共政策》(第二版),丁煌等译,北京:中国人民大学出版社2017年版。

3. 〔美〕斯图亚特·S.那格尔编著:《政策研究百科全书》,林明等译,北京:科学技术文献出版社1990年版。

4. 〔加〕迈克尔·豪利特、〔澳〕M.拉米什:《公共政策研究——政策循环与政策子系统》,庞诗等译,北京:生活·读书·新知三联书店2006年版。

第四章　公共政策客体

【内容提要】

公共政策客体指的是公共政策发生作用的对象,它包括公共政策所要处理的"事"和所要发生作用的"人",即社会问题和目标群体。公共政策的直接客体是社会问题,公共政策的制定总是围绕着特定社会问题展开,公共政策的过程就是解决特定社会问题的过程。公共政策的间接客体是目标群体,公共政策对目标群体的影响主要是通过改变其价值取向与行为方式实现的,公共政策要达到既定的政策目标,就必须了解目标群体的利益和价值取向。本章主要介绍社会问题与目标群体的特征、政策问题的确认途径以及影响目标群体接受或抗拒政策的因素。

第一节　公共政策直接客体:社会问题

一、社会问题的含义与特征

从"事"的角度出发,公共政策是为了解决特定的社会问题而存在的。我们可以把社会问题概括为社会的实际状况与期望状况之间的差距,制定公共政策的目的就在于克服或消除这种差距。

实际上,社会面临的问题有很多,但并非所有社会问题都需要通过公共政策来解决,只有那些涉及多数社会成员共同利益的社会问题,才能被列入政府议事日程,进而成为公共政策的客体。从类型划分来看,根据社会问题影响人数的多少及其关系,可以将社会问题分为分配性问题、调节性问题和再分配性问题;根据社会问题发生的领域不同,可以将政策问题分为政治、经济、文化与社会等领域的问题;根据社会问题产生的根源,可以将社会问题分为结构性失调问题和功能性失调问题。

社会问题通常具有以下特征[①]:(1)多重嵌入性。社会问题受时空限定,自然、生态、社会、历史、技术以及心理等因素浑然嵌入社会问题之中,任何一个公共

[①] 杨冠琼、刘雯雯:《公共问题与治理体系——国家治理体系与能力现代化的问题基础》,《中国行政管理》2014年第2期,第15—23页。

问题都无法与上述六大宏观范畴分离。(2)动态演化性。社会问题的每一个构成要素或系统时刻都在以非线性的方式影响着其他构成要素或系统,从而使社会问题随着时间的流逝以非线性的方式不断地演化。(3)宏观涌现性。社会问题与特定时空范围内每个人相关,这种相关性来源于外生性和内生性两种情形,其中,外生性是指问题作为一个整体从外部强加于特定时空范围内的人们,从而对每个个体产生的特定影响,内生性是指问题作为异质性个体间的相互作用而对每个个体所产生的特定影响。(4)主观建构性。人的知觉是构成社会问题的诸多不同维度的核心与灵魂,人们对社会问题的感知、认识、理解以及化解过程、方法等随着知觉的变化而变化。(5)自组织临界性。任何自组织系统的每个子系统最终都将演化成一种动态均衡状态,如果任何小的冲击使子系统失去稳定性的概率与过去子系统失去稳定性的次数之间具有某种比例关系,系统便会演化到自组织临界状态。(6)不确定性。这不仅包含非线性相互作用而生成的演化的不确定性,也包含社会内部和外部冲击的不确定性以及伴随人的智能性而生成的各种各样的不确定性。

二、社会问题与政策问题

社会问题并不都能够成为政策问题。在政府决策者看来,并非所有社会问题都需要政府来解决。有些问题可以通过社会组织等民间渠道来处理;有些问题不在政府职能范围内;有些问题已成为历史,政府无须再关注;有些问题是政府出于多方利益考虑,选择搁置一边。因此,只有一部分社会问题能够得到政府重视,并提上议事日程,转化为政策问题。要区分政策问题与社会问题,我们就需要清晰地把握政策问题的含义。安德森认为,政策问题是一种引起人们需要和不满足并对其寻求援助和补偿的条件和环境,是促使人们行动解决的社会问题。[1] 我国也有学者指出,政策问题是由多数人感知到对其利益造成影响,向政府提出并属于政府能够解决的权限范围的社会问题。[2] 由此我们可以将政策问题定义为:政策问题是客观情况与既定的价值、规范、利益发生冲突,涉及大部分社会成员的利益并为人们所感知,属于政府的职责范围,由人们向政府提出并纳入政策议程设置的社会问题。

在我国,确认政策问题的途径主要倾向于体制内输入,具体可以分为七个途径:一是执政党和国家领导人提议;二是立法机关中的代表团联名提出议案;三是政府及行政人员合法介入;四是其他党派的提议;五是利益集团的提议;六是人民

---

[1] 〔美〕詹姆斯·E. 安德森:《公共决策》,唐亮译,北京:华夏出版社1990年版,第65—66页。
[2] 林永波、张世贤:《公共政策》,台北:五南图书出版社公司2001年版,第75页。

群众通过民主渠道提议;七是国际机构的提议。① 在实践过程中,政策问题的确认途径还受到特定环境、时机等其他因素的影响,具体包括科技进步成果、自然灾害与生态变迁等内在触发机制以及国际格局的变化、军事侵略等外部触发因素。

第二节 公共政策间接客体:目标群体

一、目标群体的含义

目标群体是指受公共政策规范、引导、调节和制约的社会成员,也被称为政策对象。公共政策通过规范目标群体行为、调节目标群体之间的关系,进而对社会利益和社会价值进行调整和分配。目标群体作为政策对象,深刻影响着政策落实和政策目标的最终实现。不同的政策问题有不同的目标群体,我们对目标群体做出如下划分:以目标群体的数量和区域范围为标准,分为全体社会成员、区域社会成员和特殊社会群体;以公共政策对目标群体的利益影响为标准,分为受益群体和受损群体;以目标群体对政策的态度为标准,分为顺应型客体、抵触型客体和观望型客体。②

目标群体与公共政策主体之间是相互作用、相互转化的关系。一方面,两者之间相互作用。目标群体作为政策对象,是政策的直接受众,但目标群体在公共政策主体面前并不是消极被动的,而是可以通过公民政治参与或压力集团反作用于公共政策主体。另一方面,两者在特定条件下可以相互转化,即公共政策主体在某些情况下可以作为客体而存在,公共政策客体也可以作为主体而存在。公民是国家主权的拥有者,当其通过各种途径参与公共政策制定过程中时,他们就是公共政策主体,扮演非官方参与者的角色;当公民作为社会成员的身份时又成为公共政策客体,是受到政策约束和规范的目标群体。

二、目标群体与公共政策

由于政策目标群体在社会生活中的地位与分工不同,因此会产生不同性质和层次的利益需求。不同的利益需求彼此影响,进而触发各种各样的利益矛盾。公共政策的目标则是调节和规范多元利益关系,政策目标的实现与目标群体的态度直接相关。一般而言,目标群体对政策的态度有三种表现方式:一是认同和接受;二是保持中立;三是抗拒和排斥。如果一项政策能够给目标群体带来一定利益,

---

① 兰秉洁、刁田丁主编:《政策学》,北京:中国统计出版社1994年版,第124—125页。
② 冯静主编:《公共政策学》,北京:北京大学出版社2007年版,第67页。

那这项政策就容易为目标群体所接受,进而推动政策执行并实现政策目标;反之,一项政策若损害了目标群体利益,就会被目标群体反对和排斥,政策目标难以达成。当然也有一部分目标群体对政策漠不关心,保持中立,不发表意见。

目标群体若选择接受和服从某一项公共政策,通常受以下五个因素影响。第一,传统观念与行为习惯的制约。传统思想观念和行为习惯对人们有深刻影响,所以在公共政策过程中,要考虑不同目标群体的行为习惯,采取渐进方式,使政策制定接地气、政策执行易推行。第二,对成本收益的权衡。目标群体具有理性经济人的特征,在政策选择中倾向于趋利避害。第三,政治社会化的影响。政治社会化是指,人们通过家庭、教育、传媒等方式树立一定的政治意识,形成规范的政治行为模式,进而树立起支持现行社会制度的理念。政治社会化进程深刻影响目标群体的政策参与行为。第四,规避惩罚的心理支配作用。公共政策具有权威性和强制性,违反政策会受到法律法规的惩罚,人们对违反政策所要承担的惩罚有所畏惧,因而选择服从政策。第五,环境的变化。政策在实施过程中会产生"振动效应"。随着社会环境的变化以及人们主观认识的改变,最初不受欢迎的政策可能逐渐被人们理解和接受,而最初深受欢迎的政策也可能逐渐被人们认清并排斥。

目标群体也会产生政策认同障碍,这种政策认同障碍发生的原因主要包括:一是政策变革超出了目标群体的接受能力。目标群体的接受能力包括理解能力、应激能力、平衡能力和耐压能力。当目标群体接受能力不足时,就难以理解并支持政策。二是政府的合法性危机。在现代社会,合法性危机已成为各国政府面临的一个普遍性问题。合法性危机的典型表现就是统治者认为合理合法的事物在被统治者看来是不合理不合法的。当政府出现合法性危机时,社会公众会质疑政府的能力,进而对公共政策产生认同障碍。三是缺乏对政府官员的信任。亨廷顿指出:"社会文化中缺乏信任将给公共制度的建立带来极大的障碍,那些缺乏稳定和效能的政府的社会,也同样缺乏公民间的相互信任,缺乏民族和公众的忠诚心理,缺乏组织的技能。"[①]就目标群体而言,对政策执行者的信任程度受到政策执行者的人格魅力、能力水平、态度与仪表等个人特征的影响。目标群体对政策执行者的不信任会通过态度泛化机制向其传递的政策信息投射,诱发非常规性质的逆向反应,产生对公共政策本身的怀疑和抵触心理,形成对公共政策的不顺从态度。

---

① 〔美〕塞缪尔·亨廷顿:《变化社会中的政治秩序》,王冠华等译,北京:生活·读书·新知三联书店1989年版,第26—27页。

【关键术语】

政策客体　社会问题　政策问题　确认政策问题　目标群体

【复习思考题】

1. 简述社会问题的含义与特征。
2. 社会问题与政策问题的关系是什么？
3. 确认政策问题的途径有哪些？
4. 简述目标群体与政策主体之间的关系。
5. 影响目标群体接受和服从某项政策的因素有哪些？

【案例分析】

我国发展低碳经济的政策主客体关系研究①

低碳政策所要解决的社会问题是气候变暖给人类的生存带来的灾难性影响。极端气候、生态失衡等现象严重影响了人类的正常生活，为了维持可持续发展，需要通过公共政策促进低碳经济的发展，保护生态环境。政府间气候变化专门委员会（IPCC）第三次评估报告指出，近50年的全球气候变暖主要是由于人类活动大量排放的二氧化碳、甲烷、氧化亚氮等温室气体的增温效应造成的。2007年中国发布《中国应对国家气候变化方案》，该方案提出，气候变化导致农业生产的不稳定性增加，农业布局和生产结构将发生改变；我国西北冰川面积减少了21%，西藏冻土最大减薄了4—5米，内陆湖泊面积缩减，森林火灾频发；等等。无论从国际还是国内的调查数据来看，气候变暖给人类生存带来的影响是不容忽视的。为应对全球气候变化，2020年9月，中国在第75届联合国大会提出要实现2030年前碳达峰、2060年前碳中和的战略目标，2021年《政府工作报告》和"十四五"规划中再次强调要制订2030年前碳达峰行动方案，锚定努力争取2060年前实现碳中和。

企业既是政策主体的参与部分，又是主要的政策客体。气候变暖问题形成的原因主要在于企业排放了过量的二氧化碳，制定低碳政策的目的主要是通过政策规制的作用将企业的外部成本内部化，使得企业的私人成本等于社会成本。我国高耗能产业产值占GDP主要份额，政策的规制必然导致其生产成本的增加，如何将发展低碳经济给企业带来的劣势转化为企业发展低碳经济的动力，需要政策工

---

① 节选自冯周卓、袁宝龙：《我国发展低碳经济的政策主客体关系研究》，《湖南科技大学学报（社会科学版）》2011年第5期，第74—78页。有改动。

具的灵活使用。因此,公共政策的促进和调节是发展低碳经济的必要工具。

公众生活方式的转变也是发展低碳经济的重要部分,公众也就成为低碳政策所要规制的对象。政府通过影响产业链的生产、流通、消费、回收等环节而形成全阶段减碳模式,消费环节减碳主要是针对公众的消费模式而提出的。根据循环经济理论,首先要在生产源头——输入端就充分考虑节省资源、提高单位生产产品对资源的利用率,预防和减少废物的产生;其次是对于源头不能削减的污染物和经过消费者使用的包装废弃物、旧货等加以回收利用,使它们回到经济循环中,只有当避免产生和回收利用都不能实现时,才允许将最终废弃物进行环境无害化处理。

案例讨论题

1. 案例中出现了什么样的社会问题,它为何能成为政策问题?
2. 简述案例中低碳政策的政策主体与政策客体的关系。
3. 在该案例中,我国政府是如何让目标群体接受低碳政策的?

【推荐阅读文献】

1. 张金马主编:《公共政策分析:概念·过程·方法》,北京:人民出版社2004年版。
2. 汪大海主编:《现代公共政策学》,北京:清华大学出版社2010年版。
3. 谢明主编:《公共政策导论》(第五版),北京:中国人民大学出版社2020年版。
4. 林永波、张世贤:《公共政策》,台北:五南图书出版社公司2001年版。
5. 杨冠琼编著:《公共政策学》,北京:北京师范大学出版社2009年版。
6. 杨宏山编著:《公共政策学》,北京:中国人民大学出版社2020年版。

第五章　公共政策工具

【内容提要】

公共政策工具是实现政策目标的桥梁,是政府履行公共职能、提供公共服务和公共物品、治理公共问题和处理公共事务的重要方式,具有手段性、多样性、动态性等特点。来自实践的政策工具种类繁多,豪利特(M. Howlett)和拉米什(M. Ramesh)的政策工具光谱(Spectrum of Policy Instrument)按照政府介入程度的强弱对政策工具的类型划分具有较强的解释力。当政府面对亟待处理的社会问题时,需要综合考虑政策目标、政策工具自身特征、政策主客体状况、政策选择环境以及意识形态等多种因素,以选择适合的政策工具类型。在学术界,学者们总结出了经济学模型、政治学模型以及基于国家能力强弱和政策子系统复杂程度高低的综合模型。

在公共政策的制定中,一个重要的问题是确定采取何种手段、通过何种机制来执行政策。这种手段和机制就是公共政策工具。① 政策工具在政策制定和执行中都占据着重要的地位,主要表现在三个方面:

(1) 政策工具是实现政策目标的基本途径。毛泽东曾指出,领导者"不但要提出任务,而且要解决完成任务的方法问题。……不解决桥或船的问题,过河就是一句空话"②。这一论断通俗地阐释了"任务"(目标)与"方法"(工具)之间的密切关系。政策科学的创始人哈罗德·拉斯韦尔曾说政策是"一种含有目标、价值和策略的大型计划"③。这里的"策略"实质上就是政策工具,它是达成目标的一系列方法、技术和手段。政策制定者确定正确的政策目标固然重要,而若没有政策工具作为现实和目标之间的"桥"或"船",理想的政策目标也只能是"空话"。

(2) 政策执行本身就是对政策工具的选择过程。"政策执行"的英文"policy implementation"中"implementation"的动词形式"implement"同时也有"工具"的名词性含义。可见,政策执行与政策工具密不可分。所谓"工欲善其事,必先利其

---

① 陈庆云主编:《公共政策分析》(第二版),北京:北京大学出版社2011年版,第80页。
② 《毛泽东选集》(第1卷),北京:人民出版社1991年版,第139页。
③ H. D. Lasswell and A. Kaplan, *Power and Society*, New Haven: Yale University Press, 1970, p. 71.

器",在政策过程中,政策目标就是"事",而政策工具则是"器"。政策制定后,影响政策有效执行的关键因素之一就是能否选择恰当的政策工具。① 在某些情况下,一些政策工具相比于其他政策工具更有效;而随着政策环境的变化,某些原本有效的政策工具却难以适应新的条件。因此,整个政策执行过程也是针对政策环境条件选择适当的政策工具的过程。

(3) 工具选择是政策成功与否的关键。当今社会对于政策执行的要求日渐提升,政策制定者与执行者对政策工具的认识和应用水平不足逐渐成为阻碍政策目标实现的重要原因之一。彼得斯(B. G. Peters)发现,"一些政策制定者对特定的政策工具情有独钟,使用相同的政策工具去处理几乎所有的政策问题"②。20世纪70年代,西方国家面临的政府危机正是传统的政策工具无法适应社会发展的表现。奥斯本(D. Osborne)、盖布勒(T. Gaebler)认为,现代政府诸多失灵之处,"不在目的而在手段"③。组合既有政策工具能力的不足以及开发新政策工具步伐的迟缓,已成为阻碍多数政府公共管理取得良好成效、制约我国行政管理体制改革的深层次原因。④

第一节 公共政策工具概述

一、政策工具研究的兴起

(一) 政策工具研究兴起的背景

20世纪80年代末,美国《时代》周刊提出了一个问题:政府死亡了吗?奥斯本和盖布勒在《改革政府》的序言中可能给出了答案:"我们的公立学校是发达国家中最差的,医疗保健系统已经失控,法院和监狱人满为患,许多令人引以为豪的城市已经破产。"⑤这些是美国政府60—70年代在社会管理、财政使用以及意识形态上出现的诸多亟待解决的问题。

---

① 吕志奎:《公共政策工具的选择——政策执行研究的新视角》,《太平洋学报》2006年第5期,第7—16页。
② B. G. Peters, "Policy Instruments and Public Management: Bridging the Gaps," *Journal of Public Administration Research and Theory*, Vol. 10, No. 1, 2000, pp. 35-47.
③ 〔美〕戴维·奥斯本、特德·盖布勒:《改革政府:企业家精神如何改革着公共部门》,周敦仁等译,上海:上海译文出版社2021年版,前言第6页。
④ 孙志建:《政府治理的工具基础:西方政策工具理论的知识学诠释》,《公共行政评论》2011年第3期,第68页。
⑤ 〔美〕戴维·奥斯本、特德·盖布勒:《改革政府:企业家精神如何改革着公共部门》,周敦仁等译,上海:上海译文出版社2021年版,第1页。

1. 管理危机

1964年美国时任总统约翰逊发表演说宣称："美国不仅有机会走向一个富裕和强大的社会,而且有机会走向一个伟大的社会。"约翰逊由此提出了一系列施政纲领,被称为"伟大社会",这其中包括"向贫困宣战"及医疗卫生等方面的立法一共400多项。虽然"向贫困宣战"等政策在当时起到了降低贫困人口数量、维持低失业率等良好效果,却也加剧了政府内部的权力寻租。以促进民族平等为目标的对黑人的帮扶措施却在客观上助长了黑人民族主义的泛滥。美国政府在此阶段职能不断扩张,但显然并未取得预期的成效。

2. 财政危机

"伟大社会"的施政纲领之一是以经常性的大规模赤字财政降低失业率、促进经济增长和减少贫困。这一时期的美国虽保持繁荣,但也经历了五次经济危机。每逢经济危机,政府便动用赤字财政、适度通货膨胀等手段,以避免大量企业倒闭,控制失业率,稳定社会秩序。这些手段虽能在一定程度上缓解经济危机,但却造成了巨大的财政赤字、高额的国债和严重的通货膨胀。

"伟大社会"将美国推向"福利国家",到20世纪70年代中期,除亚利桑那州外的各州均已制订了医疗援助计划,接受医疗援助的人数从1967年的1000万增至1973年的2300万。各项医疗法案的实施使美国在医疗卫生方面的开支从1963年的29亿美元,急剧上升到1969年的131亿美元。1973年第四次中东战争引发的石油危机,对美国经济造成严重冲击。加上美国本土科技革命对于经济发展的推动力不断减弱、出口贸易额不断下降,美国的经济发展呈现出高通货膨胀率和高失业率并存的"滞胀"状态。

3. 意识形态危机

面对危机,先后有尼克松、福特、卡特、里根四任政府进行不懈斗争。前三届政府未能使美国摆脱泥淖,直至20世纪80年代里根当政情况才逐渐缓解。美国国内经济发展长期不景气,导致民众对政府的信任不断降低。20世纪80年代中期,接受民意测验的人中只有5%将政府工作选为中意职业,近3/4的美国人相信政府给他们的东西在比例上还不如10年前多。① 在学术界,以布坎南为代表的公共选择学派的出现,揭示了政府失灵的现象和原因,也在某种程度上加剧了民众对于政府的反思和不信任。

4. 国际竞争危机

20世纪60—80年代,美苏两极争霸的格局给美国带来沉重负担,甚至一度

---

① 〔美〕戴维·奥斯本、特德·盖布勒:《改革政府:企业家精神如何改革着公共部门》,周敦仁等译,上海:上海译文出版社2021年版,序第1页。

呈现出"苏攻美守"的态势。其他国家则在此阶段加快了发展步伐:德、法等欧洲经济体开始走向联合;日本高速发展,并在国际政治中不断寻求话语权。世界经济也在发展中呈现出自由化、一体化的趋势,迫切地需要美国调整政策以应对不断变化的国际环境。

在此背景下,伴随着西方检讨福利国家的失败和政府工作的低效以及随之而来的"新公共管理"运动,政策工具日益受到关注。[①] 与此前的"新公共行政"思潮相比,"新公共管理"运动倾向于对市场机制、工商管理技术和社会化手段的应用,更加注重实现公共管理目标的手段与工具。[②]

(二) 政策工具研究的理论脉络

政策工具的专门研究出现于 1952 年[③],但关于政策工具的思想却早已隐藏在经济学、法学以及公共管理学的各种研究中。

对"政策工具"的关注最早兴起于经济领域。在 17、18 世纪重商主义时期,欧洲各国纷纷接受"国家实力"和"民族主义"等主张。于是:

国家通过提供补贴、特殊待遇、特权和垄断权的方式,鼓励本国产业的发展,通过占有殖民地和降低工资成本,鼓励对外贸易,同时,通过关税、航海大发现和管制贸易等措施对贸易加以调节。[④]

这些措施都是实现上述几项政策主张的手段。随后的经济史也证明:经济学理论实质上属于经济政策、社会建设甚至是更大范围的国家治理政策工具理论。国家的经济政策制定是秉持亚当·斯密的观点、凯恩斯主义还是新自由主义的主张,最终都将在政策工具的层面清晰地体现出来。

在现代法学研究中兴起的公法理论、工具主义法学等也对政策工具理论产生了非常重要的影响。譬如,工具主义法学所强调的要对社会事实和社会手段进行持续调查的主张,已经成为政策工具选择理论的支柱。

政治学关于政策工具研究较早的文献有罗伯特·达尔和查尔斯·林德布洛姆 1953 年出版的《政治、经济与福利》。他们指出,要用社会科学知识强化理性社会行动以提高政策能力。随后,林德布洛姆从政府资源的角度总结出三种政策工

---

① 陈振明:《政府工具研究与政府管理方式的改进——论作为公共管理学新分支的政府工具研究的兴起、主题和意义》,《中国行政管理》2004 年第 6 期,第 43—48 页。
② 陈振明、薛澜:《中国公共管理理论研究的重点领域和主题》,《中国社会科学》2007 年第 3 期,第 140—152 页。
③ 黄红华:《政策工具理论的兴起及其在中国的发展》,《社会科学》2010 年第 4 期,第 13—19 页。
④ 〔美〕丹尼尔·R. 福斯菲尔德:《现代经济思想的渊源与演进》,杨培雷等译,上海:上海财经大学出版社 2003 年版,第 21 页。

具:权威、交换和说服。这是早期政策工具研究的经典代表,它激发了学者对政策工具的研究热情。

在20世纪70年代,普里斯曼和威尔达夫斯基关于"政策执行"的开创性研究强调,政策执行需要关注目的与手段的适配。① 这种呼吁使学者开始重视政策工具研究。

20世纪80年代,学者研究了政策工具的特征、选择、类型与行为假设,并尝试从政策工具角度理解政策网络与公共政策过程。1983年,英国学者胡德(C. Hood)的《政府工具》总结了政府的一般性工具,囊括了政府的枢纽(如信息)工具、法制工具、财税工具和直接行动工具等,并强调每种工具都同时扮演识别器和成效器两种角色。② 这部著作是政策工具理论朝向体系化迈进的代表作。

随着20世纪80年代"新公共管理"浪潮推动的"企业家政府"以及"民营化"改革与市场机制的引入,成熟的政策工具理论发展起来了。在此阶段,学者深入研究政府管理中的民营化、市场化、社会化等政策工具转向,产生了一批经典之作,譬如萨瓦斯(E. S. Savas)的《公共部门的民营化:如何精简政府》、萨拉蒙(L. M. Salamon)的《超越民营化:政府行动的工具》以及奥斯本等的《改革政府:企业家精神如何改革着公共部门》③和《政府改革手册:战略与工具》④等。

20世纪90年代以来,学界陆续出现系统的政策工具理论著述。在《胡萝卜、大棒和说教:政策工具及其评价》⑤中,多位学者就监管、补贴、信息技术和民营化等政策工具进行了类型学研究和案例分析,同时也对政策工具的选择、实施与评估等问题进行了探讨;在彼得斯和冯尼斯潘(F. K. M. van Nispen)主编的《公共政策工具:对公共管理工具的评价》⑥中,多位学者探讨了政策工具特征、动力学、政治属性等问题,并系统总结了政策工具的研究方法和理论派别;萨拉蒙的《政府工

---

① 〔美〕杰伊·M. 沙夫里茨等编:《公共行政学经典》(第五版),北京:中国人民大学出版社2010年版,第345—348页。

② Christopher C. Hood, *The Tools of Government*, London: Macmillian, 1983, p. 95.

③ 〔美〕戴维·奥斯本、特德·盖布勒:《改革政府:企业家精神如何改革着公共部门》,周敦仁等译,上海:上海译文出版社2021年版。

④ 〔美〕戴维·奥斯本、彼得·普拉斯特里克:《政府改革手册:战略与工具》,谭功荣等译,北京:中国人民大学出版社2004年版。

⑤ E. Vedung, *Carrots, Sticks and Sermons: Policy Instruments and Their Evaluation*, New Brunswick: Transaction, 2010.

⑥ 〔美〕B. 盖伊·彼得斯、弗兰斯·K. M. 冯尼斯潘:《公共政策工具——对公共管理工具的评价》,顾建光译,北京:中国人民大学出版社2007年版。

具:新治理指南》①内容涉及政策工具的多种类型,也覆盖了如政策工具的问责、政策工具与民主的关系、政策工具与新治理的关系等新主题。在最近几年,胡德、豪利特等学者也都开始对既有的政策工具研究进行评述,公共政策工具的研究进入理论反思时期。

在中国,台湾地区对政策工具的研究早于大陆。20世纪90年代,林水波的《公共政策新论》等著作均对政策工具有深入的介绍和分析。大陆学界对政策工具的研究则基本上是在进入21世纪以后开始的。②

在中国,政策工具的研究演进有三个关键时间节点。陈振明和薛澜指出,政策工具研究应作为未来我国公共管理领域研究的四个重点领域之一。③ 2012年,恰逢中国政策科学研究发展三十周年,陈振明指出,要紧密跟踪国外发展趋势和前沿,结合国内实践,加强对政策工具(特性、分类、选择、评价、应用和组合)的拓展研究。④ 2013年11月,党的十八届三中全会通过《中共中央关于全面深化改革若干重大问题的决定》,指出全面深化改革的总目标是完善和发展中国特色社会主义制度,推进国家治理体系和治理能力现代化,这就要求改进治理方式,实现治理工具的现代化。⑤ 每个重要时间节点后,政策工具相关研究的数量都有明显增长。

二、政策工具的含义

在英文文献中,关于"政策工具"有多种表述,诸如政策工具(Policy Instrument/Tool)、政府工具(Tool of Government)、政府技术(Government Techniques)、治理工具(Tools of Governance/Governing Instrument)等。这些概念差别反映了学者考察问题角度的不同。

现有文献存在多类"政策工具",但却缺乏连贯性和统一性。金融财政政策、内部管理或内部组织、人力资源政策、政策试验等均可被看作政策工具。可见,"政策工具"的概念尚需进一步厘清。划清政策工具与公共政策以及政府计划、行政工具的界限,是正确理解政策工具概念的必要前提。(见图5-1)

---

① 〔美〕莱斯特·M.萨拉蒙主编:《政府工具:新治理指南》,肖娜等译,北京:北京大学出版社2016年版。
② 宁骚主编:《公共政策学》(第三版),北京:高等教育出版社2018年版,第142页。
③ 陈振明、薛澜:《中国公共管理理论研究的重点领域和主题》,《中国社会科学》2007年第3期,第140—152页。
④ 陈振明:《寻求政策科学发展的新突破——中国公共政策学研究三十年的回顾与展望》,《中国行政管理》2012年第4期,第12—15页。
⑤ 陈振明、张敏:《国内政策工具研究新进展:1998—2016》,《江苏行政学院学报》2017年第6期,第110页。

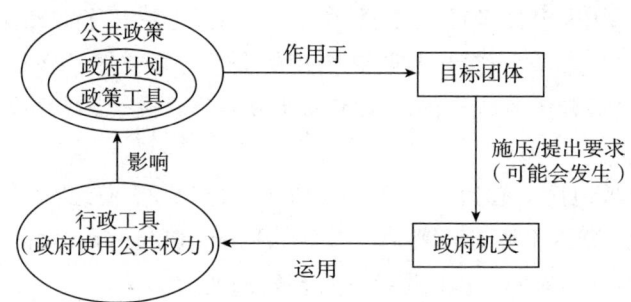

图 5-1 政策工具相关概念图

资料来源：转引自朱春奎等：《政策网络与政策工具：理论基础与中国实践》，上海：复旦大学出版社 2011 年版，第 127 页。

首先，政策工具应与公共政策相区别。公共政策涵盖范围较广，是政策目标、政策工具、政策行动等一系列活动的总称；而政策工具只是其中的一个环节。

其次，政策工具与政府计划都是达成政策目标的具体机制，但两者并不能相提并论。政府计划是针对目标、资源、组织等做特定的应用；而政策工具相比政府计划更具普适性，可用于不同的计划中。

最后，政策工具与行政工具的概念也有所不同。行政工具是政府机关内部辅助行政行为的做法，目的在于使政府机关顺利完成任务；而政策工具则施用于目标团体和执行机关，希望能对社会产生效果的手段。

对政策工具的定义也存在目标和行动之争。理查德·爱莫尔（Richard F. Elmore）认为政策工具是一种达成政策目标权威性的选择，是实现政策目标不可或缺的手段。① 豪利特认为政策工具指政府机关使用多种处理手法去执行政策以达成政策目标，是政府在部署和贯彻政策时拥有的实际的方法和手段。②

欧文·休斯（Owen E. Hughes）将政府工具定义为政府的干预方式，以及通过某种途径用以调节政府行为的机制。③ 萨拉蒙认为，政府工具是一种明确的方法，通过这种方法，集体行动得以组织，公共问题得以解决。④ 彼得斯和冯尼斯潘认为，政策工具"是政策活动的一种集合，它表明了一些类似的特征，关注的是对

---

① Richard F. Elmore, "Instruments and Strategy in Public Policy," *Policy Studies Review*, No. 1, 1987, pp. 174-186.

② Michael Howlett, "Policy Instruments, Policy Styles, and Policy Implementation: National Approaches to Theories of Instrument Choice," *Policy Studies Journal*, Vol. 19, No. 2, 1991, pp. 1-21.

③ 〔美〕欧文·E. 休斯：《公共管理导论》（第四版），张成福等译，北京：中国人民大学出版社 2015 年版，第 19 页。

④ Lester M. Salamon, *The Tools of Government: A Guide to the New Governance*, New York: Oxford University, 2002, p. 19.

社会过程的影响和治理"①。张成福等认为,政策工具指的是政府将其实质目标转化为具体行动的路径和机制,没有政策工具,便无法实现政府的目标。②

结合以上学者的观点,我们将政策工具定义为:政策工具是在特定的政策环境下,政策主体选择的,用以影响政策客体、实现政策目标的手段和途径。政策工具是政府履行公共职能的重要方式,是政府提供公共物品或提供公共服务的重要方式,也是政府治理公共问题、处理公共事务的重要方式。

第二节 公共政策工具的类型

一、政策工具类型的研究

类型划分需要满足两个严格的标准:一是始终如一的分类标准,二是不同类别需要具有互斥性和穷尽性。在已有相关研究中,政策工具的类型研究成果最为丰富且呈现多样化特征,但现有的类型划分几乎都难以完全满足上述两个标准。

政策工具的类型研究始于经验性分类。1964年,荷兰学者科臣(E. S. Kirschen)试图对政策工具加以分类,着重研究是否存在着一系列的执行经济政策以获得最优化结果的工具。他整理出64种一般化工具,但并未加以系统化,也没有对这些工具的起源和影响加以探讨。

美国预算管理办公室在1981年发布的《联邦国内援助目录》中列出了16种政策工具。查尔福(C. P. Chelf)则于1981年在其著作《美国的公共政策制定》中列出了14种政策工具。(见表5-1)

表5-1 以经验事实为基础的政策工具分类

《美联邦国内援助目录》列出的16种政策工具	查尔福提出的14种政策工具
按一定公式计算的财政补贴	支出
资助计划	拨款
无限制的直接支付	福利
有限制的直接支付	贷款
直接贷款	法律禁止
贷款担保	自我约束

---

① 〔美〕B.盖伊·彼得斯、弗兰斯·K. M.冯尼斯潘:《公共政策工具——对公共管理工具的评价》,顾建光译,北京:中国人民大学出版社2007年版,第14页。
② 张成福、党秀云:《公共管理学》(第三版),中国人民大学出版社2020年版,第93页。

（续表）

《美联邦国内援助目录》列出的16种政策工具	查尔福提出的14种政策工具
保险	检查与测试
销售、财产交换	税收
利用基础设施	服务契约
提供专业服务	收归国有、政府所有、政府企业
建议咨询服务	宣传与调查
传播专业信息	证明书
培训	许可证
对投诉的调查	特许经销权
联邦雇佣	
财产管理	

资料来源：U. S. Office of Management and Budget, *Catalog of Federal Domestic Assistance*, Washington D. C., 1981; Carl P. Chelf, *Public Policymaking in America*: *Different Choices*, *Limited Solutions*, Santa Monica, CA: Goodyear Publishing Company, 1981. 转引自 E. Vedung, *Carrots*, *Sticks and Sermons*: *Policy Instruments and Their Evaluation*, New Brunswick: Transaction, 2010, p. 25。

林德（S. H. Linder）和彼得斯认为政策工具是多元化的，并将政策工具划分为七种类型：命令条款、财政补助、管制、课税、劝告、权威、契约。①

以经验事实为基础的分类研究提供了大量在实践中可供使用的政策工具，丰富了学者的视野，但其主要问题在于缺乏结构化和系统化的探讨。

在政策科学产生之初，有一种简单却颇有影响的分类框架，它倾向于将政策工具划分为肯定性（affirmative）和否定性（negative）工具，即胡萝卜（激励）与大棒（惩罚）的通俗分类法。② 美国政治学家达尔、罗威和林德布洛姆则将政策工具分为规制性和非规制性两种。韦唐（Evert Vedung）对此进行了完善，提出了经济措施（胡萝卜）、监管机制（大棒）和信息工具（说教）三种政策工具在内的分析框架。③ 类似的框架在形式上可能存在差别，但是核心思想十分相近。

---

① S. H. Linder and B. Guy Peters, *The Design of Instruments for Public Policy. In Policy Theory and Policy Evaluation*, New York: Greenwood Press, 1989.

② 孙志建：《政府治理的工具基础：西方政策工具理论的知识学诠释》，《公共行政评论》2011年第3期，第76页。

③ E. Vedung, *Carrots*, *Sticks and Sermons*: *Policy Instruments and Their Evaluation*, New Brunswick: Transaction, 2010, p. 25.

此类政策工具划分具有一定的解释力,但实践中很多新型政策工具难以被有效涵盖。麦克唐纳(L. McDonnell)和爱莫尔将政策工具分为命令性工具、激励性工具、能力建设工具和系统变化工具四种。[①] 施耐德(A. Schneider)和英格拉姆(H. Ingram)将政策工具分为五种,即权威、激励、能力、象征与忠告、学习。[②] 这些划分都是在基础二分法外增加了类型。上述四人的贡献在于,他们认识到前人的政策工具类型划分均未论及各类政策工具所蕴含的行为假定,因此无法向决策者提供在不同背景下使用何种政策工具的信息。在他们的研究中,对于每种政策工具的假定动机、使用情景、预期效果、成本与收益都进行了详细的考察,较好解决了上述问题。

除了以胡萝卜与大棒二分法为基础的政策工具类型学研究之外,一些学者还进行了新的思考。胡德提出政策工具的"NATO"框架,即以政府主要资源——信息(nodality)、财政(treasure)、权威(authority)和组织(organization)为依据,以目的为导向进行划分,将政策工具划分为八种类型。[③] (见表5-2)

表5-2 胡德的政策工具类型

	信息	财政	权威	组织
影响者	建议	补贴、贷款	法律	服务、传递
监测者	调查	顾问	注册	统计

豪利特和拉米什的政策工具光谱根据政府介入公共物品与服务提供的程度把政策工具分为自愿性工具(Voluntary Instruments)、强制性工具(Compulsory Instruments)和混合性工具(Mixed Instruments)。其中,自愿性工具很少或几乎没有政府干预,以自愿为基础,具体包括家庭与社区、志愿者组织和私人市场等工具;强制性工具是借助政府的权威和强制力控制目标群体的行动,包括管制、公共企业和直接提供等工具;混合性工具结合了自愿性工具和强制性工具的特征,允许政府对非政府行为主体的决策进行不同程度的干预,但最终仍由私人做出决策,包括信息和倡导、补贴、产权拍卖、税收和使用者付费等工具。[④] (见图5-2)

[①] L. McDonnell and R. Elmore, "Getting the Job Done: Alternative Policy Instruments," *Educational Evaluation and Policy Analysis*, Vol. 9, No. 2, 1987, pp. 133-152.

[②] A. Schneider and H. Ingram, "Behavioral Assumptions of Policy Tools," *Journal of Politics*, Vol. 52, No. 2, 1990, pp. 510-529.

[③] Christopher C. Hood, *The Tools of Government*, London: Macmillian, 1983, p. 95.

[④] M. Howlett and M. Ramesh, *Studying Public Policy: Policy Cycles and Policy Subsystems*, Oxford University Press, 1995, p. 163.

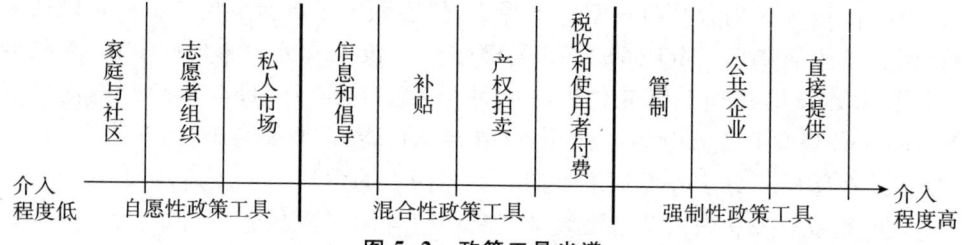

图 5-2　政策工具光谱

豪利特和拉米什的分类方式更具有解释力，得到了众多中国学者的青睐。丘昌泰的《公共政策：基础篇》、全国 MPA 专业学位教育指导委员会组织编写的课程教学大纲《公共政策分析》、陈庆云主编的《公共政策分析》等，都接受并详细介绍了这一分类。① 中国学者结合中国的公共管理实践，对西方政策工具理论进行了本土化改造和创新。陈振明将政策工具划分为三类：市场化工具、工商管理技术和社会化手段。市场化工具指的是，政府利用市场机制达到政策目的的具体方式，包括民营化、用者付费、管制与放松管制、合同外包、内部市场等。工商管理技术是把企业的管理理念和方式借鉴到公共部门中来，吸取有效经验达成政府的政策目标，包括战略管理技术、绩效管理技术、顾客导向技术、目标管理技术、全面质量管理技术、标杆管理技术和企业流程再造技术等。社会化手段是政府利用社会资源，在互动的基础上实现政策目标，如社区治理、个人与家庭、志愿者组织、公私伙伴关系等。②

张成福等按政府介入程度划分了 10 种政策工具：政府部门直接提供财货与服务、政府部门委托其他部门提供、签约外包、补助或补贴、抵用券、特许经营权、政府贩售特定服务、自我协助、志愿服务、市场运作。③ 李允杰、丘昌泰从政策工具由非强制性到强制性的光谱上，划分出 12 种类型的政策工具：市场经济的诱因（污染权、抵消政策、贷款）、保险计划、自我管制、收费与课税、教育、信息公开和运用传媒、定期报告服从的状况、执照核发、许可证制度、标准设定、处罚、检查、裁决。④

朱春奎等人以政策工具光谱为基础，结合国内实际情况，在每一大类下对实践中产生的各种政策工具进行了更加详细的补充。⑤（见表 5-3）

---

① 宁骚主编：《公共政策学》（第三版），北京：高等教育出版社 2018 年版，第 143 页。
② 陈振明主编：《政策科学——公共政策分析导论》（第二版），北京：中国人民大学出版社 2003 年版，第 172 页。
③ 张成福、党秀云：《公共管理学》（第三版），北京：中国人民大学出版社 2020 年版，第 95 页。
④ 李允杰、丘昌泰主编：《政治执行与评估》，台北：元照出版公司 2003 年版，第 126—132 页。
⑤ 朱春奎：《政策网络与政策工具：理论基础与中国实践》，上海：复旦大学出版社 2011 年版，第 135—136 页。

表 5-3 政策工具分类表

自愿性工具	强制性工具		混合性工具	
一、家庭与社区 二、自愿性组织、自愿性服务 三、市场、市场自由化	一、规制	1. 建设和调整体系 2. 建立和调整规则 3. 设定和调整标准 4. 许可证和执照 5. 检查检验 6. 监督 7. 考核 8. 法令 9. 法规 10. 特许 11. 禁止 12. 裁决 13. 处罚 14. 制裁	一、信息与劝诫	1. 信息发布 2. 信息公开 3. 建设舆论工具 4. 教育学习 5. 舆论宣传 6. 鼓励号召 7. 呼吁 8. 象征 9. 劝诫 10. 示范
	二、公共企业		二、补贴	1. 赠款 2. 直接补助 3. 财政奖励 4. 实物奖励 5. 税收优惠 6. 票券 7. 利率优惠 8. 生产补贴 9. 消费补贴 10. 政府贷款 11. 补贴限制
	三、直接提供	1. 直接生产 2. 直接服务 3. 直接管理 4. 公共财政支出 5. 转移支付 6. 政府购买	三、产权拍卖	1. 排污权拍卖 2. 生产权拍卖 3. 服务权拍卖 4. 政府出售
	四、命令和权威性政策工具	1. 机构设置 2. 政府机构改革 3. 政府机构能力建设 4. 政府间协定 5. 指示指导 6. 计划 7. 命令执行 8. 强制保险 9. 政策试验	四、征税和用户收费	1. 使用者收费 2. 消费税 3. 生产税 4. 营业税 5. 个人所得税 6. 社会保险金
			五、契约	1. 服务外包 2. 公私合作
			六、诱因型工具	1. 社会声誉 2. 信任 3. 程序简化 4. 利益留存 5. 权力下放

二、基本的政策工具类型

豪利特和拉米什在《公共政策研究:政策循环与政策子系统》一书中,根据提供公共物品和服务的过程中政府介入程度的高低,在自愿性—强制性光谱上对政策工具进行定位,将政策工具分为自愿性工具、混合性工具、强制性工具。我们主要根据这一研究对基本的政策工具类型进行介绍。

(一)自愿性工具

自愿性工具的核心特征是很少或几乎没有政府干预,各种政策目标和既定任务是在自愿的基础上完成的。面对某些问题,政府会有意识地不予理睬,因为政府的强制性手段并非有效解决该问题的最佳方式。黄老思想影响下的"文景之治"以及"使市场在资源配置中发挥决定性作用"的原则表明自愿性政策工具贯穿我国古今的治国理政实践当中。自愿性政策工具成本相对较低,且与个人自由主义的文化相适应,能够很好地适应多种社会环境下的政策执行与社会治理。

1. 家庭与社区

在社会关系中,亲戚和朋友提供了难以估计的物品和服务,政府可以将一部分的服务职能转移到家庭和社区当中,促使政策目标更好地达成。

所有的社会形态都把照料家人和其他亲友的行为视为一个人应担负的重要责任。在中国的乡土社会中,家庭可以承担养育子女以及赡养老人等基本的服务责任,家庭延伸出的家族甚至能够承担起一些政治、经济、宗教等更加复杂的功能。[1] 统计显示,1978 年,美国的现金、实物支援以及提供居家服务等方式提供的帮助价值 860 亿美元,而那些非货币交易更加难以统计。据估计,对老人提供的家庭健康服务中,约 80% 的服务是由家庭成员提供的。[2]

家庭和社区作为政策工具的优越性在于,除非政府对家庭和社区进行授权和补贴,政府不需要承担额外的财政支出。与其他工具相比,家庭与社区作为一种工具在大多数社会中易获得广泛的政治支持。

但其缺点也较为明显。家庭和社区提供的服务虽然更加贴心和舒适,但是政府集中提供的社会服务相对更加具有规模效应;家庭和社区提供的公共服务可能会在一定程度上产生不公平,贫困家庭无法像富裕家庭一样为家庭成员提供高质量的服务。此外,家庭和社区面对较为复杂的政治经济问题时通常难以产生明显作用。因此在解决现实问题时,家庭和社区往往难以单独发生作用,只能作为其

---

[1] 费孝通:《乡土中国》,上海:上海人民出版社 2019 年版,第 39 页。
[2] 〔美〕迈克尔·豪利特、〔澳〕M. 拉米什:《公共政策研究:政策循环与政策子系统》,庞诗等译,北京:生活·读书·新知三联书店 2006 年版,第 146 页。

他政策工具的补充和调节工具。

2. 志愿者组织

志愿者组织是指公民在不计报酬、自愿奉献自己的时间、精力或其他资源为他人服务的过程中自发组织起来的民间组织。① 非营利的志愿者组织在解决当今社会问题中发挥着重要的作用。中国青少年发展基金会在20世纪80年代首先注意到农村失学儿童问题,通过开展"希望工程"募集社会捐款,至2014年10月30日,"希望工程"25年间共募集捐款100.72亿元,资助495万名农村家庭经济困难的学生继续学业,资助建设希望小学18 396所。

与家庭和社区相比,志愿者组织更加正式,具有更加完善的治理结构,获取外部资源的能力更强;其内部相对完善的服务宗旨和运行规则也保证了志愿者组织是一种较为公平的政策工具。相对于政府而言,志愿者组织具有较弱的垄断性和相对较强的竞争性,对于个性化的需求具有较好的回应性。此外,志愿者组织的各种活动可以加强社会成员的联系,培养社会成员团结、有爱和互助精神等美德。

志愿者组织也存在"志愿失灵"的缺陷。首先,志愿者组织单纯依靠自愿筹集资金,难以稳定地获得各类资源,故而难以提供足量的公共服务,造成"慈善不足"。其次,志愿者组织本身和其捐助者都可能具有特定的偏好,从而将服务对象限定于特定人群,导致其提供的志愿服务具有一定的狭隘性。再次,受捐助者由于接受馈赠,在心理上处于相对弱势,难以对志愿者组织提供的服务进行有效监督,导致志愿者组织将家长制作风带入服务过程,使工作效率和服务质量大打折扣。最后,志愿者组织还可能由于不能吸引到优秀的专业人才而制约其服务能力。

3. 私人市场

市场是消费者和生产者自发互动的场所,前者追求用有限的资金购买最多的物品,后者则追求利润最大化,双方相互作用的结果是市场提供了使双方都满意的产出。

市场的优势集中表现在效率方面。首先,市场的专业分工使个体从事特定领域的生产活动,有利于生产技术、知识的积累,同时规模效益也能促进效率提高。其次,市场能够有效评价各参与者的绩效和贡献,并提供充分的报酬,形成能够充分激发生产者积极性的激励体系,促使效率进一步提高。最后,市场主体能够通过市场价格和产品销量充分评估社会成员的需求和偏好,从而保证资源配置效率的实现。

---

① 张远凤、邓汉慧、徐军玲:《非营利组织管理——理论、制度与实务》,北京:北京大学出版社2016年版,第5页。

然而市场本身并非完美,上述侧重于效率的优点也不能完全实现。市场中存在垄断、信息不对称等现象,阻碍了资源有效配置的实现。对于诸如国防、公共安全、灯塔等公共物品和服务,由于难以获益,市场在其提供上难以发挥作用。

市场本身的不完美会导致其效率难以达到最优,而其以效率为先的考量则会导致"公平"价值的实现不能令人满意。若教育、医疗、住房等基本生存条件只能价高者得,势必会形成严重的阶级对立,甚至导致社会动荡。

因此,政府使用市场工具时,通常会辅以其他工具,比如出台规范市场行为的政策法规,或发放鼓励某种行为的补贴。市场本身具有自愿性,但它却是以政府的强制权力作为后盾的。①

(二)强制性工具

强制性工具借助于政府的权威和强制力,对目标群体的行动进行控制和指导。政府可以命令某对象从事特定的活动,可以组建政府控制的公司来完成政府确定的职能,或者直接通过政府机构提供物品和劳务。上述的管制、公共企业、直接提供都是强制程度较高的工具,几乎没有给目标群体留下多少自由决定的余地。

1. 管制

管制是指政府对个人和机构的行为做出要求和规定的活动。政府制定某种规则,要求对象必须贯彻执行,如果贯彻失败往往会受到处罚。

管制工具的优点在于:首先,在诸如环境污染治理等领域,政府不必事先了解政策对象的偏好,因此管制的标准较容易确立,也能降低执行中的不确定性。其次,管制的政策成本相对更低,即只需管理机构保证规则得到遵守。最后,面对预料之外的情形或者突发的危机事件,政府管制与其他政策工具相比更加行之有效且具有政治感染力。

管制的缺陷在于:(1)管制会扭曲志愿部门或私人部门的活动,如审批流程会耗费大量的时间,导致市场活动贻误最佳时机;(2)严格的管制客观上限制了合理的试验机会,从而抑制创新;(3)管制缺乏灵活性,常常导致在社会环境已经变化的情况下出现结果与目标相左的状况;(4)管制引起的服从成本较高;(5)管制的政策成本较低,效果更明显,容易导致政策制定者形成不关心情境变化而习惯使用管制工具的偏好;(6)管制容易滋生腐败,导致在提高解决问题的实际成本的同时,也常常难以有效改变实际情况。

---

① 〔美〕迈克尔·豪利特、〔澳〕M.拉米什:《公共政策研究:政策循环与政策子系统》,庞诗等译,北京:生活·读书·新知三联书店 2006 年版,第 150 页。

2. 公共企业

公共企业一般具备三大特征。第一,公共企业需要具备一定的公共所有权,公共所有权的比重高于50%。第二,公共企业需受政府管控。第三,公共企业的产品是用来销售的,而不是无法直接向使用者收费的公共产品。利润未必是公共企业的主要目标,但其销售收入必须一定程度地平衡成本。

公共企业的重要作用在于:在私企由于进入成本过高或者预期收入过低而缺乏积极性的领域,公共企业生产相应的产品或服务是有效的方式;政府作为所有者可以通过公共企业落实决策,所需的信息成本相对更低;公共企业的利润能够积累公共资金,用于提供其他公共产品和服务。

公共企业工具的缺点在于:(1)公共企业的管理者在实际经营当中能够采取很多手段规避政府对于公共企业的控制;(2)由于公共企业拥有国家财政投入的支持,即使经营不善也不会破产倒闭,会长期处于低效运行状态;(3)公共企业极易形成行业垄断,进而将低效经营的成本转嫁,造成资源利用和分配的无效率。

3. 直接提供

政府在公共财政的支持下直接履行职能,向社会提供产品和服务是最为基本的且使用范围最广的政策工具。在国防、消防、教育等公共服务的提供上,政府基本上都是通过直接提供的方式完成的。

直接提供的优点在于:(1)直接提供所需要的信息成本相对较低,因此较容易建立;(2)政府作为行为主体,能够保证获得必需的资源、技巧和信息;(3)直接提供效率较高,能够避免间接提供中的一些问题,例如较高的信息需求;(4)直接提供允许交易内部化,从而降低成本。

直接提供的缺点也较为明显:(1)政府的直接提供更加注重规则和程序,服务形式与内容往往刻板僵化,难以灵活满足公众的需求;(2)直接提供受政治影响较大,对政治的重视会导致相关部门忽略服务质量;(3)天然的垄断地位导致政府在进行公共服务的直接提供时缺乏竞争,成本意识不足,资源浪费的可能性更加严重。

(三)混合性工具

政策工具光谱中,混合性工具处于自愿性工具和强制性工具之间,它允许政府对目标群体的决策和行为进行干预,但最终决策权仍然留在目标群体手中。在混合性政策工具中,政府干预程度最低的是信息和倡导,干预程度最高的是对于不鼓励的行为进行惩罚性课税,介于两者之间的还包括对于鼓励的行为采取补贴措施和在一些领域内建立价格机制等。

1. 信息和倡导

政府向私人部门传递相关信息,并希望它们的行为能够按照政府预期转变,其目的在于改善当前民众知识不足或信息不对称的情况,促使其做出更理性的抉择。例如,在小长假期间报道各大景区的客流量,促使民众根据信息理性安排出行计划;再如,要求烟草公司在烟盒上印上"吸烟有害健康"的字样,希望民众在了解信息的情况下减少吸烟。

与单纯的发布信息相比,劝诫和说服教育体现出更多政府干预的色彩。这是政府主动付出努力、力求改变目标群体的偏好和行为,但并不会匹配物质上的激励或惩罚措施。电视上播放的各种主题的公益广告,就是政府采用劝诫和说服教育的典型案例。

信息和倡导的优点在于:政府面对尚无明确解决办法的问题,发布信息和进行倡导是一个良好的出发点。信息和倡导的成本较低,易于建立和取消。若仅通过信息和倡导就能够解决问题就不必采取其他的措施;若有更优的工具选择,政府也能很快改变原有的信息和倡导。因此,信息和倡导不易形成路径依赖,其建立和终结也不会使社会产生较大波动。

信息和倡导的不足在于其在危机情境下的作用有限。若政府面对危机,信息和倡导的作用就只限于让民众了解情况及赢得舆论优势,但是对于真正解决危机收效甚微。因此,信息和规劝最好和其他工具配合使用。

2. 补贴

补贴是指政府相关部门向私人、公司等非政府组织提供各种形式的财政转移,其目的在于对某种鼓励性行为提供奖励,以此影响社会主体的成本收益判断,其实质可以理解为政府购买企业和公民的行为。补贴相较于信息和倡导具有更显著的影响,但是行动最终决策权仍在个人手中。补贴在实践中有多种形式,包括拨款、税收激励、票证等。

补贴具有很多优越性。第一,当政府期望与目标群体意愿相吻合时,即若人们在价值上认可某种政府倡导的行为,但由于成本问题未采取行动,那么补贴将是非常有效的。第二,补贴将决策权归于目标群体,使其可以根据自身条件以及现实情况自行决定,因此是非常灵活的政策工具。第三,补贴虽然也是政府针对目标群体的干预,但其对创新的促进作用更大。第四,补贴与自由价值相契合,同时其政策成本由全社会承担,因此往往会得到部分群体的坚决支持而反对声音较小,具有较高的政治可行性。

补贴的缺陷在于:(1)补贴工具中除税收激励之外,其余形式均需财政资金作支撑,势必会挤占政府的财政资源;(2)关于多少补贴能引发目标群体预期行为的信息难以掌握,为了实现政策目标与成本的平衡,往往需要多次试错;(3)补贴是间接发挥作用的,其产生效果需要经过目标群体接收信息、思考、准备、实施等过程,所以效果相对滞后;(4)有些行为即使没有补贴的影响也仍然存在,政策制定者有时也无法确定预期行为是否是自然产生的。因此,补贴可能是多余的。

3. 产权拍卖

产权拍卖是政府在没有市场的领域内人为创造稀缺资源和消费市场,其一般过程是,政府对于某些不具备稀缺性的资源设置固定数量的可转让消费权证而创造市场,购买到消费权证的消费者可得到这些资源的消费权。在这一过程中,资源的消费权具有了消费品的稀缺性,价格机制也随之发生作用。

环保问题中控制污染性原料的使用是产权拍卖工具应用的典型场景。政府会限定这些污染性原料使用总数,然后通过拍卖使用权分配这些限额资源。计划使用该原料的公司首先需要在拍卖市场上通过竞价取得该原料一定数量的使用权。由于可用的原料数量有限,公司可能会在寻找其他清洁原料作为替代品。产权拍卖也增加了这种污染性原料的成本,原本价格较贵的原料在此情况下也拥有了价格优势,进而对污染原料产生替代。

产权拍卖工具具有以下优点。首先,产权拍卖容易构建。从上述过程可知,政府所要做的工作就是为限定使用的资源划定使用上限,其余的事情留给市场机制解决。其次,产权拍卖较为灵活。政府可以根据需要确定资源使用上限,而生产者可以根据自身情况不断调试行为。最后,产权拍卖给予市场主体充分的信息,即不受政府欢迎的行为的总体数量,这种明确信息难以出现在其他政策工具当中。

产权拍卖的基础是市场机制,因此产权拍卖工具和市场的缺点十分类似:(1)经济实力雄厚的投机者可以通过高价买断所有产权,垄断产权交易市场,为进入产权交易市场设置极高的壁垒;(2)不能购买产权的人常常被迫诈骗,导致灰市和黑市中由于信息不对称产生高昂的执行成本;(3)产权拍卖依据支付能力而不是需要来配置资源,因此常常遭到支付能力不足而又确实需要的人的强烈反对。

4. 税收和使用者付费

税收是法定的个人或公司依法向政府进行的强制性支付。通过对目标群体实施不同的税收,可以改变目标群体决策时的成本收益考量,进而鼓励或限制目标群体的行为。

使用者付费类似于产权拍卖,这种额外成本使公司需要重新分析成本收益,以决定生产行为。如果运用得当,那么社会上不被鼓励的行为就会维持在可接受的水平。

税收和使用者付费的优越性在于:(1)税收和使用者付费工具易于构建,因为这只是提高目标群体某种行为的成本,而其仍拥有决策权;(2)税收和使用者付费会促进创新以寻求更加廉价的替代方案;(3)政府可以在实践过程中不断调整税率以找到合适的基点,因此这一工具是灵活的;(4)税收和使用者付费的作用是持续不断的;(5)税收和使用者付费将责任留给目标群体,减少了政府的执行任务。

税收和使用者付费的缺陷在于:(1)政府需要大量信息来确定引发预期行为的税率和收费额;(2)资源在获得最优收费标准的试验过程中可能会被错误配置;(3)这类工具的作用有赖于私人决策,在需要迅速回应的危急时期是无效的。

第三节 公共政策工具的选择

一、影响政策工具选择的因素

不同政策工具的成本及影响各有不同。如何针对现实情况选择合适的政策工具也是一个重要的问题。

对于这一问题,已经形成了工具主义、过程主义、权变主义和建构主义几种路径。工具主义注重政策工具的属性与特点;过程主义和权变主义认为,工具选择需要根据现实的具体情况以及工具应用的环境与背景决定;建构主义则认为工具并不起决定性作用,政策效果还受到政策系统、政策网络、决策系统和执行过程的影响。[①] 结合我国的实际情况,我们将影响政策工具选择的因素进行简单的梳理。

(一)政策目标

政策目标是对政策实施后政策问题解决程度的预期,规定了政策工具选择和使用的方向,为评判政策工具的有效性提供了明确标准。在政策工具的选择中,关于政策目标必须考虑以下几个方面。

首先,明确政策目标是政策工具选择的前提。其次,若明确某项政策具有多重目标,则需要进一步明确目标构成以及各个目标之间的内在联系,注意从综合治理的视角去选择和配置政策工具。最后,政策工具和政策目标之间的联系是动态的。社会环境总在迅速变动,政策目标也可能随之转变。在实践当中经常存在的问题是,社会环境和政策目标在发生变化,但政策工具却因惯性一直保留。例如,"独生子女"政策诞生于我国人口快速膨胀的特殊时期,其手段是强硬的政府管制工具。随着我国人口老龄化现象的加剧,"独生子女"这一曾经的基本国策也逐渐被"全面三孩"政策替代。加之民众民主意识的觉醒,"全面二孩"政策中,

---

[①] 〔美〕B. 盖伊·彼得斯、弗兰斯·K. M. 冯尼斯潘:《公共政策工具:对公共管理工具的评价》,顾建光译,北京:中国人民大学出版社2007年版,第36—40页。

以倡导为主的政策工具也取代了强硬的政府管制工具。

(二) 政策工具自身的特征

医生对症下药需要清楚每种药的特性与禁忌,而政府治理社会同样需要准确把握每种政策工具的特点、优劣和使用范围。①

林德和彼得斯认为工具选择必须考虑政策工具的四种基本属性:(1)资源耗费;(2)服务于政策目标;(3)政治风险;(4)行动限制。基于四种基本属性,引申出需要观察和评判政策工具的八种具体属性:(1)操作的复杂性;(2)公众可见度;(3)跨目标运用的适应性;(4)干预的层次;(5)相关成本;(6)对市场的依存;(7)失灵的可能性;(8)对准目标的精确性。②

林水波提出衡量工具适当性与有效性的七项标准:(1)相关性。与政策目标相关性越强的工具越可能被选中。(2)负面作用。负面作用越小的工具越可能被选中。(3)结构上的整合性,预防政策工具之间会相互抵消,发挥工具的乘数效应。(4)易行性。简单易行的工具被选中的概率更大。(5)应变能力。即工具是否具有随时变动和修正的能力,能在变迁的环境中发挥作用。(6)常识化。这指的是政策工具要与社会风俗或个人习惯相契合。(7)绩效性,指政策工具的成本收益比。在其他条件相同或相近的情况下,绩效性常常是决策者最主要考虑的因素。③

(三) 公共政策主客体状况

根据公共选择理论,官僚集团也有着自身的利益。如果某种政策工具能够使执行机构获得利益,执行机构往往会积极支持使用该政策工具;反之,即使这种政策工具是更有效的解决方法,也有极大可能得不到青睐。

此外,政策主体在选择政策工具时还受到其他主客观因素的影响,如政府习惯于使用某种政策工具解决问题时,其遇到其他问题时使用相同政策工具的概率可能增加。国家和政府能力的大小也会影响政策工具的选择。当政府掌握的资源丰富时,便有可能由政府直接提供物资和劳务来实现政策目标。"反之,若政府可用之资源十分有限时,较可能转移给私人或市场来提供……或者是选择成本较低之政策工具,如象征和劝告。"④

---

① 赵德余:《公共政策科学的谱系与图景:一个医学的隐喻》,《学海》2016年第3期,第18—20页。
② S. H. Linder and B. Guy Peters, "Instrument of Government: Perceptions and Contexts," *Journal of Public Policy*, Vol. 9, No. 1, 1989, p. 47.
③ 林水波:《公共政策新论》,台北:智胜文化公司2001年版,第236—239页。转引自宁骚主编:《公共政策学》(第三版),北京:高等教育出版社2018年版,第152页。
④ 转引自宁骚主编:《公共政策学》(第三版),北京:高等教育出版社2018年版,第149页。

政策工具若想发挥作用，就需要改变目标群体的态度或行为。根据目标群体的特性选择合适的政策工具才能发挥更大的作用。施耐德和英格拉姆的研究被人广为引用。①（见表 5-4）

表 5-4　目标群体类型与政策工具选择

政策工具	类型			
	优势者	竞争者	依赖者	偏差者
利益	激发能力 正面诱致	负面诱致	补贴（设定资格） 象征和劝告	偶尔
负担	自我管制	索价	威权式工具	强制/处罚
理论基础	在自愿的基础上采取适当的行动	在自利的基础上采取竞争行为	自感力量不足，有赖于他人协助	希望改变其行为，而非针对结构性问题

除了目标群体的类型之外，目标群体本身的分裂程度、政策过程中的参与度以及对政策工具的接受度都是需要政策制定者考虑的因素。

（四）公共政策选择的环境

政策工具的选择离不开社会经济发展的大环境。政府有多少人力、物力、财力资源和什么样的技术用作政策工具最终取决于经济发展水平。在我国政策的执行过程中，运用政策工具时就必须考虑区域经济、城乡、行业等方面的发展状况差异。

政策工具的选择需要考虑文化、政治制度和法律体系的差异。例如，中国和印度同为人口大国，中国的计划生育政策可以取得斐然的成就，但是印度的文化、政治制度和法律体系与中国迥然不同，所以同样的工具不能简单地应用于印度。

政策工具的选择需要考虑社会中利益集团、社会的发展状况和政治参与水平。在利益集团和社会发展水平较高的地方，政府往往扮演利益协调者的角色，选择更加体现民主自由价值观的政策工具。而在利益集团和社会发展水平相对薄弱的地方，政府往往扮演领导管理者的角色，更多情况下会倾向于选择强制性政策工具。

（五）意识形态因素

意识形态因素可以被认为是特殊的环境因素。意识形态很大程度上影响着

---

① A. Schneider and H. Ingram, "Social Construction of Target Population: Implications for Politics and Policy," *American Political Science Review*, Vol. 87, No. 2, 1993, pp. 339-340.

整个社会的运行秩序以及思想文化,决策者往往会依据意识形态的"政治正确性"对政策工具进行有偏好性的选择。

在我国计划经济时代,私人市场被认为是"投机倒把"而基本上被禁止。即使在党的十一届三中全会后,关于我国民营经济到底"姓社还是姓资"的问题也一直处于争论之中。直至邓小平同志的南方谈话帮助社会和民众解放思想,市场才真正被政府认为是可选择的政策工具之一。

当代西方国家在选择政策工具上也有着明显的意识形态印记,"新公共管理"运动兴起以来开出的药方多是采取市场化的政策工具。而对于凯恩斯主义主张的政府的干涉工具,则采取谨慎的态度。由于它们奉行古典自由主义的"管得少的政府是好的政府"的理念,因此认为能够通过市场解决问题的,则不动用官僚机构。

二、政策工具选择的相关理论

目前关于政策工具选择的理论和模型大致上可以分为三种:经济学模型、政治学模型和综合模型。经济学模型侧重于在技术上完成政策工具与政策目标匹配。政治学模型认为在技术上,政策工具之间在某种程度上可以相互替代,支配政策工具选择的政治力量是研究的重点。豪利特和拉米什综合了经济学模型和政治学模型的主要思想,提出了解释力更强的综合模型。下面介绍这三种政策工具选择模型。

(一)政策工具选择的经济学模型

新古典主义经济学家总体上依靠公共选择解释政策工具的选择与使用。他们认为,选民、政治家以及官僚组织都在某种程度上拥有自利的动机,而这种动机会不断增加政府的税收和开支,扩大国有化和政府管制的水平。在民主政治中,政府倾向于选择这样的政策工具,因为它可以将收益集中于边际选民,以获取他们的支持,同时将成本分摊到全体民众,尽可能使选民不知晓政策的真实成本。

政策工具选择的经济学理论具有一定的演绎色彩,难以和现实中政府的实际决策相吻合。其理论基本上是基于政府做什么和政府应该做什么的"应然"假设,而并非政府实际上如何做的"实然"经验研究。

(二)政策工具选择的政治学模型

1. 多尔恩的观点

加拿大学者布鲁斯·多尔恩(Bruce Doern)认为,假设所有的工具技术都是可替代的,在民主社会中,政府开始会采取强制性较低的政策工具,若效果不明显或者遭到阻碍,则会慢慢增强政策工具的强制性。但这一观点过于简化,难以涵盖社会环境、意识形态以及政府等各种因素对政府选择政策工具的影响。

2. 胡德的观点

胡德讨论了政府随时间发展"重新选择工具"的"一般"模式,包括:"(1)从基于信息的工具转变为基于其他资源的工具。(2)从仅仅依靠强制转变为借助金融和组织资源的使用。"①

胡德认为政策目标的群体规模对于政策工具的选择具有重要影响,因为受影响的目标群体规模越大,政府就会更多地采用自愿性政策工具而非强制性政策工具。此外,他也认为,无论目标群体的规模如何,政府如果希望在政策执行中获得社会群体自觉的服从,其使用强制性政策工具的可能性也将大大降低;而若政府希望通过政策执行过程将社会资源进行重新分配,则会更加偏好使用强制性政策工具。

3. 林德和彼得斯的观点

林德和彼得斯将经济学和政治学著作中提出的关于政策工具选择的多种概念整合到了一起,他们认为政策工具的特征可以依据四大标准进行划分。这些标准包括:(1)资源密集度,即政策工具的行政成本以及操作上的便捷性;(2)目标,包括目标的精确性和明确性;(3)政策工具使用的政治风险,包括支持和反对势力的特点、公共知名度以及失败的概率;(4)对于国际行为的约束,包括强制的困难以及限制政府行为的意识形态原则。

除了政策工具的特征这一影响因素外,林德和彼得斯还列出了一系列政策工具选择的影响因素,包括:该国的政策风格、政治文化和社会分化程度,有关机构的组织文化以及它们与顾客、其他机构的关系,政策问题的环境、时间约束以及受影响者的范围,领导者个人的主观偏好。

(三) 政策工具选择的综合模型

豪利特和拉米什在建构理论时,提出了两个变量:一是国家能力的大小,即国家可以影响社会行动主体的组织能力的大小;二是政策子系统的复杂性,即政策制定和执行所需要面对的政策目标群体的规模和类型。基于这两个变量,政策工具选择的情况可以划分为四个象限,这就是豪利特和拉米什建构的政策工具选择的综合模型。(见表5-5)

---

① Christopher C. Hood, *The Tools of Government*, Chatham, NJ: Chatham House, 1986, pp. 126-131.

第五章　公共政策工具

表 5-5　豪利特和拉米什政策工具选择偏好表

国家能力		政策子系统复杂程度	
		高	低
国家能力	强	（自愿性工具） 市场工具	（强制性工具） 管制、公共企业、直接提供
	弱	（自愿性工具） 家庭与社区、志愿者组织等工具	（混合性工具） 信息和倡导、补贴、产权拍卖、税收和使用者付费

资料来源：〔加〕迈克尔·豪利特、〔澳〕M.拉米什：《公共政策研究——政策循环与政策子系统》，庞诗等译，北京：生活·读书·新知三联书店 2006 年版，第 144 页。

不同的象限对应着两种变量不同的定性取值，也对应着在这种情况下最适宜使用的政策工具。

（1）国家能力较强，政策子系统较为复杂。若政府面对的目标群体数量庞大并且它们之间形成了诸多不可兼容的利益集团，政府使用强制性工具不仅会花费大量的成本，也有可能收效甚微。市场机制能够调节市场上诸多主体的行为，保证交易的正常运转和资源的有效利用。而国家能力的强大能够在很大程度上弥补市场机制对于社会公平的损害，保证充分发挥市场机制优势的同时抑制市场机制对于社会公平造成的不良影响。

（2）国家能力较强，政策子系统低度复杂。若政府面对的目标群体数量相对较少并且没有较大的利益分化，使用强制性较高的政策工具不仅可以以更高的效率解决政策问题，同时在国家能力较强的背景下，其所付出的政策成本以及带来的政治风险也都令人易于接受。

（3）国家能力较弱，政策子系统较为复杂。在这种情形下，政府通常没有资源和能力解决复杂的政策问题，只能将一部分治理的权力让渡给家庭、社区以及志愿者组织。因为在一些特定的问题中，家庭、社区或志愿者组织已经能够在实践中形成一套更加完善的解决方案。

（4）国家能力较弱，政策子系统低度复杂。虽然强制性政策工具仍是一种有效的方法，但若国家和政府能力不强，强制性政策工具仍然是一种成本较高并且潜在风险相对较大的选择。因此，政府也不得不将最终决策的权力归还到目标群体手中，转而采取一种相对温和的方式，即信息和倡导、补贴、产权拍卖、税收和使用者付费等混合性政策工具，对目标群体的态度和行为进行一定干预。

当以政策问题本质和环境子系统复杂程度作为交叉变量时,可以构建出如下模型。(见表5-6)

表5-6 以问题本质和环境子系统为变量的政策工具选择

		环境子系统	
		复杂	单纯
问题本质	经济发展	间接型工具	引导型工具
	非经济发展 (以社会福利为分析核心)	基础型工具	直接型工具

资料来源:转引自朱春奎等:《政策网络与政策工具:理论基础与中国实践》,上海:复旦大学出版社2011年版,第141页。

当以政府能力和社会能力作为交叉变量时可以构建出如下模型。(见表5-7)

表5-7 以政府能力和社会能力为变量的政策工具选择

		社会能力	
		强	弱
政府能力	强	间接型工具	直接型工具
	弱	引导型工具	基础型工具

资料来源:转引自朱春奎等:《政策网络与政策工具:理论基础与中国实践》,上海:复旦大学出版社2011年版,第142页。

豪利特和拉米什建构的政策工具选择综合模型及其衍生与发展更加直观、具体。但该模型仅阐述了宏观的大体预期,缺乏对工具类别的具体倾向以及特定决策环境的深入探讨。[1] 该模型要求政策制定者不仅熟悉不同政策工具的优劣,还要能清楚地判别政策问题的性质以及环境的不确定性。事实上,决策者常常缺乏这样的理性能力。[2]

一些学者从政策环境和政策网络的角度出发对于政策工具的选择进行了新的解释。丁煌和杨代福认为,在进行政策工具选择时,须考虑理性与政策网络两个属性,既要考虑政策工具本身的效果,也要考虑政策工具运作的环境。其将

---

[1] 陈振明、张敏:《国内政策工具研究新进展:1998—2016》,《江苏行政学院学报》2017年第6期,第112页。

[2] 赵德余:《公共政策:共同体、工具与过程》,上海:上海人民出版社2011年版,第99—100页。

"政策网络"视为核心环境,构建了一个政策工具的选择模型。① (见图 5-3)周英男和刘环环将政策环境纳入研究视野,其模型包含目标层、指标层、方案层三部分,并设定"强制性、直接性、自治性、可见性"为政策工具的选择维度,将政策工具分为"命令控制型、经济激励型和自愿型",最终构建出完整的选择模型。(见图 5-4)

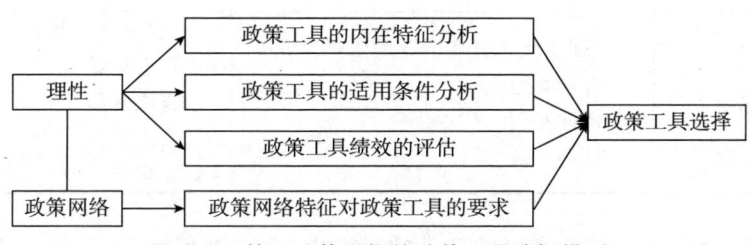

图 5-3 基于政策网络的政策工具选择模型

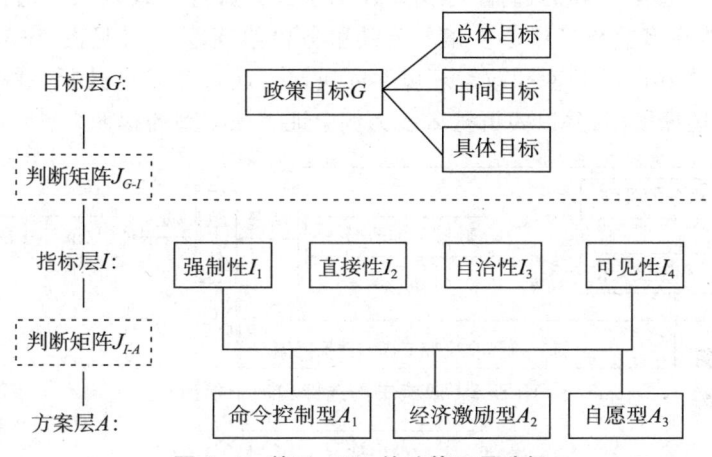

图 5-4 基于 AHP 的政策工具选择

某些特殊领域的政策工具选择具有较高的理论价值和实践意义。例如,公共服务和公共产品的提供中的政策工具选择就是各国学者研究的重点之一。萨瓦斯认为,公共服务的生产者和安排者的公私性质都将决定政策工具的选择。②(见表 5-8)

---

① 丁煌、杨代福:《政策工具选择的视角、研究途径与模型建构》,《行政论坛》2009 年第 3 期,第 21—26 页。
② 〔美〕E. S. 萨瓦斯:《民营化与公私部门的伙伴关系》,周志忍等译,北京:中国人民大学出版社 2002 年版,第 68—88 页。转引自朱春奎等:《政策网络与政策工具:理论基础与中国实践》,上海:复旦大学出版社 2011 年版,第 140 页。

表 5-8 公共服务政策工具偏好选择表

生产者	安排者	
	公共部门	私人部门
公共部门	（强制性工具） 政府服务 政府间协议	（混合性工具） 政府出售
私人民营	（强制性工具和混合性工具） 合同承包 特许经营 补助	（自愿性工具） 自由市场 自愿性服务 自我服务 凭单制

姚莉认为在公共服务和公共产品的提供中，公共服务的类型、行动者、制度安排共同影响了政策工具的选择，她据此建构了公共服务中政策工具选择的分析模型，并运用该模型分析了中心乡镇的公共服务供给问题。①（见图 5-5）王辉假设政策项目的公共产品类型和政策环境共同决定了政策工具的选择，并构建了一个政策工具的选择模型，并以四川省 Z 乡为例验证了该模型的解释力。②（见图 5-6）

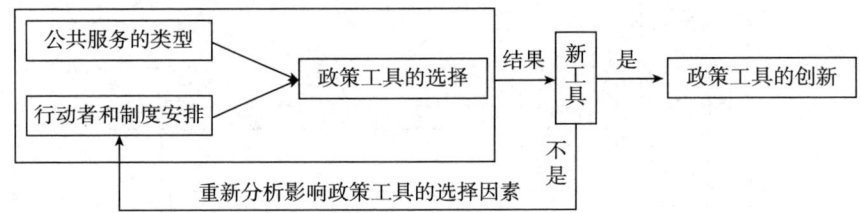

图 5-5 政策工具选择和创新模型

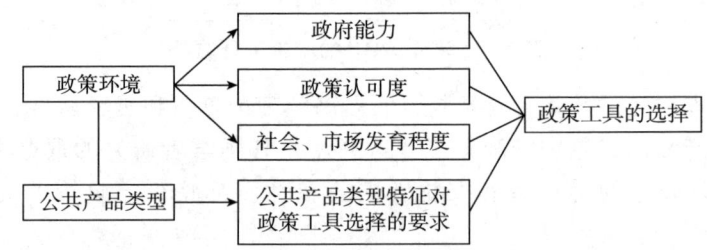

图 5-6 基于公共产品和政策环境的政策工具选择模型

---

① 姚莉：《中心镇公共服务供给的政策工具选择与创新——以浙江省为例》，《长白学刊》2013 年第 1 期，第 66—70 页。
② 王辉：《政策工具选择与运用的逻辑研究——以四川 Z 乡农村公共产品供给为例》，《公共管理学报》2014 年第 3 期，第 109—116 页。

第五章 公共政策工具

【关键术语】

政策工具　政策工具光谱　自愿性工具　混合性工具　强制性工具

【复习思考题】

1. 对自愿性工具、混合性工具、强制性工具进行比较。
2. 简要分析公共政策工具选择的综合模型。
3. 有哪些政策工具光谱中未包含的政策工具？这些政策工具的原理是什么？这些政策工具能够应用在哪些场景当中？

【案例分析】

脱贫攻坚战中的政策工具①

四川省凉山彝族自治州雷波县莫红乡九口、马处哈、达觉3村共辖12个村民小组，有432户1978人，贫困建档立卡户424户1938人。三个村均不通公路，村民居住条件极差，均为典型的深度贫困村。这些村落受多重恶劣的自然灾害影响，基本不具备发展条件，贫困发生率在65%以上，人均收入不足2000元，"一方水土养育不了一方人"，脱贫难度巨大。

根据《凉山州"十三五"移民扶贫搬迁工作指导意见》等政策文件，该县政府制定了一系列配套政策，支持和指导三个贫困村的易地扶贫搬迁。

2016年12月至2017年2月是易地扶贫搬迁的宣传动员阶段，主要任务是召开村组、党员大会，宣传相关政策，核对自主搬迁和集中安置户数。2017年2月20日，雷波县委、县政府正式启动三个深度贫困村的整体易地扶贫搬迁。搬迁地点马处哈新村实行有土安置（村民可在新村获得耕地），并通过规划建设特色优势产业，实现村民不愁吃、不愁穿，使其就业有保障。同时，村民可以享受到便捷的公共服务，住房、教育、医疗等方面保障齐全。因此，搬迁群众普遍同意搬迁。

为了保证易地搬迁村民在新村"稳得住，能致富"，县政府也采取了若干措施促进村民增产增收。为解决农民收入低、农副产品积压的问题，对接帮扶单位（企业）利用本单位资源优势，以略高于市场的价格从贫困户家中购买农副产品，形成农副产品"以购代捐"的政策措施；为提高村民素质和技能，工作组量身制定配套

---

① 吉佐阿牛等：《安居而兴业难：凉山州马处哈新村"保姆式"扶贫搬迁路向何方？》，中国公共管理案例中心，2021年12月17日，http://case.sppm.tsinghua.edu.cn/info/1004/1504.htm，2022年2月28日访问。

培训计划,利用职校教育资源,开展电焊工、水泥工、刺绣、挖掘机等技能培训,保证每户至少一个有技能证的人,并提供就业岗位;为克服家庭经营分散、碎片化的问题,工作组利用现代农业集约化生产经营理念,以"支部+合作社+农户"模式(支部引领,全局统筹;合作社实践,结合支部农户;农户是参与主体),集中资源,大力发展集体经济,发展特色产业,统一管理、开拓市场、统一分红。

村民小王在2017年赶上了县政府"以购代捐"政策,所养的5只羊卖了11 000元。小王看到不用外出务工在家也可以获得高收入,便于2018年扩大了养殖规模,养殖了10只羊。2018年6月,小王的10只羊长成便找到副乡长希望能够有企业"以捐代购"自家的成羊。副乡长解释说,国企的"以捐代购"是每年末实施,且每年收购成羊的数量有严格的限制。小王意识到自己只能自己低价将羊卖给市场,而且10只羊都不一定能卖出去,养羊也需要小王每天在家照看,外出打工的时间受到了严格的限制。小王对此十分不满,于是联合一批山羊养殖户,找第一书记诉苦,希望政府或村委会帮助开拓市场,或者国企分上半年和下半年一年两次收购,提高收购量,增加村民收入。

不少村民参与了马处哈新村的马铃薯种植合作社,他们认为合作社的集体经济就是政府经济,应该让政府全权管理,在行动上只顾自家种植的马铃薯,对马铃薯专业合作社则漠不关心。村委会只能采用雇佣并发放工资的方式,动员村民种植马铃薯。村民小孙是村委会以500元/月聘请的管理员,专门看护马铃薯种植基地。但是在2018年3月,却发生了"马铃薯被马吃掉30亩"的事件。村干部认为,这些集体马铃薯被马吃了30余亩,应该是连续吃了好几天,住在附近的小孙肯定看到了此事,却完全没有制止也没有报告,直到村干部发现。而当村干部找附近住户询问情况时,管理员小孙却出现在村干部面前,要求村委会向村民赔偿被马吃掉的马铃薯的损失。村干部对此也非常无奈。

案例讨论题

1. 当地政府在促进村民搬迁、安居、兴业的过程中都使用了哪些政策工具?
2. 以上的政策工具中,有哪些政策工具的效果较好,哪些政策工具没有达到预期的目标?这些政策工具没能达到其预期目标的原因是什么?
3. 为了解决材料中村干部的困惑,你认为还可以使用哪些政策工具?

【推荐阅读文献】

1. 〔加〕迈克尔·豪利特、〔澳〕M.拉米什:《公共政策研究——政策循环与政策子系统》,庞诗等译,北京:生活·读书·新知三联书店2006年版。

2. 朱春奎等:《政策网络与政策工具:理论基础与中国实践》,上海:复旦大学出版社 2011 年版。

3. E. Vedung, *Carrots, Sticks and Sermons: Policy Instruments and Their Evaluation*, New Brunswick: Transaction, 2010.

4. 〔美〕B. 盖伊·彼得斯、弗兰斯·K. M. 冯尼斯潘:《公共政策工具——对公共管理工具的评价》,顾建光译,北京:中国人民大学出版社 2007 年版。

5. 赵德余:《公共政策:共同体、工具与过程》,上海:上海人民出版社 2011 年版。

第六章　公共政策环境

【内容提要】

公共政策环境是影响公共政策产生、存在和发展的一切外部因素。公共政策系统运行与发展离不开政策环境，公共政策与政策环境处于相互联系与依存、彼此制约与影响的状态中。公共政策环境具体包括自然地理环境、政治环境、经济环境、文化环境、技术环境和国际环境等。本章将主要介绍公共政策与政策环境的关系、公共政策环境的构成及其对公共政策的影响。

"环境"一词源于生态学，意指围绕某一事物并与该事物相互影响的外部条件。弗里蒙特·卡斯特（Fremont E. Kast）和詹姆斯·罗森茨韦克（James E. Rosenzweig）认为环境是组织界限以外的一切事物。[①] 由此可将公共政策环境视为影响公共政策产生、存在和发展的一切外部因素，也可理解为影响和作用于公共政策过程的公共政策系统以外的所有因素，包括自然地理环境，也包括政治环境、经济环境、文化环境、技术环境和国际环境等。

第一节　公共政策与政策环境

一、公共政策环境的特征

公共政策环境的特征主要表现在三个方面：一是多样性与复杂性。在不同的国家、民族、区域内，在不同的时期中，决策者身处的公共政策环境不同，公共政策过程也会受到不同环境因素的影响。二是确定性与突发性。根据社会发展的一般规律，公共政策环境的变化是可以预见的，但也不排除一些人为的和自然的突发状况。三是交互性与定向性。公共政策环境包含自然环境和社会环境、国内环境和国际环境、物质环境和精神环境等，其类型多样而又彼此联系和影响。特定的政策环境会对某一具体领域或地区的公共政策产生重要和关键的影响。四是

[①] 〔美〕弗里蒙特·E. 卡斯特、詹姆斯·E. 罗森茨韦克：《组织与管理：系统方法与权变方法》，李柱流等译，北京：中国社会科学出版社1985年版，第154页。

动态性与稳定性。事物总是处于不断的发展变化之中,公共政策过程既要适应环境变化的需要,也要具备一定的预见性。在一定时期和具体领域内,公共政策环境也具有一定的稳定性,体现为自然地理环境、政治体制、经济和文化结构的稳定性。

二、公共政策与政策环境的关系

公共政策是政策环境的产物,对政策行动的要求产生于环境中存在的问题和冲突,并由利益集团、官员和其他政策行动者传递到政治系统,与此同时,环境限制和制约着决策者的行动。① 我们可以从两个方面辩证地认识公共政策环境与公共政策的关系:一是环境决定和制约政策,起主导作用。公共政策随着社会的发展、基于环境的需要而产生,其目的在于解决现实环境中存在的矛盾和问题;公共政策的制定必须适应政策环境,不同的政策环境需要制定不同的公共政策;政策环境的发展变化必然导致公共政策的发展变化,如果政策环境发生变化,公共政策必须依据政策环境的变化做出相应的调整和改变。二是公共政策对政策环境的反作用。公共政策的制定和实施,也会改善和塑造政策环境,这主要体现在区域改革与政策创新的过程中。

第二节　公共政策环境的构成要素

一、自然地理环境

自然地理环境是一个国家生存和发展所依赖的各种自然条件的总和,是指政策系统所处的地理位置和自然状况,包括地形、地貌、气候、土壤、水资源、矿产甚至人种等自然构成。作为政策环境的重要组成部分,自然地理环境与社会发展和公共政策有着紧密的关系。首先,自然地理环境为公共政策的制定和执行提供了必要的自然条件,并对公共政策产生持久性的影响。其次,自然地理环境会与政治、经济、技术、文化等社会环境发生相互作用,为社会发展以及公共政策的制定提供各种可能性,成为国家经济建设的立足点和出发点。当国家调整经济发展结构时,自然资源条件是公共政策制定必须考虑的方面。比如澳大利亚的草原面积广袤,所以畜牧业的发展在国家经济结构中占有相当大的比重。当然,政策系统本身是具有能动性的,并非完全受制于自然地理条件。

---

① James E. Anderson, *Public Policy Making: An Introduction*, Boston: Houghton Mifflin Company, 2003, p. 38.

二、经济环境

经济环境是指对公共政策的制定与实施产生重要影响的各种经济要素的总和,它既包括国际社会经济的格局和运行状态,也包含一个国家或地区的生产力发展状况、经济制度、经济结构、经济发展速度、经济总量等要素。

经济环境对公共政策的影响主要体现在四个方面:首先,社会经济发展状况在公共政策过程中具有决定性的作用。经济环境因素是制定、实施公共政策的基本出发点。[①] 政策制定者必须依据国家或地区经济发展的实际情况,对经济资源进行合理的配置,制订出符合经济体制的公共政策方案,进而使政策方案的实施达到预期的效果。其次,经济环境为公共政策过程提供物质资源。一般而言,只有在适应国家或地区经济发展水平的情况下,公共政策才能获得其贯彻执行所需要的财力、物力、人力等资源的支持,否则会受到经济规模总量和实力的制约。再次,经济利益关系是公共政策得以确立的主要依据。在社会生活中,经济利益是人与人之间最基本的关系。由于社会地位和劳动分工的不同,人们的经济利益存在差异,难免发生矛盾。在经济领域的利益矛盾会蔓延到政治、文化等其他领域。为了避免或解决由经济利益关系引发的矛盾,一系列经济政策应运而生。最后,经济环境的日新月异给公共政策领域带来冲击与挑战,如新经济业态下的共享经济。自党的十八届五中全会提出发展共享经济,各种共享经济模式便如雨后春笋一般发展起来,并逐渐渗入公共政策领域。共享经济既能通过客户群和舆论引导对公共政策施加影响,也能通过再分配效应、公共服务效应、公共产品属性带来的城市管理中的外部效应等推动公共政策创新与变革。[②]

三、政治环境

政治环境是指对公共政策系统产生直接或间接影响的国家政治状态,包括国家或地区的政治体制、政治文化、法制情况与国防状态等。

政治环境对公共政策的影响表现为三个方面:首先,政治环境决定公共政策的性质。特定的政治体系和政治结构决定了公共政策主体的权力及相互之间的关系。公共政策权力在不同政策主体之间的分配以及运行机制的设计决定了公共政策系统的性质。其次,政治环境决定公共政策的合法化程度。公共政策的合法化以法治社会为基础,只有在法制健全、司法独立、依法治国、依法行政的政治

---

① 吴立明主编:《公共政策分析》,厦门:厦门大学出版社 2006 年版,第 73 页。
② 刘亮、沈桂龙:《"共享经济"与公共政策融合的内在逻辑》,《学术月刊》2018 年第 4 期,第 86—97 页。

环境中,公共政策的内容和形式才有可能兼具合法性。只有公共政策具备合法性,它才能在法治社会中得以有效执行。最后,政治环境影响公共政策的民主化程度。政治环境能够为多元政策主体共同参与公共决策提供有序的参与渠道。随着社交媒体时代的到来,传统的公民有序参与渠道已经不能满足公共政策民主化的需求。新媒体在拓宽公民参与途径、增强公民参与热情、提高公民参与能力方面发挥着不可忽视的作用。将新媒体纳入有序的公民参与渠道,营造良好的政治环境,有助于更好地实现政策民主化。

四、文化环境

文化环境是指对公共政策有重要影响的社会与文化状况,包括人口规模、人口素质、社会道德风尚、教育与科技水平等。阿尔蒙德等曾提出"政治文化"[1]的概念,探讨原始社会、前现代政治体系以及现代化国家中文化环境与公共政策的关系,体现影响公共政策制定的主观因素。

一般而言,文化环境对公共政策的影响可以分为两个层面:一方面,文化环境影响公共政策系统运行的条件。公共政策系统高效运行所需要的高素质政策主体、专业人才、及时有效的信息传递和现代化的科技工具与手段等因素能否得到满足,与文化环境的发展程度密不可分。另一方面,文化环境影响公共政策系统的塑造。处于一定社会文化环境中的人们,会根据自己的价值观及信仰,来选择和塑造某种公共政策体制与结构。比如,在我国,教育作为文化核心承载要素,是立国之本、强国之基,建设教育强国是建设社会主义现代化强国的应有之义。因此,在我国乡村振兴战略和精准扶贫战略中,在全面建成小康社会的进程中,教育具有基础性、先导性和持续性作用[2],治贫先治愚、扶贫先扶智成为促进教育扶贫相关政策制定与执行的直接动力。

五、技术环境

技术环境是指公共政策系统运行过程中不可忽视的外在技术要素的总和。2015年8月,国务院印发的《促进大数据发展行动纲要》提出:"坚持创新驱动发展,加快大数据部署,深化大数据应用,已成为稳增长、促改革、调结构、惠民生和推动政府治理能力现代化的内在需要和必然选择。"习近平总书记也曾指出:"要建立健全大数据辅助科学决策和社会治理的机制,推进政府管理和社会治理模式

---

[1] 〔美〕加布里埃尔·A.阿尔蒙德、西德尼·维巴:《公民文化:五国的政治态度和民主》,马殿君等译,杭州:浙江人民出版社1989年版,第20—22页。
[2] 王嘉毅等:《教育与精准扶贫精准脱贫》,《教育研究》2016年第7期,第12—21页。

创新。"可见,以大数据为代表的技术手段是重塑公共政策模式、推进政府改革的新动力。

　　大数据通过采集、挖掘、存储和分析来自政治、经济、社会各领域的海量信息,为国家治理与公共决策奠定坚实的技术基础,提供重要的数据基础及决策支持。① 具体而言,大数据对公共政策的影响主要体现在两个方面:一方面,大数据改变政府的思维方式。② 大数据所支撑的"循数治理"理念推动政府由经验治理转向数据治理,由"拍脑袋"决策到循证决策,由政府单一主体管理到多元参与共治。③ 近年来,大数据驱动政府信息公开向开放数据深入发展,促进公众、专家、学者对政策制定的基础依据、合理性、社会后果等做出深入、全面的分析和判断,提出更为科学、可行的政策建议,提高政府决策的科学化和民主化水平。另一方面,大数据推动公共政策模式转型。传统公共政策模式存在权威推动、封闭单向、定性分析、反馈迟滞等弊端,以大数据手段服务于公共政策全周期,有助于形成基于大数据驱动的新公共政策模式。④ 这主要表现为,一是政策议题构建智慧化。大数据增加了政府决策信息的来源,通过数据管理和数据分析能够全面掌握社会治理中的热点、难点问题,对政策问题的感知、搜索、界定更加智慧、精准。二是政策方案设计协同化。大数据时代,新兴社交媒体产生海量的交互数据,以其最广范围覆盖、开放共享和双向交互等特性,畅通公众、社会组织表达民意和参政议政的渠道,促进政府整合企业、民间机构、社会组织、民众及意见领袖等多元主体参与决策。⑤ 三是政策执行监督精细化。大数据传输以其覆盖范围广、传播速度快和形式多样的优势拓展政策解释的广度与深度,增进政策执行主体与目标群体对政策的认知。大数据技术的推广应用推动政府组织结构变革,使政府部门间协作机制常态化、治理结构开放化以及官僚科层制结构扁平化⑥,助力打破"信息孤岛"和"信息壁垒",加快政策执行信息的传递速度和增强政策执行者的响应能力。大数据技术能够定向抓取政策执行过程中的信息数据,对政策实施效果进行常态化监测分析,使决策者把握政策执行现状,及时矫正政策执行偏差。四是政

---

　① 魏景容:《大数据时代循证决策研究:一个分析框架》,《中国科技论坛》2020年第7期,第24—32页。
　② 王春福:《大数据与公共政策的双重风险及其规避》,《理论探讨》2017年第2期,第39—43页。
　③ 张楠、马宝君、孟庆国:《政策信息学:大数据驱动的公共政策分析》,北京:清华大学出版社2019年版,第22页。
　④ 秦浩:《大数据驱动的公共政策转型》,《中国党政干部论坛》2020年第2期,第62—65页。
　⑤ 牛正光、奉公:《基于大数据的公共决策模式创新》,《中州学刊》2016年第4期,第7—11页。
　⑥ 黄其松:《结构重塑与流程再造:大数据时代政府治理体系转型》,《贵州社会科学》2018年第1期,第32—37页。

策绩效评估定量化。在大数据时代,对政策绩效评估的分析不再只是依靠小样本数据,而是依靠全场景数据。① 大数据技术的应用能够促进政策评估源数据采集的完整性,并对分散、异构的混杂数据进行整合汇总。依托大数据技术中的相关性分析、分类分析、聚类分析等方法对混杂数据进行挖掘,对数据逻辑分析和统计分析的结果进行对比,最后与可视化工具结合,可以将政策评估数据转换为直观的图形与图像,呈现政策绩效评估初步结果。②

大数据为公共政策提供技术支撑的同时,也带来数据驱动的不确定性、个人信息安全遭受威胁、公共参与成本提高与多中心决策碎片化等风险。③ 如何科学运用大数据技术,创新公共决策责任机制,是公共政策实践面临的巨大挑战。④

六、国际环境

国际环境是指为公共政策制定与执行提供依据的国际条件以及影响政策过程的各种国际因素,体现为不同国家和地区在政治、经济、文化、技术等方面的关系,包括国际社会政治、经济、文化、技术发展的一般趋势,国家间、国际组织间的竞争、合作与冲突等。当今世界全球化、市场化和信息化发展迅速,一方面,区域性经济组织、国际非政府组织的作用不断加强,文化碰撞与科技合作频繁;另一方面,大数据、互联网、人工智能等信息技术日益发展,成为新经济增长的拐杖。

在国家或地区的公共政策过程中,国际环境的作用具体表现为三个方面:首先,国际趋势是影响各国公共政策制定的重要因素。全球化、世界经济一体化和区域化发展趋势,影响国际政策和国家政策价值、目标和工具取向,使各国在制定公共政策时必须考虑国际政治经济局势的发展变化,促进国家间的竞争与合作。其次,综合国力和国际地位是各国制定公共政策、确立外交政策目标的基本依据。近年来,我国在综合国力提升的同时始终坚持多边主义和开放政策,提出"一带一路"倡议,发展互联互通,整合区域资源,有力地推动了区域经济的合作⑤,展现了负责任大国的担当。最后,国际环境对各国公共政策有制约性。国际组织的存在使一些国家在某些政策领域丧失了部分决策权,国际组织的规章、协议以及国际

---

① 范如国:《公共管理研究基于大数据与社会计算的方法论革命》,《中国社会科学》2018 年第 9 期,第 74—91 页。
② 秦浩:《大数据驱动的公共政策转型》,《中国党政干部论坛》2020 年第 2 期,第 62—65 页。
③ 汪海玲:《区块链技术驱动下公共决策机制创新研究》,《领导科学》2020 年第 16 期,第 18—21 页。
④ 蒋余浩、贾开:《区块链技术路径下基于大数据的公共决策责任机制变革研究》,《电子政务》2018 年第 2 期,第 26—35 页。
⑤ 刘清才、常婷婷:《当代国际体系变革与中国的外交选择》,《吉林大学社会科学学报》2019 年第 6 期,第 149—157 页。

协定逐渐成为各国政策制定的依据,一些国际经济组织、跨国公司甚至直接或间接地参与国家、地区政策尤其是经济政策的制定与执行。

【关键术语】

公共政策环境　自然地理环境　经济环境　政治环境　文化环境　技术环境　国际环境

【复习思考题】

1. 简述公共政策环境的含义与特征。
2. 如何理解公共政策与政策环境之间的关系?
3. 公共政策环境的构成要素有哪些?
4. 在大数据时代,技术环境对公共政策产生的影响有哪些?
5. 请结合某一项具体的公共政策,谈谈政策环境对其产生的影响。

【案例分析】

我国集体林权制度改革[①]

在生态文明建设中,集体林发挥着不可或缺的作用。集体林区长期存在着林地生产力水平低、农户等经营主体的集体林经营积极性普遍不高等问题。为了解决这些问题,改革开放以来,我国把集体林权制度改革作为重要突破口之一。依据集体林改的时期划分,集体林权流转制度改革历程可分为林业"三定"时期、两次主要集体林改过渡时期和新一轮集体林改时期。

(一) 林业"三定"时期的集体林权流转制度改革

1981年,我国开始推行林业"三定"工作,出现了自留山和责任山的新型集体林地产权形式,但农户不能流转其经营的自留山和责任山。若农户个人因经营不善需流转的,村民委员会或村民小组可以收回,由集体经营或再度承包经营。同样,当时的政策法规禁止村或村民小组统一经营的林权流转。1982年的《宪法》和同年1月发布的《全国农村工作会议纪要》明令禁止集体林地使用权和林木所有权流转。1983年,《林业部关于建立和完善林业生产责任制的意见》规定:责任山是承包性质,营造的林木为集体和承包者共有,允许继承和转让的只是承包经营的成果,而且继承者和新的承包者,还须继续履行合同规定的义务。1984年,

---

[①] 节选自刘璨:《集体林权流转制度改革:历程回顾、核心议题与路径选择》,《改革》2020年第4期,第133—147页。有改动。

《中共中央关于一九八四年农村工作的通知》规定：集体林地可以转包，但不能买卖和出租，对集体林权流转的限制再次松动。1984年，贵州省人大常委会通过了《贵州省关于进一步放宽政策搞活林业经济若干问题的决定》，鼓励农户承包开发宜林荒山，允许中幼龄林折价转让，引资造林。

1981—1986年，全国农户人均收入水平较低且收不抵支；直到1987年，全国农户才实现以收抵支。当时村集体经济组织的经济状况亦相当困难，除了维持基本生计外，农户和集体经济组织不愿意或无力投入经济回报周期长的集体林地。农户获得了69%的集体林地的使用权，在政策法规有所松动的情形下，一些农户和集体经济组织倾向于将部分林地林木流转，以获得暂时性收入，解决眼前的生计问题。当时以活立木转让为主，可直接获得收入，集体林权流转局限于县域内的林业主管部门及其附属机构（县林工商公司和乡镇林业站等）。这些主体利用自身专业与行政优势，成为集体林地流入方，农户和其他经营主体作为受让方的较为罕见。

在全国集体林区推行林业"三定"的背景下，以福建省三明地区为代表的一些地区推行林业股份合作制，实行分股不分山、分红不分林。截至1986年底，福建省分林到户率仅为32%，明显低于全国平均水平。

（二）两次集体林改过渡时期的集体林权流转制度改革

由于南方集体林区出现了大规模乱砍滥伐，没有实现林业"三定"遏制毁林和林地退化的集体林改预期目标，1987年中共中央、国务院作出《关于加强南方集体林区森林资源管理坚决制止乱砍滥伐的指示》，决定终止分林到户工作，要求收回已分林到户的集体林地，鼓励集体统一经营和发展大户、林业专业户等较大规模的经营主体，发展规模经济；同时推行木材一家进山收购政策。2003年《中共中央 国务院关于加快林业发展的决定》，要求各地放弃执行木材一家进山收购政策，引入市场交易机制。在此期间，集体林区林业税费较重。2003年中央启动农村税费改革以后，才逐步减轻集体林区的沉重税费负担。1988年，修改后的《宪法》承认集体林权流转的合法性，由"不得出租土地"改为"土地使用权可以依照法律的规定转让"。

在这一时期，在发展林业大户和专业户过程中，出现了小规模的行政村内农户之间的林权流转。集体林权流转形式主要有国户联营（国有林场和村户联营）、股份合作制、集体统一经营林地流出和"四荒"拍卖等。

赋权是这一时期集体林权制度改革的着力点，即把原来名义上属于村、社集体但实际上掌握在政府手中的林权中一部分权能赋予农民家庭。从公共政策学的角度看，国家是产生于社会而又在表面上凌驾于社会之上的"特殊的公共权力",它在本质上将公众的权力变成了支配公众的权力。政府作为国家的代表,不会无缘无故地分权,出台政策把一部分公共权力授予社会公众,必然是出于对公共政策环境充分考量和平衡的结果。

(三) 新一轮集体林改时期的集体林权流转制度改革

2003年《中共中央 国务院关于加快林业发展的决定》出台后不久,福建省率先启动了新一轮集体林改试点;2004年以后,江西、辽宁和浙江等省份启动新一轮集体林改工作。2008年《中共中央 国务院关于全面推进集体林权制度改革的决定》发布以后,除西藏和上海以外,全国范围内全面启动了新一轮集体林改工作。与前述集体林权流转两个历史时期相比,这一时期集体林权流转具有如下鲜明特征:一是中央和地方政策鼓励集体林权流转;二是集体林权流转更为规范;三是集体林权主要流出主体为农户和村集体经济组织,国有林场、林业新型经营主体成为主要的集体林权流入方,集体林相关经营组织之间相互流入流出林地现象较为普遍。

与新一轮集体林改前的两个时期相比,新一轮集体林地确权以后,颁发全国统一编号的林权证,陆续引入不动产证取代林权证,与林业"三定"时期的简单书面登记和县级人民政府颁发林权证相比有很大区别,全国统一编号的林权证或不动产证为集体林权流转奠定了良好基础。

《中共中央 国务院关于全面推进集体林权制度改革的决定》要求"建立健全产权交易平台"。完成新一轮集体林地确权以后,各地林业主管部门建立了各级林权交易中心。截至2018年底,全国建立集体林权交易服务机构1713家。一些省份在乡镇和行政村建立了集体林地交易信息员制度,为集体林权流转提供了良好平台,增加了集体林权流转的公开性和透明度,有效地减少了私下林权交易,在一定程度上保护了林农和集体经济组织的利益。

集体林地"三权"分置是继所有权和承包经营权"两权"分置后的重大改革举措。2014年印发的《中共中央 国务院关于全面深化农村改革加快推进农业现代化的若干意见》和同年11月印发的《中共中央办公厅 国务院办公厅关于引导农村土地经营权有序流转发展农业适度规模经营的意见》强调包括集体林地在内的农村土地实施"三权"分置;同年,第十二届全国人大常委会第十一次会议通过的《关于修改〈行政诉讼法〉的决定》,明确了经营权这一权利类型。2016年国务院办公厅印发的《关于完善集体林权制度的意见》、2017年出台的《国家林业局关于深入学习贯彻习近平总书记重要指示精神进一步深化集体林权制度改革的通知》和2018年国家林业和草原局出台的《关于进一步放活集体林经营权的意见》均提出:要推行集体林地"三权"分置,建立承包合同网签管理系统,健全承包合同取得权利、登记记载权利、证书证明权利的确权登记制度;提倡通过流转合同鉴证、交易鉴证等多种方式对集体林地经营权予以确认。2018年修正并通过的《农村土地承包法》对集体林地经营权给予了正式法律规定。各地开展了集体林地"三权"分置的探索。国家林业和草原局的"集体林改监测"结果显示:2016—2018年,林地经营权流转证发放数量分别为36.36万本、36.03万本和21.71万本。

案例讨论题

1. 如何理解我国集体林权制度改革与公共政策环境之间的关系?
2. 影响我国集体林权制度改革的公共政策环境要素有哪些?

【推荐阅读文献】

1. 杨宏山编著:《公共政策学》,北京:中国人民大学出版社2020年版。
2. 张楠、马宝君、孟庆国:《政策信息学:大数据驱动的公共政策分析》,北京:清华大学出版社2019年版。
3. 陈庆云主编:《公共政策分析》(第二版),北京:北京大学出版社2011年版。
4. 陈振明主编:《政策科学——公共政策分析导论》(第二版),北京:中国人民大学出版社2003年版。
5. 陈世香主编:《公共政策案例分析》,武汉:武汉大学出版社2011年版。
6. 蒋硕亮主编:《公共政策学》,上海:复旦大学出版社2018年版。

第三编 公共政策过程

第七章　公共政策问题的构建

【内容提要】

政策问题的构建是政策分析的关键,它既是政策过程的逻辑起点,又是政策过程的重要环节。因此,学习者必须准确把握政策问题的含义、特征与类型,了解政策问题构建的程序、政策问题论证的方法与诊断的误差,重点掌握政策议程的类型、社会问题进入政策议程的途径及其影响因素、政策议程建立的触发机制和障碍因素,以及政策议程建立的主要模型。

公共政策问题构建(Problem Structuring)是公共政策过程的重要环节之一。一个完整的政策过程是由政策问题构建、政策方案制订及合法化、政策内容执行、政策绩效评价等环节组成的。① (见图7-1)

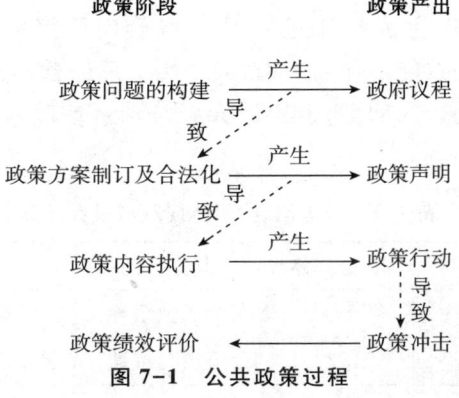

图7-1　公共政策过程

公共政策的特质之一是问题取向(Problem Oriented)——"公共政策关心解决或改善社会问题"②。政策科学家重视对问题的分析更甚于对答案的找寻,他们宁愿将三分之二的精力花在问题的分析上,因为一旦找到了问题的症结,政策方案就很容易浮现。政策分析中最致命的错误是第三类错误(Errors of the Third

---

① 朱志宏:《公共政策》,台北:台湾三民书局1991年版,第130页。
② John S. Dryzek and Brian Ripley, "The Ambitions of Policy Design," *Policy Studies Journal*, Vol. 7, No. 4, 1998, pp. 705-719.

Type，EIII)，即应该解决正确的问题时，却解决了错误的问题。因此，成功地解决政策问题的前提是针对正确的问题找出正确的答案。

构建政策问题的关键在于了解政策问题的内涵与类型，寻找社会问题进入政策议程的途径，把握政策问题分析的方法。

第一节 公共政策问题概述

一、公共政策问题的定义

公共政策问题是一种特殊的社会问题。因此，要弄清公共政策问题的含义，就必须先弄清楚与问题有关的概念的含义。

所谓问题，通常泛指实际状态与期望之间的差距。就一个社会而言，问题通常可分为个人问题、团体问题和社会问题等（见表7-1）。一般说来，仅仅涉及某个人的期望与实际状态之间的差距问题无疑具有个体性，这类问题往往通过市场交换机制或个人自治机制来解决；而当两个以上的人的期望与实际状态出现差距时，问题就呈现出团体性或社会性，这就需要通过团体协商、公共选择等机制来加以解决。当然，也有人将问题仅仅区分为私人问题和社会问题两类，把纯个人问题与少数人的问题并称为私人问题。① 大量社会问题都是由私人问题转化而来的。例如，少数人劳动技能不佳而下岗，或个别工厂经营不善而倒闭，都会导致部分人失业，这是他们的个人问题，但由社会经济动荡或政府决策失误造成很多人失业，就会形成社会问题。

表7-1 个人问题、团体问题与社会问题

问题类型	利益关系	利益载体	典型特征	实现方式
个人问题	私人利益	个人	个人独享性	市场交换机制、个人自治机制
团体问题	团体利益	组织	组织共享性	团体协商、交易、博弈、强制
社会问题	社会利益	政府	社会分享性	公共选择、公共政策

社会所面临的问题很多，但在政府决策者看来，并非所有的问题都需要政府通过制定政策加以解决。有些问题通过私人自治或民间组织就能够进行处理；有些问题已经成为历史，再无解决的必要；有些问题可能过于复杂，政府无力加以解决；另外，也不能排除政府出于各种利益的考虑，对某些属于自己职能范围内的社

---

① 〔美〕詹姆斯·E.安德森：《公共决策》，唐亮译，北京：华夏出版社1990年版，第66—67页。

会问题采取漠视的消极态度。所以,只有一部分社会问题能够得到政府的真正重视,进入政府的政策议程,这部分社会问题由此转化为政策问题。

对于政策问题的含义,学术界并没有统一的看法。美国学者安德森认为,从政策意图的角度来看,政策问题可以被定义为引起社会上某一部分人的需要或不满足的某种条件或环境,并为此寻求援助和补偿的活动。[①] 而戴维·迪雷(David Dery)认为政策问题是指"没有实现的需要、价值,或者是改进的机会"[②]。我们认为,所谓公共政策问题,是指基于特定的社会问题,由政府列入政策议程并采取行动,希望通过公共行为实现或解决的问题。[③]

根据上述定义,公共政策问题的基本内涵主要包括如下几个方面:

(1)社会客观现象或问题情境。政策问题来源于社会期望与社会现状之间的差距。尽管社会期望具有强烈的主观性,但社会现状是一些可以观察到的、能够表述出来的客观事实和问题情境(Problem Situation)。这些事实或问题情境是客观存在的,不以人的意志为转移。

(2)对上述问题的察觉与认同。即便存在上述客观现象或问题情境,倘若它并没有被社会大多数人所察觉,也只能是一种潜在的社会问题;只有为大多数公众所察觉,潜在的社会问题才能变成现实的政策问题。当然,个别社会问题可能并没有被社会大多数人所察觉,但它现实的影响或未来的趋势已为少数有识之士或决策当局所洞察,也可能进入政策议程,成为政策问题。[④]

(3)价值、利益与规范的冲突。在特定社会条件下,各种不同的行为主体都受到上述社会问题的影响与制约,必然要从自身利益出发,依据一定的价值观念与行为规范,表明自己的态度,从而造成了彼此间的冲突。这种冲突除了表现于个体之间,更多地表现于个体与团体、团体与团体,以至于个体、团体与整个社会之间的矛盾与冲突。这种冲突激烈到一定程度,就会引起决策当局的重视与行动,此时社会问题就转变为政策问题。

(4)团体的活动与力量。让某些个人问题转变为社会问题,直至上升为政策问题,往往不是少数个人行动就能奏效的。在现代社会,人们只有加入一定的团体或组织,利用团体或组织的力量和行动才有可能影响政府决策部门。即便是少

---

① 〔美〕詹姆斯·E.安德森:《公共决策》,唐亮译,北京:华夏出版社1990年版,第65—66页。
② David Dery, *Problem Definition in Policy Analysis*, Lawrence:University Press of Kansas, 1984. 转引自〔美〕威廉·N.邓恩:《公共政策分析导论》(第四版),谢明等译,北京:中国人民大学出版社2011年版,第50页。
③ 陈庆云主编:《公共政策分析》(第二版),北京:北京大学出版社2011年版,第95页。
④ 〔美〕E.R.克鲁斯克、B.M.杰克逊:《公共政策词典》,唐理斌等译,上海:上海远东出版社1992年版,第53页。

数权威人物,也必须通过一定的组织行为(如说服执政党或政府职能部门)才能将自己察觉到的社会问题转变成政策问题。

(5)政府的必要行动。政府认同社会问题并使其成为政策问题有两个基本条件:一是属于政府职能权限范围内的事务。政府不是万能的,不能包揽一切社会问题的治理。二是属于政府能力范围内的事务。受财力、精力等限制,政府也可能会消极对待某些社会问题。政府作为社会公共权威,考虑问题的出发点理应是社会公共利益,但实际上政府在处理社会问题的过程中还要考虑自身利益和外部压力。总之,社会问题要列入政策议程,必须是那些被认为是很重大的问题,值得政府给予更多的注意,并依法采取政策行动加以解决。

二、公共政策问题的特征

依照美国学者威廉·N. 邓恩的看法,当代公共政策问题具有下列特征[①]:

(1)政策问题的关联性(Interdependence)。政策问题并非单独存在的孤立实体,不同领域的政策问题往往相互关联。如能源问题会影响到卫生与就业等政策问题。政策问题的关联性特征增加了解决政策问题的难度。它要求我们在制定政策、解决问题时,必须树立整体协调的观念,将某一问题视为整体问题不可分割的重要组成部分,防范"只见树木不见森林"的错误。

(2)政策问题的主观性(Subjectivity)。政策问题既与客观的社会现象有关,也与人们对这种现象的认识与选择有关。有些社会问题已经存在,但由于种种原因,未能被制定政策的机构和人员所认识,即公众的政策诉求没有引起相应重视;有些社会问题在特定时空条件下并不是最具有普遍性与急迫性的问题,但却有可能被某些政策制定者确定为政策问题。此外,对政策问题认识的正确程度和深刻程度在很大程度上取决于政策制定者的认知能力和价值取向。[②] 虽然政策问题有其客观情势,但最主要的,它是人类以概念诠释问题情境的感觉产物,是人类心智的产物(Mental Artifacts)。

(3)政策问题的人为性(Artificiality)。只有当人们对改变某些问题情势的希望做出判断时,才可能产生政策问题。政策问题是人类主观判断的产物,它不能脱离那些试图界定该问题的利害关系人。政策问题是基于人类社会需求而构建、

[①] 〔美〕威廉·N. 邓恩:《公共政策分析导论》(第四版),谢明等译,北京:中国人民大学出版社 2011 年版,第 52—53 页。

[②] Wayne Parsons, *Public Policy: An Introduction to the Theory and Practice of Policy Analysis*, Cheltenham: Edward Elgar Publishing Limited, 1997, p. 88.

维持和改变的。政策问题的人为性使得我们必须重视公共政策对利害关系人的重要影响。

（4）政策问题的动态性(Dynamics)。政策问题的情境不同，问题自然也不同。一个政策问题可能具有不同的答案，答案本身也很可能转变成为一个问题，因此，政策问题与解决方案经常互相流动。如果问题未被正确加以陈述，则解决问题的方案会逐渐失去其时效。

三、公共政策问题的类型

政府要处理的政策问题数量庞大、领域广泛、种类繁多、性质复杂。采用科学的分类标准，对之进行合理分类，可以深化我们对政策问题的认识，有助于政策问题的正确构建和有效解决。

有学者根据政策问题的起源，将其分为国内问题与国际问题；或根据政策问题发生的领域，将其分为政治问题、经济问题、文化问题、外交问题、民族问题等；或根据作用范围，将政策问题分为全国性问题、区域性问题和地方性问题。有学者则以政策问题对人类行为所产生的影响为分类的基础，将政策问题分为影响人类身体健康的问题(如空气污染、食品安全等)、影响人类生活方式的问题(如网络技术、宇航技术等)、影响人类道德方面的问题(如犯罪、节育、安乐死等)、影响人类平等方面的问题(如自我认同、他人认同等)、影响人类机会均等的问题(如教育公平、就业机会等)。[①]

下面重点介绍美国公共政策学家密特洛夫与克尔曼、罗威、邓恩对政策问题类型划分的研究。

（一）密特洛夫与克尔曼对政策问题的分类

美国政策学家伊恩·密特洛夫(Ian Mitroff)与拉尔夫·克尔曼(Ralph Kilmann)在《社会科学的方法论途径》一书中提出，政策问题构建的主要内容是政策问题的概念化。所谓问题概念化(Problem Conceptualization)，是指政策分析者使用通用的语言，将政策问题情境界定成一个实质行动政策问题。问题概念化的过程是根据政策分析家的世界观(World Views)、意识形态(Ideologies)或民间传说(Myths)而完成的。具体可分为三类[②]：

[①] Charles O. Jones, *An Introduction to the Study of Public Policy*, North Scituate, Mass: Duxbury, 1977, pp. 22-23.

[②] Ian Mitroff and Ralph Kilmann, *Methodological Approaches to Social Science*, San Francisco: Jossey Bass, 1978.

1. 自然观

自然观(Naturalistic Perspective)认为社会问题的产生是历史发展的自然产物。

2. 道德观

道德观(Moralistic Perspective)认为社会问题的产生是由于政策相关者道德的沦丧。例如将社会贫穷问题归因于资本家未尽到回馈社会的责任。

3. 环境观

环境观(Environmentalist Perspective)认为社会问题的产生是问题受害者本身的行动不当或决策不当导致的。

(二) 罗威对政策问题的分类

罗威根据受到问题影响的人数及其相互间的关系,将政策问题分为分配型、管制型与再分配型三类。①

1. 分配型问题

分配型问题是把物品和服务、成本和义务分配给社会中特定群体而引发的政策问题。从博弈论角度分析,此类问题基本上是一种"非零和博弈"(Non-zero Sum Game)问题,因为处理这类问题并不构成一方之所得建立在另一方之所失的基础上,不具备利益和义务的排他性。社会福利和公共卫生领域是最经常产生分配型问题的领域。

2. 管制型问题

管制型问题是政府等管制者设定明确一致的管制标准与管制规则,对标的团体从事某种活动或处理不同利益的行为加以限制所引发的政策问题。例如,污染管制问题、交通管制问题、外汇管制问题、出入境管制问题等。从博弈论的角度分析,此类问题属于"零和博弈"(Zero Sum Game)的问题,因为这类问题的处理常常使一方获得利益,而另一方失去利益。

3. 再分配型问题

再分配型问题是政府将某一标的团体的利益或义务,转移给另一标的团体享受或承担所引发的问题。如有的学者鉴于社会上财富分配不均,提倡改革个人所得税制,将财富从富裕阶层手中转移到贫困阶层,以达到缓解贫富悬殊现象的目的。个人所得税制相关的问题,就是再分配型问题。这类问题的处理出现利益上的排他性,是一种零和博弈的问题,所以实行起来非常困难,也容易引起争议。

---

① Theodore J. Lowi, "American Business, Public Policy, Case Studies, and Political Theory," *World Politics*, No. 16, 1964, pp. 677-715.

(三)威廉·N.邓恩对政策问题的分类

威廉·N.邓恩从政策问题的结构角度,把政策问题划分为结构优良、结构适度和结构不良三种类型。每一类问题的结构取决于其相对复杂程度,见表7-2。①

表7-2 公共政策问题的结构类型

要素	问题的结构		
	结构优良	结构适度	结构不良
决策者	一人或数人	一人或数人	许多
备选方案	有限	有限	无限
效用(价值)	一致	一致	冲突
结果	确定性或风险	不确定	未知
概率	可计算	不可计算	不可计算

1. 结构优良的政策问题

这类政策问题往往包含了一个或几个政策制定者,和一组为数很少的政策选择方案。决策者在政策方案的效用或价值方面,能够达成一致,这反映了他们对政策目标的追求具有一致性。每一种备选方案的结果是完全确定的,或者在可以接受的可能误差之内。这类政策问题的原型是完全可由计算机处理的决策问题,所有备选方案的结果都可预先加以规划。这类问题通常发生在公共权力机构的较低层次。

2. 结构适度的政策问题

这类政策问题包括一个或几个决策者和相对来说数量有限的政策选择方案。方案效用也可以达成一致,反映决策者对政策目标追求的一致性。然而所选择的政策方案,其后果是不确定的,即使是在可接受的误差之内,结果预测也有相当大的困难。结果的不确定性意味着错误概率很难估计。结构适度问题的原型来自政策模拟。博弈论中的"囚徒困境"可以说明这类问题的特征。在此模型中,结果的不确定性往往给做决定带来很大困难,甚至会出现"单个理性选择"造成小到某个团体、政府机构,大到整个社会集体的"非理性选择"的情况。

3. 结构不良的政策问题

结构不良的政策问题包括了许多不同的决策者,其价值观或者是不为人们所知,或者是不可能按照连贯形式给予排列。这类问题的目标存在着互相竞争的冲

---

① 〔美〕威廉·N.邓恩:《公共政策分析导论》(第四版),谢明等译,北京:中国人民大学出版社2011年版,第56页。

突,无法达成共识。政策选择及其后果具有不确定性,以至于无法估计风险程度。结构不良政策问题的原型是完全不具有传递性的决策问题,即在该决策过程中,不可能选出一个比其他所有备选方案都更受欢迎的单一的政策备选方案。前两类问题包含对偏好的优先顺序的排列,并且排序具有传递性。例如,方案 A 优于 B,B 优于 C,则 A 优于 C,而第三类政策问题的优先顺序没有传递性。

在复杂的政治和社会背景下,结构优良与结构适度的政策问题较少,大量的政策问题都属于结构不良的,因为大量政策问题都牵涉到多个政策利害相关者,而他们各自拥有截然不同的价值系统,现实中很难假设一个或几个决策者有着始终如一的选择,价值与利益的冲突会在长时间内发生影响。同时,获取信息的数量与质量也因条件的不同受到了限制,因此人们很难提出满意的政策问题。

美国政治学家托马斯·戴伊认为,对公共政策分析者而言,重视并能掌握结构不良的政策问题,已是公共政策分析中事关成败的大事,理由如下[①]:

(1) 结构不良的政策问题体现了社会价值的冲突性——一个社会中,经常同时存在着不同的社会价值;

(2) 政策制定者通常倾向于按照自己的价值系统去制定政策,而常常忽略整体社会的偏好;

(3) 政策制定者往往不愿去考虑创新性的政策,而传统的渐进决策模型又无法妥善解决结构不良的政策问题;

(4) 由于资源有限,政策制定者无法罗列出所有可能的解决方案,因而限制了解决结构不良问题的可能性;

(5) 政策制定者通常无法预测所有可能解决方案的正面及负面结果。

第二节 公共政策问题构建的程序

一、政策问题构建的程序

在公共政策过程中,政策问题构建通常由问题感知、问题搜索、问题界定和问题陈述四个相互依存的过程组成;政策问题构建包括问题情境、元问题、实质问题和正式问题四种实质内涵。由此,得到了如图 7-2 所示的政策问题构建的程序。[②]

[①] 〔美〕托马斯·戴伊:《理解公共政策》(第十版),彭勃等译,北京:华夏出版社 2004 年版。转引自陈庆云主编:《公共政策分析》(第二版),北京:北京大学出版社 2011 年版,第 101 页。

[②] 〔美〕威廉·N.邓恩:《公共政策分析导论》(第四版),谢明等译,北京:中国人民大学出版社 2011 年版,第 58 页。

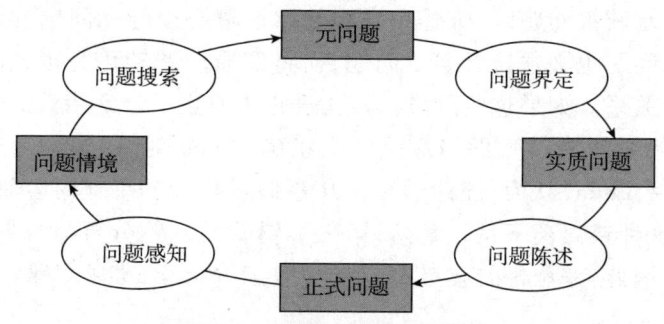

图 7-2 政策问题构建的程序

第一阶段:以"问题感知"体悟"问题情境"。政策问题构建的整个过程有一个前提条件,即认识或"感知"到问题情境的存在。在此阶段中,我们的目标并不是发现单独存在的政策问题,而是发现政策问题利害关系人所共同感受到的问题情境形态。

第二阶段:以"问题搜索"认定"元问题"。此阶段中是以公共政策概念诠释问题情境,使之成为政策分析家所能处理的元问题。政策分析家通常面对的是一个由各种不同意见纠集而成的问题之网,它们是动态的,具有社会性,贯穿政策制定过程始终。事实上,这是一个"元问题"——一个问题的问题,它是结构不良的,因为各个利益相关人对问题的陈述差异很大。所以,此阶段的中心任务是要依据政策科学的理论找出结构不良的政策问题,以形成政策分析家感兴趣的元问题。

第三阶段:以"问题界定"发现"实质问题"。此阶段是以专业知识来判断该问题究竟属于哪一个政策领域。若是经济学的范畴,则从供需法则的角度加以分析;若属于政治学的范畴,则要按各利益集团、精英人士或其他社会等级中权力和影响的分布情况加以分析。不论是选择哪一种概念架构,这个阶段都反映出政策分析家的世界观与意识形态。

第四阶段:以"问题陈述"建立"正式问题"。一旦界定了实质问题,就可以进一步确立更详细、更具体的正式问题。从实质问题到正式问题这个过程称为"问题陈述",即对实质问题形成一个正式的数学表达模型。对于结构不良的问题来说,此阶段的主要任务不在于得到正确的数学解决方法,而在于界定问题本身的性质。

政策问题构建程序中,不同的阶段必然会使用不同的分析方法和理论基础。前面两个阶段所运用的方法着重于主观的研究法或诠释的理解法,思考问题的理性则是政治与社会理性;后面的两个阶段所运用的方法则注重客观的研究方法或量化的分析方法,思考问题的理性则是经济与技术理性。

当我们认定政策问题时,所感受到的问题情境必须与元问题的性质相符合,所搜索到的元问题也必须符合实质问题,而将实质问题转化为正式问题时,更必须维持一致的关系。如果这些阶段在转化过程中发生了认定错误的现象,就会犯相当可怕的"第三类错误",即当应该解决正确的问题时,却解决了错误的问题。政策学家雷发(Raiffa)认为,统计学家在从事假设检验的工作时容易犯第一类与第二类错误,这种错误还不是很危险;第三类错误乃政策分析与规划过程中相当致命的错误。因此,一位好的政策制定者与政策分析家,必须尽量避免陷入第三种错误。①

二、政策问题的论证

人们在构建政策问题的过程中,经常会遇到对问题的争论。这种争论不仅包括对即将采取实际的或可能的行动有不同意见,也反映了对政策问题本身性质的认识还存在分歧。为此,就需要进行政策问题论证。

邓恩认为,公共政策问题论证的复杂性可以通过论证所在的组织层次具体表现出来。根据类别等级,政策问题的论证可分为一级论证、二级论证、功能论证和小论证,具体见图7-3。②

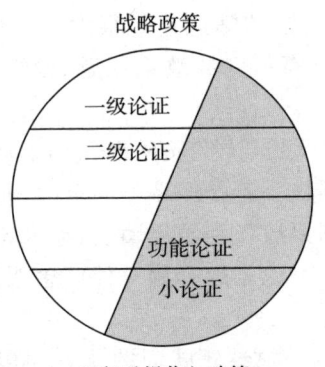

图7-3 公共政策问题的论证

(1)小论证。政策问题的小论证是政策问题论证的最低层次,它是指将政策问题分解成若干项目,再对具体项目进行论证。政策问题小论证往往是由政策分析人

---

① 丘昌泰:《公共政策:当代政策科学理论之研究》,台北:台湾巨流图书公司1995年版,第227—229页。
② 〔美〕威廉·N.邓恩:《公共政策分析导论》(第四版),谢明等译,北京:中国人民大学出版社2011年版,第55页。

员通过划分专门小组的形式来进行的。各个项目论证一般是独立进行的,这样才有利于把每个项目做好做细。项目论证是分散的,必须通过功能论证将其综合起来。

(2)功能论证。政策问题的功能论证通常是由负责政策制定的具体组织来进行的。其任务是将构成政策问题的主要要素的单独分析有机综合起来,从而确定政策问题的结构类型。同时,功能论证还需要对政策问题所分属的领域、范围层次和作用方式类别加以划分,以便为政府决策机构的论证提供前提条件。

(3)二级论证。政策问题的二级论证是由政府的决策机构做出的论证。政府是对社会提供公共服务的主要机构,政府对社会进行公共管理的主要手段就是选准政策问题,制定并实施科学、合理的公共政策来解决这些问题。但是,政府从社会中提取政策资源的能力是有限的,它在一定的时间内只能利用有限的资源实施有限的政策。政府对政策问题的论证主要是集中讨论政策目标、政策计划、政策成本、政策效果等问题。

(4)一级论证。政策问题的一级论证是最高级的论证,实际上是对政策问题是否进入政策议程的最终决定。政府可能同时将几个政策问题提交最高决策机构来选择,看究竟是什么政策问题能够进入政府议程。

根据上述论证类型分析,我们可以看到:

第一,小论证反映在特定的项目之中;功能论证反映在具体规划之上;二级论证反映在政府机构规划上,其优先考虑背景条件以及目标群体的确定等;一级论证反映在最高层,以确定是否要做某件事。

第二,政策问题的分级论证,其次序并不是刻板的。既可以按上面所说的从低级论证向高级论证推移;也可以反过来,从最高级论证开始,逐步细化;还可以从其中某个层级开始向上、下层级论证扩展。[①]

第三,当沿着政策问题论证的层级不断向上时,政策问题越来越表现出更大的关联性、主观性、人为性和动态性。尽管各层次的论证是相互依赖的,但立论不同,政策也不同。有需要战略政策的,也有需要操作政策的。而战略政策决定的结果相对来说是不可逆的,操作政策的结果相对来说是可逆的。

三、政策问题诊断的误差

在政府决策的实践过程中,政策分析家在诊断政策问题时,可能遭遇到许多误差,从而导致对政策问题不能正确地分析与构建。公共政策学者格罗弗·斯塔林(Grover Starling)概括了政策问题诊断误差的多种来源[②]:

[①] 胡宁生:《现代公共政策研究》,北京:中国社会科学出版社2000年版,第131—132页。
[②] Grover Starling, *Strategies for Policy Making*, Homewood:The Dorsey Press, 1988, pp. 92-106.

（1）组织结构（Organization Structure）。第一，层级节制体系（Hierarchy）。过分层级化的组织容易造成信息被隐藏，或视寻找新的信息为敌人的情况，政策问题认定工作无法有效进行。第二，专业化（Specialization）。专业化的结果造成了部门本位主义，使正确的信息无法有效取得，尤其是地理区隔造成资源及信息传递困难。第三，集权化（Centralization）。集权化容易使上层人员信息负载严重，难以获得正确和有效的信息，给科学认定问题造成困难。

（2）意识形态。意识形态是指组织成员所共同拥有的一套信仰体系。第一，这种意识形态有其危险性，因为它就像"过滤器"，妨碍了信息完整、真实的传达；第二，过于坚持信仰，会影响对实际问题的了解，造成认知失去协调（Cognitive Dissonance），从而使信念和实际现状之间产生强烈的冲突。

（3）无知（Ignorance）。某些政府官员由于对专业知识并不了解，会轻易相信某些错误的媒体报道。如果大众传媒报道的信息不明确，甚至是错误的，就会造成政府官员对问题诊断的错误。

（4）信息超载（Babel）。政府官员的信息太多，容易造成沟通上的障碍，导致对问题的探讨产生误差；而参谋人员事先过滤，则又容易造成连续的错误。

（5）噪音干扰（Noise）。甲想让乙了解某种信息，但乙所得到的和甲的预期不同，同样的原始信息会产生许多不同的意义。由于接受者的认知与人格结构的不同，而使信息有不同的意义。

（6）时间落差（Lag）。这是指从接收信息到开始反应之间的时间差距。现在被忽略的问题，将来可能是严重的问题。

（7）逃避问题（Avoidance Problem）。决策者往往逃避其所不愿意面对的问题，于是对于问题的真相无法真正了解。

（8）隐蔽问题（Masking Problem）。即提出某些大家已经知道的问题，来隐蔽事实上的重要问题。

（9）虚假问题（Pseudo-problem）。即解决了错误的问题，但不会对真正要解决的问题产生实质影响。

第三节 公共政策议程的建立

一、政策议程的含义与类型

社会公众要求政府采取行动解决各种各样社会问题，但只有一小部分被公共决策者所关注，"那些被决策者选中或决策者感到必须对之采取行动的要求构成了政策议程"①。政策议程的建立是社会问题转化为政策问题的关键一步。

政治系统中存在多种政策议程。查尔斯·琼斯在《公共政策研究》一书中,从政策活动的功能方面将政策议程分为四类:(1)为使问题得到积极、严肃的研究和认可而提出的问题确认议程;(2)能确定问题进展到发现解决办法的提案议程;(3)使提案得到支持和发展的协议议程或讨价还价议程;(4)使问题得到持续检验的持续议程。② 科布(Roger W. Cobb)和埃尔德(Charles D. Elder)区分了两种基本的议程——系统议程和正式议程。③

(一)系统议程

系统议程(System Agenda)又称为公众议程(Public Agenda),是指某个社会问题已经引起社会公众和社会团体的普遍关注,他们向政府部门提出政策诉求,要求采取措施加以解决。

从本质上讲,公众议程是一个众人参与的讨论过程。一个问题要想成为或进入公众议程,必须具备以下三个条件:第一,该问题必须在社会上广泛流传并受到广泛注意,或者至少必须为公众所感知;第二,大多数人都认为有采取行动的必要;第三,公众普遍认为,这个问题是某个政府职能部门权限范围内的事务,而且应当给予适当的关注。④

(二)正式议程

正式议程(Formal Agenda)又称为政府议程(Governmental Agenda),是指某些社会问题已经引起决策者的深切关注,他们感到有必要对之采取一定的行动,并把这些社会问题列入政策范围。从本质上讲,政府议程是政府部门按特定程序行动的过程,在程序上表现较为正式和固定,在方法上表现比较严谨和精确,在内容上表现较为具体和集中。

科布和埃尔德又将政府议程的项目区分为新项目与旧项目两类。旧项目是指以某种常规形式出现在政策议程上的事项。例如,公务人员工资的增加、社会保障的增加以及预算拨款等。新项目是由于特定的事件和情形而产生的,也可能因为社会上越来越多的人要求政府对某些问题采取行动而引起。例如某国军事

---

① 〔美〕詹姆斯·E.安德森:《公共决策》,唐亮译,北京:华夏出版社1990年版,第69页。
② Charles O. Jones, *An Introduction to the Study of Public Policy*, North Scituate, Mass: Duxbury, 1977, pp. 40-41.
③ 这一分类由科布和埃尔德在1972年出版的《美国政治参与:议程确立的动力学》(*Participation in American Politics: The Dynamics of Agenda-building*)中提出,参见〔美〕詹姆斯·E.安德森:《公共决策》,唐亮译,北京:华夏出版社1990年版,第69—70页。
④ 林水波、张世贤:《公共政策》,台北:台湾五南图书出版公司1997年版,第117页。

政变对相关国家外交政策的影响、外交方面出现的危机等。政策议程的旧项目往往能够在决策者那里获得处理的优先权,这是因为决策者时间有限,而且议程很满。① 当然,作为新的事项提上政策议程的问题,随着时间的推移,也会变成旧的事项,环境污染问题和政府危机管理便是最好的证明。

按照政府议程建立过程中各项功能活动的先后次序,可以将政府议程划分为四个阶段②:

（1）界定议程。通过讨论,积极而慎重地研究被认定的政策问题。

（2）规划议程。从总体上讨论需要优先解决的政策项目。

（3）议价议程。根据每一规划方案的利害得失,政策相关人就价值标准与利益分配进行讨价还价的争论。

（4）循环议程。正式进入政府议程的政策方案,都要不断接受评估与检验,并加以科学修正。

（三）两种议程的区别

公众议程和政府议程是政策议程的两个不同阶段,二者有着本质区别。公众议程一般由较抽象的项目组成,其概念和范围都比较模糊,仅是发现问题和提出问题。政府议程则比公众议程特定且具体,它是对政策问题进行认定或陈述的最后阶段。问题经过一定的描述,为决策系统正式接受,并采取具体方案试图解决的时候,公众议程就转入政府议程。

在一般情况下,一个政策问题提出的过程是这样的:某一社会问题先进入公众议程,被公众加以关注和讨论;然后,由于该问题自身的特殊性、重要性、严重性以及迫切性等,引起了政府决策者的关注,由公众议程进入政府议程,最后成为政策问题。然而,很多的社会问题虽然处于公众议程之内,已引起普通公众的普遍关注和讨论,但决策系统并没有把它列入政府议程。出现这种情况有多种原因：或是问题本身的性质、规模和影响尚未达到应该解决的程度,或是问题的表达方式和途径不符合既定的组织体制和工作程序,或是决策者判断失误,或是问题涉及决策者自身的利益等。③ 当然,还存在这样的情况:许多问题可能不经过公众议程,而直接进入政府议程。这是因为高层决策者和专家学者可能根据自己对社会发展变化的研究分析,预见到某些普通公众还没有注意到的政策问题,凭借自己的影响力,直接将这些问题送入政府议程。

---

① 张金马主编：《公共政策分析：概念·过程·方法》,北京：人民出版社2004年版,第324页。
② 陈潭编著：《公共政策学》,长沙：湖南师范大学出版社2003年版,第130页。
③ 陈振明主编：《政策科学——公共政策分析导论》（第二版）,北京：中国人民大学出版社2004年版,第213页。

第七章 公共政策问题的构建

美国学者拉里·N.格斯顿(Larry N.Gerston)按照政策问题的重要程度将政策议程分为实质性议程和象征性议程两大类。① 实质性议程是指认定那些影响深远和潜在意义重大的政策问题的议程。它包括三个必要因素:相当数量公共资源的分配已岌岌可危;问题常常引发普通公民和政府决策者的高度重视和激烈争论;问题必定蕴藏着巨大的变化。一般说来,实质性政策问题大多来源于经济领域,其中税收问题对社会的影响最直接、最广泛。近年来一些社会问题也日趋重要,如移民、种族团结、环境污染、暴力犯罪、吸毒贩毒、恐怖事件等。象征性议程则指一些政策问题虽然引起社会公众和政府决策者的关注,但仅属于象征性问题的议程。这些问题多集中于价值领域,而非实质性的资源分配领域。例如焚烧国旗、虐待儿童等问题以及一些庆典、授奖仪式等,都仅具有象征意义,但因它们涉及社会的一些价值、情感和精神激励因素,同样会受到有关方面的重视。实质性问题通常应进入实质性议程,但因为条件的限制和有关方面的压力,也有些实质性问题不能立即得到实质性的解决,只好象征性地进行处理。

二、社会问题进入政策议程的途径

社会问题通常经由哪些途径进入政策议程呢?查尔斯·琼斯和迪尔特·马瑟斯,从政府和私人两种主体出发,将途径划分为四类:私人主动、政府有限介入;政府主动、私人有限介入;两者都主动;两者都不主动。② 科布和埃尔德概括了四种将社会问题送入政策议程的行为主体:再调适者(受到现行政策对利益不公平分配的影响而要求政府采取行动的个人或团体);环境反应者;行善者(纯粹为社会公益事业考虑而主动发掘政策问题者);开拓者(为自身利益得失而主动挖掘政策问题者)。③

通常,社会问题进入政策议程的途径主要有以下几种④:

(一) 社会中部分团体或者个体主动,政府只是有限介入

不少团体会从各自的利益出发,力图在社会中谋求其所期望获得的平衡位置。如果这些团体的利益受到了威胁,产生了被剥夺感,他们就会千方百计地要求政府采取行动保护他们的利益。虽然这些团体或个人在请求政府对问题的确

---

① Larry N. Gerston, *Public Policy Making*: *Process and Principles*, New York: M. E. Sharpe, Inc., 1997, pp. 62-66.
② 〔美〕斯图亚特·S.那格尔编著:《政策研究百科全书》,林明等译,北京:科学技术文献出版社1990年版,第94—96页。
③ 林水波、张世贤:《公共政策》,台北:台湾五南图书出版公司1982年版,第86—87页。转引自陈庆云主编:《公共政策分析》(第二版),北京:北京大学出版社2011年版,第108页。
④ 陈庆云主编:《公共政策分析》(第二版),北京:北京大学出版社2011年版,第108—110页。

认与关注上内部意见并不一致,但他们的要求总是与那些和本团体意见相左的一方在利益上发生尖锐的冲突。社会上各种利益、价值与需求的冲突所表现的程度与范围不同,导致政府对政策问题的确定也不同。这种结果既会影响政府对此关注的程度,又会影响政府采取行动的方式。

对于社会团体或个人认为很重要的社会问题,政府选择有限介入的原因大致有四个:

第一,政府基本不知道这些问题的存在。尽管现代政府承担的职能在不断膨胀,政府管辖的范围在扩大,政府也力图通过各种现代科学技术手段,及时获取社会的各种信息,但因时间与经费等方面的困难,对现存社会问题无法发表积极的见解。

第二,政府知道问题的存在,但没有权力去处理。现代政府是有限政府,不是具有处理一切问题权限的万能政府。特别是对一级地方政府来说,尽管个人和团体提出的政策问题很重要,但因上下、左右各种关系的制约,难以及时去处理。

第三,政府知道问题的存在,也有权力处理,但无能力办理。政府的一切介入和解决问题的行为,都需要消耗资源。政府必须考虑到是否有足够资源作保证。

第四,政府知道问题的存在,也有权力与能力处理,但不能马上列入政府的议事日程。政府处理问题有自身期望的轻重缓急。

(二)政府主动介入发现和解决问题,社会团体或个人只是有限介入

政府作为公共权力的主要载体和公共管理的核心主体,比其他社会组织有更多的机会了解社会各方面的动态。政府主动发现并解决问题,有下列几种情况:

比如保护环境这一类带有全局性的问题,政府会从更高的层次上关心并加以解决。而对部分社会团体或个人来说,他们较多关心的是眼前与局部利益。

社会上的一部分团体或个人由于缺乏资源,无力向政府请求帮助,而实际上他们又特别需要政府的主动关注。政府的政策制定者可能会主动发现他们,也可能十分偶然地涉入对问题的主动关心。

在社会各种利益的冲突中,有些团体或个人会凭借控制大量资源的优势,始终处于冲突的主导地位。他们或是歪曲事实,或是蓄意制造混乱。为维护社会的公正,政府需要主动干预,保护冲突中的受害者。

政府会从自身利益的需求出发,主动地发现问题。当政府成为问题的主要确认者时,对存在什么问题的确认可能经常变化。不同的政策制定者可能对存在何种问题的理解有所不同。但不论什么情况,在权力斗争与权力交换过程中,政府的这种行动会更突出。

第七章　公共政策问题的构建

（三）政府及社会团体与个人都主动

把社会问题变为政策问题,大多数情况下是政府与私人活动共同作用的结果。这种作用大致有三种形式:

政府希望解决的问题与公众要求解决的问题完全一致或基本一致,这时能相当迅速地进行政策问题的构建,并顺利地将社会问题列入政策议程。

政府希望解决的问题与公众要求解决的问题完全相反或基本相反。双方的主动行为成了尖锐的冲突行为。由于对事件与环境的理解上,双方产生了差异,而这种差异又会派生出其他各种相关问题,进一步加深了矛盾与冲突。

政府希望解决的问题与公众要求解决的问题,在多数情况下既有共同的一面,又有差异的一面。认识上的差异性也会导致一定冲突。但这种冲突与第二种情况不一样,可以通过协调逐步取得认识上的一致性。随着政治参与主体在数量上的不断增加,对问题的理解和确定的多样化将逐渐成为政策问题构建过程的重要特征。

（四）政府与个人、团体都不主动介入

这种类型从理论上似乎是存在的,但在实践中几乎不存在。"可能是由于受某一事件影响的人没有可利用的办法,也可能是由于缺乏能向政府提出请求的组织,或者干脆是由于和其他公共问题相比较,缺乏引起政府注意的竞争力。也可能是私人团体或政策制定者都尽力避免确认这种问题。"[①]

三、影响社会问题进入政策议程的因素

特定的社会问题能否顺利进入政策议程,被政府决策者加以关注和解决,与下列各因素有着直接或间接的关系:

（一）公民个人的作用

从某种意义上讲,很多具有公共性质的问题都是由私人问题引发而来的。比如,一个人对现行的车辆管理法规给自己带来的过重负担感到强烈不满,他有可能忍气吞声,或偶尔在亲朋好友面前发发牢骚,此时这只是一个私人性质的问题。但是,他还可以采取另外的方法,比如将自己的想法告知公众和媒体,或将与之有类似看法的人组织起来,向政府有关部门提出抗议,或者通过正当形式展开对话并提交政策建议。上述的行动很可能会导致反对意见的出现,从而形成讨论的局面,许多人就这样直接或间接地卷入了这一事务中。另外还需强调的是非正式关

---

① 〔美〕斯图亚特·S.那格尔编著:《政策研究百科全书》,林明等译,北京:科学技术文献出版社 1990 年,第 96 页。

系在社会问题进入政策议程过程中所起的作用。所谓非正式关系,是指超出法定组织制度和工作程序的人际关系。如老乡、亲属、同学、朋友等关系。通过这些关系,公民个人所提出的问题很有可能被决策者列入政策议程。①

(二) 利益集团的作用

利益集团是基于某种共同价值、共同利益、共同态度或者共同职业等而形成的正式或非正式的社会组织。利益集团的基本职责是维护并增进本集团成员的共同利益。在社会政治生活中,当既定的社会利益结构发生变化时,出于维护自身利益的考虑,利益集团就会单独或联合其他集团向政府提出种种问题与要求。从多元主义理论的角度看,现代政府的公共政策过程,在本质上就是众多利益集团代表各自成员的利益,进行利益聚合与表达,通过竞争、博弈和讨价还价,最终达成妥协和均衡的过程。利益集团在问题构建和政策制定过程中发挥着重要作用,它们通过游说、宣传、助选、抗议等手段,迫使政府将其提出的问题列入政策议程,并采纳有利于自己的政策建议,或者通过各种手段阻止对自己利益产生损害的政策,以最大限度地维护本集团成员的利益。

(三) 政治领袖的作用

迄今为止,在任何国家和地区,政治领袖都是影响政策议程建立的一个重要因素。无论是出于公众价值观和政治使命感,还是出于个人需要和团体利益的考虑,他们都会密切关注社会中出现的这样或那样的问题,提出对特定问题的解决方案,并在可能的条件下,将其告知公众,以引起必要的回应。需要注意的是,政治领袖对社会问题的关注和认定往往受多种个人因素的制约,如个性特征、成长经历、受教育状况等。在构建政策问题、建立政策议程的过程中,这些个人因素往往会与公共问题交织在一起,并以国家和公众的名义得到体现。

(四) 政府体制的作用

一个国家的政府体制,特别是其民主程度和开放程度,从制度上规定了信息的沟通渠道和利益的表达方式,从而对社会问题进入政府议程产生重要的影响作用。如果政府的产生方式是民主选举,执政理念合乎民主潮流,组织程序符合民主要求,政务信息向民众开放,决策过程吸收民众参与、倾听民众意见、接受民众监督,那么大量的社会问题就能正常而顺利地进入政策议程。相反,专制、封闭的政府则会将大量社会问题阻止在政策议程之外。

(五) 大众传媒的作用

大众传媒在西方国家被视作"第四种权力"。在信息社会,大众传媒凭借其

---

① 张金马主编:《公共政策分析:概念·过程·方法》,北京:人民出版社2004年版,第326页。

覆盖率高、信息量大、影响面广、冲击力强等优势,传播信息、制造舆论、沟通思想、普及知识,有效地影响着社会问题进入政策议程的效率和质量。在政策议程建立的过程中,大众传媒一方面反映民众的偏好、利益和要求,把少数人发现的问题广泛传播,以形成强大的舆论压力,促使政府决策系统关注并接受特定的政策问题;另一方面,大众传媒也借助政府的观点和自己的见解,影响和改变民众的意愿与要求,重塑社会公共问题。这种双向的互动过程使得大众传媒日益成为政策问题的重要提出者。

（六）专家学者的作用

在科研机构、高等院校中工作的专家学者凭借专业优势和技术特长,既能及时捕捉到社会运行中的现实问题,又能科学预见到社会发展中的潜在问题,并能够凭借自己的特殊地位和影响力,进行问题分析和政策发动。需要说明的是,与政治领袖的作用相比,专家学者对社会问题的察觉对政策议程的建立影响较小。专家学者提出的社会问题只有同时得到政治权威的认同和支持才能进入政策议程。

（七）问题自身的作用

社会问题自身的特征对政策议程的建立具有非常重要的影响。美国学者科布和埃尔德指出①：

（1）一个问题的定义越模糊,这个问题到达更广泛的公众的可能性就越大（特殊性程度）；

（2）一个问题被认为社会意义越大,这个问题到达更广泛的公众的可能性就越大（社会重要性程度）；

（3）一个问题被认为与特定社会现象的关联期越长,这个问题到达更广泛的公众的可能性就越大（关联期的长短）；

（4）一个问题被认为越不具有技术性,这个问题到达更广泛的公众的可能性就越大（问题复杂程度）；

（5）一个问题被认为越缺少明确的先例,这个问题到达更广泛的公众的可能性就越大（先例的明确程度）。

四、社会问题进入政策议程的触发机制

美国学者格斯顿将社会问题转变为政策问题的触发机制分为国内和国际两

---

① Roger Cobb and Charles Elder, *Participation in American Politics: The Dynamics of Agenda-Building*, Boston: Allyn and Bacon, Inc., 1972, p. 86.

方面。国内方面的因素包括自然灾害、经济灾害、技术突破、环境变化和社会演进等;国际方面的因素包括战争、间接冲突、经济对抗、军备升级等。①

美国学者安德森总结了他人的研究成果,提出了推动社会问题加速进入政策议程的四种触发机制②:

(1) 政治领导(Political Leadership)。不管政治领导者是出于某种政治优先权的考虑,还是因为对公众利益的关注,或者是两者兼而有之,他们都会密切关注公共领域的一些特定问题,将它们公之于众,并提出解决问题的方案。在美国,总统扮演着政策议程主要决定者的角色。国会中也有部分议员,他们怀着推动社会变革的愿望和渴望获得改革者的荣誉而热心于社会问题。

(2) 危机事件(Crisis Event)。某种危机事件或突发事件会使某些事情很快提上政策议程,如煤矿事故、自然灾害等。尽管社会上有大量的问题已被人们觉察到并引起了广泛的关注与议论,但还没有达到非采取行动不可的地步。但在某一突发事件的影响下,人们会把社会上与之相关的事都同这一事件联系起来,此时决策者就会为之一震,并很快认识到问题的严重性。

(3) 抗议活动(Protest Activity)。抗议活动,包括暴力事件,是使问题引起决策者重视和促使问题进入议事日程的又一手段。20世纪60年代,美国黑人社区无法通过其他手段获得社会关注,因而,在美国众多城市出现了大规模的抗议和骚乱,这促使人权问题提上了政府议事日程。

(4) 传媒曝光(Media Reportage)。社会重大问题吸引了大众传媒的注意。通过大众传媒的报道与传播,能使问题成为政策议程上的重要内容。而那些已被提到议事日程上的问题,则能获得更多关注。无论新闻传媒出于何种动机,它们对社会上的重大问题进行报道,有助于政策议程的建立。

五、社会问题进入政策议程的障碍

如前所述,并非所有的社会问题都能被政府列入政策议程。在此,无决策(Nondecision)的概念值得一提。根据彼得·贝克拉克(Peter Bachrach)和莫顿·巴拉兹(Morton Baratz)两位学者的看法,"无决策制定"(Nondecision-making)是主张改变社会现行利益和特权分配的需求尚未提出以前,就加以抑制,或在这种需求尚未到达政策制定领域以前,就加以阻止的一种方法。③

---

① Larry N. Gerston, *Public Policy Making: Process and Principles*, New York: M. E. Sharpe, Inc., 1997, pp. 29—47.

② 〔美〕詹姆斯·E. 安德森:《公共决策》,唐亮译,北京:华夏出版社1990年版,第72—75页。

③ Peter Bachrach and Morton Baratz, *Power and Poverty*, New York: Oxford University Press, 1970, p. 44.

阻碍社会问题进入政策议程的因素有如下几种[①]：

（一）政治原则的偏离

任何国家都有其视为立国之本的基本政治原则。政策诉求一旦偏离了这些原则，政府就会通过各种方法将其排斥在政策制定系统之外。美国政治学家谢茨施耐德（E. E. Schattschneider）研究指出："在政治上关键性的问题，是如何处理冲突。冲突的结果是如此重要，以至于任何一个政权，为了求生存，就必须设法塑造政治系统。"[②]所以，政治领袖或政治组织为了稳定起见，对于可能会威胁稳定的问题，必然会设法使其无法进入政策议程。

（二）价值体系的排斥

任何社会都有其占主导地位的价值观念和信仰体系，它们是人们思考问题的依据和行为选择的准则。凡是与社会主流价值规范相冲突的社会问题和政策方案，都很难进入政策议程。例如，美国人对私有财产和资本主义的信仰，使得铁路国有无法成为政策议程上的一个项目。

（三）政府体系的封闭

如果政府体系保守，决策过程封闭，政务信息闭塞，民选代表不能代表选民的利益，那么公众与政府联系的渠道就会出现障碍，公众的利益偏好与政策意愿就很难为决策者所知道，普通公众不仅无法与决策者进行必要的沟通，而且不能通过问题讨论等形式，参与公共政策的制定过程。在这种情况下，公众觉察的社会问题很难进入政府议程。

（四）承受能力的不足

任何一种政策问题的提出，如果超出了决策者的承受能力，就会受到他们的排斥或回避。尽管这种问题的提出有时对社会有利，符合民众愿望和时代潮流，但往往也难以进入政策议程。

（五）表达方式失当

有些问题本可以通过法定的正常渠道提出，却偏偏要选择非正常渠道；明明可以采用平和方式提出政策诉求，却偏偏要采取过激的形式；明明可以言简意赅、通俗易懂地讲明，却偏偏使用长篇累牍、晦涩冗长的分析报告……上述种种表达方式的失当，很多时候使本该列入政策议程的问题没有被列入。

[①] 张金马主编：《公共政策分析：概念·过程·方法》，北京：人民出版社 2004 年版，第 329—330 页。
[②] E. E. Schattschneider, *The Semi-Sovereign People*, New York: Holt, Rinchart and Winston, 1960, p. 71.

六、公共政策议程建立的模型

政策议程的建立既是现代政府公共政策过程的逻辑起点,又是政府决策的重要环节。议程建立会经历什么样的过程呢?这成为公共政策学界研究的重要议题之一,为此学者们纷纷从不同角度提出了各种模型。

(一)科布的政策议程建立模型

美国学者科布等人在区分公众议程与政府议程的基础上,以政策诉求的主体为标准,提出了建立政策议程的三种模型[①]:

1. 外在创始型(Outside Initiation Model)

政策诉求由政府系统以外的公民个人或社会团体提出,经阐释(对政策诉求进行解释和说明)和扩散(通过一定方式把政策诉求传递给相关群体),首先进入公众议程,然后通过公众对政府施加压力的手段,进入政府议程。通过该模型创建的政策议程只是让政策问题列入政府的议事日程,并不意味着政府会不折不扣地按创始者的意愿做最后的决定。通常情况是,通过该模型创建的政策议程,最终不是受到彻底否决,就是被修改得面目全非。

2. 政治动员型(Mobilization Model)

具有权威作用的政治领导人主动提出政策意向,并使其进入政府议程。因为在一般情况下,政治领导人的政策意向往往能够成为政府的最终决策,所以看似没有必要建立相应的政策议程。之所以仍要这样去做,主要是为了寻求社会公众的理解和支持,以便更好地贯彻和实施这项政策。政治动员型以政府议程为基点,以公众议程为对象,其目标在于政策方案的顺利执行。该模型通常政府及其核心决策者具有超高的权威,在建立政策议程的过程中,权力精英的"内输入"现象相对明显。[②]

3. 内在创始型(Inside Initiation Model)

政府系统内部的人员或部门为解决纯粹的内部事务而提出政策问题,且问题扩散的对象仅限于"体制内"的相关团体和个人。在该模型下,仅限于政府内部的组织或接近于决策者的团体才能提出政策问题;该模型企图排除普通公众参与的可能性,此类问题的确认远离公众议程;问题最多会扩散到一些认同性团体,以争取更多力量的支持,向决策者施加足够的压力,促使决策者将此类问题列入正式议程。该模型在财富和权力相对集中的社会较为流行。

---

① Roger W. Cobb, et al., "Agenda-Building as A Comparative Political Process," *The American Political Science Review*, Vol. 70, 1976, pp. 126–138.

② 胡伟:《政府过程》,杭州:浙江人民出版社1998年版,第282—286页。

需要指出的是,任何政策议程的建立都是公众议程与政府议程交互作用和影响的结果,既涉及"体制内",又涉及"体制外",现实情况绝不像上述模型所归纳的那样抽象和简单。① 具体到一个社会或国家,并非仅采用一种模型来构建其政策议程,因而在多数国家中,政策议程建立的模型均呈现高度的复杂性。

(二)约翰·W.金登的多源流分析模型

到目前为止,对政策议程确立过程描述得最全面的当数约翰·W.金登(John W. Kingdon)的多源流分析模型(the Multiple-streams Framework)。② 该模型建立在问题流(Problem Stream)、政策流(Policy Stream)、政治流(Political Stream)三种信息流的基础上。图7-4显示了该模型的基本架构。

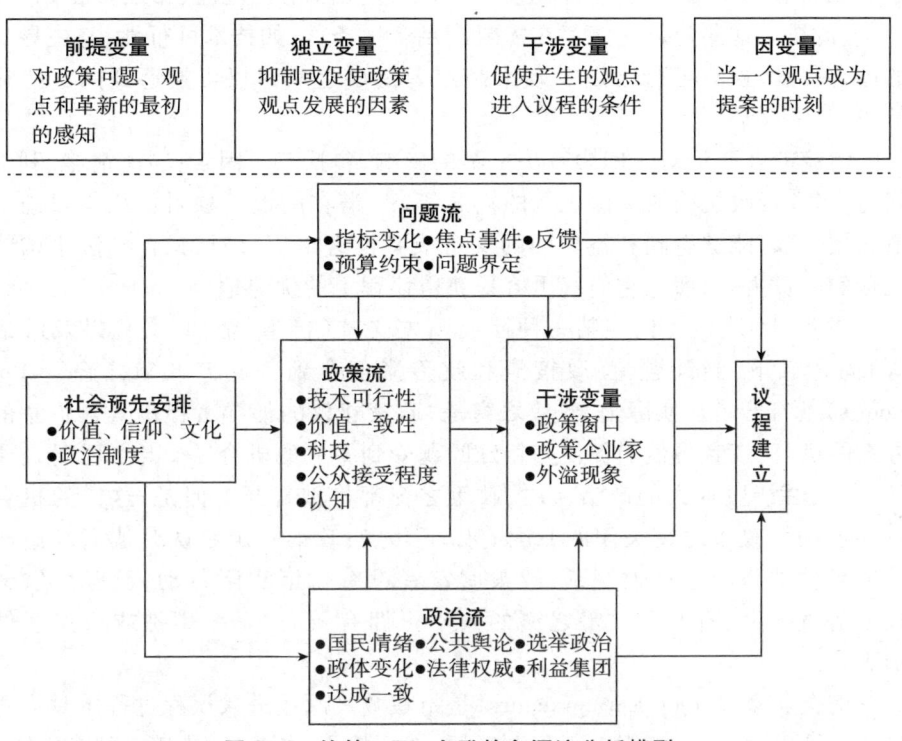

图7-4 约翰·W.金登的多源流分析模型

资料来源:杨冠琼编著:《公共政策学》,北京:北京师范大学出版社2009年版,第143页。

---

① 张金马主编:《公共政策分析:概念·过程·方法》,北京:人民出版社2004年版,第325页。
② [美]约翰·W.金登:《议程、备选方案与公共政策》(第二版·中文修订版),丁煌等译,北京:中国人民大学出版社2017年版,第67—193页。

问题流主要关注问题的界定。它包括问题是如何被认知的,以及客观条件是如何被定义为问题的。在金登看来,问题并不是通过某种政治压力而引起决策者关注的,其常常通过以下三种途径而受到人们的广泛关注[1]:首先,社会问题存在与否及其重要程度,可以用一系列指标(如公路死亡人数、发病率、免疫率、物价水平等)来反映;其次,一些重大事件或危机事件经常能够引起决策者对某个问题的关注;最后,从现行项目中所获得的反馈信息,可以推动决策者对问题的关注。

政策流与解决问题的技术可行性、解决方案的公众接受度等有关。政策流的一个重要方面就在于针对政策问题而提出各种建议,通常以听证会、论文和会谈等形式获得检验。各种各样的政策建议、解决办法相互碰撞、相互修正、相互结合,广为传播。这些建议能够存在需要满足多项条件,如技术可行性、与主导价值观的适合程度、预算可行性以及政策制定者提出这些建议可能遇到的支持或反对等。[2]

政治流涉及政治对于问题解决方案的影响,包括三个因素:国民情绪、利益集团间的竞争、行政机构或立法机构的换届等。[3] 潜在的议程项目如果与目前的民族情绪相一致,能够得到利益集团的支持或者没有组织反对,符合立法机构或行政机构的一贯主张,那么它们就更容易获得议程上的优势地位。

从图 7-4 可以看出,在某一种社会预先安排(价值、信仰、文化以及政治制度等)的背景下,当问题流、政策流和政治流汇合到一起,"政策之窗"(Policy Windows)就打开了。实际上,政策之窗是"政策建议的倡导者提出其最得意的解决方案的机会,或者是他们促使其特殊问题受到关注的机会"[4],当出现引人注目的问题,或者产生强大的政治流时,政策之窗都将被打开。但是,这样的机会是稍纵即逝的。政策之窗关闭的原因有以下几点:政策制定者认为他们已经通过决策或者立法将问题处理好了;政策制定者没有付诸实际行动;没有可供选择的政策备选方案;打开了政策之窗的人不再拥有权力;重大事件或焦点事件已经消失。[5]

政策企业家(Policy Entrepreneurs)是指在政策问题进入议程过程中具有重要影响的政策倡导者,他们愿意利用自己的时间、精力、名望、财力等,提出政策问题

---

[1] 〔美〕约翰·W. 金登:《议程、备选方案与公共政策》(第二版·中文修订版),丁煌等译,北京:中国人民大学出版社 2017 年版,第 85—97 页。
[2] 同上书,第 124—131 页。
[3] 同上书,第 138—150 页。
[4] 同上书,第 155 页。
[5] 同上书,第 158—160 页。

及其解决办法,负责促成重要人物关注该问题,并负责使公共问题及其解决方案相结合。① 诚然,政府议程可以受到问题流或政治流的影响而建立,但如果问题流、政策流和政治流通过政策企业家而结合,那么社会问题"出线"进入政策议程的机会将显著增加。

另外,外溢现象也影响到政策议程的建立。外溢(spillovers)指的是这样一种过程:某一领域的问题(被称作先例)在政府议程上的出现同时也就确定了另一领域的类似问题之后在政策议程上的重要地位。②

金登为了系统地解释政策议程设定过程,用了长达四年的时间,对卫生政策领域和运输政策领域的官员进行了247次深入访谈,做出了23项案例分析,在此基础上提出了多源流分析模型,足见其研究并不是脱离现实的显学范式,其结论具有很强的综合性与包容性。但是,由于其研究局限在卫生和运输政策领域,所以能否把它应用于其他政策领域的问题构建,是对政策议程设定感兴趣的政策分析家们需要研究的课题。之后,一些学者,如尼古拉斯·扎哈里尔迪斯(Nikolaos Zahariadis)多次应用了多源流分析框架,并对该理论进行了扩展和修正,以使其在更广泛的政策舞台上得以应用。③

通过多源流分析模型可以看出,政策问题的构建本身就是一项非常重要而复杂的政策制定环节,政策议程的设定并不是用一种模型就能够说明。正是因为政策问题构建的复杂性,人们至今依旧缺乏成熟的、权威的分析框架,将来更需要创建包含概念、假设、验证等内容的有效的理论分析框架。否则,政策问题的构建就很难真正为有关问题的解决铺好路。④

【关键术语】

政策问题　结构适度问题　结构优良问题　结构不良问题　政策问题构建
政策问题论证　政策议程　公众议程　政策议程的触发机制　多源流分析模型

---

① 〔美〕约翰·W.金登:《议程、备选方案与公共政策》(第二版·中文修订版),丁煌等译,北京:中国人民大学出版社2017年版,第168页。
② 同上书,第179页。
③ 〔美〕保罗·A.萨巴蒂尔编:《政策过程理论》,彭宗超等译,北京:生活·读书·新知三联书店2004年版,第97—101页。
④ David A. Rochefort and Roger W. Cobb, "Problem Definition, Agenda Access, and Policy Choice," *Policy Studies Journal*, Vol. 21, No. 1, 1993, pp. 56-71. 转引自宁骚主编:《公共政策学》(第三版),北京:高等教育出版社2018年版,第254页。

【复习思考题】

1. 在公共政策过程中,正确地构建政策问题有何意义?
2. 什么是政策问题?政策问题有哪些特征?
3. 如何才能正确地构建政策问题?
4. 系统议程与正式议程有哪些区别?
5. 试简述社会问题进入政策议程的途径。
6. 试分析影响社会问题进入政策议程的触发机制与障碍因素。

【案例分析】

政策问题建构研究——基于中国农村社会养老保险政策的验证①

中国农村社会养老保险政策是中国最早实行社会政策变革的领域之一,对该政策问题建构过程展开研究,有助于更全面地把握农村社会养老保险政策问题建构的内在机理,更加具体地阐述和验证我国公共政策问题建构的一般运行逻辑。

一、农村社会养老保险政策的问题感知

农村社会养老保险政策问题感知产生于市场经济体制改革的社会情境之中,并广泛渗透于经济、政治、文化、社会等各个领域中。

一是经济社会情境。2008年全球金融危机爆发后,开发农村消费市场是扩大内需的关键途径之一,而农村消费市场拓展的前提是构建完善的社会保障制度,规避预期可能出现的风险,解除农民的后顾之忧。

二是政策主体情境。当前我国农村由于传统养老模式功能的弱化,社会养老保险制度体系相对发展滞后且不完善,农村养老伴随着老龄化程度的加剧将面临前所未有的风险。

三是政策对象情境。中国农村高龄老龄化的程度严重,同时,计划生育政策导致的少子老龄化效应正在显现。在这种背景下,农村青年劳动力在城镇化过程中的迅速转移进一步降低了家庭成员的互助保障水平,必然会对传统的家庭养老带来冲击。

---

① 节选自王婷:《政策问题建构研究——基于中国农村社会养老保险政策的验证》,《中国行政管理》2017年第6期,第97—102页。有改动。

四是政策价值情境。在当前少子老龄化背景下,子女成为养老供给的稀缺资源,加上在市场经济影响下,人们的独立意识、平等意识、民主意识日益增强,不断冲击着传统的父权文化以及"养儿防老"的思想根基。

二、农村社会养老保险政策的问题搜索

政策问题搜索的过程(即获取元问题的过程)主要借助于利益相关者管理工具进行分析。在农村社会养老保险政策中,利益相关者主要包括中央政府、地方政府、农民以及农村集体经济组织等。

(一)中央政府的政策诉求

中央政府对农村社会养老保险的政策诉求主要体现在两个方面:一是推进公共服务均等化,构建城乡统筹社会保障体系,形成农村社会养老保险政策运行机制;二是引导、规范和约束农村社会养老保险政策行为,提高政策可及性与有效性,维护社会秩序。但是当前社会养老保险制度的互济性、社会性并没有充分实现,养老资源有限、配置不协调与强烈的养老保障需求之间存在一定的矛盾。

(二)地方政府的政策诉求

地方政府的公共性与自利性形成了其政策诉求的内在矛盾。一方面,地方政府要确保所有社会成员平等享有社会保障权,预防农民的养老风险。另一方面,随着中央政府放权让利的推行,地方政府逐渐成为具有自利倾向的相对独立的利益团体。自1994年分税制改革后,更多税收集中到中央,同时中央出台的诸如新农保等多项惠民政策,使地方财政压力倍增,地方政府面临自利性价值追求与地方公共权益财政支付风险之间的两难境况。

(三)农民的政策诉求

工业化、城镇化的进程不断加快,农民需要承担的养老风险也不断加剧:一是生产经营权和分配权的变化冲击了传统的养老方式;二是随着城镇化、工业化的发展,土地养老保障功能随之弱化;三是储蓄能力薄弱难以承担市场化的养老消费。在国家收缩、家庭养老功能弱化和民间力量发育滞后的情况下,养老保障领域内的福利供给产生的失衡带来了前所未有的农民养老风险。

(四)农村集体经济组织的政策诉求

随着农村生产经营的单位由集体变为家庭,农村地区的集体经济逐渐虚置、萧条,附加在集体经济基础之上的各种保障功能,包括农村养老保障逐渐失去了集体的经济基础,这种背景下,由于缺乏明确的制度规定与实施细则,农村社会养老保险政策中的"集体补助"承诺的兑现也存在一定风险。

三、农村社会养老保险政策的问题界定

根据利益相关者理论,风险的防控必须综合平衡各个利益相关者的利益要求,从本质上来看,这是一个责任划分的问题。因此,转型时期我国农村社会养老保险政策问题的实质可以概括为农村社会养老风险的配置问题。

我国养老保险制度改革与经济发展密切联系、相互促进,具有"生产性福利"的特征。这一问题的紧迫性与重要性推动了如《中共中央关于推进农村改革发展若干重大问题的决定》等政策文件的出台,体现出国家对于农村社会养老保险风险配置的顶层设计与总体思路。

地方政府往往会根据自身掌握的优势与利益结构影响中央政府的决策议程,力求使中央出台的政策符合自身的政策偏好,对于不符合自身利益的政策议题则变相进行阻止。例如,在新农保政策试点过程中,地方政府积极推出了一批以北京模式、宝鸡模式等为代表的试点典型,成为中央政府启动全国范围内的农村社会养老保险政策议题的驱动力。

四、农村社会养老保险政策的问题详述

第一,政策情境中的问题感知形成了政策问题建构的价值基础。农村社会养老保险政策问题是建构在公共基础之上的。通过平衡政策相关者的利益诉求,形成一个能够最大程度上实现公共利益的社会价值分配方案,这是农村社会养老保险政策问题建构的前提所在。

第二,问题搜索获取的元问题成为政策问题建构的目标导向。农村社会养老保险政策问题的目标导向在于明确农民养老风险防控的主体是农民个体还是以政府为主导的政策相关利益主体。对于这一问题的回答,直接决定了农村社会养老保险政策的本质属性与现实效果。

第三,概念化的政策界定揭示了政策问题的实质内涵。农村社会养老保险政策问题的核心是如何公平合理地分配相关利益主体对于养老风险所应承担的责任,进而形成共识进入政策议程,明确不同责任主体具体的责任范围、权限要求、行为方式、基本目标等,并形成制度化、规范化的责任落实机制,在全社会范围内合理分散转移化解农村养老风险。

案例讨论题

1. 中国农村社会养老保险政策问题有哪些特征?
2. 影响中国农村社会养老保险政策问题构建的因素有哪些?
3. 结合中国农村社会养老保险政策,总结政策问题构建的程序。

第七章 公共政策问题的构建

【推荐阅读文献】

1.〔美〕威廉·N.邓恩:《公共政策分析导论》(第四版),谢明等译,北京:中国人民大学出版社2011年版。

2.〔美〕约翰·W.金登:《议程、备选方案与公共政策》(第二版·中文修订版),丁煌等译,北京:中国人民大学出版社2017年版。

3.〔美〕保罗·A.萨巴蒂尔编:《政策过程理论》,彭宗超等译,北京:生活·读书·新知三联书店2004年版。

4.陈庆云主编:《公共政策分析》(第二版),北京:北京大学出版社2011年版。

5.宁骚主编:《公共政策学》(第三版),北京:高等教育出版社2018年版。

第八章 公共政策方案的制订

【内容提要】

一旦社会问题被列入政策议程,就需要回答如何解决这些问题,或者更具体地讲,如何制订一系列解决问题的备择方案,并从中优选方案。这就是我们平时所说的政策方案的制定过程。

政策方案制订在整个政策过程中居于枢纽的地位,唯有事前进行良好的政策规划与设计,得到一个可以为社会所接受的可行方案,政策过程才能进展顺利[①],政策运行才能确保成功。

第一节 公共决策体制

在既定的政策环境下,公共政策主体通过制定并执行一定的公共政策,解决社会问题,治理公共事务,影响并制约着公共政策目标群体的价值、利益与行为。这种政策主体对目标客体的影响并非某一类或某一个公共政策主体孤立的个人行为,而是多元决策主体在分工与合作的基础上,基于各自的权力与责任,进行充分的互动与合作的集体行为,这就是公共决策体制的概念。

一、公共决策体制的构成

公共决策体制是决策权力与责任在决策主体之间进行分配所形成的权力配置格局和责任分担模式,是多元决策主体在决策过程中的分工合作与活动程序。公共决策体制是否科学,是公共政策是否科学的决定性因素。一般说来,一个完整的公共决策体制应由决断子系统、咨询子系统、信息子系统、监控子系统组成。[②]

（一）决断子系统

决断子系统又叫中枢子系统,是公共决策体制的核心部分,它由拥有最高决

---

① 丘昌泰:《公共政策:当代政策科学理论之研究》,台北:台湾巨流图书公司1995年版,第115页。
② 陈庆云等主编:《现代公共政策概论》,北京:经济科学出版社2004年版,第37—40页。

策权的政府首脑机关及其领导者构成；处于最高领导者和指挥者的地位，并承担公共决策的主要责任。中枢系统的主要职能在于决策目标的确定和决策方案的抉择。

（二）咨询子系统

公共决策的咨询子系统也称思想库、智囊团，它是指由多学科专家学者组成的专门从事广泛开发智力、协助中枢系统进行科学决策的辅助性机构。其主要作用是在决策过程中向中枢子系统提供政策信息、科学知识与备择方案。

（三）信息子系统

在现代信息社会，政府的决策活动离不开信息。问题的发现，目标的确立，方案的拟制、评估和抉择，方案执行的监督和控制，方案的修正完善都依赖于信息。可以说，公共决策的过程就是对相关信息进行收集、加工、整理和利用的过程。公共政策的科学化程度在很大程度上取决于决策部门掌握广泛的外源信息和及时的内源信息的情况。

（四）监控子系统

决策中枢机构之外对决策者的决策行为、决策内容和决策程序进行监督控制的机构，属于公共决策体制的监控子系统。其主要职责是监督检查公共政策主体的决策权力是否合法（是否拥有法定的决策权），决策内容是否合法（决策内容是否与法律规定相违背），决策程序是否合法（程序正义与实质正义具有同等重要的意义）。

二、公共决策的择案规则

现代政治是程序政治，程序就是一系列规则。"决策规则划定了一个范围，政治竞争者必须在此范围内制定其战略和策略，并开展政治斗争。"[1]不同的决策规则对最终的方案选择具有非常重要的影响，决策规则的改变很可能导致决策结果的变化。政策制定主体采用的基本决策规则主要有两种：一是全体一致规则；二是多数决定规则。

（一）全体一致规则

全体一致规则（Unanimity Rule），又称"一票否决制"，即所有拥有投票权的直接决策者都对某项政策方案投赞成票，或者至少没有任何一票反对的情况下，政

---

[1] 〔美〕加布里埃尔·A. 阿尔蒙德、小 G. 宾厄姆·鲍威尔：《比较政治学：体系、过程和政策》，曹沛霖等译，北京：东方出版社 2007 年版，第 246 页。

策方案才能转化为正式的公共政策。

全体一致规则有四个基本特征[①]：

第一,按照全体一致规则,每一个决策者的否决都将导致决策方案被否决。在这种情况下,每一个决策者的个体选择对集体的决策结果都具有决定性的影响。因此,主张全体一致原则的人认为,只有全体一致原则才能确保每一个决策成员享有同等的影响力。

第二,按照全体一致决策规则,要通过一项决策方案,该方案必须对所有决策者的利益来说都是最佳方案,都是令人满意或者至少是可以接受的。因此,决策结果必须充分照顾每一个决策者的利益偏好与要求。这样,决策过程中就需要决策集体的全体成员进行反复多轮的沟通、协调和讨价还价,最后经过妥协,达成一致。其过程往往是艰苦和漫长的,决策的速度往往是极其缓慢的,最后一致通过的方案往往与决策者的初衷相去甚远,甚至完全相反。

第三,按照全体一致规则,每一个决策者的行为选择都将直接决定着决策方案最终能否顺利通过,因而,每一个决策者在考虑增进自身利益的时候,如果期望不支付任何成本,那么决策方案必将因损害其他决策者的利益而被最终否决。因此,他的选择不仅要考虑自己的利益,还要充分关注其他决策者的利益。因而,全体一致规则下的决策过程是一个高度互动的过程,决策结果也处于帕累托最优状态,即所有决策主体都能因最终的方案而获得一定的利益,或者说,没有人因此而受损。这种决策一旦拍板定案,对决策结果所进行的任何变动,都可能在使一部分决策者的利益有所增进的同时,至少使另一部分决策者的利益受到损害,决策结果的修改,是一件复杂而困难的事情。

第四,全体一致规则的运用,将随着决策组织规模的扩大和决策成员人数的增加,而使形成决策结果的困难程度成倍增加。对于决策成员众多的大规模组织的决策,稍有意见分歧和利益冲突,就可能达不成一致。因此,在很多情况下,全体一致规则根本不适合人数较多的组织的决策。全体一致规则所暗含的一票否决,使少数控制多数、阻止多数的任何行动成为可能。

从公平的角度看,全体一致规则具有很多诱人之处,但在现实中很难见到这一规则的运用。尽管从理论上说,决策者共同受益获得双赢、共赢的局面是可能的,但从现实的角度看,要形成一个决策者均满意、利益互不损害的"最优"方案是非常困难的,在有些情况下甚至是不可能的。这是因为,决策主体的价值取向、

[①] 赵成根:《民主与公共决策研究》,哈尔滨:黑龙江人民出版社2000年版,第293—294页。

兴趣爱好、利益预期具有多样性。为此,决策者不得不多次讨价还价,极少出现一次协商就能解决问题的情况。决策者为某一政策方案的通过而付出的时间、精力、物质消耗等决策成本可能远远超过由此得到的收益,就会导致许多"无奈的选择"或决策中的"策略性行为"。① 也正因为如此,全体一致规则适用的对象是对某些重大政策问题的决策。

(二) 多数决定规则

所谓多数规则(Majority Rule),就是采取少数服从多数的原则,以得票最多的政策方案作为正式的公共政策方案的规则。多数规则有两种基本形式②:简单多数规则和绝对多数规则。

多数规则最普通的形式是简单多数规则。所谓"简单多数",就是在多种政策方案的择优中,哪一个方案得到的赞成票最多,则该方案就成为正式的公共政策,而不必超过半数。因此,简单多数规则也称"相对多数规则"。它是现代决策中应用最广泛、程序最简单、最易于为人们所接受的一种决策方法。有时,即使没有成文规定,决策者也会约定俗成地采取这种方法。一般而言,简单多数规则要求决策群体的成员数量为奇数。

绝对多数规则的基本特点是:第一,决策过程中无须每个决策者都投赞成票,只要有超过半数的赞成票,决策方案就能够转化为正式的公共政策。因而决策成本较低。第二,采用该规则择定的公共政策对全体决策者都具有约束力和强制性,也就是说,居于少数的反对者必须服从占多数的支持者所做出的决策。

多数规则虽然大幅度地降低了决策成本,却可能出现下列缺陷:第一,集体决策结果所体现的是多数人的利益,而少数人的利益被忽略了。按多数规则选择出的每一项公共政策方案都具有内在的强制性。因为最终的集体决策是按多数人的意愿决定的,而决策的结果又要求全体成员服从,这就意味着多数人把自己的意愿强加给少数人。第二,"周期多数"或"投票悖论"现象,即决策结果随投票次序的不同而变化。

假设在一次投票中有三种备选政策方案 A、B、C,经过争论,选民的意见可以划分为三种:甲类选民占选民总数的10%,其政策偏好是 A>B>C,乙类选民和丙类选民各占选民总数的45%,其政策偏好分别为 B>C>A 和 C>A>B。(见表8-1)

---

① 陈振明主编:《政策科学——公共政策分析导论》(第二版),北京:中国人民大学出版社2003年版,第153页。

② 宁骚主编:《公共政策学》,北京:高等教育出版社2003年版,第272页。转引自陈庆云主编:《公共政策分析》(第二版),北京:北京大学出版社2011年版,第128页。

表 8-1　投票悖论

选民	第一选择	第二选择	第三选择	占选民总数的百分比(%)
甲	A	B	C	10
乙	B	C	A	45
丙	C	A	B	45

第一种议程(结果:C)

  第一轮:A 对 B　　　　A 以 55%对 45%取胜
  第二轮:A 对 C　　　　C 以 90%对 10%取胜

第二种议程(结果:B)

  第一轮:A 对 C　　　　C 以 90%对 10%取胜
  第二轮:C 对 B　　　　B 以 55%对 45%取胜

第三种议程(结果:A)

  第一轮:C 对 B　　　　B 以 55%对 45%取胜
  第二轮:B 对 A　　　　A 以 55%对 45%取胜

  投票的具体程序是:选民先对 A、B、C 中的任意两个方案加以选择,然后就第一轮的获胜方案与剩下的第三种方案进行投票。根据不同的投票顺序可以划分三种不同的政策议程。正如表 8-1 所示,三种政策议程得到的是三种不同的结果。即便是数量较少的甲类选民,也能够通过第三种政策议程使自己偏好的政策方案获胜。由于任何公平的投票制度都会出现循环投票,那么控制政策议程的人就有机会操纵社会选择和公共决策。因此,认为绝对多数规则能够体现大多数人意志的想法往往是不切实际的。

第二节　政策方案规划的综合分析

  方案规划(Policy Formulation)是公共政策过程中一个重要的环节。政策问题一旦被提上议事日程,接着就进入分析研究并提出解决方案的阶段,这个阶段就是方案规划阶段。

一、政策方案规划的含义

  对于政策方案规划,不同学者有着不同的认识。
  美国学者安德森认为,方案规划"涉及与解决公共问题有关的并能被接受的各种行动方案的提出"①。

林水波和张世贤认为,方案规划"是一个针对未来,为能付诸行动以解决公共问题,发展中肯且可接受的方案之动态过程"②。

张金马教授认为,政策规划过程是一个狭义的政策分析过程,包括政策目标的确定、政策方案的设计、政策方案的选择、政策方案的可行性论证等程序。③

宁骚教授认为,政策规划是指在建立有关政策议程后,为了实现一定的政策目标,公共权力机关组织力量草拟政策方案与行动步骤的过程。④

陈振明教授认为,所谓方案规划指的是对政策问题的分析研究并提出相应的解决办法或方案的活动过程,它包括问题界定、目标确立、方案设计、后果预测、方案决策五个环节。⑤

这些定义都对政策规划的目的、过程进行了说明,这表明政策方案规划就是公共权力机关针对特定的政策问题,依据一定的程序和原则确定政策目标、设计政策方案并进行优选抉择的过程。

二、政策方案规划的特性

依据公共政策专家罗伯特·梅耶(Robert Mayer)的看法,政策规划主要有以下五个特性⑥:

(一) 目标导向

政策规划即在"达成未来事务现状",因此它具有一定的目标导向,其主要表现就是任何一项政策规划都必须有前瞻性与指导性。要实现政策规划所设计的"未来状态",就必须有相关的人力、物力、财力的支持和大家的共同努力。

(二) 变革取向

要实现未来状态,就必须逐步改变现状,才可能最终达成未来状态,因此,政策规划必须要有"变动性"与"创新性"。也就是说,政策规划要注重实际行动,要在时间、观念、行为、事务关系、人际关系等方面有所改变,以适应未来状态的要求。

---

① 〔美〕詹姆斯·E. 安德森:《公共决策》,唐亮译,北京:华夏出版社1990年版,第79页。
② 林水波、张世贤:《公共政策》,台北:台湾五南图书出版公司1995年版,第143页。
③ 张金马主编:《公共政策分析:概念·过程·方法》,北京:人民出版社2004年版,第330—332页。
④ 宁骚主编:《公共政策学》(第三版),北京:高等教育出版社2018年版,第140—141页。
⑤ 陈振明主编:《政策科学——公共政策分析导论》(第二版),北京:中国人民大学出版社2003年版,第221页。
⑥ 张成福、党秀云:《公共管理学》(第三版),北京:中国人民大学出版社2020年版,第140—141页。

（三）选择取向

政策规划重在"选择与设计"，它包含一系列大大小小的抉择活动，其表现在选择上要有广度、深度、连续性、相关性。也就是在进行规划时，要设法扩大选择的机会，在有限的资源约束下，做有效的选择。只有这样，才能激发创新，发掘智慧。但需要指出的是，在选择时，要对选择的项目、程序、时间等做适当和谨慎的考虑。

（四）理性取向

政策规划的基本精髓就在于重视理性。其真正的意义就在于：通过环境、目标、手段之间的有效搭配，产生政策规划的可行性情形，如果政策规划超越了环境的限制，便缺乏可行性。从目标与手段之间的配合，产生政策规划的有效性情形，亦即目标与手段的配合越紧密就越有效。

（五）群体取向

现代政策问题的复杂性使得政策规划已难以由单方面的知识、思考和分析来决定，必须由相关部门和人员进行相互协作与配合。只有人人参与，群策群力，彼此配合，相互补充，才能共同达成公共利益，真正为大众服务，并取得大众的支持和拥护。

三、政策方案规划的原则

政策规划人员在进行政策方案的设计时，应遵循何种原则，以便获得可行的政策方案？美国学者卡普兰曾提出以下政策规划的原则[①]：

第一，公正无偏的原则（Principle of Impartiality），即从事政策规划时，应持无私无偏的态度，对当事人、利害关系人、社会大众等，均予以通盘谨慎的考虑。

第二，个人受益原则（Principle of Individuality），即在从事政策规划时，无论采取何种行动方案解决问题，最终的受益者都必须落实到一般民众身上。

第三，劣势者利益最大化原则（in Favor of Disadvantaged Groups），即从事政策规划时，应考虑使社会上居于劣势的弱势群体及个人得到最多的照顾，享受最大的利益。

第四，分配普遍原则（Distributive Principle），即从事政策规划时，应尽可能使受益者扩大，即尽量使利益普及于一般人，而非仅仅局限于少数人。

第五，持续进行原则（Principle of Continuity），即从事政策规划时，应考虑事务的延续性，对于公共事务及解决问题的方案，应从过去、现在及未来的角度研究方

[①] 张成福、党秀云：《公共管理学》（第三版），北京：中国人民大学出版社2020年版，第141页。

案的可行性,不能使三者相互脱节,否则就不切合实际。

第六,人民自主原则(Principle of Autonomy),即从事政策规划时,应考虑该政策问题是否可交由社会处理,如果社会既有意愿又有能力处理该问题,最好由他们来处理,政府既无必要也无能力包办一切公共问题。

第七,紧急处理原则(Principle of Urgency),即从事政策规划时,应考虑各项政策问题的轻重缓急,对于较紧急的问题,应即刻加以处理解决。

第三节 政策方案规划的基本程序

在政策科学的发展过程中,国内外不同的学者对于政策规划的程序有不同的理解与看法。不仅划分阶段的数量不同,而且内容方面也存在着差异。下面介绍几种代表性观点。

赫伯特·西蒙受实用主义大师约翰·杜威(John Dewey)的影响,认为一个决策过程大致可分为三大步骤:情报活动,即诊断问题所在,确定决策目标;设计活动,即探索和拟定各种可能的备择方案;抉择活动,即从各种备择方案中选出最合适的方案。①

哈罗德·拉斯韦尔在《决策过程》中,将政策过程划分为情报、建议、规定、合法化、运用、终止和评价等七个阶段。这是关于政策规划阶段划分的起源。

奎德(E. S. Quade)提出的政策规划架构包含十个步骤:问题的澄清、标准与目的之确定、方案的搜寻与设计、资料与资讯的搜集、模式的建立与考验、方案可行性的检查、成本与效果的评估、结果的解释、假设的质疑、新方案的开展。② 这样的划分包含的分析项目相当细致,但过于烦琐,使用时不方便。

卡尔·帕顿(Carl V. Patton)和大卫·沙维奇(David S. Sawichi)认为,方案规划严格地遵从理性分析的每个步骤,在实现中经常是不可能的,因此他们提出了一种快速初步的分析框架,即将主要过程确认为六个步骤:认定和细化问题、建立评估标准、确认备选方案、评估备选方案、比较与选择备选方案,以及评估政策结果。③ 其中每一个步骤都可以分成更小的部分。

加里·布鲁尔(Garry D. Brewer)与彼得·德利翁在修改拉斯韦尔政策过程

---

① 〔美〕赫伯特·A. 西蒙:《管理决策新科学》,李柱流等译,北京:中国社会科学出版社1982年版,第34页。
② E. S. Quade, *Analysis for Public Decision*, New York: Elsevier Science, 1982. p. 26.
③ 〔美〕卡尔·帕顿、大卫·沙维奇:《政策分析和规划的初步方法》,孙兰芝等译,北京:华夏出版社2001年版,第43—44页。

七阶段论的基础上,提出了一个派生的政策方案制订过程,由六个步骤组成:创意(initiation)、预测(estimation)、选择(selection)、执行(implementation)、评估(evaluation)和终止(termination)。① 布鲁尔与德利翁所提出的这一政策制定程序相当出名,其最大特色在于"政策终止"概念的提出。

威廉·N.邓恩认为,政策规划过程包含两大基本要素:政策相关信息(Policy-relevant Information)与政策分析方法(Policy-analytical Methods)。政策相关信息指政策规划时希望产生的知识与信息,包括政策问题、政策行动、政策结果、政策绩效与政策前景等内容(在图8-1中我们以长方形来表示)。政策分析方法指进行政策分析、期望产生政策相关信息时可能运用的方法,包括问题构建、建议、监控、评估和预测(在图8-1中我们以椭圆形来表示)。综合这两种要素,在政策过程中,我们期望以问题构建法澄清政策问题的性质,以建议法倡导正确的政策行动,以监控法观察政策结果的方向,以评估法判断政策绩效,最后以预测法推估政策未来的发展方向。由此,从时间角度看,政策制定过程由议程建立、政策形成、政策采纳、政策执行、政策评估等一系列独立的阶段构成。②

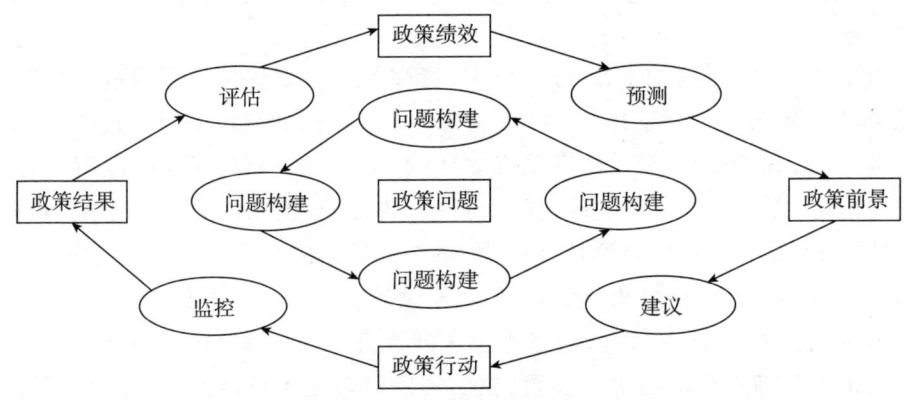

图 8-1 威廉·N.邓恩的政策规划架构

根据以上对公共政策制定过程的不同理解,对政策制定过程的阶段性认识可分为两类:一类是广义上的公共政策过程,从政策问题的确认开始,一直到政策评估和政策终结为止;一类是狭义上的公共政策制定过程,是指从确立政策目标到抉择政策方案的过程。前者站在宏观角度,关注从问题确认到政策终结这样一个

---

① Garry D. Brewer and Peter Deleon, *The Foundation of Policy Analysis*, Chicago, ILL: The Dorsey Press, 1983.

② 〔美〕威廉·N.邓恩:《公共政策分析导论》(第四版),谢明等译,北京:中国人民大学出版社2011年版,第30—31页。

完整的政策周期;后者则站在微观角度,研究从确立政策目标到抉择政策方案的微观过程。图 8-2 表示了它们二者之间的关系。

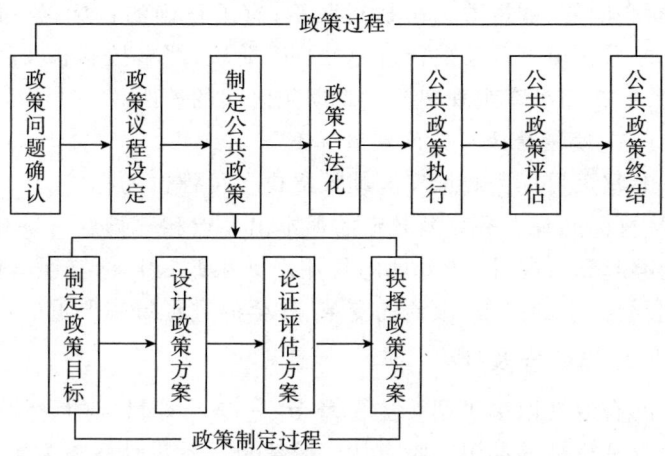

图 8-2　政策过程与政策制定过程的关系

资料来源:张国庆主编:《公共政策分析》,上海:复旦大学出版社 2004 年版,第 185 页。

本书的政策规划过程取狭义上的概念,从比较微观的角度来论述。因为政策问题确认及政策议程形成以后,才进入具体的公共政策的制定过程,而且关于政策执行和政策评估等内容,本书有专门的章节来论述。

在政策方案规划的过程中,有两个基本要素,即目标和方案;确定政策目标是前提,拟定政策方案是基础,选择优化方案是关键。① 下面,我们着重分析政策目标的确定、备择方案的设计以及政策方案的评估等环节。

一、政策目标的确定

在公共政策基本思想的指导下,选择好政策目标是政策制定的主要内容,因为它是决策者期望通过政策制定和实施所要达到的社会效果。

(一) 政策目标的作用

1. 政策目标是政策方案设计和优选的基础依据

在进行政策方案设计时,必须始终围绕最初确定的政策目标进行,任何偏离目标的方案设计都是难以取得成功的;有了正确的政策目标,就有了努力奋斗的方向,以政策目标为依据,就能从多个备择方案中选取满意的方案。

---

① 陈庆云主编:《公共政策分析》(第二版),北京:北京大学出版社 2011 年版,第 139 页。

2. 政策目标是政策方案执行的指导方针

有了正确的目标,就可以基本统一那些因信仰、价值、利益存在着差异的政策参与者,确保同心同德、群策群力去执行政策;有了正确的目标,就可以随时运用政策目标这一标尺去衡量政策执行过程的每一阶段,严格控制和及时纠正偏离政策目标的行为,不断缩小客观现实与主观期望之间的差距。

3. 政策目标是政策绩效评估的参照标准

科学合理的政策目标为政策实施绩效提供了可评价的标准。

总之,政策目标的确定是政策制定的根本出发点和落脚点。只有合理有效的政策目标才能够起到方向性、指导性的作用。如果政策目标错误,就会导致决策失误,甚至还会给经济的发展、政治的变革、社会的进步带来严重的负面影响。

(二) 政策目标的有效性

政策目标的有效性取决于两个主要环节:一是政策目标的设计正确;二是不同的参与者对政策目标的共识。没有认清政策目标就设计政策方案,是很难避免失误的。必须对政策目标进行深入、全面的分析,分清什么是主要目标(必须实现),什么是次要目标(尽可能实现),什么是再次要目标(期望实现)。①

为了保证政策目标的有效性,必须达到以下要求:

第一,政策目标具体明确。政策目标应该具体明确,不能模糊不清或模棱两可,不能产生歧义。在目标表述上,其内涵和外延都应当科学界定。具体地讲,词义要确切;实现要求与约束条件都要具体;在条件允许的情况下,要尽量使目标量化。

第二,政策目标具有前瞻性。在确定政策目标时,必须以发展的眼光看问题,科学地预测问题的发展动向,掌握问题发展的各种可能趋势,使政策目标具有一定的前瞻性。只有政策目标的规定高于现实水平,才能对政策参与者产生强大的激励作用。

第三,政策目标具有可行性。政策目标单有前瞻性是不够的,还要考虑可行性,要从实际出发,充分分析主客观条件,使政策目标建立在扎扎实实的客观基础上。这些主客观条件包括人力、财力、物力、信息、技术、时间等方面的资源和国际、国内的社会环境,以及社会公众的期望与要求等。政策目标既要源于现实又要高于现实,是经过主观努力能够实现的目标,应避免政策目标偏高或偏低。

第四,政策目标具有协调性。现代政府决策往往是复杂的多目标决策,同时要实现多个目标,其中有主要目标,也有次要目标;有近期目标,也有远期目标;有

---

① 陈庆云主编:《公共政策分析》(第二版),北京:北京大学出版社2011年版,第139页。

第八章 公共政策方案的制订

经济目标,也有社会目标;有定性的目标,也有定量的目标;有相互补充的目标,也有相互对立的目标。政策目标的协调,是要强调多目标之间的一致性,巩固它们之间的同向性,减少它们之间的异向性,避免它们之间的冲突性。

第五,政策目标与手段统一。现代政策系统是一个层次分明的等级系统。除了有总体目标外,还有多个具体的子目标。在由总体目标和具体目标组成的分层目标结构中,实现上一级目标的手段,往往是下一级的目标,或者说下一级目标是上一级目标的手段,由此组成了一个复杂的目标—手段链。在政策制定过程中,既要避免目标异化为手段,或手段对目标的胜利;又要避免目标置换,即不能用高层次的目标代替本层次的具体目标,也不能用本层次的目标去干涉低层次的目标。

二、备择方案的设计

备择方案是指决策者用来解决政策问题、达成政策目标的手段、措施或办法。依据政策目标设计政策方案是解决政策问题的关键性步骤。如果说问题界定是为了发现问题"是什么",目标确立是为了确定"做什么",那么,备择方案就是解决"怎么做"的问题。

备择方案的设计一般包括两个步骤,即政策方案的轮廓设想和政策方案的细化设计。①

(一)政策方案的轮廓设想

政策方案轮廓的设想是方案设计的第一步,也是政策规划中关键性的一步。政策方案轮廓设想也就是运用创造性思维,设计出多种实现政策目标的思路和轮廓方案。政策方案的轮廓设想主要解决两个问题:一是为实现既定的政策目标,大致可提出多少个可能的政策方案;二是将各方案的轮廓勾画出来,并进行初步设计,内容包括行动原则、指导方针、发展阶段等方面。

在政策方案轮廓设想过程中要注意下列问题:

第一,政策方案整体上的全面性与多样性。为保证初步方案的多样性,必须设计出多个具有可行性的备择方案。只有备择方案较为完备和丰富,优化抉择阶段才有挑选的余地。在政策科学中,人们习惯把只有一个备选方案、没有其他选择余地的决策条件称为"霍布森选择"。在政策方案设计过程中,必须尽力避免"霍布森选择",因为管理学上有一条重要的格言:"当看上去只有一条路可走时,这条路往往是错误的。"

---

① 蒋硕亮主编:《公共政策学》,上海:复旦大学出版社2018年版,第91—92页。

第二,政策方案彼此间的互斥性。初步设想的不同政策方案之间必须是相互排斥的,在内容上不能有雷同。如果方案甲的行动或措施全部包括在方案乙中,则方案甲不能称为独立方案。

第三,政策方案设想上的创新性。政策问题的出现说明旧的政策措施已经无法适应社会发展的需要了,要解决政策问题必须有新的思路,开辟新的途径,制订新的方案。

(二) 政策方案的细化设计

政策方案轮廓设想阶段暂时撇开了对有关细节的考虑,以减少对创造性思维的束缚。但经过这一步所得到的结果往往只是粗线条的方案雏形,尚未形成一个完整的方案。因此,要构造富有实用价值的具体方案,还需要进行精心的细节设计。

政策方案的细化是对初步设想的方案进行具体加工,使之成为决策时讨论的对象。在进行政策方案的细化时,要做好两方面的工作:一是对在轮廓设想阶段初步提出的方案加以筛选;二是对初步选出的方案加工细化。细化设计阶段应当遵循以下几条规则:

第一,实用性。实用性指设计出来的方案细节对现实政策问题的解决有实际的价值,能够确保政策目标的实现。

第二,可操作性。细化设计阶段要对保留下来的方案进一步具体化,要对政策方案的目标体系、实施措施、相关机构的设置、实施人员的素质要求、政策执行的资源保障等方面做详细考虑。具体方案所规定的政策手段、方法和步骤,不是抽象的理想原则,而是具体的、可行的、具有可操作性的方法或程序。

第三,细致性。"如果说大胆寻找阶段特别需要勇于创新的精神和丰富的想象力,那么精心设计阶段就需要冷静的头脑和坚毅的精神。因为这里需要反复的计算、严格的论证和细致的推敲,还需要经得起怀疑者和反对者的挑剔。"[①]

三、政策方案的评估

设计出各种政策方案之后,就要对它们进行评估[②]和论证。一般来说,政策方案评估包括价值评估、效果评估、风险评估和可行性评估[③],其中,可行性评估是政策方案评估的重点内容。

[①] 黄孟藩编:《管理决策概论》,北京:中国人民大学出版社1982年版,第47页。
[②] 与公共政策执行完毕以后的绩效评估不同,政策方案评估是在政策出台以前,对各种备择方案的可行性、可靠性等方面进行分析和论证,说明各个方案的优劣。
[③] 张国庆主编:《公共政策分析》,上海:复旦大学出版社2004年版,第193—194页。

（一）政策方案的价值评估

这主要是对政策方案进行价值分析。它所要回答的主要问题是：为什么设计这一方案？与政策目标是否一致？为了谁的利益？期望达到什么效果？优先考虑的问题是什么？值不值得为这些目标去奋斗？要对这些问题进行论证和评估，就必须对政策目标产生的背景和现状进行分析，从而确定其价值所在。

（二）政策方案的效果评估

这是对一个政策方案将会产生的效果进行预测和分析，来决定该政策方案的取舍。政策效果既包括正面效果，也包括负面效果；既有经济效果，也有社会效果；既有物质方面的效果，也有精神方面的效果。要对政策产生的各种效果进行综合评估、权衡利弊，来选择那些能产生积极、正面、预期效果的政策方案。关于政策效果预测的方法，本书将在后面以专章论述。

（三）政策方案的风险评估

不同的政策方案有着不同的风险程度，必须对各个备择方案风险的强弱程度、防范性措施的准备程度进行预测评估，以选择出那些在类似条件下风险相对较小的方案。通过风险识别和预测去衡量风险的程度，对方案的风险成本做出科学的预测。

（四）政策方案的可行性评估

方案可行性评估又叫可行性论证，是政策方案评估、论证中最主要的任务。帕顿和沙维奇在《政策分析和规划的初步方法》中，引用了巴尔达奇（Bardach）的观点，认为技术可行性、经济可行性、政治可行性和行政可行性是影响政策目标实现的最重要因素。[①]

1. 技术可行性

这是从技术的角度衡量公共政策是否能够实现预期的政策目标。这一标准包括两层含义：第一，是否具备实施某项政策方案的技术手段，使政策目标的实现成为可能；第二，在现有的技术水平下达成政策目标的可能性有多大，即在多大程度上实现政策目标。

2. 经济可行性

经济可行性包括两个方面的内容：一是某一备择方案占有和使用经济资源的可能性，进而实现政策目标的可能性；二是实施某一政策方案所花费的成本和取

---

① 〔美〕卡尔·帕顿、大卫·沙维奇：《政策分析和规划的初步方法》，孙兰芝等译，北京：华夏出版社2001年版，第205—206页。

得的收益相比是否划算。政府的政策资源是有限的,任何政策方案占有和使用的经济资源也是有限的。因此,任何一项公共政策都存在一个争取公共经济资源的问题。

3. 政治可行性

公共政策形成于政治舞台,必须接受政治考验。如果一项政策得不到决策者、政府官员、利益团体或者普通公众的支持,那么该项政策被采纳的可能性就很小。即使被采纳了,成功执行的可能性也很小。美国学者马杰(G. Majone)在《论政治可行性概念》一文中指出:政策方案在政治上的可行性通常会受到政治约束(Political Constraints)、分配约束(Distributional Constraints)和体制约束(Institutional Constraints)等因素的影响。[①]

4. 行政可行性

也称行政管理的可操作性。作为政策方案评估的基本标准之一,行政可行性的重要意义在于:假如一项政策方案在技术上、经济上和政治上都是可行的,但在行政管理上却不能加以贯彻执行或难以贯彻执行,那么这项方案的优点就会大打折扣甚至是毫无用处。行政可行性的具体标准包括:权威(Authority)、制度约定(Institutional Commitment)、能力(Capability)、组织支持(Organizational Support)等。[②]

四、政策方案的优选

经过政策方案设计并加以评估论证的多个备择方案,并非都能被决策主体选中并加以执行。通过系统的分析与评价,决策系统只能选择或综合出一个最理想的方案,这一过程就是政策方案的优选,或政策方案的抉择。

(一) 政策方案优选的标准

威廉·N. 邓恩在《公共政策分析导论》中指出,政策方案优选的标准主要包括效率(Efficiency)、效益(Effectiveness)、充分性(Adequacy)、公平性(Equity)、回应性(Responsiveness)和适当性(Appropriateness)等。[③]

效率是指特定政策方案投入与产出的比率,它主要是一个量的概念。效益则

[①] 转引自陈振明主编:《政策科学——公共政策分析导论》(第二版),北京:中国人民大学出版社2003年版,第467页。

[②] 〔美〕卡尔·帕顿、大卫·沙维奇:《政策分析和规划的初步方法》,孙兰芝等译,北京:华夏出版社2001年版,第214—215页。

[③] 〔美〕威廉·N. 邓恩:《公共政策分析导论》(第二版),谢明等译,北京:中国人民大学出版社2002年版,第306—312页。

指政策产出给社会公众带来正面的、积极的福利的程度,它包含有质的概念。充分性指特定的政策效益满足引起政策问题的需要、价值或机会的有效程度,它明确了对政策方案和有价值的结果之间关系强度的期望。公平性是指政策效果在社会中不同群体间被公平或公正地分配的程度,它与法律和社会理性密切相关。回应性指政策满足特定群体的需要、偏好或价值观的程度,这个标准的重要之处在于,政策方案可能满足其他所有的标准——效益、效率、充分性、公平性,却仍然不能对可能从政策中获益的某个群体(如老年人、残疾人)的实际需要做出回应。适当性是某一政策目标的价值和支持这些目标的前提是否站得住脚,它与实质理性密切相关,因此在逻辑上应该先于政策方案优选的其他标准。

（二）政策方案优选过程中共识的形成

在政策制定过程中,决策者只有对最终选择的政策方案形成共识,政策才能最终被制定出来。方案优选过程中决策者形成共识的途径通常有三种,即交换、说服和强制。①

1. 交换

要形成大家能普遍接受的规则,交换是主要手段与形式。决策中的交换是以利益差别为基础的,它是一种利益上的交易。交换表现为决策中两个或两个以上的决策者彼此调整立场和态度,以适应对方的某种利益需要,从而达成使各方都获益的协议行为。决策中的交换必须具备一些基本前提:决策的各方都拥有一定能使对方得到利益满足的资源;决策的各方都愿意通过谈判来解决问题;决策的各方都愿意遵守最终达成的协议。

2. 说服

说服是指某一决策主体以另一决策主体为对象,试图证明自己在选择某一决策方案上所采取的立场、态度的正确性与合理性,从而要求对方给予理解和支持的行为。说服也是方案优选中达成共识的常用手段。说服不同于交换的地方在于,主动说服的一方不会改变原有的立场、价值和利益,只是要求被说服的一方相信自己,并理解和支持自己。交换则是双方为了达成协议,都进行了一定的妥协,以自己的利益让步换回对方让出的利益。

3. 强制

政策决定中还常常使用强制的方式。强制是某些决策者利用手中控制的权力、物质资源及其他优势,在优选政策方案时,迫使与自己利益不一致的决策者放弃原先所持的价值、立场、态度的行为。政策决定中的强制往往通过命令和威胁

---

① 陈庆云主编:《公共政策分析》(第二版),北京:北京大学出版社2011年版,第145页。

两种具体方法来实施。命令就是处于优势地位的决策者要求另一些决策者服从自己的选择,接受自己确定的立场与态度;威胁则是让对方知道不服从将失去更多的利益,从而迫使对方转向服从。

交换、说服和强制这三种共识形成途径既有区别,又有联系,在实践中常常交叉、混合使用。

第四节 公共政策合法化

经过评估论证最后抉择出的政策方案,并不能立即付诸实施,它需要按照一定程序予以审查,取得合法化地位,这样公共政策在全社会才具有约束力与权威性。这一过程就是公共政策的合法化(Legitimization)。

一、公共政策合法化的含义

对于公共政策合法化这一概念,应该从广义和狭义两个角度进行理解。

(一) 广义的公共政策合法化

从广义角度而言,一般认为,能够被公众认可、接受、遵从和推行的政策就是具有合法性的政策,而使政策能够被公众认可、接受、遵从和推行的过程就是公共政策的合法化过程。公共政策学专家查尔斯·琼斯就是从广义的角度来理解公共政策的合法化的,他认为:"在任何政治系统中,均存在着两种层次的政策合法化,第一层次为政治系统取得统治正当性的过程;第二层次为政策取得法定地位的过程。"[1]其中,政治系统合法性是公共政策合法性的基础;公共政策合法性是政治系统合法性的手段。[2]

(二) 狭义的公共政策合法化

狭义的公共政策合法化主要偏重从法律角度来解释公共政策合法化这一概念,它包括决策主体合法、决策程序合法、政策内容合法等内容。[3]

1. 合法的决策主体

要保证公共政策合法化,其前提是决策主体及其决策权力的合法化。决策主体的组建及其享有的各项权力是宪法和法律规定的,是由国家权力机关或上级行政机关授予的。政府的决策权力在来源方式上根本不同于公民权利,在现代法治

---

[1] Charles O. Jones, *An Introduction to the Study of Public Policy*, Monterey, California: Brooks/Cole Publishing Company, 1988, p. 110.
[2] 林水波、张世贤:《公共政策》,台北:台湾五南图书出版公司1982年版,第193—194页。
[3] 谢明编著:《公共政策导论》,北京:中国人民大学出版社2002年版,第196—197页。

政府的构架下,对前者而言,"法无明文授权,政府不得为之";而对后者而言,则是"法无明文禁止,人人得而为之"。决策主体依法组建、依法获得授权,这是公共政策合法化的前提条件。

2. 合法的决策程序

程序之所以重要,主要是因为它是规范决策主体行为的有效途径。如果没有程序作保证,公共政策的制定就很有可能演变成随机性行为,使个人或少数人的意愿凌驾于组织目标之上,个人行为代替组织行为,而这绝不是什么好现象。从实质合理的角度而言,我们并不否认政治家能够做出英明的个人决断,但如果完全寄希望于决策者个人的英明伟大、道德高尚、行为自律和大公无私,那是非常不可靠的,历史的经验也证明了这一点。所以,对程序做出必要的规范,使之符合法律的要求,以更完善的形式合理抑制可能产生的实质的不合理是非常必要的。

许多国家还专门制定了涉及决策程序的相关法律,如审查制度、听证制度等。在公共政策实践过程中,人们逐渐形成这样一种共识:现代社会的公共政策制定,不仅需要实质合理,更需要形式合理;二者相辅相成,才能增强公共政策的合法性。如果只讲实质合理,不讲形式合理,必然会走向人治;如果只讲形式合理,不讲实质合理,必然会导致机械教条。而这两种做法都会损害公共政策的合法性。在我国当前的公共政策实践中,保证公共政策的形式合理比实质合理更具迫切性。政策符合法定的程序,但实际效果欠佳,这反映的是决策者的能力问题;而政策违反法定程序,即使政策效果不错,也容易引起合法性冲突,这就涉及法律问题了。

3. 合法的政策内容

政策内容的合法性主要是指公共政策不能与国家宪法和现行法律相抵触,公共政策在内容上不仅要符合有关的法律原则,而且要符合法律的具体规定。为了做到这一点,不仅需要在决策过程中把备择方案与相关的法律法规相对照,而且需要充分发挥司法机关的审查作用。必要的话,应考虑在政策制定的相关程序中建立专门的法律审查程序。美国式的司法审查制度是司法机关通过一定的司法程序审查立法机关和行政机关制定的法律法规和公共政策,并对其是否违宪做出裁决。但它属于事后审查,多在有人提起诉讼后司法机关才会介入。英国的违宪审查是在议会内部完成的,即议会审查自己制定的法律法规和公共政策是否违宪,这虽然是一种事前审查,但自行审查往往容易引起人们对审查效果的过多猜疑。德国、法国、意大利等国家都建立了专门的机构——宪法法院或宪法委员会独立行使违宪审查权,它们多采用预防性的审查方式,即在法律法规和公共政策生效之前做出最终裁决,以确保公共政策的合法性。

二、公共政策合法化的程序

公共政策合法化的程序是指政策方案获得合法地位的步骤、次序和方式。不同的政策方案,不同的合法化主体,往往导致不同的合法化程序,这说明政策合法化的程序具有相对性的特点。[①]

(一) 立法机关的政策合法化程序

立法机关作为国家权力机关,其政策合法化一般要经过下列程序:

1. 提出议案

议案是各种议事提案的总称。按照立法机关的议事规则,提出议案的同时不一定要提出法律或政策的具体草案。但政策合法化是将已经过政策规划而获得的政策方案提交立法机关审议批准,因此,提出议案的同时也就提出了相应的政策方案。

2. 审议议案

议案审议即由权力机关对议案运用审议权,决定其是否列入议事日程,是否需要修改以及如何进行修改的专门活动。对列入议事日程的政策方案的审议,主要围绕下列内容展开:是否符合政治、经济、文化和社会发展等的需要;是否具有必要性和可行性;是否符合法律和公共利益;征询和协调有关方面的意见和利益;名称、体系、逻辑结构、语言表述等具体问题。

3. 表决和通过议案

经过表决,政策方案如果获得法定数目以上人员的赞成、同意、肯定,即为通过。议案一般采取过半数通过原则,有关宪法的议案一般采用三分之二以上的绝对多数通过原则。有些国家在某些情况下,对议案还要进行全民公决。

4. 公布政策

政策方案经表决通过后(有的还需经过其他机关或其他形式的批准、认可),即成为正式的公共政策。但此时的政策还不能立即执行,还得经过公布程序。公布权不一定都属于立法机关或权力机关,如在多数国家,法律由国家元首公布。

(二) 行政机关的政策合法化程序

行政机关政策合法化的过程是与政府决策的领导体制紧密相连的。领导体制的不同往往导致政策合法化程序的差异。例如,美国实行的总统制是典型的首长负责制,而瑞士则实行委员会制,这导致两个国家行政机关政策合法化的程序

[①] 陈振明主编:《政策科学——公共政策分析导论》(第二版),北京:中国人民大学出版社 2003 年版,第 234 页。

存在很大不同。我国宪法明确规定,从中央到地方的各级行政机关实行首长负责制。在此体制下,我国行政机关的政策合法化通常要经过下列程序:

1. 法制工作机构的审查

目前,我国县级以上各级人民政府都设置了专门的法制工作机构,其重要职责之一是审查政策方案的合法性。相关行政部门拟定政策方案后,一般先由法制工作机构审查,通过后再报领导审批或领导会议讨论决定。法制工作机构对政策方案进行审查具有重要意义,它可以保证政策符合法律的要求,不会与现行法律发生冲突。但法制工作机构的审查只是辅助性、咨询性的。

2. 领导决策会议决定

一般性的政策方案由主管的行政领导做出决定后颁布;重大的政策方案则要召开领导常务会议、全体会议或行政首长办公会议讨论,由行政首长行使最后的决定权。我国不采取委员会制的一人一票的少数服从多数的办法,而是大家畅所欲言,集思广益,充分发挥集体智慧的作用,对于应该做出决定的问题,由行政首长最终定夺。

3. 行政首长签署发布政策

行政首长负责制的主要内容是,行政首长在各级政府机关中处于核心位置,拥有最高决策权和领导权。本级政府制定的政策,由行政首长签署发布;根据规定需要上报审批的政策,则应上报审批后发布。

三、公共政策法律化

政策法律化,顾名思义,就是政策向法律的转化。具体说,是指享有立法权的国家机关依照立法权限和程序,把一些经过实践检验的、比较成熟和稳定的、能够在较长时间内发挥作用的公共政策上升为法律。政策法律化实际上是一种立法活动,所以又称政策立法。

政策法律化的主体有两类:一是享有立法权的立法机关;二是享有委托立法权的行政机关。

政策法律化应具备以下条件[①]:

(1) 对全局有重大影响的政策可以上升为法律,使之纳入法制轨道,以更好地保障其作用的实现。

(2) 具有长期稳定性的政策可以上升为法律。法律是稳定、严肃和具有权威性的,不可能朝令夕改。

(3) 只有比较成功的政策才能上升为法律。与法律相比,一般性政策对客观

---

① 谢明编著:《公共政策导论》,北京:中国人民大学出版社2002年版,第198页。

需要的反应更为灵敏,具有较强的伸缩性和灵活性,易于在实践中不断修改和完善;而法律是刚性的,相对规范,其制定、修改、补充或废止都要经过严格的程序。法律的稳定性与政策的灵活性决定了一般性政策只有经实践反复检验与不断修正,被实践证明是行之有效的时候,才算是具备了上升为法律的条件。

【关键术语】

公共决策体制　全体一致规则　多数决定规则　政策方案规划　政策目标的确定　备择方案的设计　政策方案的评估　政策方案的优选　公共政策合法化　公共政策法律化

【复习思考题】

1. 为实现政府的科学民主决策,应该如何构建公共决策体制?
2. 政策制定主体采用的主要择案规则有哪些?
3. 何谓政策方案规划?其基本特性有哪些?
4. 政策方案规划应遵循何种规则?
5. 试简述政策方案规划的基本程序。

【案例分析】

日本智库"关键学者"影响国家安全政策制定[①]

自 2012 年日本首相安倍晋三再次执政以来,日本安全政策制定经历了重大变革。这些变革使"关键学者"们以政府顾问身份扮演重要角色,成为更加集权的决策过程的相关部分。如果政府正在推动政治改革或政策转型,需要清除既得权益或抗拒势力,官方咨询委员会(顾问小组)、智库及其关键专家就会被视为一种有用的工具。

"关键学者"扮演重要角色

在日本政策结构中,政治家、官僚、媒体、智库和政策专家之间的互动与竞争日益复杂,各类智库"把想法带入政治",需要通过或依靠权威学者领衔并提出专业政策建议。智库的想法转化为政策往往要经历曲折的过程,"关键学者"在理念和政策建议的推广中扮演媒介、包装、引导角色,以使这一转换过程更加顺畅。

在为决策者提供建议方面,"关键学者"的地位相当突出,其影响在日本成为

---

① 节选自吴怀中:《日本智库"关键学者"影响国家安全政策制定》,《中国社会科学报》2021 年 9 月 2 日,第 2 版。有改动。

经济大国后更加明显。例如,在20世纪70年代早期,一批已厌倦"局外人"处境的重要学者开始敏锐地参与决策过程,积极争取成为"局内人",呼吁重新审视日本安全战略取向,维持必要或现实的防卫力量。这些学者包括猪木正道、高坂正尧、永井阳之助、神谷不二、佐藤诚三郎等,他们也是日本和平与安全保障研究所等智库的重要成员。

安全领域的日本智库,往往由个人身份而非机构身份主导,"关键学者"受到的媒体关注往往多于他们代表的机构。这些学者及其人际网络,经常处于连接和协调社会知识体系的中心环节,北冈伸一与田中明彦即在当今日本发挥这种典型作用的关键学者。两人曾是东京大学著名教授,是比较稳健的现实主义学者,完全符合上述"关键学者"的定义指标。

改变日本战略思维

日本智库的重要政策理念和思想产品,多出自或源自"关键学者"。这些学者发表自己的见解和意见,渠道通达、影响广泛,可率先为政策辩论赋能定向,并使契合主流信念的思想为官方采用。在安倍政府的决策风格下,"关键学者"在引领战略理念和政策概念集成、生产方面,发挥了更积极的作用。

安倍极大地改变了日本的安全政策姿态,"安倍路线"甚至被认为能够比肩乃至取代"吉田主义"。在这一过程中,"关键学者"发挥了重要的智力支持与导向引领作用。他们试图改变日本战略思维和认知范式,使国家安全政策远离"消极被动"的"吉田主义",变为"积极和平主义"。北冈、田中是这些关键学者的代表,作为政府顾问,其对安全问题的权威看法,帮助重塑了国家安全话语和政策取向。这些话语及其辩论,意在挑战日本和平主义发展路线及其知识体系。例如,在安倍政府咨询委员会推进讨论集体自卫权问题之际,北冈、田中等发挥了战略思想灌输作用,大力宣传与此前不同的、在逻辑和政治上能被接受和"站得住脚"的新型现实主义和平论,从而助力政府就集体自卫权问题进行新的宪法解释。

2013年9月,安倍政府开始审议二战后首个《国家安全保障战略》。北冈、田中等就此向安倍提供建议称,日本应采取更积极主动的和平主义,以应对国际格局及东亚形势的变化。北冈实际主持安倍内阁重新成立的咨询委员会,呼吁日本以"积极和平主义"作出与其全球政治和经济地位相称的国际和平贡献。在安倍政府的政治主导下,北冈、田中与国家安全保障局首任局长谷内正太郎、次长兼原信克等核心决策圈人士密切协调配合,推动转变了日本的战略观念和安全取向。就此而言,北冈和田中确实发挥了有别于其他学者的独特作用。

为决策正当化背书

日本安全政策调整面临众多的阻碍因素,其中包括对政府决策合法合规性的习惯性质疑、和平思潮及反军国主义文化的存在、内阁法制局等行政权力机构的内部制衡等。近年来,由于相关政策变化非常明显,安全话题不时在日本社会中成为争议热点,政府"非民主"的决策方式引起诸多不满和抗议。第二次安倍政府时期,制度的变革使"首相官邸"能够将决策过程置于其直接控制之下,但安倍的决策也因此被批评为负面意义上的"个人专断"或"官邸独裁",缺乏对宪法的尊重。实际上,安倍的安全政策改革议程通常由他的亲密顾问谷内正太郎、兼原信克以及自公两党的内部协调决定,而这种小圈子决策和结果预设更需"关键学者"发挥装饰和背书功能。

同时,观念竞争的持续加剧,使日本的政策辩论变得更加复杂。当自民党内的保守右翼势力执政,安全政策制定容易受到意识形态因素的影响,政策的合法性、公信力就会遭到更多质疑和批评,引发思想或观念的辩论甚至斗争。日本的左翼势力、和平运动人士、部分舆论以及少数非主流智库等,总是会批评这些政策改革是独断专行的产物并将日本置于危险之中。例如,2015年6月,众议院宪法审查会听证会上就发生了包括执政党自民党推荐的人选在内,宪法学者们一同认定新安保法案违反宪法第九条的事件。

为了减少来自反对因素的压力,安倍政府竭力利用"关键学者"为安全政策调整提供咨询担保。为此推出的核心动作是在2013年成立一系列能提供政策建议的咨询委员会。北冈和田中在各委员会充任主要角色,两人强调集体自卫权对日本安全保障和对外合作的积极影响。尤其北冈从20世纪90年代起就是一个坚定的解禁派,北冈和田中两人也都对内阁法制局持批评态度,认为其对宪法第九条的解释即禁止日本行使集体自卫权,是错误的。北冈、田中等"关键学者"成为公众媒体关注的焦点,增强了集体自卫权和安保法制具有巨大潜在收益的叙事,对冲或稀释了各界的反对意见,也间接掩护、支持了安倍政府的既定立场。

从2013年到2015年,日本国家安全战略设计、集体自卫权行使辩论、新安保法制定的历史过程表明,舆论及公众对"关键学者"个人而非机构(包括智库与咨询委员会)更为关注。北冈和田中都是受到极大关注的公共知识分子和政策辩论人物。很明显,由于在广泛的话语体系中占有关键推动者和塑造者的地位,"关键学者"的意见有助于确立政策辩论方向,维持总体政策的可预期性和正当性。北冈、田中以政治现实主义学者而闻名,尽管两人的某些观点与安倍不尽相同,但"小骂帮大忙"的行事实际是在以补充政府权威的方式发挥作用,也具有被政治领导人用来证明政策公允并排除异议的价值。

案例讨论题

1. 试用多源流理论分析2013年12月出台的日本历史上首份《国家安全保障

战略》的问题流、政策流与政治流。

2. 以近年来日本《国家安全保障战略》的修订为例,试分析政策企业家们在推动政策议程设置和政策方案制订中发挥的个体作用。

【推荐阅读文献】

1. 陈庆云主编:《公共政策分析》(第二版),北京:北京大学出版社2011年版。
2. 宁骚主编:《公共政策学》(第三版),北京:高等教育出版社2018年版。
3. 李国正主编:《公共政策分析》,北京:首都师范大学出版社2019年版。
4. 陈振明主编:《政策科学——公共政策分析导论》(第二版),北京:中国人民大学出版社2003年版。
5. 〔美〕威廉·N.邓恩:《公共政策分析导论》(第四版),谢明等译,北京:中国人民大学出版社2011年版。
6. 〔美〕卡尔·帕顿、大卫·沙维奇:《公共政策分析和规划的初步方法》,孙兰芝等译,北京:华夏出版社2002年版。
7. 〔美〕詹姆斯·E.安德森:《公共决策》,唐亮译,北京:华夏出版社1990年版。

第九章 公共政策内容的执行

【内容提要】

政策执行是将政策理想转化为政策现实、政策目标转化为政策效益的唯一途径。政策执行的有效性事关公共政策的成败。本章首先梳理了政策执行的理论研究,理清了政策执行研究的基本途径、基本理论。之后介绍了几个解释政策执行的经典模型。最后分析了政策执行的过程和手段。

第一节 政策执行的理论研究

一、公共政策执行理论研究概述

美国公共政策专家麦尔科姆·L.高金(Malcolm L. Goggin)等人在《政策执行理论与实务:迈向第三代政策执行模型》[①]一书中,把公共政策执行研究划分为三个阶段:第一代政策执行研究偏重政策执行实务及个案研究,第二代研究偏重政策执行理论分析架构及模式的建立,第三代研究则企图以政府间政策执行沟通模式整合前两代政策执行研究。

(一)第一代政策执行研究

第一代政策执行研究受到古典行政模式的深刻影响。古典行政模式的特点有:

第一,行政组织的结构特征是集权的、层级制的、金字塔型的,以马克斯·韦伯的官僚制模型为基础。马克斯·韦伯认为官僚层级体系是最为严密、高效、精确的组织体系,在理想的官僚层级组织内,上下级之间形成指挥命令的层级关系,上级负责政策制定,有指挥、监督、命令之权;下级则必须依据官僚规则如实地执行上级命令。

第二,政治家负责制定政策,行政人员负责执行政策,两者必须加以区分。它

---

① M. L. Goggin, et al., *Implementation Theory and Practice: Toward a Third Generation*, Glenview, ILL: Scott, Foressman/Lettle, Brown Higher Education, 1990.

以威尔逊、古德诺(Frank Johnson Goodnow)的政治—行政二分法为知识基础,强调行政是中立的、专业的非政治性活动,可以用科学理性的原则加以实现。

第三,行政管理必须依据客观的科学管理原则,以提高行政效率。以弗雷德里克·泰罗(Frederick Taylor)的科学管理学派为代表,强调以科学方法管理行政事务,管理决策阶层与工人之间职责分工相当明确,最重要的组织目标是追求效率。

行政学家古立克(Luther H.Gulick)与厄威克(Lyndall Urwick)总结了古典行政模式的三个特点:官僚层级体系、政治与行政分离、效率至上原则。在这种模式之下,政府行政人员在政策过程中自然失去其重要性,因为自上而下的命令链使得下属欠缺独立自主的自由裁量权,以至于造成托马斯·史密斯(Thomas B. Smith)所说的:"政策一旦制定,政策即被执行,而政策结果将与政策制定者所预期的相差无几。"[1]

以古典行政模式为基础的第一代政策执行模式具有以下典型特征:

第一,偏重政策执行实务及个案研究。1973年,美国政策执行研究的开山鼻祖威尔达夫斯基和普里斯曼,合作撰写了《执行:联邦政府的期望在奥克兰市落空》一书,引起了人们对政策执行问题的广泛关注。他们从奥克兰计划(Oakland Project)失败的教训中发现了在政策制定与政策执行之间存在鸿沟;通过个案研究获得了两项重要启示,即"执行不能与政策制定分离",以及"多元参与者联合行动的复杂性";他们认为,"要想使政策科学成为行动的科学而不仅仅是理论科学,就必须重视政策执行问题,不仅要重视政策执行本身,而且应当在政策执行与政策制定之间建立起密切的联系"[2]。

第二,坚持自上而下的政策执行分析途径(Top-down Approach),即"以政策制定为中心的途径"或"政策制定者透视"途径。这一研究途径强调政策制定与政策执行的分立性,认为二者有明确的分工和任务;并且假定,政策是由上层规划或制定的,然后被翻译或具体化为各种指示,以便由下层的行政官员执行。[3] 依照这种途径,政策过程被看作是一种指挥链条,政策制定者决定政策目标,政策执行者达成目标,两者形成上令下行的指挥命令关系。其中,政治领导人形成政策偏好,而这种偏好随行政层次的降低而不断被具体化,为下层行政官员所执行。

---

[1] T. B. Smith, "The Policy Implementation Process," *Policy Science*, No. 4, 1975, pp. 197-198.

[2] J. L. Pressman and A. Wildvasky, *Implementation*:*How Great Expectation in Washington Are Dashed in Oakland*, Berkeley:University of California Press, 1973, p. 43.

[3] 陈振明主编:《政策科学——公共政策分析导论》(第二版),北京:中国人民大学出版社 2003 年版,第 256—257 页。

(二) 第二代政策执行研究

从 20 世纪七八十年代开始,许多学者在批评自上而下模式的基础上,提出了自下而上的研究途径(Bottom-up Approach),从而构成了第二代政策执行研究。其代表人物是爱莫尔、约恩(Benny Hjern)与波特(David Porter)等。他们强调政策制定与政策执行功能的互动性,政策执行者与政策制定者共同协商政策目标,两者形成互动的合作关系。

爱莫尔认为自上而下的研究途径存在两大缺陷:仅从高层政策制定者的角度出发研究政策执行是不够的,因为它忽略了基层官员的适应策略;政策制定与政策执行截然二分的做法在理论上行不通、在现实中不可取。

在《后向探索:执行研究和政策决定》一文中,爱莫尔认为,在政策执行研究方面存在着"前向探索"(Forward Mapping)和"后向探索"(Backward Mapping)两种不同的路径。[1] 前向探索与"自上而下"的研究路径是基本一致的,但后向探索则改变了基本立场和看法,主张充分利用基层官员的自由裁量权来推进政策的执行过程。林水波称其为"草根途径"。[2]

约恩与波特曾经指出:以韦伯、威尔逊和泰罗理论为基础的古典行政模式,企图构建广博的、功能一致的与阶层结构的组织;这种组织需要一位极富民主作风,或者通过功绩制而甄选出来的领导者,他不仅能力强,而且相当中立,所有的组织任务就在他的领导下顺利完成。约恩和波特认为这种组织形态容易出现孤独组织综合征(Lonely Organization Syndrome)[3],因为没有一个单一的组织可以垄断所需要的全部资源。为了整治这种孤独组织综合征,政治经济学家提出了市场的概念,认为在自利动机的驱动下,自然就有一双看不见的手,通过彼此的自由竞争完成孤独组织综合征所无法完成的使命。[4] 但问题是:以自利动机为导向的市场机制无法实现公共政策所要实现的集体利益,更何况市场也有失灵的时候。因此,市场这一双看不见的手仍然无法解决孤独组织综合征而广受诟病。

事实上,随着工业社会、政治民主与福利国家的发展,各种公私组织相继兴

---

[1] Richard F. Elmore, "Backward Mapping: Implementation Research and Policy Decisions," *Political Science Quarterly*, Vol. 94, No. 4, 1979–1980, pp. 608–612.

[2] 参见林水波:《公共政策新论》,台北:台北智胜出版公司 1999 年版,第 20—25 页。

[3] Benny Hjern and David Porter, "Implementation Structure: A New Unit of Administrative Analysis," *Organization Studies*, 1981, No. 2, pp. 211–227.

[4] V. Ostrom, *The Intellectual Crisis in American Public Administration*, Alabama: The University of Alabama Press, 1973, p. 69.

起,彼此之间的互动与依赖逐渐增强,实际上我们已经进入"组织社会"(Organization Society)。在这种情形下,多元组织集群(Multiorganizational Clusters Organizations)决定了政策能否有效执行。因此,约恩和波特希望弥补经济学中的原子理论(Atomistic theory)与公共行政中的广博规划和管理理论的缺陷,构建一个"执行结构研究途径"(Implementation Structure Approach),学术界将这种研究途径称为"自下而上模式"。①

第二代政策执行研究并非从政策制定者的角度研究政策执行,而是从政策执行运作阶段中对于某一特定问题进行互动的多元行动者着手,分析他们如何影响政策目标,如何重新形成公共政策;我们所熟悉的政策规划、执行与评估过程则逐渐消逝,相反地,研究焦点集中于多元行动者追求目标的策略。

(三) 第三代政策执行研究

第三代政策执行研究试图建立能够结合自上而下与自下而上模式的整合性概念架构,其主要目的在于解释为何政策执行会随着时空、政策、执行机关的不同而有所差异,因而可以预测未来出现的政策执行类型。在第三代政策执行研究者看来,成功的政策执行一方面在于"前向探索"策略的运用,期望政策制定者科学规划政策方案、理性选择政策工具、合理分配政策资源;另一方面必须采用"后向探索"策略,广泛掌握目标团体的诱因结构,而整合的政策执行模式能够同时运用这两种策略。②

第三代政策执行的整合研究强调执行机构间的网络关系与政策执行力的表现,亦即政策执行机构间的联结与互动关系体现政策执行力的高低。从政策执行机构间的网络结构来看,垂直体系有层级政府间(中央政府、省市政府、县乡政府)府际关系的运作;水平关系则有政府部门、社会组织(服务提供者、政策目标团体以及其他利害关系人)间合作伙伴关系的形成。③

第一代、第二代和第三代的政策执行研究各有其优缺点,很难判断孰优孰劣,充其量我们只能说每一代的研究各自可以适用于何种不同的情境。就第一代的自上而下模式而言,最适用于管制性政策与再分配政策的情形,因为这两种政策形态必须维护中央政府的公权力与公信力,以发挥公共政策的管制与再分配作用。就第二代的自下而上模式而言,最适用于自我管制政策与分配政策的情形,因为这两种政策形态的本质就是希望拓展基层官僚的自主权或者赋予目标团体自由活动的空间,若中央政府过度地以权威介入公共政策,反而失去了这两种政

---

① 丘昌泰:《公共政策:当代政策科学理论之研究》,台北:台湾巨流图书公司1995年版,第136页。
② 同上书,第143页。
③ 金太军等:《公共政策执行梗阻与消解》,广州:广东人民出版社2005年版,第71页。

策形态的本质。至于第三代政策执行研究,目前尚处于发展与完善之中,能否成为整合性的政策执行模式仍有待于更多的经验研究与理论修正。①

二、公共政策执行研究的基本途径

美国公共政策专家保罗·A. 萨巴蒂尔(Paul A. Sabatier)曾指出:政策执行研究有两种基本途径:自上而下与自下而上的研究途径。②

(一)自上而下的研究途径

受古典行政模式的影响,第一代政策执行研究坚持自上而下的研究途径,就是把高层政府的决策作为研究的出发点,集中研究某种权威性的决定,如政策、计划、方案等,如何经由官僚体系的组织与责任分工而获得实践,并进而实现目标。此种研究途径认为上层政府及其官员确定政策目标,形成政策偏好,基层政府及其官员执行政策内容,落实政策目标;强调层级节制的指挥命令关系,某些中央控制的变量对于地方执行的影响优于其他因素;注重上级政府对于下级政府的政策指挥、监督与控制的角色与责任,以达成政策预期目标。

公共政策学者纳卡木拉(Robert T. Nakamura)和斯摩伍德(Frank Smallwood)曾对自上而下政策执行途径的命题做了阐释③:

第一,政策制定与政策执行是有界限的、分离的、连续的。

第二,政策制定与政策执行之所以存在界限,乃是因为:首先,政策制定者设定目标,政策执行者执行目标,二者分工明确;其次,政策制定者能够陈述政策,因为他们能够同意许多不同目标间的优先顺序;最后,政策执行者拥有技术能力,服从并愿意执行公共政策制定者设定的政策。

第三,既然政策制定者与执行者接受两者之间的任务界限,则执行过程必然是在政策制定之后的连续过程。

第四,涉及政策执行的决定,本质上是非政治性与技术性的;执行者的责任是中立的、客观的、理性的与科学的。

(二)自下而上的研究途径

自下而上的研究途径以组织中的个人(参与政策过程的所有行为者)作为出

---

① 丘昌泰:《公共政策:当代政策科学理论之研究》,台北:台湾巨流图书公司 1995 年版,第 143—145 页。

② Paul A. Sabatier, "Top-down and Bottom-up Approaches to Implementation Research: A Critical Analysis and Suggested Synthesis," *Journal of Public Policy*, No. 6, 1986, pp. 21-48.

③ Robert T. Nakamura and Frank Smallwood, *The Politics of Policy Implementation*, New York: St. Martin's Press, 1980, pp. 10-12.

发点,以政策链条中较低和最低层次为研究的基础。自下而上研究途径认为,政策执行过程不是由高层政府及其官员的法令和规则所控制的,而是由政策行为者之间的讨价还价所塑造的。

自下而上的研究途径有两个分支流派:一派以爱莫尔为代表,在政府组织内部,从"草根"(基层)角度来探索政策执行的效率问题,学术界称之为"基层官员的权力观";另一分支以约恩和波特为代表,彻底抛弃了传统官僚科层组织的执行观,从多元行动者的互动角度来研究政策的执行过程,学术界称之为"执行结构研究"。[1]

1. 基层官员的权力观

爱莫尔提出了政策执行研究的"前向探索"和"后向探索"两种路径。[2]

前向探索是从高层出发,明确陈述政策制定者的意图,然后层层具体化,在每一阶段规定好执行者的角色期望,再把最底层出现的结果与先前的意图相比较,以衡量政策执行的成功与失败。从这种角度出发,对执行过程中所出现问题的解决办法是:进一步明确政策目标,更多地关注行政责任,给下属更多的指导,等等。不难看出,所谓"前向探索",也就是上述"自上而下"研究途径的另一种表述方法。

在爱莫尔看来,我们不应该假定政策制定者能够完全控制执行组织和执行过程;加强上层控制的传统做法无助于政策执行过程中相关问题的解决。要解决科层控制的内在缺陷、提高政策执行的效率与质量,其出路不是别的,而是改变基本立场和看法,充分利用基层官员的自由裁量权来推进政策的执行过程。

爱莫尔提出的基本命题是[3]:

(1)有效的政策执行取决于执行机构间的过程与产出,而非政策制定者的意图与雄心;

(2)有效的政策执行是多元行动者复杂的互动结果,而非单一机构贯彻政策目标的行动结果;

(3)有效的政策执行基于基层官员或地方政府的自由裁量权,而非层级结构的指挥命令、监督控制系统;

(4)有效的政策执行必然涉及妥协、交易或联盟等活动,因此互惠性远比监督性功能重要。

2. 执行结构研究

总的来看,传统的政策执行研究有两个特点:一是将政策执行看作是政府行

---

[1] 张金马主编:《公共政策分析:概念·过程·方法》,北京:人民出版社2004年版,第396页。

[2] Richard F. Elmore, "Backward Mapping: Implementation Research and Policy Decisions," *Political Science Quarterly*, Vol. 94, No. 4, 1979, pp. 601–616.

[3] Ibid.

政部门的事情,忽视社会团体和其他非政府组织对执行过程的参与;二是在政府组织内部,强调自上而下的层级控制。爱莫尔对传统政策执行研究的批判主要针对的是第二个特点。他所主张的"后向探索"或自下而上的途径,主要是肯定基层官员的自由裁量权,试图通过这一解决办法来提高政策执行的效率。①

第二次世界大战以来,社会结构的一大变化是组织数目的日益增长。同时,公共组织与私人组织之间相互关系的密度也随之增加,结果便是"组织社会"的出现。这一现象对于政府政策活动具有深远的影响。因为许多私人组织和社会团体都掌握着大量的社会资源,它们既有意愿又有能力和政府一起从事公共物品和公共服务的提供,从而结成了良好的公私合作伙伴关系。从另一个角度看,在上述复杂的关系结构中,没有一个单一的政府组织或官员能够掌握政策执行所需要的全部资源。政策执行需要相关的众多组织和行动者的共同协作,由此组成了所谓的"执行结构"。②

约恩和波特对执行结构的研究包括下列观点③:

(1)包含多元组织的执行结构是政策执行的核心。所谓执行结构并不完全是一种组织,它固然包含许多组织群(Pools of Organizations),但它所包含的组织是由许多计划所组成的;它也不是行政实体(Administrative Entities),因为它的组成不必然与政府机构的命令发生直接关系,而是基于执行计划的需要而自动集结的结构体。因此,执行结构是指潜在地或实际地介入计划或政策的官方或非官方结构。

(2)政策执行以计划理性(Programme Rationales)为取向。传统的政策执行理论是以组织理性(Organization Rationales)为基础,一个组织内部包含许多计划,每一个计划有其各自的目标,因此,组织的任务是如何以整体性的策略完成计划。在此种情形下,计划是保障组织生存的有效手段。

政策执行结构的形成是基于完成计划目标而自我选择(Self-selection)的过程,它是一个自组织系统(Self-organizing System),通过自我参考过程(Self-referential Process)形成执行公共计划的结构体。政策执行既然以计划理性为基础,且该结构存在的目的是实现计划,那么,计划就不是手段,而是组织生存的目的。

---

① 张金马主编:《公共政策分析:概念·过程·方法》,北京:人民出版社2004年版第398页。
② Benny Hjern and David Porter, "Implementation Structure: A New Unit of Administrative Analysis," *Organization Studies*, No. 2, 1981, pp. 211-227.
③ 丘昌泰:《公共政策:当代政策科学理论之研究》,台北:台湾巨流图书公司1995年版,第138—140页。

(3) 政策执行包含多元的目标与动机。执行结构中的行动者与组织参与该结构的目标与动机是多元的,有的基于公共利益,有的基于个人利益;利益的密度随着行动者的目标与动机的不同而不同。

(4) 执行结构的权威关系并非以阶层命令体系为主体。执行结构的权威关系(Authoritative Relationship)是以专业地位、协调能力、潜在或实际的权力以及资源控制为焦点,传统的阶层命令体系无法发挥功效;同时,执行结构中的上层领导者以非权威的方式与下属进行互动。

(5) 地方具有自主性。每一个地方组织或行动者都有其自主权,虽然地区性或全国性的组织企图控制其行动,但是掌控能力有限。因此,并不存在全国性计划的执行结构,而仅存在地方化的执行结构组合体。

(6) 执行结构内部包括许多的次级结构(Substructures)。次级结构是由扮演特定角色的次级团体与组织所构成,执行结构的凝聚力是相对的,有些组织发展到相当程度,成为具有一定凝聚力的定型组织,形成网络关系;有些组织尚未发展,仅以临时组织的形式出现。

在方法论方面,约恩及其同事采用交互主观性的方法论,即所谓的现象学研究途径(Phenomenological Approach),强调个人或组织的行为与认知对于我们了解资源如何被动员与被应用到执行结构中相当有帮助;在分析技术方面,则运用网络技术描绘多元行动者之间的互动关系;在个案研究方面,着重于人力资源训练计划,因为该计划涉及许多公共部门与私营部门。

自下而上研究途径的贡献在于:它促使我们正视执行过程中执行机构间的互惠性与裁量权。政策执行往往涉及许多组织与人员,而每个组织和人员对于政策执行皆有其立场、观点、看法与利益,所以沟通协调在所难免。自下而上的执行途径,促使我们重视彼此意见与利益的沟通交流。

对"自下而上"研究途径的批评意见,主要集中在以下几个方面:

一是相对于自上而下的研究途径,自下而上的研究途径过分强调了基层官员的自由裁量权。事实上,基层官员受法律体系、财政经费和组织体制的约束,这些约束虽然不决定他们的行为,但是为他们的自由裁量活动设置了重要的参数。同时,自由裁量权的大小与政策执行效率的高低是否具有必然的内在联系,绝不是一个自明的问题。① 此外,过分强调或高估基层官员的策略与行动能力,容易忽视民主政治系统中的政策领导与政治责任的归属问题。

二是自下而上研究途径的提倡者认为,他们绕开了自上而下研究途径所需要的诸多先验性假定的限制,如政治体制、法律制度、官僚等级制等,将关注的焦点

---

① 张金马主编:《公共政策分析:概念·过程·方法》,北京:人民出版社2004年版,第402页。

放在了政策执行者之间的互动上面,因而也是最现实的一种研究途径。但是这一研究途径的最大缺陷在于:它只适用于分权的政策环境①,在集权的条件下往往不适用。

三是对自上而下研究途径的批评有失公允。实际上,任何一种途径的解释能力都不是完美无缺的,它们均有其相应的利弊之处。正如自上而下模式过分重视中心(center)而忽略边陲(periphery),自下而上模式的缺点则是过分重视边陲而忽略中心。② 尽管二者都有不完美之处,但在政策执行实践中,二者都有相应的经验基础。我们应该看到:二者除了有相互对立的一面,也有相互补充的一面。

(三) 两种研究途径的区别

基于对自上而下与自下而上两种研究途径的介绍,图 9-1 概括总结了这两种途径的异同。③

表 9-1 "自上而下"与"自下而上"研究途径的一般比较

	"自上而下"研究途径	"自下而上"研究途径
研究的出发点	中央政府的政策(通常以法律出台为起点)	政策执行过程中基层行动者的活动
关注的中心	中央政策的执行	具体的执行结构或基层官员的自由裁量权
执行过程的性质	行政技术管理过程,将政策付诸行动	执行是一个政治过程,不同的行动者在这一过程中相互作用(讨价还价,博弈妥协)
政策的界定	中央政府的法律,目标通常是含糊不清的	政策在执行过程中形成的东西,而且中央政府的政策目标是明确的
对政策执行过程的研究	强调官僚机构内部的层级控制、信息管理、资金配置、人员素质等	强调执行过程的利益互动,而且,这种互动远远超出了行政组织的范围
研究的目的	提供政策改进的知识,具有浓厚的规范性质(立足点在中央政府)	以经验描述为起点,分析政策是如何被执行的,其价值色彩较为隐蔽

---

① S. H. Linder and B. G. Peters, "A DesignPerspective on Policy Implementation: The Fallacies of Misplaced Prescription," *Policy Studies Review*, Vol. 6, 1987, pp. 21-24.
② 丘昌泰:《公共政策:当代政策科学理论之研究》,台北:台湾巨流图书公司 1995 年版,第 142 页。
③ 参见景跃进:《政策执行的研究取向及其争论》,《中国社会科学季刊》1996 年第 14 期,第 177—178 页。

(续表)

	"自上而下"研究途径	"自下而上"研究途径
政策制定与执行的关系	两分法（政策制定与政策执行相分离）	这种划分是人为的,不能把执行从制定过程中孤立出来,政策制定是政策执行的内在组成部分;主张用政策/行动关系取代政策制定
政策评估	关注正式目标的实现程度,以此来判断政策的成功与失败	将政策过程视为无缝之网,故很难评价,而且,成果与失败难以界定
出发点的非对称性	价值优先,即首先确定目标,然后寻找手段	基于经验事实,考察实际的政策过程

三、公共政策执行研究的基本理论

"政策执行运动"的倡导者和追随者提出了各种执行理论。较有影响的有这样七种[①]:(1)行动理论,政策执行被视为对实施某项公共政策所要采取的广泛行动;(2)组织理论,强调组织在政策执行中的地位及作用;(3)博弈理论,认为政策执行是一个政治上讨价还价的过程;(4)因果理论,将政策执行看作是引导人们到达目的地的地图,关心政策过程中的因果关系;(5)管理理论,强调政策执行是一个管理过程;(6)系统理论,将政策执行理解为政策行动者与环境的相互作用;(7)演化理论,主张在政策执行中重新设计目标和修改方案,政策的制定与执行是一个演化的过程。

下面,我们重点介绍前三种政策执行理论。

（一）行动理论

行动理论学派强调政策执行是实施某项公共政策所要采取的广泛行动。政策执行虽然只是政策过程的环节之一,但就其本身来说,它却包含着政策执行者一连串的自觉与不自觉的、偶然的与必然的行动。因此,行动是政策执行的关键,政策执行的研究要以行动过程和行为性质为中心。这一学派的代表人物及其著作包括:范·霍恩（Carl E. Van Horn）和范·米特（Donald S. Van Meter）,合著有《政府间的政策执行》《政策执行过程:一个概念性的框架》等;爱德华三世（George C. Edwards Ⅲ）和沙坎斯基（I. Sharkansky）,合著有《政策范畴》;爱德华三世著有《执行公共政策》;托马斯·史密斯著有《政策执行过程》等;查尔斯·琼

[①] 陈庆云:《公共政策分析》,北京:中国经济出版社1996年版,第230—232页。

斯著有《公共政策研究导论》等。①

查尔斯·琼斯认为:"政策执行乃是将一项政策付诸实施的各种活动。在诸多活动中,又以解释、组织和实施最为重要。所谓解释活动,是把政策内容转化为民众能理解且接受的东西;所谓组织活动,乃是设立政策执行机构,用以拟定执行的办法和落实政策;所谓实施活动,是由政策执行机构提供例行性的服务与设备,支付各种费用,进而完成政策目标。"②

爱德华三世和沙坎斯基认为,政策执行的基本条件有四项:沟通、资源、人员特点和官僚体系;执行过程的主要环节包括"发布命令、执行指令、拨付款项、办理贷款、给予补助、订立契约、收集资料、信息沟通、委派人事、雇用人员、创设机构"等活动。③

范·霍恩和范·米特认为:"政策执行指公私个体和团体为了实现政策目标所采取的各项行动。这些行动一方面包括政策方案要求的具体化,另一方面包括实现政策方案目标所做的持续的努力。"④

具体来看,行动理论认为政策执行过程包括了下列六类行动:一是权威性行动,即执行行为是经过合法授权的;二是目的性行动,即以最大限度实现政策目标为最高价值判断标准;三是组织性行动,即非官员个人行为,而是合法组织采取的行动;四是公益性行动,即面向、动员、组织公众,为公共利益而为之;五是持续性行动,即政策目标需在发展进程中通过有步骤、分阶段的行动来实现;六是创造性行动,即执行者依据其经验、资源以及环境变化,创造性地将政策目标变为现实。行动理论的贡献在于:从政策执行的行动过程和行动环节出发,探讨了政策执行的内涵和特点,使人们认识到政策执行从一个方面来说就是一个系统的行动过程;强调政策行动只要坚强有力,行动方法切实可行,就可以顺利实现政策目标;合理的政策执行活动甚至在一定程度上可以弥补政策决定的局限和无能。行动理论的局限性也很明显:首先,在阐述执行行动过程的时候,忽略了对行动主体的研究;其次,在阐述执行过程的互动影响时,忽略了更广泛的其他社会因素的作用。

---

① 关于范·霍恩、范·米特与史密斯的政策执行研究,将在本章第二节中详细介绍。
② Charles O. Jones, *An Introduction to the study of Public Policy*, North Scituate, Mass.: Duxbury Press, 1977, p. 139.
③ G. C. Edwards Ⅲ and I. Sharkansky, *The Policy Predicament*, San Francisco: W. H. Freeman, 1978, p. 293.
④ C. E. Van Horn and D. S. Van Meter, "The Implementation of Intergovernmental," in C. O. Jones, ed., *Public Policy Making in Federal System*, Beverly Hills:Sage Publications, 1976, p. 45.

（二）组织理论

组织理论重视组织在政策执行中的特点和作用，认为组织是政策执行的关键，研究政策执行必须充分了解组织的运作。组织理论的代表人物及其著作有：爱莫尔，著有《社会规划执行的组织模式》；佛瑞斯特（J. Forester），著有《预期性执行：规划与政策分析中的规范研究》；若尔克（F. E. Rouke），著有《官僚、政治和公共政策》；等等。

组织理论的基本观点如下：

（1）组织是政策执行的主体，任何政策都是通过一定的组织得以执行的。没有一定的组织机构作依托，没有一定的组织原则作保证，任何政策目标都只能停留在纸上谈兵的政策构想阶段。爱莫尔指出："任何一项观念转变为行动，都要涉及重要的具体工作，组织是从事具体工作的主体。其处理问题的方法，是将问题分成具体的管理项目，再将这些项目分配给专业化机构负责执行。因此，只有了解组织的运作，才能认清原初政策设计是否在执行中被修正或赋予新意。"[①]

（2）不论是政策方案本身还是执行环节导致的政策成功或失败，都可以通过组织得到集中反映。政策的成败与执行组织密切相关。执行组织内部的分工与整合、组织的标准程序与变通、组织的人力资源与文化、组织运作方式与环境等因素决定着该组织的执行能力，最终影响着政策执行效果。正如罗克所说："负责执行的组织，其正式与非正式的属性，往往影响到该组织执行政策达到目标的能力。"[②]因此，只有了解组织是怎样工作的，才能理解所要执行的政策以及它在执行中是如何被调整和塑造的。

（3）组织的研究可以从政策执行角度反映公共政策的过程和特征。公共政策系统的运作过程，本质上就是政治组织的运作过程。因此，要想通过执行研究更广泛深入地反映政治，就必须研究执行组织。林水波、张世贤认为："执行的研究，不仅是一种变化过程的研究，即研究其如何发生，如何被引发而已，且也是对政治生活结构的一种透视研究，即研究政治系统内在、外在的组织如何执行事务，以及彼此间的相互影响，包括如何刺激组织的行为和激励组织员工的不同行为。"[③]

组织理论阐明了组织在政策执行中的意义，通过组织分析为政策执行的研究

[①] Richard F. Elmore, "Organizational Models of Social Program Implementation," *Public Policy*, Vol. 26, No. 2, 1978, pp. 185–187.

[②] F. E. Rouke, *Bureaucracy*, *Politics and Public Policy*, Boston, Little Brown and Co., 1967, p. 36.

[③] 林水波、张世贤：《公共政策》，台北：台湾五南图书出版社1987年版，第256页。

提供了重要的思考角度。组织理论和行动理论从不同角度、不同侧面阐述了影响政策执行的因素,对于我们深化政策执行研究具有重要的启发作用。

(三) 博弈理论

博弈理论认为,政策执行是一个政治上讨价还价的交易过程。这中间,政策执行者与政策对象之间通过不同方式的交易,在各种力量的互动过程中,达成某种妥协、默契或作出让步。在政治交易的情况下,公共政策目标与方案的重要性和可靠性都要大打折扣。

美国公共政策学者尤金·巴达克(Eugene Bardach)在《执行博弈》一书中,将政治学中的博弈理论应用到公共政策执行问题的研究中。他认为可以将政策执行过程视为一种赛局(Game),包括竞赛者(政策执行人员和相关人员)、利害关系(竞赛可能的原因)、竞赛的资源(包括策略与技术等软资源和财经、权威等硬资源)、竞赛的规则(竞赛获胜的标准或条件)、竞赛者之间信息沟通的性质、竞赛结果的不稳定程度等。政策执行的成功与否,取决于参加者的竞争策略。

在宏观层面上,博弈理论把公共政策执行视为各级政府或各部门之间的互动博弈过程。执行博弈的研究构成了政策执行研究的重要分水岭,它使人们对于政府运作的认知逐渐扬弃了传统静态的层级节制观点,并进而转变为以动态的府际关系为核心。①

第二节 公共政策执行的模型

20世纪70年代中期以后,公共政策学者从不同角度来研究影响政策执行的因素,形成了各种不同的政策执行模型。本节选取几种有一定代表性、应用比较广泛的政策执行模型,做简单的介绍。

一、T. 史密斯的政策执行过程模型

T. 史密斯是最早构建影响政策执行因素及其过程模型的学者,他在《政策执行过程》(1973)一文中提出了一个描述政策执行过程的模型(见图9-1)。

T. 史密斯认为,政策可以被界定为由政府在旧的机构内,设立新的处理公共事务的模式或机构,或改变原来的处理模式的复杂行动。政策发布以后即在社会上产生一种"张力"。政策付诸实施以后,政策执行者和受政策影响者,就会感受到一种张力或压力,以及由此带来的冲突。

---

① Eugene Bardach, *The Implementation Game*, Cambridge, MT: MIT Press, 1977.

第九章　公共政策内容的执行

政策执行所产生的张力可能会引起激烈的抗议或抗争,因此可能需要采取相应的措施以实现政策目标,也可能带来一些其他变革。如果在对张力进行处理以后,运作顺畅,就将处理的措施进行制度化,在必要的时候才给予回馈。史密斯将影响政策成败的重要因素归结为以下四类:

(1) 理想化的政策。即政策目标是否切合实际,政策内容是否妥当,政策规定是否明确、可行,等等。

(2) 执行机构。即负责政策执行的政府机关或单位的特性如何。

(3) 目标群体。即受公共政策影响的政策对象的特性如何。

(4) 环境因素。即影响政策执行或被政策执行所影响的环境方面的因素,可能是文化的、社会的、政治的或经济的。

"具体地说,政策的形式、类型、渊源、范围及受支持度、社会对政策的印象;执行机关的结构与人员,主管领导的方式和技巧、执行的能力与信心;目标群体的组织或制度化程度、接受领导的情形以及先前的政策经验、文化、社会经济与政策环境的不同……凡此种种均是政策执行过程中影响其成败所需要考虑和认定的因素。"①

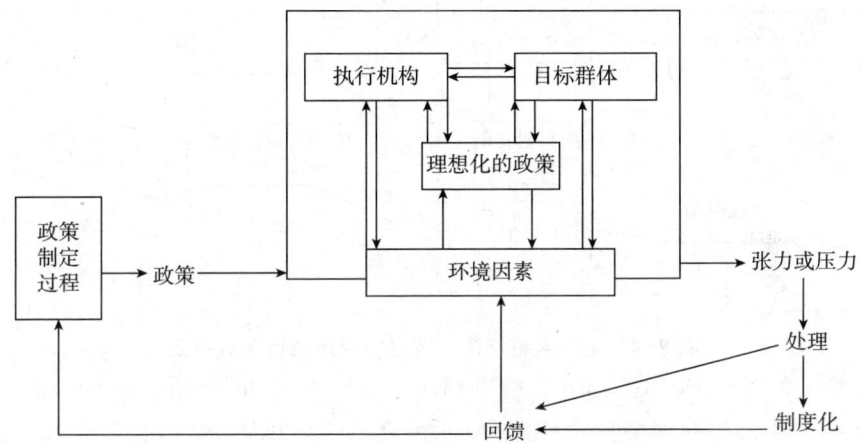

图 9-1　T. 史密斯政策执行过程模型

资料来源:T. B. Smith, "The Policy Implementation Process," *Policy Science*, Vol. 4, No. 2, 1973, p. 204.

"处理"指对政策执行系统中的四项主要变量彼此互动所产生的张力或压力,做适当的回应。如果处理时发生问题,可立即进行"回馈";如没有问题,即进

---

① T. B. Smith, "The Policy Implementation Process," *Policy Science*, Vol. 4, No. 2, 1973, pp. 203-205.

行"制度化",然后间接"回馈"。

T. 史密斯的政策执行模型与以往的政策执行研究的不同之处在于,它不仅强调了执行中理想化的政策,而且强调了执行中的其他三个因素。人们习惯于把更多的精力放在理想化政策的制定上,认为政策执行似乎是简单地照章办事,不太注意目标群体,更少考虑到执行机构与环境因素的影响。① 事实上,这四个因素是互动的,均应予以充分的重视。因此,有人认为史密斯政策执行模型最大的贡献就在于提出目标群体、执行机构与环境因素之间的互动关系。但是,执行人员的重要性,史密斯模型却没有给予恰当的关注,这可以说是它的主要缺陷。

二、范·米特与范·霍恩的政策执行系统模型

范·米特与范·霍恩两人在《政策执行过程:一个概念性的架构》②一文中指出,在政策决定与政策效果这一转变过程之间存在许多影响二者的变量——既有系统本身的因素,也有系统环境的因素。具体说来,在政策执行过程中存在六大因素,其互动状况会影响政策执行绩效。其模型如图 9-2 所示:

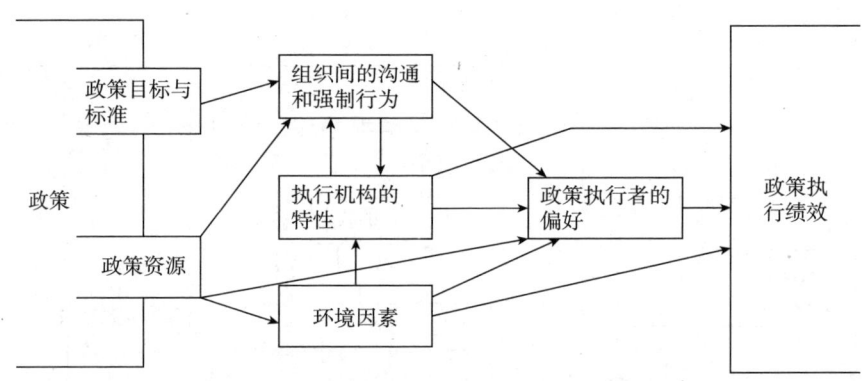

图 9-2　范·米特与范·霍恩的政策执行系统模型

资料来源:D. S. Van Meter and C. E. Van Horn, "The Policy Implementation Process: A Conceptual Framework," *Administration and Society*, Vol. 6, No. 4, 1975, p. 463.

(一)政策目标与标准

政策在合法化以后,付诸实施时应该已具有清晰的目标,可供执行人员遵循。政策标准作为衡量政策目标达成程度的指标,是政策目标的具体表现。政策

---

① 陈庆云主编:《公共政策分析》(第二版),北京:北京大学出版社 2011 年版,第 169 页。
② D. S. Van Meter and C. E. Van Horn, "The Policy Implementation Process: A Conceptual Framework," *Administration and Society*, Vol. 6, No. 4, 1975, p. 463.

目标是否明晰、可行？政策标准是否能敏感地标示政策目标的达成程度？这些都将影响到组织间的沟通和强制行为，并间接影响到政策执行者的偏好。

（二）政策资源

政策资源即系统本身实现目标的条件，包括所有应用于执行活动的人力、设备、经费、信息、权威等。资源的充足与否会直接影响到组织间的沟通，直接影响到执行人员是否愿意认真执行政策。

（三）组织间的沟通和强制行为

政策的有效执行需要执行机构与人员通过各种沟通方式，明确政策的目标、评估的标准、执行的技术与程序等。执行机构的执行活动除了依赖制度化程序以取得一致行动的效果，以下三种方式也能促进在执行活动中达成一致的行动。

（1）规范（Norms）：执行机构的组织文化，以及成员所共同遵循的正式与非正式的行为准则。执行机构成员往往在团体压力的驱使下，顺从团体多数人的行为规范，从而支持政策执行活动。

（2）激励（Incentives）：可以通过制定各种激励办法，比如加薪、升迁、奖金、福利等，鼓舞执行人员，使其切实执行政策。

（3）惩罚（Sanctions）：采用减薪、降职等多种惩罚方式，对于组织中执行不力者给予适当的惩罚，以促使执行人员切实执行政策。

（四）执行机构的特性

政策执行机构的正式与非正式特性，会直接影响到执行人员的偏好。这些特性包括：机构层次高低、规模大小、编制状况、组织结构、权责分配、人员特性、与其他机构及人员间的关系等。

（五）环境因素

政策执行所涉及的外在政治环境、经济环境、文化环境、社会环境等，对政策执行机构的特性、执行人员的偏好和最终的执行效果，都具有直接的影响。

（六）执行者的偏好

实际负责执行公共政策的执行人员对政策的认知、认同程度将严重影响到政策执行的成败。执行者偏好可以从三个方面加以考察：执行人员对政策的认知程度；执行人员对政策的反应方向；执行人员对政策的反应强度。

总体看来，该模型吸收了许多政策执行模型的优点，将影响政策执行的主要因素都纳入了模型中。但是它的不足之处在于，这六个因素之间的互动关系还不够明确，也就是说为什么某一因素会直接或间接或根本不影响其他因素。这一点该模型并没有给予详细说明。

三、M. 麦克拉夫林的政策执行互适模型

美国斯坦福大学教育与公共政策系教授米尔布里·麦克拉夫林（Milbrey McLaughlin），在其1976年发表的《互相调适的政策执行》一文中提出相互调适模型（Mutual Adaptation Model）。①

M. 麦克拉夫林研究了美国当时教育结构改革的问题，在此基础上，应用了由具体到抽象的方法，说明政策执行是执行者（组织或人员）与受影响者之间就目标和手段相互调适的一个过程。他认为这应是一个动态平衡的过程，政策执行是否有效取决于二者相互调适的程度。图9-3展示了一定环境下二者的相互调适过程以及与政策的关系，从中也可以看出M. 麦克拉夫林的相互调适模型至少包含以下四项逻辑认定：

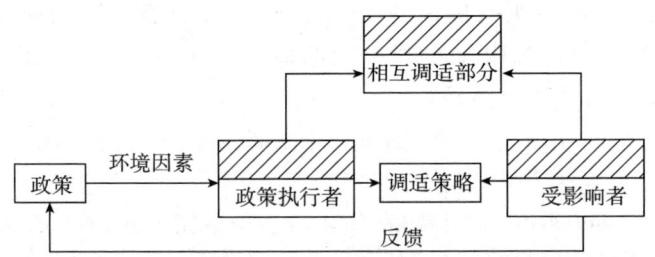

图 9-3 M. 麦克拉夫林的政策执行相互调适模型

资料来源：Milbrey Wallin McLaughlin, "Implementation as Mutual Adaptation: Change in Classroom Organizations," in Walter Williams and Richard F. Elmore, eds., *Social Program Implementation*, New York: Academic Press, 1976, pp. 167-180.

一是政策执行者和受影响者之间的需求和观点并不完全一致，基于双方在政策上的共同利益，彼此须经过说明、协商、妥协等方式，修正立场，以确定一个双方都可以接受的政策执行方式。

二是政策执行者与受影响者之间的相互调适过程并非传统理论所说的"上令下行"的单向流程，而是一个双向的信息交流过程，政策执行者与受影响者双方在相互调适过程中处于平等的地位。

三是政策执行者的目标和手段富有弹性，可随环境因素或受影响者需求和观点的改变而改变。

四是受影响者的利益、价值与观点仍将反馈到政策上，从而影响政策执行者

---

① Milbrey Wallin McLaughlin, "Implementation as Mutual Adaptation: Change in Classroom Organizations," in Walter Williams and Richard F. Elmore, eds., *Social Program Implementation*, New York: Academic Press, 1976, pp. 167-180.

的利益、价值与观点。

在麦克拉夫林看来,成功的政策方案有赖于有效的政策执行,而有效的政策执行有赖于成功的相互调适过程。①

麦克拉夫林的方法论较"纯科学"的行为主义政策执行理论是一个很大的进步,他是在对一个具体案例进行研究的基础上说明问题的,即通过由具体到抽象的途径,说明政策执行者和受影响者的相互调适对政策目标达成的影响。麦克拉夫林同时将政策过程看成是一个动态的过程,从而揭示了:由于政策执行者与政策受影响者在政策执行过程中的相互调适,执行者和受影响者都能赋予政策以新的含义。就这一点而言,政策执行者不是简单被动地执行政策,受影响者不是简单被动地接受政策,二者在相互调适的过程中也起到了影响政策制定的作用。尽管如此,麦克拉夫林仍没能说明调适过程的实质。②

另外,麦克拉夫林所提出的相互调适模型是一个相对简化的模型,其优点在于充分强调了政策执行者和受影响者之间的互动过程,这反过来也成为该模型的弱点,即对其他因素忽略过多,其适用范围受到很大的限制。

四、雷恩和拉宾诺维茨的政策执行循环模型

麻省理工学院教授马丁·雷恩(Martin Rein)和弗朗西·拉宾诺维茨(Francine Rabinovitz)在1978年发表的《执行:理论的观点》一文中,提出了政策执行循环模型,认为政策执行是介于政策意向与行动之间的动态过程,这一过程由三个不同的阶段构成,如图9-4所示③。

一是拟定纲领阶段:将立法机关的意图转化为行政机关执行政策的规范和纲领。二是分配资源阶段:将政策执行所需要的资源公平、公正地分配给执行者。三是监督执行阶段:对政策执行过程与成果加以评估,确认执行者所应承担的行政责任,监督责任包括监督、审计与评估三种形式。

上述三个阶段是相互作用的双向循环的复杂动态过程,而非直线单向的过程;同时,这种循环过程不仅是周期性的,而且受到环境条件的冲击与影响。在雷恩和拉宾诺维茨看来,这些环境条件包括三类因素,即目标的显著性、程序的复杂性、可利用资源的性质与层次。

---

① 金太军等:《公共政策执行梗阻与消解》,广州:广东人民出版社2005年版,第63页。
② 张金马主编:《公共政策分析:概念·过程·方法》,北京:人民出版社2004年版,第391页。
③ Martin Rein and Francine Rabinovitz, "Implementation: A Theoretical Perspective," in Walter Dean Burnham and Martha Wagner Weinberg, eds., *American Politics and Public Policy*, Cambridge, Mass: The MIT Press, 1978.

在每一阶段,必须遵守三条统一的原则:

一是合法原则。政策执行的合法原则受四个因素的影响:议员权力与地位的高低、技术可行程度、立法辩论的争议范围和理清程度、立法者与执行者支持法律的程度。

二是理性原则。政策执行的理性原则包括两个方面:一是一致性原则,二是可执行原则。

三是共识原则。政策执行的共识原则是指有影响力的政策执行者只有在存在争议的问题上达成共识,政策执行才可能顺利进行。

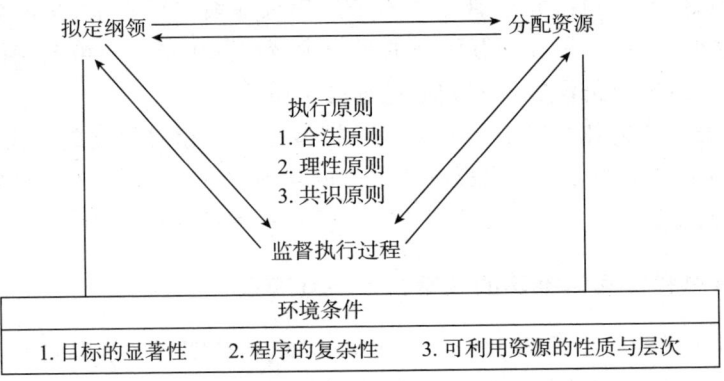

图 9-4 雷恩和拉宾诺维茨的政策执行循环模型

该模型的贡献首先在于对政策执行系统内在关系做了较深刻的剖析说明。政策执行的主要功能是资源分配。为了保证公正和公平,不仅决策者要拟定明确的纲领目标,而且监督者也应遵循合法、合理、共识的原则。其次,说明了政策环境对政策执行所产生的重要基础性影响。最后,强调了政策执行过程重复循环的价值。这些都是值得肯定的。不过,它抹杀了政策目标群体的存在,这是不恰当的。①

五、萨巴蒂尔和马兹曼尼安的政策执行综合模型

美国著名政策科学家保罗·萨巴蒂尔和丹尼尔·马兹曼尼安(Daniel A. Mazmanian)是自下而上政策执行模式的重要代表人物。他们在 1979 年合作的《公共政策执行:一个分析框架》一文中,提出了政策执行的综合模型,该模型囊括了影响政策执行的三大类、十七种因素,详见图 9-5。②

---

① 周树志:《公共政策学:一种政策系统分析新范式》,西安:西北大学出版社 2000 年版,第 257 页。
② Paul A. Sabatier and Daniel A. Mazmanian, "Policy Implementation: A Framework of Analysis," *Policy Studies Journal*, Vol. 8, No. 4, 1979-1980, p. 542.

第九章 公共政策内容的执行

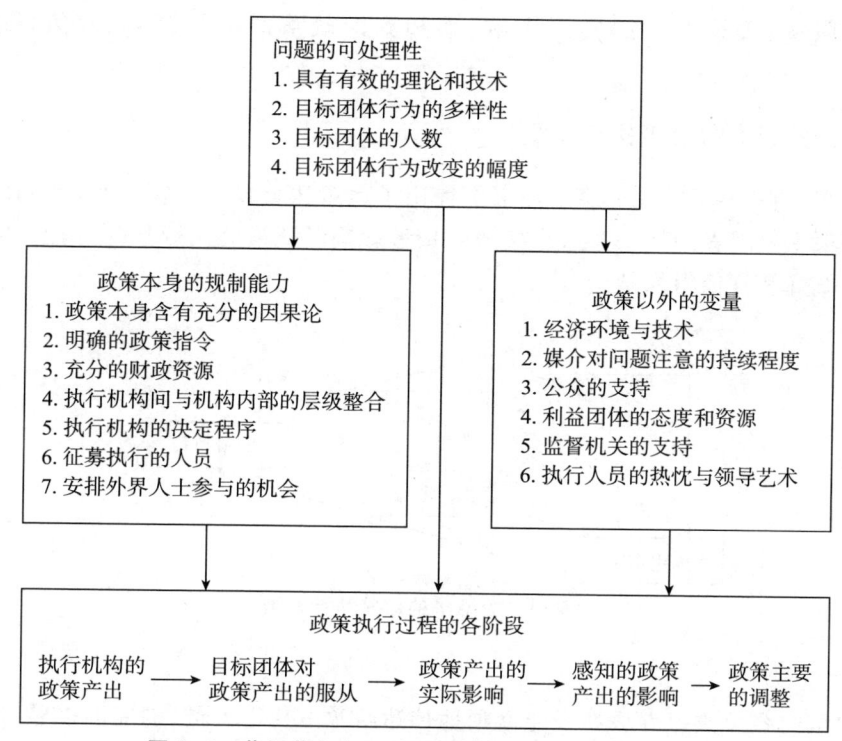

图 9-5　萨巴蒂尔和马兹曼尼安的政策执行综合模型

他们认为在政策执行过程中起较大作用的主要因素可以分为三类：

（1）政策问题的可处理性。其衡量标准包括：现存的能对政策问题加以处理的有效理论和技术及运用时的困难程度；目标团体行为的多样性；目标团体的人数及其行为需要改变的幅度。

（2）政策本身的规制能力。政策是以充分的因果关系为基础的；政策指令是明确的；有充分的财政资源支持；各级执行机构内部能够通过整合实现协调；执行机构内部的决定程序相对科学；有素质较好的执行人员；并且能够吸纳社会多方面的政治参与。

（3）政策以外的变量。具体包括：影响政策执行的经济环境和技术条件；大众媒介的参与情况；普通公众的支持程度；利益团体的资源和态度；监督机关是否支持；执行人员的热忱与领导艺术；等等。

该模型的一个显著特点是：联系政策执行的不同阶段来考察变量对政策执行的影响。[①] 将政策执行分为五个阶段：执行机构的政策产出、目标团体对政策

---

① 陈潭编著：《公共政策学》，长沙：湖南师范大学出版社 2003 年版，第 190 页。

产出的服从、政策产出的实际影响、感知到的政策产出的影响、政策的主要调整。

六、爱德华的政策执行模型

爱德华在《执行公共政策》一书中提出了政策执行模型(如图 9-6 所示),他认为四项主要因素的互动关系直接或间接地影响了政策的执行状况:沟通、资源、执行者偏好和官僚组织结构。①

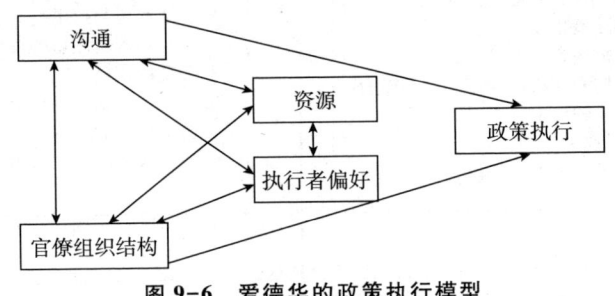

图 9-6　爱德华的政策执行模型

(一)沟通

政策内容及执行方法如果能清晰地传达给政策执行人员,则能够以整齐划一的步伐,促进政策执行的成功。但是,政策执行命令的传达常会出现错误或沟通不良的情况。主要原因有二:一是执行命令缺乏清晰性;二是执行命令缺乏一致性。

(二)资源

充分的资源供给也是保证政策有效执行的必要条件之一。大致来看,政策执行所涉及的资源包含四类:人员、信息、设备和权威。

(1)人员。要顺利执行政策,既需要拥有充足的专业人员,也需要具有管理和行政技巧的人员,因为人员是政策执行的主力,执行人员的素质、能力、数量等都会对政策执行产生影响。

(2)信息。政策执行人员需要掌握政策内容、执行方法和其他相关事项等方面的信息,尤其是创新性或高技术性的政策,更要掌握充分的信息,才能确保正确地执行政策。

(3)设备。设备有赖于经费充足与否。充足的经费能够购买政策执行所需

---

① George C. Edwards, *Implementing Public Policy*, Washington, D. C.: Congressional Quarterly Press, 1980, p. 143.

要的各种设备、材料,甚至雇用执行人员等。经费充足将极大地提高政策执行的品质。

(4)权威。政策执行人员应当富有权威,才能顺利推动政策执行。权威俨然已经成为一种新型的资源。这主要是因为:权威可以增强执行者的责任心;权威是政策执行者进行协调的基础;权威往往意味着政策执行者有某方面的专长;权威是工作指派、指导和控制的依据;权威是奖惩的基础。

(三)执行者偏好

政策执行人员通常具有相当的自由裁量权,因此他们对政策的态度将极大地影响政策执行的效果。首先,各机构政策执行人员对同一政策所持的态度可能会有很大差异,这是因为各机构都在一定程度上具有本位主义(Parochialism)的倾向。此外,有些政策执行人员政策偏好与需要被执行的政策不同,或由于对政策指令做出了选择性的解释,在政策执行中出现公然抗拒、阳奉阴违、敷衍塞责等行为,导致政策不能有效执行。

执行者偏好对政策执行的影响很大,要解决政策执行人员不利偏好对政策执行的不良影响的问题,可采用三种方式:其一,可以将执行人员更换为支持政策的人员;其二,可以通过加薪、升迁、福利等激励手段强化政策执行人员的执行行为;其三,可以采取惩罚、制裁措施,迫使政策执行人员努力执行政策。

(四)官僚组织结构

官僚组织在结构和运作上的两种特性会影响政策执行的成败。

1. 标准作业程序

标准作业程序指官僚组织为有效处理复杂的日常事务所发展出来的一套例行的惯例规则。执行机构订立的标准作业程序可以节省处理时间,实现公平服务的要求,有利于政策的执行。因此,官僚组织应该建立适当的标准作业程序,以有效执行政策,避免不必要的麻烦。

但是,标准作业程序也可能对政策执行具有下列不利影响:其一,限制执行人员执行能力的发挥,导致执行行为缺乏弹性,无法适应客观环境变化;其二,标准作业程序还可能产生目标置换的弊端,即政策执行人员将手段性的标准作业程序当作主要行为目标,为严格遵守标准作业程序,甚至放弃了达成政策目标的任务;其三,执行人员可能会以遵守标准作业程序为借口,抵制创新与变迁,由此导致政策执行难以适应变化的政策环境的需要。因此,应根据具体政策的特性,选择是否具有标准作业程序的机构来执行。

2. 执行权责分散化

执行权力分散到不同的机构,因事权不专所带来的协调困难、资源浪费等,往往造成政策执行不力。比如在美国,联邦的一百多个社会福利计划,分由十个不同的部门负责执行,以致成效不佳。因此,应当调整权责划分,强化沟通协调,减少事权不专、责任不明的情况。①

总之,爱德华所提出的执行模型抓住了影响政策执行的最为关键的几个因素,但是该模型却没有讨论目标群体、各种环境因素对政策执行的影响,因此表现出一定的局限性。

七、高金的府际政策执行沟通模型

麦尔科姆·L.高金是美国布鲁金斯学会的客座研究员,在美国多所大学讲授政治学。1990年,高金等人在《政策执行理论与实务:迈向第三代政策执行模型》一书中,提出了"府际政策执行沟通模型"(The Communication Model of Intergovernmental Policy Implementation),如图9-7所示。②

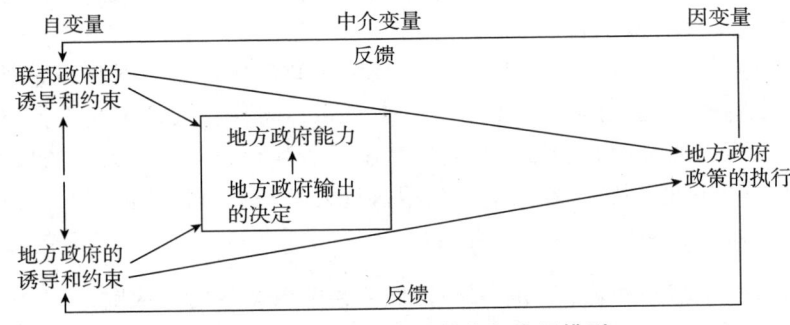

图9-7 高金的府际政策执行沟通模型

高金等人认为第一代政策执行研究主要为演绎的途径(Deductive Approach),而第二代政策执行研究则可视为一种分析性的归纳途径(Analytical Approach)。但是,政策执行是一种极为繁复的过程,是一系列发生于不同时间与空间的政治与行政的决策和行动的过程,而不只是单独采取演绎或归纳的途径就可解释。因此,他们主张政策执行研究不应忽视各种层次中执行动态面的探讨,其所提出的"府际政策执行沟通模型"即着重探讨政策执行的动态过程。

在"府际政策执行沟通模型"中,高金等人认为联邦政府做出决定启动了政策执行过程,而这一决定通过其形式和内容都会在一定程度上约束政策执行人员的选择和行为。地方政府回应联邦政府的诱导和约束的方式是不同的,这取决于

---

① 金太军等:《公共政策执行梗阻与消解》,广州:广东人民出版社2005年版,第64—66页。
② M. L. Goggin, et al., *Implementation Theory and Practice: Toward a Third Generation*, Glenview, ILL: Scott, Foressman / Lettle, Brown Higher Education, 1990, p. 32.

地方政府偏好的性质和强度以及地方政府行为的能力。而且,政府决策已经不再是一个单一的理性人的行为,而更可能是团体之间相互讨价还价的结果。因此,这种政策执行的综合路径认为政策执行实际上最终既取决于自上而下研究途径所关注的影响因素,又取决于自下而上研究途径所关注的影响因素。

在这一模型中,高金等人将政策执行的影响因素依据其独立性分为三类。独立的自变量包括联邦政府的诱导和约束、地方政府的诱导和约束,这两者都是事先存在的。半独立的中介变量是由中央政府决策与地方政府决定共同影响的,地方政府能力与地方政府输出的决定是两个重要的中介变量,影响着因变量,即地方政府政策的执行,而地方政府政策的执行情况又反馈回联邦政府和地方政府作为其诱导和约束因素。

这一模型分析的重点在于政府间关系对政策执行的影响,突出强调了地方政府的相对独立性,体现了一种综合的看法。同时,该模型也分析了影响因素之间是如何相互影响的,而这正是我们在进行政策分析中容易忽视的一点,因此,该模型的提出意义重大。

在高金之后,其追随者进一步丰富与发展了"府际政策执行沟通模型"的内容。

兰德尔·雷普利(Randall Ripley)和格雷斯·富兰克林(Grace Franklin)指出:"典型的公共政策执行是发生在一个复杂的府际关系网络上,其中多元参与者经常抱持分歧而且冲突的目标与期望;基于此,各种层次的府际关系运作能否顺畅无碍,自然与政策执行的效果息息相关。"[1]

丹尼斯·施柏莉(Denise Scheberle)认为政策是否能够有效执行,关键在于是否能培养正面的府际运作关系。她还根据联邦与地方官员彼此互信程度以及上级机构监督介入情形,将府际的运作关系分为下列四种类型[2]:

第一,"合作共事型"(Pulling Together)。在彼此互信程度较高的情况下,"合作共事型"允许联邦机构高度介入地方政策执行过程,并由此带来显著的政策执行效果。

第二,"合作但维持地方自主型"(Cooperative but Autonomous)。地方政府与联邦政府处于合作状态,但政策执行的情况取决于联邦政府的激励或限制措施对地方政府的影响程度。

---

[1] Randall B. Ripley and Grace A. Franklin, *Congress, the Bureaucracy and Public Policy*, Pacific Grove, C. A.: Brooks/Cole Publications, 1991, p. 61.

[2] Denise Scheberle, *Federalism and Environmental Policy: Trust and the Politics of Implementation*, Washington, D. C.: Georgetown University Press, 1997, pp. 10–22.

第三,"逃避式各自为政型"(Coming Apart with Avoidance)。由于地方政府享有相当程度的自主性,联邦与地方维持一个行礼如仪的表面关系,两者欠缺实质上的政策连带关系,必须借助于基层官员和民众的鼎力支持才可能取得有效的政策执行。

第四,"争斗式各自为政型"(Coming Apart and Contentious)。联邦政府高度介入地方事务,但彼此的互信度不高、沟通不良是其府际运作关系的主要特征,因此,基层的政策执行人员习惯于阳奉阴违,时常拥有自己桌面下的议程。

第三节 公共政策执行过程与手段

一、政策执行的过程

一般说来,政策执行的过程包括三个阶段:一是政策执行的准备阶段,包括进行政策宣传,加强政策认知,做好组织准备和进行物质准备,制订执行计划等活动环节;二是政策执行的实施阶段,包括政策试验、全面推广、指挥协调和监督控制等活动环节;三是政策执行的总结阶段,包括政策执行绩效评估、追踪决策等活动环节。

(一)政策执行的准备阶段

政策执行是一种有目的、有计划、有组织的活动过程,因此,在政策方案付诸实施以前,有必要做好各项准备工作,因为"良好的开端是成功的一半"。

1. 进行政策宣传,加强政策认知

要正确执行政策,就必须加强政策认知;要加强政策认知,就必须进行政策宣传。所谓政策宣传,是指向社会公众宣布和传播公共政策的意图和内容,促使和引导政策执行者和政策目标群体的行为向着宣传者所希望的方向发展。政策宣传除了对社会公众公布新出台的公共政策外,还含有教育、说服和鼓动的成分。它贯穿于政策实施过程的始终,既是政策执行的先导,又是政策执行的手段。①

政策宣传的内容包括政策的公布和政策方案的解释、说明。政策公布也称政策声明,就是下达实施政策的指令。政策公布一般是以法规、命令、指示、决议、批示、纪要、规定、通知、细则、办法等形式下发。除特殊情况外,公共政策都有正式公布的环节。政策一经公布,就进入实施环节,产生约束力和指导作用。

对政策的解释、说明,就是通过各种有影响力的渠道和方式,向政策执行者、政策对象和社会相关群体传播政策的合法性、合理性、必要性和效益性等方面的

---

① 张国庆主编:《公共政策分析》,上海:复旦大学出版社2004年版,第218页。

信息,以获得政策执行者和政策目标群体对政策的理解、支持和接受,并形成有利于政策执行的社会舆论环境,以确保目标群体的行为与政策规定的要求保持一致。

2. 做好组织准备

组织准备主要是指机构的设置和人员的配备。我们知道,公共政策终归是要由一定的人员和机构来执行的,政策颁布之后首先要做的事情就是组建相关的政策执行机构,配备必要的政策执行人员。

组建相关的政策执行机构是组织准备中首要的任务。一般来说,政策的执行,特别是常规性、例行性的政策执行,如属原有政策执行机构的任务,则应由原有政策执行机构及其工作人员继续承担,不必另建机构,但有时也可用提高原有机构地位或者改组机构的方式来保证政策的顺利实施。如果所要执行的是涉及多个部门的非常规性政策,而非原有执行机构所能承担的,则可抽调有关人员组建新的执行机构,以确保政策的有效执行。

配备必要的政策执行人员是组织准备中的另一项重要任务,因为人是组织中最能动、最活跃的因素,是政策执行任务的最终承担者。现代政府管理的专业化和政策环境的复杂化,对政策执行机构的主管人员和一般人员的素质能力提出了较高的要求,要求他们不仅要有强烈的事业心和责任感,更要具备丰富的管理经验和广博的专业知识等,同时,执行机构和人员不仅要有合理的个体素质结构,更要有优化的群体素质结构,以便同心同德、群策群力,通过有机的分工与合作确保政策执行任务的顺利完成。

在组建了政策执行机构和配备了政策执行人员以后,还有必要制定科学合理的管理制度,以明确政策执行的具体准则,保证政策执行的正常秩序。必要的管理制度包括目标责任制、检查监督制和奖励惩罚制等。三者是一个有机整体,其中,目标责任制是核心,检查监督制是手段,奖励惩罚制是杠杆,三者相辅相成,共同构成了推动政策全面、顺利、有效执行的一套完整制度。

3. 进行物质准备

任何一项公共政策的实施总是需要一定的物力和财力作为基本保障。"仅有执行政策的权威和主要工作人员的承诺是不够的,充足的装备、物资设备以及其他的支持设施也是必需的。"[①]因此,充分做好政策执行的物质准备,也是政策执行准备工作中必不可少的一项内容。这里所说的物质准备主要是指政策执行所必需的经费(财力)和必要的设备(物力)两个方面的准备。

---

① 〔美〕卡尔·帕顿、大卫·沙维奇:《政策分析和规划的初步方法》,孙兰芝等译,北京:华夏出版社2001年版,第215页。

第一,执行者应根据政策执行活动中的各项开支项目与数量,本着既能保证执行活动正常开展,又坚持勤俭节约的原则编制预算。预算必须报有关部门批准后才能执行,才算落实了政策实施的活动经费。

第二,要做好必要的设施准备,如交通工具、通信联络、技术设备、办公用品等。随着现代科学技术的发展,政府管理与政策执行所使用的各类设施已经有了很大的发展,这些现代化设备为政策执行活动的顺利开展提供了良好的物质条件。

4. 制订执行计划

一般说来,一项公共政策的推出,往往是从宏观、战略的角度规定实现政策目标的基本方向,面向整体,着眼长远,具有抽象性、原则性、笼统性和模糊性的特征,因而未必能与实际情况完全契合,导致政策的可操作性相对不足。因此,政策执行机构需要在调查研究的基础上,对政策规定加以具体化,对总体目标进行分解,制订出具体可行的政策执行计划。

制订政策执行计划时,必须遵循下列原则[①]:

第一,客观原则。制订执行计划要实事求是,有的放矢,切实可行,客观可靠,排除主观臆断;执行计划的各项分目标要不保守也不冒进,不是唾手可得也非高不可攀;对有关人力、财力、物力等各种资源与条件,必须做到心中有数、量入为出、量体裁衣,不可含糊笼统、不自量力、好大喜功、脱离实际。

第二,弹性原则。制订执行计划要有适应外部环境条件变化的弹性机制,特别是要有应对突发事件的防范机制;也要在坚持政策原则性的基础上,具有灵活性,通过创新发现政策执行新的切入点和新措施、新方法,既科学有效地执行政策,又减少政策执行成本,提高政策执行效益。

第三,统筹原则。制订执行计划要求能够统筹方方面面,理顺各种关系,实现长期目标与近期目标统一、上级目标与下级目标统一、经济目标与社会目标统一,切忌顾此失彼、前后矛盾、相互冲突,做到计划前后衔接、全局与重点均衡、公平与效率兼顾。

(二)政策执行的实施阶段

政策执行的实施阶段是实现政策目标、提高政策效益的关键环节。它包括政策试验、全面推广、指挥协调和监督控制等内容。

1. 政策试验

政策试验是一项新政策在正式推广之前,根据政策目标群体和政策适用范围

---

① 宁骚主编:《公共政策学》(第三版),北京:高等教育出版社2018年版,第305页。

的实际情况,选择具有代表性的局部地区、范围或群体,使用较少的成本和较短的时间,试行政策的办法。

在政策执行过程中,政策试验是政策得以全面推行的基础。政策试验的意义体现在①:其一,有利于减少政策执行的风险。由于某些大型政策涉及政治、经济、文化、心理等多项社会因素,其执行条件不够成熟,准备不可能完全充分,执行计划不可能十全十美,政策信息的非对称性以及执行主体对政策过程和结果缺乏准确的洞察力,因而政策方案的全面推开面临一定风险。政策试验利用有限的政策资源做出局部性、临时性判断,能相对减少政策执行的风险。由于资源投入不多,即使试验全部失败,造成的损失也不至于太大。其二,政策试验有利于降低政策执行成本。政策试验有利于检验政策的可行性和有效性,可以及时修改和完善政策,可以从政策试点中获得重要的经验和教训。同时,通过试点取得的成功与效益,能使人们逐渐转变传统观念而接受新政策,从而有利于提高政策执行效率,降低政策执行成本。

2. 全面推广

在经过执行准备和政策试验的各项工作以后,就进入了政策实施的全面推广阶段。这是政策执行过程中最重要的阶段,因为政策执行绩效的好坏在很大程度上取决于这一阶段的执行情况。

在政策实施的全面推广阶段,必须遵循原则性与灵活性相统一的原则。所谓政策实施的原则性,是指政策执行必须遵循政策的精神实质,保证政策的统一性、严肃性和权威性,严格按照政策规定的要求去做,全面地、不折不扣地实现政策目标。所谓灵活性,是指在不违背政策原则精神和保持政策方向的前提下,坚持从实际出发,采取灵活多样的方式方法,因时制宜、因地制宜、因人制宜、因事制宜,使政策目标得到真正实现。在政策实施中坚持原则性与灵活性相统一的原则,就是要把政策精神和实际情况相结合,既要创造性地实施政策,又要正确地把握政策界限。灵活是在原则所允许的范围内的灵活,而不是违反政策的随心所欲;灵活性的临界点是原则性。我们在执行政策的过程中,如果抛弃了政策的原则性,滥用灵活性,就会产生"上有政策,下有对策"的现象,使政策难以得到顺利、有效的执行。②

3. 指挥协调

政策执行是一项非常复杂的管理活动,需要不同执行机构和执行人员的共同

---

① 宁骚主编:《公共政策学》(第三版),北京:高等教育出版社 2018 年版,第 307 页。
② 陈振明主编:《政策科学——公共政策分析导论》,北京:中国人民大学出版社 2003 年版,第 269—270 页。

参与和密切配合,需要调动并利用人力、财力、物力、时间、信息、权威等多种资源,需要综合使用行政、法律、经济等各种手段。

指挥是行政领导者将已经确定的执行计划和目标任务通过命令、指示、决定等方式,分派落实到具体的部门、单位和个人;按照计划筹集、分配物资经费,组织实施试点工作,总结推广试点经验;通过行政命令、经济调控和教育激励等手段,指导政策执行工作全面展开和有效推进的过程。

协调是指行政领导通过引导、调停和说服的办法,使不同的政策执行机构和政策执行人员之间建立起相互协同、相互配合的关系。协调工作做好了,才能化解矛盾、解决冲突、缓和关系,使执行人员及其他相关人员做到思想观念上的统一和行动上的一致,才能保证执行活动的同步与和谐,提高政策执行的效率,减少人力、物力、财力和时间等方面的浪费。

4. 监督控制

监督控制是政策执行过程的保障环节。在实际的政策执行过程中,常常由于政策执行者主观认识上的差异,造成对政策理解的失当,或者因为政策制定者与执行者之间存在利益的差别,往往会使政策执行活动偏离政策目标,出现政策执行的偏差、失误、违法与低效等情况。因此,必须加强对整个政策执行过程的监督和控制。对政策执行过程进行监督控制主要是为了保证政策执行活动遵循政策原定方案,监督检查政策内容是否得到贯彻执行,看看各项措施是否存在违背全局利益或整体利益的情况,及时发现和纠正一切违背政策目标的行为,提高政策执行的效率,确保政策目标的实现。

(三) 政策执行的总结阶段

政策执行完毕后要及时做出总结,这是政策执行的最后一个阶段,也是为制定新的政策做准备。政策执行总结包括以下两个环节:

1. 绩效评估

在政策执行完毕以后,需要对政策方案及其执行绩效进行科学、客观、系统、全面的评估。政策执行绩效评估对于改进政策制定系统,克服政策执行中的弊端和障碍,提高公共政策的质量和效益,具有重要作用。

首先,政策执行绩效评估是检验政策执行效率、效益和公平性的基本途径。一项构思精良、经多方论证认定是无懈可击的政策付诸实施以后,究竟有没有达到预期的目标,是否产生预期的效果,不能仅由政策制定者或执行者进行主观判断,而是需要使用科学的指标、遵循严格的程序来进行客观的评估。

其次,政策执行绩效评估是决定政策去向的重要依据。一项政策在执行过程中总会呈现出一定的走向。伴随着政策目标实现程度的不断推进,该项政策是应该继续、调整、革新还是终止,这不应该是核心决策者拍脑袋决定的事情,必须以政策绩效评估的客观结果为依据。

最后,政策执行绩效评估是进行追踪决策的必要前提。追踪决策不是建立在空中楼阁之上的,它总是以原定政策及其执行效果为背景的。政策执行绩效评估的结果为重新确定政策目标、进行追踪决策提供了必要的依据。

2. 追踪决策

在政策执行过程中,当主客观情况发生了重大变化,或是发现原有政策本身有原则性错误时,就必须及时进行追踪决策。追踪决策不是对原有政策方案的修修补补,而是进行根本性的修正与变革。因此从本质上讲,追踪决策是针对原有政策问题的重新决策,它同样要严格地按照科学决策的程序和方法进行。但是,追踪决策是在原有政策实施了一段时间以后的二次决策,它不同于正常情况下的一般性决策,其基本特点在于[①]:

(1) 回溯分析。一般决策是在搜集信息、确定目标和拟订方案的基础上进行方案优选,而追踪决策是在原有方案已经实施却面临困境的情况下做出的重新决策。因此,追踪决策必须要回溯到原有政策的起点,对原有政策的制定过程及其环境逐步逆推,一环一环进行客观分析,看一看究竟是哪一步开始出现失误的,进一步寻找失误的症结所在,以便采取对策,进行科学的追踪决策。

(2) 非零起点。一般决策都是从零开始,尚未付诸实施;追踪决策则是非零起点,因为原有政策已经实施了一段时间,不仅投入了一定的人力、物力和财力资源,而且政策的实施和资源的消耗已经对周围环境产生了实际的影响。追踪决策要以这种已经变化了的主客观条件为起点,重新进行决策,重新审查目标,重新拟订方案,重新抉择方案。

(3) 双重优化。一般政策方案的优选是从若干备选方案中进行一次优选即可;而追踪决策的方案选择具有双重优化的特点。一方面,各个备选方案都要优于原来的政策方案,因为经过实践检验,原有方案的缺陷已经暴露无遗,合理之处也得到证实,现在拟订方案有前车之鉴,理所当然要优于原有方案。另一方面,重新拟订的方案也要对比优选,选择最佳方案。由于是两次优选,因此称为双重优化。

(4) 心理效应。任何政策从制定到实施都有心理效应的问题,追踪决策的心理效应更为强烈。由于它是在原有政策已经实施而又要改变的情况下进行的,因此势必引起与原有政策相关的人员的心理反应,甚至给他们带来强烈的情感震荡。一是原有政策的制定和执行人员难免对自己的劳动成果充满感情,在重新决

[①] 陈庆云主编:《公共政策分析》(第二版),北京:北京大学出版社2011年版,第188—189页。

策时,他们容易因前途未卜而产生不安心理,而且他们还会因害怕承担责任而竭力维护原有政策;二是原有政策的执行已经消耗了大量政策资源,追踪决策在根本改变原有政策方案的同时,使已经消耗的政策资源成为沉淀成本,这也会给追踪决策带来强大阻力;三是尽管原有政策方案有不合理之处,但却可能给特定社会群体带来不当收益,而这些社会群体为了维护自身的既得利益,也可能积极维护原有政策,反对追踪决策的顺利进行。

上述诸环节构成了一个完整的政策执行过程。只有三个阶段中的每一项功能性活动都做好了,政策执行活动才能顺利进行,从而把政策目标转变为政策现实,把政策内容转变为政策效益。

二、政策执行的手段

公共政策执行手段是指政策执行机构和人员为实现政策目标、落实政策内容所采用的政策工具、中介途径与措施方法的总称。美国著名政策科学家詹姆斯·安德森曾经指出:"行政管理机构所实施的活动依靠的不仅仅是该机构官员的态度和动机,以及外部的压力,而且取决于该机构所能获取的政策实施技术。"[①]可以说,政策执行手段选择的恰当与否,直接关系到政策执行目标能否实现,关系到政策执行主体执行力的大小。

(一)行政手段

行政手段是政策执行最基本的手段,是行政机关采用规章制度、命令指示、组织纪律等方式来推进公共政策的执行的手段。

行政手段具有以下特点:

(1)权威性。行政机关以国家权力为基础,强调垂直领导关系和下级服从上级的权威性,从而保证政策执行在全国范围内统一组织、统一指挥、统一行动。

(2)强制性。行政手段以命令、指示、规章、纪律等形式出现,以行政处罚作保证,在规定的范围内,任何单位和个人都必须执行,否则就要承担一定的责任,受到一定的惩罚。

(3)具体性。政策执行的行政手段是就某一具体问题,完成某一具体任务而实施的,因此其内容、对象、时间、范围、限度、措施等,都是具体的。

(4)无偿性。上级部门根据政策执行的需要,可以使用行政手段对下级部门的人、财、物等进行调动和使用,这种调动和使用不存在等价交换的问题,因而具有无偿性的特征。

---

① 〔美〕詹姆斯·E.安德森:《公共决策》,唐亮译,北京:华夏出版社1990年版,第137页。

(5) 发挥作用快。行政手段具有权威性、强制性和具体性的特征,导致它比其他政策执行手段发挥作用更快。

当然,行政手段也有其不足之处:运用行政手段容易只从行政角度考虑问题,忽视其他政策规律和各方面的利益,容易产生"一刀切"、瞎指挥等问题;同时,行政手段在政策执行中的频繁运用会在一定程度上影响下级组织及其官员的积极性和创造性。所以,在政策执行的过程中,行政手段不能滥用;同时,行政手段的运用还离不开有效的监督。

(二) 法律手段

法律手段是通过各种法律、法令、司法、仲裁等工作,特别是通过行政立法和司法方式来调整政策执行活动中各种关系的方法。法律手段的运用是指通过有关部门对违法行为进行制裁,以及政府机关依法制定和执行行政法规、部门规章的方式来调整相关社会关系,并对政策执行活动进行控制和监督。

法律手段除了与行政手段一样具有权威性和强制性外,还具有稳定性、规范性和程序性的特点。

(1) 稳定性。行政法规一经国家立法和行政机关颁布,就将在一定时期内生效,不会经常变动,更不允许任何机关、团体和个人随意更改。法律、行政法规的修订必须根据客观形势发展的要求,由国家立法和行政机关遵循立法程序进行。

(2) 规范性。这是指法律对一般人普遍适用,对其效力范围内的所有组织和个人具有同等的约束力。法律和法规都要用极其严谨的语言,不能引发歧义,因为它是评价不同人行为的共同标准。不同层次的法律法规不得相互冲突,法规要服从法律,一般法律又要服从宪法。

(3) 程序性。法律的制定要遵循特定的程序,法律的实施要在法定的时间和空间内进行,并遵循法定的步骤和方式。在政策执行的过程中,法律手段的运用既要讲究实质正义,又要讲究程序正义。

法律手段是政策执行法治化、制度化、规范化的根本保障。只有有效运用法律手段,消除政策执行过程中人治重于法治的现象,才有助于政策执行的顺利进行。

(三) 经济手段

经济手段是指根据客观经济规律和物质利益原则,利用各种经济杠杆,调节政策执行过程中的各种不同经济利益之间的关系,以促进政策顺利实施的方法。经济手段运用价格、工资、利润、利息、税收、资金、罚款以及经济责任、经济合同等,来组织、调节和影响政策执行者和政策对象的活动。

经济手段不同于行政手段和法律手段,它有如下三个特性[①]:

(1) 间接性。经济手段不像行政手段那样直接干预,而是利用经济杠杆作用对各个方面的经济利益进行调节,以此来实现间接调控。

(2) 有偿性。与行政手段下的无偿服从不同,经济手段的核心在于贯彻物质利益原则,注重等价交换原则。有关各方在获取自己经济利益的权益上是平等的。

(3) 关联性。一种经济手段的变化不仅会引起社会多方面经济关系的连锁反应,而且会导致其他各种经济手段的相应调整;它不仅影响当前,而且会波及以后。

实践证明,在政策执行过程中,只有正确贯彻物质利益原则,按客观经济规律办事,运用经济手段来调整各方面的经济利益,将执行政策的任务与物质利益挂钩,并以责、权、利相统一的形式固定下来,间接规范人们的行为,给人以内在的推动力,才能充分调动人们执行政策的积极性和主动性,最经济有效地实现政策目标。

(四) 说服引导手段

与行政手段、法律手段和经济手段相比,说服引导手段较少有强制性,因此是政策对象更易于接受的执行方式。

所谓说服,按照安德森的解释,它"是指某些人试图使他人相信自己的立场和价值观的正确,从而使他们采取和自己一样的行动。它可能包括某人试图使他人相信自己所持立场的价值观所在;或使他人相信,如果接受了这种立场,那么就会增进他们或他们的选民的利益(或两者兼而有之)。就这样,劝说者试图让他人'按自己的方式行事'。……官员向公众解释和证实特定的计划,就反映了政府试图说服公众遵守这些计划"[②]。

耐心说服、正确引导是政策执行的有效方法之一,它对于促进政策目标群体的政策认知、增强他们的政策认同,具有十分重要的作用。相反,简单粗暴、独断专行的执行方式往往会受到政策对象的反抗。对于政策目标群体的思想问题,政策执行人员要依据其思想发展的规律,采取循序渐进、耐心说服的方法对他们进行正确的引导,特别要向他们讲明道理,分析利弊,权衡得失,使他们真正认识到所推行的政策蕴含的价值与他们自身的利益是密切相关的,从而加深政策目标群体对政策的认识和理解,引导他们自觉、主动地执行公共政策。

---

① 陈振明主编:《政策科学——公共政策分析导论》,北京:中国人民大学出版社 2003 年版,第 268 页。
② 〔美〕詹姆斯·E. 安德森:《公共决策》,唐亮译,北京:华夏出版社 1990 年版,第 101 页。

第九章 公共政策内容的执行

(五) 技术手段

技术手段是采用网络技术、信息技术等现代化的科学技术,来改进政策执行的方式,提高政策执行的效率。继美国、加拿大、新加坡等国开始构建本国电子政府之后,我国政府于1999年发起了"政府上网工程",这标志着我国电子政府的全面开始。自此之后,政府网站建设加速发展,据2015年第一次政府网站普查工作统计显示,截至2015年8月7日,国务院部门网站有3241个,省级政府网站2998个,市级政府网站22 714个。① 信息公开、在线办事、公众参与这三大功能,成为中国政府门户网站发挥其电子政务抓手作用的三把钥匙。电子政务工程的实施,对于促进政务公开,转变政府职能,优化公共服务,建立政府与民众之间的互动机制,提高政策执行的效率与质量,都有着至关重要的影响。随着数字化技术的快速发展,社会进入数字化时代,政府在执行领域广泛使用大数据、云计算等新技术,收集海量的社会、经济、文化信息,为政策执行提供了有力的数据支撑。

【关键术语】

自上而下的政策执行模式　自下而上的政策执行模式　T.史密斯的政策执行过程模型　范·米特与范·霍恩的政策执行系统模型　M.麦克拉夫林的政策执行互适模型　雷恩和拉宾诺维茨的政策执行循环模型　萨巴蒂尔和马兹曼尼安的政策执行综合模型　爱德华的政策执行模型　高金的府际政策执行沟通模型　政策执行的过程　政策执行的手段

【复习思考题】

1. 试比较"自上而下"与"自下而上"政策执行模式的异同点。
2. 联系实际,分析影响政策执行的因素。
3. "上有政策,下有对策"是政策执行中存在的一种现象。试用所学的政策执行模型,分析这种现象的成因与治理对策。
4. 政策执行过程分为哪些主要阶段？各阶段分别有哪些功能性活动？
5. 政策执行的手段有哪些？

---

① 《全国政府网站普查总体情况(截至8月7日)》,中央人民政府网站,http://www.gov.cn/wzpc/2015/2015-08/07/content_2909856.htm,2022年2月24日访问。

【案例分析】

利益分析：研究政策执行问题的基本方法论原则[①]

利益对于政策执行问题的研究是一个极为重要的基本范畴。政策既是一定利益的确认形式，也是利益的调整工具和分配方案，政策所体现的意志的背后乃是各种利益，而且人们从事政策执行活动的动力也是利益。从本质上来说，政策执行就是相关政策主体之间基于利益得失的考虑而进行的一种利益博弈过程。所以，不了解利益与政策以及与政策执行行为之间的关系，我们就无法深刻理解政策执行的内在机理，不进行利益分析，我们就很难找出政策执行问题发生的症结及对策。

利益根据不同标准可以划分为不同类型。我们既可以根据利益主体的不同将利益划分为公共利益和私人利益，也可以根据利益实现时间的远近不同将利益划分为眼前利益（短期利益）和长远利益，还可以根据利益的范围不同将利益划分为局部利益和整体利益，等等。现实社会是一个包含着利益矛盾和冲突的社会，因为客观存在着各种不同的主体、不同的需要、不同的行为、不同质和量的资源，所以这些具有不同需要和行为的利益主体在资源稀缺的社会环境中相互之间就难免会存在这样或那样的利益矛盾和冲突，无视这些利益矛盾和冲突的存在是不应该的，回避这些利益矛盾和冲突更是不明智的。而且在政策执行过程中这些不同的利益矛盾和冲突常常阻滞政策目标的有效实现，许多政策之所以在执行过程中出了问题，其根本原因就在于或是私人利益与公共利益之间存在着矛盾和冲突，或是局部利益与整体利益之间存在着矛盾和冲突，或是眼前利益（短期利益）与长远利益之间发生了矛盾和冲突，并且利益主体未能正确地认识和处理好这些利益矛盾和冲突。正是由于这些利益矛盾和冲突对政策的执行有着十分重要的影响，所以，能否正视这些客观存在的利益矛盾和冲突并正确地认识和处理好这些利益矛盾和冲突，便成为我们能否有效地解决政策执行问题的重要前提条件。"徒法不足以自行"，政策的执行最终是要通过人的行为——政策执行者的实施行为和政策目标群体的遵从行为——来完成的。所以，要获得对于政策执行问题的规律性认识，就应当了解人们在政策执行过程中的行为动力。政策的存在作为一种社会现象，并不是人们遵守或违反它的原因，人们之所以遵守政策或违反政策，是因为政策本身代表了一定的利益，利益在推动或抑制人们的行为中扮演着

[①] 节选自丁煌：《利益分析：研究政策执行问题的基本方法论原则》，《广东行政学院学报》2004年第3期。

极为重要的角色,利益追求是政策执行主体行为的内在驱动力,正是利益推动着人们去执行政策或违反政策。如果我们不对利益的本质及其与政策的关系有所了解,我们就很难理解人们在政策执行过程中的行为动力,更谈不上对政策执行问题进行深入的探讨。因此,利益分析理应成为我们研究政策执行问题时必须遵循的最基本的研究方法论原则。

案例讨论题

1. 利益分析为什么是分析政策执行问题时的基本方法论原则?
2. 试从利益的角度分析政策执行行为的偏差。

【推荐阅读文献】

1. 金太军等:《公共政策执行梗阻与消解》,广州:广东人民出版社2005年版。
2. 〔英〕迈克·希尔等、〔荷〕彼特·休普:《执行公共政策:理论与实践中的治理》,黄建荣等译,北京:商务印书馆2011年版。
3. 陈振明编著:《公共政策分析导论》,北京:中国人民大学出版社2015年版。
4. 杨宏山编著:《公共政策学》,北京:中国人民大学出版社2020年版。
5. 王诗宗、杨帆、亢晓妮:《基层政策执行中的调适性社会动员:行政控制与多元参与》,《中国社会科学》2018年第4期,第85—104页。
6. 贺东航、孔繁斌:《中国公共政策执行中的政治势能——基于近20年农村林改政策的分析》,《中国社会科学》2019年第4期,第4—25,204页。

第十章 公共政策绩效评估

【内容提要】

公共政策绩效评估是公共政策过程中的关键环节。科学的评估能够帮助人们了解政策开展的实际情况,判断其是否达到预期目标,以此辅助决策者决定政策走向。本章首先介绍公共政策绩效评估的内涵、意义及主要类型,帮助学习者形成基础性认识;然后,阐述现阶段政策绩效评估的主要模式及影响因素,介绍评估的方法演进,总结现有评估方法;最后,根据评估结果决定选择政策持续、政策调整、政策终结三种不同走向中的哪一种。

第一节 公共政策绩效评估概述

一、公共政策绩效评估的内涵

(一)公共政策评估概念的三种理解

对于公共政策评估的理解,国内外学者众说纷纭。从不同角度进行归纳概括,大致有三种观点。

第一种观点认为,公共政策评估主要是对政策方案或政策计划的评估。这种观点将公共政策评估视为一种分析过程,认为公共政策评估是政策方案选取阶段的环节之一,对解决问题的各项方案进行可行性及优缺点比较。也就是说,政策评估主要为择优选取政策方案服务。斯图亚特·S.那格尔在《政策研究百科全书》中指出,政策评估依靠经验性证据和分析,强调建立和检验中期理论,关心是否对政策有用;[1]纳撒尼尔·利奇菲尔德(Nathaniel Lichfield)等人将政策评估总结为一种描述各种解决政策问题的方案,陈述各种方案优劣的过程;[2]马文·阿尔金(Marvin C. Alkin)认为政策评估的意义在于收集并分析政策信息,并据此满

---

[1] 〔美〕斯图亚特·S.那格尔:《政策研究百科全书》,林明等译,北京:科学技术文献出版社1900年版,第70页。

[2] Nathaniel Lichfield, P. Kettle, and M. Whitbread, *Evaluation in the Planning Process*, Pergamon Press, 1975, p. 4.

足决策者的决策需求。①

第二种观点认为,公共政策评估是对公共政策全过程的评估,这里的政策评估既包括对政策方案的评估,也强调对政策执行以及政策效果的评价。持这种观点的学者,将公共政策评估视为一种内容广泛的活动。詹姆斯·E. 安德森认为,"政策评估涵盖对一项政策的内容、执行、目标实现以及其他效应的估计和评价"②。弗兰克·费希尔认为政策评估贯穿于决策过程的各个阶段③。我国台湾学者林水波、张世贤指出,政策评估的目的是"用以论断政策概念与设计是否周全完整;知悉政策实际执行的情形、遭遇的困难,有无偏离既定的政策方向;指出社会干预政策的效用"④。

第三种观点认为,公共政策评估是对公共政策效果的评估。政策评估的主要目的是鉴定被执行的政策在目标达成上的实际效果,确认政策实施对于政策问题的解决程度和影响程度。托马斯·R. 戴伊认为:"政策评估就是了解公共政策所产生效果的过程,是试图判断这些效果是所预期的效果的过程,是判断这些效果与政策的成本是否符合的过程。"⑤目前,对于公共政策评估的认识较多集中于第三种观点,即对政策实施效果的关注。

(二) 正确认识公共政策绩效评估

本章所探讨的公共政策绩效评估,处于公共政策过程理论的最终环节,强调对政策效果的评估,偏向于上文所说的第三种观点。公共政策绩效评估是指基于结果导向,运用科学的方法、规范的流程和相对统一的指标,对政府公共政策的投入产出进行综合性测量与分析的活动,是政府绩效评估最重要的内容之一。⑥

在理解公共政策绩效评估时,应认识到:

(1) 评估对象的广泛性。绩效评估是一个笼统的概念,可以指代对任何对象绩效的评估,从员工个人到政府整体,从具体项目到政策体系。

(2) 绩效测量是前提条件。绩效是特定时间内相关主体可描述的工作行为和可衡量的工作结果,要运用科学方法进行有效测量,确保测量结果的科学性。例如,对时间、资金等的测量有客观的指标和标准,评估中应遵循统一标准。

(3) 存在价值判断。虽然测量结果是客观的,但即使面对同样的测量结果,

---

① Marvin C. Alkin, ed., *Evaluating Action Programs*, Boston: Allyn and Bacon Inc., 1972, p. 107.
② James E. Anderson, *Public Policy Making: An Introduction*, Boston: Houghton Mifflin Company, 2003, p. 245.
③ 〔美〕弗兰克·费希尔:《公共政策评估》,吴爱明等译,北京:中国人民大学出版社2003年版,第2页。
④ 林水波、张世贤:《公共政策》,台北:五南图书出版公司2008年版,第299页。
⑤ Thomas R. Dye, *Top Down Policymaking*, New York: Chatham House Publishers, 2001, p. 26.
⑥ 贾凌民:《政府公共政策绩效评估研究》,《中国行政管理》2013年第3期,第20—23页。

也可能得出完全不同的评价结论,这与价值判断密不可分,受评估者的自身能力、个人偏好等的影响。

同时应避免两种片面理解:第一种片面理解是将政策效果等同于公共政策目标,只考察政策预定目标的完成情况,而忽视了对政策影响的考察;第二种片面理解是以政策产出衡量政策效果。这里要注意区分政策产出及政策影响两个概念:政策产出是目标群体所获得的服务或其他各种资源;政策影响是指政策产出所引起人们在行为和态度方面的实际变化。

二、公共政策绩效评估的意义

公共政策绩效评估作为检验政府工作成效的手段,越来越引起政府重视,并被纳入政府的常规工作之中。总结现有观点,公共政策绩效评估的积极作用可以概括为以下几点:

(1)为政策后续进展提供依据,参照可行性程度得出继续执行或停止执行政策的判断。

(2)依据评估结果,提供改善政策执行与技术的参考。

(3)通过评估推动政策资源的重新配置,为下次政策制定、执行和调整过程准备一定的有利条件。

(4)强化政策反馈和政策学习。评估有利于发现问题,总结教训,使政府部门避免重蹈覆辙;评估过程中对"最佳实践"的识别,也为其他国家、地区或部门提供经验借鉴。

(5)推动问责工作的有效开展。政策评估要求政府对政策结果予以回应,兑现其对社会所做出的承诺。[①]

此外,随着人们对公共政策绩效评估的理解不断深入,其消极目的也逐渐浮出水面。政府开展公共政策绩效评估的出发点并不总是好的,尤其是在西方国家,政策评估往往容易沦为达成某种目的所采取的工具或手段。麦克尔·豪利特、M.拉米什指出,"要认识到政策评估形成中理性与政治力量的局限性","政策评估与政策的其他阶段相似,是一项政治活动。事实上,评估工作有时被用来伪装或隐藏某些事实,即那些担心会让政府出丑的事实",同时,"政府之外的评估者并不总是以改进政策为目的,而经常是基于获得党派政治优势或强调意识形态的需要"。[②] 我们可将公共政策绩效评估的消极作用总结为以下几点:

[①] 李国正主编:《公共政策分析》,北京:首都师范大学出版社2019年版,第273—274页。
[②] 〔美〕麦克尔·豪利特、〔澳〕M.拉米什:《公共政策研究——政策循环与政策子系统》,庞诗等译,北京:生活·读书·新知三联书店2006年版,第293—294页。

(1) 规避责任。利用政策评估结果，给出政策实施与否的理由，为自己开脱责任。

(2) 炫耀工作绩效。为本级政府或相关政府部门歌功颂德。

(3) 夸大工作难度。要求追加政策活动预算，增加工作机构和人员。

(4) 批评政策以达到改变政策的目的。利用评估结果中的某些结论，批判政策失误或不足，为政策调整编造理由。

三、公共政策绩效评估的类型

由于公共政策的复杂性、广泛性以及人们关注政策的角度差异，政策绩效评估的类型呈现出多样化的特点。这里主要介绍以下三种使用较为广泛的分类方式。

(一) 依据形式划分：正式评估与非正式评估

正式评估是指事先制订完整的评价方案，严格按照规定的程序和内容执行，并由确定的评价者进行评价。它在公共政策绩效评估中占主导地位，是政府部门考察公共政策的主要方式，具有评估过程标准化、评估方案科学化、评估结论客观全面的优点，不足之处是开展评估的条件较为苛刻，对评价者自身素质要求较高。非正式评估是指对评价者、评价形式、评价内容不作严格规定，对评估的最后结论也不作严格要求，人们根据自己掌握的情况对公共政策做出评价。非正式评估具有方式灵活、简便易行的特点，同时也因缺乏科学的程序和方法，容易犯以偏概全的错误，客观性、公正性相对缺乏。

(二) 依据主体划分：内部评估与外部评估

内部评估是由政策机构内部的评价者所完成的评估。它可分为由操作人员自己实施的评估和由专职评价人员实施的评估。政策制定者和执行者由于熟知工作流程、掌握一手资料，开展评估活动难度较小，并能够根据评估结果，直接对相关政策进行调试，但政策制定者和评估者对自己的行为进行客观评价实非易事，存在"报喜不报忧"的利己倾向。政策机构中专职人员进行的评估活动专业性强、经费充足，但由于其本身仍处于政府内部，也容易受到机构利益的左右。

外部评估是政策机构外的评估者进行的评估，又可分为受委托进行的评估和不受委托进行的评估。受委托进行的评估，指政府机构委托营利性或非营利性的研究机构、学术团体、专业性的咨询公司、高等院校的专家学者等进行的政策评估。此种政策评估主体为专业评估人员，具有丰富的经验和较强的独立性，能够比较公正客观地开展评价,但由于经费受到委托人的限定,也存在做出迎合委托人的评估结果的可能。不受委托的评估,指外部评估者出于自身的工作职责、社会责任感、研究目的、兴趣点或相关利益而自行组织开展的政策评估活动;作为公共政策的承受者,他们对政策效果的评估更为真实。

外部评估与内部评估相比,涉及范围更广,结论相对客观公正,但在信息获取方面比较困难,且评估结论不易受到重视。

(三)依据领域划分:行政评估、司法评估、政治评估[1]

行政评估通常在政府内部进行,由财政、法律等各部门主管人员执行,行政评估通常用来检验政府服务提供的有效性,以及在尊重正义和民主原则的同时相关政策目标的实现程度。行政评估关注效率问题,目的是使政府在投入最少的基础上,实现其预期政策目标。行政评估主要包括投入努力度评估、绩效评估、绩效充分性评估、效率评估和过程评估五种类型。[2]

司法评估关注与政府政策的执行方式相关的法律问题,由司法部门执行,主要评估政府部门的行为是否符合宪法、法律的规定或行政行为标准以及个人基本权利。

政治评估通常不具备系统性和技术性,其目标不是改进政府的政策,而是为了支持或挑战它。政治评估试图评判政策的成败,以此来判断是继续还是改变一项政策。政治评估会在特殊场合进入政策过程,如选举中公民对政府的表现进行评估。同时,相关政治子系统可通过多种方式参与政治评估,如公众听证会、行政论坛,或以咨询为目的而成立的特别咨询委员会或特别工作组等。

四、公共政策绩效评估的标准

公共政策绩效评估标准,是指进行政策分析评价时应坚持和遵循的客观尺度和水准。政策评估标准设定是否科学,直接决定了政策评估的结果正确与否及其功能作用的大小。目前,公共政策绩效评估标准现状主要有以下两个方面:一是统一评估标准难度大;二是现有评估标准种类多。

(一)统一评估标准难度大

事实上,由于公共政策涉及面广,利益相关者众多,变量因素复杂,设定统一

---

[1] 〔美〕麦克尔·豪利特、〔澳〕M.拉米什:《公共政策研究——政策循环与政策子系统》,庞诗等译,北京:生活·读书·新知三联书店 2006 年版,第 294—300 页。
[2] Edward A. Suchman, *Evaluation Research*, New York: Russell Sage Foundation, 1967, pp. 45-46.

的、能为绝大多数学者共同认可的评价标准是十分困难的。这是因为：

（1）政策目标的影响。政策目标有时是不明确的、含混的，从而使评估标准无法界定。

（2）法规制度的限制。有时因受政治上、法律上、制度上等各种因素的限制，评估者无法根据客观实际需要来设定评估标准。

（3）因政策效果有预期和非预期、正面和负面之分，所以在设定标准的同时要兼顾不同方面的要求是很困难的。

（4）评价标准本身应力求数量化、具体化、客观化，但公共政策效果和影响有时受认知、态度、心理等主观层面的影响较大，而对这些问题的评价是非常不易设定量化和客观评价标准的。①

（二）现有评估标准种类多

国内外学者在政策评估到底应该遵循哪些标准这个问题上看法并不一致。

美国学者卡尔·帕顿和大卫·沙维奇在《政策分析和规划的初步方法》一书中谈到，大部分主要的评估标准都可以归入技术可行性、经济和财政可能性、政治可行性及行政可操作性这四种综合类型中。② 技术可行性标准衡量政策产出与政策目标的一致性程度；经济和财政可能性对政策成本、成本与收益比较进行测量；政治可行性关注相关利益主体所受影响；行政可操作性衡量政策目标在特定行政环境中实现的可能性。美国政治学家保罗·狄辛（Paul Diesing）将人类社会所追求的五种理性即技术理性、经济理性、法律理性、社会理性、实质理性作为政策评价的标准。③ 威廉·N.邓恩在其所著的《公共政策分析导论》一书中将公共政策评估的标准归纳为效果、效率、充足性、公平性、回应性、适宜性。④

林水波等认为政策绩效评估标准应包括八方面的内容，分别是政策投入、政策绩效、政策效率、充分性、公平性、适当性、执行力、社会发展总指标。⑤ 张国庆在《现代公共政策导论》中，将政策绩效评估标准分为首要标准和次要标准；用于整体评估的标准称为首要标准，用于单元评估的标准称为次要标准。⑥

---

① 陈庆云主编：《公共政策分析》（第二版），北京：北京大学出版社2011年版，第207页。
② 〔美〕卡尔·帕顿、大卫·沙维奇：《政策分析和规划的初步方法》，孙兰芝等译，北京：华夏出版社2002版，第160—168页。
③ 林水波、张世贤：《公共政策》，台北：台湾五南图书出版公司1982年版，第521页。
④ 〔美〕威廉·N.邓恩：《公共政策分析导论》（第四版），谢明等译，北京：中国人民大学出版社2011年版，第253—254页。
⑤ 林水波、张世贤：《公共政策》，台北：台湾五南图书出版公司1982年版，第500—519页。
⑥ 陶学荣、崔运武主编：《公共政策分析》，武汉：华中科技大学出版社2008年版，第297—298页。

上述各种观点不尽相同,但总体上都是切实可行的,且指标设立都关注到政策效果的事实及价值层面。在确立公共政策绩效评估标准时,应遵循客观性、系统性、可比性、准确性、实用性、导向性原则。在这里,我们主要借鉴宁骚对公共政策绩效评估标准的论述,认为政策绩效评估是建立在事实标准、技术标准和价值标准基础之上的一项活动。

事实标准运用数量值、比率关系、统计结果等手段反映事物过去、现在和将来的存在状况。事实标准包括政策效率、政策效益、政策充分性和政策适当性等内容,主张运用可测量的客观指标,得出公共政策在运行过程中对政府和社会产生的实际影响。技术标准以技术手段、技术规范和技术工具为手段来服务整个政策评估活动,使评估活动建立在科学、客观与可信的基础之上。在实际生活中,需要根据政策评估问题的实际情况,选择合适的技术标准,以真实全面地反映评估对象的实际状况。价值标准建立在一个国家特定的历史与现实、伦理与文化、社会和经济价值取向的基础之上,反映评估主体在评估活动中的倾向性准则,主要包括社会生产力的发展、社会公正、社会可持续发展等具体内容,强调评估主体的一种信念、思想和理想追求。[①]

第二节 公共政策绩效评估操作

一、公共政策绩效评估的主要模式

西方政策绩效评估实践中有各种各样的模式。这里主要介绍豪斯(E. R. House)归纳的西方政策评估八大模式以及韦唐(Evert Vedung)在《公共政策和项目评估》一书中提出的政策绩效评估系统分析框架。两种评估模式都以评估组织者作为划分依据。国内对于公共政策绩效评估模式的研究起步较晚,较多沿袭韦唐提出的评估系统分类框架。

(一)豪斯提出西方政策评估的八大模式

豪斯曾归纳出西方政策评估的八大模式,包括系统分析模式、行为目标模式、决策制定模式、无目标模式、技术评论模式、专业总结模式、准法律模式、案例研究模式,并根据评估主体、一致意见方法论、产出和涉及的典型问题对其进行分析。

---

① 宁骚主编:《公共政策学》(第三版),北京:高等教育出版社2018年版,第330—333页。

表 10-1　豪斯评估模式分类

模式	评估主体	一致意见	方法论	产出	典型问题
系统分析	经济学家、经理	目标、已知原因和效果、定量变量	规划、计划和预算系统、线性计划、规划和改进、成本效益分析	效率	获得了预期效果吗？可以使用更经济的方法获得该效果吗？使效率最高的计划是什么？
行为目标	经理、心理学家	预先确定的目标、定量产出	行为目标、成就测量	产出效率、责任	获得了预期的效果吗？计划起作用了吗？
决策制定	决策者，尤其是行政人员	一般目标、指标	调查、问卷、采访、自然改进	效果、质量控制	计划有效吗？哪些部分有效？
无目标	消费者	结果、指标	偏见控制、逻辑分析	消费者选择、社会效用	整体效果是什么？
技术评论	内行、消费者	批评意见、标准	评论总结	提高标准、增强意识	批评家会同意计划吗？顾客的赞赏增加了吗？
专业总结	专业人员、公众	指标、工作程序	专门小组总结、自学	专业接受	专业人员认为该项目的等级是什么？
准法律	陪审团	程序和判断	准法律程序	决议	支持和反对项目的观点是什么？
案例研究	客户、实践者	谈判、活动	案例研究、采访、观察	理解多样性	对于不同的人，项目有什么不同？

资料来源：〔美〕卡尔·帕顿、大卫·沙维奇：《政策分析和规划的初步方法》（第二版），孙兰芝等译，北京：华夏出版社 2002 版。转引自朱春奎主编：《公共政策学》，北京：清华大学出版社 2016 年版，第 135—136 页。

（二）韦唐提出的评估系统分析框架

韦唐从政府干预的实质结果入手，将政策评估模式划分为效果模式、经济模式和职业化模式。（见图 10-1）其中，效果模式关注政策实施带来的效果，包括目标达成模式、附带效果模式、无目标评估模式、综合评估模式、顾客导向评估模式、利益相关者模式和政策委员会模式。经济模式关注成本问题，包括生产率模式和效率模式两类。职业化模式强调执行评估的主体而非评估本身的内容,最具代表性的是同行评议模式。

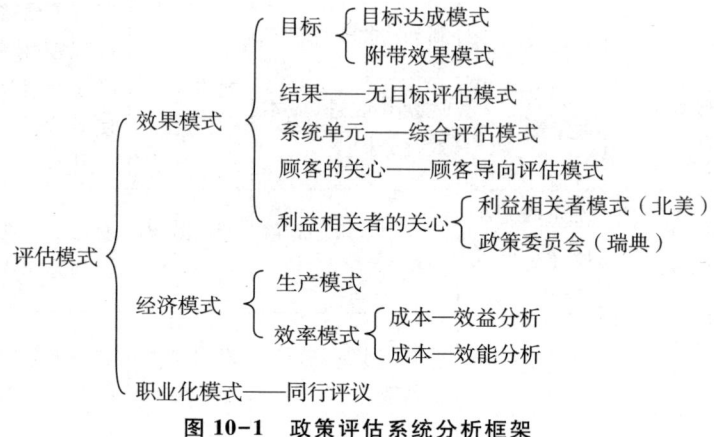

图 10-1　政策评估系统分析框架

资料来源:陈振明编著:《公共政策学:政策分析的理论、方法和技术》,北京:中国人民大学出版社 2004 年版,第 276 页。转引自朱春奎主编:《公共政策学》,北京:清华大学出版社 2016 年版,第 136 页。

目标达成模式是探讨评估问题的传统方法,主要由目标达成评估和影响评估组成。其中,目标达成评估关注结果与政策或项目的目标是否一致;影响评估关注的是结果是否是由政策或项目所造成的。该模式以预定的政策目标作为评估的标准。政策评估的意义在于比较预期结果和实际结果间的差异性,以是否达到特定政策目标作为政策是否成功的依据,重视结果与目标间的内在比较。应用目标达成模式包括三个基本步骤:明确政策目标及其含义,并将其按照重要程度进行排序,转变成可测量课题;测定预定目标可实现的程度;比较实际成效与预设目标间的差距。

附带效果模式是指对政策目标之外的影响效果的评估,是综合评估政策活动的关键因素。附带效果可以是预期的,也可能是非预期的;可能是积极影响,也有可能是消极影响。附带效果如果导致新的问题产生,也会促进与之对应的新的政策的形成。在附带效果模式中,政策预定目标仍是其基本的评估对象,但附带效果也会被充分考虑到。

无目标评估模式关注计划内或计划外的结果,评估者的主要任务是全面观察政策实施,找出所有政策结果,并对其进行分析。无目标模式完全抛开政策的预定目标和其他事前标准,只分析研究结果,单纯评判结果的价值,可见该模式弥补了目标达成模式忽视附带效果,以及在目标模糊时评估难以实施的漏洞。但是,完全忽视评估标准和预定目标,只依赖决策者的公正判断,易导致主观因素对评估客观公正性的影响,而且在实践操作上也存在困难。

综合评估模式认为评估不应只局限于已得到的结果,还应包括执行或计划,其评估范围比目标达成模式更广泛。该模式除了关注预期目标和实际结果是否相符合之外,还包括了对政府干预的计划、决策和执行阶段的判断。综合模式在公共政策的投入、转换和产出三个阶段中区分了描述和判断两个范畴。描述又细分为意图和观察,判断细分为标准和判断,从而细致划分了整个评估的活动,每一阶段全面细致的描述为评估提供了丰富的信息,使主观判断建立在客观描述基础上,并且在每个阶段都对政策价值的实现进行了衡量。

顾客导向评估模式将政策干预对象的目标、期望甚至需要作为评估的组织原则和价值准则,其核心是项目是否使顾客的需求和期望得到满足。应用顾客导向评估的关键是明确政策的顾客,得出顾客对项目的看法。价值的多元化是顾客导向模式的一个显著特征,其优点在于体现了民主和参与,顾客根据自己的价值观评估公共服务,居于主动地位。同时,顾客对于服务提供者的要求和不满也会影响服务提供者,使服务提供者提高公共服务的质量和水平。但是它也有自己的缺点:由于顾客的价值标准是个人利益,个人价值的多元化难以形成对政策的统一看法,且获取相关资讯需要花费大量时间。

利益相关者模式关注所有与政策相关的对象,包括目标群体、直接受益者、直接管理者、资源提供者、外部咨询顾问、支持政策或者计划的个人或团体,以及可能受政策或计划影响的其他机构等,范围较广。

政策委员会模式可以使参与国家治理的社会各主体充分表达意见,进行有效的沟通和协调,消除分歧,形成治理合力。

经济模式最典型的特征就是关注成本,又可分为生产率模式和效率模式,其中,生产率是产出与投入的比率,效率通常被当作公共行政的价值,可以从成本—效益分析和成本—效能分析两个方面测量。经济模式克服了所有效果模式忽视成本的缺陷,把成本即政策投入作为一个重要指标纳入评估范畴,但是,经济模式无法对政策的社会影响、象征性的效果和软目标等进行评估,也忽视了民主社会政府干预的其他诸如公正、公平、民主等价值准则。

职业化模式指专业人员根据自身的价值准则和执行的质量标准来评估其他人员的执行情况,主要是同行评议,依靠专业人员对评估对象进行全面的质量判断,同行应该是具有专业知识的专家,且并不参与政策全过程。评估者与被评估者应相互作用,评估者充分考量被评估者的观点,被评估者也要提供相关的资料。职业化模式主要应用于公共生活中一些目标较复杂,技术难度大的领域。[1]

---

[1] 朱春奎主编:《公共政策学》,北京:清华大学出版社2016年版,第135—137页。

二、公共政策绩效评估的基本流程

公共政策评估是一种有计划、按步骤进行的活动,是一个有规律可循的过程。一般来讲,公共政策评估都要经过准备、实施和总结三个阶段。

(一)评估准备阶段

周密的组织准备是评估工作的基础和起点,是评估工作得以顺利进行和取得成功的前提条件。组织准备比较充分,就能抓住关键问题,明确评估的中心和重点,避免盲目性。评估准备阶段的主要任务包括:

(1)确定评估对象。作为评估的客体,具体执行的公共政策是既定的。但由于公共政策具有相关性,一个政策结果的形成往往受到多项公共政策的共同作用和影响。只有解决好评估什么,才能确定评估的目标、标准和方法等要素。

(2)明确评估目的。评估目的决定了公共政策评价的基本方向,只有解决了为什么进行评估,才能使参与评价的各类主体形成共识,统一行动步调。

(3)选择评估标准。公共政策绩效评估是对客观事实的价值判断,包括事实分析与价值分析。在实际应用中,需结合政策领域及内容选择合适的评估标准。为体现评估的科学性,评估标准通常以指标体系的形式出现。

(4)培训评估人员。评估人员素质的高低、专业化程度、评估态度、评估立场、价值偏好等直接影响了公共政策绩效评估的质量。因此,培训评估人员也是政策绩效评估中应关注的环节,应努力提高评估人员的业务水平及综合素质。

(5)撰写评估方案。在完成上述环节后,应通过撰写评估方案形成书面的绩效评估依据,其内容主要涉及明确评估对象、规定评估步骤、选取评估方法以及开展评估活动所需确认的其他信息。

(二)评估实施阶段

评估实施是政策绩效评估过程中的关键环节,其主要任务是采集评估信息、分析评估信息、形成初步结论。

(1)采集评估信息。采集政策过程中的信息十分重要,是绩效评估中的一项基础性工作。收集信息的技术和方法很多,常用的有观察法、查阅资料法、调查法等。使用时,这些方法可以相互配合和补充,保证所得信息的全面性、系统性和准确性。

(2)分析评估信息。前一步骤收集到的信息都是原始数据,相对分散、杂乱,因此需要对收集到的信息进行系统的整理、归类、统计和分析,从而对各类数据开展系统研究。

（3）形成初步结论。在汇总分析评估信息之后，选用适当的评估方法对政策进行系统评估，得出初步的评估结论。在此阶段，较常使用的方法有成本效益分析法、前后对比分析法、统计抽样分析法等。

（三）评估总结阶段

评估总结阶段的工作内容主要有两个：一是撰写评估报告；二是总结评估工作。

（1）撰写评估报告。评估者应形成书面形式的评估报告，报告中应包括对政策效果的客观描述、做出的价值判断、提出的政策建议等内容，报告应及时提交给有关领导和部门，作为调整政策走向的依据。

（2）总结评估工作。政策评估者需要对政策评估活动进行回顾反思，总结评估工作开展中的优缺点，从而吸取经验教训，为今后的公共政策评估活动提供借鉴。

三、公共政策绩效评估的影响因素

在理论层面，公共政策绩效评估发挥着重要作用，是确有必要的。但在实际开展过程之中，评估工作往往存在着诸多不足与问题，如评估难以开展、评估流于形式等。为什么公共政策绩效评估并不总是成功的？影响政策绩效评估的因素有哪些？如何辨别？

为更好识别政策绩效评估影响因素的不同类型，在此我们借鉴樊钉对公共政策绩效评估影响因素的论述。按照主体不同，我们将影响因素分为政策制定者与执行者、政策评估者、政策本身、评估条件以及其他因素。[①]

政策制定者与执行者在面对公共政策绩效评估时，往往出于对个人利益、形象的考虑，对绩效评估持消极或反对态度，因为在评估过程之中，识别政策问题与不足是难以避免的，这有可能暴露出政策制定者、执行者最隐秘的决策、执行过程，并且招致批评。所以，在政策绩效评估之中，政策制定者与执行者虽持有政策过程的一手资料，但在其他主体参与政策绩效评估时，往往以一种消极态度提供政策资料。

政策评估者对政策绩效评估的影响主要体现在两个方面：一是受个人利益偏好影响，存在形式评估的倾向。出于不得罪政策制定者，并且据此顺利获得经费和项目的考量，评估者会按照事先设定的结果进行操作，掩盖政策过程中的实际问题。二是评估者的个人素质和能力不尽相同。评估活动对评估者的素质和能

---

① 樊钉主编：《公共政策》，北京：国家行政学院出版社2005年版，第237—241页。

力有着较高的要求,若评估者个人素质和能力不能满足评估需要,那么评估结果也不能使人信服。

政策本身的特点也会影响政策绩效评估结果。主要表现为:

(1) 政策目标的不确定性。政策目标具有多元化、复杂性的特点,即便一项政策的目标是清晰且确定的,对目标进行科学量化仍面临较大困难。

(2) 目标群体与环境改变的因果关系难以确定。任何一项公共政策都不是独立进行的,在其发挥作用的政策环境之中,也存在其他并行的公共政策。因此,即便目标群体与环境发生改变,也很难得出公共政策确有成效的结论。

(3) 政策效果的不确定性。一项政策的效果可能是多方面的,有直接效果、间接效果、潜在效果、象征性效果等,多样化的效果增加了政策绩效评估的难度。

评估条件主要反映政策绩效评估开展的物质基础,影响政策绩效评估的外在条件通常有两个方面:一是资料,二是经费。如若缺乏资料、经费的保障,政策绩效评估也难以开展。

其他方面的影响因素主要包括:

第一,成本、收益的核算难度。评估中的成本收益量化难度较大,会对政策绩效评估结果产生影响。

第二,政策制定者、执行者对评估结果的关心及认可程度。政策绩效评估结果最终要为政策制定者和执行者所用,以此决定政策走向,如若政策制定与执行主体对评估结果不关心、不认可,那么政策绩效评估结果将被束之高阁,难以发挥其作用。

第三节 公共政策绩效评估方法

一、公共政策绩效评估的方法演进

以评估方法进行的研究可以追溯到20世纪30年代一些关于社会和管理学的研究。1935年,社会学者史蒂芬(A. S. Stephan)用实验设计方法对美国罗斯福总统的"新社会计划"进行评估,从而使得政策评估开始步入较大规模的系统科学范畴。美国政策分析专家古巴(E. G. Guba)和林肯(Y. S. Lincoln)将公共政策绩效评估概括为四个阶段,如表10-2所示①。

---

① E. G. Guba and Y. S. Lincoln, eds., *Fourth Generation Evaluation*, Newbury Park, C. A.: Sage Publication, 1989.转引自朱春奎主编:《公共政策学》,北京:清华大学出版社2016年版,第138页。

表 10-2　政策评估的四个阶段

主要活动	第一代 测量	第二代 描述	第三代 判断	第四代 协商
时间	1910 年—第二次世界大战	第二次世界大战—1963 年	1963—1975 年	1975 年至今
理论基础	实证论	实证论	实证论	自然论
活动内容	工具导向	目的导向	决策导向	公平、公正
评估角色	技术人员	描述者	判断者	技术人员、描述者、判断者、协力者、变革推动者

（一）第一代评估：实验室评估

最初的评估起源于工业界，其标志性工作主要有科学管理学派的弗雷德里克·温斯洛·泰罗所进行的"动作与时间研究"，以及乔治·埃尔顿·梅奥（George Elton Mayo）主持开展的霍桑实验。前者旨在评估工作行为对管理效率的影响，后者目的在于评估非正式组织对于生产效率的影响。[①] 这一时期的公共政策绩效评估主要是针对罗斯福新政进行的，代表人物有史蒂芬和凯平（Chapin），前者主张用政策实施前后对比的实验方法评估新政，后者则主张社会科学家应尽可能用物理学的实验方法来评估公共政策。这一阶段，评估的核心是"测量"，因此第一代评估也称为"测量评估"。政策评估者相当于技术员，对政府的公共计划对于经济和社会的一般性影响进行测评，任何指定的调查变量都可以被测量，评估者应当掌握可利用的工具，如合适的工具尚不存在，那么应用必要的专门技术加以创造。

在评估方法上，由于早期的政策绩效评估标准与理论演变均侧重于政策的效能和效率能否有效达成目标，因此实验设计、准实验设计与相关统计方法的应用和分析就凸显其科学性和必要性。其不足之处在于过分重视测量和实验室评估，反而会导致政策测量的无效率。此外，在政策绩效评估的具体实践之中存在太多不可控的因素，并不能切实满足评估条件的要求。

（二）第二代评估：实地试验

第二代评估始于第二次世界大战，卡尔·霍夫兰（Carl Hovland）运用社会与

---
① 张亲培主编：《新编公共政策基础》，长春：吉林大学出版社 2009 年版，第 430 页。

心理研究方法,分析军队的宣传政策对部队士气的影响,实地试验逐渐成为主流。实地试验也称作田野试验,主要是在现实生活环境中所开展的调查,研究的地点是远离实验室的地方。此种评估研究弥补了第一代评估的缺点,避免了人为控制的影响,更接近实际现象。此时,除仍保留技术测量的特性外,它还强调了描述的功能,评估者逐渐变成描述者。第二代政策评估的标志为"描述"。通过实地试验,评估者能够在真实场景中了解政策执行的效果,这有助于政策的执行与改进。但它也存在致命缺陷,即过分强调政策评估的价值中立,这在具体实践中较难实现,因为政策活动本身就有意无意地包含了评估主体的价值偏好。

(三)第三代评估:社会实验

20世纪60年代中期以后,政策绩效评估已经初步确立其在社会科学中的独立地位,政策绩效评估的学术研究以及专业人才的培养有了长足进展,最有名的是爱德华·萨曲曼(Edward Suchman)针对评估研究方法所著的《评估研究》和唐纳德·坎贝尔(Donald Thomas Campbell)于1969年发表的《改革作为实验》。与此同时,在具体实践之中,美国工业快速成长的后遗症——浮现,如贫富分化、教育不公平、种族歧视等。肯尼迪执政时,联邦政府发动大规模的社会改革计划,在教育、医疗、治安等领域大兴改革;在此基础上,约翰逊提出"大社会"改革计划,尼克松进一步扩充政策内容,完善政策体系。这些计划旨在解决美国的都市社会问题。这一阶段强调对政策效果进行"判断",评估者此时扮演评判员的角色。评估在保持测量、描述性功能的特性之外,将重点放在社会公平性议题之上,强调价值判断。

(四)第四代评估:回应性评估

前三代评估都存在管理主义倾向、忽略价值的多元性以及过分强调调查的科学范式等问题,使评估更关注数据而非政策利益相关者的真实感受;同时,实验评估希望获得的结果是放诸四海而皆准的政策公式,忽略了不同社会文化背景下,人们不同选择的可能性。因此,第四代评估重视政策利益相关者对政策的态度和意见,通过建立定性评估的系统,让评估者和被评估者之间建立良好的互动,在不同意见的群体之中凝聚对评估问题的共识,并持续沟通和协商,从而取得人性化的评估结果。其焦点不再是目标、决定、结果或类似的组织者,而是诉求、利益和争执,涉及众多的利益相关者。此时,评估者扮演问题建构者的角色,重视利益相关者的诉求、利益和争执等回应性表达;通过与利益相关者的反复论证、批判和分析,评估者与利益相关者之间形成对问题的共识。

在评估方法上,这一时期较多采用主观的质性研究方法,并逐渐走向多元的途径,如运筹研究、预测监视、管理分析、计划配置预算、系统分析与成本利益分析等,前阶段的实验设计方法也在这一阶段上更趋成熟。

二、公共政策绩效评估的方法总结

公共政策绩效评估的方法是指政策绩效评估赖以完成的一系列过程和实现其目标的手段,是政策绩效评估系统的一个有机组成部分。随着现代科学技术的发展,政策绩效评估的方法也逐渐由直观、经验为主向技术计量和价值选择为主演进,体现出政策绩效评估方法的代际性特点,使政策绩效评估方法从内容到形式趋于多样。公共政策绩效评估方法的分类最常见的是将其区分为定量评估方法和定性评估方法。

(一) 定量评估方法

定量评估方法是对政策方案有关的量化性资料进行分析,并以统计资料作为因果关系的推论和解释的基础,从而从样本推断出总体的情况。定量评估方法中使用较为广泛的包括实验与准实验设计、指标法、回归分析以及影子控制法。

1. 实验与准实验

利用实验评估公共政策,能够较好地排除所有外在的干扰因素。它具有两方面特征:包括两个或以上研究小组,划分实验组和对照组,比较接受政策方案的实验组与未接受政策方案的对照组之间的差异;运用随机指派的方法,将有限的受试者分派到实验组和控制组中。实验法通常是标准化的,各项实验条件完全具备。然而在现实的公共政策绩效评估中,实验法所要求的条件并不能完全得到满足,当这种情况发生时,可采用准实验方法。准实验研究是在缺乏某个实验条件或缺乏某个实验环节,或对某个变量不能完全有效控制等不完备条件下进行的实验。

前后对比分析法中的"有—无"政策对比分析、"控制对象—实验对象"对比分析可以看作实验法的具体应用,在此对这两种对比分析方法做简单介绍。

(1) "有—无"政策对比分析。"有—无"政策对比是在政策执行前和政策执行后两个时间点上,分别对政策对象和非政策对象前后变化的情况进行对比,然后再比较两次对比的结果,以确定政策的实际效果。如图所示,A_1 和 B_1 分别代表政策执行前政策对象和非政策对象的情况,A_2 和 B_2 分别代表政策执行后政策对象和非政策对象的情况,A_2-A_1、B_2-B_1 分别代表政策执行前后政策对象变化值以及非政策对象变化值,那么 $(A_2-A_1)-(B_2-B_1)$ 便是政策实际效果。其优点是可以在评估中对不同政策目标或其他政策要素的情况进行比较,以便精确测量一项政策的效果。例如,评估一项企业管理改革政策的效果,可以将实行该项政策的企业执行前后的情况与未实行该项政策企业的执行前后情况进行比较,以此衡量政策效果。①

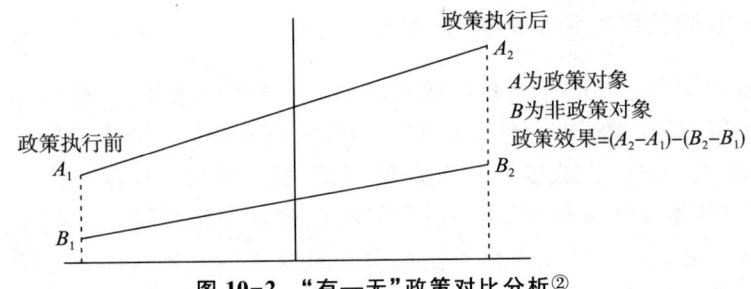

图 10-2 "有一无"政策对比分析②

资料来源:陈庆云主编:《公共政策分析》(第二版),北京:北京大学出版社 2011 年版,第 214 页。

(2)"控制对象—实验对象"对比分析。在运用这种对比分析方法时,要找出政策实施前处于同一水平的评估对象,政策只对其中一个对象产生影响,通过比较两组对象在政策执行前后的情况,确定政策的实际效果。如 10-3 图所示,A_1 和 B_1 分别表示政策实施前的实验组和对照组情况,A_2 和 B_2 分别表示政策实施后的实验组和对照组情况,由于 A_1、B_1 在政策实施前处于同一状态,因此 A_2-B_2 即为政策效果。例如,评估一项随迁子女义务教育改革政策,需要挑选两组年龄、智力水平、家庭背景相同的随迁学生,分别按原先的方案和改革后的方案实施教育,设置指标体系计算效果差异,即为该项政策的效果评估,需要注意的是,在过程中应严格控制政策之外的影响。

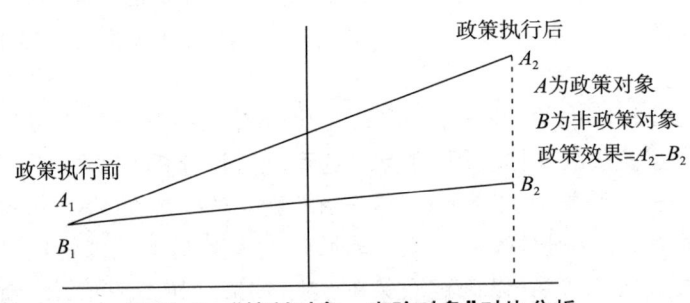

图 10-3 "控制对象—实验对象"对比分析

资料来源:陈庆云主编:《公共政策分析》(第二版),北京:北京大学出版社 2011 年版,第 215 页。

---

① 冯静主编:《公共政策学》,北京:北京大学出版社 2007 年版,第 238—239 页。
② 陈庆云主编:《公共政策分析》(第二版),北京:北京大学出版社 2011 年版,第 214 页。

2. 指标法

政策指标是一种将公共统计数值用于评估公共政策的衡量工具。构建可以测量并且能够反映政策效果的政策指标体系,能够较为全面地评价不同层面的政策效果。

政策评估指标体系的确立,一般应包含三种类型的价值取向:第一,经济效益取向。凡能以币值形式表示的经济效益指标多符合此类价值标准,最具代表性的是某一政策的成本效益之比。第二,主观性的福利取向。指标设定要衡量受众对政策的满意程度,强调相应主体的感受和情绪,此环节多通过问卷调查的形式开展。第三,公平性取向。在指标设定中多反映为对弱势群体的帮助。①

张亲培在《新编公共政策基础》一书中,依据评估指标体系建设的一般规律以及公共政策评估标准,采取了"维度—基本指标—次级指标—指标要素"的指标模型结构,构建出政策绩效评估的指标体系,以此评价政策实际效果,见表 10-3。

表 10-3 政策绩效评估的指标体系

维度	基本指标	次级指标	指标要素
政策的制定	政策制定的必要性		政策问题严重性以及政策执行的迫切性
	政策目标的合理性	政策目标的内容	目标明确、具体
		政策目标的可行性	政策在具体的实施过程中是否可行
	政策方案的科学性	政策方案本身	政策方案是否建立在现实政策问题的基础上,是否经过充分论证,是否具有灵活应变性
		与其他政策的一致性	与政策领域内外的其他政策的一致程度以及政策执行是否始终如一
政策的执行	决策程序的科学完整性		整个政策制定的过程是否依据了公正合理的原则和程序
	政策认同度		公众和政策作用对象对政策的认可、赞同程度
	政策执行主体的能力		专门的机构、人员、制度保证政策执行的情况;政策人员分工合理,权责明确程度及有效的沟通和协调;执行人员敬业精神、责任心、组织能力

---

① 宁骚主编:《公共政策学》(第三版),北京:高等教育出版社 2018 年版,第 333 页。

(续表)

维度	基本指标	次级指标	指标要素
		政策客体的能力	政策客体即政策作用对象的接受态度、能力和政策执行度
		监督机制的约束力	专门机构对违背政策的行为进行查处，对政策本身的失误进行修订的情况
政策的绩效	效果		政策预期目标的实现程度
	效率		政策投入与政策结果的比例大小
	满意度		政策目标群体对政策的满意情况

资料来源：张亲培主编：《新编公共政策基础》，长春：吉林大学出版社2009年版，第441—442页。

在实际的政策绩效评估指标构建中，大多数学者采取具体问题具体分析的方法，针对具体政策的性质及特点构建与之相适应的评估指标体系，也有学者提出应合理吸取企业绩效管理中较为成熟的关键绩效指标（Key Performance Indicator）方法对公共政策绩效进行评估。[①] 赵德余在《政策科学方法论》中，总结出指标法在评估政策效果中的局限性：指标体系的设计缺乏理论逻辑基础；所评估的政策目标存在不完整、不真实或不准确的缺陷；政策目标自身的难以测量性；指标的取数难度大，主观性指标测量的信息存在误差；标杆值设定难度大；不同指标对于政策目标实现所产生影响的相对重要性难以确定；政治因素的干扰；评估活动自身的资源约束，涉及时效性与信息可获得性；评估者的背景、能力与经验或声誉。事实上，完美的政策绩效评估模型是不存在的。[②]

3. 回归分析法

回归分析作为社会科学研究中十分重要的量化工具，在政策绩效评估中同样适用。它通常将政策方案作为自变量，将政策结果作为因变量，从而考察政策方案和政策效果的相关性。线性回归分析又分为简单线性回归分析和多元回归分析。在具体的政策绩效评估实践中，由于公共政策面临的问题大多无法用单一因素做出解释，而是多种因素相互影响的结果，因此，多元回归分析更为适用，其解释力度也更强。

[①] 温美荣、马若熙：《构建公共政策评估的关键绩效指标体系探析——以 X 市试行众创空间绩效考评制为例》，《行政论坛》2017 年第 3 期，第 93—99 页。

[②] 赵德余：《政策科学方法论》，上海：上海人民出版社 2017 年版，第 191—201 页。

4. 影子控制法

依靠专家、方案执行者、方案参与者对政策方案进行判断的评估方法称为影子控制法。它是一种成本花费最小的评估方法,适用于对小方案、非常成功的方案或具有明显结果的方案的评估。且因为评估主体的不同,它能够反映不同主体对同一政策所持的态度,缺点主要是缺乏可信度,无法合理评估净结果。

(二)定性评估方法

公共政策绩效评估活动中仅用客观指标的定量评估方法并不能真正反映事物的本质特性,体现评估主体和评估对象的主观意愿,因此,在政策绩效评估中,也须重视定性评估方法的使用。

定性评估有以下特点:

(1)开展自然调查。开展定性评估的情境往往是自然存在的,并不对其采取控制,目的是了解自然状态下呈现出的自然现象,这种实验方法强调"发现"研究成果,而不是"证明"预期判断。

(2)强调归纳分析。评估者需基于开放观察,设法找出共同之处,从而建构理论。

(3)明确个人接触确有必要。评估者应走入田野,与人群互动,同时掌握外在观察行为与内部心理状态,这是评估者了解现实的必要途径。

(4)追求整体性。定性评估的最终目的是了解真实的政策效果,所以要充分探讨政策情境下的所有因素,以体现整体的复杂属性。

(5)肯定动态性和发展性。定性评估者认为变化是自然的、可以预期的、无法避免的,要善于了解和描述评估内容的动态变化。

需要注意的是,定性评估并不意味着绝对摒弃量化方法。例如,访谈法和观察法是一种定性方法,但处理资料时往往设法使之量化,展现出统计分析的资料形式。评估者需要批判性地分析问题情境,了解并避免偏差的存在,以获取有效可靠的资料,进行抽象思考,同时,也需具备理论与社会敏感性。因此,定性评估既可解释社会现象背后更多不为人知的事实,又可弥补量化评估无法说明的有关社会现象的细节。

一般而言,定性评估需要经历以下主要步骤:

(1)明确承担风险的利益相关者。任何一项公共政策必然会涉及利益相关者,他们之中有些人是政策执行以后的受益者,有些人在政策执行后成为利益受损者。在开展定性评估中,要特别关注已有或潜在的利益受损者。

(2)明确政策利益相关者的政策认知、利益诉求。应采用开放性的、不存在任何偏见的态度。

（3）建构定性评估的系统和方法论。在人性关怀方面，要从以人为本的角度关心政策利益相关者的政策诉求，理解他们的处境，以建构一个适用于开展定性评估的系统环境与方法论。

（4）寻求利益相关者的利益诉求平衡点。不同利益相关者拥有不同的利益诉求，政策评估者必须找出各种利益诉求的本质所在，建构出具有共识性的项目，使得各方利益诉求能趋于平衡。

（5）对未达成共识的利益诉求设定妥协议程表。在建构共识的过程中，总有一些政策诉求无法达成共识，对于这些政策诉求，需要设定一个进行谈判与妥协的议程表。

（6）采集与妥协议程相关的信息。尽可能多地搜集与妥协议程相关的文献信息与实务信息，例如民意调查的结果、灾害损失统计、相关法律规定等。

（7）建立利益相关者的交流平台。在此平台上，利益相关者能够自由发言，自由讨论，以达到全面把控政策诉求的目的。

（8）将已具共识的妥协事项形成报告。如果各方面对于某些政策诉求已经达成共识，应及时形成报告，并要求政策主管机关立刻解决。

（9）对仍未达成共识的议题重新循环建构，直到完全解决为止。

（三）定量与定性的互补

定量评估方法和定性评估方法都各有优缺点，它们并非互相排斥，而是可以同时作为研究策略。① 定性评估能够形成定量评估所欲考验的假设、构建定量评估所欲建构的量表和指标、增强对量化资料的分析，提升其解释力。同时，定量评估也能够促使定性评估者对某一情境感兴趣，从中获取研究问题，开展田野调查。

因此，定量评估与定性评估能够从不同的研究阶段中形成互补关系。② 从研究的准备阶段看，如果定性评估被确定为主要的研究方法，那么它在概念形成与理论构建方面扮演重要角色；如果定性评估仅仅是量化评估的辅助性研究方法，那么它将有助于概念的澄清、工具的设计与初步研究。

从研究的主要阶段来看，选取定性评估一般是因为：研究主题敏感复杂，难以测量，且较为重视互动过程；研究对象数量甚少；研究目的是脑力激荡或是行动取向的。若作为定量评估的辅助工具，定性评估主要作用在于对量化关系的解释、

---

① 李允杰、丘昌泰：《政策执行与评估》，北京：北京大学出版社 2008 年版，第 237—239 页。
② Robert Walker, "An Introduction to Applied Qualitative Research," in Robert Walker, ed., *Applied Qualitative Research*, Brookfield, Vermont: Grower Publishing Company, 1985.

说明与阐述。

从研究的确认阶段看,定性评估方法拥有多元视角,可以帮助明确目标群体对政策所持的态度。在与定量评估方法的配合过程中,定性评估结果可作为检验定量评估结果的依据,从而开展结果交叉验证。

第四节　公共政策绩效评估应用

开展公共政策绩效评估,最终目的是获取政策效果的信息,从而辅助决策者做出判断,决定公共政策的去向。一般来说,主要有三种处理方式,即政策持续、政策调整和政策终结。

一、政策持续

政策持续是指通过测量政策效果,已初步达成政策目标,在此情况下,决策者可继续施行政策方案,而不用修改政策问题、政策目标或执行人员及经费等。它是政策评估结果的处理方式之一,表明政策系统各个要素均处于"满意"状态的政策运动过程。

（一）政策持续的特点

（1）稳定性。政策持续是政策稳定性的反映,而政策稳定性是政策体系存在和运行的一个基本特征。它包括两重含义:一是指政策内部的稳定性,即政策中的目标、内容是相对确定的;二是政策运行的稳定性,在一定历史时期内,其运动过程总是趋于一个方向。

（2）关联性。政策持续的关联性体现在两个方面:一是政策内部成分的关联性。政策的目标、手段、效果等是密切相关的,以此确保政策内容的一致性。二是政策利益主体的关联性。利害关系人在原有利益格局下实现均衡博弈。

（3）有序性。政策有序性也是政策运行的状态特征。它是一项政策依照一定的秩序和方式组成整体结构并有规则地运动。政策在一定规则的范围内,与政策环境之间不断保持着物质、能量、信息的交流,由无序走向有序并持续向前发展。就某一政策过程来说,它是由一系列不同的环节、步骤和阶段组成的,政策持续就是有计划、分步骤地推进政策的进程。

（4）动态性。政策持续是政策在"满意"状态下的动态运行,它包含了稳定发展和灵活调整的内容,也就是说,政策持续稳定并不是完全排斥政策的变动。要把政策的持续性和政策的灵活性结合在一起,正确地把握政策在一定时期内的状况,应对社会条件的发展变化给政策带来的各种冲击。政策的自身要求和政策环境的细微变化,都是政策持续过程中要考虑的既定问题,因为现有的政策问题与没有完全解决的老问题密切相关。因而政策的变化比较小,政策持续是一种内含潜在变化的动态过程。

(二) 政策持续的方式

政策持续是一个简单的、常规化的运行过程,相对于政策调整、政策终止要容易得多。但是在具体的政策实践中,政策持续也表现出较为复杂的状况,主要可以归纳为以下四种方式:

(1) 线性持续。既定的政策目标清晰明确,政策执行者遵行政策要求,落实政策内容。无须对政策进行调整,继续推进即可。政策实施与评估表现出常规化、程序化的特点。

(2) 非线性持续。政策目标的细微变动,导致政策内容及组织机构也相应发生变化,但从程度上来看,这种变化是细微的。反映在政策制定中,政策内容要做出调整;反映在政策执行中,对执行人员提出更高要求,他们需要不断完善执行思路和计划,但并不做出大的调整和改变。

(3) 合并持续。这是一种加法式的政策持续方式,适用于发现多种现行政策具有相同政策目标的情况。此时,为了确保政策目标的实现,应积极整合政策资源,合并目标相同的多项政策,以此提高政策的效率和效能。

(4) 分解持续。与合并持续相反,它是一种减法式的政策持续方式,主要针对的是政策问题相对复杂、政策目标较为笼统的政策安排,具体做法为将总目标分解为若干小目标分别执行。这时,新的政策即表现为原先政策的多样化,本质上与先前政策并无区别。①

二、政策调整

政策调整,也就是在政策绩效评估所获得的有关政策系统运行,尤其是在政策执行效果的反馈信息的基础上,对政策系统、政策方案与目标的各个方面进行修正、补充和发展,以便达成预期政策效果的一种政策行为。

(一) 政策调整的原因

(1) 政策目标发生改变。政策目标是公共政策的重要构成因素,政策内容的制定、政策方案的选择、政策手段的运用都是以更好实现政策目标为依据的。一

---

① 陈潭主编:《公共政策学原理》,武汉:武汉大学出版社 2008 年版,第 233 页。

且政策目标发生变化,政策就必须做出调整。

(2) 政策环境发生改变。政策问题是从环境中产生的,政策运行的条件和资源也都是由环境提供的。当环境发生变化,并对政策施行产生影响,这时候就需重新明确政策问题和政策资源,做出适应环境变化的政策调整。

(3) 政策资源发生改变。政策的制定、施行离不开对资源的运用,政策资源并不是一个现成的恒量,与实施主体的权力与能力密切相关。若政策资源出现变化,那么与之对应,政策也需做出调整。

(4) 政策的局限性暴露。任何一项公共政策都不可避免地存在某种局限性。有些局限性是由政策的时空特点决定的,有些局限性是人们有限的主观认知导致的。政策实施后,若政策局限性逐渐暴露,则需对政策进行适时调整。

(5) 政策的负面性突出。政策的局限性也包括政策的负面性。人们制定和执行政策,都是希望利用其积极作用推动公共问题的解决及公共利益的实现。但辩证观点告诉我们,任何政策都存在其负面作用,当一项政策的负面性逐渐显露并且影响其积极作用的发挥时,政策就必须进行调整。

(二) 政策调整的内容

公共政策调整的内容主要包括:

(1) 政策目标调整。当出现政策目标与客观实际不符、目标过高难以实现、目标过低难以发挥作用等情况时,需要对政策目标进行调整。

(2) 政策方案调整。政策方案在实施过程中可能会出现运行条件难以实现、负面影响大等情况,这时需要对政策方案进行调整。若原先政策基本可行,则只须做某些修改或补充;若原先政策方案难以维系,应及时寻找新的替代方案。

(3) 政策措施调整。政策开展的步骤、所采用的方式及手段、政策安排也许并没有问题,但施行过程中的措施不当也会影响政策效果,这就需要寻找新的手段和方法。

(4) 政策效能调整。当政策实施中发现政策效力难以达到要求时,应对政策效能加以调整,主要通过扩大或缩小政策起作用的范围、延长或缩短政策实施时间、加深或减少政策调节的层次来进行调整。

(5) 政策主体和客体调整。既要解决好政策执行主体的机构建设、职权划分和内部协调,也要调整政策实施主体与政策目标团体之间的关系。

(6) 政策关系调整。在现实环境中,一项公共政策并不是单独运行的,如果一项政策与其他相关政策缺乏协调,就会产生矛盾、冲突等问题,在这种情况下,政策调整就应致力于形成协调的政策结构。

(三) 政策调整的形式

公共政策在实际调整之中主要有三种形式:

（1）政策的修正。这是对政策具体内容、作用范围所做的修改与订正。在保持原政策基本框架不变的情况下，对其部分内容、适用范围等做出修改及订正，目的是使具体政策更为精确、完整。

（2）政策的增减。这是对执行中政策内容、作用范围和适用时间所做的补充与缩小，主要有政策补充、政策删减两种方式，目的是拓展现行政策的功能或缩减现行政策的功能。

（3）政策的更新。更新意指变革，强调一种新的政策框架取代旧政策框架，而政策更新的产生往往是由一个国家政治、经济生活中的重大变革所引起的。

（四）政策调整的策略

（1）局部调整。这是政策调整中使用最多的调整方法和调整力度。局部调整强调对政策系统和实施过程做出少量的、缓慢的修改或补充。当政策执行与预期目标产生差距时，先关注局部因素，做出小范围的调整。

（2）分层调整。分层调整聚焦政策系统的调整。一是在不同执行层次上进行的政策调整；二是对于相关政策构成的系统，先挑选具有代表性、对解决问题起关键作用的单项政策进行调整，再逐步对其余政策进行调整。这种策略具有突破一点、再及其余的好处。

（3）跟踪调整。这种策略往往在对政策执行的偏差原因、政策调整的最终结果以及各个步骤还不太清晰的情况下使用，"摸着石头过河"，对的就推进，错的就调整。①

三、政策终结

政策终结是指一项政策在实施一段时间并经过监测与评估后，推论出原先的问题已获得解决或问题未获解决反而产生更多问题时，采取措施终止该政策方案执行的一种政治行为。政策终结不仅是指取消原有的政策，而且还意味着制定新的政策。它是政策评估结果常见处理方式之一，是政策运行周期一个不可缺少的环节。它既是公共政策过程的结束，也是公共政策过程的开始。

（一）政策终结的特点和作用

政策终结具有强制性、更替性、灵活性的特点。

（1）强制性。一项政策的终结总是会损害一些相关的人、团体和机构的利益，遇到强烈的反抗。因此，政策终结往往依靠强制力执行。

（2）更替性。政策终结并不会出现政策真空，而是新政策取代旧政策，推动

---

① 陈潭主编：《公共政策学原理》，武汉：武汉大学出版社2008年版，第236—237页。

政策不断向前发展。

（3）灵活性。政策终结是一项复杂又困难的工作，必须采取审慎又灵活的态度，处理好各种动因和关系。

及时终结一项错误的或是已经完成历史使命的政策意义重大。政策终结的作用主要体现在三个方面：

（1）有利于节省政策资源。政策运行往往需要各项资源的投入，如人力、物力、财力等，政策终结是对政策投入的及时止损，避免造成资源的浪费。

（2）有利于提升政策绩效。政策终结意味着对旧政策的淘汰和新政策的启动，有利于更好地解决问题，促进政策绩效的提高。

（3）有利于促进政策优化。政策终结一方面能够过滤掉无效、过时的政策，避免政策系统的僵化，另一方面也能推动政策人员和政策组织的优化，使之满足社会发展需要。

（二）政策终结的对象

政策终结的对象有四种基本类型。

（1）功能的终结。功能是政府为了满足民众需要而提供的服务，所谓功能的终结可以理解为政府不再提供原政策所要求的某种或某些服务。在政策终结的所有对象中，功能的终结难度最大。这主要是因为：政策终结直接关系到民众切身利益的实现，将导致民众需求无法满足，由此引发不满情绪；某项功能并不是通过单项政策来实现的，而是由许多不同政策和机构共同承担的，功能的终结意味着需要进行大量的组织准备工作和协调工作。

（2）组织的终结。伴随着政策终结进行的机构缩减或撤销，就是机构终结。有些组织专为制定或执行某项政策而设立，随着政策的终结，组织也将被取缔；有些组织同时承担多项政策或功能，政策终结对其影响往往表现为缩小规模、减少经费。组织终结关系到组织内部人员的切身利益，在实施中也会遭到强烈抵制。

（3）政策本身的终结。它可以理解为停止执行某项政策。同前两种终结相比，政策本身终结所遇到的阻力较小，这是因为政策目标较为明确，通过评估即可决定取舍；同时，政策终结的成本较小，容易得到相关部门的认可。此外，公共政策在实施过程中会存在不认可政策的反对者，反对势力也有利于政策终结。

（4）计划的终结。计划终结是指执行政策的具体措施和手段的终结。在所有终结对象中，计划的终结最容易实现。这是因为，一方面执行政策的措施与手段成功与否较为直观，容易达成共识；另一方面，计划终结的影响有限，不会产生较大震动。

（三）政策终结的方式

政策终结的方式通常有六种。

(1) 政策废止。即直接宣布一项政策的废止。政府根据政治、经济和社会形势的发展变化，不定期地清理、废止大量不合时宜、过时的政策。

(2) 政策替代。即新政策取代旧政策。在这里，新政策是对旧政策的补充、修正，目的是更好地解决旧政策没有解决好的问题，以充分实现政策的目标。

(3) 政策合并。旧政策虽然不复存在，但政策要实现的功能并没有取消，而是合并到其他的政策中去了。合并政策主要有两种情况：一是将原有政策内容合并到现有政策之中；二是将多个旧政策合并成一个新政策。

(4) 政策分解。将旧政策的内容按照一定的原则分解成几个部分，每个部分各自形成一项新政策，适用于政策过于复杂、目标众多以致影响实施效果的政策。

(5) 政策缩减。采用渐进的方式对政策进行终结，以此缓冲终结所带来的巨大冲击，逐步协调好各方关系，减少损失。主要表现形式有：缩小政策资源投入、放松控制等，也表现为对政策内容中不恰当部分的废除，保留政策中的合理成分。

(6) 政策法律化。为使长期实行、确实有效的政策一直发挥其作用，通过立法机关或授权立法的行政机关的审议通过，上升为法律或行政法规，这也是政策终结的另一种含义。

（四）政策终结的阻碍和策略

一般认为，公共政策终结可能遇到以下阻碍。

(1) 心理上的抵触情绪。政策终结往往意味着政策制定、执行的失败，因此，对于政策制定者和政策执行者来说，他们并不愿意接受政策终结的结果，这意味着承认他们在工作过程之中确有失误。对于政策受益者来说，他们担心政策终结会使其丧失既得利益。

(2) 组织的持久性。组织具有寻求生存和自我扩张的本性，而政策终结意味着执行该项政策的组织的权力丧失，甚至解散。因此，组织会千方百计阻碍政策终结以便获取生存空间。

(3) 反对势力的联合。政策制定者、执行者以及受益者都反对政策终结，在面临政策终结的威胁时，会自觉或不自觉地形成联盟，共同抵制政策终结。

(4) 法律上的障碍。政策的终结需要依据法定程序进行办理，过程上的复杂性也会导致政策终结不能及时进行，有时甚至会延误政策终结的时机。

(5) 高昂的成本。政策终结的成本包括两种：现行政策的沉淀成本即政策执行中已经投入且无法挽回的成本，以及政策终结所需付出的成本，例如对原有政策受益者进行的补偿。

也有研究者认为这种静态划分法并不能够充分展现各种力量的动态博弈态势,他们从动态博弈过程中归纳出政策终结的动力和阻力。其中,动力主要包括触发机制的引动力、政策评估的助动力、执政理念的主动力和公共舆论的外动力,且执政理念是引起公共政策终结的主导力量。而政策终结的阻力包括既得利益集团、意识形态障碍、体制惯性和公共舆论。①(见图10-4)

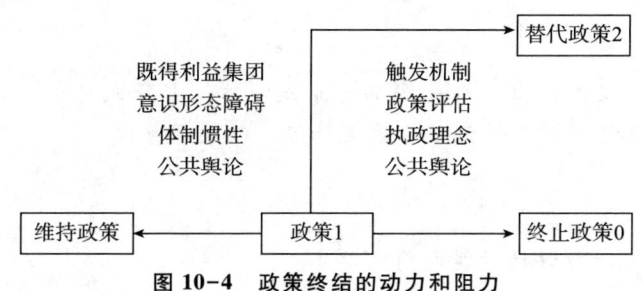

图10-4 政策终结的动力和阻力

资料来源:李国正主编:《公共政策分析》,北京:首都师范大学出版社2019年版,第318页。

使一项政策终结有三种可供选择的方法:一是不断增加推力;二是抑制和消减阻力;三是增加推力和消减阻力并举。一般认为,第三种方法最为有效,第二种方法次之,第一种方法效果最差。②

为克服种种障碍,顺利完成政策终结,在实践中应注重运用五种策略。

(1)重视说服工作,消除抵触情绪。决策者应做好宣传和说服工作,向各利益相关者说明政策终结的必要性以及政策终结后的相关配套措施,消除他们的顾虑。

(2)旧政策终结与新政策出台并举。为了缓和政策终结的压力,采用旧政策终结与新政策出台并举的方法可以使人们在丧失对旧政策期望的同时得到新的希望,一定程度上减少争议与阻力。

(3)选择有利的终结时间和焦点。国家重大政治事件的发生、战争的爆发、外交上的重要决议、旧政策引发重大事故时,政策终结容易开展。这可以理解为公共注意力被其他事件吸引,降低了对政策终结的关注。

(4)"力场分析"、传播试探性信息与"闪电"策略。力场分析强调通过社会调研等手段,及时获取民众态度、评估现有条件,以便顺利实现政策终结;传播试

---

① 李国正主编:《公共政策分析》,北京:首都师范大学出版社2019年版,第318页。
② 刘祖华:《公共政策终结的动力学分析:以取消农业税为考察对象》,《成都行政学院学报》2008年第1期,第10页。

探性信息及"闪电"策略是基于试探信息的双重作用,强调决策者应根据具体情境,选择释放或收紧信息。

(5) 只终结必要的部分。政策终结阻力较大且持久,而决策者又必须终止某项政策的情况下,决策者不得不接受现实压力,降低目标期望值,缩小政策终结的范围,只终结必要部分。

【关键术语】

政策效果　政策产出　政策影响　正式评估　非正式评估　内部评估　外部评估　政策终结　回应性评估　政策持续　政策调整

【复习思考题】

1. 公共政策绩效评估的类型有哪些?
2. 试述公共政策绩效评估的流程。
3. 公共政策绩效评估的影响因素有哪些?
4. 评述韦唐的政策评估系统分析框架。
5. 什么是第四代评估(回应性评估)? 如何实施?
6. 分析影响公共政策绩效评估的因素。
7. 定性评估方法与定量评估方法如何配合使用?
8. 何为政策终结? 政策终结的对象有哪些?

【案例分析】

"三明医改"评估:卫生治理框架的分析[①]

自2012年实行"医改"以来,福建省三明市在医药体系等方面进行了大刀阔斧的改革,多年来,改革成效明显,已初步构建起以人民健康为中心的新型医疗卫生服务体系,"基层首诊、双向转诊、急慢分治、上下联动"的分级诊疗秩序基本形成,基层群众看病难、看病贵的问题进一步得到缓解。

一、三明医改过程回顾

医改之前的三明市,作为先有重工业后有城市的老工业基地,退休职工多、企业效益差、财政包袱重、青壮年人口外流情况突出,城镇职工医保赡养比逐年下降。新医改以来,在全民医保政策的刺激之下,卫生服务需求进一步扩大,医疗费

[①] 节选自王春晓:《"三明医改"评估:卫生治理框架的分析》,《甘肃行政学院学报》2018年第1期,第33—46、126页。有改动。

用增长飞快,2009年职工医保基金开始收不抵支。在这种复杂背景之下,原本不是公立医院改革试点城市的三明开始"自带干粮搞改革"。从2012年开始,在坚持"政府主导"的前提之下,三明市建立起"医药、医保、医疗"三医联动的改革路径,并按照"政府—医药—医保—医疗"的先后顺序依次系统性推进改革。

医改内容主要体现在四个方面:一是统一领导。2011年底,三明市副市长主动提出主抓医改,将原来由四个副市长分管的、涉及"医疗""医保""医药"的有关政府职能部门,通过集中调整明确给一人主管,市委、市政府充分授权,全权负责,此外,在市委成立"医改工作协调小组"和"医药卫生体制改革专项工作小组",形成高效的决策和推进机制,统筹推进综合改革。二是统一方向。三明在全市22家二级以上的公立医院推行新模式,即"公立医院硬件投入依靠政府,软件和日常管理依靠医院,降低医疗成本和提高运行效率依靠体制机制创新"。三是统一决策。全市涉及医改政策的所有文件都由医改领导小组负责,市政府给予其4个科级编制,具有高效决策力和执行力。四是统一抓手。2013年,三明市城乡居民医保实现市级统筹,并于当年6月将城镇职工医保、城镇居民医保、新农合三类医保经办机构整合,成立独立的市医疗保障基金管理中心,实行市、县垂直管理,具体承担药品限价采购与结算、基金管理、医疗行为监管等职能。

二、三明医改成效评估

从利益相关者视角出发构建评估三明医改的卫生治理框架,涉及的主体包括患者、医院及医生群体、政府、药企。通过指标构建以及在"健康三明"网站、《中国卫生和计划生育统计年鉴》等资料中和实地访谈收集的数据对医改成效进行评估。

从患者视角看,公众评价改革是否取得成效重点关注"看病贵""看病难"问题是否得到缓解。2011—2016年,22所县级及以上公立医院次均门诊费用、次均住院费用呈现先下降后上升趋势,但整体低于同期全省和全国水平,城镇职工转外就医人次和资金占比不断下降,且78.6%的受访者认为医改是成功的,主要表现在服务质量、医疗费用的改善。

从医院和医生群体视角来看,他们主要关注医院发展空间及医护人员薪资水平。2012—2016年,22家公立医院医药总收入增幅总体维持在10%以下,控制医药总费用成效明显;2014年,公立医院总结余1.2亿元,首次实现全部正结余;同时,药品耗材收入占比下降,医务性收入占比逐年增加,然而公立医院质量与安全指标均没有下降。此外,所访谈的公立医院医务人员目标薪酬兑现率为80%左右,医务人员阳光收入增幅在30%—200%之间;2016年,医务人员平均工资是全市职工平均工资的1.5倍,薪酬状况有明显改善。

从政府视角看,政务人员关注医保基金运行情况以及财政补助的风险可承受性。2012年开始,基本医保基金开始扭转为盈,总体趋势向好。改革以来,财政基本支出补助占比基本上维持在2%—4%,主要用于保障医院基本建设、大型设备购置、学科建设、人才培养等。

从药企视角看,三明市生物医药及生物产业规模相关企业在"十二五"期间完成工业产值年均增长18%,且药物价格明显下降。为比较药品价格的实际变化,我们选择与三明市相近的Q市进行比较,结果发现三明市有199种药品价格低于Q市,部分药品价格下降幅度超过50%。信息更加透明、回款周期缩短、财务成本降低,这些都规范和促进了流通企业的发展。

从不同主体视角对政策效果进行评估,能够看出三明医改对于不同主体来说,积极影响都大于消极影响,撬动了医疗、医保、医药等各方的既定格局,在短时期内具有较为明显的成效。但也应清楚认识到,医改复杂性注定了改革不可能"一气呵成",必定是个渐进的螺旋上升过程。三明医改在今后的发展过程中,要关注公立医院激励难题,推动医改向纵深发展。

案例讨论题

1. 案例中运用了哪些方法对三明医改政策进行评估?
2. 结合案例,政策评估结果如何影响政策走向?

【推荐阅读文献】

1. Edward A. Suchman, *Evaluation Research*, New York: Russell Sage Foundation, 1967.

2. Marvin C. Alkin, ed., *Evaluating Action Programs*, Boston: Allyn and Bacon Inc., 1972.

3. Nathaniel Lichfield, P. Kettle, and M. Whitbread, *Evaluation in the Planning Process*, New York Pergamon Press, 1975.

4. James E. Anderson, *Public Policy Making: An Introduction*, Boston: Houghton Mifflin Company, 2003.

5. William N. Dunn, *Public Policy Analysis: An Introduction*, New Jersey: Prentice Hall, 2008.

6. 〔美〕卡尔·帕顿、大卫·沙维奇:《公共政策分析和规划的初步方法》,孙兰芝等译,北京:华夏出版社2002版。

7. 〔加〕迈克尔·豪利特、〔澳〕M. 拉米什:《公共政策研究——政策循环与政策子系统》,庞诗等译,北京:生活·读书·新知三联书店2006年版。

8. 陶学荣、崔运武主编:《公共政策分析》,武汉:华中科技大学出版社2008年版。

9. 李允杰、丘昌泰:《政策执行与评估》,北京:北京大学出版社2008年版。

第四编　公共政策理论

第十一章 多源流理论

【内容提要】

多源流理论是解释政策议程设定的重要理论之一。多源流理论致力于回答政策制定者的注意力是如何分配的,具体问题是如何形成的,对问题及其解决方法是怎样和在哪里发现的等政策议程设置中的关键问题。① 本章首先介绍了多源流理论的四种理论渊源;其次,对多源流理论的理论内容——问题流、政策流、政治流、政策企业家、政策之窗、外溢效应这六个概念进行了详细阐述;再次,在介绍理论内容的基础上,总结概括了多源流理论的贡献与不足;最后,介绍了国内外学者对多源流理论的修正与发展。

第一节 多源流理论的理论渊源

一、传统理性决策理论

20世纪五六十年代,理性决策是公共决策理论中的一个主流模式。理性决策理论起源于传统经济学理论,它以"经济人"假设为基本前提,以追求"最优"作为基本特色,认为决策主体在决策时始终坚持理性化活动,遵循最大化原则,选择最优方案,谋求最大效益。其基本内容为:(1)决策者面临的是一个既定的问题;(2)引导决策者做出决策的各种目的、价值或目标是明确的;(3)处理问题的各种备选方案及其结果是确定的;(4)决策者将采用方案结果能最大限度地完成其目的、价值或目标的那个方案。

传统理性决策理论的前提假设与基本内容表现出来的是一种对"客观理性"的追求,这种理想化的模型反映了在民主社会中人们对于科学合理的公共政策的强烈要求,然而这种理想化的追求片面夸大了理性方法的重要性,忽视了决策过程的复杂性。②

---

① 唐斌:《企业如何推开基层治理中的"政策之窗"?——多源流理论的地方实践及其政治逻辑》,《公共管理学报》2017年第3期,第100页。
② 蒋硕亮主编:《公共政策学》,上海:复旦大学出版社2018年版,第179页。

二、有限理性决策理论

最先对传统的理性决策理论展开批评的是赫伯特·西蒙。他认为,传统的理性决策理论所构建起来的决策模式在决策过程中根本不具有可行性,因为人的理性不是万能的、无限的。正是在对传统理性决策理论批评的基础上,西蒙提出了有限理性决策理论(Bounded Rationality Theory)。

西蒙提出的有限理性决策理论其内涵主要包含以下几个方面①:(1)决策认知的"碎片化"。虽然决策者尽可能了解外界信息和决策环境,但受到各种内外因素的限制,决策者在进行决策时对其决策状况的信息掌握不够全面,造成其认识是零碎的,从而使决策者囿于理性的范围之内。(2)行为范围的"有限性"。即使在得到大量有关信息的前提下,决策者充分处理信息的能力仍然有限。由于知识的不完备性、预见未来的困难性以及备选行为范围的有限性,决定了"客观理性"在实际行动中是行不通的,人类行为所依赖的既不是古典经济学家所谓的"客观理性",也不是弗洛伊德所讲的"非理性",而是介于理性与非理性之间的有限理性,因此,西蒙主张用以有限理性为基础的"行政人"取代"经济人",用"令人满意"的准则取代"最优化"的准则。(3)决策结果的"主观化"。有限理性决策认为,必须考虑决策者是自然人这一因素,即有关决策的合理性理论必须考虑人的基本生理限制以及由此而引起的认知限制、动机限制及其相互影响。决策者的主观作用很大程度上影响决策效果,个人的性格、喜好等也对决策结果产生强烈的影响。(4)搜索行为的"时效性"。决策者决策时,信息搜索行为与获取信息的先后次序有密切关系,人们对决策环境的搜索一般是按照发现问题、辨别备选决定、决定结果、确定评估标准的程序进行的,但搜索既不是客观的,也不是穷尽的。决策者常常受到早期发现的信息的影响,也受到先后次序的影响。当一项决定变得复杂,决策者将山穷水尽时,一些超负荷的信息会凝固。一旦发现这种情况,决策者将不得不求助于调节机制,而这一机制与理性过程并不相符。(5)决策结果的"惯性化"。决策者先前决策结果的成败往往会深刻影响对于后续决策问题的态度,这种"惯性"或者"刻板印象"在实际决策中作用巨大。成功的经验能提高决策者以后面对类似问题时的信心指数,并且用同样的方法很熟练地解决该问题;反之,心理难免存在阴影,从而导致"前怕狼后怕虎",甚至可能直接退出决策过程,导致失败。

---

① 〔美〕赫伯特·A. 西蒙:《管理行为》,詹正茂译,北京:机械工业出版社 2021 年版,第 91—110 页;秦勃:《有限理性:理性的一种发展模式——试论 H. A. 西蒙的有限理性决策模式》,《理论界》2006 年第 1 期,第 78—79 页。

有限理性决策理论纠正了此前传统理性决策理论设计的完美性偏差,从而拉近了理性选择预设条件与现实生活理性局限之间的距离。但是,有限理性决策理论仍未完全摆脱理性主义模型的窠臼,它与传统理性决策理论存在着一个根本共性——决策者总是先确定明确的目标,再以此为指导选择合适的手段。① 但在现实政策过程中,决策者的价值偏好是不断变化的,先确定政策目标再选择政策手段而忽略手段与目的之间的互动,潜藏着方案偏离目标要求的可能性。

三、渐进主义决策理论

针对理性决策理论的缺陷,1953 年,林德布洛姆在与达尔合著的《政治、经济与福利》一书中,提出了"渐进主义"(Incrementalism)的概念。② 在之后的《政策分析》(1958)、《"渐进调适"的科学》(1959)、《尚未达成、仍需调适》(1979)等文章,以及《民主的智慧——经互相调节产生的决策》(1965)、《决策过程》(1968)等著作中,林德布洛姆对渐进决策理论进行了详细阐述。③

其理论观点有三:(1)主张渐进决策。政策的制定过程并非一个完全理性的过程,而是在过去经验的基础上,经由逐渐修补的渐进过程来实现的。(2)强调质量转换。林德布洛姆认为,渐进决策看上去似乎行动缓慢,但它实质是决策效果累积的过程,是量变到质变的过程。其实际变化的速度往往要大于一次重大的变革。(3)追求稳中求变。他认为,渐进决策步子虽小,但却可以保证决策过程的稳定性,达到稳中求变的效果。决策上的巨大变革是不足取的,因为往往欲速则不达,巨大变革会带来诸多不适甚至是抵制,从而危及社会稳定。渐进的方式则比较容易获得支持,可以达到稳中求变的目的。

与传统理性决策理论相比,渐进决策理论是一种灵活的和现实可行的决策制定模式,但它也存在一些明显的缺陷,这种缺陷主要体现为它的保守性。一般而言,渐进决策适用于稳定社会环境中的决策制定,一旦社会条件和环境发生巨大变化需要对以往的政策进行彻底改变时,渐进决策理论就很难发挥其作用,有时甚至会对社会的根本变革起到阻碍效果。

四、垃圾桶决策理论

1972 年,美国管理学教授迈克尔·科恩(Michael D. Cohen)、詹姆斯·马奇

---

① 蒋硕亮主编:《公共政策学》,上海:复旦大学出版社 2018 年版,第 182 页。
② 〔美〕罗伯特·A. 达尔、查尔斯·E. 林德布洛姆:《政治、经济与福利》,北京:中国人民大学出版社 2021 年版,第 55 页。
③ 王春福、陈震聘:《西方公共政策学史稿》,北京:中国社会科学出版社 2014 年版,第 56—57 页。

(James March)和约翰·奥尔森(Johan Olsen)继承了有限理性学派个体主义演绎研究方法,将一个独立的决策作为分析单位,提出了"组织选择的垃圾桶模式"。① 其理论模型见图11-1。

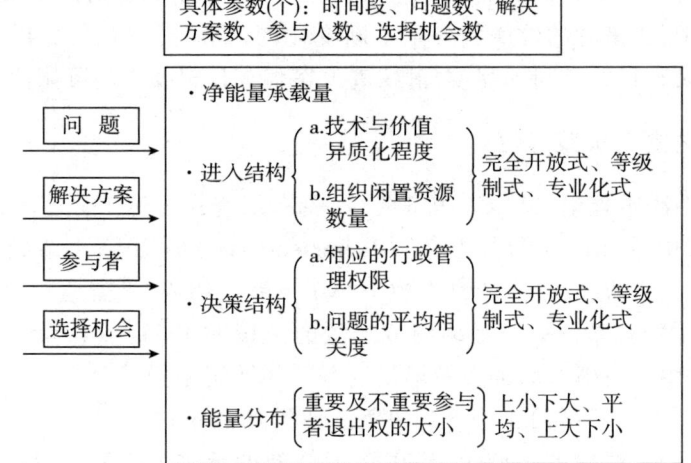

图11-1 垃圾桶模型示意图

资料来源:龚虹波:《"垃圾桶"模型述评——兼谈其对公共政策研究的启示》,《理论探讨》2005年第6期,第104—108页。

该理论模型的基本内容为②:(1)在组织化的无序状态之下,问题、解决方案、参与者和选择机会四大源流独立地流入组织结构;(2)这个组织结构又受到净能量承载量、进入结构、决策结构和能量分布四个变量的影响;(3)四大源流经过四大变量的筛选、汇聚,最后产生决策结果;(4)同时,由于这个过程可能由许多个阶段、问题、解决方案、参与人和选择机会组成,因此,时间段、问题数、解决方案数、参与人数、选择机会数是此模型的具体参数。在大多数情况下,各种决策方案是偶然产生的,而不是有意为之,或是加以控制的。③

科恩等垃圾桶决策理论的提出者认为,"模糊性"假设前提的引入是垃圾桶决策理论最大的贡献,这种引入有效克服了有限理性学派单纯的"行动倾向"。④

---

① Michael Cohen, James March, and Johan Olsen, "A Garbage Can Model of Organizational Choice," Administrative Science Quarterly, Vol. 17, No. 1, 1972, pp. 1–25.
② 龚虹波:《"垃圾桶"模型述评——兼谈其对公共政策研究的启示》,《理论探讨》2005年第6期,第105页。
③ 马正立:《行动者、组织与环境:管理理论演进图谱》,《重庆社会科学》2021年第4期,第93页。
④ 熊剑芬:《浅论"垃圾桶"模型及其对公共政策的启示》,《法制与社会》2008年第11期,第272页。

垃圾桶决策理论在克服有限理性决策理论缺陷的同时,其理论本身也存在一些缺陷。首先,其因果解释能力较差,垃圾桶模型的运作结果是由计算机程序模拟产生的。本多(Bendor)、莫(Moe)和肖特(Shott)等学者对原文模型的计算机程序进行了分析,发现计算机版和书面语言版的"垃圾桶"大相径庭——在计算机版中,参与者的能量代替了解决方案流,参与人变成了毫不关心其他事物的"能量电子人",电子模型的世界不再是多变的、模糊的和随机的,而是格式化的。① 其次,本多、莫和肖特还对垃圾桶决策理论与现实相符的可能性提出了质疑,指出了垃圾桶决策理论与经验现象的四点不符之处:(1)在经验现象中,问题、解决方案和参与者三大源流并不相互独立,问题与解决方案是由参与者携带的。(2)在真实世界中,解决方案并不是孤立存在的,它是与问题不可分的,是解决问题的行动或过程。(3)在三大源流中,参与者(特别是重要的参与者)是可以改变组织结构的。对组织的领导者来说,他们可以根据要解决的问题和目标来选择组织进入结构、决策结构和能量分布的方式。(4)组织结构变量忽略了权威人士、委托代理及控制对组织结构的影响,而这才是组织问题的核心所在。②

传统理性决策理论、有限理性决策理论、渐进主义决策理论和垃圾桶决策理论虽然都具有一定的解释力与价值,但却没有实质性地揭示政府的政策制定过程,政策议程设定在很大程度上仍是一个未知的"黑箱"。不过,这些决策理论的提出为多源流理论的提出提供了"阳光雨露",有效地启迪了多源流理论的产生。

第二节 多源流理论的理论内容

约翰·W. 金登是美国著名的政策科学家和政治学家,师从美国公共行政学、政策科学和政治学领域的大师级学者艾伦·威尔达夫斯基。1976年至1979年,金登在反思、批判与吸收以往政策议程设置理论的同时,对美国联邦政府内部以及外部涉及卫生领域和运输领域的利益集团、学者、媒体、咨询人员进行了247次深入访谈,同时还利用政府文件、新闻报道及公共舆论调查的信息,在丰富的实证研究基础上酝酿新的政策议程设置理论。1984年,金登在《议程、备选方案与公共政策》一书中提出了著名的多源流理论,系统地回答了政策议程设置的相关问题。图11-2显示了该理论的基本架构。

---

① 龚虹波:《"垃圾桶"模型述评——兼谈其对公共政策研究的启示》,《理论探讨》2005年第6期,第106页。

② 同上。

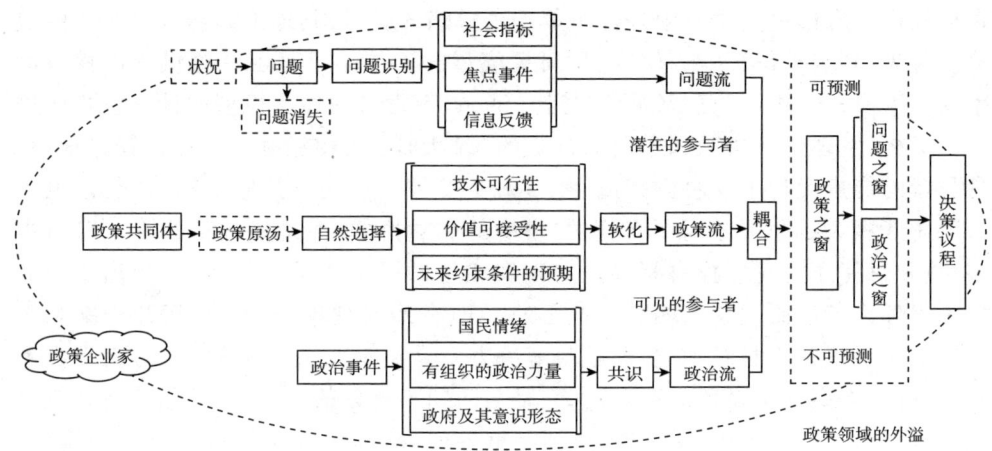

图 11-2　约翰·W.金登的多源流分析模型

资料来源：范逢春、姜晓萍：《农业转移人口市民化政策转型的多源流分析：构成、耦合及建议》，《四川大学学报(哲学社会科学版)》2015 年第 5 期，第 17—25 页。

一、问题流

问题流主要涉及问题的界定，是问题引起决策者关注的过程。金登认为，在我们的日常生活中存在着各种各样的公共问题，这些问题能否得到决策者的关注并上升为政策议程，主要取决于三个方面：一是评价问题存在与否及其重要程度的一系列指标；二是能够将某一主题带到政策议程显著位置的焦点事件；三是对现行项目运作情况的反馈信息等。

(一) 评价问题存在与否及其重要程度的一系列指标

政策制定者通常将一个指标上的变化视为一个系统的状态变化，并将此界定为问题，他们认为一个稳定的状态远比一个数字不断变化的状态问题更少。指标变化的获取通常有两种渠道。一是常规性监控。政府通过常规性监控可以对社会运行的各项指标进行追踪，有时候某些指标的显著变化即表明了问题的存在。比如，当一国的基尼系数超过 0.4 时就表明这个国家的贫富差距问题达到了警戒状态。二是非常规性监控。比如，政府机构或非政府机构的研究人员或学者常常就某一特定时间点的某一特定问题进行研究。

(二) 能够将某一主题带到政策议程显著位置的焦点事件

指标的变化引起的决策者对问题的识别一般是隐性的，问题通常并不会因为这些指标的变化而自明，它们往往需要一些推动力来引起决策者的关注，这种推动力往往是由政策制定者个人经历的一些焦点事件所提供的。① 然而,焦点事件对于问题界定的推动并非总是那么直接,焦点事件能否引起决策者的关注主要受到政策制定者个人经验和强大符号的影响。由此,金登界定了焦点事件的两种变异形式:一是由决策者个人经验引起的对于某些主题的焦点事件的关注,如经常进行空中旅行的决策者往往更加关注诸如客机失联等飞机安全主题的焦点事件,从而发现机场管理的问题;二是由强大符号的出现和传播引起的决策者对于某些主题的焦点事件的关注,如20世纪70年代,技术对医疗照顾费用的促进作用在某种程度上促使CAT扫描成为卫生领域政策人员的口头禅,这种符号加固了卫生领域决策者对CAT扫描事件的注意力。②

(三)对现行项目运作情况的反馈信息等

在通常情况下,政府官员可以接收到有关现行项目运作情况的反馈信息。决策者在接收到这些信息后,接下来会对反馈信息的内容进行识别与解释,反馈信息中存在的一些问题往往会引起他们的注意,如项目未按照预期计划进行,项目执行结果与预期产生巨大偏差,项目执行成本太高等。哪些信息会被解释为问题呢?第一类是项目执行不符合立法意图和上级行政意图的信息;第二类是表明不能实现规定目标的信息;第三类是有关项目运行成本的反馈信息。有时某些项目运行逐渐变得代价太高,政策制定者可能会为了省钱而削减甚至中止现行项目运行。

指标的显著变化、焦点事件的轰动效应和项目信息的持续反馈,可以助力某一公共问题引起决策者的关注并被识别为政策问题。

二、政策流

政策流主要涉及政策方案的设计与选择,是政策建议产生、讨论、重新设计以及受到重视的过程。金登认为,政府官员、国会议员、学者和利益集团等共同组成了政策建议的倡议者,即"政策共同体"。

"政策共同体"内的成员围绕政策问题提出各种政策建议,各种政策思想四处漂浮,由此形成了"政策原汤"。③ 他们渴望自己的政策建议得到重视,使一些自己希望看到的备选方案成为最终选定的那组方案的组成部分,因此,他们会利用各种机会来发表自己对某一问题的看法,"兜售"有利于自己的政策建议(金登

---

① 〔美〕约翰·W.金登:《议程、备选方案与公共政策》(第二版·中文修订版),丁煌等译,北京:中国人民大学出版社2017年版,第89页。

② 同上书,第91—92页。

③ 同上书,第111页。

称之为"软化"),力争使自己的政策建议能被政策制定者采纳。① 这些建议能不能被重视甚至采纳受到一定标准的约束,这些标准包括:技术可行性、在政策共同体内的价值可接受性、未来约束条件的预期、可承受的费用、预期的公众默认程度以及在民选决策者中间被接受的合理机会。

为通过以上严苛标准的考验,"政策共同体"内的政策倡导者必须深入分析问题产生的根源,提出有针对性的、合理有效的、具有技术可行性与价值可接受性以及满足未来约束条件预期的解决问题的政策思想与建议,从而"软化"政策共同体内的其他成员和社会公众,使更多的人能够同意和接纳其建议主张。一旦问题有了可行的解决办法,那么其被提上政府政策议程的可能性就大大增加了。在这个过程中,政策倡导者(又被称为政策企业家)发挥着重要的作用,他们不断"兜售"自己的政策建议与思想,使其政策建议或政策思想在"政策共同体"内产生显著的影响。政策倡导者积极提出并"兜售"政策倡议的原因有三②:一是为了增进个人利益,如美国医学协会倡导国民健康保险计划并非因为热心而是为了保护其自身成员的利益;二是为了宣传自己的价值观或者影响公共政策的形态;三是单纯地出于个人爱好或者喜欢,这类政策倡导者又被称为政策追星族。

三、政治流

政治流主要涉及政治因素对政策议程设置的影响,是指对问题解决产生影响的政治过程。政治流独立于问题流与政策流而流淌,它由诸如公众情绪、压力集团间的竞争、选举结果、政党或意识形态在国会中的分布以及政府的变更等因素构成。政治流中的这些要素对于政策议程设置具有强大的影响,其中,国民情绪的变化与行政当局的变更会对政策议程产生最有力的影响,那些引起国民情绪强烈变化而受到政治当局关注的政策问题,以及由政党或者新一届政府变更而受到关注的政策问题被提上政策议程的机会大大增加。

(一)国民情绪的变化

国民情绪又被称为国家的气候、公共舆论或者广泛的社会运动。国民情绪的变化直接影响选举结果、政党命运以及政府决策者对利益集团院外游说的可接受性,因此,决策者十分在意国民情绪变化的内容与方向。国民情绪存在何处?决策者是如何感知其内容与方向的呢?一般来说,决策者具有许多与国内的热心公

---

① 陈建国:《金登"多源流分析框架"述评》,《理论探讨》2008年第1期,第127页。
② 〔美〕约翰·W.金登:《议程、备选方案与公共政策》(第二版·中文修订版),丁煌等译,北京:中国人民大学出版社2017年版,第116—117页。

众、积极分子以及政治精英等人群打交道的经历。政府内部的决策者们对国民情绪变化过程的认识主要有两种方式:一是,对于民选政治家们来说,他们常常通过诸如邮件、市民大会或者小型聚会、接待群众代表或者他们在该地区办公时的来访者这样一些交流方式来判断国民情绪的变化;二是,对于非民选官员而言,他们往往根据从政治家那里获得的信息来认识和判断国民情绪。① 学者们常常通过对公众进行抽样调查的方式来感知国民情绪的变化。此外,在信息化社会,新闻媒体日益担负起社会舆论监督的重要责任,构成了与立法、行政、司法并立的一种社会力量,并对其他三种政治权力起制衡作用,成为"第四权力"。因此,决策者还特别关注新闻媒体动向,通过新闻传媒、网络舆论等感知国民情绪的变化,并格外关注那些受国民欢迎的建议和不受国民欢迎的建议。对于那些受国民欢迎的建议,政策倡导者则积极将其提上政策议程;对于那些不受国民欢迎的建议,政策倡导者就必须顺应不利形势,在当前的情况下尽可能多地提出可供考虑的建议,并且要等待国民情绪再度朝着有利于他们的方向转变。②

(二)有组织的政治力量

有组织的政治力量主要由利益集团和其他有组织的利益群体组成。由于政府惯性的存在,一旦某一项目确立,其受益方就会组成强大的利益团体保护其从中受益的项目,要打破这种惯性就需要一批积极的变革支持者。③ 因此,决策者会对不同压力集团间的共识程度进行判断:如果某个压力集团内部的共识程度较高,对于某一问题的诉求强烈,那么决策者就倾向于满足该利益集团的政策诉求;如果某个压力集团内部的共识程度较低,对于问题的感知或者诉求并不是那么强烈,那么决策者则倾向于忽视其诉求。由于我国是人民民主专政的社会主义国家,利益集团对于政策议程设置的推动或者阻碍作用表现得并不明显。当然,利益集团共识程度并非一成不变的,国民情绪的变化、政治与行政当局的变更、国会席位的变动等都可以对利益集团的共识程度造成冲击,并促使其朝着有利于改革的方向发展。

(三)政治与行政当局的变更

政治与行政当局的变更是政策流中的第三个主要成分,它主要是指立法部门和行政部门的换届。政治与行政当局的变更会带来政策议程设置的显著变化,这

---

① 〔美〕约翰·W. 金登:《议程、备选方案与公共政策》(第二版·中文修订版),丁煌等译,北京:中国人民大学出版社 2017 年版,第 140—141 页。
② 同上书,第 141 页。
③ 同上书,第 141—143 页。

种变化主要以两种方式进行①：一是担任权威职务的人员改变了其优先考虑的项目并提出新的议程项目，如中共十八以来，我国特别关注贫困问题，提出了"精准脱贫""精准扶贫"方略；二是权威职务上的人事变动所带来的政策议程设置的变动。此外，由宪法、法令和规章等因素影响带来的政府管理权限的变化也是导致政策议程变化的重要原因。

那么，众多的政治主体之间是如何建立起共识的呢？讨价还价。金登指出，与政策流中强调说服相比，政治流中的共识是通过讨价还价来形成的。在政治流中，联盟是通过妥协以换取联盟的支持而建立的，或者随着实际的联盟成员或者潜在的联盟成员的讨价还价而建立的；一个人之所以加入联盟，其原因并不是在于他完全被联盟说服，而是因为他害怕不加入联盟就会得不到加入联盟所带来的利益。② 因此，共识的建立不仅需要说服，更为重要的是通过提供或者交换联盟成员所偏好的利益来获取他们的支持。

四、政策企业家

问题流、政策流与政治流是怎样结合的呢？金登认为，三条源流的结合离不开政策企业家的作用。政策企业家是这样一些政策倡导者，他们愿意投入自己的资源（时间、精力、声誉以及金钱）来宣传某一政策主张以使其成为决策方案。他们可能是内阁部长、国会议员，还有可能是专家学者或职业官僚。政策企业家在政策议程设置过程中发挥着十分关键的作用，他们不仅不断推出自己对问题的认识和政策建议，说服"政策共同体"内的其他成员，而且时刻为政策之窗的开启做好准备。政策企业家对问题、政策以及政治这三者结合所具有的作用有四③：一是帮助人们区分个体与结构，告诉人们个体的重要性以及在何时何地个体的变化可以引起结构的变化，同时抓住个体变化带来的结构变化的机遇，提出自己的政策思想与政策建议。二是提出并推广自己的政策建议并扮演着政策经纪人的角色。政策企业家不仅酝酿政策倡议，同时还通过在一些重要的协商和联络活动中"兜售"自己的政策思想与政策建议，扮演着政策经纪人的角色。三是吸收"政策原汤"中其他政策主体的有益政策思想与建议，并发展完善自己的政策建议，提出具有创新性的政策倡议。四是在有准备的情况下捕捉和利用机遇。政策企业家在政策之窗打开前就进行了各种准备，能够在政策之窗打开时将已经包装好的问

---

① 〔美〕约翰·W.金登：《议程、备选方案与公共政策》（第二版·中文修订版），丁煌等译，北京：中国人民大学出版社2017年版，第144页。
② 同上书，第150页。
③ 王春福、陈震聘：《西方公共政策学史稿》，北京：中国社会科学出版社2014年版，第299—300页。

题、解决方法与政治契机带到窗前。政策企业家具有敏锐的嗅觉,能够极为准确地觉察到政策之窗的变化,并且在恰当的时机采取行动。

成功的政策企业家需要具备三种类型的素质①:(1)具有某种听证权,以使自己的意见真正受到关注。在"政策共同体"中,只有那些具有听证权的倡议者才能真正使自己的意见受到关注。这种听证权有三个来源,一是个人专长,二是代表他人发言的权利(如利益集团的主要领导),三是权威性的决策职务所带来的听证权(如我国人大代表就具有行使调查听证的权力)。(2)具有闻名的政治关系和谈判技巧,以综合各方利益。拥有闻名的政治关系与谈判技巧的政策企业家集技术专长与政治老练于一身,可以有力调和各方政策主体的利益关系,并提出切实可行的、具有影响力的政策建议。(3)拥有坚忍不拔的意志,以长期从事政策活动。成功的政策企业家都会花费大量的时间做报告、撰写文章、阐明自己对某一问题的立场,给重要人士写信、起草提案、面对国会委员和行政部门委员会作证以及参加工作午餐会,所有的这些活动都需要长期投入很多的时间、精力与资源。

五、政策之窗

金登认为,问题流、政治流与政策流这三条溪流保持着相对的独立性,在某一个关键的时间点上,三大源流耦合,"政策之窗"开启,政策问题获得决策者高度关注的可能性大大提高。

他认为,政策议程是在问题流或者政治流中建立起来的,而备选方案则是在政策流中产生的;政策之窗要么是因为问题流中的紧迫问题的出现而打开,要么是由于政治流中的关键事件而开启,因此也就有了"问题之窗"与"政治之窗"。

政策之窗开启的原因有三:一是问题流中,在某些情况下,在指标的显著变化与焦点事件的加持下某些问题变得迫在眉睫而促使"问题之窗"开启;二是政治流中政治当局的变更(如国会委员中新主席的出现,政党的变更和国会议员的更换)等使得某些政策问题得到关注进而打开政策之窗;三是政治流中行政角色的调整带来新举措与新议程,为政策之窗的开启提供了机会。政策之窗每次敞开的时间都不长,稍纵即逝。

政策之窗关闭的原因有以下几个方面②:(1)决策者认为问题已经通过立法或者其他决策手段予以解决了,已经解决的问题就没有继续行动的必要;(2)促

---

① 〔美〕约翰·W.金登:《议程、备选方案与公共政策》(第二版·中文修订版),丁煌等译,北京:中国人民大学出版社2017年版,第169—170页。

② 吴光芸主编:《公共政策学》,天津:天津人民出版社2015年版,第407页。

使政策之窗打开的焦点事件消失于政策舞台,由问题溪流中焦点事件的冲击而开启的"问题之窗"也常常会因为焦点事件影响力的消减而关闭;(3)在政策之窗开启时,政策企业家未争取到行动机会,或者不愿为此承担时间、精力、资本等代价;(4)推动某一问题的政策之窗开启的政治家调离原来的职位也会导致政策之窗的关闭;(5)在政策之窗开启时,未有可行的政策备选方案。

在有些情况下,政策之窗的开启有很大的可预测性。金登指出,政策之窗的开启具有一定的周期性,有时可以根据时间表创造一些敞开政策之窗的机会,如可根据立法更新、预算周期更新、总统国情咨文等条件的周期性相应地安排政策之窗的开启。① 而在另一些情况下,政策之窗的开启就具有偶然性,但这并不意味着政策之窗的开启就完全不能把握,这时可以根据各种约束条件——预算、公众的接受度、资源的分配等可预测的方式来构建政策制定系统。②

六、外溢效应

外溢效应是指当一个政策问题的政策之窗打开时,往往可以为另一相近政策问题的政策之窗打开增加可能性。金登认为,一个领域的成功可以增加相邻领域成功的概率,事件之所以会向相邻领域外溢,是因为政治家发现骑上先前曾带来利益的同一匹马是有回报的,获胜的联盟可以转向一些新问题,而且人们可以根据先例进行论证。③ 外溢效应的力量有时很强大,当然,通过外溢效应打开的政策之窗也会转瞬即逝,需要尽快行动。

第三节 多源流理论的学术评价

一、多源流理论的理论贡献

一个新的理论的出现总是带有一定的启发意义。多源流理论的提出具有三方面的启发意义。

首先,多源流理论的提出揭开了政策过程的"黑箱",提供了政策过程参与者的全景分析图。④ 金登的多源流理论系统回答了在任何给定的时间,是什么促使决策者对某些问题关注而对另一些问题却不予关注,通过分析政策设定过程中的

---

① 〔美〕约翰·W. 金登:《议程、备选方案与公共政策》(第二版·中文修订版),丁煌等译,北京:中国人民大学出版社2017年版,第175—178页。
② 同上书,第178—179页。
③ 同上书,第183页。
④ 吴光芸主编:《公共政策学》,天津:天津人民出版社2015年版,第408页。

各方参与者及其所处的地位、所发挥的作用、所利用的资源,从而打开了政策过程的黑箱,使人们对政策过程有所了解。

其次,多源流理论肯定了偶然因素在各个政策过程中的作用。① 沿袭了垃圾桶模型对模糊性的强调,金登认为政策议程设定最终决定于一定的偶然条件,正是这些不可预测的因素使得一些议案排上政策议程。他认为偶然因素开阔了人们的研究思路。

最后,多源流理论提出并细化了政策企业家的作用。在西方政策过程中,最早是在社会运动领域出现了一批运动型企业家,而后又出现了一批致力于打破"铁三角"(国会、政府和利益集团)关系的政策企业家,到了20世纪80年代政策企业家群体已经常态化。金登将政策企业家界定为那些更愿意投入时间、精力致力于打破现有的政策平衡,向其他人"兜售"自己中意的政策理念并力图让其变成新的决策方案的人,并就政策企业家的构成、成功政策企业家的素质及政策企业家在政策议程设置过程中的作用进行了细致阐述,这对公共政策来说是一项有益补充。

二、多源流理论的不足之处

在具有学术价值的同时,多源流理论也存在一些不足之处。

首先,问题流、政策流和政治流这三条源流是否真正独立? 在金登看来,三条源流之间彼此独立是必需的,只有源流独立才能让源流具有生命,让每一条源流都遵循自身的规律,这一点也是很多研究者所积极维护的。② 穆希尔劳尼(Mucciaroni)认为,如果将每个源流看作是相互依赖的将会更符合实际、更有意义,这样任何一个源流的改变将会导致或促使其他源流发生改变,耦合过程的偶然性就大为降低,整个过程的目的性与战略性就会更强。③

其次,多源流理论过分强调政策议程设置的模糊性。④ 金登提出了政策之窗的两种类型:因问题流中紧迫问题的出现而打开的"问题之窗";因政治流中关键事件而开启的"政治之窗"。此外,金登还明确了政策之窗开启与关闭的原因,认为政策之窗的开启最终决定于一定的偶然条件,并且强调政策之窗的开启具有一定的可预测性,但是对于三条源流究竟是在什么时间、什么条件下相结合,政策之

---

① 曾令发:《政策溪流:议程设立的多源流分析——约翰·W. 金登的政策理论述评》,《理论探讨》2007年第3期,第136—139页。
② Fritz Sager and Yvan Rielle, "Sorting Through the Garbage Can: Under What Conditions Do Governments Adopt Policy Programs?" *Policy Sciences*, Vol. 46, No. 1, 2013, pp. 1–21.
③ 杨冠琼编著:《公共政策学》(第二版),北京:北京师范大学出版社2017年版,第155页。
④ 李文钊:《多源流框架:探究模糊性对政策过程的影响》,《行政论坛》2018年第2期,第96页。

窗以何种形式打开却没有给出明确答案。具体而言,对模糊性的过度强调引致了以下几类问题[①]:一是政策之窗有层次吗?二是政策之窗的开启真的是短暂的吗?是否有一次窗口和二次窗口?哪些影响因素存在于第一次窗口开启到第二次窗口打开之间?三是源流与窗口的关系是什么?政策之窗所显示的问题之窗和政治之窗与源流的关系分别是什么?四是政策企业家与窗口如何匹配?如果政策企业家所致力于追求的是打开一个错误的政策之窗,要如何改变?五是源流汇合的过程如何?对于一个富有生命力的源流来说,相互独立但又不是完全独立,其汇合的图景如何被清晰地刻画和展现?

再次,多源流理论忽视了社会突然的巨变对政策议程的影响。[②] 在金登看来,政策建议是一个自然进化过程,类似于生物的自然选择,各种思想"漂浮"起来,转变成政策建议,并且在各种论坛上得到讨论、修改,然后再次"漂浮"起来。突然的巨变可能更适应于议程的建立过程,它是一个"不时被打断的平衡",但是政策建议更多地遵循渐进主义,它是一个缓慢变化和修正的过程。因此,对于政策过程的变迁模式,金登主张区分政策过程的不同阶段,认为不同阶段包含不同变迁模式和逻辑。渐进和巨变都可以解释政策过程的不同阶段和环节,都有其适应范围。

最后,在可检验的假设方面,研究者对于多源流框架的主要批评是其目前更多是描述性研究,而不是预测性研究,更多使用定性研究而非定量研究。[③] 与其他框架相比,多源流框架还没有形成明确的可以检验的假设和命题,更多的是提供了对政策过程的理解,属于事实描述和解释。批评者认为,多源流框架并没有真正对政策过程进行解释,它是一种事后合理性分析,而不是事前预测性分析。没有预测功能,理论的价值性和有效性就会减弱。

第四节　多源流理论的修正与发展

一、尼古拉·扎哈里尔迪斯对多源流理论的修正与发展

金登在对垃圾桶模型修正的基础上,基于美国国家层面的政策制定过程提出了多源流理论,但是他的观点涉及的只是决策前的过程:议程确定和备选方案的细化。那么,对于其他国家、其他阶段的政策制定过程,他的结论是否普遍适用

[①] 杨志军:《从垃圾桶到多源流再到要素嵌入修正——一项公共政策研究工作的总结和探索》,《行政论坛》2018年第4期,第64页。
[②] 李文钊:《多源流框架:探究模糊性对政策过程的影响》,《行政论坛》2018年第2期,第96页。
[③] 同上。

呢？针对这些问题，尼古拉·扎哈里尔迪斯对金登提出的多源流理论做出了三个方面的扩展和一个方面的修正。①

扎哈里尔迪斯在《模糊性与多源流分析》②《德尔菲神谕：模糊性、制度与多源流》③等文中系统阐述、修正并发展了多源流理论。首先，扎哈里尔迪斯将多源流理论运用到整个政策过程中。他认为议程设定是一个独立的过程，但是备选方案的具体规划却贯穿于整个政策过程。因此，他将决策过程定义为：政策制定者从一系列已经产生的可供选择的方案中做出具有权威性选择的过程。其次，扎哈里尔迪斯认为，多源流分析同样适用于政策比较研究。他还运用该理论研究了英国和法国这两个国家电信、铁路和石油部门私有化过程中的政策问题，最终，他的研究成果显示，多源流理论对于其他国家、其他阶段的政策制定过程同样适用。再次，他还扩展了多源流理论的分析单元。金登对于多源流分析的讨论集中在整个国家的政府和多样性的问题上，扎哈里尔迪斯则将该理论分析的触角伸向了私有化问题研究。最后，他将政治源流中的国民情绪、利益集团以及政府换届这三个方面整合为执政党的意识形态这一个概念变量，这样不但没有削弱反而增强了该理论的解释力，加强了该理论对于相对集权、政党力量强弱分明的国家的适用性。

扎哈里尔迪斯对于多源流理论研究的扩展和修正，拓展了多源流分析的应用范围，增强了理论应用的普遍性，使得多源流分析能够解决不同国家体制下议程确定和政策选择过程中的问题。

二、艾克瑞尔对多源流理论的修正与发展

尽管扎哈里尔迪斯对多源流理论进行了发展修正，并认为多源流同样适用于欧洲政策研究，但当艾克瑞尔（Robert Ackrill）和凯（Adrian Kay）将金登的多源流理论运用于欧洲研究时，发现需要对金登的多源流理论框架进行重新解构。④

首先，他从制度的角度对模糊性进行了重新定义：所谓制度模糊性，是指一种缺乏清晰层次结构的、重叠制度的决策环境。一个跨多个政策领域的政策问题可

---

① Christopher M. Weible and Paul A. Sabatier, *Theories of the Policy Process*, New York：Routledge, 2018, pp. 17–46.

② Nikolaos Zahariadis, "Ambiguity and Multiple Streams," *Theories of the Policy Process*, Vol. 3, No. 1, 2014, pp. 25–59.

③ 〔美〕尼古拉斯·扎哈里尔迪斯：《德尔菲神谕：模糊性、制度和多源流》，杨志军、欧阳文忠译，《吉首大学学报（社会科学版）》2017 年第 1 期，第 23—30 页。

④ Robert Ackrill and Adrian Kay, "Multiple Streams in EU Policy-making：The Case of the 2005 Sugar Reform," *Journal of European Public Policy*, Vol. 18, No. 1, 2011, pp. 72–89.

能导致决策的模糊性。其次,他对外溢效应进行了细化,界定了内生溢出效应与外生溢出效应。他将金登界定的溢出效应——当理念在制度上不相关的政策领域之间传递时,会产生溢出效应——界定为外生溢出。他认为,如果一个政策问题占据了多个与制度相关的政策领域,那么在一个领域中做出的一项政策决策可能会直接影响其他领域中的决策,甚至会在其他领域没有政策动议的情况下强制做出决策,这种溢出效应为内生溢出。再次,他认为在最初的多源流理论模型(以及此后的很多工作)中,政策企业家和决策者在身份和功能上的区分太过明显,事实上,企业家不止简单地向决策者推销想法,还直接参与决策。因此,艾克瑞尔对政策企业家个体和政策创新活动进行了区分,他认为,政策解决方案之所以会被提上议事日程,不是因为决策者被那些坚持不懈、技术娴熟的政策企业家所说服,而是因为决策者选择了适合政策窗口的想法,从而选择了倡导该政策的企业家。最后,在金登的多源流理论模型中,源流耦合是至关重要的,三条源流耦合可以成功地利用特定政策机会将政策提案提上决策议程。金登多源流理论模型中的耦合是政策窗口性质以及政策企业家的技能和资源的函数,并重点关注政策企业家的技能与资源。艾克瑞尔则认为,应重新平衡注意力,将政策窗口的性质作为决策者耦合战略的重要信号。他认为,内生溢出效应使政策之窗打开的时间更长,这就为政策改革提供更多的机会,此时企业家不仅可以推动所在政策领域的政策出台,而且可以影响政策问题所涉及的其他领域的政策决策。

三、杨志军对多源流理论的修正与发展

多源流理论作为西方舶来品,其在西方政策实践中展现出了较强的解释效力,但对中国政策问题的解释力相对偏弱。贵州大学公共管理学院的杨志军基于中国政策过程的实践经验,对多源流理论模型进行了优化。杨志军以"要素嵌入"思路为优化路径,采用清晰集定性比较分析方法和基于深度调研的个案分析方法,分别验证了要素嵌入源流的适配性以及由此建立的新多源流模型中中介变量的科学性,最终建立了"基于要素嵌入源流适配性成立和三大中介变量的新多源流理论模型"。[①](见图11-3)

杨志军认为,金登提出的多源流理论最缺乏的其实是对源流做出类似于深层核心信仰的界定。这种深层核心信仰直接关涉到多源流理论的立论基础——谁来、何时、如何引导源流汇合,这些都需要回归源流中作为深层核心信仰的属性要

---

① 杨志军:《模糊性条件下政策过程决策模型如何更好解释中国经验?——基于"源流要素+中介变量"检验的多源流模型优化研究》,《公共管理学报》2018年第4期,第39—51页。

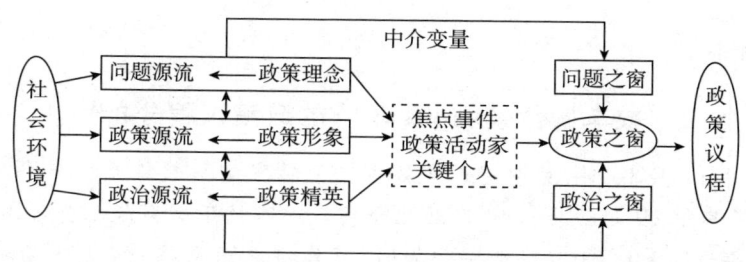

图 11-3 基于要素嵌入源流适配性成立和三大中介变量的新多源流理论模型

素,属性的赋予又以不改变源流的原有内涵为前提。① 基于这样的出发点,他在前人研究工作的基础上,以"要素嵌入"的思路来开展模型优化工作,将政策理念(Policy Idea)、政策形象(Policy Image)和政策精英(Policy Elite)三个要素分别嵌入问题流、政策流和政治流。②

(1) 政策理念之于问题流。"政策理念"指参与者或政策主体所构思的愿景。基于利益取向的政策理念分歧决定问题流,构成问题流的特有属性,赋予问题流生命力。

(2) 政策形象之于政策流。基于政策方案的政策形象认同决定政策流,构成政策流特有属性,赋予政策流生命力。

(3) 政策精英之于政治流。基于(最)高级别领导人批示和讲话的政策精英决定政治流,构成政治流特有属性,赋予政治流生命力。中国经验情境下的政治流有三大主要因素:网络舆论、关键领导决策和既得利益集团。

【关键术语】

问题流　政治流　政策流　政策企业家　政策之窗　外溢效应

【复习思考题】

1. 多源流理论的理论渊源有哪些?
2. 多源流理论的主要内容是什么?
3. 政策之窗开启的条件是什么?关闭的条件是什么?
4. 政策企业家是如何促进政策之窗开启的?
5. 多源流理论有哪些理论贡献与理论不足?

---

① 杨志军:《模糊性条件下政策过程决策模型如何更好解释中国经验?——基于"源流要素+中介变量"检验的多源流模型优化研究》,《公共管理学报》2018 年第 4 期,第 41 页。

② 同上文,第 39—50 页。

【案例分析】

《校车安全条例(草案)》的政策议程分析[①]

2011年11月16日,甘肃省正宁县榆林子镇发生一起特大校车事故,共造成21人死亡(其中19名幼儿)、43名幼儿受伤。该事故迅速引起社会各界的广泛关注。2011年12月11日,《校车安全条例(草案征求意见稿)》(以下简称《校车安全条例(草案)》)发布,共八章五十九条,对校车服务提供单位、校车使用许可、校车驾驶人、校车通行安全、校车乘车安全和法律责任等方面做出了详细规定。那么,《校车安全条例(草案)》的制定过程何以如此迅速?其中,"校车安全的政策议程如何构建"是理解该案例的关键之处。校车问题是如何被建构的?推动校车安全问题进入政策议程的关键力量有哪些?校车安全的政策议程是如何呈现的?

一、校车安全问题的产生与构建

在《校车安全条例(草案)》发布前,我国只有西藏拉萨、浙江德清、广东顺德、山东青岛等少数地区使用专用校车,其他大部分地区尤其是城乡接合部和偏远乡村的学校、幼儿园使用的"校车"五花八门:有使用普通客车的,也有使用报废车、老旧面包车、三轮机动车、农用车甚至拖拉机的。截至2011年4月,全国各级各类幼儿园、小学、初中用于接送学生上学的车辆共有285 000多辆,但其中符合《专用小学生校车安全技术条件》的车辆只占10%左右。据了解,当前国内校车经营模式多种并存,主要有学校自营、政府购车学校经营、无政府补贴的营利性组织经营、有政府补贴的营利性组织经营四种,其中学校自营和无政府补贴的营利性组织经营所占比例相对较大,但各地情况很不均衡。由于校车的低赢利性,完全市场化的运作对该市场的发展和促进作用非常有限。而且,到目前为止,我国还没有关于校车安全的正式立法。

甘肃正宁校车事故吸引了网易、新浪、腾讯等多个主流网络媒体跟踪报道,它们还开辟了专门报道版块与讨论区,公众可以自由进入其中参与讨论。同时,国务院相关部委均对各地方下达了彻查校车安全的行政命令,一时间全国各地方针对校车安全检查的"运动性执法"蔚然成风,这在很大程度上助推了地方媒体对校车安全的报道。甘肃正宁校车事故的严重性、行政部门的积极行动与网络媒体报道三方面叠加,导致了甘肃正宁校车事故相比之前其他的校车事故受到了更广泛的社会舆论关注。运用百度进行搜索发现,2009年1月之前关于校车的新闻

[①] 节选自黄俊辉、徐自强:《〈校车安全条例(草案)〉的政策议程分析——基于多源流模型的视角》,《公共管理学报》2012年第3期,第19—31、123页。有改动。

是 60 000 多条,过了一年就变成了将近 80 000 条,又过了一年是 110 000 条。

与以往的校车事故仅作为交通事故报道不同,在甘肃正宁校车事故发生后,网络媒体对校车事故的理解已不再局限于交通事故和校车质量范畴,更多是围绕校车安全管理(资金筹措、行政立法、安全监督等)展开,并将校车安全制度缺失视为校车事故的政策性根源。

二、问题解决方案的酝酿与发展

甘肃正宁校车事故发生后,专家学者围绕事故提出了各种各样的政策建议。在 2011 年全国两会期间,除了学者这一群体外,校车安全的政策共同体还吸引了汽车企业代表、政治官僚等的加盟,来自不同领域的政策企业家就校车安全问题提出了更多、更全面的建议与解决思路。其中,来自汽车企业代表的议案就有 4 项,且相比学者的政策建议,汽车企业代表的政策建议更为具体、更具操作性。当然,他们主要出于对自己与所在企业的利益考虑。据估算,中国有 9000 万名学生需要乘坐校车,专业校车的市场容量将超过 100 万辆,每年的更新规模也将达到 10 万至 15 万辆。汽车企业代表期望自己的政策建议能够获得决策者的青睐,以在校车市场上占据优势地位。如郑州宇通客车公司董事长汤玉祥在议案中将推广使用专用校车称为重要的民心工程,试图从民生问题的角度强调校车安全的重要性。其他政策企业家也出于私人的或公共的目的而积极参与到校车安全的政策倡导中来。

三、政治领导与社会大众的反应

在甘肃正宁校车事故发生后的第二天,全国 31 个省市中发行量较大的报纸均将该事故作为头条新闻进行详细报道。在甘肃正宁的校车事故中,政府在校车安全管理上的缺位问题在公众舆论中不断被放大,专家学者、汽车企业代表、政府官员等均对校车安全与管理展开了激烈的讨论。教育部统计资料显示,全国农村小学数从 1997 年的 512 993 所锐减到 2009 年的 234 157 所,总量减少了一半多,平均每天减少 64 所学校。学校数量的减少使得学生的上学路程增加,乘坐校车成为学生和家长们的无奈选择。农村路况的糟糕和交通工具的落后又导致了校车事故不断增多。在甘肃正宁校车事故后还接连发生了数起校车事故,有关校车安全的舆论愈演愈烈。建立健全的校车制度已经迫在眉睫,我国需要用"以人为本"的价值理念来建立健全相关制度和法律体系,使校车成为安全的流动校舍,为学生们建立起安全无忧的绿色通道。需要注意的是,时任国务院总理温家宝于 2011 年 11 月 27 日在第五次全国妇女儿童工作会议上对校车安全做出了重要讲话,校车安全"必须引起各地各部门高度重视。国务院已责成有关部门迅速制订校车安全条例,抓紧完善校车标准,做好校车设计、生产、改造、配备等工作,并建立相应管理制度。做好校车工作所需资金由中央和地方财政分担,多方筹集。要明确地方政府和部门责任,严格责任追究制,对发生的恶性事故要依法严肃处理。要通过中央、地方和社会各界共同努力,使校车成为学生安全的流动校舍,为孩子们建立起安全无忧的绿色通道"。

此外,校车安全的管理权限也是体现政治源流变化的重要维度。校车管理涉及多部门的权责,但由于校车安全立法的滞后导致行政部门之间权责关系复杂与模糊,"好像谁都可以管,谁都可以不管,导致校车运营在车辆管理、运营主体管理、运营过程管理和学生组织等工作方面存在管理盲区"。尽管教育部、公安部、原国家安全生产监督管理总局、原国家质检总局和国家标准委等部门曾在校车管理上采取过一些政策措施,但在甘肃正宁校车事故中,相关部门却相互推诿责任。随后,国务院迅速召开会议对校车管理权限做出调整与划分,自此,校车管理权限才得以初步厘定。

案例讨论题

1. 试用多源流理论分析《校车安全条例(草案)》出台的问题流、政策流与政治流。

2. 试分析为什么以往的校车安全事故未能触动政策议程,而甘肃正宁县特大校车安全事故的发生推动了《校车安全条例(草案)》的出台?

【推荐阅读文献】

1. 〔美〕约翰·W. 金登:《议程、备选方案与公共政策》(第二版·中文修订版),丁煌等译,北京:中国人民大学出版社2017年版。

2. 〔美〕赫伯特·A. 西蒙:《管理行为》,詹正茂译,北京:机械工业出版社2021年版。

3. 魏淑艳、孙峰:《"多源流理论"视阈下网络社会政策议程设置现代化——以出租车改革为例》,《公共管理学报》2016年第2期,第1—13页。

4. 李文钊:《多源流框架:探究模糊性对政策过程的影响》,《行政论坛》2018年第2期,第88—99页。

5. Robert Ackrill and Adrian Kay, "Multiple Streams in EU Policy-making: The Case of the 2005 Sugar Reform," *Journal of European Public Policy*, Vol. 18, No. 1, 2011.

6. Åsa Knaggård, "The Multiple Streams Framework and the Problem Broker," *European Journal of Political Research*, Vol. 54, No. 3, 2015.

第十二章　倡导联盟框架

【内容提要】

倡导联盟框架是目前最具影响力的政策分析框架之一,自其被提出以来就一直试图通过自我反思和修正以向全世界推广。它将政策子系统作为分析政策过程的基本单元,聚焦于具有不同信仰系统的倡导联盟互动竞争。因此,学习者应当了解倡导联盟框架的产生与发展过程,准确把握倡导联盟框架的理论前提、基本假设、核心概念和主要观点,清晰了解政策子系统、倡导联盟、政策信仰、联盟资源、政策经纪人、政策取向的学习和外部因素等核心概念的理论内涵,重点掌握倡导联盟、政策取向的学习和政策变迁之间的关系,学习如何运用倡导联盟框架解释政策变迁的因果路径。

倡导联盟框架(Advocacy Coalition Framework, ACF)由保罗·萨巴蒂尔及其合作者詹金斯-史密斯(Jenkins-Smith)于1988年提出,而后被广泛地运用于世界各个国家和地区的不同政策领域,是目前公共政策学界最具影响力的政策过程理论之一。倡导联盟框架在很多方面都与众不同:第一,它试图建构能够替代政策阶段论的一般性理论;第二,这一框架主张政策过程中的行动者是为了将他们的信仰而非简单的物质利益转化为行动;第三,它强调了技术性信息对理解政策过程的重要作用;第四,它深入解释了政策取向的学习对政策变迁产生的影响,分析了促进跨联盟学习所需的条件。

第一节　倡导联盟框架的产生与发展

理解倡导联盟框架,有必要从历史维度观察其形成和发展的过程。本节旨在介绍倡导联盟框架的理论缘起以及梳理倡导联盟框架理论发展轨迹,从而帮助学生更加全面、系统、深入地理解其基本内容与核心思想。

一、倡导联盟框架的缘起

(一)对阶段启发法的批判

自政策科学诞生至20世纪80年代初期,阶段启发法一直占据政策过程理论的主导地位,并被绝大多数公共政策学教材当作编写体例的依据,因此被称为"教科书式途径"。但是,萨巴蒂尔和史密斯认为,阶段启发法所存在的问题已经超过这一理论的先进性,有必要寻找更好的理论框架取而代之。

萨巴蒂尔等对阶段启发法存在的局限性进行了总结①:第一,阶段模型并非真正意义上的因果模型,它并未识别出将政策过程从一个环节推向另一个环节以及激发政策活动的动力问题。此外,由于缺乏因果机制,阶段模型无法为各阶段提供经验性假设检验的基础。第二,它对政策阶段的描述并不准确,议程设定、政策规划、执行和评估并非总是依照它所描述的顺序进行,很多情况下是交叉的。第三,法规式的、自上而下的关注是不恰当的,这样容易忽略其他重要的政策行动者,当政策来源于多重交叉的指令或行动者时该方法更加难以适用。第四,它不恰当地强调政策周期作为分析的时间单元。第五,它并未提供一个很好的工具以整合政策分析以及贯穿于整个政策过程的政策学习行为。

(二)倡导联盟框架的理论回应

基于对传统政策阶段启发法的批断,萨巴蒂尔和他的合作者们共同构建了倡导联盟框架,希望超越阶段启发法并寻找更好的政策过程理论,更好地解释与指导政策实践。为此,倡导联盟框架试图借鉴不同理论的研究成果,回应之前各种传统理论所存在的争议,不断地对自身进行完善和革新。

1. 重新认识政策过程中的知识与政治

公共政策的功能在于解决公共问题、处理公共事务、维持公共秩序、促进公共利益,这些作用的发挥和实现,既取决于所采取的技术手段又取决于对相关群体的价值分配——前者与知识(科学活动的追求与产物)相关,而后者与政治相关。可以说,知识和政治是政策过程中的两个基本要素,正因如此,与知识相对应的"科学化"和与政治相对应的"民主化"成为评价政策过程优劣的两个基本指标,进而成为政策过程理论的两个基本取向。②

2. 探索决定政策变迁的影响因素

早期的公共政策学者主要关注的是政治和环境因素对政策变迁的影响,但是,"政治与环境之争的论调在20世纪70年代的文献中消失了,研究者们开始把路径分析运用在比较研究中,以此显示出自变量的交互式以及局部性的效果"③。倡导联盟框架的开创者萨巴蒂尔注意到这个问题,他在发表的论文中指出,根据

---

① 〔美〕保罗·A.萨巴蒂尔编:《政策过程理论》,彭宗超等译,北京:生活·读书·新知三联书店2004年版,第31页。

② 王春城:《倡导联盟框架:解析和应用》,吉林大学博士学位论文,2010年,第26页。

③ Daniel Mazmanian and Paul A. Sabatier, "A Multi-Variate Model of Public Policy-Making," *American Journal of Political Science*, Vol. 24, No. 3, 1980, pp. 439−468.

各州之间政策比较的文献,在实际政策中被解释的变量还不到一半,州的政策可能深受其他因素(如政策制定者偏好)的影响。在此基础上,萨巴蒂尔等人开始关注技术性信息、政策信仰、政策取向学习等对政策过程的影响,并将诸多政治、经济和社会因素等纳入倡导联盟框架,形成了一个具备系统性和综合性的分析框架。

3. 修正与拓展个体模型

关于人性的假设成为各种社会科学理论的逻辑起点。公共政策学涉及集体行动和公共选择问题,更是离不开特定的人性假设。主流的理论框架都采纳了"有限理性"这一假设,以区别于传统的理性人假设模型。例如,"奥斯特罗姆的有限理性个体是复杂世界中的一个'更新者';鲍姆加特纳和琼斯的有限理性个体是个'有选择的出席者';萨巴蒂尔和詹金斯-史密斯的有限理性个体是个'信仰者';而对于扎哈里尔迪斯和西蒙来说,个体则是一个'满足者'"①。倡导联盟框架从西蒙的"理性人"假设、预期理论和社会心理学中吸收了大量理论成果,将理性因素和非理性因素相互融合,建构了"政策信仰系统"作为人性假设的基础,对传统的个体模型进行了修正和拓展。

4. 引入政策执行中自上而下和自下而上的整合路径

在政策执行的研究中,无论是自上而下途径还是自下而上途径都难以对政策执行做出令人满意的描述和解释,"自上而下模式过分重视中心而忽略边陲,自下而上模式的缺点则是过分重视边陲而忽略中心"②。这种情况下,学者们开始尝试开发政策执行研究的第三种途径——综合途径,试图在自上而下和自下而上两种途径之间取长补短,而萨巴蒂尔则开发了"政策执行的综合模型",并将其思想引入倡导联盟框架。

(三)倡导联盟框架的研究主题

1987年以来,倡导联盟框架的提出者们在学界的批判、经验验证和自我反思的过程中,逐步建立起了七个基本的研究主题③:

(1)倡导联盟:构成、稳定性和分析方法;

(2)个人和信仰系统结构的模型;

(3)子系统:界定、发展和互动;

---

① 〔美〕保罗·A. 萨巴蒂尔编:《政策过程理论》,彭宗超等译,北京:生活·读书·新知三联书店2004年版,第327—332页。

② Paul A. Sabatier, "Top-Down and Bottom-up Models of Policy Implementation: A Critical Analysis and Suggested Synthesis," *Journal of Public Policy*, Vol. 6, No. 1, 1986, pp. 21-48.

③ 〔美〕保罗·A. 萨巴蒂尔编:《政策过程理论》,彭宗超等译,北京:生活·读书·新知三联书店2004年版,第169页。

(4) 联盟行动:解决集体行动问题;
(5) 多重的政府间管辖地和影响政策的联盟策略;
(6) 跨联盟的学习和职业论坛;
(7) 主要的政策变迁。

二、倡导联盟框架的完善与发展

通过对倡导联盟框架相关文献的梳理和回顾,可大致将其发展历程分为四个阶段,其主要标志是1988年、1993年、1999年和2007年发表的关键性著作。①

(一) 初创阶段(1978—1988)

1986年,萨巴蒂尔在其发表的关于整合自上而下与自下而上两种政策执行途径的文章中,首次明确提出了"倡导联盟框架"。1988年,萨巴蒂尔和詹金斯-史密斯等人在《政策科学》上组织了"政策变迁与政策取向的学习:倡导联盟框架的开发"专题研讨,萨巴蒂尔在其中一篇论文中系统地阐述了倡导联盟框架的雏形,并由此形成倡导联盟框架的第一个版本(如图12-1)。这一版本初步构

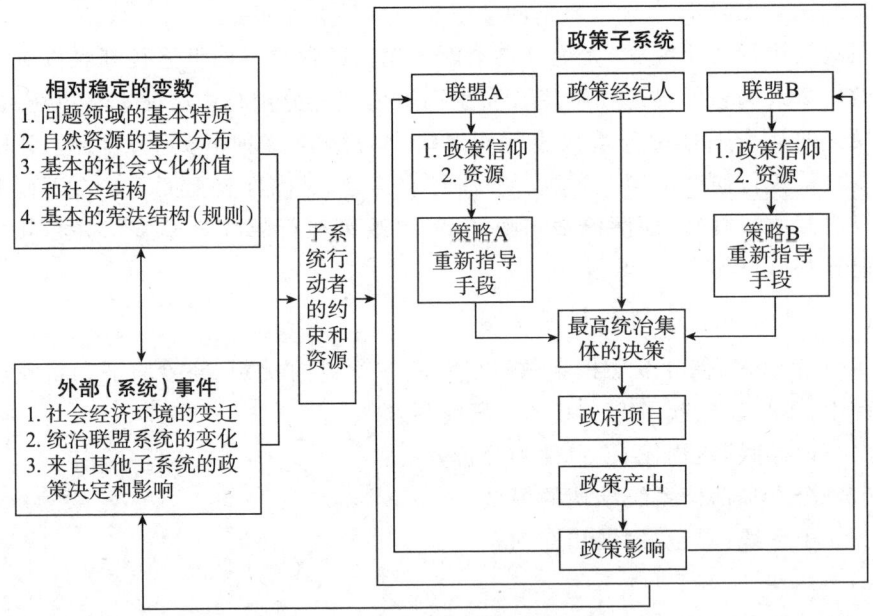

图 12-1 1988 年版倡导联盟框架

资料来源:Paul A. Sabatier,"An Advocacy Coalition Framework of Policy Change and the Role of Policy-oriented Learning Therein," *Policy Sciences*, No. 21, 1988, pp. 129-168。

---

① 张海柱:《政策变迁研究中的倡导联盟框架及其应用分析》,吉林大学硕士学位论文,2011年,第4页。

建了政策子系统、倡导联盟和政策信仰等重要概念,以及关于政策过程分析的系统性框架。

(二)体系化阶段(1989—1993)

在体系化发展阶段,萨巴蒂尔、詹金斯-史密斯及其学生围绕特定个案对倡导联盟框架进行了实践检验和理论修正(如图12-2),试图澄清以下问题①:

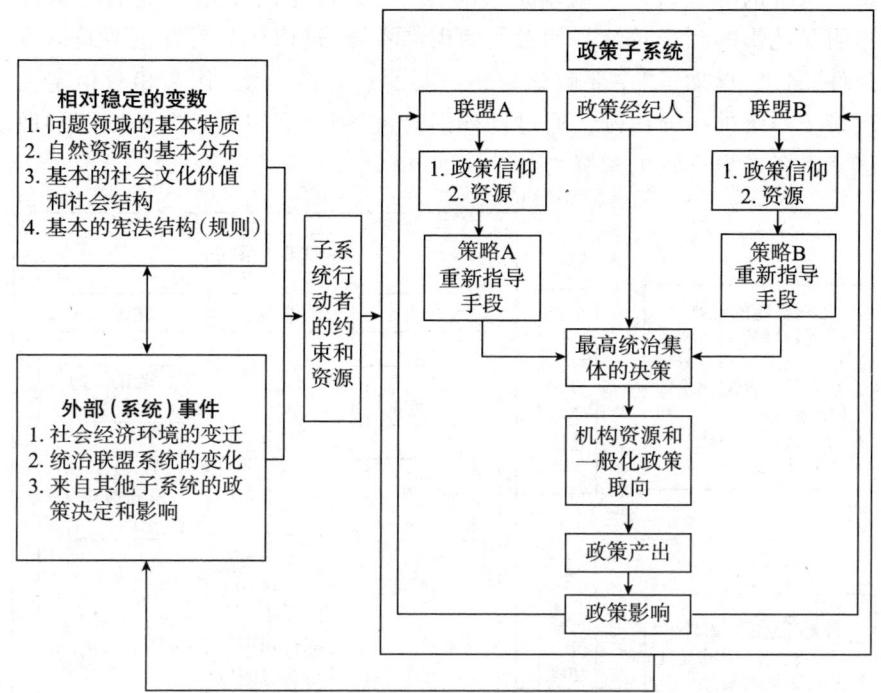

图12-2　1993年版倡导联盟框架

资料来源:Paul A. Sabatier and Hank C. Jenkins-Smith, eds., *Policy Change and Learning*: *An Advocacy Coalition Approach*, Boulder, Colorado: Westview Press, 1993, pp. 13-39。

第一,在罕见的情况下,面对占主导地位联盟的反对,行政组织和司法官员可能会推翻子系统政策。第二,技术信息对政策的影响。第三,在政策核心信仰中,不太可能改变的"规范性原则"与根据新证据更有可能改变的"具有大量经验内容的原则"之间的区别。第四,外部事件不会导致子系统的变化,除非至少有一个联盟有能力利用它的新机会。与第一个版本相比,第二个版本对核心

---

① Jenkins-Smith Hank and Paul Sabatier, "Evaluating the Advocacy Coalition Framework," *Journal of Public Policy*, Vol. 14, No. 2, 1994, pp. 175-203.

概念的界定更为清晰,对核心观点的阐释更为深入,但框架整体构成方面并没有显著变化。

(三) 成熟阶段(1994—1998)

萨巴蒂尔等人在1999年出版的《政策过程理论》一书中提出了倡导联盟框架的第三个版本(如图12-3)。与前两个版本相比,该版本有两项改进:第一,在影响政策子系统的外部事件中新增加了一项"公共舆论的变化",他们认为该项变量能够明显地影响到子系统行动者的约束和资源,进而作为引发主要政策变迁的外部条件;第二,增加了"主要政策变迁需要的一致性程度"作为相对稳定的变数影响政策子系统的中介机制。通过这样的改进,倡导联盟框架在实施不同政治制度的国家具备了更广泛的解释力。①

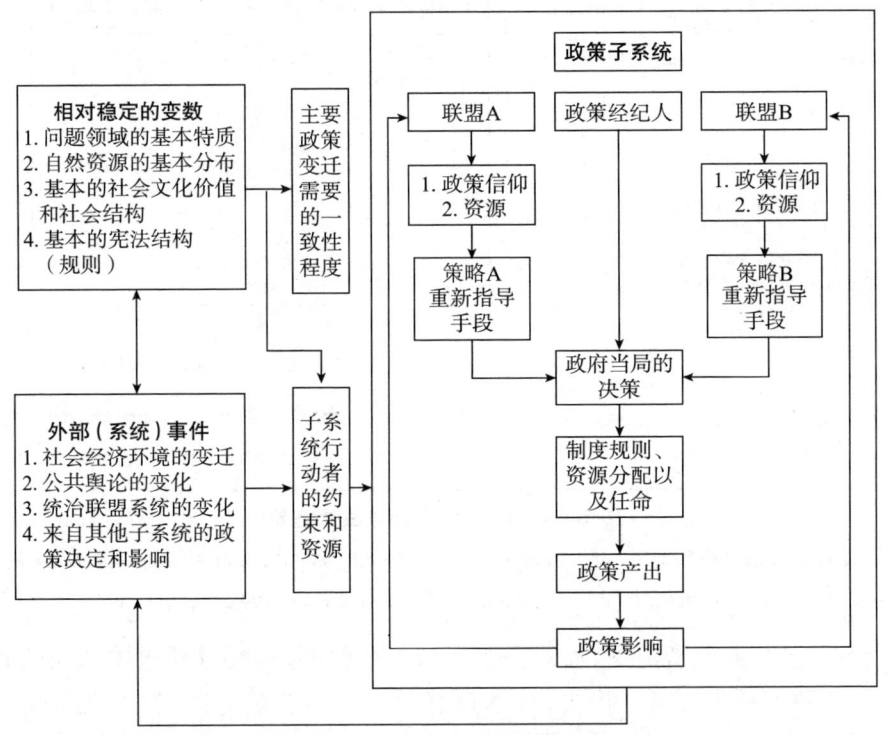

图12-3　1999年版倡导联盟框架

资料来源:[美]保罗·A.萨巴蒂尔编:《政策过程理论》,彭宗超等译,北京:生活·读书·新知三联书店2004年版,第210页。

---

① [美]保罗·A.萨巴蒂尔编:《政策过程理论》,彭宗超等译,北京:生活·读书·新知三联书店2004年版,第52—53、314—354页。

(四)拓展阶段(1999—2007)

随着倡导联盟框架运用范围的不断拓展,美国以外国家的相关研究日益丰富,关于倡导联盟框架适用性问题的讨论也不断增多。由于倡导联盟框架是美国学界多元主义和经验主义的产物,因此,它所默认的政策子系统往往表现为组织良好的利益集团、任务导向的机构、软弱的政党、多种决策场域,以及制定和实施重大政策变化所需的绝对多数支持。这就招致部分学者对倡导联盟框架可能只适用于"成熟的"子系统的批评,同时也进一步推动了倡导联盟框架的修订。2007年版的倡导联盟框架图(如图12-4)改进了外部因素影响政策子系统的机制,添加了"政治系统的开放程度"变量,并将它与"主要政策变迁所需一致性程度"整合为"长期的联盟机会结构"。至此,外部因素作用于政策子系统的机制被分为长期与短期两个方面:相对稳定的参数主要通过对长期联盟机会结构的影响

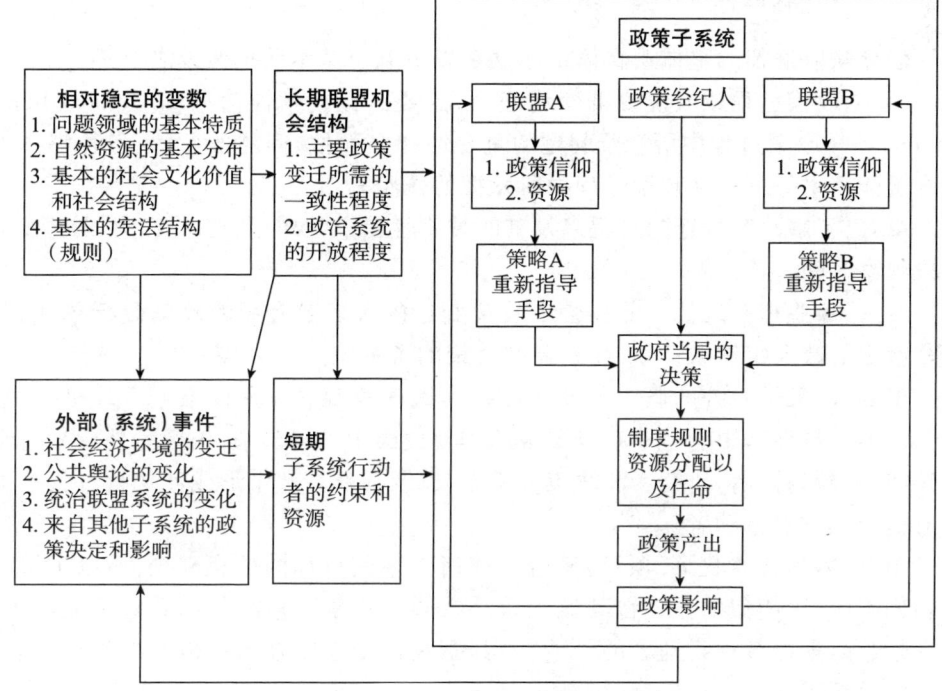

图 12-4 2007 年版倡导联盟框架

资料来源:Paul A. Sabatier, ed., *Theories of the Policy Process*, Boulder, Colorado: Westview, 2007, pp. 189-220。

而制约政策子系统中的政策行动;外部事件则主要通过短期内对子系统行动者形成的规范和资源约束而制约政策行动者的行为。①

第二节　倡导联盟框架的基本内容

倡导联盟框架的主要内容可以简要地概括为:在一个特定的政策子系统中,来自不同组织的政策行动者秉持着共同的政策信仰结成倡导联盟,通过共同努力将自己的政策信仰转化为政策产出;政策变迁既是子系统内部不同联盟竞争互动的结果,又是子系统受到外部因素影响的结果;影响政策变迁的具体因素包括了政策取向的学习、一致性谈判、内部焦点事件和外部因素。本节主要从理论前提、基本假设、核心概念和主要观点四个层面对倡导联盟框架的基本内容进行介绍,建立起对倡导联盟框架全面、细致和深入的认识。

一、倡导联盟框架的理论前提

倡导联盟框架的整体逻辑体系建立在以下五个基本前提假设之上②:

第一,政策过程或者说政策变迁理论,需要研究技术性信息(Technical Information)——政策过程中所涉及问题的重要性和多面性、问题的原因、各种解决方案的可能后果等——在政策过程中所发挥的作用。

第二,了解政策变迁的过程以及其间技术性信息的作用,要求 10 年或更长的一段观察时间。

第三,那些理解现代工业社会中政策变迁的大多数有用的政策分析单元,并不是特定的政府组织或计划,而是公共政策的子系统。

第四,政策子系统的概念应该从传统的铁三角观念——仅限于行政机关、立法部门的委员会和影响单一政府层级的利益集团中扩展出来,包括另外两个行动者集团,即新闻记者、研究者和政策分析者,以及活跃在政策形成和执行过程中的所有层级的政府行动者。

第五,因为公共政策(项目)整合了如何实现其目标的原有理论,所以可以参照信仰系统,用相似的方式将其概念化。在同一背景下描绘信仰和政策的能力,为评估长时期内各种行动者的影响,尤其是政策变迁中技术性信息的作用,提供了一种分析工具。

---

① Paul A. Sabatier, ed., *Theories of the Policy Process*, Boulder, Colorado: Westview, 2007, p. 99.
② 〔美〕保罗·A. 萨巴蒂尔编:《政策过程理论》,彭宗超等译,北京:生活·读书·新知三联书店 2004 年版,第 153—155 页。

二、倡导联盟框架的基本假设

倡导联盟框架围绕倡导联盟、政策变迁和跨联盟学习三个理论中心,创设了一系列可供实践检验的基本假设。①

(一)倡导联盟的假设

联盟假设1:政策子系统中的一个主要争论是,当政策核心信仰有争议时,联盟中的群众和反对者的力量是否会在随后的10年或更长的一段时间里更加稳定地成长。

联盟假设2:一个倡导联盟中的行动者将在某些关系政策核心的问题上表现出相当的一致性,但是在信仰系统的次要方面,这种现象则比较少。

联盟假设3:一个行动者(或一个联盟)在承认核心政策信仰中的弱点之前,将放弃他的信仰系统的次要方面。

(二)政策变迁的假设

政策变迁假设1:除了有来自等级制中上级辖区强加的变迁以外,只要创立政策的子系统倡导联盟在所属辖区内仍有影响力,那么这个辖区内的政府项目的政策核心特征将不会明显地重新修正。

政策变迁假设2:来自子系统外部的主要干扰(如社会经济环境、公共舆论、整个系统的统治联盟或者来自其他子系统的政策产出)是一个政府项目政策核心特征发生变迁的必要不充分原因。

(三)跨联盟学习的假设

学习假设1:当两个联盟之间出现中介层面的普遍的观念冲突时,跨信仰系统的政策取向的学习是最有可能发生的。这就要求:

(1) 为了更好地直面观念冲突,每一方都要拥有技术资源;

(2) 冲突是在一个信仰系统的次要方面和其他信仰系统的核心内容之间,或者是在两个信仰系统的相对次要的方面之间发生。

学习假设2:那些包含有大量的量化数据的理论问题,将比那些包含着通常是定性的、十分主观的或者两者都缺乏的问题,对于贯彻于整个信仰系统的政策取向的学习更有帮助。

---

① 〔美〕保罗·A. 萨巴蒂尔编:《政策过程理论》,彭宗超等译,北京:生活·读书·新知三联书店2004年版,第162—163页。

学习假设3:与自然系统有关的问题,将比那些仅涉及纯粹社会或政治系统的问题更有助于实现整个政策信仰系统中的政策取向的学习,因为在前者中,不仅因为联盟成员是积极的战略家,还因为其中控制性的实验更为可行。

学习假设4:当存在一个具有如下特征的讨论会时,政策取向的学习更有可能发生:

(1)该讨论会的声望很高,吸引了不同联盟中的职业专家参加会议;

(2)职业规范至上。

学习假设5:如果技术资源的累积没有到能够改变反对联盟观点的程度,它也会对政策核心产生重要的影响——至少是短期的,通过改变政策经纪人或政府其他重要官员的观点来实现。

三、倡导联盟框架的核心概念

依据2007年版的倡导联盟框架图(如图12-4),本小节从政策子系统内部开始对倡导联盟框架中的核心概念进行系统性介绍。

(一)政策子系统

政策子系统(Policy Subsystem)是倡导联盟框架的基本分析单元。其研究始于约翰·弗里曼(John Freeman),他将政策子系统界定为"介入某个特定政策领域的参与者的互动模式"[①]。随着对倡导联盟框架研究的不断深入,研究者们发现对于政策子系统的界定过于宽泛,导致在运用倡导联盟框架的过程中难以精确把握分析单位。因此,萨巴蒂尔与克里斯托弗·韦伯(Christopher Weible)将政策子系统具体界定为"包括在一定地理范围内的一个实质性议题(Substantive Issue)和特定的政策参与者",从而将倡导联盟框架中的政策子系统限定在"实质性议题""政策所涉地理范围"和"利益相关者"三部分。[②] 其中,"实质性议题"代表特定政策的目的或实质内容;"政策所涉地理范围"强调公共政策所涉及的地区空间。对于"利益相关者",倡导联盟框架则主张学界的界定不应该拘泥于传统的"铁三角",而是包括另外三个行动者集团[③]:第一,研究者、新闻记者以及政策分析者,他们在政策思想的产生、传播和发展中起着重要的作用;第二,活跃在政策形成和执行过程中的所有层级的政府行动者;第三,一些国际组织以及司法官员

---

① Paul A. Sabatier, ed., *Theories of the Policy Process*, Boulder, Colorado: Westview, 2007, pp. 192–197.
② Ibid, p. 192.
③ Ibid.

(Judicial Officials)。从倡导联盟框架对政策子系统的界定来看,其透露出的是精英多元主义研究倾向。

（二）倡导联盟

政策参与者的成功与否取决于他们将政策信仰转化为实际政策的能力。为了增加成功的机会,政策参与者会寻找具有相似政策信仰的盟友并协调他们的行动。萨巴蒂尔等人将"倡导联盟"（Advocacy Coalition）定义为:"来自不同职位（当选官员、行政官员、利益集团领袖、研究者等）的人们,他们共享一个特定的信仰系统——一套基本的价值观、因果假设和问题感知,并且在长时期内具有较强的协调能力。"[1]倡导联盟由政策子系统的行动者构成（通常是一至四个）,其中有一个处于主导性的地位,其他的则处于相对弱势或次要地位。不同政策行动者同属一个倡导联盟的两个基本条件是:（1）他们共享一组统一的和能自圆其说的信仰;（2）在业余时间从事一项没有争议的合作行动。

（三）政策信仰

政策信仰（Policy Beliefs）是倡导联盟框架重要的创新之一,是倡导联盟形成的"黏合剂",也是政策行动者开展行动的内在驱动力。与传统的政策分析理论相比,倡导联盟框架并没有借助于政治学中普遍使用的"利益"这一概念来展开分析,一是因为利益不具有可测量性,二是因为利益与核心政策观念具有内在的关联性。

政策信仰被分为三个层面:深层核心信仰（Deep Core Beliefs）、政策核心信仰（Policy Core Beliefs）和次要方面信仰（Secondary Aspects Beliefs）。第一层面的"深层核心信仰"覆盖大部分政策子系统,涉及关于人类本性、重要价值相对优先序、政府与市场的恰当角色、谁应参与政府政策制定等问题的一般化的规范性和实体性假设,它们在很大程度上是童年社会化的产物,因此很难改变。第二层面的"政策核心信仰"是深层核心信仰的具体运用并贯穿于整个政策子系统,它代表了联盟的基本行为规范和因果认知,包括不同政策相关价值的优先次序,政府和市场的相对权威性,一般公众、当选官员、公务员、专家的恰当角色,政策问题的严重程度及其原因等,由于政策核心信仰贯穿整个政策子系统且肩负重要的政策选择,因此也十分难以改变。第三层面的"次要方面信仰"在范围上相对较窄,包括关于特定项目中预算应用的细致规则、某一既定区域内问题的严重性与成因、

---

[1] Paul A. Sabatier, "Policy Change over a Dacade or More," in Paul A. Sabatier and Hank C. Jenkins-Smith, eds., *Policy Change and Learning: An Advocacy Coalition Approach*, Boulder: Westview, 1993, p. 25.

既定法令中的公众参与指南等,改变它们只需较少的证据及子系统活动者的同意,因此改变起来相对容易。①（见表12-1）

表12-1 政策信仰层级结构

	深层核心信仰	政策核心信仰	次要方面信仰
特征界定	基本规范和本体性原理	关于获得子系统核心价值的基本策略和根本政策立场	工具性决策和搜寻必要信息以实现政策核心价值
适用范围	跨越所有政策子系统	贯穿于整个子系统	通常仅为子系统的一部分
对变化的敏感性	非常困难,类似宗教信仰的改变	困难,如果现实经验揭示了一些严重反常现象,变化仍然会发生	简单易行,这是绝大多数行政机关,甚至是立法机关政策制定的主题
内容描述	1. 人类本性 a. 人类天生性恶还是社会后天影响所致？ b. 部分本性还是完全本性？ c. 狭隘的利己主义者还是协约主义者？ 2. 各种主要价值的相对优先性:自由、安全、权力、知识、健康、爱情、美等 3. 分配性正义的基本标准:谁的福利值得？ 自身相对重要性的考量:主要集团、所有人、下一代、非人类等 4. 社会文化认同:如少数民族、宗教信仰、性别、职业	基本规范: 1. 基本价值偏好取向 2. 那些最关心自己福利的集团或其他实体的认同 有实际经验性成分的规范: 1. 问题的总体严重性 2. 问题的基本原因 3. 政府和市场之间权威的合理配置 4. 不同层级政府之间权威的合理配置 5. 不同政策工具的优先性（如管制、保险、教育、直接付费、税收信用） 6. 解决社会问题的能力（如零和竞争与多边和解的潜在性;技术乐观主义与悲观主义） 7. 公众、专家以及民选官员的参与 8. 政策核心、政策偏好	1.特定情景下具体方面问题的严重性 2. 不同背景和长时段中各种因果联系的重要性 3. 绝大多数关于行政规则、预算分配、案件处理、法令解释甚至是法令修订等方面的决策 4. 关于具体项目或制度的绩效方面的信息

---

① 〔美〕保罗·A.萨巴蒂尔编:《政策过程理论》,彭宗超等译,北京:生活·读书·新知三联书店2004年版,第179—180页。

(四) 联盟资源

倡导联盟最初始的版本就指出政策信仰和联盟资源是决定倡导联盟内部结构及其行为的基础,但是直到 2007 年版倡导联盟框架才对联盟资源加以界定说明。联盟资源(Policy Relevant Resources)指的是"政策参与者在他们试图影响公共政策时使用的各种政策相关资源"[1]。具体而言,这一概念包括以下若干变量:第一,制定政策的正式法定权威。居于法定权威机构之职位的行动者——诸多执行官员、立法者及一些法官——是倡导联盟的潜在成员。在此资源方面的差别是区分主导联盟和次要联盟的重要特征。第二,民意。民意调查能够显示出对某一倡导联盟政策立场的支持,是政策参与者的一项主要资源。第三,信息。信息涉及的是问题严重性和原因以及政策方案的成本—收益,它们是政策参与者借以打败竞争对手以赢取政治斗争的重要资源。第四,可动员的队伍。这是由那些与政策精英共享政策信仰并对政策保持关注的群众构成。第五,财力资源。可以用来购买其他多种资源。第六,技能精湛的领导。他们能够为联盟创造一个富有吸引力的愿景,战略性地、高效地使用资源,为联盟吸引新的资源。[2]

(五) 政策经纪人

在一个政策子系统中,大多数政策参与者在倡导联盟中与盟友协调行动,共同努力将他们的政策信仰转化为实际的政策。在竞争性政策子系统中,政策分歧在倡导联盟之间常常升级为激烈的政治冲突,这些冲突常常是由"政策经纪人"(Policy Broker)进行调解。政策经纪人包括民选高级公务员、社会组织和法院等。大多数政策参与者试图影响所属倡导联盟内的政策过程,而政策经纪人则寻求在竞争联盟之间找到合理的妥协方案。政策经纪人通常受到两个联盟的信任,并拥有一定的决策权力。需要指出的是,政策经纪人和政策参与者之间只有一线之隔。有时候,政策参与者为了维护政策子系统的生存,往往也充当政策经纪人的角色。其他时候,政策经纪人则可能来自政策子系统之外。

(六) 政策取向的学习

政策取向的学习(Policy Oriented Learning)是影响政策变迁的重要力量之一。倡导联盟框架将"政策取向的学习"定义为:相对持久的思想或行为意图的交替,这种交替源自经验或新信息,并且关注的是政策目标的达成或修订。[3] 它主要讨论政策问题的严重性、政策问题的原因以及替代的解决方案对政策目标带来的可

---

[1] Paul A. Sabatier, ed., *Theories of the Policy Process*, Boulder, Colorado: Westview, 2007, pp. 194-196.
[2] Ibid.
[3] Ibid, p. 123.

能性影响。政策取向的学习主要涉及次要方面信仰的改变,是推动子系统中不同倡导联盟相互协作的重要途径。这种学习既存在于联盟内部成员之间,也存在于不同倡导联盟之间。萨巴蒂尔认为,政策取向的学习发生应当具备三个要素,即联盟间信仰冲突程度、政策问题分析的难易程度、政策论坛的存在和性质。[①] 其中,政策论坛指的是可供政策子系统的参与者讨论与政策相关的事实与价值的平台[②],主要分为开放性论坛、封闭性论坛和专业论坛三类。职业论坛允许联盟成员广泛参与,但是排除与政策问题不相关的人。职业论坛中各方能够促进联盟间的相互学习,有助于打破政策僵局。

（七）外部因素

倡导联盟框架认为政策子系统仅仅具有部分的自主性,它还受到两种外部因素(External Factors)的影响:相对稳定的系统参数,以及外部(系统)事件。

稳定的系统参数具体包括:

第一,问题领域的基本特质。这是对于社会公共问题(政策问题)性质的基本认知与因果关系的界定。不同的认知将导致不同的政策选择。例如,若将贫困问题界定为劳动者自身素质低下导致的,那么政府将更多依靠增加教育与职业培训加以解决;而如果将其界定为收入分配的不公平,则政府将更多依靠体现公平的再分配政策加以调节。

第二,自然资源的基本分布。自然资源总是稀缺且分布不均的,它的分布状况影响政府的政策选择。例如美国和法国的煤炭、石油资源差异很大,因此两国的能源政策存在很大不同。

第三,基本的社会文化价值与社会结构。许多国家基本政策的差异根源于国民价值文化传统的差异。如欧洲许多国家存在大规模的生产资料国有化现象,而这在自由主义传统浓厚的美国是很难想象的。此外,社会分化基础上社会结构的差异也是导致不同国家间政策差异的重要原因。如英美多元主义社会与奥地利等社团主义特征明显的社会在决策过程上就存在很大差异。

第四,基本的宪法结构。由宪法以及其他基本法律的差异所导致的不同类型的政治体制中,其基本的政治决策程序与政策类型必然存在差异。如美国的三权分立体制中,政府决策受国会的极大制约;而英国的议会体制中,内阁由议会产生,二者在基本决策中不存在对立制约的关系。

---

① 〔美〕保罗·A.萨巴蒂尔、汉克·C.詹金斯-史密斯编著:《政策变迁与学习——一种倡议联盟途径》,邓征译,北京:北京大学出版社 2011 年版,第 47—53 页。

② 田华文、魏淑艳:《政策论坛:未来我国政策变迁的重要动力——基于广州市城市生活垃圾治理政策变迁的案例研究》,《公共管理学报》2015 年第 1 期,第 24—33 页。

第十二章　倡导联盟框架

由于以上相对稳定的参数在短期内能够保持基本的稳定,因此它们无法作为政策参与者的"战略性目标"加以利用。它们主要是为子系统内行动者提供长期性的行为约束与战略资源,确立政治决策的基本程序和规则。

另一类在短期内易于变化的外部(系统)事件构成了对子系统内行动者的资源利用和短期活动的约束,主要包括:

第一,社会经济环境的变迁。它既可以改变当前政策问题的性质,也可以改变不同政策行动者的可用资源。例如,通货膨胀的出现就要求政府实施紧缩性的财政或货币政策。

第二,公共舆论的变化。早期的倡导联盟框架并没有明确指出公共舆论对于政策过程的影响,当萨巴蒂尔认识到"尽管公共舆论很少能够影响政策特性,但它肯定能改变总支出的优先顺序和对各种政策问题严重性的判断"后,将其从"社会经济环境"中独立出来。

第三,子系统统治联盟的改变。这可能是由于定期的选举,也可能是由于某种危机事件的发生,导致掌握决策权威的主体的地位发生了转变,从而影响了子系统内的政策过程。

第四,其他子系统的影响。由于政策问题的复杂性,子系统之间是相互影响的。例如,由于煤炭等能源的燃烧会导致污染问题,环境政策子系统的发展就深受能源政策子系统的影响。

(八)联盟机会结构

联盟机会结构(Coalition Opportunity Structures)是 2007 年版本的倡导联盟框架引入的新概念,用以理解相对稳定参数与政策子系统之间的关系。萨巴蒂尔和克里斯托弗·韦伯将其定义为"某一政体相对持久的特征,它影响着子系统行动者所能利用的资源以及受到的约束"[1],这一概念主要包括以下两个关键变量:

1. 主要政策变迁所需的一致性程度

它是由政治制度所规定的主要政策变迁发生时须获得多大比例的支持,通常包括不过半数、勉强半数、超过半数以及全体一致等形式。这一变量可以"明显地影响到子系统行动者的约束条件和行动策略,也会影响到主要政策变迁的实际发生概率"。

2. 政治系统的开放性

这具体指政治系统在多大程度上向社会公众开放,主要用于解释不同政体下

---

[1] Paul A. Sabatier and Christopher M. Weible, "The Advocacy Coalition Framework: Innovations and Clarifications," in Paul Sabatier, ed., *Theories of the Policy Process*, Boulder, Colorado: Westview, 2007, p. 200.

联盟行动策略选择的差异性。这一概念又包含了两个次级指标:决策场域(Decision Making Venues)的数量和可及性(Accessibility)。决策场域指的是利益相关者有机会参与公共政策决策的制度性空间,其代表性例子包括选举、法院等。① 倡导联盟影响决策的常用策略之一就是选择适宜的决策场域投入资源或宣传自身信仰,从而影响政策变迁,这种策略被称为"部门选购"(Venue Shopping)。② 场域数量的多少与可及性直接影响了政策变迁的难易程度。

四、倡导联盟框架的主要观点

倡导联盟框架的焦点在于联盟互动,不同的政策行动者以政策信仰为核心要素组合形成倡导联盟,每一个倡导联盟都由那些拥有共同信仰并长期致力于协调行动的政策行动者构成,而不同倡导联盟之间的竞争构成政策过程的根本驱动力,倡导联盟之间的竞争状态决定着政策结果和政策变迁。2007年版的倡导联盟框架梳理了关于政策变迁的四条路径(如图12-5),其中,内部路径为政策信仰和子系统内部的焦点事件引起的政策变迁;外部路径则是相对稳定的变数和外部(系统)事件引起的政策变迁。

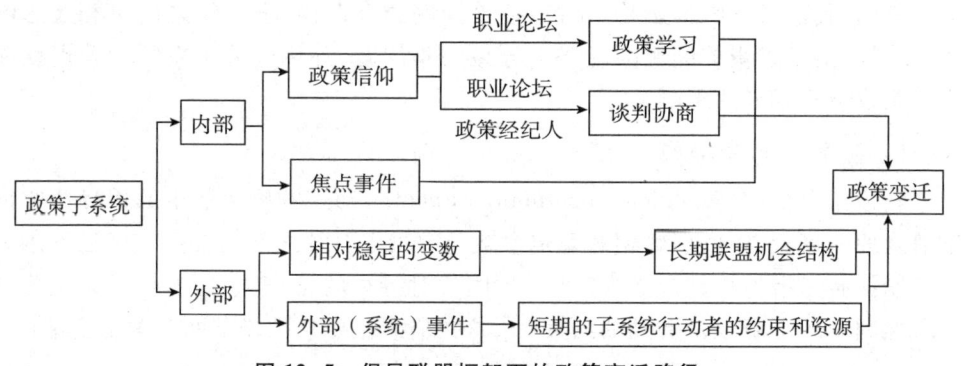

图 12-5 倡导联盟框架下的政策变迁路径

资料来源:作者根据2007年萨巴蒂尔编的《政策过程理论》整理而成。

(一)政策取向的学习对政策变迁的影响

政策学习过程突出体现了政策分析与技术性信息的作用,它们可以改变子系统中政策参与者的政策信仰,进而推动政策变迁。而职业论坛则有助于政策学习

---

① Christopher Weible, "An Advocacy Coalition Framework Approach to Stakeholder Analysis: Understanding the Political Context of California Marine Protected Area Policy," *Journal of Public Administration Research and Theory*, Vol. 17, No. 1, 2006, pp. 95-117.

② Paul A. Sabatier, ed., *Theories of the Policy Process*, Boulder, Colorado: Westview, 2007, p. 203.

的发生。需要指出的是,因为信仰系统中的次要方面信仰易于变化,所以政策学习大多数发生在该层面,这就使得政策学习一般只能影响到政策变迁的次要方面。不过,也有相关研究表明,如果学习的时间足够长的话,政策学习也有可能导致重大的政策变迁。①

（二）谈判性一致对政策变迁的影响

当联盟间冲突涉及政策核心信仰时,政策学习常常难以发挥作用,各联盟均无法接受现状,这就使得整个政策子系统陷入"政策僵局"。各方均会面临强大的压力和愿望,势必通过一定的力量或途径以走出僵局。在这种情境下,政策经纪人和职业论坛将发挥重要作用。通过政策经纪人或职业论坛,政策僵局有可能被打破从而带来政策变迁。因此,萨巴蒂尔等人将谈判性一致视为政策变迁路径之一。②

（三）内部焦点事件对政策变迁的影响

倡导联盟框架吸收了其他理论对"焦点事件"的研究成果。子系统内部的焦点事件主要从两个方面影响政策变迁:一方面,内部焦点事件将公众注意力聚焦在政策子系统的某个问题上,从而能够带来新的关键资源或重新分配现有资源,关键性政治资源的重新分配会导致政策子系统权力结构发生变化,进而导致倡导联盟地位的变更,最终引发主要的政策变迁;另一方面,某些焦点事件会揭露出主导联盟的失败行为,使其核心信仰受到质疑,而次要联盟的核心信仰则会得到强化,进而其联盟的凝聚力得到提升,最终引发政策变迁。③

（四）外部因素对政策变迁的影响

外部因素主要分为相对稳定的变数和外部（系统）事件两个方面。第一,相对稳定的变数能够在较长时期内决定政治系统的两个属性:主要政策变迁所需的一致性程度和政治系统的开放性,并借此制约着政策子系统的内部结构以及各个联盟发挥影响力的机会。第二,外部（系统）事件则能够在短期内影响子系统行动者所受约束和所能利用资源的情况。但是,对于主要的政策变迁而言,来自子系统外部的系统事件是其发生的必要而非充分条件,"这样的干扰为主要的政策变迁提供了机会,但是除非变迁的拥护者,也即迄今为止的次要联盟,巧妙地利用

---

① Berman Rabin, ed., *Encyclopedia of Public Administration and Public Policy*, England and Wales: CRC, 2003, p. 3.

② Paul A. Sabatier, ed., *Theories of the Policy Process*, Boulder, Colorado: Westview, 2007, pp. 206-207.

③ Ibid., pp. 204-205.

了这一机会,否则这种变迁将不会发生"①,即外部(系统)事件是否能影响政策变迁,与次要联盟的有效行动密切相关。第三,长期的联盟机会结构对某一时段的影响,变现为短期的制约子系统行动者之规范与资源的力量,因此相对稳定的参数也可以借助联盟机会结构在特定时段影响到政策子系统。

第三节 倡导联盟框架的应用

一、国外应用情况

至少在过去20年里,倡导联盟框架的关键性概念一直是世界各地政策过程研究的重要内容。这些概念包括政策子系统、倡导联盟、信仰系统和政策取向的学习。在此过程中,研究者们对框架进行频繁的评估、描述并更新上述概念,讨论了倡导联盟框架在世界范围内的运用情况,并为未来的研究指明了道路。2017年,皮尔斯(Jonathan J. Pierce)等人对2007—2014年间有关倡导联盟框架的161项应用进行了分类和分析。研究表明,来自25个国家的130多位学者以第一作者的身份在近100种刊物上应用了该框架,其中大部分作者来自美国以外的其他国家。

这些研究涉及了多种政策领域,包括环境和能源、公共卫生、信息技术、社会福利、国防和经济金融等,所涉及的案例来自201个国家,其中包括20多个国家的比较研究。这些研究比较了在不同政治制度下的倡导联盟框架各个方面的差异,例如,有学者比较了科学家作为政策参与者在加拿大、美国、英国和法国的政策过程中所发挥的作用;另一些学者则比较了乌干达、卢旺达、乌兹别克斯坦、荷兰和乌克兰等11个国家8个不同领域的政策行动者的政策取向的学习。但与此同时,运用单一国家案例的研究更加常见。这些单一国家案例研究主要分布在美国、英国、瑞士、加拿大和瑞典等国家,约占所有研究的三分之一。此外,研究也涉及中国、肯尼亚等发展中国家。

二、国内应用情况

目前,倡导联盟框架在国内的影响力相对较小。陈庆云②、余章宝③等学者较早对倡导联盟框架进行了初步的理论介绍,随后陆续有学者尝试使用该框架对我

---

① 〔美〕保罗·A.萨巴蒂尔编:《政策过程理论》,彭宗超等译,北京:生活·读书·新知三联书店2004年版,第208页。

② 陈庆云、鄞益奋:《西方公共政策研究的新进展》,《国家行政学院学报》2005年第2期,第79—83页。

③ 余章宝:《政策科学中的倡导联盟框架及其哲学基础》,《马克思主义与现实》2008年第4期,第136—141页。

国不同领域的政策进行了分析。例如,教育政策方面,朱家德等运用倡导联盟框架对我国高等教育收费政策的演进历程进行分析,指出该领域政策变迁源于高等教育收费制度的福利派与市场派在政策子系统外的政治经济等因素影响下,通过政策取向的学习,在效率与公平之间达成新的信仰体系,从而形成新的支持联盟。① 蒋馨岚根据倡导联盟框架分析了为何中国师范教育免费政策变迁呈现出"免费—收费—免费"的路径。② 社会政策方面,王洛忠和李奕璇以倡导联盟框架为理论基础,研究新媒体时代下民间的慈善公益组织如何积极开展政策倡导活动,推动尘肺病等社会问题进入政府决策议程。③ 经济政策方面,宋心然使用倡导联盟框架对网约车监管政策进行分析,提出倡导联盟框架同样可以适用于短期政策变迁的分析。④ 张婉苏借助倡导联盟框架分析我国房产税政策变迁的动力机制和路径。⑤ 科技政策方面,杨洋探讨了倡导联盟框架在科技政策变迁中的应用。⑥

此外,部分学者从倡导联盟框架的某些核心概念出发,开展中国本土的适用性研究。例如,王春城和柏维春通过透视过去若干年中国新一轮医疗卫生政策变迁的过程,识别出权威决策者、专家学者、政策子系统中的一线行动者三种政策经纪人角色,并对不同的角色在政策变迁中的作用进行了分析⑦;侯志峰对甘肃农村低保政策在 2006 年至 2016 年这十年期间的阶段变迁加以分析,研究倡导联盟的注意力配置和互动策略对社会政策变迁产生的影响⑧。从总体上看,倡导联盟框架在国内的使用仍然不够深入,尤其是许多核心概念、基本假设的适用性和本土化检验有待加强。

---

① 朱家德、李自茂:《我国高等教育收费制度 60 年的变迁逻辑——基于支持联盟框架的分析》,《中国高教研究》2009 年第 12 期,第 25—29 页。

② 蒋馨岚:《建国以来中国师范教育免费政策的变迁——基于支持联盟框架的分析》,《西北师大学报(社会科学版)》2011 年第 1 期,第 84—89 页。

③ 王洛忠、李奕璇:《信仰与行动:新媒体时代草根 NGO 的政策倡导分析——基于倡导联盟框架的个案研究》,《中国行政管理》2016 年第 6 期,第 40—46 页。

④ 宋心然:《中国网约车监管政策变迁研究——以倡议联盟框架为分析视角》,《中国行政管理》2017 年第 6 期,第 103—107 页。

⑤ 张婉苏:《倡导联盟框架视野下的房产税法改革的政策过程评议》,《求索》2015 年第 10 期,第 115—119 页。

⑥ 杨洋:《倡导联盟框架(ACF)及其在科技政策变迁分析中的应用》,《科技进步与对策》2013 年第 10 期,第 114—118 页。

⑦ 王春城、柏维春:《政策经纪人在政策变迁中的作用与机理》,《行政论坛》2014 年第 2 期,第 40—45 页。

⑧ 侯志峰:《政策联盟的注意力配置、互动策略与社会政策变迁——基于甘肃农村低保政策的分析个案》,《甘肃行政学院学报》2019 年第 2 期,第 45—51 页。

第四节 倡导联盟框架的评价

一、倡导联盟框架的贡献

（一）为研究政策过程提供了一个新的视角

过去，政策过程研究主要是基于阶段启发法，它依次区分了问题识别、议程设置、执行和评估等环节，并对不同的环节加以研究。倡导联盟框架替代政策阶段论并提供了一种备选方案，因为它提供了明确的因果假设、经验可验证的假设、清晰的个体模型，解释了信息的重要作用以及涉及众多行动者的多元互动的政策循环。

（二）突出强调公共政策中科学和政策分析的作用

倡导联盟框架强调科学和技术信息在政策过程中的重要作用。许多公共政策框架忽略了科学和技术信息，或者认为研究人员、政策分析师和科学家是中立的参与者。多年来，倡导联盟框架的研究表明，科学家往往是倡导联盟中重要的、积极发挥作用的成员；技术信息在促进政策导向的学习和政策变迁方面发挥着重要的作用。

（三）高度关注政治冲突的范围与本质

倡导联盟框架试图将政治冲突主要归结于政策信仰的差异，从而对传统政策分析过于关注利益因素这一局限性进行了有效的弥补。在这一点上，它实现了对传统政策分析理论的突破，打破了对理性人假设的个体模型的限制，在分析政治冲突的过程中实现了对个体理性因素和非理性因素的融合。

（四）倡导联盟框架具备广泛的适用性

在大量关于倡导联盟框架的研究中，学者们发现它非常适用于不同的政治、经济、文化和社会背景的国家和地区，并可以应用于各种复杂的政策领域。

二、倡导联盟框架的局限

（一）倡导联盟框架并不能完全替代政策阶段分析法

政策阶段模型所划分的议程设定、规划、采纳、执行和评估都是政策过程中的重要概念和构成部分，阶段模型也在一定程度上展现了不同阶段之间的关联，这些都是不该被忽视的。因此，倡导联盟框架无法完全替代政策阶段分析法。

（二）倡导联盟框架的操作性要求较高

倡导联盟框架要求从长时段（十年或者更长时间）去理解政策变迁的过程。在开展研究时，研究者需要处理大量的访谈和问卷数据，这是一项费时费力的工作。

（三）倡导联盟框架描述的因果过程中存在环节缺失

缺失环节主要包括了解倡导联盟如何使用资源和决策场域，以及确定构成政策子系统的因素来区分政策子系统的类型是一个主导的倡导联盟、两个或多个相互竞争的倡导联盟，抑或是不存在倡导联盟。对于检验和测试由倡导联盟框架提出的政策信仰和政策变迁之间的关系，理解这些缺失的环节是至关重要的。

【关键术语】

倡导联盟框架　政策子系统　倡导联盟　政策信仰　联盟资源　政策经纪人　政策取向的学习　外部因素　联盟机会结构

【复习思考题】

1. 什么是政策子系统？什么是倡导联盟？
2. 如何理解政策信仰系统？
3. 政策取向的学习和政策变迁存在着什么关系？
4. 试应用倡导联盟框架分析我国计划生育政策变迁。

【案例分析】

新媒体时代草根 NGO 的政策倡导[①]

在新媒体时代，以大爱清尘为代表的草根 NGO 积极开展政策倡导活动，推动尘肺病等社会问题进入政府决策议程。大爱清尘建立了以自身为主导的联盟，该联盟与以政府为主导的联盟存在信仰系统和价值理念的分歧与冲突，致使大爱清尘所倡导的公共政策难以被政府决策者直接采纳。但大爱清尘以其创始人的身份优势进入政策子系统后，通过推动公共舆论、动员社会公众、争取财政资金等手

---

① 节选自王洛忠、李奕璇：《信仰与行动：新媒体时代草根 NGO 的政策倡导分析——基于倡导联盟框架的个案研究》，《中国行政管理》2016 年第 6 期。有改动。

段,获取了相应的联盟资源。同时,大爱清尘也将人大、政协作为合适的政策场地,主动组建公共政策研究中心等"专业论坛"。

一、草根NGO的政策倡导联盟信仰系统:分歧与冲突

以大爱清尘为主导的联盟强调尘肺病的解决刻不容缓。一方面,相关煤矿企业等明知工作环境恶劣是造成尘肺病的元凶,却在尘肺病人维权时拒绝承担责任;另一方面,各级政府对该问题的重视程度不够,甚至为了地方经济发展回避该问题。从地方到中央都没有专门针对尘肺病问题的政策法规。尘肺病不仅损害农民个人及其家庭的利益,而且也会给国家稳定与社会和谐埋下隐患。

在大爱清尘建立之初,由于项目涉及的是中国经济不规范发展引发的职业病伤害问题,牵扯到某些地方政府和企业的利益,故在项目启动前后受到了有关部门的高度"关照"。随着宣传力度不断增强,舆论压力不断加大,政府认识到了当前问题的严重性,态度逐渐转变,但在政策建议上仍不予采纳。两大联盟由此陷入政策僵局之中。

在政策出台原则和政策偏好上,NGO主导联盟坚信:就像政府为了解决艾滋病问题而采取了相当有力的政策措施一样,对于尘肺病这样的特殊问题也应出台具有针对性的政策。为了维护尘肺病患者这一弱势群体的利益,政府应该出台具有倾斜性的保护政策。政府主导联盟则认为,当尘肺病问题已被现有政策覆盖时,如果问题并非亟待解决,或现有政策效果不良,就没有必要再出台新的政策措施。政府作为整个社会资源的统筹者,更愿意出台受到最广大群体关注、符合最广泛利益需求的政策,如养老、教育等政策;同时,出于自身利益的考虑,也会容易做出有利于增进政府自身利益的公共决策。

二、草根NGO的政策倡导行为模式:机制与路径

在新媒体时代,发端于民间的各类非政府组织借助互联网技术,广泛吸引网民志愿者开展各种社会公益活动,成为项目最活跃、行动最迅速、传播最广泛、影响最深入的一种新生事物。政策倡导之初,草根NGO通常借助互联网的自媒体平台,争取网络"大V"的支持,从而推动公共舆论向有利于自身联盟的方向发展。大爱清尘目前已在全国16个省份、3个直辖市成立工作区和工作区筹备组,在14个地级市建立工作站和筹备站,在6个省份、9个地市级成立了15个志愿者小组,共计有48个工作区站点展开工作,其中大部分工作人员为志愿者,多达6000余名。

以大爱清尘为代表的草根NGO选择将人民代表大会和政治协商会议作为施

展政策倡导的制度性场所,通过各种途径联系并说服陈静瑜、吴先宁、张国俊、王名等多位人大代表或政协委员,针对尘肺病问题递交议案或提案。事实证明,这种政策场所的选择策略确实对政府决策产生了一定影响。在 2014 年两会期间,时任国家副主席李源潮专门听取尘肺病防治方面的建言献策,几十位全国人大代表和政协委员联名提交议案提案,使得尘肺病问题升级成热门话题,中央电视台专门做了一期近一小时的两会热点节目讨论尘肺病问题;2015 年两会期间,13 名全国人大代表和政协委员为尘肺病农民建言献策,几十家媒体就尘肺病话题开展的报道达 100 多篇。

要打破政策子系统的僵局状态,竞争联盟之间开放的公众论坛或相对封闭的专业论坛是一项重要机制。2012 年开始,大爱清尘成立了公共政策研究中心,邀请高校的专家学者作为公共政策专家委员会成员,深入尘肺病高发地区进行实地调研;每年举行全国性的尘肺病防治研讨会,并连续两年发布《中国尘肺病农民工生存状况调查报告》等调研成果。这些调查成果曾获得时任国务院副总理刘延东、时任全国人大常委会副委员长李建国的批示。

此外,大爱清尘也积极与中央部门和地方政府开展交流报告和专题研讨,形成了所谓的"专业论坛",推动跨联盟政策学习。2014 年 7 月 23 日和 2015 年 11 月 13 日,国家卫计委、民政部两次与大爱清尘进行专题沟通与交流,听取解决中国尘肺病农民工问题的建议。2015 年,国务院发展研究中心、国务院研究室、国务院法制办等部门相关负责人也分别听取了大爱清尘关于中国尘肺病农民现状的报告及建议。

中央层面上,2013 年 11 月 12 日国务院发布《全国资源型城市可持续发展规划(2013—2020 年)》,明确提出加大对尘肺病的预防与救治力度;2016 年 1 月 8 日原国家卫计委牵头印发了《关于加强农民工尘肺病防治工作的意见》。

在地方层面,2014 年 11 月 21 日,四川省政府法制办公室将尘肺病防治立法纳入 2015 年地方立法的项目计划;湖北十堰、贵州仁怀、四川乐山也均出台相关政策,其中湖北十堰仅 2013 年就出台了三个文件来解决农民工患尘肺病的问题。

案例讨论题

1. 在新媒体时代草根 NGO 的政策倡导活动中,存在着几个倡导联盟?这些联盟由哪些政策行动者构成?

2. 不同联盟秉持的政策信仰系统是什么?

3. 不同联盟通过什么行为来影响政策变迁?

【推荐阅读文献】

1. 〔美〕保罗·A. 萨巴蒂尔编:《政策过程理论》,彭宗超等译,北京:生活·读书·新知三联书店2004年版。

2. 王春城:《公共政策过程的逻辑:倡导联盟框架解析、应用与发展》,北京:中国社会科学出版社2013年版。

3. 〔美〕保罗·萨巴蒂尔、汉克·C. 詹金斯-史密斯编著:《政策变迁与学习——一种倡议联盟途径》,邓征译,北京:北京大学出版社2011年版。

4. Christopher M. Weible and Samuel Workman, *Methods of the Policy Process*, England and Wales: Taylor and Francis, 2022.

5. Araral Eduardo, et al., *Routledge Handbook of Public Policy*, England and Wales: Taylor and Francis, 2012.

第十三章　政策网络理论

【内容提要】

20世纪70年代,政策网络理论逐渐兴起,作为一种政策过程理论分析范式,已经成为解释公共管理和公共政策的一种新视角和新途径。本章首先介绍了政策网络理论兴起的实践背景和理论渊源,对政策网络理论研究进程中所形成的三大学派进行了说明,然后重点阐述了政策网络理论的概念、特征、类型及功能等主要内容,最后总结了政策网络理论的贡献与不足,并提出了政策网络理论未来可能研究的重要议题。

第一节　政策网络理论的兴起

一、政策网络理论兴起的实践背景

20世纪70年代以来,伴随着全球化、信息化和国际化的发展,各国政府面临的社会问题日益繁杂,同时,国家分权化和碎片化现象日趋显著,传统公共管理所依赖的社会经济基础条件发生了改变,社会成员参与公共领域活动的性质和形式发生了重大变化。在这种背景下,人们开始思索并追寻一种与社会经济发展相适应的社会治理模式,于是政策网络理论逐渐兴起,其兴起的实践背景主要表现为:一是公共问题日益复杂化。随着公共问题日趋复杂,政策制定与执行不再单纯依赖政府,而是更多地涉及私营部门、社会团体、公民个体、国际组织等政策行为主体,政府对政策的垄断地位逐渐被打破,公私部门之间的界限日益模糊。二是政府治理结构日趋扁平化。随着西方国家政治结构变迁,政府治理不再是单一采用纵向层级体制,而是逐渐向扁平化发展。这种变化呼唤着新的政策理论和分析工具,而传统政策过程阶段论对国家和社会日益呈现的网络关系,尤其是这种网络关系对政策结果的作用机制,已经不能做出令人满意的解释。三是多元行动主体间依赖性不断加强。由于不同政策行动主体所拥有的资源是有限的,所占有的信息也是不同的,各行动主体为了维护自身合法权益,就必须借助政策网络实现资源交换和信息共享,以减少交易成本。

二、政策网络理论兴起的理论渊源

政策网络理论兴起的理论渊源主要来自两个方面：

一是 20 世纪五六十年代，多元主义(Pluralism)和法团主义(Corporatism)[①]关于权力讨论所形成的政策子系统和政策社群理论。多元主义认为，公共政策是不同利益集团之间相互竞争的结果，本质是利益动态均衡。多元主义肯定了利益集团在公共政策制定过程中的作用，但因为它奉行社会中心论，所以内部容易出现利益分歧并贬低了政府在公共政策制定中的地位和作用。而法团主义则认为官僚政府与利益集团相比，在公共政策的形成过程中具有更为关键的影响，其奉行国家中心论，认为公共政策的产出是国家与社会领域主要利益团体之间协商而非平等竞争的结果。政策网络正是对二者的修正与超越，将公共政策的制定看作是政府和利益集团之间互动的结果，从而"兼顾到三个层次，即宏观的国家政府与民间社会关系、中观层面的政府部门间的结构，以及微观的政策参与行动者之间的互动等，研究面向更为全面与客观"[②]。

二是 20 世纪六七十年代，组织社会学关于组织间关系的理论。组织社会学主要从社会学视角分析政治、经济和社会中的组织间关系。组织行动的逻辑主要包含三种机制，即效率机制、社会网络机制和合法性机制。[③] 其中，效率机制强调减少交易成本，实现资源优化配置；社会网络机制认为人们的目的性行动实际上是嵌入在真实的正在运作的社会网络结构之中的；合法性机制认为组织必须采纳具有合法性的组织结构和行为。随着组织社会学研究的深入，许多学者开始注意到组织间关系，形成了丰富的理论模型，如交易成本经济学、资源依赖理论、战略选择理论、利益相关者理论、组织学习、制度理论以及组织生态学理论等。组织间关系是指出现在两个或多个组织之间的相对持久的资源交易、资源流动和资源联结，既包括正式制度形式的关系，也包括非正式制度形式的关系。对于公共政策研究领域而言，组织间关系理论则强调政府和其他社会组织之间的相互作用，这也就意味着任何一方的关系行为改变都影响到其他组织的关系行为，进而影响整个关系网络。

[①] 国内学者对 Corporatism 一词的翻译各异，如法团主义、组合主义、合作主义、协作主义、统合主义、工团主义等，本章统一译为法团主义。

[②] 侯云：《政策网络理论的回顾与反思》，《河南社会科学》2012 年第 2 期，第 75—78、107 页。

[③] 周雪光：《组织社会学十讲》，北京：社会科学文献出版社 2003 年版，第 145 页。

第二节 政策网络理论的主要流派

作为一种新的政策过程理论分析范式,政策网络理论发轫于美国,并在英美等欧洲国家逐渐发展起来。由于各国政治、经济与文化的差异以及各自学术传统的不同,学者对政策网络理论展开了不同的研究路径分析,主要形成了三大学派:美国学派、英国学派、欧洲学派。

一、美国学派

美国学派主要从微观层面研究政策过程中主体之间的互动关系。其主要代表人物包括弗里曼、雷普利、富兰克林、麦康纳尔、罗威、赫柯罗(H. Heclo)、麦克法兰德(A. McFarlend)等。

1965年,弗里曼提出政策子系统的概念,即"在公共政策的特定领域进行决策的参与者或行动者的互动方式"[1]。雷普利与富兰克林认为在美国公共政策制定过程中存在着"亚政府"模式,即"代指那些在给定的实质性政策领域做出常规决策的集群;一个有代表性的'亚政府'包含了参议员或众议院成员、国会议员、行政官僚以及对该政策领域有兴趣的民间团体和组织的代理人"[2]。麦康纳尔进一步指出,在"亚政府"中所涉及的私人利益可能成为政策制定过程中的主导力量,这些私人利益可能控制而不是响应"亚政府"中其他成员的要求,俘获那些本应规制自己的政府部门。[3] 1969年,罗威提出著名的"铁三角"(Iron triangle)概念,即联邦政府、国会委员会与利益集团进行政策制定,"三角形的每一边对另外两边都是互补和支持的关系"[4]。

然而,"铁三角"概念并非适用于所有的政策制定过程。1978年,赫柯罗对"铁三角"提出了质疑,并提出了议题网络的概念。[5] 议题网络是一种因特定问题而集结起来的参与者之间的松散网络,它具有主体的广泛性和层次的多样性等特点,成员可以根据其对问题本身的判断而随意出入网络,各自以不同的方式对政策的制定施加各种影响。很明显,"铁三角"与议题网络并不是一回事,前者具有

---

[1] John Leiper Freeman, *The Poltical Process*, New York: Random House, 1965, p. 22.
[2] Randall B. Ripley and Grace A. Franklin, *Congress, the Bureaucracy and Public Policy*, Chicago: Dorsey Press, 1984, p. 10.
[3] Grant McConnell, *Private Power and American Democracy*, New York: Knopf, 1966, p. 127.
[4] Theodore Lowi, *The End of Liberalism*, New York: W. W. Norton, 1969, p. 51.
[5] Hugh Heclo, "Issue Networks and the Executive Establishment," in Anthony King, ed., *The New American Political System*, Washington, DC: American Enterprise Institute, 1978, p. 102.

成员稳定、结构封闭、运作严密等特点,其本质上是利益同盟关系;而后者则范围广泛、结构松散、成员经常更新,决策过程呈现制度化程度低、非正式化、分散的特征。此后,麦克法兰德在议题网络概念的基础上,提出了"三位一体权力"的概念,三位一体是由政府机关、特殊利益集团以及反对性利益集团组成。[①] 与"铁三角"概念不同,政府机关扮演中立者角色。特殊利益集团专指经济利益集团,由于它具有太大的权力,需要由政府和反对性利益集团来平衡。

总体来看,美国学派的政策网络理论以政策子系统为起点,强调从微观层面分析政策主体之间的互动关系,而非政治机构之间的结构。因此,美国学者的重要贡献在于使人们对政策过程的研究从只关注国家主体扩大到"政策子系统""亚政府"和"铁三角",进而延伸到结构松散的议题网络。

二、英国学派

英国学派主要从中观层面研究政策过程中利益集团与政府之间的关系。与美国学派不同,英国学派将政策网络视为一种利益中介模式,强调利益集团与政府部门之间的利益协调关系,但因研究侧重点不同,英国学派的政策网络理论研究主要分为以下两种观点。

一是以乔丹(G. Jordan)为代表的学者强调美国政治和政策科学的发展及其理论观念对英国的影响,重视政策子系统和政策网络中人际关系而不是结构关系对政策过程的影响。乔丹和理查德森(J. J. Richardson)指出官僚机构各部门与利益主体间之所以形成某种关系较为密切的"政策社群",主要是因为博弈的存在,基于此,政策制定往往可被视作官僚机构和围绕政策而行动的利益主体间的博弈过程。[②] 二是以罗茨(R. A. W. Rhodes)为代表的学者从组织间关系理论来定义和运用政策网络。罗茨认为,政策网络的核心是政治结构关系,而非个人之间的互动关系,类似英国这样的国家,是不能直接运用美国所倡导的"亚政府"或"铁三角"理论的,这主要是因为:一方面,"政策网络"术语发展于英国,美国学者更习惯于使用类似"亚政府"等概念;另一方面,在实际政策制定过程中,英国立法机构发挥的作用要弱于美国,大部分政策制定是官僚机构与利益集团相互协商而完成的。

可以看出,英国学派的政策网络理论研究,一种沿袭了美国传统,认为人际关系在政策网络中具有重要作用;另一种则认为政策网络缘起于英国,强调政治结

[①] Andrew S. McFarland, "Interest Groups and Theories of Power in America," *British Journal of Political Science*, Vol. 17, No. 2, 1987, pp. 129-147.

[②] Jeremy John Richardson and Grant Jordan, *Governing under Pressure*, Oxford: Robertson, 1974, p. 74.

构的重要性。显然,以罗茨为代表的后一派学者人数更多,他们的研究占据了英国学派的主流地位。罗茨提出了许多与政策网络理论相关的核心概念,并对政策网络进行了系统分类与阐述,构建了"罗茨模型",被视为英国政策网络研究的集大成者,也是他正式拉开了政策网络理论研究的大幕。

三、欧洲学派

欧洲学派,也称德国和荷兰学派,与英美学派强调政策网络的利益协调功能不同,该学派主要从宏观层面研究国家和市民社会之间的关系,将政策网络看作与政府、市场并立的一种新的国家治理方式,而不仅仅是一种政策分析工具。因此,相较英美"利益协调学派"(Interest Intermediation School),欧洲学派被称为"治理学派"(Governance School)。① 其主要代表人物包括梅因茨(R. Mayntz)、克利金(E. Klijn)和基克特(W. J. Kickert)等。

虽然德国学派和荷兰学派都将政策网络上升到宏观层面,强调政策网络中公私行动者在治理过程中的互动关系,但两者仍有些许不同。德国以普兰克学派(Max Planck School)为主,将政策网络视为国家与市场之外的一种治理结构,通过社会团体参与治理,解决政府失灵与市场失灵的两难处境,尤其是在环境因素不确定的情况下,政策网络能够提供比政府、市场更多的治理优势。在他们看来,政策网络是介于政府和市场之间的治理模式,是与政府、市场三足鼎立的第三种社会治理形式。②

与德国学者不同,荷兰学者强调网络治理。基克特认为,成功治理的关键在于实现有效的网络治理,而且网络治理分为三种视角:工具主义视角(Instrumental Perspective)、互动视角(Interactive Perspective)和制度主义视角(Institutional Perspective)。③ 其中,工具主义视角强调在政策网络背景下激励、沟通、学习等治理手段的使用;互动视角强调政策网络内行动者相互依赖和一致行动的重要性;制度主义视角既关注经济学制度主义中的主体策略、利益博弈、资源配置等要素,也关注社会学制度主义中的文化、道德、规范、理解等因素。

---

① Tanja A. Börzel, "Organizing Babylon-On the Different Conceptions of Policy Networks," *Public Administration*, Vol. 76, No. 2, 1998, pp. 253-273.
② 朱亚鹏:《西方政策网络分析:源流、发展与理论构建》,《公共管理研究》2006年第0期,第204—222页。
③ Walter J. M. Kickert, "Public Governance in The Netherlands: An Alternative to Anglo-American 'Managerialism'," *Public Administration*, Vol. 75, No. 4, 1997, pp. 731-752.

第三节　政策网络理论的主要内容

一、政策网络的概念

一般而言,网络描述了不同节点(Nodes)之间各种关系链接(Links)的结构形态。汉夫(K. Hanf)较早将"网络"一词引入政策分析,而"政策网络"一词最早出现在美国政治学家卡赞斯坦(P. J. Katzenstein)所著的《权力与财富之间》一书中。在书中,卡赞斯坦指出,在制定对外经济政策时,资本主义国家通常倾向于与非国家行动者建立一种相互依赖的关系而非制约关系。对于政策网络概念的界定,主要有以下四个视角[①]:

一是政策主体及其关系视角。基克特等认为,政策网络是指相互依赖的行动者之间某种程度上稳定的社会关系类型,在其基础上形成政策问题与政策方案。[②] 乔丹和舒伯特(K. Schubert)认为,政策网络是指决策过程中来自不同层次与功能领域的政府和社会行动者。[③] 范·瓦登(F. Van Waarden)指出,政策网络是指政治官员、行政官员与利益代理人三者之间相互依赖而形成的一种较为长久的联结模式。[④] 迈克尔·豪利特和 M.拉米什认为,政府不同分支机构和不同部门之间的相互关系,以及政府与其他社会组织之间的互动关系构成了政策网络。[⑤]

二是资源依赖视角。本森(J. K. Benson)认为,政策网络是因资源依赖而相互连接的一群组织或者若干群组织的联合体,并通过资源依赖结构的断裂而区别于其他群或联合体。[⑥] 罗茨采纳了本森的观点,将政策网络定义为,包括国家行政部门在内的各种组织基于权威、资金、正当性、信息、人员、技术、设备等资源而结合成的一种联盟或利益共同体。同时,他重点阐述了资源依赖与政策网络的基本特征,认为政策网络中的资源通常有以下几种:权威、资金、合法性、信息与组

---

① 石凯、胡伟:《政策网络理论:政策过程的新范式》,《国外社会科学》2006年第3期,第28—35页。
② Walter Kickert, et al., *Managing Complex Networks: Strategies for the Public Sector*, London: Sage Publications, 1997, p. 6.
③ Grant Jordan and Klaus Schubert, "A Preliminary Ordering of Policy Network Labels," *European Journal of Political Research*, Vol. 21, No. 1-2, 1992, pp. 7-27.
④ Frans Van Waarden, "Dimensions and Types of Policy Networks," *European Journal of Political Research*, Vol. 21, No. 1-2, 1992, pp. 29-52.
⑤ 〔美〕迈克尔·豪利特、〔澳〕M. 拉米什:《公共政策研究:政策循环与政策子系统》,庞诗等译,北京:生活·读书·新知三联书店2006年版,第220页。
⑥ David Marsh and R. A. W. Rhodes, *Policy Networks in British Government*, Oxford: Clarendon Press, 1992, p. 13.

织。罗茨对政策网络概念的界定得到学术界的普遍认可。

三是国家自主性视角。阿特金森(M. M. Atkinson)与科莱曼(W. D. Coleman)在比较分析发达国家的经济政策时指出,在制定政策的过程中,这些国家在部门层次上存在着强国家和弱国家现象,并称这种现象为政策网络。他们把政策网络定义为,在某一政策领域中特定的官僚机构与主要的社会部门之间存在某种程度的制度化关系,它集中体现在国家能力与社会成员之间的作用力对比上。[①]

四是治理视角。克利金指出,由于国家和市民社会之间的界限不断模糊,科层和市场都不再是最理想的治理形式:市场由于本身的缺陷容易导致市场失灵,而公共部门过多介入容易导致政府失灵;相比之下,网络为水平的、谈判式的自我协调创造了良好的环境,可以避免其他治理形式产生的问题。这种具有平等、协商与自我统合功能的政策网络就成为一种公共治理模式。[②]

综上所述,政策网络内涵较为丰富,学术界从不同研究视角对政策网络概念进行了界定。政策网络强调多元主体共同参与,不仅包括传统观念上的官僚机构及其人员,还涉及与政策利益相关的专家学者、舆论媒体、利益团体和公民个人等,这些主体为实现共同目标而结成行动联盟或利益共同体。也就是说,政策网络是政策过程中相互依赖的国家与社会之间互动关系模式的总称。

二、政策网络的特征

政策网络作为网络行动者之间形成的动态关系模式,不同学者对政策网络的特征进行了分析,其中有两位有代表性的学者。(1)罗茨认为政策网络主要具有四个方面的特征[③]:一是相互依赖。网络存在的重要原因就是某一行动主体可以依赖其他行动主体来达成目标。二是资源交换。网络的不同组成部分之间会经常发生持续性的资源交换与信息交流。三是博弈互动。政策是在不同行动主体的互动中运行的,博弈成为互动的重要方式。四是自治性。网络是一种自组织系统,无论内部还是外部都没有至上权威,但某些行动者所组成的团体在网络中的作用有时会不同,可能会比其他团体更强大。(2)克利金认为政策网络具有三种

[①] Michael M. Atkinson and William D. Coleman, "Strong States and Weak States: Sectoral Policy Networks in Advanced Capitalist Economies," *British Journal of Political Science*, No. 19, 1989, pp. 47-55.

[②] Erik Hans Klijn, "Analyzing and Managing Policy Processes in Complex Networks: A Theoretical Examination of the Concept Policy Network and Its Problems," *Administration & Society*, Vol. 28, No. 1, 1996, pp. 90-119.

[③] R. A. W. Rhodes, *Understanding Governance: Policy Networks, Governance, Reflexivity and Accountability*, Buckingham: Open University Press, 1997, pp. 36-37.

显著特征①：一是主体之间相互依赖并随着彼此间的互动发生变化。二是政策网络是主体利用各自资源,寻求实现各自利益和目标的相互影响、相互作用的动态过程。三是政策网络的活动受制度约束。政策网络主体因为相互依赖、相互作用而形成各种不同类型的关系和规则,这些关系和规则反过来会影响和制约它们之间的互动和相互作用,并使它们之间的互动方式得以持续。

三、政策网络的类型

学者们依据不同的分类标准,对政策网络进行了分类,于是涌现出了大量的政策网络类型。其中,最为常见的政策网络类型有罗茨模型、马什-罗茨模型、阿特金森-科莱曼模型、范·瓦登模型、韦克斯-莱特模型。

(一) 罗茨模型

通过对政策网络理论历史沿革的梳理,罗茨提出了划分政策网络类型的五个标准。②(1) 利益团体的目标导向:参与网络的利益团体到底是服务性的、功能性的、地域性的,还是顾客团体。(2) 成员:哪些人参与网络关系。(3) 纵向的独立性:政策网络在垂直关系上如何,权力相互依赖到底侧重上面层级还是下面层级。(4) 横向的独立性:不同网络之间是何种互相联结的关系。(5) 资源的分配:参与团体拥有什么资源去交换。依据上述标准,罗茨提出了从高度聚合的政策社群到松散组合的议题网络等五种网络类型,如表 13-1 所示。

表 13-1 罗茨的政策网络模型

网络类型	网络特征
政策社群 (地域社群)	关系稳定、高度有限的成员、垂直的相互依赖、有限的平行意见、公共利益
专业网络	关系稳定、高度有限的成员、垂直的相互依赖、有限的平行意见、专业利益
府际网络	关系稳定、有限的成员、有限的垂直相互依赖、广泛的平行意见、地方利益
生产者网络	关系变动、有限的成员、有限的垂直相互依赖、生产者利益
议题网络	关系不稳定、众多成员、有限的垂直相互依赖、不确定利益

资料来源：David Marsh and R. A. W. Rhodes, *Policy Networks in British Government*, Oxford：Clarendon Press, 1992, p. 14。

---

① Erik Hans Klijn, "Analyzing and Managing Policy Processes in Complex Networks：A Theoretical Examination of the Concept Policy Network and Its Problems," *Administration & Society*, Vol. 28, No. 1, 1996, pp. 90-119.

② 杨冠琼编著：《公共政策学》,北京：北京师范大学出版社 2009 年版,第 115—116 页。

一是政策社群(Policy Community)[①]。政策社群是指有权参与某种特定政策决策与执行过程的团体或个人形成的网络,如果这种政策社群代表某种地域性利益,又可称为地域社群(Territorial Community)。它是以政府的功能和利益为基础建立起来的,是一种成员有限而又高度稳定,与其他网络相隔离的政策网络。网络的垂直相互依赖建立在共同传达服务的责任的基础上。这种网络具有高度垂直依赖性与有限的平行意见,是高度整合的网络。

二是专业网络(Professional Network)。专业网络是指以专业团体或人士为核心的网络。其特点是关注政策制定中某个阶层或群体的参与者的专业性。专业网络表明了网络中特定职业的利益。这种网络具有关系稳定、高度有限的成员、垂直的相互依赖、有限的平行意见和专业利益等特征。

三是府际网络(Intergovernmental Network)。府际网络是一种以地方政府为代表性组织所构成的网络。其鲜明的特点是地方权威主义下的成员资格、囊括地方政府所有服务的广泛利益聚合、有限的垂直相互依赖关系。政府间网络没有垂直提供服务的责任,而是具有广泛的水平意见或渗透其他网络的能力。

四是生产者网络(Producer Network)。生产者网络是以生产者为主要角色的网络。这是经济团体(包括公共部门与私人部门)扮演主要角色的网络,网络成员流动性高,垂直相互依赖关系有限,政府依赖这些经济团体传送物品与传播专业知识。

五是议题网络(Issue Network)。议题网络是指参与某种议题讨论,或者受到这种特定议题影响的团体或个人为主体所构成的网络。议题网络的特点是参与者人数众多,相互依赖程度较低。在议题网络中,网络的稳定性和延续性很重要,网络结构则比较原子化。

上述五种政策网络类型中,专业网络、府际网络、生产者网络所描述的是一般组织间的关系,而政策社群和议题网络表现的则是利益集团和政府之间的关系。[②] 与此同时,罗茨指出政策网络处于一个统一体范围内,按照整合程度从高到低形成了一个连续性的谱系,即政策社群处于网络内部关系紧密的一端,而议题网络则处于松散的另一端,专业网络、府际网络和生产者网络则处于中间位置,依次排列。

(二) 马什-罗茨模型

在罗茨模型基础上,马什(D. Marsh)与罗茨对其进行了修正与完善,他们聚

[①] 也有学者将"Policy community"翻译为政策社区、政策共同体等。
[②] 朱春奎、沈萍:《行动者、资源与行动策略:怒江水电开发的政策网络分析》,《公共行政评论》2010年第4期,第25—46、203页。

焦于政策社群和议题网络这两类政策网络。他们认为，政策社群参与者主要出于对权威或者专业知识的需要而结合在一起，而议题网络参与者则是为了满足某些物质上的利益需求。继而，他们进一步提出用于区分政策社群和议题网络的标准，主要涉及以下四个层面：一是成员层面，包括参与人数与利益类型；二是整合程度层面，包括成员互动频率、彼此间关系稳定性与是否达成共识等；三是资源层面，包括各参与组织之间以及网络中的资源分配情况；四是权力层面。（见表13-2）当然，马什和罗茨的政策网络模型是一个较为理想化的分类模型，他们希望通过该模型可以帮助人们分析政策网络的主要特征，更加深入了解政策社群和议题网络。因此，该模型在实际运用时还需要根据具体的政策领域情形进行判别与比较。

表13-2 马什-罗茨的政策网络模型

层面		政策社群	议题网络
成员	参与人数	参与人数有限，有意排除某些团体	很多
	利益类型	以经济和/或专业利益为主	牵涉的利益范围很大
整合程度	互动频率	频率高、质量高，对于与政策议题有关的一切事务均有互动关系	互动的频率与强度变化不定
	持续性	成员、价值观与政策结果稳定持续	成员与价值观变化很大
	共识	所有成员拥有共同的基本价值观念并接受政策结果的合法性	存在某些共识，但冲突不断
资源	网络的资源分配	所有参与成员均有资源，基本的关系是互换关系	某些参与成员虽然拥有资源，但是有限，基本的关系是协商性关系
	内部结构	层级节制体系，领导者可以分配资源	分配方式和规制成员的形式多样且多变
权力		成员间的权力均衡，虽然可能有支配性团体，但必须是非零和博弈，政策社群才能长存	不平等的权力，反映出资源和准入的不平等，是零和博弈

资料来源：David Marsh and R. A. W. Rhodes, *Policy Networks in British Government*, Oxford: Clarendon Press, 1992, pp. 249-287。

(三)阿特金森-科莱曼模型

阿特金森与科莱曼在分析强国家与弱国家时,依据行政官僚自主性、行政权威集中性及企业利益团体的动员情形等三个标准,将政策网络划分为六种类型:压力多元主义(Pressure Pluralism)、庇护型多元主义(Clientele Pluralism)、父权型多元主义(Parental Pluralism)、法团主义(Corporatism)、协商式(Concentration)和国家主导式(State-directed)的政策网络。(见表13-3)

表13-3 阿特金森-科莱曼的政策网络模型

		国家的结构			
		高度自主性,高度权威集中性	高度自主性,低度权威集中性	低度自主性,高度权威集中性	低度自主性,低度权威集中性
企业团体动员程度	低度	国家主导式	压力多元主义	压力多元主义	父权型多元主义
	高度	协商式	庇护型多元主义	法团主义	企业团体主导的压力多元主义

资料来源:M. M. Atkinson and W. D. Coleman, "Strong States and Weak States: Sectoral Policy Networks in Advanced Capitalist Economies," *British Journal of Political Science*, Vol. 19, No. 1, 1989, pp. 47-67.

(四)范·瓦登模型

范·瓦登认为,政策网络的分类不应只局限于网络的结构层面,而忽略网络中成员所采取的策略,于是他识别出七个维度,即行动者数量、网络功能、网络结构、网络制度化、行为准则、权力关系和行动者策略,并归纳出十一种政策网络类型:国家主义(Statism)、俘虏式国家主义(Captured Statism)、恩庇主义(Clientelism)、压力多元主义(Pressure Pluralism)、部门法团主义(Sectoral Corporatism)、宏观法团主义(Macro-corporatism)、国家法团主义(State Corporatism)、赞助式多元主义(Sponsored Pluralism)、父权式关系(Parental Relationships)、铁三角、议题网络(Issue Networks)。范·瓦登的政策网络类型可以被视为最详细的分类模型,但也不可避免地出现某些重复或模糊的地方,无法很好地概括各种类型的政策网络之间的主要差异。因此,范·瓦登从七个维度提炼出社会网络参与者的数量和类型、网络主要功能、权力平衡关系三个重要维度,并据此进行了分类。(见表13-4)

表 13-4 范·瓦登的政策网络模型

功能及权力关系	社会网络参与者的数量和类型				
	以国家机构为主	一个主要的社会团体	两个主要且相互冲突的社会团体	政党或国会议员	大量或不限数量的社会代表
唯一渠道					
—国家机构主导	国家主义	国家主义	压力多元主义	父权式关系	议题网络
—利益集团主导	俘虏式国家主义	恩庇主义	压力多元主义	铁三角	议题网络
公共权威授权					
—国家机构主导		部门法团主义	国家法团主义	父权式关系	赞助式多元主义
—利益集团主导		部门法团主义	法团主义协调		

资料来源:F. V. Waarden, "Dimensions and Types of Policy Networks," *European Journal of Political Research*, Vol. 21, No. 1-2, 1992, pp. 29-52。

(五) 韦克斯-莱特模型

韦克斯(S. Wilks)和莱特(M. Wright)采用社会中心途径(Societal Centred Approach)提出了政府与产业界之间的网络关系(Government-Industry Relations, GIR)模型。该模型主张将分析层次由罗茨模型所强调的政策领域降低到政策次级领域,集中分析网络间的人际互动关系而非制度结构关系。他们认为,网络内部成员的兴趣、资格及独立程度,网络之间的分离程度,成员之间资源分配具有多样性的特征。此外,该模型重新界定了政策网络的相关术语,对政策全域(Policy Universe)、政策社群和政策网络概念进行了诠释,并细化了三种相关类型,如表 13-5 所示。其中,政策全域是由彼此持有相同的政策理念或利益,并定期参与政策过程的行动者和潜在行动者构成。政策社群是一个分散化的系统,涉及某个特定政策领域中有着共同利益的行动者和潜在行动者,他们通过互相交换资源和信息来促进彼此间的关系。政策网络是政策社群内部或若干政策社群之间的联结过程与资源互换的结果。尽管韦克斯与莱特重新诠释了政策网络相关专业术语,但正如乔丹对 GIR 模型评价的那样,韦克斯与莱特对既有概念的重新诠释会造成概念使用的混乱情况,他们的重新诠释并没有明显的、能够取代既有概念含义的优势。① 不过，西方政策网络学界也并未过多纠结于韦克斯与莱特的概念界定。

表13-5 韦克斯-莱特的政策网络模型

政策层次	举例	政策行动者
政策领域	工业、教育、交通、卫生等	政策全域
政策部门	化学、通信、制造业等	政策社群
政策次级部门	基本化学品行业、制药业、农业化学品行业等	政策网络
政策议题	健康安全政策中的药物证件、公司利润、管制名单等	

资料来源：S. Wilks and M. Wight, *Comparing Government-Industry Relations*, Oxford: Clarendon Press, 1987, p. 300。

四、政策网络的功能

关于政策网络的功能，主要有利益协调功能和治理功能。利益协调功能强调政府与非政府组织或个人之间的互动关系模式，侧重对政策过程的研究；而治理功能强调公私行动者在政策过程中的非科层互动作用机制，侧重分析宏观的公共管理领域。无论是政策网络的利益协调功能还是治理功能，都需要通过政策网络对政策结果的影响来发挥作用。不同国家的公共政策学者主要从政策网络结构、政策网络行为以及政策网络综合因素三个方面对政策结果进行了实证研究，从而为解释复杂的政策过程提供了重要途径。

（一）政策网络结构与政策结果

在政策网络学者看来，结构是在网络行动者之间实际存在或潜在的关系模式。罗茨和马什指出，只要有政策网络存在于政策过程中，它就会对政策结果产生影响，不同的政策网络类型对政策结果的影响是不一样的。② 强联结、高度整合的政策网络（如政策社群）往往产生可预见的政策结果，而弱联结、低度整合的政策网络（如议题网络）则产生不可预见的政策结果。同时，他们认为，政策社群主要是通过两个重要的内部结构来实现政策偏好的，即组织和观念结构。③ 劳曼

---

① Grant Jordan, "Sub-governments, Policy Communities and Networks: Refilling the Old Bottles?" *Journal of Theoretical Politics*, Vol. 2, No. 3, 1990, pp. 319-338.

② R. A. W. Rhodes and David Marsh, "New Directions in the Study of Policy Networks," *European Journal of Political Research*, Vol. 21, No. 1-2, 1992, pp. 181-205.

③ David Marsh and R. A. W. Rhodes, *Policy Networks in British Government*, Oxford: Clarendon Press, 1992, p. 28.

(E. O. Laumann)和诺克(D. Knoke)基于规范网络分析(Formal Network Analysis),从结构位置与角色出发,认为政策网络与政策结果关系分析的关键在于网络成员在网络中的位置、角色以及他们之间的关系,而不是构成网络的成员本身。① 桑德斯特姆(A. Sandstrom)和卡尔森(L. Carlsson)运用社会网络分析方法阐释了政策网络结构与网络绩效之间的关系,指出有效率的和创新性强的政策网络由紧密联系并集中度高的多元行动者构成。②

(二) 政策网络行为与政策结果

对于政策网络结构影响政策结果的观点,一些学者进行了回应,他们认为政策结构忽视了政策网络中行动者的能动性,进而指出影响政策结果的关键变量是政策网络行动者的个体行为,而不是政策网络结构。道丁(K. Dowding)在批评罗茨和马什的结构主义倾向时提出,常用的罗茨政策网络分类光谱中的政策社群和议题网络仅仅是解释不同政策部门政策形成差异的标签,但标签不能解释这些差异,而应该通过行动者的特征来解释。他从理性选择视角出发,指出政策结果是网络成员讨价还价的结果。③ 迈克菲尔森(A. McPherson)和拉波(C. D. Raab)从人类学视角指出,政策结果是人际互动的产物,互动使得资源交换成为可能,从而决定了网络行动者在政策过程中的影响力大小。④ 卡彭特(D. P. Carpenter)等在研究美国健康保险政策时指出,政策决策议题网络中的信息流动更多的是通过游说网络中行动者之间的"弱联系"(Weak Ties),而不是行动者高度信赖的"强联系"(Strong Ties),这证明了政策网络行为的重要性。⑤

(三) 政策网络综合因素与政策结果

针对上述争论,有学者开始综合考量政策网络对政策结果的影响,其中最具代表性的观点是马什和史密斯所提出的辩证模型。⑥ 辩证模型摒弃了一维的单

---

① Edward O. Laumann and David Knoke, *The Organizational State: Social Choice in National Policy Domains*, Madison: University of Wisconsin Press, 1987, pp. 5–311.

② Annica Sandstrom and Lars Carlsson, "The Performance of Policy Networks: The Relation beween Network Structure and Network Performance," *Policy Studies Journal*, Vol. 36, No. 4, 2008, pp. 497–524.

③ Keith Dowding, "Model or Metaphor? A Critical Review of the Policy Network Approach," *Political Studies*, Vol. 43, No. 1, 1995, pp. 136–158.

④ A. McPherson and C. Raab, *Governing Education*, Edinburgh: Edinburgh University Press, 1988, cited from David Marsh and Martin Smith, "Understanding Policy Networks: Towards a Dialectical Approach," *Political Studies*, Vol. 48, No. 1, 2000, pp. 4–21.

⑤ Daniel P. Carpenter, et al., "The Strength of Weak ties in Lobbying Networks: Evidence from Healthcare Politics in the United States," *Journal of Theoretical Politics*, Vol. 10, No. 4, 1998, pp. 417–444.

⑥ David Marsh and Martin Smith, "Understanding Policy Networks: Towards a Dialectical Approach," *Political Studies*, Vol. 48, No. 1, 2000, pp. 4–21.

向作用关系,认为政策网络与政策结果之间包含着三重辩证互动关系:网络结构与网络行动者、网络结构与网络环境、网络结构与政策结果。要想具体分析政策网络对政策结果产生何种影响,只有辩证分析上述三重关系在不同政策网络中的表现才能得出正确的结论。因此,理解政策网络与政策结果之间的因果关系,必须抓住三个关键性变量,即网络环境、网络行动者、网络结构。网络环境是指直接或间接影响一个国家或地区政策网络运行与变迁的政治、经济、文化、社会、地理等环境的总称。网络行动者是政策网络的生命力,拥有特定的结构位置、各自的资源和不同的行动技能。网络结构是网络行动者之间互动的关系形态,具有制约性和能动性。在网络环境、网络行动者、网络结构的共同作用下,政策结果才产生;同时,政策结果反过来也会对网络环境、网络行动者、网络结构产生影响。

第四节　对政策网络理论的评价

一、政策网络理论的贡献

政策网络理论作为解释公共管理和公共政策的一种新视角和新途径,主张多元主体共同参与,强调国家与社会之间的互动关系模式,对分析政策过程有着重要贡献,主要表现在以下几个方面:

一是突破了以国家或社会为中心的研究路径。政策网络理论跳脱出单一的国家中心主义或社会中心主义的狭隘性,为重构国家—社会关系另辟蹊径。法团主义忽略了官僚制以外的主体的影响力,多元主义则忽略了主体之间影响力的差异性,而政策网络将包括政府在内的存在相互依赖关系的各行动主体都纳入政策网络中,认为政策正是在各行动主体互动的基础上产生的。因此,政策网络理论将国家与社会连接起来,建立了一种中观分析方法,从而使得政策网络具有了中观和微观层面分析的优势。

二是实现了政策过程的图景转换。从20世纪50年代初政策科学诞生并成为一门独立学科以来,传统的政策研究就是以阶段论为基础的。政策过程阶段论是美国学者哈罗德·拉斯韦尔最早提出的,他依据时间维度,将政策过程划分为一系列的线性阶段或环节。而政策网络强调政策过程中的复杂性和多元性,强调政策网络中行动者之间的互动关系和网络结构。因此,政策网络不再简单地依据各阶段的功能将政策过程进行单一的线性划分,弥补了阶段论忽略各政策主体扮演何种角色以及结构等要素在政策产出过程中所发挥作用的缺陷。

三是瓦解了传统政策研究的"政治—行政二分法"模式。一方面,政策网络理论从自下而上的路径出发,批评了传统层级制的行政模式和自上而下的政策执行模式,强调政策主体之间是通过交换而达到协调与合作的,而不是通过传统科层制下的命令与规制,从而更好地揭示复杂的政策运行机制;另一方面,在当今社会,政府各部门在政策过程中逐渐形成部门利益,它们拥有解决具体社会问题的"部门性知识",在提供公共管理和公共服务的过程中与相关社会组织和团体的关系日益密切,构成复杂的"组织集群",并以网络方式形成互动,这样政府部门并不仅仅是政策执行的工具,它们因拥有不同的部门权力与责任,呈现出不同的政策偏好,从而对政策制定产生重大影响。

二、政策网络理论的不足

从20世纪70年代起,政策网络理论内涵不断丰富与发展,并逐渐被运用到公共管理与公共政策的广泛领域中。但作为一种新的政策过程分析理论,政策网络也遭到不少批评,主要表现在以下几个方面:

一是缺乏系统化的理论体系。鉴于各国国情以及不同学者学术背景的差异,政策网络的定义很多,至今学界尚未达成共识。学界对网络特征、网络构成、网络适用范围等侧重于描述和比喻,甚至有学者认为政策网络主体间复杂关系的解释有些流于表面。此外,政策网络强调信任、共同目标、资源依赖等要素的重要性,但对网络成员之间具体如何互动仍缺乏有效说明。政策网络理论的总体研究较为分散和零碎,尚未建立起系统化的理论体系。

二是容易出现"国家空心化"现象。一方面,政策网络主张超越传统科层制,强调权力资源的分散,强调政策过程的多元主体互动以及网络成员的自我约束与治理,从而模糊了国家与社会的边界,弱化了政治系统中的民主监督和社会责任机制;另一方面,政策网络治理在一定程度上又强调政府对其他行为主体的有效整合以及对政策网络的有效管理,这就使得"没有政府的治理"与"元治理"不可避免地产生矛盾,所以政府在政策过程中的角色需要重新定位。政策网络的理念蕴涵着一种治理分权的概念,这意味着行动者之间由垂直层级制关系向水平互动性关系转变时,原本由政府主导的公共行政权力分配给政策网络中的个人或社会组织,"国家空心化"现象就容易出现。

三是政策网络治理效能存疑。虽然政策网络强调网络行动者之间的合作,但政治权力还是比较集中在传统官僚体制内部,公共决策的最终产出仍然是由正式的政府部门通过规范的法律程序来完成。因此,有学者指出,似乎并没有丰富而科学的经验数据能证明政策网络一定有助于解决复杂的公共政策问题,政策网络所带来的"善治"更多是基于理论假设,其实证检验也往往只是依托个案研究,并不具备普遍解释力。同时,政策网络的有效运转,通常基于合作和信任所形成的社会资本,以此促进政策网络主体之间的良性互动,结成利益共同体,进而实现目标,但这种合作机制很容易在不确定性因素和机会主义倾向等的作用下变得脆弱,甚至转变为不信任,从而使政策网络治理的效能大打折扣。

三、政策网络理论的前景

随着理论研究的深入和社会形势的发展,政策网络的理论解释力逐渐增强,其应用范围也越来越广。作为一种新的理论探索和实践模式,政策网络理论为解决"市场失灵"和"政府失败"提供了新的选择方案,日益呈现出巨大的生命力。未来的研究可以从以下几个方面着手:

一是构建系统化的政策网络理论体系。明确概念是逻辑的起点。鉴于目前政策网络理论尚缺乏清晰的概念界定,总体研究较为分散和零碎,未来的研究应注重厘清不同学术背景下的政策网络概念,并与政策网络其他近似概念进行异同辨析,如社会网络、政策网络治理、网络治理和网络化治理等;同时,对政策网络的结构、密度、特征、边界等进行深入分析,探索网络成员之间的互动作用机制等。

二是结合其他政策分析的理论和方法。在理论层面上,政策网络理论可以尝试或进一步挖掘与理性选择理论、社会资本理论、治理理论、倡导联盟框架和资源依赖理论等理论的结合点,提升政策网络理论的解释力;在方法层面上,在把握个案研究、深度访谈和话语分析等质性方法的同时,相关学者可以更多地尝试政策网络的量化研究,譬如社会网络分析、仿真模型方法等,使得政策网络研究预测政策走向和结果的精准性更好。

三是注重政策网络理论的本土化研究。不同国家或地区的政策网络表现出不同程度的差异性,应根据具体情境适当地运用政策网络理论;同时,要注重对比分析不同政策领域政策网络的共性与个性,归纳总结政策网络在推动政策过程中的有效作用机制。由于相对缺乏理论建构的历史渊源和准备条件,目前我国政策网络理论研究较为薄弱,所以在学习西方政策网络形成与变迁机制的同时,更要注重考虑某些特殊元素,特别是在现行政治体制下,科层式的影响远大于网络式影响[1],如何将垂直或立体网络纳入政策网络研究视野将是一个重要议题。

【关键术语】

政策网络 铁三角 政策社群 议题网络 罗茨模型 马什-罗茨模型 阿特金森-科莱曼模型 范·瓦登模型 韦克斯-莱特模型

---

[1] 侯云:《政策网络理论的回顾与反思》,《河南社会科学》2012年第2期,第75—78、107页。

【复习思考题】

1. 什么是政策网络？常见的政策网络理论类型有哪些？
2. 政策网络是如何影响政策结果的？
3. 相较传统政策过程阶段论研究，政策网络理论的优势是什么？

【案例分析】

政策网络视角下的网约车监管①

互联网技术的迅猛发展为经济发展提供了新的动能。在以网约车为代表的新兴业态不断涌现的情况下，新的公共问题尤其是治理问题也相伴而生。为了解决网约车产生以来所出现的市场失衡问题，更好提升政府治理能力，2016年网约车新政出台，从而实现了网约车"合法化"，成为网约车发展历程中的重要分水岭。

政策网络理论为网约车监管政策的制定提供了一个有效的分析工具。根据罗茨模型，政策网络的五种类型在网约车监管中的具体表现如下：

第一，政策社群。政策社群主体主要有中央政府及其下属的包括交通运输部、公安部在内的七部委。

第二，专业网络。专业网络主体是专家学者，包括城市交通管理学、社会学、经济学等领域的研究者，智库团队以及专业咨询公司等具有特殊话语权的行动主体。

第三，府际网络。府际网络主要指各级地方政府。在不同价值选择的驱使下，各个地方政府在网约车监管政策具体实施问题的态度上会产生不一致的行为选择并影响着最终的政策结果。

第四，生产者网络。作为直接产出者，生产者网络主要包括传统出租车经营企业和网约车平台企业。生产者网络中的企业主体利益冲突明显：网约车的乱象干扰了正常的出租市场，所以出租车企业对政府提出了限制网约车发展的诉求，对网约车进行监管的呼声也越来越高。

第五，议题网络。成员复杂的议题网络主要包括出租车司机、网约车驾驶员、乘客、新闻及网络媒体等多个行动主体。网约车监管政策中的议题网络成员规模庞大，他们所占的社会资源不同，价值取向也存在分歧。包括"罢运"活动、乘客

---

① 节选自范永茂：《政策网络视角下的网约车监管：政策困境与治理策略》，《中国行政管理》2018年第6期，第122—128页。有改动。

安全和责任赔偿等管理难题,都使得网约车监管势不容缓。

在网约车监管困境中,各政策网络间互动关系在不同时期表现出不同特点,推动网约车监管政策不断发展。同时,这一网络互动过程也揭示了一系列治理问题:

首先,在宏观层面上,全网络力量不均。虽然各主体均不具有主导政策进程的决定性力量,但地位是有差别的。以各级政府组成的政策共同体与府际网络是政策网络的权力中心,拥有绝对的主导力量。二者极易轻视议题网络与专业网络的意见,而生产者网络同样力量较弱,对政策造成的实质性影响也较小。

其次,在中观层面上,网络间两两互动关系问题突出。一方面,政策社群与府际网络沟通不足。以中央政府为代表的政策共同体积极推进网约车新政的出台,意在推动网约车与出租车协调发展,而以地方政府为代表的府际网络在制定实施细则时,却对租车市场采取了相对激进的行政干预,如各地明确要求网约车价格需高于或不低于出租车价格,网约车驾驶员必须为本市户籍等。另一方面,府际网络治理能力滞后。网约车新政出台后,以各地方政府为代表的府际网络密集出台实施细则,对以网约车公司及司机为代表的生产者网络加以监管,但地方政府未考虑到网约车车辆组成复杂、人员专业知识欠缺等现实问题,造成了网约车地位"合法化"与"打车难"现象重现的尴尬局面。

最后,在微观层面上,单网络内部存在缺陷。一方面,生产者网络道德风险突出。以网约车公司及司机为代表的生产者网络在网约车监管困境中处于弱势地位,对政策过程的干预程度较低,但在市场自发失衡期,网约车公司大肆使用超量补贴等恶性竞争手段抢占租车市场,接连引发了青岛、大连、南京等地的出租车罢运事件。另一方面,专业网络与议题网络表意途径缺失。在网约车监管政策过程中,各类研究机构、境内外NGO组织、专家学者及业内人士等专业网络行动者,虽通过媒体等方式发表研究结果与政策建议,却基本停留在"告知大众"的层面。而议题网络表意途径缺失的问题则更为严重。以民众为例,网约车与出租车的市场竞争造成他们出行体验的大幅下降,但其稳定市场秩序、谋求更好出行体验的诉求最终仍是通过媒体平台间接表达,对政策社群和府际网络的影响微乎其微。

案例讨论题

1. 案例中网约车监管涉及哪几种政策网络类型?分别包含哪些主体?
2. 案例中网约车监管的具体困境有哪些?
3. 结合政策网络理论相关知识,你认为该如何解决网约车监管困境?

【推荐阅读文献】

1. 〔加〕迈克尔·豪利特、〔澳〕M. 拉米什：《公共政策研究——政策循环与政策子系统》，庞诗等译，北京：生活·读书·新知三联书店2006年版。

2. 杨冠琼编著：《公共政策学》，北京：北京师范大学出版社2009年版。

3. 王春福、陈震聃：《西方公共政策学史稿》，北京：中国社会科学出版社2014年版。

4. 李玫：《西方政策网络理论研究》，北京：人民出版社2013年版。

5. 龚虹波：《政策网络视角下的地方政府治理研究：理论、方法和案例》，杭州：浙江大学出版社2021年版。

6. David Marsh and R. A. W. Rhodes, *Policy Networks in British Government*, Oxford: Clarendon Press, 1992.

7. David Marsh, *Comparing Policy Networks*, Philadelphia, P. A.: Open University Press, 1998.

第十四章 间断—均衡理论

【内容提要】

间断—均衡是解释政策变迁的重要理论之一。它是由弗兰克·鲍姆加特纳(Frank R.Baumgartner)和布赖恩·琼斯(Bryan D.Jones)借用古生物学"中断性均衡"的概念发展而来,间断—均衡理论致力于解释政策变迁过程中既有稳定性和渐进性,同时偶尔也会出现重大政策变迁的现象。本章首先从政策变迁的视角介绍了间断—均衡理论产生的背景,并从理论起点、核心概念、理论框架和后续发展几个方面对间断—均衡理论进行了详细解析,而后分析了该理论在国内外的应用现状,总结了间断—均衡理论的意义、不足和前景,最后引用我国的人口生育政策变迁的案例来增强间断—均衡理论的解释力。

第一节 间断—均衡理论的产生背景

间断—均衡理论是解释政策变迁的一个分析框架。所谓政策变迁是指由于外部环境或内部要素的影响,政策呈现不断演化的过程。[①] 西方学者对政策变迁的研究可以分为两个阶段:第一阶段从20世纪50年代开始至20世纪90年代,逻辑经验主义背景下的政策变迁理论;第二阶段是从20世纪70年代开始,库恩的科学范式背景下的政策变迁理论。

一、第一阶段:逻辑经验主义背景下的政策变迁理论

逻辑经验主义曾在科学哲学中占据主导地位。逻辑经验主义关心科学陈述的逻辑形式、科学定律的逻辑结构、科学理论的逻辑框架、科学推理的逻辑关系,并以归纳法为基本的方法对科学知识的增长进行了说明。在逻辑经验主义者看来,科学知识因积累而变得更加丰富,科学是以连续的方式,以积累的模式进步

---

① 〔美〕保罗·A.萨巴蒂尔:《政策过程理论》,彭宗超等译,北京:生活·读书·新知三联书店2004年版,第13、125页。

的。① 逻辑经验主义认为科学变化的方式给现有的科学知识体系增加一个或几个新命题,而这些新命题在逻辑上是与现有的知识体系兼容的。

早期的政策研究者大多认为公共政策遵循既定的线性过程:问题的构建、议题设定、政策规划、政策设计合法化、政策执行与结果评估,而没有关注公共政策的变迁过程。② 这与当时占主导的完全理性主义有很大关系,完全理性主义认为"经济人"有追求利益最大化的原始动力,并且有能力获取事物的完整信息,预测每一个方案的确定结果,从而做出最好的决策。在这种完全确定的情况下提出的政策理所当然地被认为少有甚至没有变迁的可能。但在实践中,政策变迁是确实存在的,完全遵循过程理论的政策少之又少,大多数政策在每一个环节都有可能遇到问题或阻碍而退回到上一个环节中,重新审视问题与现状,政策变迁也随之产生。另外,随着完全理性主义受到越来越多的批判,政策变迁逐渐被人们所认识和承认。然而,受到逻辑经验主义的累积式、连续匀速的科学发展模式的影响,政策研究者对政策变迁的研究也仅仅停留在保持既定元政策不变的情况下,对具体政策进行"修修补补"。其中以林德布洛姆为代表的政策科学家在20世纪50年代提出了"渐进主义"理论,该理论认为在政策制定过程中以及政策执行过程中,各种因素的变迁引起了政策变迁,政策制定及其执行是对原有政策的边际调整和细微修正的过程,因而政策变迁呈现出一种不断试错和渐进发展的特征。

二、第二阶段:科学范式背景下的政策变迁理论

由于逻辑经验主义的方法论违背了革命时期的科学实践,忽视了非连续的科学发展,因此从20世纪50年代起,它受到了各方面的批判。其中库恩于1962年出版的《科学革命的结构》一书,全面批判了逻辑经验主义的科学合理性观点,并对科学理论的结构、科学发展和进步的方式、科学方法论提出了一套全新的看法。库恩认为科学发展既有连续性(常规科学),也有非连续性(科学革命),并反驳了逻辑经验主义认为只有逻辑和观察政策才能决定理论是否科学的观点,以及存在永恒的、可以形式化的方法论规范的观点。库恩力图论证,方法论规范或合理性原则是随范式的更替而改变的,普遍的、永恒的算法规则是不可能的。③

从库恩科学革命方法论出发,不难得出这样的结论:当既有政策遭遇重大冲击,比如问题界定有误、社会环境出现重大变迁,此时仅仅对过去政策修修补补难

---

① 孙玉忠:《科学哲学对科学史的意义》,《自然辩证法通讯》2009年第2期,第61—65、111页。
② 杨代福:《西方政策变迁研究:三十年回顾》,《国家行政学院学报》2007年第4期,第104—108页。
③ 周超、朱志方:《逻辑、历史与社会:科学合理性研究》,北京:中国社会科学出版社2003年版,第75页。

第十四章　间断—均衡理论

以根本解决现实问题,无法满足现实需要。库恩的科学革命理论为解释政策变迁提供了新的视角。库恩认为,多数科学家在大多数情况下都是在一定的范式内从事解决疑难问题的科学研究,因此科学发展体现出一定的连续性。每当新问题出现,科学家首先会在原有范式内寻求解决方法;当问题无法解决时,部分科学家会反复核查实验过程本身而从未质疑原有范式的可行性;但是当另一部分科学家寻找到新的范式并将该问题圆满解决时,与旧范式相抗衡的新范式得到人们的关注,两者之间的竞争将采取宣传、劝说、多数战胜少数等非逻辑方式进行。新范式战胜旧范式的过程就叫"科学革命",按照库恩的观点,仅仅看到一定范式内科学发展的逻辑经验主义是错误的,因为科学发展既有长期稳定性、连续性,又有短暂的断裂。早期的政策研究者在逻辑经验主义方法论的影响下,往往只看到政策的渐进变迁,因此是片面的。

以库恩的科学革命理论为基础的议程互动模型和框架不断出现,对政策过程的研究视角逐渐从政治系统视角和过程研究范式转向行为主义和制度主义研究框架。在这一时期,渐进主义逐渐被抛弃,政策变迁被认为是一个制度结构内复杂互动的政治过程,呈现出渐进或突变的特征。这一时期,多源流分析框架、倡导联盟框架、间断—均衡理论等政策变迁分析模型相继创立。从政策制定过程来看,虽然不同的学者从不同的侧重点和实际出发,将政策制定过程分为不同的阶段,但是对政策制定过程中的第一步几乎达成共识,那就是对亟待解决的问题的界定。如果摒弃逻辑经验主义,接受库恩的科学革命理论后就不难发现,政策变迁往往呈现出两种形式:均衡(政策进行调试性修正,从而呈现渐进式变迁)和间断(原有政策的微调仍不能解决问题,于是转而寻求新的解决办法,从而发生政策前后的根本变迁)。

从政策实践来看,自 20 世纪 70 年代以来,美国政策外部环境急剧变化,尤其是在环境保护、能源革命、产业变迁等政策领域出现了重大变革,诸多政策变迁过程中的突变性和间断性使得渐进主义对政策变迁逻辑的解释面临实践和经验上的困境。雷德福(Emmette S. Redford)从政治系统的角度出发,将美国宏观政治系统与子系统区别开来,尝试对这一变化做出解释,鲍姆加特纳和琼斯拓展了他的观点,形成了政策变迁的间断—均衡理论。

"间断—均衡"这一术语来源于 19 世纪 70 年代的生物进化理论。在古生物学理论中,间断—均衡是针对传统的渐变论而提出的,它在基本指导思想、理论基础和方法论上都与传统的渐变论有明显区别。具体表现在:第一,间断—均衡论是建立在突变与渐变辩证统一的基础上,认为生物演化有两种过程,一是种系渐变过程以及种内迅速变异的宏演化,二是种内渐变是产生种内变异的微演化——虽然微演化有时可产生渐变种。第二,间断—均衡论认为突变成种作用是演化的主要力量,种系渐变虽然亦可产生新种,但其产生的变异量很小。第三,对于成种作用过程,间断—均衡论强调突变是成种的原动力,但突变成种方式最初是随机的,地理隔离是产生成种作用的必要因素,新种的最终形成亦是自然选择的结果。① 鲍姆加特纳和琼斯认为,许多领域的政策制定也表现出相似的特征,于是将这一古生物学概念引入公共政策领域,并在其核心理念的基础上提出了间断—均衡理论。其中,间断—均衡不是为了解释单一的间断,因为间断的原因是随机和复杂的,就像在生物研究中导致基因突变的原因是纷繁复杂的一样。鲍姆加特纳和琼斯的目标是通过大量的个案来理解政策变迁的形式,亦如生物进化学者研究的目的在于了解一个物种长时期进化的过程,而不是一个有机体在短时间内发生的变化。

第二节　间断—均衡理论的理论框架

间断—均衡理论起源于鲍姆加特纳和琼斯 1991 年发表的《议程动态性和政策子系统》一文,成熟于他们 1993 年出版的《美国政治中议程与不稳定性》一书。在 1991 年的论文中,鲍姆加特纳和琼斯已经观察到:"从历史视角度看,很多政策会经历长时期的稳定和短时期的剧烈反转。"鲍姆加特纳和琼斯认为,政策过程中稳定与变迁是同一现象的两种不同表现形式,并不能够完全割裂,有必要纳入一个统一框架来进行解释,即他们试图用一个理论框架解释为何公共政策过程中既有稳定性和渐进性,同时也会出现不同于过往的巨大政策变迁。

一、间断—均衡理论的理论起点

任何理论都有其特定的逻辑起点,间断—均衡理论亦是如此。就宏观的制度背景而言,间断—均衡理论建立在美国相对稳定的政治系统之上。鲍姆加特纳和琼斯认为美国的政治系统有两大特点:一是分权;二是机构权限的重叠。这两大特点增加了美国制度性摩擦的可能性,而制度性摩擦会导致政策停滞或者政策中断。从微观个体角度而言,间断—均衡理论是建立在有限理性和选民偏好相对稳定基础之上的。因此,他们把政策过程放在政策制度和理性决策的双重建构上,强调政策过程中的两个关联因素,即问题界定和议程设置。议程设置理论构成了间断—均衡理论理解政策过程的主要途径,它强调从议程视角理解政策稳定与政策变迁。这意味着,要推动政策变迁,首先需要将政策问题纳入议程,而纳入议程则需要对问题进行界定,于是问题界定和议程设置构成了间断—均衡理论讨论政

---

① 杨冠琼编著:《公共政策学》,北京:北京师范大学出版社 2009 年版,第 166 页。

策过程的两个主要环节。鲍姆加特纳和琼斯认为要打开"决策黑箱"可以从议程开始,议程构成了"前决策"的过程,议程变迁是政策变迁的前提和基础。议程设置理论主要有两大基础:一是政治学中对权力的两面性讨论,即强调否定性权力和不决策权力的重要性,这些权力就是议程设置权力,构成了议程设置的政治学基础。二是组织理论中对注意力分配问题的讨论,认为决策者的时间资源比较稀缺,不可能在同一时间讨论所有话题,而组织层面的注意力分配就是议程设置问题,构成了议程设置的决策学基础。对于议程的研究为政策过程理论研究打开了新的视角。

在此基础上,鲍姆加特纳和琼斯认为,人们对公共政策问题注意力的有限性是导致美国政策过程稳定和渐进的总趋势,同时偶尔会出现重大变迁的原因,其实所有问题都存在,只是在不同的时间人们会把有限的注意力分配到不同的问题上。[①] 间断—均衡理论将议程中权力配置属性和注意力分配属性进行有机结合,认为不同的注意力分配,会形成政策制定的不同政治。当政策制定者不对某一公共问题分配注意力时,政策制定在政策子系统中进行,这使得政策会遵循原有的逻辑和主张。当公共问题被政策制定者注意时,政策制定在宏观政治中进行,这会推动政策的变迁。这意味着政策制定过程是一种"双重政治",鲍姆加特纳和琼斯称之为"两种政体"(Two Regimes):"我们的注意力改变模型,在注意力发生改变时期和针对某一个固定议题进行程序化关注时期,存在不同操作模式。"[②]这两种政体交替运行,使得政策过程出现了稳定与变迁模式。

二、间断—均衡理论的核心概念

(一)政策子系统

政策子系统是政策分析中一个十分引人注目的概念。西方学者多次强调政策子系统在政策周期研究中的重要性。根据西方学者的分析,政策子系统也就是政策行为者,由解决某个公共问题的行为者组成。[③] 政策行为者构成十分复杂,纵横交错。政策行为者包括国家范畴的行为者和社会范畴的行为者。具体而言,国家范畴的行为者包括选举官员和任命官员,社会范畴内的行为者包括利益集团、研究机构及大众传媒,国家与社会中间还有起联结作用的选民和政党。20 世

[①] 〔美〕布赖恩·琼斯:《再思民主政治中的决策制定:注意力、选择和公共政策》,李丹阳译,北京:北京大学出版社 2010 年版,第 124、156、191 页。

[②] F. R. Baumgartner and B. D. Jones, "Agenda Dynamics and Policy Subsyetems," *The Jurnal of Politics*, Vol. 53, No. 4, 1991, pp. 1044—1074.

[③] 陈庆云、鄞益奋:《西方公共政策研究的新进展》,《国家行政学院学报》2005 年第 2 期,第 79—83 页。

纪五六十年代,不少学者提出亚政府(Sub-government)的概念,用来描述美国的利益集团、议会委员会和政府机构在公共政策决策过程中结盟、相互支持、垄断决策的制度,这三方之间的联盟关系被认为像钢铁一般牢不可破,故喻之为"铁三角"。① 雷福德将美国的政治系统划分为宏观政治和子系统政治:宏观政治由国会、总统、政党等政治制度构成;子系统政治是不同利益集团主导而成的决策系统,即专门政策领域的次级系统(政策子系统)。鲍姆加特纳和琼斯在前人研究的基础上,扩大了政策子系统的范围,他们认为子系统应该从传统的"铁三角"范围扩展出来。② 他们认为美国的分权制度在一定程度上限制了政策变迁的发生,政策子系统之间力量的相对均衡使得政策得以保持稳定;但是,对于政治问题的讨论通常可以分散到一系列以问题为导向的政策子系统当中,而没有任何子系统能够在面临所有问题时保持恒久的优势。政策子系统不断产生和消失,力量强大的子系统致力于建立稳定的、渐进的政策过程,一旦子系统遭到破坏,既有政策便发生急剧的、根本的变迁。这些子系统可能是由单一利益主导,也可能处在垄断利益的斗争之中。由单一利益主导的子系统往往形成政策垄断,在政策执行过程中,子系统从自身利益出发,试图强化政策垄断,为政策变迁的发生设置障碍;对立的子系统则通过动员、拉拢相关者,增强自身实力,以打破现有的政策垄断。

(二) 政策垄断

政策垄断是指在政策过程中,由主要的行动者所组成的封闭和集中的体系,他们倾向于将政策制定置于封闭状态,并将其他参与者排除在外,使得政策变迁处于缓慢甚至停滞的状态。它有两个主要特征:对某一政策制定的制度结构的清晰界定;与此制度结构相契合的权威性支持理念。正面的政策形象和政策场域共同构成了政策垄断,前者提供了支持性理念,后者提供了结构性基础。在政策垄断阶段,负反馈(Negative Feedback)发挥主要作用,即政策制定者通过渐进调节和反动员的方式,使得现有的政策不断地制度化而呈现均衡的状态。任何大的政策变化很快就会被反对团体抵制,而背离总是被控制的和在一定范围内的。但是,处在子系统政治的政策垄断是不完全的,一旦政策企业家和处于劣势的利益集团对政策问题进行重新界定,新的评价维度使得旧问题无法在子系统内得到解

---

① M. Howlett and M. Ramesh, *Studying Public Policy: Policy Cycles and Policy Subsystems*, New York: Oxford University Press, 2003, p. 149.

② 杨冠琼编著:《公共政策学》,北京:北京师范大学出版社 2009 年版,第 193 页。

决,对问题的处理便会通过议程切入宏观政治①,即正反馈(Positive Feedback)作用出现。通过集团动员和政治冲突扩散的方式,正反馈的短暂爆发使得子系统的政策垄断崩溃,造成旧有政策子系统发生改变或者新的政策子系统创建,政策面临重大变迁的可能。

（三）政策图景

政策图景是指政策以某种方式被理解和被讨论,包含三层基本的含义:(1)单一的政策可能有多种含义;(2)以不同的方式影响到不同的集团;(3)不同的人会对同一政策持有不同的看法。政策图景的基调有两种:正面政策图景和负面政策图景。鲍姆加特纳和琼斯认为,政策图景是与某个政策相关的政策信仰与价值观的一套体系,是经验信息和感情要求的混合物。如果公众以正面的眼光来看待公共政策,则称为"正面政策图景";如果公众以负面的眼光来看待公共政策,则称为"负面政策图景"。任何政策或计划的实际内容可能包含很多不同的方面,也可能以不同的方式影响不同的人。当一种政策图景被广泛接受并获得支持时,其通常与成功的政策垄断合在一起。当人们对于描述或是理解一项政策的合适方法存在不同意见时,支持者们对公共政策的理解是随时变化的。通常,这些变化是新的科学发现导致的,而有时,这些变化源自一些大的事件或一些很微妙的影响。

（四）政策场域

社会中拥有相关政策议题决策权的权威机构或团体则形成了政策场域。鲍姆加特纳和琼斯认为议题可以分为开放型议题和垄断型议题,开放型议题即议题归属于多个机构管辖,而垄断型议题则是指议题归属于一个机构管辖。随着时间的推移,议题会在不同的政策场域中转换。政策场域是针对特定问题做出权威性决策的制度性场所,不同的政策场域是同一问题形成不同政策形象的根本原因。"某些类型的形象在某一个议定场所中会获得广泛认可,但是在另一个机构管辖领域里却会被认为是不合时宜的。"②政策场域的多样性导致了同一议题相互对立的形象同时出现在政治活动中,政策形象和政策场域的互动典型表现在子系统政治和宏观政治的逻辑连接中。一般而言,子系统政治会围绕着特定的议题组建起来,通常作为"结构诱致的均衡"而被制度化,形成主导性的政策形象。但是,被排除在该子系统外的政策企业家会试图改变政策场域,即要求从以"铁三角"

---

① B. Jones and F. Baumgartner, *The Politics of Attention: How Government Prioritizes Problems*, Chicago: University of Chicago Press, 2005, p. 66.

② 〔美〕弗兰克·鲍姆加特纳、布赖恩·琼斯:《美国政治中的议程与不稳定性》,曹堂哲等译,北京:北京大学出版社 2011 年版,第 7、15、30、81 页。

和"政策社区"等封闭子系统转到开放的选举政治系统,进而试图改变政策形象。在次级系统中没有影响力的利益集团可能通过宏观政治系统获得影响力。[①] 而宏观政治的介入强化了政策快速变化的可能性。因而,问题界定和议程设置的互动往往表现为政策形象—政策场域的相互作用。

(五)正反馈和负反馈

正反馈机制和负反馈机制是间断—均衡理论的重要组成部分之一,它们分别对应政策选择的稳定与变迁,起到对稳定与变迁的强化作用,也是解释稳定与变迁的重要机制。鲍姆加特纳和琼斯在编辑《政策动态》(*Policy Dynamics*)一书时,就在第一章中专门阐述了正反馈机制和负反馈机制在政治科学和政策过程中的角色和作用,他们将反馈机制与很多理论模型联系在一起,并且讨论了不同理论模型背后所包含的反馈机制。负反馈机制包含着自我平衡系统或自我纠正机制,是一种促进均衡的系统。对于负反馈机制的关键内容,鲍姆加特纳和琼斯有过十分精确的阐述。他们认为负反馈机制的关键要素很简单:它对来自环境的任何变化采取抵消而非强化的应对措施。负反馈机制可以发挥如下作用:诱发公共政策的稳定与渐进主义模式;负反馈机制是大部分官僚行为模型、政策子系统运行、利益集团多元主义概念、民主僵局模型和其他政策过程典型理论的基础。正反馈机制包含着自我增加机制,它强化而非抵消一种趋势。与负反馈过程相比,正反馈过程是变幻无常的、易变的和不稳定的。抵消趋势是负反馈,与趋势同行甚至强化趋势则是正反馈。在政治过程中,有两种机制可以促进正反馈的形成:一种是模仿机制。一个人会观察其他人行动,并且根据其他人行动来采取自己的行动。这意味着,一旦达到某种临界和阈效应,某种行为就会出现自我强化从而成为一种流行或趋势。另一种是序列信息处理。当人们从一种注意力转向另一种注意力时,他们会迅速改变自身的行为。这意味着,一旦人们开始关注某一议题,或者同一议题的不同维度,就会出现自我强调现象,从而导致更多人关注,推动政策变迁。

三、间断—均衡理论的理论框架

特定的环境产生对系统多种并行的需求(Parallel Demands),但是系统只能对这些并行需求做出串行式的回应。[②] 借鉴西蒙的观点,子系统政治的建立是由于

[①] Emmette S. Redford, *Democracy in the Administrative State*, New York: Oxford University Press, 1969, p.110.

[②] Herbert A. Simon, *Models of Discovery*, Berlin: Springer Netherlands, 1977, p.157.

政策议题并行处理的需要,而宏观政治因其注意力的限制只能采取逐一处理问题的方式。因此,从子系统政治进入宏观政治的议程切入反映了政策制定者注意力的非渐进性特征。而在借鉴唐斯(Anthony Downs)的议题循环理论①和谢茨施耐德的冲突扩展理论的基础上,议程切入被认为有两种动员模式:一种与热情支持有关,对议题的热情式动员帮助建立新的政策次级系统;一种与批判反对有关,对议题的批判式动员帮助破坏已有的政策次级系统。(1)热情式动员。在鲍姆加特纳看来,唐斯对于议题关注的循环模式在缺乏问题解决方案的情况下是近乎正确的,但是公众对问题的关注浪潮可能仍会导致新规划的实施和新机构的增长②,即使这种关注没有带来实质的政策产出。因此,在反对者较少的情况下,对议题正面和热情的语调有助于扩大参与者范围和集结支持者。(2)批判式动员。谢茨施耐德的冲突扩展理论是政策场域概念形成的基础,反对者通过公共报道的负面语调等方式批判现有政策,将政策冲突扩展到子系统政治外的宏观政治中。因此,间断—均衡框架将政策变迁分为两个阶段:长期的渐进变迁和短期的重大间断。(1)在政策平衡期,对于政策问题的界定及其议程的设置在子系统政治内形成了基本的政策运行框架,正面的政策形象以及封闭且相对固定的政策场域为政策垄断提供了理念支持和结构基础。但政策企业家、反对派利益集团等"局外人"的动员,往往使得政策垄断处于不完全状态。而通过渐进调试和反动员的政策调节方式,政策制定者对于政策垄断的构建使得政策变迁呈现负向消极的反馈过程。子系统政治的制度化和保守主义倾向使得政策呈现渐进发展的特征。(2)在政策间断期,针对政策运行中出现的新问题,"局外人"一般选择通过批判式动员形成负面政策形象与现有政策形象进行抵抗;而对于政策问题新的界定和讨论,一旦通过议程通路(议程切入)进入宏观政治,新的政策形象便会产生。在宏观政治中,新的政策"热点"问题被重点关注并以连续的方式被处理,平行政策处理的多个地点内的精确的多元主义平衡被破坏③,新的政策场域与负面政策形象的结合也克服了子系统的惰性并打破了政策垄断状态。新的议程启动使得政策实现了间断式的发展,政策变迁也进入新一轮的平衡。(见图14-1)

---

① Anthony Downs, "Up and Down with Ecology: The Issue Attention Cycle," *Public Interest*, No. 28, 1972, pp. 38-50.
② 〔美〕弗兰克·鲍姆加特纳、布赖恩·琼斯:《美国政治中的议程与不稳定性》,曹堂哲等译,北京:北京大学出版社2011年版,第7、15、30、81页。
③ 〔美〕布赖恩·琼斯:《再思民主政治中的决策制定:注意力、选择和公共政策》,李丹阳等译,北京:北京大学出版社2010年版,第124、156、191页。

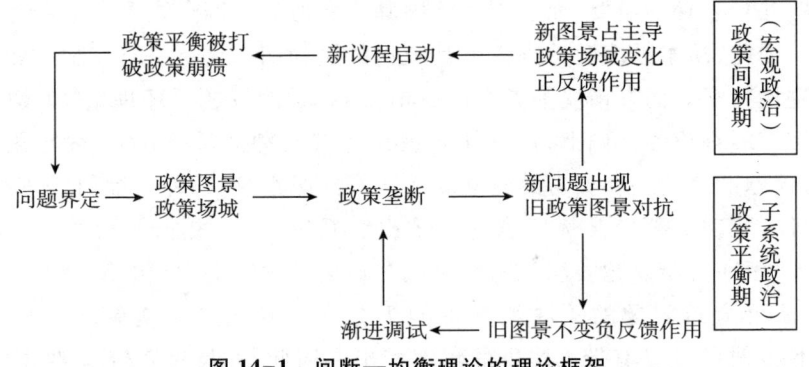

图 14-1 间断—均衡理论的理论框架

间断—均衡理论中的"均衡"现象主要发生在政策子系统场域。政策子系统主要是围绕政策议题、领域范围和行动者而建立起来的,它强调一些行动者在一定范围内对某一感兴趣的政策议题相互影响而形成结构化制度安排。对于间断—均衡理论而言,政策子系统发挥着政策垄断的作用,"政策垄断的参与通常经由两种方式得以结构化:(1)正式和非正式的切入规则使'局外人'的参与受挫;(2)对政策垄断的普遍理解基本上都是正面的,这种正面的理解唤起支持或使冷漠者转身事外(从而确保冷漠者持续不过问此事)"①。间断—均衡理论中的"间断"现象主要发生在宏观政治系统场域。宏观政治系统是一个全国性政治系统,一些人员将政策子系统中的冲突带入宏观政治系统中,这通常表现为对一个国家的总统、国会的议程争夺,希望总统和国会能够关注他们关心的议题。对此,鲍姆加特纳和琼斯认为这两种政治之间存在内在逻辑关系,他们认为:"我们有理由把'宏观政治'简约地看成是政策垄断的形成、毁灭和倒闭的一种延伸。政党毕竟与政策次级系统的建构有关联。当宏观政治制度介入,从而引起运作规则的修正,次级系统就受到干扰。当一个议题获得充分的关注,通常就不可能再被局限于次级系统当中。"②由此可见,当宏观政治介入政策子系统或者次级政治时,也就是政策均衡现象被打破、政策变迁发生的契机。而一旦变迁发生,宏观政治系统就不再关注该议题,此时政策议题就会重新进入次级政治,政策子系统就会发挥作用,新的政策变迁经过时间推移逐渐演化成为一种"政策垄断"。

---

① 〔美〕布赖恩·琼斯:《再思民主政治中的决策制定:注意力、选择和公共政策》,李丹阳等译,北京:北京大学出版社 2010 年版,第 26 页。
② 同上书,第 27—28 页。

四、间断—均衡理论的后续发展

与其他政策过程理论相比,间断—均衡理论的一个最重要的特点是,它在保持内核不变的同时,一直处在演进和发展过程之中。[①] 对于间断—均衡理论的演进过程,琼斯和鲍姆加特纳将其概括为三个阶段:间断—均衡、一般间断主题和政府信息处理理论。事实上,这三个阶段分别对应于他们从 1993 年以来合作的三部重要著作,即《美国政治中的议程与不稳定性》《注意力政治学:政府是如何对问题优先性排序的?》和《信息政治学:问题界定和美国公共政策过程》。在《美国政治中的议程与不稳定性》一书中,琼斯和鲍姆加特纳对政策过程中渐进主义模型和偏好模型进行了挑战,提出应该用间断—均衡来描述政策变迁的特征,并从议程理论的角度给出了解释。在《注意力政治学:政府是如何对问题优先性排序的?》一书中,他们发展了不成比例信息处理模型,认为美国政治制度和政策过程都符合间断—均衡特征,提出了一般间断假设。在《信息政治学:问题界定和美国公共政策过程》一书中,他们关注政府信息处理过程,尤其是政府对信息搜索的过程,进一步发展了不成比例信息处理模型。同时他们的研究表明,整个组织仍然面临着"搜索悖论",即"好的政府要求好的机制来发现问题并对问题优先性排序以便采取行动。但是,随着搜索机制绩效变得更好,更有可能针对问题采取更多的公共政策行动;更多的政府行动就必然会导致更大和更具有侵略性的政府"[②]。

尽管间断—均衡框架被认为是对渐进主义决策模型的一种可行性替代,但它对政策制定的依据未做出有效的说明。渐进主义将政策选择看作对前期政策的一种边际调整,而间断—均衡仅仅描述了政治系统内政策变迁的经验性逻辑而没有提供一个完整的政策选择模型。[③] 所以,鲍姆加特纳和琼斯进一步发展了间断—均衡理论,提出了不成比例信息处理模型,对间断—均衡中的政策选择做出解释。

传统的政策制定是建立在偏好和有限理性基础上的,因此政策被看作是在偏好固定的前提下,面对复杂性和不确定性时的有限理性的考虑。而这种将政策制定看作是在偏好主导下的、遵循标准政策程序的渐进产出的理性选择模型,无法

[①] 李文钊:《向行为公共政策理论跨越——间断—均衡理论的演进逻辑和趋势》,《江苏行政学院学报》2018 年第 1 期,第 82—91 页。

[②] B. D. Jones, et al., "Policy Punctuations in American Political Institutions," *American Political Science Review*, No. 1, 2003, p. 1.

[③] B. D. Jones and F. R. A. Baumgartner, "Model of Choice for Public Policy," *Journal of Public Administration Research and Theory*, Vol. 15, No. 3, 2005, p. 325.

有效地解释政府议程的突然变化。因而,不成比例信息处理模型引入了选择性注意力和注意力驱动的选择两个概念,将政策选择看作是注意力而非偏好转换的结果。该模型认为,决策者的偏好结构有两个部分:一是偏好,即对政策目标固定的、传递性的偏好排序及显著性;二是选择性注意力,即对一组政策领域偏好序列的选择性关注。政策制定者的特定偏好是相对固定的,但对于偏好的注意力呈现插话式(Episodic)波动和转移。换言之,政策制定是偏好和注意力共同作用的结果。当注意力发生转变,政策的选择随着对特定评价维度的注意力的转变而变化。

在信息过度供给和有限理性的假设下,政策制定者注意力的变化反映在对信息处理的优先次序上。渐进主义模型对于政策信息处理遵循着固定的指标选择和边际调整方式,信息处理进程呈现按比例变化的特征。而间断—均衡框架认为,政策制定者的有限理性和偏好主导的"指标锁定",使得政策制定者在固定的指标结构下选择政策信息,所以政策选择呈现出一定比例的更新。但实际上,注意力的集中使得政策制定者对于政策信息的关注呈现非比例性特征,即政策制定者对政策信息注意力分配是不均的,出现对某一政策问题过度关注和对另一政策问题回应不足的情况。在非比例性信息处理模型下,政策子系统只关注于已被定义好的政策问题。在外部压力的冲击下,政策制定者的注意力是相对固定的,政策制定只是不断重复以往决定而忽视回应环境;而议程通路的有限性使得宏观政治系统对于外部需求的回应始终是不足的。

非比例性信息处理模型反映了政策产出与环境需求的不协调性,即政策产出对于政策问题的回应呈现过度回应和回应不足这两种状态。过度回应和回应不足本质上都是政策滞后于现实的表现。鲍姆加特纳和沃尔格夫(S.Walgrave)将政策的滞后性问题归结为"体制摩擦",即美国的多元化政治民主系统和相关政策制定规则阻碍了政策变迁,政策选择呈现无效状态,政策的制定和变迁成为一种"粘滑运动"。[①] 体制摩擦主要有两个来源:(1)有限注意力。由于串行处理方式的限制,政策议程受到信息处理进程中的"注意力瓶颈"的影响。因而,公众议程中的大量政策问题必须被挑选出来进入政府议程。由于议程的连续性使得当前政策进程对于一些议题过度回应,同时由于注意力在此问题上的集中使得对其他议题回应不足。(2)制度黏性。政策制定的制度、规则、惯例和标准使得政策制定面临很高的成本,政治制度像"生锈的轮"般运转。在政策议程中,政策信息的微小变化在正常情况下难以吸引到子系统做出迅速回应,政策选择趋向于保守

---

① F. R. Baumgartner and S. Walgrave, "Punctuated Equilibrium in Comparative Perspective," *American Journal of Political Science*, Vol. 53, No. 3, 2009, p. 607.

主义。相反,政策信息的重大变动可能触发正反馈机制,宏观政治对该问题的注意力促使政策子系统对新出现的政策信息做出回应,但这一过程在政策长期变迁过程中是短暂的。在间断—均衡框架研究者看来,体制摩擦是政策出现间断—均衡式变迁的主要原因,即体制摩擦使得政府的注意力分配是滞后的,因而政策变迁保持着长期稳定和渐进的特征,而短期内政策议程的重大调整被视为对制度摩擦的一种克服,政策呈现间断式发展。

第三节 间断—均衡理论的应用

一、间断—均衡理论的国外应用

间断—均衡理论经过几十年的发展,大量研究显示了间断—均衡作为政策变迁特征的稳健性,这一稳健性体现为间断—均衡理论在不同政策领域、政治制度和比较领域中的适用性。间断—均衡理论应用最多和最成功的一个领域是预算领域。比如鲍姆加特纳和琼斯将其运用到第二次世界大战后美国政策制定过程的研究上,他们发现国会预算局及其总体开支中有一些项目长久不变,一直保持稳定,但政府开支的总体模式却受到了大规模的政策中断的影响。政策开支的变迁主要有三个时期:第一个是战后调整期,一直持续到1956年;第二个是急剧增长期,从1956年持续到1975年;最后一个是抑制期,自1976年至21世纪初,他们认为政策中断不仅出现在一些政策项目或政策子系统中,而且整个政府部门中都出现了类似的情形。

赫伯特·基奇特把间断—均衡理论应用于美国能源政策分析,认为美国能源政策中出现了偶然政策结构变化,即出现了中断性平衡,美国能源危机破坏了原有的政策模式,并引发了政策创新的试错过程,导致了新政策的产生。最终,新政策适应了变化的现实,新制度模式又被重新建立起来。詹姆斯·楚(James Chu)运用间断—均衡理论检验了美国社会保障政策的历史沿革,在分析政治家对社会保障政策偏好的基础上,运用间断—均衡理论对现在的政策变革可能性进行了评估。环境领域是间断—均衡理论得到较多应用和检验的另一个领域。罗伯特·雷佩托(Robert Repeto)编辑出版了《间断—均衡与美国环境政策变迁》一书,将间断—均衡理论应用到水、渔业、森林、温室效应、土地、能源消耗等环境领域。此外,间断—均衡理论也被应用到死刑、教育、农业、贫困、通信、移民、医疗保障和国家安全等领域。

间断—均衡理论在不同政治制度中得到有效检验,这是间断—均衡理论迈向一般间断假设的重要一步。间断—均衡理论强调从议程设置和注意力分配视角出发去讨论政治系统,认为政治制度中行动者的互动与反应也符合间断—均衡模型。间断—均衡理论在选举结果、政党议程、官僚机构、国会委员会、国会听证、国会立法等政治领域都具有适用性,并且制度差异性会导致制度摩擦力的不同从而导致间断—均衡的峰度也不同。其中,越是处于政治系统中后端的政治制度,其间断—均衡模式也越明显。鲍姆加特纳等研究者专门撰写了《游说与政策变迁:谁赢,谁输,为什么?》一书讨论倡导组织对政策议题的影响,他们非常关注不同政治制度中议程设置和政策变迁问题。

间断—均衡理论在比较领域中得到较大发展,并且正在试图发展成为更一般性的法则和定律。这一研究随着比较政策议程数据库的建立而得以加强,从2006年开始,比较研究成为间断—均衡理论的又一重要特色。这些比较研究使得一方面,间断—均衡理论被应用到美国以外的地方,这客观上有利于增加理论的外部效度;另一方面对不同国家和不同政策领域的比较研究成为间断—均衡理论研究的一个新增长点。琼斯等学者基于美国、法国、德国、英国、比利时、丹麦、加拿大等国家的预算变化数据,提出了"公共预算的一般性经验法则"的设想,并试图对这一般原理进行解释。

二、间断—均衡理论的国内应用

间断—均衡理论被提出以来,逐渐受到国内学者的关注,目前国内的研究主要有三个方面的内容:一是对间断—均衡理论进行引介和评论;二是运用间断—均衡理论分析中国具体的政策实践;三是对间断—均衡理论进行适当的修正,使其适用于中国情景。

国内众多学者从间断—均衡产生的背景、核心概念、理论框架等方面对其进行了详细的介绍,如杨冠琼在《公共政策学》一书中对间断—均衡理论的分析。中国人民大学的李文钊从间断—均衡的演进过程和主要内容出发,提出了间断—均衡理论的整合分析框架。他将间断—均衡理论的核心要素划分为六部分:政策选择的行为模型、政治制度和政策图景、随机过程、正反馈和负反馈机制、一般间断假设、研究方法。政策选择的行为模型构成了间断—均衡理论的微观机制,其核心是不成比例信息处理模型(图14-2)。政治制度和政策图景构成了间断—均衡理论的约束条件和激励机制:一方面,政治制度和政策图景会起到"摩擦"作用,阻止议程进入;另一方面,它们也是推动议程设立和政策变迁的激励因素。随机过程是对复杂的注意力分配、议程设置和政策变迁过程的描述,它是不成比例信息处理模型在政策过程中的呈现形式。正反馈和负反馈机制分别会强化或弱化政策过程中的稳定与变迁,构成一个完整的循环系统。一般间断假设是对整体政策过程的设想和假设,它是随机过程的产物,上述所有因素所导致的结果就是一般间断。研究方法是保证命题和假设得以验证的基础,它是研究结论科学性的保证。①

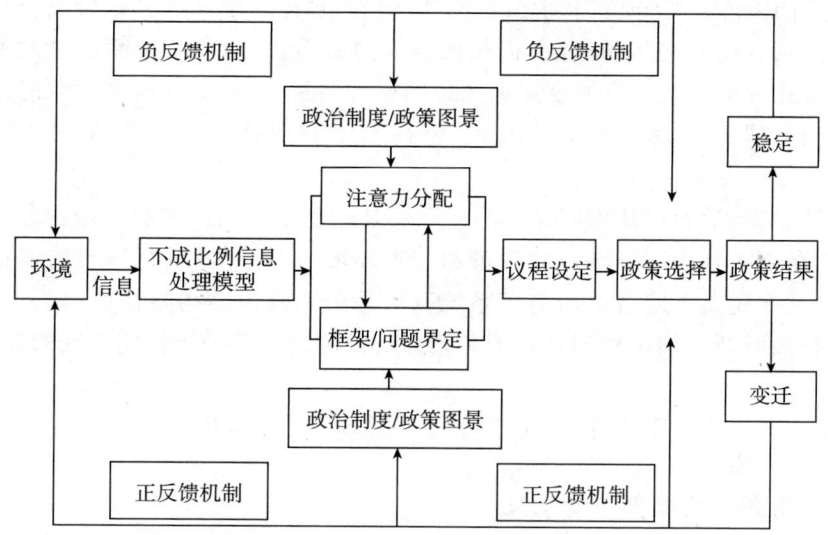

图14-2 间断—均衡的整合分析框架

陈伟、高力等认为政策变迁的间断—均衡模型起源于西方,政策图景、政策场域等概念构成了其核心要素。② 我们不能对间断—均衡模型全盘照搬和形式主义地效仿,而是要基于中国情景对其进行修正,从而实现本土化发展,为我国政策变迁提供更为精准有效的分析框架。他们以1982—2014年的中央"一号文件"为分析对象,认为总体来看,间断—均衡模型对中央"一号文件"农业政策变迁具有较强的解释力和较高的契合度;但同时发现,该模型具有其解释限度,二者也并非完全契合。中央"一号文件"农业政策变迁体现了我国政策变迁中的一些显著特征:一是触发事件对政策变迁的驱动作用更为明显。在我国,触发事件的通俗化表述就是"出事"。"出事"后,决策机关在外力驱动下废止旧政策或出台新政策,这种政策变迁具有鲜明的"刺激—反应"特点。二是党统一领导的决策机构对政策变迁具有决定性影响。西方国家的决策机关是由利益集团、议会和政府构成的所谓的"铁三角"。在政策过程中,"铁三角"中的各角之间相互角力,政策变迁成为"三角"妥协的产物。换言之,"铁三角"中的各角都不可能对政策变迁产生决

---

① 李文钊:《间断—均衡理论:探究政策过程中的稳定与变迁逻辑》,《上海行政学院学报》2018年第2期,第54—65页。
② 陈伟、高力:《间断——均衡模型:中央"一号文件"农业政策变迁的一种分析框架》,《云南行政学院学报》2015年第2期,第104—107页。

定性影响。与西方国家不同,我国党建引领的政治体制决定了在决策过程中党委和政府对政策变迁具有决定性影响。文宏则通过对兰州市 1982—2012 年出租车政策的不同阶段进行分析,发现虽然间断—均衡理论在中国特色社会主义制度环境下同样具有较强的解释力。[①] 但相比西方国家而言,间断—均衡理论的关键性驱动因素在我国主要来自制度层面之外的各种要素,宏观层面的价值倾向往往需要借助地方领导人发挥影响。因此,公共政策的变迁受领导个人意志的影响最大。

总体而言,学者们认为间断—均衡框架是建基于美国民主制度结构和政治环境中的,所以将其运用于特定的政策和宏观环境中时,对其进行适当的修正是必要的,尤其在脱离了宏观政治与子系统政治等美国政治结构特征的前提下,如何更好地提高间断—均衡框架在我国政策分析中的适用性是学者们研究的焦点。

第四节 对间断—均衡理论的评价

一、间断—均衡理论的意义

由鲍姆加特纳和琼斯提出的间断—均衡理论是建立在注意力政治理论和美国多元民主制度基础上的,融合了有限理性和注意力两个重要变量,经验性地解释了政策实践中的稳定性和剧烈变革的政策形态。尤其是制度层面多维度相互作用及有限理性决策,使得间断—均衡理论特别适合解释相对开放的民主政体的情况。

应该说,间断—均衡理论在很多方面都取得了较好的成绩。一方面,该理论观察到很多政策议题中存在的较长时期的稳定和较短时期的重大间断的情况,它发现了政策过程中存在"间断—均衡"模式,这是对渐进主义模式的一种替代性选择。间断—均衡理论的倡导者及其他研究者进行了案例研究、仿真研究、定量研究和比较研究,试图从实证角度证明"间断—均衡"模式的客观存在。戴维·普林德尔(David Prindle)认为,间断—均衡理论提供了一种不同于教育目的的隐喻(Pedagogical Metaphor)、理论建构的隐喻(Theory Constitutive Metaphor)、操作性"科学概念"的隐喻(Operationalized "Scientific Concept" Metaphor)、证据导向的隐喻(Evidentiary Metaphor)[②]。隐喻是指用一种事物来与另一种事物进行类

---

① 文宏:《间断均衡理论与中国公共政策的演进逻辑——兰州出租车政策(1982—2012)的变迁考察》,《公共管理学报》2014 年第 2 期,第 70—80、142 页。

② David F. Prindle, "Importing Concepts from Biology into Political Science: The Case of Punctuated Equilibrium," *Policy Studies Journal*, Vol. 40, No. 1, 2012, pp. 21-44.

比,间断—均衡理论就是用生物演化规律来类比政策变迁的规律。教育目的的隐喻是帮助向外部人员解释理论,或者提供一个现象的可能解释,如用分层蛋糕来比喻联邦制。理论建构的隐喻是指隐喻是科学理论不可或缺的组成部分之一,如反馈是信息处理理论的组成部分之一。可操作性"科学概念"的隐喻将其他概念看作是一个公认的科学概念,假设它能够被操作。证据导向的隐喻是指间断—均衡理论提供了一个寻找所需要数据类型,以及如何对数据进行分析的启示。

另一方面,该理论在对结果变量的证明取得较大进展之后,开始尝试对政策结果进行解释,提出导致政策变迁的因果逻辑。正是这一研究使得间断—均衡理论实现了"制度研究"与"决策研究"的有机结合,通过提出不成比例信息处理模型,讨论制度与微观模型的相互影响,解释间断—均衡模式的认知和制度基础。这些研究在理论模型、案例分析、定量研究和比较研究等领域,都扩展了政策过程理论研究的进展,并提供了新的视角,具有较强的创新性。目前,间断—均衡理论的最新进展为,它试图发展更为一般的基于信息处理的政策过程理论,以及为基于行为的政策过程理论奠定基础,为政策过程理论迈向科学化走出了坚实的一步。

二、间断—均衡理论的不足

间断—均衡理论也面临着很多挑战与批评。间断—均衡理论一直处于演进和发展过程之中,这使得间断—均衡理论的研究者对于该理论的核心构成要素并没有形成共识,不同研究者关注其理论的不同层面。在早期的研究中,鲍姆加特纳和琼斯非常重视政策图景和政策场域之间的互动,而随着理论的进一步发展,鲍姆加特纳和琼斯转而重视从信息处理过程视角来研究政策过程,后期则呈现出关注微观、关注中观和关注宏观的不同路径。鲍姆加特纳重视政策图景的作用,讨论框架对政策变迁的影响,琼斯则重视间断—均衡理论的微观基础。此外,对于因果机制的探讨方面,间断—均衡理论存在一定的缺陷。戴维·普林德尔对此有深刻的评论,他指出:"鲍姆加特纳、琼斯及其合作者并没有一个关于他们发现的民主国家政策历史呈现模式是如何产生的清晰解释机制。他们之所以没有提供这一解释,主要是因为他们没有能够在作为类比的非人格化与作为主体的个人选择之间建立联系。"[1]很显然,对于因果机制的探讨将是间断—均衡理论未来研究的重点之一。

此外,间断—均衡理论的另一个缺点也是显而易见的:它能够预测一种系统

---

[1] David F. Prindle,"Importing Concepts from Biology into Political Science: The Case of Punctuated Equilibrium," *Policy Studies Journal*, Vol. 40, No. 1, 2012, pp. 21-44.

层次的稳定性模式,但是它不能够帮助我们在特定政策问题上做出预测。萨巴蒂尔就曾指出:"间断—均衡理论不能预测间断出现的时间和出现之后所产生的后果。什么导致下一次注意力的重大转移？什么时候这些变迁会发生在一个特定的政策领域？不能帮助我们在特定的政策问题上做出预测。"① 最后,迈克尔·豪利特把唐斯的议题关注模型和间断—均衡模型同时应用到 1977—1992 年加拿大的核能问题、酸雨问题的政策议题的设定分析上,并运用时间序列数据对两个模型进行了检验,试图找到促进政策议程设定的动力所在,却发现在加拿大的案例中,支持这两个模型的经验证据不多。因此,豪利特提出将来的研究应该充分考虑对模型的各方面进行量化。也就是说,当前的研究主要通过时间序列的建构来证明问题,如果对模型的各个方面进行量化并建立数据集,可能该模型会更能说明问题。

三、间断—均衡理论的前景

总体而言,在过去几十年间,间断—均衡理论像其他政策过程理论框架一样,激发了很多新思想和研究,对政策过程进行了大胆的假设,对政策变迁提出了很多有洞见的命题,它也是非常有影响力的理论框架之一。对于间断—均衡理论的未来发展,一个最重要的挑战是发展一个统一的分析框架,它需要在框架的构成要素和要素之间的逻辑关系、发展等命题上做出更为清晰的阐述。这些统一的框架可以为不同研究者之间进行交流提供基础,也有利于间断—均衡理论的发展。在这一点上,间断—均衡理论需要向制度分析与发展框架(IAD)、倡导联盟框架(ACF)等较为成熟的框架学习。正如上面所言,间断—均衡理论的两位创始者鲍姆加特纳和琼斯本身在间断—均衡理论的未来发展之路上存在分歧,琼斯更注重间断—均衡理论的微观基础,尤其是希望将其建立在行为理性基础之上,而鲍姆加特纳则像间断—均衡理论早期的设想一样,比较重视框架和政策场域在政策变迁中的作用。如何将这两个视角进行有机结合,并且与政策过程进行协调,仍然是间断—均衡理论未来发展需要重视的问题。②

间断—均衡理论更加重视"制度""微观模型"和"结果",对于打开政策变迁的"过程黑箱"还重视不够。从目前的研究看,间断—均衡理论将决策过程设想为"随机过程模型",但是如何从经验和实证角度对这一"随机过程"进行观察,这

---

① 〔美〕保罗·A.萨巴蒂尔:《政策过程理论》,彭宗超等译,北京:生活·读书·新知三联书店 2004 年版,第 13、125 页。
② 李文钊:《认知、制度与政策图景:间断—均衡理论的三重解释逻辑》,《南京社会科学》2018 年第 5 期,第 63—74 页。

仍然是需要进行重点研究的内容。传统上,间断—均衡理论以"公众议程"和"决策议程"作为过程观察的切入点,以此讨论议程变迁对政策变迁的影响,对于两种议程采取了简单的线性类比,认为议程设置会经历从"公众议程"向"决策议程"的转移,因此比较关注媒体报道和政策图景,并且假设媒体报道对于"决策议程"具有重要影响。事实上,议程之间的复杂关系还需要更为细致的经验研究,这依然任重道远。

【关键术语】

政策变迁　政策子系统　政策图景　政策场域　政策垄断　正反馈　负反馈　间断—均衡

【复习思考题】

1. 政策垄断是如何形成的?
2. 政策垄断是如何被打破的?
3. 为何政策在政策子系统中是均衡期,而在宏观政治层面则是间断期?

【案例分析】

我国人口生育政策的变迁[①]

2015年10月,中国共产党第十八届中央委员会第五次全体会议明确指出,为促进人口均衡发展和完善人口发展战略,全面实施一对夫妇可生育两个孩子的政策。这也表明实施了35年的独生子女政策的终结。中国人口生育政策历经了几十年的调整和变迁,基本反映出我国公共政策变迁的总体特征。从政策范式角度看,我国人口生育政策变迁呈现三个变量性特征,即人口生育政策的总体性目标是要放开或限制人口数量;政策主要工具是对生育率进行控制(20世纪60年代主要采用人口自然增长率的概念);工具水平则是对生育数量的设置。从新中国成立初期的鼓励生育,到六七十年代的提倡节育,80年代的"一胎化"政策和"独女户"政策,2013年和2015年的"单独二孩"和"全面二孩"政策,放任和限制相悖离的目标反映了政策的显著性间断,而对于生育数量的具体控制及变化水平则反映出政策的调试性变迁。我国人口生育政策基本验证了政策变迁中的长期均衡和短期间断的特征。

---

① 节选自孙欢:《间断平衡框架及在我国政策分析中的适用性:基于政策范式》,《甘肃行政学院学报》2016年第6期,第31—42、126页。有改动。

一、政策平衡期：放任和鼓励为主的人口生育政策(1949—1962)

(一)政策形成

新中国成立后,经济社会环境趋于稳定,国家对于经济建设的关注使得20世纪以来的人口与经济的矛盾问题被忽视。尤其是经过三年经济恢复和"一五计划",经济条件改善,使得人口不断增长。而主要领导人的"人多力量大""人多是好事"的思想意识(偏好状态)以及对于人口增长的经济性作用的关注(注意力状态),决定了新中国成立初期基本遵循的是放任和鼓励的人口生育政策,并采取法律手段保障实施,如,1950年颁布的《婚姻法》对于打胎、节育和人口流产进行了限制性规定。主要领导人和法律对于政策形象的支持,使得这一政策呈现相对稳定的特征,这在很大程度上形塑了社会生育观念。

(二)政策形象竞争与负反馈作用

放任生育所带来的过快人口增长使得人口与资源的矛盾日趋尖锐化,客观形势的压力使得中央开始意识到控制人口问题的重要性。这一新问题的出现,使得放任生育的政策开始遭遇质疑,提倡节育的竞争性政策形象开始被广泛讨论。一方面,周恩来、邓小平、刘少奇等国家领导人开始对人口增长表示担忧并对前一时期反对节育政策提出了质疑。另一方面,理论界在1954—1957年间进行了一场广泛的人口问题大讨论,认为要尽可能地控制人口,要求人口有计划地增长并与国民经济相适应;如果不注意节制,社会主义条件下同样存在着人口过剩的问题。在这一背景下,限制节育的政策遭到抛弃。相关部门也开始检讨过去草率反对节育的态度。尽管节育的政策理念开始出现,但这一时期放任性的计划生育政策并未改变,负反馈作用仍通过渐进调试和反动员的方式发挥着主导作用。一方面,当时的卫生部等政策主体仅是通过取消对节制生育的限制来回应新问题的出现,并未产生实行计划生育的政策共识;另一方面,1957年反右派斗争的兴起中止了理论界关于人口问题的讨论,主张"控制人口"的学者几乎都被打成右派,学术界和政治界对马寅初"新人口论"的批判持续到60年代,节制生育的政策形象并未进入政策议定场域。

二、政策间断期：从放任生育到节制生育(1962—1964)

(一)新的政策形象进入政策议定场域

1957年的反右派斗争使得人口越多越好的"权威理论"已经树立起来,照理应该迎来一个人口巨大增长的时期。但实际上,1959—1961年的三年困难时期使得我国人口自然增长率异常偏低,出现新中国成立以来第一次生育低谷。而由于非正常生育低潮的出现,1962年开始全国人口出现补偿性增长,我国出现了第二次生育高峰。人口增长与经济生产的矛盾,尤其是城镇人口的压力,促使中央领导人等政策权威开始关注人口增长的负面影响（注意力转移），节制生育政策开始进入政策议定场域和议程讨论范围。1962年12月，中共中央和国务院发出《关于认真提倡计划生育的指示》，要求在城市和人口稠密的农村提倡节制生育，适当控制人口自然增长率，使生育问题由毫无计划的状态逐渐走向有计划的状态；1963年，全国农业科学技术工作会议和全军政治工作会议进一步强调晚婚和节制生育等，表明新的政策形象已经进入政策议定场域。

（二）政策总体性目标改变与正反馈作用

1962年，党中央和国务院颁布《关于认真提倡计划生育的指示》。1963年，中共中央、国务院下达《第二次城市工作会议纪要》，提出实行节制生育的具体政策目标。一系列国家层面的政策出台，标志着此后我国节制生育这一基本政策目标取向的形成。从放任生育到节制生育的转变，意味着第三序列变迁的产生，政策进入间断期。在这一时期，一系列正反馈作用使得新的政策目标和结构不断趋于制度化。

三、政策平衡期：控制性的人口生育政策（1964—2021）

（一）总体性目标及政策范式的稳定

从1964年开始的节制生育政策，尽管在几十年的政策运行周期中新问题及政策新形象不断出现，具体政策内容也经过多次调整，但限制人口生育、防止人口过快增长的政策总体性目标未发生变化。从1973年的"晚、稀、少"政策、1980年的"独生子女政策"到2013年的"单独二孩"政策、2015年的"全面二孩"政策，2021年实施"一对夫妻可以生育三个子女"政策，节制生育政策的工具设置水平发生了多次调整，工具设置水平也呈现从宽松走向收紧，进而再次走向宽松的倾向，这也反映了政策负反馈作用的渐进调试的特征。

（二）政策工具水平调整与负反馈作用

（1）"晚、稀、少"政策。尽管1964年明确了节制生育政策，但六七十年代的"文化大革命"中断了60年代中后期的节制生育政策的运行。1973年第一次全国计划生育工作汇报会上确定了"晚、稀、少"的政策方针："晚"，即男25周岁以后、女23周岁以后结婚，女24周岁以后生育；"稀"，即生育间隔3年以上；"少"，即一对夫妇生育不超过两个孩子。至此，我国节制生育政策开始走向具体化和指标化。（2）"独生子女政策"政策。由于"晚、稀、少"政策在生育调控问题上具有一定的弹性，没有硬性的指标，因而短时期人口自然增长率并没有降下来。1980年，中共中央发出《关于控制我国人口增长问题致全体共产党员、共青团员的公开信》，提倡"一对夫妇只生一个孩子"，标志着我国独生子女政策正式出台。（3）"开小口，堵大口"政策。独生子女政策的严格规定与人民群众尤其是农民的生育愿望和观念产生了冲突,1980—1984 年的农村地区生育率分别为 2.91、3.32、2.78 和 2.70,即一对夫妻平均生育水平为 3 个孩子。农村人口问题的严峻性进一步威胁到政策形象及政策执行。"开小口、堵大口"的生育政策旨在缓解"一孩"政策带来的紧张局面,但政策本身缺乏具体的"开口子"的操作标准。(4) 从"单独二孩"到"全面二孩"政策。以 1986 年允许独女户生育二孩这一政策调整为标志,我国计划生育政策基本得到完善,各省份在 90 年代也相继颁布了计划生育条例。而为了维护现行政策的稳定性,《中华人民共和国计划生育法》在 2001 年颁布。显著的政策垄断性反映了节制生育政策也进入了相对平缓的均衡期。但随着经济社会条件的急剧变化,政策制定者和社会的注意力再次集中到人口问题上来,越来越多的专家学者和媒体的批判式动员使得"一孩"政策形象陷入争论。因此,2011 年各地开始实行"双独二孩",即夫妻双方均为独生子女的,可生育第二个孩子。2015 年,中国共产党第十八届中央委员会第五次全体会议公报指出,全面实施一对夫妇可生育两个孩子政策。2021 年 8 月 20 日,全国人大常委会会议表决通过了关于修改《人口与计划生育法》的决定,修改后的《人口与计划生育法》规定,国家提倡适龄婚育、优生优育,一对夫妻可以生育三个子女。

案例讨论题

1. 案例中人口生育政策的变迁经历了几个阶段?
2. 结合案例,分析政策变迁的原因。
3. 人口生育政策是否符合间断—均衡理论?是否需要修正?说明理由。

【推荐阅读文献】

1. 〔美〕保罗·A. 萨巴蒂尔编:《政策过程理论》,彭宗超等译,北京:生活·读书·新知三联书店 2004 年版。
2. 〔美〕弗兰克·鲍姆加特纳、布赖恩·琼斯:《美国政治中的议程和不稳定性》,曹堂哲等译,北京:北京大学出版社 2011 年版。
3. 〔美〕布赖恩·琼斯:《再思民主政治中的决策制定:注意力、选择和公共政策》,李丹阳译,北京:北京大学出版社 2010 年版。
4. 杨冠琼编著:《公共政策学》(第二版),北京:北京师范大学出版社 2017 年版。
5. 李文钊:《认知、制度与政策图景:间断—均衡理论的三重解释逻辑》,《南京社会科学》2018 年第 5 期,第 63—74 页。
6. B. D. Jones and F. R. A. Baumgartner, "Model of Choice for Public Policy," *Journal of Public Administration Research and Theory*, Vol. 15, No. 3, 2005, p. 325.

第十五章　制度理性选择理论

【内容提要】

制度理性选择理论的提出源于对公共资源治理困境的回应,所属流派是新制度主义中的理性选择制度主义,奥斯特罗姆在此基础上发展出制度分析与发展框架。学习者必须准确把握框架的基本内容、核心概念,重点掌握多层次分析的含义与方法,了解框架的应用情况与理论发展前沿。

第一节　理论缘起:回应集体行动的困境

一、起点:公共资源治理问题

埃莉诺·奥斯特罗姆(Elinor Ostrom)是印第安纳大学政治学阿瑟·F. 本特利杰出教授,美国国家科学院院士、美国艺术与科学院院士,曾担任过美国政治学协会主席、美国公共选择学会主席、公有产权研究协会主席等学术职务,是美国公共经济学研究和公共选择学派的创始人之一。

自1973年她与她的丈夫文森特·奥斯特罗姆(Vincent Ostrom)创立了印第安纳大学政治理论与政策分析工作坊(Workshop in Political Theory and Policy Analysis at Indiana University)以后,他们的团队在世界各地进行了大量的案例研究,深入考察了一些资源,如渔业、森林和牧场,他们通过这些案例研究成功地建立了管理资源的若干"设计原则",并为分析不同的制度安排构建了理论框架,贡献了众多学术论文和著作,包括《公共事物的治理之道》和《理解制度的多样性》。

2009年,她成为第一个获得诺贝尔经济学奖的女性,她的主要贡献在于对公共池塘资源治理的开创性研究。公共资源治理问题实质上是如何管理涉及可再生自然资源的环境问题,正如菲利普·布思(Philip Booth)所说:"如果我们拥有一片渔场、牧场或森林,使资源能再生的可持续性的管理,对于那些依靠它的人,以及对那些使用这些资源所产生的产品的消费者,是重要的。"①传统上,经济学家假定所有公共池塘资源的激励结构都具有缺陷,导致"搭便车"现象广泛存在。当所有权缺位时,没有人具备动机保护资源,因为这样做的结果会导致更多的资源被其他人拿走,最终他们将更多地使用资源直到资源耗尽。

依据这个分析,避免"公地悲剧"的唯一方法是将外部性内生化,给资源强加一个外部的管理结构。这个结构可以采取的形式,要么是所有权国有化,由国家负责,通过直接控制或外部强加的规则和管制来管理资产,即以利维坦为"唯一"方案;要么是所有权私有化,将鱼、木材、水等资源的获取权利给予分散的个体所有者,即以私有化为"唯一"方案。②

奥斯特罗姆的学说是对这一传统理论的直接挑战。她和她的团队通过对多案例的分析发现,在公共池塘资源案例里,资源并不总是被过度开发,在许多案例中,社区的资源使用者已经发展了排他性的方法,制定了有效的规则,在没有外部规制的情况下,避免了公地悲剧的发生。③ 例如,瑞士阿尔卑斯山的公共牧场管理、日本对公共森林和草地伐木和放牧的管理、美国东部近海渔业通过合作社的可持续管理,以及西班牙瓦伦西亚地区复杂灌溉系统的管理。④

尽管传统意义上解决公共池塘资源问题的两种方案招致严厉的批判,但奥斯特罗姆并未声称基于社区的多中心治理总是最适合的制度形式,她认识到在一些案例中,私有化或国家规制不失为一种理想的选择。因此,奥斯特罗姆给自己设定的问题是挖掘何种因素最有可能潜在地促进公共池塘资源问题的解决,何种因素可能阻碍问题的解决,她旨在提供一个框架,用以判断何时依赖治理的自发过程,何时依赖外部产生的规则。⑤

二、流派:理性选择制度主义

埃莉诺·奥斯特罗姆赢得诺贝尔奖的公共池塘资源管理研究,大体上讲,仍处于经济学的理性选择传统和政治学理论范围之内,作为制度主义和公共选择的

---

① 〔美〕埃莉诺·奥斯特罗姆:《公共资源的未来:超越市场失灵和政府管制》,郭冠清译,北京:中国人民大学出版社 2015 年版,第 5 页。
② 〔美〕埃莉诺·奥斯特罗姆:《公共事物的治理之道:集体行动制度的演进》,余逊达、陈旭东译,上海:上海译文出版社 2012 年版,第 11、18 页。
③ 〔美〕埃莉诺·奥斯特罗姆:《公共资源的未来:超越市场失灵和政府管制》,郭冠清译,北京:中国人民大学出版社 2015 年版,第 3 页。
④ Elinor Ostrom, *Governing the Commons*: *The Evolution of Institutions for Collective Action*, Cambridge: Cambridge University Press, 1990, p. 81.
⑤ 〔美〕埃莉诺·奥斯特罗姆:《公共资源的未来:超越市场失灵和政府管制》,郭冠清译,北京:中国人民大学出版社 2015 年版,第 4 页。

布卢明顿学派的一部分,奥斯特罗姆的工作可以看作是带着政治学家的心智推进基础经济理论的发展。

从制度分析的角度出发,根据彼得·豪尔(Peter A. Hall)的划分,一般认为,新制度主义主要由理性选择制度主义、历史制度主义和社会学制度主义等三大流派组成,这些理论可以对政治、经济、社会和文化等不同场域问题进行解释。奥斯特罗姆对于公共池塘资源管理的研究,属于新制度主义中的理性选择制度主义流派,她在新制度主义语境下扩展公共选择理论[1],试图在政府与市场之外提出另一种解决公共资源治理困境的路径,并在此基础上发展出了制度分析与发展(Institutional analysis and development, IAD)框架。

第二节 理论内容:制度分析与发展框架

一、基本框架

制度分析与发展框架(见图15-1)是以奥斯特罗姆夫妇为首的印第安纳大学政治理论与政策分析工作坊的学者在过去几十年间发展起来的,其目的在于通过一个普遍性框架,将政治学家、经济学家、人类学家、社会心理学家和其他对"制度如何影响个人激励与选择"感兴趣的学者所做的工作融为一体。[2] 对制度分析与发展框架的系统阐释最早见于20世纪80年代初。1982年拉里·凯瑟尔(Larry Kiser)和奥斯特罗姆发表了《行动的三个世界:制度方法的元理论集成》一文,试图去发展一个综合了多种学科的普适性框架。它致力于解释包括应用规则在内的外生变量如何影响公共池塘资源自主治理中的政策结果,为资源使用者提供一套能够增强信任与合作的制度设计方案及标准[3],并用来评估、改善现行的制度安排。IAD框架早期版本提出后,通过大量实际应用检验,框架趋向于不断完善。目前IAD框架已经成为理解社会行为的精致框架及公共事务管理的精致理论。[4]

---

[1] Elinor Ostrom and Vincent Ostrom, "The Quest for Meaning in Public Choice," *American Journal of Economics and Sociology*, Vol. 63, No. 1, 2004, pp. 105–147.

[2] Elinor Ostrom, "Institutional Rational Choice: An Assessment of the Institutional Analysis and Development Framework," in Paul Sabatier, ed., *Theories of the Policy Process*, Boulder, CO: Westview Press, 2007, pp. 21–64.

[3] Amy R. Poteete, et al., *Working together: Collective Action, the Commons, and Multiple Methods in Practice*, Princeton: Princeton University Press, 2010.

[4] Elinor Ostrom, "Background on the Institutional Analysis and Development Framework," *Policy Studies Journal*, Vol. 39, Iss. 1, 2011, pp. 7–27.

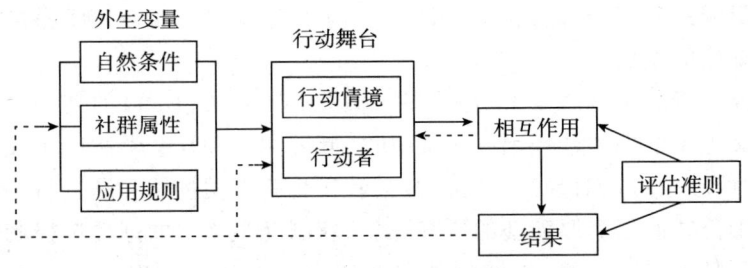

图 15-1 制度分析与发展框架

资料来源:〔美〕埃莉诺·奥斯特罗姆等:《规则、博弈与公共池塘资源》,王巧玲等译,西安:陕西人民出版社 2011 年版,第 39 页。

经过近 40 年的不断完善,制度分析与发展框架依然是公共治理领域广泛使用并被高度认可的分析框架。它的提出,不仅有助于提出问题,确定相关变量,而且还为我们提供了适用范围更广的语言——所有社会科学家们都可以使用的理论语言。

二、核心概念

行动情境、行动者、包括应用规则在内的外生变量、结果预测与评估是 IAD 框架的主体核心部分。①

(一) 行动情境

制度分析与发展框架的核心思想是将社会理解为一个互相连接和嵌套的"行动情境"(Action Situation)或"行动舞台"(Action Arenas),它是在特定约束条件下分析、预测并解释人类行为与结果的关键。在奥斯特罗姆研究的前期阶段,行动舞台包括两个组成部分:行动情境与行动者。后期行动舞台与行动情境的概念渐渐融合,基本上指向同一个概念内涵。

行动情境指人们进行互动、交换物品与服务、获取与提供、解决问题或斗争等在行动情境中可能采取的诸多行为选择的社会空间,并常被用来描述、分析、预测和解释在制度安排下的行为。与其他基于某个单一社会学科的分析框架相比,制度分析与发展框架的特色是,所有情境都被视为由同样的要素组合而成。博弈论同制度分析与发展框架特别兼容的一个原因是,博弈论也把所有的行动情境都看成是由相同要素构成的。这也就是说,市场、公共池塘资源、等级制与立法机构都被视为拥有相同的构成要件。参与者在自己的位置上必须按照其所拥有的信息

---

① 〔美〕埃莉诺·奥斯特罗姆等:《规则、博弈与公共池塘资源》,王巧玲等译,西安:陕西人民出版社 2011 年版,第 31 页。

在各种行动之间做出选择,而且,这些行动连接着潜在结果,以及与行动和结果相关的成本与收益。奥斯特罗姆通过细致观察,将行动情境众多复杂、抽象的影响因素归纳为七个变量,即使是最小的行动情境,也可以用以下七个变量来进行描述。

1. 参与者

行动情境的第一个要素是参与情境的行动者,它是行动情境中的行为主体。

2. 位置

位置是指把参与者与一组获得授权的(与结果相关联的)行动联系起来的地位。在有些情境中,每个参与者都拥有同样的位置,在另一些情境中则可能每个参与者的位置互不相同。多数时候,情境中的位置数目少于参与者的数目。

3. 行动

行动是指处于特定位置的参与者在过程的不同阶段所可能做出的行动选择。例如,决定在特定时期内捕鱼或不捕鱼;去这个捕鱼点还是那个捕鱼点;在某一地点捕鱼时是否与另一名渔民争斗。在很多行动情境中,行动的排列组合是无限的,而且有可能超越当前理论工具的分析能力。因此,多数分析都只是希望辨识那些在某一情境中最为重要的行动,主要是指所做的行动选择对后果有着决定性影响的行动。

4. 潜在结果

潜在结果是指参与者的行动可能带来的结果。例如,在某一捕鱼点捕获的鱼量,一个参与者对另一个参与者的利益所造成的损害程度,灌溉系统对自然条件或者公共池塘资源之再生能力的损坏。换句话说,这些都是在特定规则条件下个人互动所可能带来的结果。

5. 控制程度

控制程度是指把决策节点上的参与者同中间结果或最终结果联系起来的转换函数,它把各种投入组合与特定类型的产品联系起来。控制程度在本质上是可以确定的,也可以是随机的,其确定程度随情境而变化。例如,很多时候,对于渔场当年的捕鱼量与来年的可捕鱼量之间关系的影响因素,即使是渔业生物学家也不甚清楚。

6. 信息

信息是指处于某一过程某一阶段某一位置的参与者所能获取的信息,它与控制程度息息相关。当控制程度简单且确定时,就有可能产生与行动、结果及其相互关系有关的完全信息;由于所涉及的自然关系太复杂或者由于规则阻碍了所有信息的可获得性,很多情境只能产生不完全信息。

7. 行动与结果的成本与收益

不同于对结果本身的分析,行动与结果的成本收益分析是借助对结果与产生结果的行为进行正负赋值的方法。例如,灌溉者将庄稼收成带入市场时米的市场价格;到达捕鱼点所需的成本;对非法行为的罚款;或者针对某种行为的课税等。

（二）行动者

行动者,即行动情境中的参与者,是指在决策过程中担任某种身份且具有决策能力的实体。行动者既可以是个人,也可以是复合个体,如国家、城市、公司、非政府组织。它具有三个属性:一是行动者数量。在行动情境中,行动者的数量影响着行为模式。行动效果,不管是独立个体还是复合个体在理性选择中都会不同程度地考虑行动者的数量。二是行动策略。以独立个体还是以复合个体的方式出现,都是行动者的策略选择。三是影响因素。如年龄、性别、受教育程度等个别属性都会影响到行为策略,最终影响行动情境的作用模式和产出。在此需要说明的是,"行动者"和"参与者"在IAD框架中没有显著区别,奥斯特罗姆在《理解制度的多样性》中经常互用两个概念。要预测行动者将如何行动,奥斯特罗姆设定了四组变量,包括个人偏好、信息处理能力、选择标准和资源。

1. 个人偏好

个人偏好也叫估值,是行动者在现实世界对行为价值的评估。

2. 信息处理能力

为了解释人们如何决策,需要确定行动者占有与处理信息的水平。完全理性理论通常假定人们拥有完全信息,参与者所采取的每一步行动其他人都知晓。相比之下,有限理性对局中人信息处理能力的假设要微弱得多。该理论假设:通常情况下,情境中所产生的信息数量大于人们能够收集和记录的量;人们可能不会利用所有可获得的信息,而且他们在处理信息的过程中可能出现错误;有限理性的人们有各种各样的经验处理自己所面对的有关信息的复杂问题。

3. 选择标准

不同的理论对行动者进行决策时所遵守的标准也有不同的假设。在完全理性假设下,行动者会以预期效用最大化为标准或者以最小收益最大化为标准计算出最佳的行动选择,预测结果取决于选择标准;在有限理性假设下,确定严格的选择标准所需要的信息并不存在,选择标准的确定通常与个人使用的经验方法相关。

4. 资源

这是指行动者带入行动情境的资源。有很多理论都假定，所有行动者都拥有充足的资源，可以采取任何可以选择的行动。事实上，在某些行动涉及高成本的情境中，人们所面临的金钱与时间约束是非常重要的。预算约束可能只允许一小部分人采取行动。

(三) 外生变量

奥斯特罗姆在对行动情境探讨之前，或明或暗地将以下三个方面作为前提假设：人们规制关系的应用规则、物质世界的自然条件、舞台所在社群的属性。作为外生变量，它们对行动情境的界定方式产生着深深的影响。

1. 应用规则

应用规则是对什么行动是必须的、被禁止的或允许的，以及不遵守规则时会受到什么制裁的规定。[①] 它具有三个特征：第一，情境性。应用规则是有适用范围的，一些规则只适用于某一类行动情境。例如国际象棋的规则只适用于参与者想要下棋的情境。第二，规定性。为了不受制裁，行动者就"必须"承担"义务"，"绝对不"违反"禁令"，在"允许的"范围内采取行动。第三，可遵守性。行动者有可能不按规定行事，也有可能按规定行事，换句话说，遵不遵守规则，对行动者来说必须具有现实操作上的可能性，自然条件不会对行动者的行为选择构成障碍。

对自然状态下的参与者、位置、行动、潜在结果、控制程度、信息、行动与结果的成本与收益这七组变量而言，规则可以改变它们的取值范围。行动情境中变量的值受相关自然环境约束，进而受现行规则的影响。以驾车为例，一个13岁的孩子在高速公路上以每小时120英里的速度驾驶，这在自然状态下是可能的。如果在社会状态下受到交通法约束的地方，我们就会预先假设：有驾照的司机应该是成年人，驾驶的速度受到交通规则的约束。因此，行动情境中的七组变量各自受到特定规则的影响，分别为位置规则(Position Rules)、边界规则(Boundary Rules)、选择规则(Choice Rules)、聚合规则(Aggregation Rules)、范围规则(Scope Rules)、信息规则(Information Rules)、收益规则(Payoff Rules)。表15-1以灌溉协会为例，对这七种应用规则进行了说明。

[①] Sue E. S. Crawford and Elinor Ostrom,"A Grammar of Institutions," *American Political Science Review*, Vol. 89, No. 3, 1995, pp. 582-600.

表 15-1　应用规则的七种类型

特定规则	对应变量	含义	例子
位置规则	参与者	确定一组位置以及每个位置有多少参与者	组成灌溉协会的农民对下列职位进行分配：灌溉协会成员、分水员、护卫员、仲裁机构成员
边界规则	位置	说明参与者怎样进入或离开位置	灌溉协会制定有关农民怎样成为协会成员，以及人们进入协会管理人员位置必备的资质条件
选择规则	行动	决定决策树上每个节点位置的一组行动范围	若某位农民质疑另一位农民或分水员所采取的行动，灌溉协会的规则要明确说明分水员或护卫员下一步可以做什么
聚合规则	潜在结果	规定决策树的具体节点上，将行动对应于中间结果以至最终结果的转换函数。它决定了处于某一位置的个体对结果的控制力	在灌溉协会的会议上，就是否改变协会规则做出决定，每个成员投票结果出来以后，经过加权统计，在人数符合法定限制的条件下，如果赞同票大于50%，就修改规则；若少于50%，规则就保持不变
范围规则	控制程度	说明可能受到影响的一组结果，包括中间结果或最终结果	如果水库的水平线低于航行或发电所需的水平，那么水库里所储存的水就可以不放出来用于灌溉
信息规则	信息	确定决策点上每个位置可用的信息	在年会期间，灌溉协会的财务记录必须向协会成员开放
收益规则	行动与结果的成本与收益	以完整的行动选择范围与所达到的结果为基础，与参与人的收益与成本相关，对参与人必须、允许或禁止情况的规定	农民能否出售从灌溉系统获取的水，可以种植什么作物，看护人的报酬如何支付，以及维护灌溉系统可能包含何种劳动义务

资料来源：[美]埃莉诺·奥斯特罗姆等：《规则、博弈与公共池塘资源》，王巧玲等译，西安：陕西人民出版社2011年版，第43页。

这七个规则分别对应于行动情境内部的七个要件(见图15-2)。

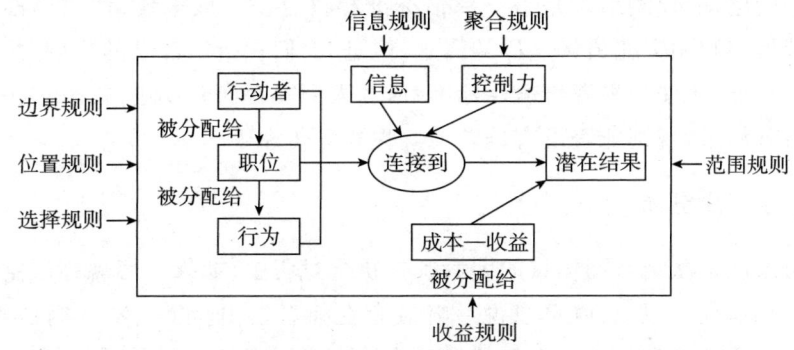

图 15-2　应用规则与行动情境对应结构图

资料来源:〔美〕埃莉诺·奥斯特罗姆等:《规则、博弈与公共池塘资源》,王巧玲等译,西安:陕西人民出版社2011年版,第29—30页。

2. 自然条件

行动情境的各种变量也受相关自然世界属性的影响。由于参与者所参与事件的自然性质不同,同样类型的规则组合可能会产生完全不同的行动情境。例如,公共物品与私人物品的区别就对规则影响结果的方式有着重要的影响。规则与自然世界对于构建行动情境的重要性,因行动情境类型的不同而存在很大差异。

3. 社群属性

对行动场景的结构有重要影响的社群属性,包括公认的行为标准、对行动场景的共识度、偏好的同质性程度以及成员之间的资源分配情况,人们经常用"文化"一词来指称上述属性。

有人教育孩子:只要一个人以值得信任的方式行事,你就可以信任他。也有人教育孩子:不要信任他人。前者在长大成人的过程中所受到的影响会使他在人生道路上,因与其他值得信任的人合作而比后者取得更大的成功。在同质性较高、人们在多种不同维度重复互动的社群中,情况更是如此。在这样的社群中,上述行为规范就逐渐变成了一种社会资本,从而为公共池塘资源困境寻求合作性解决之道提供稳定的基础。

(四) 结果预测与评估

为了预测行动者在情境中可能做出的行动选择,必须对作为参与者的行动者偏好、信息处理能力、选择标准与资源做出假设。因此,行动者是使分析者能够对既定情境结构中的可能结果进行预测的积极因素。

政策分析师在预测结果之后,还要依据各种标准对结果进行评估。评估要说明的关键问题是:预测结果是否与评估标准相符合？一般来说,评估标准很大程度上依赖效率和帕累托最优这样的概念,但是,人们在指定自己的规则时,还会考虑其他的标准,比如公平等价值性标准,以及人们能否与时俱进,吸取过去的经验教训并改善结果,规则能否没有偏差地实现代际传递等。

三、多层次分析

分析层次是联结行动场景的因素。在执行过程中,如果一套规则决定了另一套规则会如何变动,那么就可以说后者嵌套在前者之中。奥斯特罗姆认为,区分对行动场景中行动和结果具有累积影响力的三个层次的规则,对研究分析师很有帮助。这三个层次分别为操作层次、集体选择层次和宪制层次。

(一)操作层次

操作层次(Operational Level)设置日常活动的规则,直接涉及各种资源的使用。它规定的是,在日常决策中什么是可以做的、什么是必须做的以及什么是禁止做的。在操作层次的分析中,人们假定博弈规则和自然的、技术的约束都是既定的,在分析的时间框架内是不会改变的;操作情景中的个人行为直接影响自然世界;资源单位从公共池塘资源系统中提取;投入转化为产出;产品用于交换;占用和提供问题在操作层次上发生,即占用、提供、监督和强制实施的过程发生在操作层次。

(二)集体选择层次

影响操作选择的规则是在一套集体选择的规则中制定的,它设定怎样改变操作规则的规则。政策决策的制定、管理和评判的过程发生在集体选择层次(Implementation Level)。

(三)宪制层次

集体选择层次的规则又是在一套宪制层次(Political Level)的规则中制定的,宪制层次设定怎样改变集体选择规则和谁占有集体选择层面的关键位置的规则。规划设计、治理、评判和修改发生在宪制层次。

规则在各种不同层次上的相互嵌套,类似于计算机语言在不同层次上的嵌套。在较高的层次上能完成什么,取决于该层次上的规则的能力和局限,取决于更高层次上的规则。奥斯特罗姆认为,每当探讨制度变迁的问题时,需要认识到:一个层次的行动规则的变更,是在更高层次上的一套"固定"规则中发生的;更高层次上的规则的变更通常更难完成,成本也更高,因此提高了根据规则行事的个人之间相互预期的稳定性。①

第三节 研究展望:应用情况与发展前沿

一、框架应用情况

IAD 框架已在大量的实证研究中获得广泛应用。在早期阶段,IAD 框架主要用于对大城市公共服务的实证研究。奥斯特罗姆夫妇通过对社会治安服务的研究,厘清了治安服务的相关行动者以及他们之间的相互作用模式和产出。此后,很多学者通过实证研究,对大城市公民组织和更一般的地方政府组织模式有了深入理解,形成了城市公共服务的合作生产理论。② 从 20 世纪 80 年代末至 90 年代初,IAD 框架被大量用于公共池塘资源研究。③ 奥斯特罗姆夫妇领衔的印第安纳大学政治理论与政策分析工作坊,建立了"公共池塘资源数据库",并运用该数据库研究了大约 50 个近海渔场和灌溉系统。20 世纪 90 年代中期,他们实施了"国际森林资源和制度"(IFRI)研究项目,在美国、玻利维亚、厄瓜多尔、印度、马里、尼泊尔和乌干达等十几个国家建立了跨国协作网络,探索制度如何激励森林使用者进而影响森林管理绩效的问题。此项目运作 20 多年,相关学者发表了大量研究成果,对公共池塘资源的理论发展做出了重要贡献。除此之外,IAD 框架还在其他研究领域中得到广泛应用,包括社会经济政策、产业和金融发展,以及城市基础设施等广泛的议题。④

灌溉系统的复杂性特征非常适合运用 IAD 框架进行研究,目前已经产生了大量有学术价值的文献。学者们应用 IAD 框架解决的主要问题,是研究制度如何形成,行动者在特定行动情境中所面临的激励结构,这些激励又如何影响产出,同时一系列复杂的外部变量又如何影响激励。由于宪制层面、集体选择层面和操作层面的规则,共同影响公共池塘资源系统,所以制度分析可以在三个层面中的任何一个进行,IAD 框架也支持多层次的嵌套制度分析,这方面的研究也构成了 IAD

---

① 〔美〕埃莉诺·奥斯特罗姆:《公共事物的治理之道:集体行动制度的演进》,余逊达、陈旭东译,上海:上海译文出版社 2012 年版,第 61 页。
② Vincent Ostrom, *The Intellectual Crisis in American Public Administration*, Tuscaloosa: University of Alabama Press, 2008.
③ 王群:《奥斯特罗姆制度分析与发展框架评介》,《经济学动态》2010 年第 4 期,第 137—142 页。
④ Elinor Ostrom, et al., *Institutional Incentives and Sustainable Development: Infrastructure Policies in Perspective*, Boulder: Westview Press, 1993.

框架的高级应用。[1]

这些文献运用 IAD 框架的方式多种多样,大体可以归纳为整体运用和局部应用两种类型。[2] 邓穗欣[3]、林维峰[4]、阿拉拉尔[5]、王亚华[6]等均研究了多种因素如何影响行动者所面临的激励和产出,属于 IAD 框架的整体应用。但是由于 IAD 框架的整体运用非常耗时耗力,大量研究属于局部应用。例如,林维峰对我国台湾地区的灌溉系统案例的研究,主要侧重官僚行为的激励结构研究。[7]

在运用 IAD 框架的文献中采纳的研究方法也各式各样。奥斯特罗姆等最早将实验室实验方法引入公共池塘资源研究;一些学者基于大样本数据库开展定量分析,运用统计数据和计量分析去检验特定的假设;另外一些研究者则基于田野调查进行了定性分析,这些研究中最常见的研究方法是案例研究方法。

二、理论发展前沿

奥斯特罗姆对于公共资源的早期研究主要集中在中小规模的公共池塘资源方面,例如灌溉系统、渔业、森林。2009 年之后,奥斯特罗姆及其团队都在寻求一种能将人和社会同时纳入的一般性框架——社会—生态系统(social-ecological system, SES),希望这个框架能够解释管理公共池塘资源的方法。[8] 制度分析与发展框架是社会—生态系统下的一个多层的概念图集。对于 IAD 框架中"行动情境""作用模式"以及"结果"的考察必须置于以政府、资源和行动者为主要变量的系统之中,而这些系统又深受社会、经济、政治以及生态因素的影响,只有厘清外生变量才能更深刻地理解行动者的逻辑和行为。

他们把这个分析框架确认和分解为所谓"焦点水平"(Focal Level)的四个总

---

[1] William Blomquist and Peter deLeon, "The Design and Promise of the Institutional Analysis and Development Framework," *Policy Studies Journal*, Vol. 39, 2011, pp. 1-6.

[2] 王亚华:《对制度分析与发展(IAD)框架的再评估》,《公共管理评论》2017 年第 1 期,第 3—21 页。

[3] Shui Yan Tang, *Institutions and Collective Action in Irrigation Systems*, Ph. D. dissertation, Indiana University, 1989.

[4] Wai Fung Lam, *Institutions, Engineering Infrastructure, and Performance in the Governance and Management of IrrigationSsystems: The Case of Nepal*, Ph. D. dissertation, Indiana University, 1994.

[5] Eduardo K. Araral, *Decentralization Puzzles: A Political Economy Analysis of Irrigation Reform in the Philippines*, Ph. D. dissertation, Indiana University, 2006.

[6] Yahua Wang, et al., "The Effects of Migration on Collective Action in the Commons: Evidence from Rural China," *World Development*, Vol. 88, 2016, pp. 79-93.

[7] Wai Fung Lam, "Designing Institutions for Irrigation Management: Comparing Irrigation Agencies in Nepal and Taiwan," *Property Management*, Vol. 24, No. 2, 2006, pp. 162-178.

[8] Elinor Ostrom, "Background on the Institutional Analysis and Development Framework," *Policy Studies Journal*, Vol. 39, Iss. 1, 2011, pp. 7-27.

和变量。这些总和变量产生行动状况(Action Situation),这些行动状况是个体和组群之间相互作用产生的结果。其焦点水平受到大或小的生态系统、社会、经济和政治系统的影响,反之亦然(见图15-3)。①

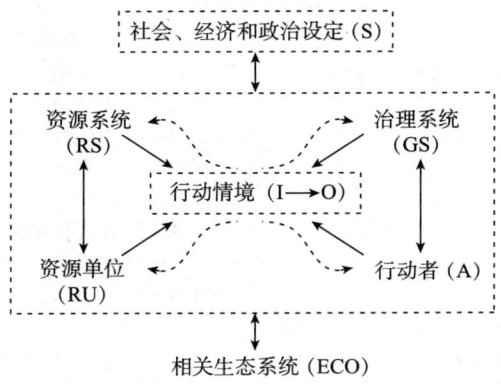

图 15-3 社会—生态系统结构图

资料来源:Elinor Ostrom, "Background on the Institutional Analysis and Development Framework," *Policy Studies Journal*, Vol. 39, Iss. 1, 2011, pp. 7-27。

社会—生态系统分析框架拥有多层变量,第一层是资源系统与治理系统。资源系统设定了行动状态的条件,其中包括资源单位。例如,当谈论一片森林时,它的资源单位是树。参与者按照治理系统设定的规则行动影响资源系统的长期可持续性。鉴于第一层变量的宽泛性无法帮助我们识别潜在地影响行动状况结构的多个变量,奥斯特罗姆超越第一层变量,发展了第二层变量(见表15-2)。②

它作为一个共同的语言框架体系,帮助发展可持续系统,实现各种公共资源的可持续利用。它适用于对以下三个一般性问题的分析:第一个问题是对一个给定的治理和资源系统使用规则可能产生的交互和结果方式的检查。这个问题包括资源怎样被过度使用,在治理系统时可能遇到哪类冲突,某类特定的资源系统是否有崩溃的可能。第二个问题是关于特定背景下的特定资源问题,它帮助我们回答一个重要问题,即我们是否需要一个外部强加的制度。第三个问题是,对于来自外部和内部的干扰,由使用者、资源系统、资源单位和治理系统组成的某一特定结构有多稳固和多大的可持续性。③

---

① 〔美〕埃莉诺·奥斯特罗姆:《公共资源的未来:超越市场失灵和政府管制》,郭冠清译,北京:中国人民大学出版社2015年版,第36页。
② 许多第二层还能扩展至第三层、第四层,在此不做更多叙述。
③ 〔美〕埃莉诺·奥斯特罗姆:《公共资源的未来:超越市场失灵和政府管制》,郭冠清译,北京:中国人民大学出版社2015年版,第40页。

表 15-2　社会—生态系统的第二层变量

社会、经济和政治设定（S）
S1-经济发展；S2-人口趋势；S3-政治稳定性；S4-政府相关政策；S5-市场的可利用性；
S6-中间机构。

资源系统（RS）	治理系统（GS）
RS1-领域（如水、森林、牧场、鱼）	GS1-政府机构
RS2-明确系统边界	GS2-非政府组织
RS3-资源系统大小	GS3-网状结构
RS4-人造设施	GS4-产权系统
RS5-系统的生产力	GS5-操作规则
RS6-平衡特性	GS6-集体选择的规则
RS7-系统动态的可预测性	GS7-制度规则
RS8-数量特征	GS8-监督和制裁规则
RS9-位置	

资源单位（RU）	行动者（A）
RU1-资源单位的移动性	A1-行动者数量
RU2-生长中更新速率	A2-使用者的社会经济特点
RU3-资源单位间的交互作用	A3-使用历史
RU4-经济价值	A4-位置
RU5-大小	A5-领导层/企业家
RU6-特色标志	A6-标准（信任和互惠）/社会资本
RU7-时空分布	A7-社会生态系统知识/精神典范
	A8-资源的重要性（独立性）
	A9-采用的技术

行动状况：交互作用（I）	结果（O）
I1-收获	O1-社会评价指标（如效率、公平、可说明性和可持续性）
I2-信息共享	O2-生态评价指标（如过度捕获弹性、生物多样性、可持续性）
I3-商议过程	O3-对其他社会生态系统的外部性
I4-冲突	
I5-投资活动	
I6-游说活动	
I7-自我组织活动	
I8-网络活动	
I9-监测活动	
I10-评估活动	

相关生态系统（ECO）
ECO1-气候模式；ECO2-污染模式；ECO3-所研究的社会生态系统的流入和流出

资料来源：〔美〕埃莉诺·奥斯特罗姆：《公共资源的未来：超越市场失灵和政府管制》，郭冠清译，北京：中国人民大学出版社 2015 年版，第 38 页。

社会—生态系统分析框架的出发点与 IAD 框架是类似的，即奥斯特罗姆构建社会科学研究通用语言的努力。两者的不同之处主要在于：社会—生态系统分析框架是在社会生态系统领域的框架,是旨在分析社会生态系统的通用语言,而 IAD 框架则是分析人类集体行动的一般性分析框架;社会—生态系统分析框架是 IAD 框架在公共池塘资源研究方面的升级版,提供了更多的构成组件与更精细的变量列表,因而更适合于公共池塘资源的研究。①

【关键术语】

制度理性选择理论 制度分析与发展框架 外生变量 行动舞台 行动情境 行动者 多层次分析 操作层次 集体选择层次 宪制层次 社会—生态系统框架

【复习思考题】

1. 什么是制度理性选择理论?它提出的背景是什么?
2. 如何理解外生变量、行动情境与行动者?
3. IAD 框架的分析范围是什么?如何理解多层次分析?
4. 试简述制度理性选择理论发展的最新进展。

【案例分析】

雷蒙德流域水资源治理的规则与博弈②

在南加利福尼亚地区,受半干旱气候影响,可再生的水资源非常有限。20 世纪初以前,沿海平原与内陆流域的农业发展就耗尽了这个地区主要的可利用的地表水。此后,农业的发展与南加利福尼亚的城市化严重依赖降雨量、从其他流域的引水和地下水。因此,在整个南加利福尼亚,对地下水的利用在 20 世纪发展迅速,最终使每一个开发地区的地下水流域每年的利用量都超过可再生产量,并由此产生了公共池塘资源问题,具体表现在两个方面:一方面,地下水流域的不可排他性,使得排除众多抽水者成本很高(除非流域面积小得使一个人足以控制对它的使用)。另一方面,消费是竞争的。当从流域抽取的水超过补给量时(由于抽水者人数众多,因此人们往往会抽取较多的水或降低对水的补给),抽水者互相引起了提取的外部性问题。另外,流域地下水的水位下降,就意味着抽水距离加长。如果地下水下降到一定深度,水井就会变干,人们就必须再深挖或另凿水井,这些都会增加抽水成本。在某些特定的环境下,水位的下降可能带来灾难性后果,如

---

① 王亚华:《对制度分析与发展(IAD)框架的再评估》,《公共管理评论》2017 年第 1 期,第 3—21 页。
② 节选自〔美〕埃莉诺·奥斯特罗姆等:《规则、博弈与公共池塘资源》,王巧玲等译,西安:陕西人民出版社 2011 年版,第 315—325 页。

地表土地的下沉甚至开裂,破坏地表结构,危及居民。在沿海流域,如果地下水位降低到海平面以下,海水就会倒灌进流域并降低淡水质量,严重影响人类的生产与生活。为了克服上述外部性,雷蒙德地下水流域的管理者试图通过改变制度安排来应对公共池塘资源的困境并延缓外部性可能引起的灾难。

一、宪制层次的行动

雷蒙德流域面积约40平方英里,属于美国内陆地区。帕萨迪纳市(Pasadena)是该流域内最大的抽水者(水生产者),多年来在流域内众多城市中处于支配者地位,试图调节水资源的分配与使用。1930年,帕市试图与其他生产者达成一个减少从流域抽取地下水的方案,但谈判以失败告终;1937年,帕市向法院起诉31个抽水者,引发该流域抽水者有关抽水权问题的争论,最后在法院的帮助下这些抽水者几乎达成一致意见。自1945该意见成为法官的判决意见以后,即成为雷蒙德流域的"治理典章"。

雷蒙德流域的判决意见界定并保护了抽水者的地下水权,将他们的使用权限定在流域安全产量之下。同时,该判决规定,由加利福尼亚州水资源部负责水务管理,监督并报告判决的执行情况。该判决保留了法院的继续裁决权,以便执行判决并修正条款。

为了创建由抽水者代表组成的雷蒙德流域管理委员会,并为了授权该管委会代替水资源部作为水务管理者及流域政策的制定者,1984年该判决被重新修正。1952年,法院按照州市政水管区立法,建立了山麓市政水管区。

二、集体选择层次的行动

在上述治理结构中,雷蒙德流域也采取了一些集体选择行动。法院的继续裁决权在1955年曾起用,改变了流域的安全产量并相应调整抽水权;1984年,水务管理者的角色也从水资源部转移到流域管理委员会。流域管理委员会的政策制定权与变动权已授权推行水资源使用信贷政策与建设水资源储藏工程,修正流域东部抽水活动,建立流域管理委员会与山麓市政水管区、水资源部之间的人员支持与服务合同。

三、操作层次的行动

操作层次的行动主体主要有抽水者、引水者、水资源部人员、山麓市政水管区人员以及雷蒙德流域管委会成员。他们各司其职,各自负责一项基本职能:抽水者与引水者是其中的主要行动者,他们的行动受到外界因素的制约与影响;水资源部、山麓市政水管区、雷蒙德流域管委会则扮演监督者角色,对抽水者与引水者产生重要制约,并对信息共享的程度和利益调解产生影响。(表15-3)

第十五章 制度理性选择理论

表 15-3 雷蒙德流域水资源治理的多层次分析

宪制层次	由法院保留最终裁决权的同时,形成规范判决;确立对流域内抽水权的初始分配;授权创建雷蒙德流域的水务服务局,由抽水权所有者支付费用;创建水资源交换银行系统,决定水资源使用者的信贷政策,并在指定水井水位的基础上决定流域东部单位抽水权的变化
	修正判决,创建雷蒙德流域管理委员会作为流域抽水者的代表机构,授权流域管理委员会以水务管理者和政策制定者的身份采取行动,按照需求提供服务,并对流域状况做研究,就抽水模式提出建议
	创建山麓市政水管区,为那些原来既不属于市政水管区,又未与州水利工程签订合同的流域内社区引水
集体选择层次	修正有关流域安全产量的决定,同时对抽水权也做调整
	选择水务管理者(起初是水资源部,后来是雷蒙德流域管理委员会)
	选择让山麓市政水管区为雷蒙德流域管理委员会提供人员支持
	责成水资源部完成资料搜集、分析与统计工作
	雷蒙德流域管理委员会在流域内抽水模式自愿调整的基础上做出决策
	对水务管理者在支出与活动方面授权,将费用分配到抽水者身上,来为这些支出与活动付费
	对水资源使用者的信用与东部抽水量的变化做出决策
	管理水资源交换银行
	授权进行流域研究与合作协议
操作层次	抽水者的行动:抽水、度量水井、报告产量、支付流域行政管理费、分配水并由其中某些人储水
	引水者的行动:帕萨迪纳山麓市政水管区与其他部门引水,以直接输送或者批发给其他人
	水资源部人员的行动:在流域内监督水井、收集抽水资料、引水、分布、储藏诸如此类,准备有关流域条件的报告及合法作业的报告
	山麓市政水管区人员的行动:援助雷蒙德流域管委会成员,把年度流域公报分配给抽水者与其他利益相关方,清算财政账目
	雷蒙德流域管委会成员的行动:参加会议、批阅报告、监督流域条件、向法院报告

四、集体行动对公共池塘资源状况的影响

公共池塘资源中的操作层次的行动由该层次的操作规则来界定。操作规则要求、授权或禁止某种行动,并影响操作层次行动者的激励与选择。而行动者的操作规则与公共池塘资源的自然属性相互影响,所产生的结果,既可能导致可持续发展与更有效的利用,也可能导致资源耗竭与毁灭。因此,要考察雷蒙德流域内集体行动对公共池塘资源状况的影响,首先要考察操作层次规则及其对操作层次行动的影响。

按照制度分析与发展框架,规则被分为七类,如果人们没能针对特定行动建立或调整起作用的规则,那么该类规则就可以被认为处于缺省状态,为表述简单起见,用Y(是)或N(不是)来表示案例中特定规则的存在或缺乏。

表15-4 雷蒙德流域的规则类型

规则类型	规则	雷蒙德流域
位置规则	被授权的抽水者位置存在吗?	Y
	监督者的位置存在吗?	Y
边界规则	地下水流域之上的任何土地拥有者能从流域抽水吗?	N
	新的抽水者的权利是否只能从现有抽水者手中获得?	Y
权威规则	抽水者受限于所抽的水量吗?	Y
	要求所有抽水者安装仪表吗?	Y
	监督者为检查水井与仪表能动用抽水者的财产吗?	Y
	抽水者有权选出代表吗?	Y
	抽水者之间能够相互进行权利转让(与土地转让相分离)吗?	Y
	抽水者能为以后的水利用而在流域储水吗?	Y
信息规则	要求大抽水者报告抽水情况吗?	Y
	要求小抽水者报告抽水情况吗?	Y
	抽水者有权接受流域状况的常规报告情况吗?	Y
	要求监督者对抽水者报告他们的活动与发现吗?	Y
	报告列出每个抽水者的水生产情况吗?	Y
收益规则	抽水税是为流域管理的行政费用而支付的吗?	Y
	抽水税是为流域补给而支付的吗?	N
	可对过度抽取收取罚金或施以惩罚吗?	Y
	可为抽水者提供调试抽水模式的动机吗?	Y

对于任何层次的行动与任何行动情境来说，规则是靠与其他规则相配套才能发挥作用的，因此改变一项规则所可能取得的效果取决于实际运行的其他规则。关于雷蒙德流域中限制每个提取者每年抽取水量的权威规则变化引起何种结果的问题，单单考察这项规则本身，我们很难得到清晰的答案。当我们把变化的规则结合其他规则一起考察时，答案就会比较明显了。如果抽水者只能抽取特定的量，且必须安装并维护其水井上的计量器，且有监督者检查抽水者的水井，且监督者向其他所有抽水者报告每个抽水者的抽取情况，且可对超过指定抽水量的抽水者或者那些没有安装或维护精确计量器的抽水者强行施以惩罚，那么，在这样的规则体系下，人们会预期抽水限制规则很可能会导致抽水者的自行约束。

改变规则，对那些不合作行为给予充分的制裁，同时在制度安排上，允许监督活动，可以减少非合作行为的收益。因此，操作层次规则的改变可以让囚徒困境博弈的收益结构朝着承诺问题的方向转变。在一定时间内，抽水者会发现，从搭便车得到的收益要低于合作这个策略的收益。然而，公共池塘资源治理系统的可持续性才是问题关键。公共资源提取者所考虑的问题，并不只是个人方面遵守或违背要求合作的规则的收益与成本。如果背叛行为会导致现有制度安排的瓦解，那么他们也会考虑共同收益的机会成本与发展新规则的预期成本。这时，提取者就会有动力去采取大量反复的合作策略以维持规则。因此，人们需要提供并维持关键的制度安排，以为提取者提供足够的有关每个人的行动以及人们遵从规则的情况信息，其中还包括某人知道自己的行动也将为他人所知。

雷蒙德流域的抽水者不仅把约束抽取量、要求用水井计量器决定抽取量、基于抽取量的规定、对流域的行政管理行为及授权监督者核查水井与计量器的规则制度化了，同时也把有关每个抽水者有权得到有关状况以及每个抽水者抽水的年度报告的规则制度化了。收到这些报告的抽水者从而变成了彼此行为的监督者，而且知道自己的行为同样可以为他人所监督。在这种情况下，抽水者成为"过度抽取者"的可能性就减少了，人们对任何抽水者不遵从规则的行为都将被抓住并受制裁的信心增加了，如果制裁惩罚有一定的强度，那么合作的收益就会超过背叛的收益，即增强参与者对相互遵守规则的信心，制度安排就可以促进人们对规则的自愿遵从，从而使得制度具有可持续性，进而从根本上解决治理困境。

案例讨论题

1. 案例中宪制层次的行动是如何改变操作层次的规则的？
2. 结合案例，谈一谈行动情境是如何被塑造的？
3. 你如何看待公共池塘资源治理成功的可持续性问题？

【推荐阅读文献】

1. 〔美〕埃莉诺·奥斯特罗姆：《公共事物的治理之道：集体行动制度的演进》，余逊达、陈旭东译，上海：上海译文出版社2012年版。

2. 〔美〕埃莉诺·奥斯特罗姆等：《规则、博弈与公共池塘资源》，王巧玲等译，西安：陕西人民出版社2011年版。

3. Larry Kiser and Elinor Ostrom, "The Three Worlds of Action: A Metatheoretical Synthesis of Institutional Approaches," in Elinor Ostrom, ed., *Strategies of Political Inquiry*, Beverly Hills, CA: Sage Publications, 1982, pp. 179-222.

4. Larry Kiser and Elinor Ostrom, *Understanding Institutional Diversity*, Princeton: Princeton University Press, 2005.

5. Elinor Ostrom, "Background on the Institutional Analysis and Development Framework," *Policy Studies Journal*, Vol. 39, Iss. 1, 2011, pp. 7-27.

第十六章　政策创新扩散理论

【内容提要】

20世纪60年代至70年代，美国学者开始关注政策项目在州政府之间的传播与扩散现象。这一时期，多数政策创新扩散研究者都将政策采纳视作一种单一的过程类型，即在政府进行政策采纳的过程中，单一的内部决定模型或传播模型在发挥作用。尽管学者们普遍认同内部决定因素（如各州自身的经济、政治、社会特征等）和府际的传播因素并不是互相排斥的，但将两种解释相割裂和分离的弊端在传统研究中仍然长期存在。20世纪90年代起，弗朗西斯·S. 贝瑞（Francis S. Berry）和威廉·D. 贝瑞（William D. Berry）在对已有研究进行深入分析的基础上，对两种模型加以整合，并运用事件史分析法（Event History Analysis，简称EHA）对其进行评估和检验，为美国州政府创新扩散总模型提供有力的实证支持，最终形成了政策创新扩散理论的基本概念框架和分析模型。该模型框架涵盖了影响美国州政府政策创新采纳倾向的多种潜在因素，包括各州进行政策采纳的内部因素和外部因素。承认二者的双重影响，一定程度上也为后续其他国家和地区的政策创新扩散研究奠定了理论基础。

第一节　政策创新扩散理论缘起与概念辨析

政策创新扩散的理论研究在西方起步很早，自20世纪60年代以来，其理论框架和概念体系已得到很大发展。本节我们首先从政策创新扩散的理论缘起和理论基础出发，在此基础上进一步阐释这一概念的定义及内涵，并对一些与之相近的概念进行解读和辨析。

一、政策创新扩散理论缘起

（一）技术创新理论

"创新"这一概念最初起源于经济学领域。约瑟夫·A. 熊彼特（Joseph A. Schumpeter）在1912年首次提出"创新理论"，被誉为该理论的鼻祖。他认为，发明并不等同于创新，发明者也不等同于创新者，只有敢于冒风险把一种新发明最先引入经济组织之中的人才是创新者。这一定义方式也深刻影响了政策创新扩散领域。该领域学者们普遍认为,当一个地区冒着政策不被上级或者中央政府认可的风险首先进行政策采纳,将政策引入该地区,这时就可以认为该地区发生了政策创新扩散现象。

随后,西方经济学家对熊彼特的创新理论进行了完善和发展,形成了技术创新理论,对引起技术创新传播的机制和因素展开全面研究,这直接给政策创新理论中的内部决定因素提供了研究模式上的参考。一般来说,与技术扩散相比,公共政策扩散更具复杂性和挑战性。技术创新活动是从技术水平高的地区向技术水平低的地区扩散,这种创新主体之间的技术"位势差"往往具有客观性,相对容易进行量化和确定,因此,技术创新扩散现象的基本原理和机制相对明确。然而,公共政策之间存在的"位势差"在认知和评价上则具有很强的主观性,难以确定和测量,且公共政策扩散现象的发生除政策"位势差"这一基本原因以外,通常还伴有更为复杂的机理。

(二)组织创新理论

组织创新的相关研究发轫于熊彼特的创新理论。20世纪20年代至30年代,弗兰克·H.奈特(Frank H. Knight)和罗纳德·H.科斯(Ronald H. Coase)对企业组织问题做了开拓性的探索,开创了组织创新理论研究的先河。早期的研究者聚焦组织自身,认为组织的创新性与其内部结构特征和组织形式有关。

技术创新理论间接为政策创新扩散理论奠定了基础,而组织创新理论可以说是直接为政策创新理论提供了参考,政策创新扩散理论中的内部影响因素正是对组织创新理论的继承和发展。但是,也正是由于组织的创新性研究侧重从组织本身的因素来分析,很少涉及外部影响因素对组织创新性的影响,这也使得该领域的研究具有一定片面性,而扩散理论的发展则弥补了这个空缺,特别是罗杰斯的创新扩散理论。

(三)创新扩散理论

埃弗雷特·M.罗杰斯(Everett M. Rogers)将创新定义为"一种被个人或其他采纳单位视为新颖的观念、时间或事物",而"创新扩散"则被定义为"一项创新通过某种特定渠道,随着时间的流逝在某一社会团体或系统成员之间被传播、交流的过程"。与技术创新理论和组织创新理论不同,创新扩散理论不再仅仅将研究重点放在各系统内部,而更多地开始涉及跨系统的研究。罗杰斯把创新的采纳者分为革新者、早期采纳者、早期追随者、晚期追随者和落后者,而扩散过程由创新、传播渠道、时间和社会系统四个要素组成,其中传播渠道对于扩散的发生十分重要,而整个传播过程可以描绘为一条 S 形曲线。①

罗杰斯不仅对创新扩散概念进行了界定,还对创新扩散过程中的模型建构进行了研究。但是该模型并不是专门针对政府的政策采纳而提出的,而是作为一个传播学概念被广泛应用于个人、企业或其他社会组织,通常这些主体地位平等,不存在领导和被领导的关系;而政策创新扩散的研究涉及府际关系,包括横向同级政府间的关系和纵向不同层级政府间的关系,这种等级关系和权力结构对政策创新扩散起到了相当重要的作用。

尽管研究领域和研究主体都有所不同,但正是由于早期创新扩散理论研究中跨学科、跨系统的综合分析对于科研成果转化的推动逐渐引起了学者、企业和政策制定者的关注,才使得政策研究者们开始重视对政策创新扩散的研究。

二、政策创新扩散概念辨析

(一) 政策创新扩散的概念界定

美国学者杰克·L.沃克(Jack L. Walker)将州政府之间的创新扩散过程比喻为"树",认为这种按照区域分类的树状政策扩散使得相邻州政府在政策选择中呈现出相似的政策采纳次序。他认为政策扩散是指政府采纳一个对它而言是"新"的项目的过程,无论该政策项目之前是否在其他地区、其他时间被采纳过。② 可见,在理论发展的初始阶段,西方学者已经对政策创新扩散(Diffusion of Policy Innovation)的概念达成了初步共识,以区别于"政策发明"(Policy Invention)。他们认为,当一项政策方案从一个部门或者地区传播到另一个部门或地区,并且被新的政策主体所采纳和推行时,即发生了政策创新扩散。这一定程度上沿用和借鉴了罗杰斯的界定方式,在这里"创新"并非指政策的内容更新和流程再造,而是指政策的首次采纳。某一特定政府选择采纳一项新政策这一从无到有的过程,其本质就是一种创新。在随后半个多世纪的研究中,这种界定作为政策创新扩散概念的主流观点被学者们广泛认可和使用。

(二) 政策创新扩散与政策转移、政策趋同

随着全球化程度的日益加深,信息技术尤其是互联网通信技术经历了深刻变革和巨大发展,在促进国际交流的同时也加快了政策知识和信息在全球范围内的传播。在这种背景下,国内外公共政策过程研究领域的许多学者都开始关注同政

---

① 〔美〕埃弗雷特·M.罗杰斯:《创新的扩散》,辛欣译,北京:中央编译出版社 2002 年版,第 11—21 页。

② Jack L. Walker, "The Diffusion of Innovations among the American States," *American Political Science Review*, Vol. 63, No. 3, 1969, pp. 880-899.

策创新扩散相近或相关的概念，比如政策转移（Policy Transfer）、政策趋同（Policy Convergence）、政策学习（Policy Learning）、政策模仿（Policy Emulation）、教训吸取（Lesson Drawing）等，这些概念都在不同层次、不同角度上为政策在各个维度的传播提供了解释。其中，政策转移、政策趋同在研究中最易于同政策创新扩散相混淆，它们都关注公共政策的相似性变化，却自成体系，分属比较公共政策研究领域的不同分支。

政策转移是指存在于某一时空的政策及其相关内容和制度设计被用于另一时空的过程。① 任何政策转移都可以看作是转移过程和政策内容的结合，其研究框架包括转移原因、转移主体、转移地点、转移内容、转移程度、转移的限制因素、转移的展现过程、转移与政策失败等。根据转移程度，政策转移可以分复制（Copying）、效仿（Emulation）、混合（Combination）、启发（Inspiration）四种转移成功类型，以及未充分知悉的转移（Uninformed Transfer）、不完整的转移（Incomplete Transfer）、不恰当的转移（Inappropriate Transfer）三种转移失败类型。② 总之，政策转移是基于政策决策者对已有政策过程的理性反应的。当政策问题显现或者决策者对现状产生不满时，决策者会积极寻找新理念作为解决问题的成本相对较低的手段。因此，这一过程常以对其他地区政策项目的关注开始，以对该项目转移到本地的行动或评估终止。

政策趋同则更强调社会发展的相似趋势，在经历一段时期的演变和发展后，某项政策的制度环境、组织结构、运行过程等特征，会在一些行政辖区范围内表现出或建立起一种不断增强的相似性趋向。例如，处理相同政策问题的共同决心、政策目标、政策工具、政策内容、政策结果、政策风格等方面，都可能会呈现出一定的相似性。③ 此外，政策趋同的范围、方向和程度一般会与政策创新扩散和政策转移有所不同且可以进行评估。根据所受外部刺激与回应的不同，政策趋同可归纳为强制（Imposition）、国际和谐（International Harmonization）、规制竞争（Regulatory Competition）、跨国交流（Transnational Communication）和独立解决问题（Independent Problem-solving）五种发生机制。④

---

① David P. Dolowitz and David Marsh, "Who Learns What from Whom: A Review of the Policy Transfer Literature," *Political Studies*, Vol. 44, No. 2, 1996, pp. 343-357.

② David P. Dolowitz and David Marsh, "Learning from Abroad: The Role of Policy Transfer in Contemporary Policy-making," *Governance*, Vol. 13, No. 1, 2000, pp. 5-23.

③ Colin J. Bennett, "What Is Policy Convergence and What Causes It," *British Journal of Political Science*, Vol. 21, No. 2, 1991, pp. 215-233.

④ Katharina Holzinger and Christoph Knill, "Causes and Conditions of International Policy Convergence," *Journal of European Public Policy*, Vol. 12, No. 5, 2005, pp. 1-22.

由此可见,政策创新扩散与政策转移、政策趋同三个概念有一定相似之处:它们都用于解释某一时期不同地区间相似的政策采纳和行为选择;它们的出现很可能都是在获知其他地区政策选择信息的基础上进行互动交流和政策学习的结果。然而,这三个概念在政策实践和理论研究中也存在很多差异:首先,政策创新扩散关心引起政策变化的条件,政策转移更为关注发生转移的内容,这两者的研究都聚焦于政策变化的过程,而政策趋同则把研究焦点放在政策结果上;其次,政策创新扩散、政策趋同的研究范围更为广阔,研究对象一般涉及多个行政辖区,而政策转移一般只涉及两个国家或地区;最后,政策创新扩散旨在对某一特定时期采纳某项新政策的时空特征、制度结构及变化条件进行解释,政策转移主要是对所转移政策内容差异进行阐释,而政策趋同则是对一段时期内产生相似政策选择所面临的外部压力进行描述和分析。① 可见,三个概念在研究视角上各有侧重,其在研究焦点、范围和内容上也具有一定的互补性。厘清三者间的区别与联系,一方面能有效避免研究中的误用和混用问题,另一方面也能促进三者在理论建构和实践应用中的整合,进而提升相关模型对复杂现实和政策问题的解释力。

第二节 政策创新扩散理论模型与基本框架

在20世纪90年代以前出现的大量美国州政府创新扩散研究中,对于某个州采纳新的政策项目的原因主要有两种理论解释模型,即内部决定模型和传播模型。其中,内部决定模型假设一个州不受其他州的行为的影响,认为政府采纳政策创新是由州内部的经济、政治或社会特征所决定的。而传播模型实质上更多地讨论府际关系的影响,认为一个州的政策采纳行为是对先前已采纳州的行为的效法。贝瑞夫妇(即弗朗西斯·S.贝瑞和威廉·D.贝瑞)的政策创新扩散理论即建立在这两类模型的基础上。因此,本节从传播模型和内部决定模型入手,通过对其子模型的假设、变量和检验等方面进行分析和探讨,逐步把握政策创新扩散理论的全貌。

一、传播模型

传播模型(Diffusion Model)将州政府的政策采纳视作州之间的相互竞争性效法行为,据此美国学者在研究中构建了包括50个州政府(华盛顿哥伦比亚特区除外)在内的社会系统,并针对各州在公共政策制定时相互竞争的现象提出了三种

---

① 陈芳:《政策扩散、政策转移和政策趋同——基于概念、类型与发生机制的比较》,《厦门大学学报(哲学社会科学版)》2013年第6期,第8—16页。

解释。第一种解释认为,各州的政策决策者在面临各类复杂问题时,会寻求政策制定的捷径——进行政策学习,即借鉴、学习其他州创新实践的成功经验。这些已经在别的州被证实有效或有前途的政策方案,显然可以简化复杂问题的决策过程。从这个角度来看,被视作非渐进性的政策创新扩散的逻辑基础和本质起点实际上与渐进主义也具有内在一致性。第二种解释是,各州之间存在相互竞争的压力,这是由于在联邦制下各州虽拥有一定自主性,但仍会面临来自全国的、地区的相同或相似的既有标准,在这种情况下只有采纳政策创新,占领主动权,才能体现竞争优势,规避在政策竞争中处于劣势的窘境。最后一种解释是,除政策精英的竞争,政策决策者还会受到本州公民要求采纳其他州政策创新的公众压力。事实上,对于谋求政治职位或寻求连任的选任官员来说,其他州若采纳了一项广受欢迎和好评的政策,新闻媒体的公开报道也将给其造成相当大的公共竞争压力。

传播模型有多种解释,比如全国互动模型、区域传播模型、领导—跟进模型和垂直影响模型等,其中前三种模型分别关注美国范围内除本州外的其他州、相邻州以及先行采纳州的横向创新扩散效应,最后一个则是政府层级间的纵向创新扩散模型。

(一)全国互动模型

全国互动模型(National Interaction Model)提出三条假设:一是假设在州政府官员中存在公共部门政策项目的全国性交流网络,官员们可以通过该网络了解其他州同行们的政策项目;二是假设已采纳政策项目的州官员能够与尚未采纳政策项目的州官员自由互动;三是假设未采纳政策项目的州官员与已采纳州的官员的每一次接触和互动都给前者提供了政策采纳的额外激励。基于以上假设,我们可以推测一个州采纳政策项目的概率与其官员和已采纳项目州的官员的互动次数成正比。从现实中看,正式的制度安排的确对州与州之间的交流融合起到了正向的激励作用。在美国,政策创新扩散主要是通过各种州政府官员协会,如国家州长协会、国家立法机构协会等,将 50 个州中处于相似地位的官员定期召集起来在全国性会议中碰头。在中国,一项政策创新的扩散与落地,通常也离不开中央或地方政府以及相关职能部门组织召开的行动会议、工作会议或者动员会议,因为未采纳政策地区的官员和已采纳地区的官员在会议中也可以进行相对充分的交流互动。

传播学家在分析一项创新通过个人组成的社会系统传播的过程中,开发构建了学习型模型,可以表达为等式(16.1):

$$\Delta N_t = N_t - N_{t-1} = bN_{t-1}[L - N_{t-1}] \qquad (16.1)$$

其中,ΔN_t 是指在 t 阶段中新增加的采纳者比例;N_t 是在 t 阶段末社会系统中采纳者的累积比例;N_{t-1}是在上阶段未采纳者的累积比例;L是社会系统中成为潜在采纳者个人的比例,也是每个项目可能采纳的最高限度。若系统中所有个人在进行采纳方面都不受限,则L为1。根据代数运算,等式(16.1)可以改写为等式(16.2):

$$N_t = (bL+1)N_{t-1} - bN_{t-1}^2 \quad (16.2)$$

由于该等式是线性的,给定全部潜在采纳者的时间次序数据,变量b和L可以通过比较回归N_t与N_{t-1}和N_{t-1}^2得到估算。将等式(16.1)进行图解,以时间为横轴,以采纳州的累积比例为纵轴,就形成了与全国互动模型相一致的S形曲线,如图16-1所示。在传播过程的早期阶段,政策采纳发生的频率相对较低,随后采纳累积比例急剧上升,而随着潜在采纳者未采纳的数量逐渐减少,曲线开始逐渐趋于平缓。

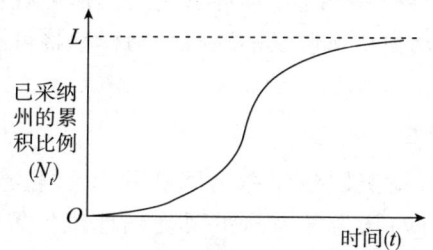

图16-1 与全国互动模型相一致的S形曲线

对于全国互动模型的检验,通常是通过时间序列回归来实现的。为提高美国州政府创新扩散研究的理论精度,扩展模型框架适用范围的广度,弗吉尼亚·格雷(Virginia Gray)将美国各州的共同体看作社会系统,通过对抚养未成年子女家庭援助计划(Aid to Families with Dependent Children,AFDC)、教育政策和公民权利法律等进行回归分析,发现美国许多州的政策采纳都非常符合等式(16.2)。[①] 但是弗朗西斯·S.贝瑞认为这种方法并不能可靠地验证采纳一项政策是全国性互动的结果,只有当模拟性政策采纳数据源自纯地区传播,且被用于评估等式(16.2)的内部决定因素的单一结果时,这些结果才能用以支持政策通过全国互动进行传播扩散的假设。

从传统意义上来说,该模型由等式(16.1)和等式(16.2)共同组成,而在实际研究中,许多因素限制了模型的应用。首先,该模型把所有潜在采纳者看作随机互动的完全无差异的行动者,即先前的采纳者累积数量是影响潜在采纳者在任一

[①] Virginia Gray, "Innovation in the States: A Diffusion Study," *American Political Science Review*, Vol. 67, No. 4, 1973, pp. 1174−1185.

时间段采纳概率的唯一因素,而学者们认为这显然是一种理想状态。当研究一项政策在州与州之间的扩散时,官员间的交流和联系可能是模式化的而非随机化的,在全国性协会中更为活跃积极的官员相对于其他州官员通常会进行更为频繁密切的互动。其次,把 50 个州看作无差异的单位似乎并不合理,这是由于一些州可能有采纳机会而另一些州没有,因此有学者在研究中基于此提出预先假设,认为 L 实际上小于 1,但是想要具体说明哪些州不会采纳项目及其原因,并提出 L 值的可检验推断,也是相当难以实现的,因为这些在模型逻辑中并未得到体现。最后,等式(16.1)是时间序列模型,它的因变量 ΔN_t 是在一定时间段中新采纳者的比例,这一定程度上限制了可以被解释的现象的范围。弗吉尼亚·格雷指出,如果与全国互动模型的假设相反,我们假设各州间的采纳概率有变化,并给定某个州 S 的特征,且其他州的行动可能影响 S 州的选择,这时因变量就是 S 州在具体时间段中采纳该政策的条件概率,这样能够更为具体地解释全国范围内各州之间的互动。因此,全国互动模型所假设的随机行为模型将可能由更加结构化的州际互动模式所取代。

(二) 区域传播模型

与全国互动模型假设美国各州在全国范围内完全互动不同,区域传播模型(Regional Diffusion Model)认为各个州主要受到地理位置相邻的州政府的影响,前文所介绍的州之间竞争性效法的三种解释——学习、竞争和公众压力,可以看作是这种地区性传播扩散的基础。首先,相邻的州之间通常存在相似的经济、社会问题和政策环境,政策行动可能会产生相似的政策效果,政策项目也更易于被理解和接受。此外,采纳相邻州的政策项目与政策创新的公众压力更大,因为邻州的行动总是更容易为公众所看到和熟悉,因此地区集中传播可能会比全国性互动传播的效应更大。

该模型又可细分为邻近模型和固定区域模型,这两种模型在强调邻近州之间的相互竞争这一点上具有共同性,但是在产生影响的具体途径上存在差异:邻近模型主张各州主要受那些与其共享边界的州的影响,假设每个州都有自己独一无二的参照系作为政府及公共部门创新的提示和参考;固定区域模型则假设国家分为若干个地区,而各州更倾向于与同一地区的州开展政策竞争,该模型假设同一地区的各州在政策采纳中可能受到相同路径的影响,因为同区域各州政府之间一般面临着相同或相似的标准和压力。

对于区域传播模型的检验,通常采用因素分析的技术方法来实现。沃克运用该方法将 88 项政策项目中具有相同采纳次序的州进行组合,发现这些州的组合与州的地区群相一致,这也成为解释地区传播因素和效应的主要经验证据之一。① 而弗朗西斯·S. 贝瑞则模拟了在 144 项政策项目上各州的采纳情况,每项政策的传播都基于纯粹的区域传播模型,其结果高度支持了这一观点,但只能表明传播是以邻州间或固定地区间这两种原生形式或其中任一种而存在的,并不能区分这两种带有一定相似性而略有差异的区域传播效应中的哪一种在起作用。②

(三)领导—跟进模型

领导—跟进模型(Leader-Laggard Model)假设某些州在一项政策项目的采纳方面是先行者和领导者,其他州会争相效仿这些先进州。多数学者假定这种领导是区域性的,许多州接受它们本区域中一个或多个先进州的指引。

由于领导州的出现能够为政策传播创造基础条件,领导—跟进模型一直是该领域研究的重要工具之一。但该模型在判断政策项目采纳的有限性和预期次序问题上存在一定缺陷,因为哪个州会成为"领导州",哪个会成为"跟进州"的次序是无法预测的,这也使得领导—跟进模型实际上无法得到检验。

为弥补上述缺陷并清楚说明政策项目的传播扩散过程,科利尔(David Collier)和梅西克(Richard E. Messick)开发出了等级制模型,他们在对各个国家采纳社会保障政策模式的研究中假设,社会保障政策的先行者都是经济高度发达的国家,且社会保障项目以等级制的形式从最发达的国家扩散至最不发达的国家,以可检验的方式验证了先行者的具体特征和政策采纳清晰的先后次序。③

(四)垂直影响模型

垂直影响模型(Vertical Influence Model)认为各州效法的是全国性政府的政策,而不是横向地效仿其他州的政策。在某种程度上,该模型与领导—跟进模型类似,在这里全国性政府其实扮演了与州级先行者相似的角色,其地位类似于备受尊崇的领导州,各州在此基础上效法全国性政府的政策项目,但是各州的政策采纳行为受到全国性政府的影响不只来自学习,在一些情况下,全国性政府能够简单地直接命令各州采取某些政策行动。

该模型的一个弊端是当某项政策以中央命令的形式向全国推广时,各州实际

---

① Jack L. Walker, "The Diffusion of Innovations among the American States," *American Political Science Review*, Vol. 63, No. 3, 1969, pp. 880–899.

② Francis S. Berry, "Innovation in Public Management: The Adoption of Strategic Planning," *Public Administration Review*, Vol. 54, No. 4, 1994, pp. 322–329.

③ David Collier and Richard E. Messick, "Prerequisites Versus Diffusion: Testing Explanations of Social Security Adoption," *American Political Science Review*, Vol. 69, No. 4, 1975, pp. 1299–1315.

上就失去了在该政策项目采纳中的部分选择权和自主裁量权,相应的政策空间也会被压缩。但同时,全国性政府通常也会提供一些激励机制,尤其是在财政方面,这对于政策创新扩散也可以起到推动作用。因此,在垂直效应的影响下,新政策在州政府间的扩散速率可能比前三种模型都要快。

二、内部决定模型

内部决定模型(Internal Determinants Models)假设导致一个州采纳某一特定的新项目或新政策是由本州的政治、经济和社会特征所决定的。诚然,一个州的政策不能完全不受其他州的影响,内部决定模型也不得不承认,其他州的政策采纳行为及先行州所取得的明确政策效果会对一个州的政策创新产生压力,而新闻媒体报道和州级政府官员的制度化沟通渠道也会促进政策知识的扩散;然而,内部决定模型排除了其他州及全国性政府行为的影响,更加注重一个州的内部特征在政策采纳过程中的应用。

(一)因变量选择

在内部决定模型的构建中,如何定义和设定因变量是一个无法回避的重要问题。多数研究将美国各州作为基本分析单位,认为因变量即一个州采纳一项或一组政策的倾向。这些研究使用的因变量假设是:一个州采纳某项政策越早,政策的创新性就越大。这种以采纳时间作为因变量的研究中,因变量的测量可以通过政策采纳年份的间隔水平或各州在政策采纳时间排序中的序数两种方式来进行。

经过多年的研究和发展,在美国州政府创新扩散研究的相关文献中,内部决定模型的分析单元虽然仍是各个州,但已被界定为具体某一年份的州,即在具体年份中仍然适宜采纳政策的美国各州。作为因变量的一个州的政策采纳倾向随之也被进一步概念化了,一般指有能力进行政策采纳的州在某一特定年份采纳政策的概率。

这前后两种因变量界定方式的差别主要体现在:"采纳时间"为每个州确定了一个由采纳年份所决定的单一的定值;而各州的"采纳概率"在任何时间点上随时可以自由改变。此外,某一特定州的采纳时间仅能反映出采纳先后与其他州的采纳情况相关,并不能很好地反映其政策采纳倾向。即便使用"采纳概率"作为因变量,时间选择与该州采纳政策的倾向间的关系也仍需要讨论,因为迟迟未进行政策采纳并不一定是由于微弱的采纳意愿,也可能与环境等因素有关。但是学者们普遍相信该领域更大的理论进步来自使用"采纳概率"这一概念的因变量模型。因此,在本章接下来对内部决定模型进行的理论探讨中,也将主要使用和强调采纳概率这一因变量的概念。

（二）模型假设

研究组织创新的学者普遍认为，规模越大、资源越充足的组织通常更具有创新性。总体来说，组织创新的可能性与阻碍创新的力量呈负相关关系，与创新动机和克服障碍的可用资源正相关。① 这种观点影响了很多评估美国各州创新概率的研究，由于州政府采纳政策创新需要成本且此过程需承担一定风险，因此，内部决定模型假设：规模越大、越富有、经济越发达的州就越具有创新性。

需要注意的是，在政府创新的内部决定理论的众多假设中，那些与解释采纳新政策、新项目相关的变量才是我们尤其应该关注和强调的。在该模型中，我们不讨论一系列既影响创新性政策同时也影响常规性政策制定的因素，因为它们的影响与理解政策创新本身并不相关。②

（三）反映创新动机的因素

假设选任官员的主要目标是赢得连任，则其在决定是否采纳一项新政策或新项目时，应该对公众舆论有所回应。③ 可以预测，这种回应会随州政府官员的选举安全水平而变动，即当他们感到选举前景不容乐观时，会更倾向于采纳那些受到选民广泛欢迎的新政策，而避开不受欢迎的甚至被认为和部分选民利益、观念相冲突的新政策。此外，州政府官员的选举安全水平也同距离下一次选举时间的远近有关：当下次竞争性选举的选期临近时，官员为扩大选民支持，采取新政策和新项目的可能性也会随之增加，而采纳不流行或具有争议性的新政策的可能性则会降低。

在中国的行政体制与政治环境下，地方官员为争夺稀缺政治职位而展开的政治"晋升锦标赛"也普遍存在。④ 对于"眼睛朝上"的地方政府官员来说，新的政策项目更易于被打造成为吸引上级注意的"亮点工作"，因此，采纳政策创新也将有利于其在进行任免考核时占据优势地位。

（四）创新的障碍因素和克服障碍的可用资源

政府创新需要资源和成本投入，因此学者们倾向于相信：与资源相对较少的州相比，资源丰富的州更具有创新性。一般而言，经济发展水平高、财政实力雄厚的州政府更可能也更有能力采纳政策创新，因为它们具有相应的政策决策空间和

---

① Lawrence Mohr, "Determinants of Innovation in Organizations," *American Political Science Review*, Vol. 63, No. 1, 1969, pp. 111–126.

② 〔美〕保罗·A. 萨巴蒂尔编：《政策过程理论》，彭宗超等译，北京：生活·读书·新知三联书店 2004 年版，第 246 页。

③ D. Roderick Kiewiet and Mathew D. McCubbins, "Congressional Appropriations and the Electoral Connection," *The Journal of Politics*, Vol. 47, No. 1, 1985, pp. 59–82.

④ 周黎安：《中国地方官员的晋升锦标赛模式研究》，《经济研究》2007 年第 7 期，第 36—50 页。

资源调配能力,能够掌握和配置的资源较其他州而言往往更加丰富,这有助于扫清制度创新和政策扩散中的障碍。此外,这些地区在政策创新方面具有更大的弹性和更强的包容性,可以消化用于政策创新资金周转导致的资金短缺问题,为可能发生的政策失败留有试错的空间和余地。

虽然财政资源是政府创新的先决条件,但是也有学者认为支持新的政策理念并愿意奉献其能力来推行这些理念的"政策活动家"也十分重要,他们推动了州政府采纳新政策的进程。① 而政策支持联盟(包括政府官员、活动家、记者、研究者、政策分析家等在内的协调组织)也可以为政策采纳扫清障碍、铺平道路,使得一些州采纳相关政策更加容易。

传统内部决定模型的检验多通过跨地区的回归分析来进行,因变量测度的是一个州倾向采纳一项政策的时间,自变量是该州的政治和社会经济特征。但这种基于截面数据的回归方法用以检验内部决定模型时,可能需要用最近采纳的州在许多年前的特质来解释其采纳行为,不能评估发生实质性变化的变量所产生的后果;且横截面数据的回归方法仅适用检验以采纳时间衡量采纳倾向的内部决定模型,不适用于把因变量理解为具体年份中州的采纳概率的模型。因此,该方法能否准确检验内部因素确实导致了各州的采纳行为,也一直受到学者们的质疑。②

第三节 政策创新扩散理论应用与实证检验

在经历了政策创新扩散机制的碎片化解释阶段之后,西方学者开始基于案例研究和量化研究等方法尝试对模型框架进行优化整合及实证检验。而随着该理论与模型的日益成熟和完善,政策创新扩散在中国也逐渐成为政策科学和政策实践领域的关注热点。本节将首先阐释西方学者提出的美国州政府创新扩散总模型及其检验,进而结合我国公共政策运行的实际状况及创新扩散主体的相关特征,论述中国政策创新扩散的基本模式和整合分析框架。

一、政策创新扩散理论与模型的整合

(一)西方学者的整合分析

西方学者早期的研究多从宏观视角出发,虽然考虑到了经济因素、政治因素、

---

① 〔美〕约翰·W. 金登:《议程、备选方案与公共政策》(第二版·中文修订版),丁煌等译,北京:中国人民大学出版社2017年版,第168—172页。

② 〔美〕保罗·A. 萨巴蒂尔编:《政策过程理论》,彭宗超等译,北京:生活·读书·新知三联书店2004年版,第251—252页。

社会因素、地缘因素,但往往将其分离而未能形成一个完整的扩散机制,因此仍难以综合把握和透视政策创新被决策者采纳的动机。尽管学者们普遍认同内部决定因素和传播因素并不是互相排斥的,但在传统的政策创新扩散研究中将两种解释相割裂和分离的做法仍长期存在,贝瑞夫妇将已有研究划分为内部决定模型和传播模型两种类型,继而将二者进行整合,并运用事件史分析法对彩票政策等在美国州政府之间扩散的个案进行评估①,为州政府创新扩散总模型提供有力的实证支持,最终形成了政策创新扩散理论的基本概念框架和传统分析模型(如图16-2所示)。该框架反映了影响美国州政府政策创新采纳倾向的多种潜在因素,包括各州进行政策采纳的内部因素和外部因素,同时承认二者的双重影响。

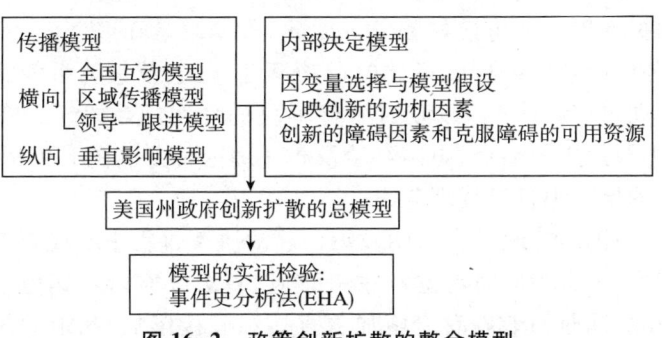

图16-2 政策创新扩散的整合模型

资料来源:Francis S. Berry and William D. Berry, "State Lottery Adoptions as Policy Innovations:An Event History Analysis," *American Political Science Review*, Vol. 84, No. 2, 1990, pp. 395-415. 根据上述文献作者自制。

其中,传播模型更注重府际关系的作用,强调相邻州政府产生的影响,认为当一个州政府面临政策问题的时候,会倾向于模仿相邻州政府的解决方案,也采纳该项创新政策,进行政策跟进;内部决定模型则认为导致州政府政策创新的决定性因素是州内部的政治、经济和社会特征,这些因变量是州政府选择采纳政策创新的动力,也是其克服创新障碍的资源和保障。综合考虑二者的影响后构建的州政府创新扩散总模型可以表达为等式(16.3):

$$采纳可能性_{i,t} = f(动机_{i,t}, 资源/障碍_{i,t}, 其他政策_{i,t}, 外部因素_{i,t}) \quad (16.3)$$

其中"采纳可能性$_{i,t}$"表示 i 州在 t 年份中采纳某项政策的可能性,"外部因素$_{i,t}$"代表在时间 t 内对 i 州产生影响的传播模型变量。该函数中的其他变量都属于内部决定因素:"动机$_{i,t}$"指 i 州政府官员在时间 t 内进行政策采纳的动机,如

---

① Francis S. Berry and William D. Berry, "State Lottery Adoptions as Policy Innovations:An Event History Analysis," *American Political Science Review*, Vol. 84, No. 2, 1990, pp. 395-415.

官员选举的安全水平和竞争性等特征;"资源/障碍$_{i,t}$"指创新障碍和克服创新障碍的可用资源,包括州政府的财政收入状况、治理的专业化水平、"政策活动家"及支持联盟的力量等;"其他政策$_{i,t}$"在这里是虚拟变量,主要指先前的政策选择对于一项政策创新采纳概率的影响。该整合模型能够较好地解释美国州政府政策创新扩散的主要影响机制,一经提出即引起广泛的关注和应用,对其他国家和地区的相关研究也具有很大的借鉴意义和参考价值。

(二) 中国学者的本土建构

我国当前正处于社会转型期,随着改革的不断深化和推进,政府在各领域也将继续探索,推动各项政策创新的扩散与落地,而政策不管是在纵向层级间还是横向地区间的扩散现象也将愈加频繁。因此,推动政策在政府间的创新扩散,提高扩散效率,确保改革中各项政策试验成功落地,促进政策体系朝着理性、科学、有效的方向发展,成为我国各级政府亟待解决的现实问题之一。在实践的推动下,政策创新扩散的中国路径、中国经验及相关理论研究也在不断完善和发展,并在各政策场域的检验中日渐清晰起来。

总体来说,中国地方政府在采纳政策创新的决策过程中不仅要考虑本地社会需求和财政能力,还必须同时考虑与中央政府、省级政府以及其他地方政府之间的关系:中央命令同时向地方政府施加着直接和间接影响,其中省级命令发挥着中介传导机制的作用,而地方政府的政策创新也反过来为上级政府提供了经验学习的机会;此外,地方政府也要考虑来自同级政府的横向竞争压力。① 在府际关系的影响下,我国公共政策扩散有以下五种主要机制:学习机制是中央或地方政府的政策制定者为应对经济社会发展中的公共问题而主动开展的参观、调研、考察等政策学习活动;竞争机制是地方政府出于公共服务与公共政策等方面的竞争压力而进行的政策创新采纳;模仿机制是指直接对其他地区的政策创新进行照搬和复制;行政指令机制和社会建构机制则分别关注上级政府权威指令和社会体系中多元政策行动主体的作用。②

在扩散路径方面,我国公共政策在纵向上一般呈现出"吸纳—辐射"型的创新扩散模式。尽管一些政策在政府垂直层级间的扩散会出现递进性和跳跃性并存的情况,但是更多的政策历经的是"地方政策创新—上级政策吸纳—政策辐射推广"的发展变迁过程。其中,自下而上的吸纳主要体现为政府层级的垂直吸纳

---

① 朱旭峰、赵慧:《政府间关系视角下的社会政策扩散——以城市低保制度为例(1993—1999)》,《中国社会科学》2016 年第 8 期,第 95—116 页。
② 王浦劬、赖先进:《中国公共政策扩散的模式与机制分析》,《北京大学学报(哲学社会科学版)》2013 年第 6 期,第 14—23 页。

效应,下级政府的政策创新活动不仅可以为上级政府提供可行的政策方案,还能够对政策方案的实施效果进行测度和评估,并将政策失败的风险和影响都降低至可控范围内。且随着多个下级政府不断采纳和出台相似的政策创新,这一政策方案在特定范围内的不同地区的适用性也就能够得到印证,继而增强上级政府将该政策创新更进一步推广的决心和信心。因此,来自下级政府的政策创新,往往会产生一定的"滚雪球"效应,启发和推动上级政府进行政策吸纳,并在全境推广,呈现出"平行—上升"的政策创新扩散走势。而自上而下的辐射则主要体现为行政指令的高位推动效应。在单一制国家的科层组织框架与权力结构体系下,我国政策创新也有相当一部分起源于中央政府的决策和动员。在中央、省、市、县、乡五级政策扩散的行动主体中,由上级政府及职能部门采纳的政策创新及制定的政策文本,往往很容易直接以政府工作报告、意见、法规、文件、通知等形式,通过行政指令的高位推动作用迅速扩散至下级政府及相关部门。地方政府虽可以自主进行政策创新,但需要面临政策不被上级政府或中央政府认可和接受的风险;而当一项政策创新由中央政府颁布,则意味着其已经正式上升成为国家意志。这种国家层面的统领性政策文本在加大地方政府政策采纳和执行压力的同时,也赋予并增强了该项政策创新的合法性,降低了地方政府进行相关决策的政治风险。此外,颁布行政指令通常意味着中央政府后续还会配套一系列支持政策创新扩散与落地实施的鼓励措施或刺激手段,如财政上的支持等,并以此激励下级政府克服政策采纳过程中的障碍。

公共政策在我国政府纵向层级间的创新扩散虽影响着整个政策变迁进程,但这种吸纳辐射效应的实现通常需要一定时间,可能导致政策问题处理时机的贻误,在很多情境下无法达到政策效益的最大化。同级政府在横向上相互学习与平行竞争共同作用,也是影响我国公共政策创新扩散发生及其速率的重要因素之一。一方面,长期以来,"相互看齐"的隐性竞争和横向比拼在中国公共政策领域广泛存在。其中竞争压力很大程度上来自同级政府,政府组织为争取和扩大制度合法性,往往在同行压力下最终表现为同质化的发展趋势。而在面临一些共同的政策问题时,政策决策者可能只有周边同级政府颁布的政策方案以供参考,也就是说,政策创新扩散可能会受到同区域内或其他相邻地方政府的强烈影响。另一方面,除了被动参与的政策竞争,政策创新扩散也具有一定的主动性和能动性,在很多情况下,地方政府会选择以政策创新成功试点的地区或者在社会、经济、文化、环境等方面有着一定相似性和一致性的地区为参照,借鉴其先进经验进行政策学习,进而自主地采纳和实施政策创新。

除了纵向和横向的创新扩散效应,地方政府自身资源禀赋和要素的可获得性也会对其政策创新采纳的行为和结果产生很大影响,这些因素包括经济水平、政策需求、政治文明程度等。而在当下这个信息化时代,传播方式、媒体格局、舆论生态都在发生深刻变革,媒体舆论对于政策议程建构尤其是在创新扩散环节的作用也不容忽视,某项政策的相关报道对于政府及相关部门的管理者和决策者是否采纳该政策项目并推动其创新扩散也会起到一定作用。

二、政策创新扩散总模型的实证检验

(一)强调数据分析的研究趋势

早期的政策创新扩散研究并未对实证数据提出很高的要求,在传统的政策扩散发生机制研究中,基于小样本数的定性研究曾长期占据举足轻重的地位。随着实践的不断深入,案例研究得出的经验性结论在适用性方面开始受到质疑,适用于大样本数的定量研究方法则开始被应用在该领域中并取得了一些新进展。比如,全国互动模型通常采用时间序列回归法(Time-series Analysis),区域传播模型则多采用因素分析法(Factor Analysis),而内部决定模型一般运用截面数据回归分析法(Cross-sectional Analysis)来进行实证检验。这三种统计技术在研究中的应用,突显了定量研究方法在政策创新扩散研究中的重要地位。虽然这些单维度的解释方法在应用中仍存在一定局限,但可以看出,运用统计技术的定量分析已被许多学者认为是政策扩散研究的主流方法之一。[①] 为弥补上述方法只能进行单因素解释的缺陷,贝瑞夫妇引入了事件史分析法,将因变量设置为"风险率",记为 $P_{i,t}$,即 i 州在 t 年采纳某项政策的可能性。由于这种概率难以通过直接观测获得,因此需要引入二分变量,即基于 Logit 模型或 Probit 模型进行回归,以此来检验州政府创新扩散总模型中各个变量的系数,就是在一个给定年份,对拥有自变量任何特定的组合值的州进行是否采纳某项政策的预测,并对政策采纳概率的变化进行评估。

(二)事件史分析方法的运用

自 1990 年首次被运用到政策创新扩散研究中以来,事件史分析方法已成为该领域研究中最为主流和经典的方法之一,用以解释一个特定时间点上,导致某个个体行为发生质的改变的因素和条件。由于政策创新通常在时间维度和空间维度同时进行演进和扩散,因此样本数据是由纵向的时间序列数据和横向的截面数据共同构成。而随着时间的推移,已经进行政策采纳的地区数据停止进入,或者截至研究时政策项目仍未被采纳和启动,都会导致数据存在删失(Censor)状况。一般的数据处理和分析方法无法应对这类问题,而事件史分析法则可以很好

---

① 陈芳:《政策扩散理论的演化》,《中国行政管理》2014 年第 6 期,第 99—104 页。

地适应样本删失的状况,并对此类样本数据进行有效的分析。因为该方法将分析数据整理为一个个以"州—年份"为单位的"事件史",即显示个体样本在观测时期内,事件是否发生、何时发生以及在何种情况下发生的一组纵向记录,且每一个"事件史"都是相对独立的,也就自然可以避免样本删失的影响。

事件史分析法可以用于预测具有某种特征的州在某一特定年份采纳某项政策创新的可能性,这不仅使得学者及相关研究人员预测政府的政策采纳行为成为可能,也为政府根据政策创新扩散理论分析本辖区内部资源禀赋因素及外部其他地区的政策采纳行动,进而及时对本辖区政策问题采取相应对策提供了有效的评估工具。然而,该方法也并非完美,其最主要的缺陷是假定州政府在某年份采纳新政策的概率与它在先前年份的采纳概率不相关。在实践中,采纳一项新政策可能是一个渐进的过程,这与事件史分析假定的不同时期观察值的独立性要求不符。但是无论如何,在实践中不断修正的事件史分析法已经能够在很大程度上克服早期研究的弊端,其引入和开发对政策创新扩散的整合研究做出了显著贡献。

第四节 政策创新扩散理论评价与研究展望

虽然政策创新扩散理论已然在实践中得到了很大的发展,也为公共政策科学领域提供了全新的理论视角和方法论上的参考,但是其在模型建构、研究方法及适用性等方面仍存在一定局限,本节在对政策创新扩散理论的贡献与不足进行评述的基础上,对该领域未来研究的可能动向与拓展空间进行了探索与分析,并提出一些尚待研究和解决的相关议题。

一、政策创新扩散理论评价

(一) 政策创新扩散理论的贡献

1. 克服传统研究局限性,扩展和延伸了相关理论的研究视角

在传统研究中,美国州政府政策采纳多遵循传播模型或内部决定模型之一进行,这种研究视角具有片面性,带来研究的割裂性等问题。贝瑞夫妇首先认识到,假设一个州完全不受邻州的影响,或者与联邦政府、其他州官员的活动没有任何关系,是不现实的;同时,一个州的政策采纳行为也不可能不受到其自身禀赋和环境的影响。而整合后的美国州政府创新扩散理论与模型很大程度上克服了传统研究的局限,试图从一个更为广阔的视角来解释政策采纳现象:将可能影响政策创新扩散的内部因素和外部因素,直接因素和间接因素,主观因素和客观因素,政治因素、经济因素和社会因素等加以综合考虑,使得该框架更具科学性和说服力;

同时也将以往单一化、简单化的政策创新模型研究引向同时考虑多样化因素影响、区域性和各州之间交互影响的整体性模型研究。

2. 引入事件史分析法，重视数据在政策科学研究中的作用

贝瑞夫妇认为传播模型和内部决定模型是互补的，并首次在政策创新扩散领域引入事件史分析法，运用量化研究验证了将两者模型相整合的理论框架。经过不断地努力，他们发现，与线性概率模型相比，常用于社会学、心理学、医学等领域实证分析的离散选择模型对于政策创新扩散现象更具解释力。这种研究方法将政策创新扩散问题的研究方向从静态引向了动态，启示学者们不仅要关注政策采纳的结果，也要更加深入地分析政策的渊源与背景，以及政策的制定、创新、变迁及落地过程。同时，它也强调了数据分析在该领域研究中的重要作用和价值，是针对政策过程实证研究进行的积极有益的探索和尝试。

（二）政策创新扩散理论的不足

1. 其理论框架在应对复杂现实时仍过于简单化、片面化

一方面，该理论从克服将传播模型和内部决定模型相分离的弊端出发，开启了政策创新扩散领域大量的实践检验和整合研究，但其理论框架也只能从几个方面对这一综合性问题进行解释，很多基于单案例研究得出的结论难以涵盖全部影响因素，也无法应对复杂的政策环境与现实，所以其适用范围仍有一定局限。随着全球化程度的日益加深，政策扩散研究的视野和范围也不应再局限于美国州政府，因为仅从一国的经济、政治、社会等特征出发进行研究，而不将其他国家（地区）以及跨国政策扩散研究的理论和实证成果补充进来，难免失之偏颇，也使得该框架对于当前政策创新扩散现象的解释力不足。

另一方面，该理论沿用了相关文献中政策创新的主流定义，即一项政策或项目对于初次采纳它的政府来说是"新"的。这种认识其实是假设政策创新扩散只是将政策从一个行政辖区搬运或移植到另一个辖区中，并未将政策范围、内容、措施等政策本身的属性和变化纳入考虑，虽然这个过程结合了外部的影响和自身的内部因素，也仍然属于表面和形式上的政策采纳。事实上，在实际政策过程与复杂政策实践中，在吸收借鉴其他地区政策的基础上，结合本地情况对原有政策进行改造的政策再生产过程，也应该在政策创新扩散理论框架中加以体现，且需要进一步开发相应的分析方法，对其展开深入研究和检验。

2. 实证检验中存在假设理想化、数据收集难度大、成本高等问题

贝瑞夫妇开发的美国州政府创新总模型及事件史分析的检验方法为该领域的研究奠定了一定的基础，但是他们也不得不承认事件史分析存在缺陷，因为它假设一个州在某一年份内采纳政策的可能性与它在先前年份采纳政策的可能性

无关,这一假设显然是理想化的。此外,研究者们在量化研究过程中面临着数据量过大、收集渠道复杂、处理成本过高等问题:首先,该方法中政策分析阶段的每一年份、每一个州的独立变量都必须被观测到,这加大了数据信息收集的工作量;其次,当独立变量不再局限于州本身的禀赋和特征,还包括政策活动家、利益相关集团和政策倡导联盟的行为时,会加大数据收集的难度和挑战性,使得数据处理的成本进一步提高。这些问题一定程度制约了政策创新扩散研究的发展。

二、政策创新扩散研究展望

(一)政策创新扩散理论框架与模型变量的修正与完善

对于政策创新扩散模型中的变量体系设计问题,相信随着地方政府信息公开制度的不断完善和电子政务项目的深入推进,未来可以将省级、地级市及以下行政单位政策创新扩散行为的相关变量全面纳入模型中,针对多级主体进一步探索和开展综合性研究。此外,影响政策创新扩散的因素不胜枚举,想要完全涵盖各种纷繁复杂的变量是非常困难的。在解释我国公共政策创新扩散现象的过程中,不应只停留在既有传统理论框架所强调和关注的外部传播因素和内部资源条件上。除媒体舆论外,专家参与和公民参与、政策精英和意见领袖、专业协会等社会化机构或组织,以及官员的任免和政治流动等因素对政策创新扩散的微观影响机制,均为未来值得进一步考察和研讨的重要方向。

(二)政策创新扩散中的政策克隆与政策再生产

现有研究多停留在政策创新的采纳行为层面,而未关注政策创新扩散过程中是否存在"虚假扩散"(Illusory Diffusion)现象。虽然某项政策创新可能基于多种力量的推动迅速在各地方政府显现出扩散效应,但这些地方政府是否结合当地的具体情况开展了因地制宜的政策改造和政策再生产,还是只一味地进行简单的"政策克隆",直接机械化复制和套用其他地区的经验,今后还有待从创新扩散后的政策内容和政策效果等角度进行探索性验证。事实上,装点门面的象征性政策(Symbolic Policy)和蜻蜓点水的表现型治理(Impression Management)在我国公共管理各个领域并不少见。地方政府在行政指令、政绩考核、同级竞争、公众舆论等多方压力下,可能选择采取粉饰性、虚假性的扩散行动。政策再生产环节的缺失使得政策扩散很容易落入浮于表面、流于形式的窠臼,并最终沦为一纸公文的传播。政策内容的雷同现象一定程度上影响政策创新扩散的质量,使之难以全方位发挥其应有的作用。在我国当前的政治生态中,真实性与虚假性政策创新扩散如何分辨,将政策创新仅仅视作"形象工程""面子工程"和"政绩工程"的现象又该如何规避,也将成为未来该领域的重要议题之一。

（三）政策创新扩散模型的跨领域、多案例比较分析

公共政策创新扩散过程兼具复杂性和综合性，而不同政策领域又呈现出各自鲜明的特征，所以总结出具有普适性的理论模型十分困难。基于单案例研究得出的结论其可推广性可能会受到一定限制，未来可以通过跨领域的多案例比较分析，覆盖更加多元化的政策类型，提升模型的可信度和解释力，深入挖掘和探究政策创新扩散的一般性规律，更为精准地把握我国公共政策扩散的模式和经验，这不仅可以为未来该领域的发展提供新的理论空间与应用前景，也有助于进一步丰富和深化我们对于政策创新扩散理论范式和模型框架的理解。

【关键术语】

政策创新扩散　传播模型　内部决定模型　全国互动模型　区域传播模型　领导—跟进模型　垂直影响模型　事件史分析法

【复习思考题】

1. 试简述政策创新扩散理论的概念框架。
2. 传播模型有哪几种解释？请分别简要论述。
3. 请简要介绍内部决定模型的主要内容。

【案例分析】

河长制在我国省级政府间的创新扩散[①]

2007年5月至6月，太湖流域爆发大规模蓝藻污染事件并引发了较为严重的饮用水危机，给人们敲响了河湖生态的警钟。同年8月，无锡市政府痛定思痛，开始"铁腕治污"之路，提出由党政主要负责人来担任本辖区重要河道的河长，负责该流域内水资源、水环境、水生态的保护和治理，同时将河流断面水质检测结果指标纳入各级党政负责人政绩考核中，各市县区如不能按期报告或拒报、谎报水质检测结果，将立即按照相关规定追究责任。这是地方政府将其环境现实与权力结构相结合的一项政策创新，为中国长期以来的水污染治理困局提供了解药良方，亦成为我国河长制的起源。随后，这一政策创新开始逐步向周边市县扩散，并被江苏省所吸纳。2008年6月，江苏省政府印发《关于在太湖主要入湖河流实行双

---

① 节选自王洛忠、庞锐：《中国公共政策时空演进机理及扩散路径：以河长制的落地与变迁为例》，《中国行政管理》2018年第5期，第63—69页。有改动。

河长制的通知》,正式在15条重要入湖河道实行"双河长制"管理,由省厅级相关部门官员与河流所在地政府官员共同负责流域治理工作,进一步将河长制推广到了太湖流域。2010年12月17日,《江苏省水利厅关于建立"河长制"的实施办法》正式颁布,这是我国首个河长制在省级层面的行动方案。

最早实施河长制的无锡经过不懈努力,于2011年到2012年间实现了主要饮用水源地水质达标率100%的目标,取得了良好的政策效果。中央及各省主流媒体对于河长制的报道也越来越多,这一政策创新开始被其他地区所关注、学习和效仿。2013年起,天津、浙江、福建、江西、安徽、北京、海南等地相继开始跟进,作为省级政策试点率先推进河长制工作。此外,多个省份都在省内部分市县或流域水系展开了河长制的实践和探索,如云南省昆明市以及湘江流域、淮河流域等。截至2016年下半年,8省全面试点、16省局部试点的政策扩散与推广格局已初步形成,华东地区成为河长制的政策开拓者、先行者,进而逐步向周围地区进行传播扩散。

2016年12月,中共中央办公厅、国务院办公厅印发《关于全面推行河长制的意见》,要求各地区、各部门结合自身实际,认真贯彻落实河长制。在中央的强力推动下,相关部门迅速行动起来,2016年12月10日,水利部、环保部联合印发了《贯彻落实〈关于全面推行河长制的意见〉实施方案》,进一步明确和落实工作要求。2017年1月24日,水利部印发了《水利部全面推行河长制工作督导检查制度》,要求各地区加快全面推行河长制的进度,并与水利部配合共同做好督导检查工作。2017年3月5日,李克强总理在《政府工作报告》中明确提出,将全面推行河长制,健全生态保护补偿机制,实施最严格的水资源管理制度。这标志着我国将全面开展河长制的实践探索,各地纷纷借鉴先进省份的政策经验,建立起相应的水污染防治责任制,仅2017年第一季度就有12个省份正式出台了河长制省级行动方案,还有8个省区政策文件已上报省委、省政府批准或经省级河长制工作会议审议通过,另外3个省份也已经完成相关政策草案的编制工作并且进入报送或审议阶段,至此河长制全面扩散的省份在全国占比已超过90%。截至2017年底,我国31个省级行政单位(香港、澳门、台湾地区除外)均已采纳河长制的政策创新,相关行动方案已全部出台并开始实施,至此河长制在省级政府间的扩散接近尾声。

案例讨论题

1. 结合案例,总结影响我国政策创新扩散的因素有哪些。
2. 你认为该案例中哪种创新扩散模型的效应更为显著?试说明理由。

【推荐阅读文献】

1. 〔美〕保罗·A. 萨巴蒂尔编:《政策过程理论》,彭宗超等译,北京:生活·读书·新知三联书店 2004 年版。

2. 王浦劬、赖先进:《中国公共政策扩散的模式与机制分析》,《北京大学学报(哲学社会科学版)》2013 年第 6 期,第 14—23 页。

3. 朱旭峰、赵慧:《政府间关系视角下的社会政策扩散——以城市低保制度为例(1993—1999)》,《中国社会科学》2016 年第 8 期,第 95—116 页。

4. Jack L. Walker, "The Diffusion of Innovations among the American States," *American Political Science Review*, Vol. 63, No. 3, 1969, pp. 880-899.

5. Virginia Gray, "Innovation in the States: A Diffusion Study," *American Political Science Review*, Vol. 67, No. 4, 1973, pp. 1174-1185.

6. Francis S. Berry and William D. Berry, "State Lottery Adoptions as Policy Innovations: An Event History Analysis," *American Political Science Review*, Vol. 84, No. 2, 1990, pp. 395-415.

7. Francis S. Berry, "Innovation in Public Management: The Adoption of Strategic Planning," *Public Administration Review*, Vol. 54, No. 4, 1994, pp. 322-329.

8. Xufeng Zhu and Hui Zhao, "Recognition of Innovation and Diffusion of Welfare Policy: Alleviating Urban Poverty in Chinese Cities During Fiscal Recentralization," *Governance*, Vol. 31, No. 4, 2018, pp. 721-739.

9. Xufeng Zhu and Youlang Zhang, "Diffusion of Marketization Innovation with Administrative Centralization in a Multilevel System: Evidence from China," *Journal of Public Administration Research and Theory*, Vol. 29, No. 1, 2019, pp. 133-150.

第十七章 政策叙事理论

【内容提要】

政策叙事理论是后实证主义将"叙事"概念引入公共政策过程研究的产物,它的提出最初是为了弥补倡导联盟框架对叙事的忽视。学习者必须了解并把握政策叙事理论及其框架的哲学基础、关键概念、核心假设,重点掌握框架的三个分析层次及相关假设,了解框架的应用情况与当前面临的挑战。

第一节 理论缘起:叙事概念的引入

一、叙事分析视角

"叙事"这一概念最初来源于文学,是指在时间和因果关系上有着联系的一系列事件的符号再现。[①] 这一概念在20世纪90年代引起公共政策领域后实证主义学者的关注,胡基宁(Janne Hukkinen)和埃默里·罗伊(Emery Roe)等学者在1990年首次提出"叙事政策分析"(Narrative Policy Analysis,NPA)[②],2010年迈克尔·琼斯(Michael D. Jones)和马克·麦克贝斯(Mark K. McBeth)正式提出叙事政策框架(Narrative Policy Framework,NPF)[③]。

叙事作为一种研究视角,被归为从"叙事式视角"(Narrative Approach)研究政策过程的范式,强调叙事的重要性,并将叙事式视角进一步划分为后结构主义叙事视角(Post-structuralist Narrative Approach)和结构主义叙事视角(Structural Narrative Approach)。

采用后结构主义视角的研究者认为,叙事是独一无二的,不能够进行结构化分析,他们以对话和符号作为研究重点,并且认为对话和符号具有说服、操纵和意

[①] 程锡麟:《叙事理论概述》,《外语研究》2002年第3期,第10—15页。

[②] Janne Hukkinen, et al., "A Salt on the Land: A Narrative Analysis of the Controversy over Irrigation-related Salinity and Toxicity in California's San Joaquin Valley," *Policy Sciences*, Vol. 23, No. 4, 1990, pp. 307-329.

[③] Michael Jones and Mark McBeth, "A Narrative Policy Framework: Clear Enough to Be Wrong?" *Policy Studies Journal*, Vol. 38, No. 2, 2010, pp. 329-353.

义赋予等功能,核心观点是"研究设计中坚持后结构主义的本体论和认识论;归纳;抵制假设检验;定性设计"。如玛丁·哈杰尔(Maarten A. Hajer)[①]和罗伊[②]将"叙事"作为他们学术研究的重点,建立了以叙事为理论中心的话语体系,这也使得叙事政策分析成为公共政策分析的一个重要理论流派[③]。

结构主义视角认为,叙事有可能存在共同要素,可以进行结构化分析;不同叙事可能内容和策略不同,但是结构是相同的。其核心观点是"理论上演绎;叙事结构的可操作化;假设检验;可靠性和可证伪性;定量研究方法"。如戴维·赫尔曼(David Herman)将叙事的基本要素概括为四个:(1)情景。任何叙事都是在一定的对话情景之下展开的。(2)事件顺序。叙事包含结构化的按照时间顺序发生的事件。(3)世界创造或世界破坏,事件会驱动世界发生变化。(4)会是什么,叙事包含着生活者的经验,它向人们传递这个世界是什么样的。这些对叙事结构的构成要素的分类研究为叙事政策框架奠定了良好的知识基础。[④]

此外,叙事政策框架的出现离不开对倡导联盟框架的发展。2011年,伊丽莎白·沙纳汉(Elizabeth A. Shanahan)、琼斯和麦克贝斯发表了《政策叙事与政策过程》一文[⑤],认为叙事政策框架直接受倡导联盟框架启发,它是对倡导联盟框架的进一步发展和深化;通过提出叙事政策框架,可以更好地理解倡导联盟中政策信仰、政策学习、公众意见和策略;这个框架也弥补了政策过程理论中对于叙事研究的缺乏。这是因为叙事可以更好地测量政策信念,为理解政策学习的过程提供途径,对公众意见进行概念化,并对倡导联盟中策略选择类型化。

二、哲学基础

政策叙事理论的哲学基础是解释主义,理论上属于后实证主义范式。然而,政策叙事理论试图调和实证主义与后实证主义之间的矛盾,通过实证主义方法对解释主义的观点进行检验,将两种不同哲学范式在同一理论上实现有机融合。琼斯和克劳迪奥·拉达埃利(Claudio M. Radaelli)在讨论叙事政策框架的宏观理论时,认为宏观理论至少包含几个维度,即本体论与认识论、方法论、社会理论选择、

---

① Maarten Hajer, *The Politics of Environmental Discourse: Ecological Modernization and the Policy Process*, Oxford: Oxford University Press, 1995.
② Emery Roe, *Narrative Policy Analysis: Theory and Practice*, Durham, NC: Duke University Press, 1994.
③ 李文钊:《叙事式政策框架:探究政策过程中的叙事效应》,《公共行政评论》2017年第3期,第141—163、216—217页。
④ David Herman, *Basic Elements of Narrative*, Oxford: Wiley-Blackwell, 2009.
⑤ Elizabeth Shanahan, et al., "Policy Narratives and Policy Processes," *Policy Studies*, Vol. 39, No. 3, 2011, pp. 535-561.

学科和风格,并以这些维度为基础,讨论了叙事政策框架的哲学基础。①

(一) 本体论与认识论

叙事政策框架建立在社会本体论的基础之上,同时在认识论上坚持客观主义。叙事政策框架有关本体论和认识论的观点与哲学家约翰·塞尔(John R. Searle)的"社会实在的建构"思想有内在一致性。在塞尔看来,世界可以区分为独立于人类情感和态度而存在的世界(Observer Independent Features)和与人类态度相关的世界(Observer Dependent Features),后者通常被称为"社会实在"(Social Reality)。

这样,塞尔进一步将认识论中"主观—客观"二分法延伸到本体论中"主观—客观"二分法中,认为同时存在主观本体论(Subjective Ontology)和客观本体论(Objective Ontology)。叙事政策框架一方面强调公共政策作为一种社会实在需要依靠人类的情感、认识和态度而存在,即本体论上坚持主观主义,另一方面它也强调这种主观主义存在的实现可以通过客观主义的方法来认识,可以进行实证检验。这样,叙事政策框架希望遵循科学主义的认识论准则,如效度、信度、可重复性和可证伪性,同时坚持认为公共政策是一种社会建构的产物,叙事在公共政策中发挥重要作用。

(二) 方法论

在方法论上,叙事政策框架兼容定量分析方法和定性分析方法。对于叙事政策框架而言,定量方法主要是实验设计,通过随机实验来验证叙事结构和逻辑对个人行为的影响;定性方法则主要是内容分析方法,通过对政策叙事的文本进行编码来比较不同联盟所采取叙事逻辑的差异性。总体而言,叙事政策框架坚持使用实证主义的研究方法,强调定性研究和定量研究共享客观标准,认为两者之间并没有本质差别。

(三) 社会理论选择

在社会理论选择方面,叙事政策框架放弃了理性选择的范式,主张规则遵循(Rule Following)的范式,认为个人行为不是选择的结果,而是规则遵循的结果。规则遵循范式主张适当性逻辑(A Logic of Appropriateness),强调个人在一种情景下什么样的行为是合适的这一问题,社会规则和规范在行动者行为逻辑中发挥关键作用,行动不是选择驱动的而是价值和规范驱动的。叙事政策框架主要是按照规则遵循的逻辑来组织自己的理论,它也给理性选择留下了空间,认为个人可以通过对社会意义的操纵来实现自身利益。

---

① Michael Jones and Claudio Radaelli, "The Narrative Policy Framework: Child or Monster?" *Critical Policy Studies*, Vol. 9, No. 3, 2015, pp. 1-17.

(四) 学科

在学科类型方面,叙事政策框架主要是在公共政策学科的话语体系中展开,它试图成为政策过程理论中一种有竞争力的分析框架。这一分析框架的理论构成要素是多学科的,包括哲学、叙事学、神经科学、心理学、经济学、语言分析、营销学、传播学、政治科学和公共政策等。对于叙事政策框架而言,它的核心假设是叙事在政策过程中发挥重要作用。为了讨论这一命题,该分析框架充分借鉴不同学科的理论研究成果,加深人们对于叙事在政策过程中重要性的理解。

(五) 风格

在理论风格方面,叙事政策框架主张普遍主义风格(A Generalizing Style)而不是特殊主义风格(A Particularizing Style)。普遍主义风格是社会科学的传统,它强调一种理论的普遍适应性,能够超越时间和空间,认为理论具有一般化特征。特殊主义风格则是后现代主义的传统,它强调一种理论的特定情景性,认为理论只是此时此地此景才能够发挥作用,不同理论风格会对研究问题、研究范围、研究方法和研究结论等产生影响。叙事政策框架试图发现一般性理论,这一理论能够被检验。

第二节 理论内涵:叙事政策框架

与其他政策过程理论相比,叙事政策框架的发展只有10多年历史,还处于成长和完善过程之中。这一分析框架于2010年正式提出,在2014年初步形成了一个较为系统、正式和完善的版本。根据沙纳汉、琼斯和麦克贝斯三位创立者的阐述,叙事政策框架的核心是讨论叙事在政策过程中的作用,政策叙事是其核心概念。

一、关键概念

叙事政策框架面临的最大挑战是如何界定"政策叙事",并将解释主义与实证主义有机结合,用实证主义方法来证明解释主义的论点和主张。一方面,叙事政策框架强调"叙事"对于政策过程的作用和重要性,并且认为不同的人会对同样的政策问题采取不同的叙事,叙事存在"相对性问题"。另一方面,叙事政策框架要进行假设检验和提出理论命题,它必须对"叙事"本身进行形式化定义,它要求寻找不同叙事背后的共同特征,这些共同特征为比较、分析和检验奠定了基础。叙事政策框架采取了折中的方式,它强调了政策叙事的形式(Form)和内容(Content)两个方面,前者注重叙事的一般性结构,后者注重叙事的独特性。

（一）形式

对于政策叙事的构成要素而言,沙纳汉、琼斯和麦克贝斯等于2013年提出了六个构成要素,即问题陈述(Statement of a Problem)、角色(Characters)、情景(Setting)、情节(Plot)、因果机制(Causal Mechanism)和寓意(Moral)。① 后来,他们认为因果机制属于叙事策略,并且将问题陈述与情景结合,于是提出了四个构成要素,分别为情景、角色、情节、寓意。

1. 情景

情景是政策叙事发生的舞台,任何政策叙事都要解决一定情景之下的政策问题。一般而言,情景包括法律和宪法参数、地理、科学证据、国家民族边界、环境、经济状况、规范、习惯等,这些情景通常被认为是不变的,它们构成了行动者的共同背景知识。

2. 角色

任何一个政策叙事至少包含一个角色,这个角色也是我们通常所说的"行动者",他们是政策过程中的"中心"。叙事政策框架通常会强调三类角色,即受害者或无辜者(Victims)、无赖或坏人(Villains)以及英雄(Heroes)。受害者通常是政策问题的承担者,无赖是政策问题的生产者,英雄是政策问题的解决者。个人通常是角色的主要承担者,但有时组织也可能是角色的承担者。

3. 情节

情节是连接情景和角色的纽带,它通常会有开始、进展和结束。例如,德博拉·斯通(Deborah Stone)提出了四种故事类型,即"每况愈下"的故事(The Story of Decline)、阻碍进步的故事(Stymied Progress Story)、变革仅仅是一种幻觉的故事(Change-Is-Only-an-Illusion Story)、无助和控制的故事(Helpless and Control Story),它们是对情节的一种分类方式,主要关注故事的变革和力量两个方面。

4. 寓意

寓意通常是指提供一个政策问题的解决方案,例如有关气候变化的政策叙事可能将发展核能作为解决方案。当然,有时候沟通可能被当作一种没有解决方案的政策叙事,这意味着沟通包含政策叙事的其他要素,但是没有解决方案的内容。

（二）内容

对于政策叙事的内容而言,麦克贝斯等三位作者提出内容可以划分为政策信仰(Belief Systems)和策略(Strategy)两个方面,它们是区分不同叙事的重要维度。

---

① Elizabeth Shanahan, et al., "An Angel on the Wind: How Heroic Policy Narratives Shape Policy Realities," *Policy Studies Journal*, Vol. 41, No. 3, 2013, pp. 453-483.

这意味着,不同政策叙事可能表现不同情景、不同利益相关者、不同问题,政策叙事呈现"相对性",但是它们却可以使用信念系统和策略的差异去衡量。

1. 信念系统

信念系统与倡导联盟框架中的核心信仰类似,嵌套在政策故事之中,是一套为群体或联盟提供指导的价值观和信仰,决定着叙事的结构要素和策略。从演绎理论出发可以将信念系统划分为不同类型,不同政策叙事就可以归为不同信念系统。与此同时,信念系统本身可以通过政策叙事的要素去描述,通过对政策叙事的分析,我们可以理解不同联盟的信念系统及其稳定性。

2. 策略

政策信仰关注叙事"意义",而策略则关注不同政策叙事如何使用不同内容来实现自身目标。策略更多地被当作一种技术手段,它们通常被用作操纵或控制政策过程和结果的工具。

叙事策略是政策行动者为实现政策偏好操纵叙事要素的手段。麦克贝斯等四位学者提出了五种政策叙事的策略,即发现赢家和输家(Identifying Winner and Loser)、收益与成本的建构(Construction of Benefit and Cost)、浓缩符号的使用(The Use of Condensation Symbol)、政策替罪羊(Policy Surrogate)、科学确定性和不一致性(Scientific Certainty and Disagreement),并且认为不同联盟对自身是"赢家"或"输家"的自我认知会决定他们对不同策略的选择。

二、核心假设

叙事政策框架也是建立在一些核心假设基础之上,这些假设包括:社会建构(Social Construction)、有限的相对性(Bounded Relativity)、一般化的结构要素(Generalizable Structural Elements)、三个层次的同时运行(Simultaneous Operation at Three Levels)和个人模型中的叙事假设(Homo Narrans Model of the Individual)。①

社会建构强调不同个体或群体对同样的事实或过程会赋予不同的含义,对同样的社会事实有不同的认知、主张和意义阐释。

与社会建构相一致,有限的相对性主张虽然对社会事实存在不同的理解和认知,但是这些理解和认知却不是无限的,它们可以归为有限范畴,如不同意识形态的类型、不同价值和政策信仰的类型,这也使得社会建构不是随机的。

为了达到分析的目的,叙事政策框架主要是从结构主义的角度讨论叙事,认为不同叙事包含相同的结构要素,如情景、角色、情节和寓意。借鉴了制度分析与

---

① 李文钊:《叙事式政策框架:探究政策过程中的叙事效应》,《公共行政评论》2017年第3期,第141—163、216—217页。

发展框架的多层次分析思路,叙事政策框架也强调个体层面、集体层面和制度层面的分析。

三、分析层次

叙事政策框架在微观、中观和宏观每一层次均具有独立的分析单位和研究范围,并在此基础上形成对应的研究方法以及相关假说。

(一)微观层次

任何政策过程理论框架都需要建立在对个人行为的假设基础之上,都需要思考个人模型(Model of the Individual),这也是方法论个人主义的内在要求。叙事政策框架提出了个人模型中叙事假设,认为叙事在人类认知世界中发挥着非常重要的作用。个人模型中叙事假设主要来源于政治心理学,也受到了叙事学、认知学科等其他学科的启发和影响。

微观层次的叙事政策框架在经验研究中关注的核心问题是:政策叙事如何影响个人偏好、风险态度、对特定领域公共政策的意见以及集体的公众意见?这也使得叙事政策框架能够和政治心理学对话,讨论政策过程中叙事效应的心理基础。琼斯和麦克贝斯提出了在微观层次的政策叙事假设和命题。

叙事政策框架在微观层次侧重分析不同叙事要素对个人观点和偏好的影响,并围绕合规与违背、叙事感染、一致与不一致、叙事者信任和人物影响力等方面提出五个关于叙事作用机制的假说(用 H 表示)。叙事违背是指事情的发展出乎意料、违背常规。叙事政策框架认为,叙事的说服力在一定程度上依赖于违背程度,叙事的违背程度越高,受众越容易被说服。H1:叙事感染是指读者沉浸于故事之中并与主人公发生联系的状态。由于叙事比其他类型的表达更能引起读者共鸣,更具说服力,因此,叙事政策框架指出,叙事的感染性越强,受众越容易被说服。H2:一致性是指新事物是否符合个体的认知模式和信仰系统。当面对与原有认知不一致的事物时,人们出于认知经济原则和自我保护的目的,会本能地选择拒绝接受。因此,叙事政策框架认为,当受众感知叙事与个人信仰一致时,就越可能选择接受叙事。H3:信息源是决定叙事说服力的又一个重要因素。叙事者的地位、声望和意识形态等会影响受众对叙事的认可程度。叙事政策框架认为,受众对叙事者越信任,越容易被叙事说服。H4:叙事所刻画的人物在一定程度上也能塑造受众偏好。人们在解读叙事过程中往往会对其中的人物形成或积极或消极的评价,这种情感评价左右着人们对人物主张的接受意愿。叙事政策框架指出,政策叙事对人物(英雄、受害者和恶棍)的刻画比科技信息更能影响人的观点和偏好。H5:如果受众对人物有好感,那么就更容易赞同他所代表的观点;如果受众对人物十分反感,就会倾向反对他所代表的观点。

在所有这些命题中,政策叙事是自变量,个人观点改变是因变量,获得个人的认同以及对个人进行说服是政策叙事的目的。政策叙事通过不同叙事类型、叙事通道、叙事信任、叙事角色、叙事观点一致性等影响个人观点,以促使个人接受政策叙事。所有政策叙事都是为了使个人接受政策主张,这是一个说服的过程。对于这些命题和假设的检验,研究者通常会使用实验方法。遵循"没有操纵就没有因果关系"的实验主义准则,研究者将研究对象区分为实验组和控制组,对不同政策叙事进行操纵,询问个人对政策叙事的态度,从而判断政策叙事的改变是否会对个人的政策态度产生影响。

微观层次的研究一般采用实验设计或准实验设计观察叙事和个人观点之间的关系。从访谈资料或文档的内容分析中提炼出叙事政策框架的构成要素,再根据相关方的立场或文化理论建构若干段结构和篇幅近似但文化内涵略有差异的叙事向实验组和控制组呈现,分析叙事或叙事构成要素对个人观点的影响。这种研究设计允许研究者在控制其他变量的情况下,观察解释变量与被解释变量之间的联系。

琼斯通过分组实验探讨叙事感染力、政策偏好和人物评价之间的关系,发现叙事感染力与政策偏好之间并不存在必然联系,即感染力强的叙事也很难说服人们支持其中蕴含的政策主张,但是叙事感染力却能够显著影响受众对叙事中英雄人物的情感态度。鉴于已有研究所发现的英雄效应,可以认为叙事感染力能够间接影响叙事说服力。① 沙纳汉等人在关于公共舆论中媒体叙事角色的研究中,采用准实验设计的方法测量了不同议题描述对 194 名学生观点的影响,结果发现与受众偏好一致的媒体叙事能够显著巩固他们的原有观点。② 艾塔斯(Nevbahar Ertas)关于人们对特许学校政策相关叙事反应的研究发现,受众读到与原有偏好一致的叙事时,会认为叙事者更可靠,叙事中蕴含的论点更具说服力。受众在读到与原有观点不一致的叙事时,更有可能改变原有观点。③ 公众对议题的了解程度也是影响叙事说服力的重要因素,公众对话题越了解,原有观点越成熟,就越不容易受到叙事的影响。

沙纳汉等人在探讨因果机制对个人观点的影响时发现,采用有意因果机制的

---

① Michael Jones, "Communicating Climate Change: Are Stories Better than 'Just the Facts'?" *Policy Studies Journal*, Vol. 42, No. 4, 2014, pp. 644-673.

② Elizabeth Shanahan, et al., "Narrative Policy Framework: The Influence of Media Policy Narratives on Public Opinion," *Politics and Policy*, Vol. 39, No. 3, 2011, pp. 373-400.

③ Nevbahar Ertas, "Policy Narratives and Public Opinion concerning Charter Schools," *Politics & Policy*, Vol. 43, No. 3, 2015, pp. 426-451.

第十七章　政策叙事理论

叙事能够显著影响支持群体和反对群体的原有立场,而采用偶然因果机制的叙事对两类群体均未产生影响,叙事策略在叙事说服中扮演着比一致性更重要的角色。① 琼斯在研究公众对气候变化的风险感知和政策偏好时发现,受众会对叙事刻画的人物形成特定的情感,这种情感决定着人们对嵌入在叙事中的观点和主张的支持与否。人们对英雄人物比对其他类型的人物角色更容易产生好感,进而乐意接受叙事所主张的政策方案。② 麦克莫里斯(Claire McMorris)等对旨在提高企业税收的俄勒冈97号民投提案(Oregon's Ballot Measure 97)开展的预调查中发现,受众更容易被与自己原有文化倾向相一致的叙事说服。例如,个人主义者倾向投反对票,平等主义者倾向投赞成票。如果受众对叙事中刻画的英雄有好感,就愿意接受叙事主张。③ 萨诺可(Chad Zanocco)等探讨了叙事如何塑造个人对压裂技术法规的政策偏好,发现叙事虽然不能直接影响个人的政策偏好,但能通过影响个人对恶棍的评价间接影响他们对政策的态度。④

(二) 中观层次

中观层次的叙事政策框架的分析单位是政策子系统,它讨论政策叙事在政策过程中的角色和作用。中观层次的叙事政策框架借鉴了古希腊公共空间(Agora)的概念。希腊人的公共空间是实现政策目标的行动场域,麦克贝斯认为在不同政策叙事之间的竞争在叙事空间(Agora Narrans)中展开。不同联盟为了在叙事空间的竞争中获胜,通常会采取不同叙事理念和叙事策略,并在叙事竞争中进行叙事扩散、模仿和学习,以实现对政策设计、过程、变革和结果的影响。⑤

通过借鉴倡导联盟框架的概念和理论,突出政策叙事在政策过程中的关键作用,中观层次的叙事政策框架形成了一套完整的解释政策叙事形成和影响的概念体系。政策子系统的概念是中观层次叙事政策框架的核心,它强调该子系统是由一系列相互联系的构成要素组成,这些要素之间的关系模式是整个系统变革的基础。

---

① Elizabeth Shanahan, et al., "The Blame Game: Narrative Persuasiveness of Intentional Causal Mechanism," in M. D. Jones, E. A. Shanahan, and M. K. McBeth, eds., *The Science of Stories: Applications of the Narrative Policy Framework in Public Policy Analysis*, New York: Palgrave Macmillan, 2014, pp. 69-88.
② Michael Jones, "Cultural Characters and Climate Change: How Heroes Shape Our Perception of Climate Science," *Social Science Quarterly*, Vol. 95, No. 1, 2014, pp. 1-39.
③ Claire McMorris, et al., "Policy Narratives and Policy Outcomes: An NPF Examination of Oregon's Ballot Measure 97," *Policy Studies Journal*, Vol. 46, No. 4, 2018, pp. 771-797.
④ Chad Zanocco, et al., "Fracking Bad Guys: The Role of Narrative Character Affect in Shaping Hydraulic Fracturing Policy Preferences," *Public Studies Journal*, Vol. 46, No. 4, 2018, pp. 978-999.
⑤ 李文钊:《叙事式政策框架:探究政策过程中的叙事效应》,《公共行政评论》2017年第3期,第141—163、216—217页。

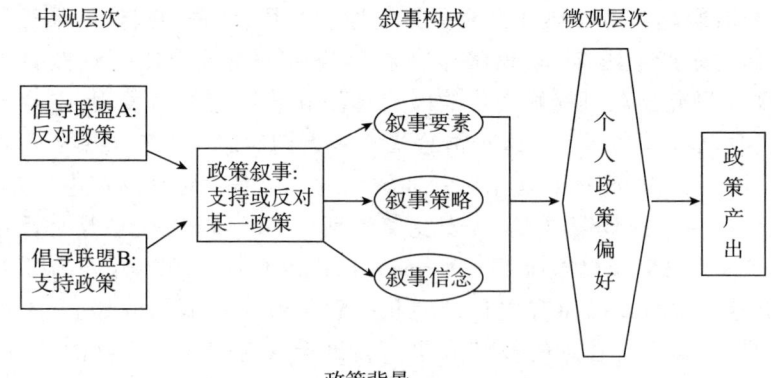

图 17-1　NPF 中观、微观层次概念模型

资料来源:Michael Jones, Elizabeth Shanahan, and Mark Mcbeth, eds., *The Science of Stories*: *Applications of the Narrative Policy Framework in Public Policy Analysis*, New York: Palgrave Macmillan, 2014, p. 16.

政策子系统、联盟、政策叙事策略、政策信念、政策叙事学习和公众意见等是其核心概念。政策子系统是由不同行动者构成,这些行动者会形成若干联盟,不同联盟会形成自身对政策问题的不同意见,联盟之间竞争就转化为政策叙事的竞争。此前,研究者都只是关注单一政策子系统,目前越来越多研究者开始对多个政策子系统或政策体系(Policy Regime)进行研究,讨论政策叙事在不同政策子系统之间的流动。这样,中观层次的叙事政策框架形成了一系列有关叙事策略、政策信念、政策学习和公众意见的假设与命题。

叙事政策框架中观层次将叙事视为竞争团体动员潜在支持者的策略以及对政策动态过程施加影响的工具,重点关注"政策叙事的策略性建构",并围绕政策参与者、叙事策略、政策信仰、政策学习等方面提出了 11 个假说,旨在探讨政策行动者如何通过建构体现自身政策信仰的叙事影响政策过程或结果。

琼斯和沙纳汉在谢茨施耐德[①]和普拉尔(Sarah Pralle)[②]研究成果的基础上,指出当团体将自己视为政策议题上的输家时,政策行动者会利用叙事要素(如扩散成本、控制效益)扩大议题影响范围,动员更多人支持自己的主张,扭转自身所处的不利地位;而将自己描述为赢家的群体或个人会使用叙事要素(如扩散效益、

[①]　Ellen Schattschneider, *The Semi-sovereign People*, New York: Holt, Rinehart, and Winston, 1960.
[②]　Sarah Pralle, *Branching Out*, *Digging In*: *Environmental Advocacy and Agenda Setting*, Washington, D. C.: Georgetown University Press, 2006.

控制成本)控制议题影响范围,维持联盟现状,保持现有优势①。由此形成了以下两个假说:

H1:将自身描述成政策议题上输家的政策行动者会使用叙事要素扩大政策议题,以扩大联盟规模。

H2:将自身描述成政策议题上赢家的政策行动者会使用叙事要素抑制政策议题,以维持联盟现状。

琼斯等人提出的假说借鉴了莱克(William Riker)提出的"操控游说"(Heresthetics)概念。"操控游说"是指,当一方处于劣势时,会借助说服、胁迫和操纵等手段有策略地在争议议题中增加新话题或改变原有价值维度,分裂占据主导地位的对手。② 琼斯等人将此概念运用到政策叙事研究中,提出了假说H3:政策行动者会操控政策叙事,以左右联盟构成使其符合自身的战略利益。

恶魔/天使转移是联盟常用的策略之一。恶魔转移是指在叙事中将对手描述为恶棍的行为,天使转移是指在叙事中将自身描述成英雄的行为。叙事政策框架由此提出假说H4:恶魔转移更多发生在难以解决的政策议题上。③

沙纳汉等人借鉴倡导联盟框架关于信仰系统的研究成果,将稳定性、强度和凝聚力作为反映联盟黏合程度的指标,指出竞争联盟之间信仰的差异会增加政策问题的棘手程度,联盟内部信仰的一致性能够促成联盟成功。他们在此基础上提出假说H5:其政策叙事体现高度黏合性的倡议联盟更能够影响政策结果。

政策学习是政策变迁的一个重要解释变量,倡导联盟框架将科学信息视为政策学习的诱发因素。而叙事政策框架将政策学习的概念与心理学研究发现整合后指出,即使在科学认定的事实未发生改变时,新的叙事也能促成政策学习,并提出了关于政策学习的假说H6:政策叙事要素的差异能够解释政策学习。④

尽管媒体一直被学者视为政策过程中的重要参与主体,但在叙事政策框架出现之前,很少有研究深入分析媒体的角色,只是想当然地将其视为信息的传播渠道。借助叙事,学者们发现媒体未必是客观的信息输送管道,它会有选择性地扩散与自身信仰一致的信息。沙纳汉等人提出假说H7:媒体是政策辩论中的贡献

---

① Michael Jones and Mark McBeth, "A Narrative Policy Framework: Clear Enough to Be Wrong?" *Policy Studies Journal*, Vol. 38, No. 2, pp. 329–353.

② William Riker, *The Art of Political Manipulation*, New Haven, CT: Yale University Press, 1986.

③ Elizabeth Shanahan, et al., "An Angel on the Wind: How Heroic Policy Narratives Shape Policy Realities," *Policy Studies Journal*, Vol. 41, No. 3, 2013, pp. 453–483.

④ Elizabeth Shanahan, et al., "Policy Narratives and Policy Processes," *Policy Studies Journal*, Vol. 39, No. 3, 2011, pp. 535–561.

者(政策行动者)。① 为了厘清媒体、叙事策略和框架这些概念之间的关联,克罗(Deserai A. Crow)和劳勒(Andrea Lawlor)在叙事政策框架理论成果的基础上提出了以下四个假说,试图通过叙事测量媒体和框架在政策变迁的作用。②

H8:如果作为政策信息渠道,媒体在不同渠道上的政策叙事具有稳定性;而如果作为政策辩论贡献者,媒体在不同渠道上的叙事结构和框架会呈现出较大差异。

H9:与利用技术或信息进行沟通的群体相比,使用修辞叙事策略的政策行动者更可能在政策辩论中占上风。

H10:政策行动者采用主题框架界定政策问题比采用事件框架或其他框架更有可能说服公众接受他们提出的政策主张。

H11:采用与受众信仰一致但在不同媒体平台上略有不同的故事框架,能够影响政策结果朝着行动者的政策偏好发展。

(三) 宏观层次

与微观层次和中观层次的研究相比,叙事政策框架对于宏观层次的研究相对缺乏。这一研究的缺乏也使得叙事政策框架的微观、中观与宏观三个层次之间联系比较弱。对于这一点,叙事政策框架的创始人麦克贝斯和沙纳汉在该理论的开创性论文中就有清晰认识,他们认为"缺乏一个一般性理论处理政治系统中宏观层次力量如何影响政策叙事在政策行动者和更广泛的公众中的发展"③。在该论文中,他们提出了"政策营销者"(Policy Marketers)的概念,讨论了宏观层次的消费主义对美国经济和政治习惯的影响,这一理念认为"政策营销者"建构了政策叙事,并将这些政策叙事兜售给公民。他们的研究发现,政策方案的生产过程并非遵循理性讨论和政治利益的原则,其更多受到政策营销者创造的短暂的生活方式的影响。他们对于理论中的"制度和文化"本身所包含的"政策叙事"的研究也不够。制度和文化代表了宏观层次的变量和限制条件,而这些因素如何与政策叙事发生关系,会对政策叙事产生什么样的影响,以及作用机制是什么,这些问题还没有得到很好回答。

此外,叙事政策框架的不同层次之间的联系,如微观层次分析与中观层次分

---

① Elizabeth Shanahan, et al., "Conduit or Contributor? The Role of Media in Policy Change Theory," *Policy Sciences*, Vol. 41, No. 2, 2008, pp. 115-138.

② Deserai Crow and Andrea Lawlor, "Media in the Policy Process: Using Framing and Narratives to Understand Policy Influences," *Review of Policy Research*, Vol. 33, No. 5, pp. 472-491.

③ Mark Mcbeth and Elizabeth Shanahan, "Public Opinion for Sale: The Role of Policy Marketers in Greater Yellowstone Policy Conflict," *Policy Sciences*, Vol. 37, No. 3, 2004, pp. 319-338.

析之间、中观层次分析与宏观层次分析之间的内在联系也还没有得到很好的研究。例如,无论是微观层次和中观层次的研究,都讨论了公众意见与政策叙事之间的关系,两个层次的研究可能得出了不同结论,这需要进一步解释结果差异的原因。这些内在互动及其逻辑关系也是该理论在未来研究中应该发展的重点内容。①

第三节 研究展望:应用与挑战

一、应用情况

将 NPF 运用到具体实证经验案例的研究是 NPF 提出之后的一个重点研究方向,主要以 NPF 为解释工具分析和解释具体政策问题。②

围绕政策叙事,根据政策主体差异将 NPF 研究范围划分为微观、中观和宏观三个层次,目的是在具体经验分析中聚焦研究对象和主题。目前经验分析层次主要集中在微观层次和中观层次,对于宏观层次的跨文化和制度背景下政策叙事如何塑造和影响公共政策相关研究仍是尚需进一步探索的研究方向。微观层次研究主题基于不同政策背景,探讨政策叙事如何影响政策个体的政策倾向与偏好、政策认知,从而影响政策过程。麦克贝斯等不仅探讨公民身份特征通过政策叙事对政策问题的潜在影响,也证明部分利益相关者在政策制定过程中会运用传播转换策略。③ 琼斯探讨叙事传播结构影响公众对气候变化风险和政策偏好的看法。④ 奥利里(Renée O'Leary)等研究不同政策背景下政策叙事的角色和情节类型,以探讨这些政策叙事表现出的政策主张如何影响政策规制和结果。⑤

中观层次的实证分析主要通过不同政策案例,探讨政策叙事对政策团体行为的理论解释。麦克贝斯实证分析了复杂性政策问题中新兴利益团体在逐渐成熟

---

① 李文钊:《叙事式政策框架:探究政策过程中的叙事效应》,《公共行政评论》2017 年第 3 期,第 141—163、216—217 页。

② 明翠琴:《政策科学中的叙事政策框架及其研究前沿》,《陕西行政学院学报》2019 年第 2 期,第 11—20 页。

③ Mark McBeth, et al., "Do Stakeholders Analyze Their Audience? The Communication Switch and Stakeholder Personal versus Public Communication Choices," Policy Sciences, Vol. 49, No. 4, 2016, pp. 421-444.

④ Michael Jones, "Cultural Characters and Climate Change: How Heroes Shape our Perception of Climate Science," Social Science Quarterly, Vol. 95, No. 1, 2014, pp. 1-39.

⑤ Renée O'Leary, et al., "Claims in Vapour Device (e-cigarette) Regulation: A Narrative Policy Framework Analysis," International Journal of Drug Policy, Vol. 44, 2017, pp. 31-40.

过程中如何使用政策叙事影响政策结果。① 沙纳汉通过实证案例分析政策倡导联盟在联盟间和联盟内部如何运用政策叙事影响政策结果。麦克贝斯定量测度利益集团的政策信念。② 金尚哲（SangCheol Kim）分析政策争议中支持和反对两大联盟如何运用政策叙事在政策制定前后发挥作用。③ 麦克贝斯探讨新媒体传播中政策叙事对政策过程的影响效果，运用案例分析倡导联盟如何运用 YouTube 视频为政策叙事，对政策问题进行宣传以达到影响政策过程的目的。④ 利贝克（Donna Lybecker）也以实证案例分析探讨了新媒体中政策叙事的政策影响方式、效果。⑤

二、当前挑战

对于政策过程研究而言，"话语是重要的"已经取得共识。但是，在对话语研究与政策过程研究的结合中，现有的研究仍然显得不足。彼特·约翰（Peter John）最早将"观念途径"（Idea Approach）作为公共政策研究的五大途径之一，现有的很多政策过程理论也都关注观念的作用。不过，这些研究都只是将观念作为作用之一，没有将观念作为最重要的研究中心，从观念的角度来回答观念对主流政策过程理论中政策变迁的影响等研究问题。在公共政策研究的实证主义与后实证主义之间存在巨大的"鸿沟"，这一"鸿沟"既是知识缺口，也是值得关注的中心。而叙事政策框架就充当了桥梁的角色。⑥

由于叙事政策框架还处于成长初期，对于其系统的评价和讨论并不多。目前看来，只有《批判性政策研究》（Critical Policy Studies）杂志于 2015 年刊登了一组讨论叙事政策框架的论文。该杂志首先由叙事政策框架的创立者阐述其核心思想，随后邀请了一些研究者对该分析框架进行评价，这些讨论让我们看清楚了其哲学基础的张力和冲突。

---

① Mark McBeth, et al., "Buffalo Tales: Interest Group Policy Stories in Greater Yellowstone," *Policy Sciences*, Vol. 43, No. 4, 2010, pp. 391-409.

② Elizabeth Shanahan, et al., "An angel on the Wind: How Heroic Policy Narratives Shape Policy Realities," *Policy Studies Journal*, Vol. 41, No. 3, 2013, pp. 453-483.

③ SangCheol Kim, "A Study on the Policy of Seoul City Free School Lunch Program Based on Narrative PolicyFramework (NPF)," *The Politics of Education*, Vol. 23, No. 3, 2016, pp. 127-150.

④ Mark McBeth, et al., "Policy Story or Gory Story? Narrative Policy Framework Analysis of Buffalo Field Campaign's YouTube Videos," *Policy & Internet*, Vol. 4, No. 3-4, 2012, pp. 159-183.

⑤ Donna Lybecker, et al., "Do New Media Support New Policy Narratives? The Social Construction of the US-Mexico Border on YouTube," *Policy & Internet*, Vol. 7, No. 4, 2015, pp. 497-525.

⑥ 李文钊：《叙事式政策框架：探究政策过程中的叙事效应》，《公共行政评论》2017 年第 3 期，第 141—163、216—217 页。

第十七章 政策叙事理论

（一）内在价值冲突

休·米勒（Hugh T. Miller）对叙事政策框架的哲学基础进行了批判，认为该框架的哲学基础是认识论中科学主义（Scientism）和建构主义（Constructionism）的混合，而这两种认识论存在很大差异。米勒认为叙事政策框架在科学主义与社会建构主义之间存在内在冲突。对此，他指出"将有效性、效度和假设检验等科学式教条嵌入社会建构主义期待中本身产生了不可调和的认识论矛盾"[①]。科学主义以可以感觉的经验（Sensory Experience）为基础，它们也是"真理"的基础。叙事政策框架隐含着学者们希望通过客观主义的方法来研究政策叙事的美好愿望，但是其本身背叛了社会建构主义所强调的对于现实的自我认同的主观主义视角。因此，米勒认为叙事政策框架最大的问题是使用科学的方法来研究叙事，而科学本身要求的研究对象是可感知的经验。这种研究对象的差异性，使得叙事政策框架求助于主观性的协议和认同来达成对叙事本身正确与错误的认同，很显然，这不可能达到目的。社会建构主义强调对想当然的假设、态度和信念进行解构，进而使得人们能够理解构成性叙事、文化、实践和公共政策，从而为我们提供新的理解和认知。通过这一判断看，叙事政策框架所倡导的社会建构主义主张在其分析中并没有得到坚持。[②]

詹尼弗·道奇（Jennifer Dodge）也对叙事政策框架的混合范式（Mixing Paradigms）面临的挑战进行了讨论。在道奇看来，叙事政策框架试图融合实证主义与解释主义两种哲学传统，形成一个"主观主义/社会建构主义本体论、客观主义认识论、混合的社会建构/实证主义理论视角和包含定量与定性的实证主义理论方法"的混合体。[③] 在他看来，实证主义主要从假设演绎视角来从事研究，它基本上是模仿自然科学，强调使用基于观察和实验的经验方法（程序、工具和技术）来生产和分析数据，从而产生知识。这种范式强调主观与客观分离，通过假设检验和推理来获得"真理"，形成对于世界的理解。解释主义则强调社会世界不同于自然世界，需要使用不同方法来获得知识。这种范式强调解释的重要性，认为知识需要通过实践理性和对话来获取；它并不强调客观性，相反认为主观性本身是理解的一部分。该范式主要是从多种"真理"中发现一种"真理"，获得这种"真理"

[①] Hugh Miller, "Scientism Versus Social Constructionism in Critical Policy Studies," *Critical Policy Studies*, Vol. 9, No. 3, 2015, pp. 356-360.

[②] 李文钊：《叙事式政策框架：探究政策过程中的叙事效应》，《公共行政评论》2017年第3期，第141—163、216—217页。

[③] Jennifer Dodge, "Indication and Inference: Reflections on the Challenge of Mixing Paradigms in the Narrative Policy Framework," *Critical Policy Studies*, Vol. 9, No. 3, 2015, pp. 361-367.

的方法主要是基于认知共同体的共同认可。在道奇看来,叙事政策框架混淆了本体论和认识论,它所强调的社会建构主义应该是认识论范畴而不是本体论范畴。此外,这两种范式获得知识和实现知识发展的共同方法都是推理(Inference),但是它们使用推理的方法不同。自然主义社会科学强调发展具有普遍性和一般性真理的推理,而解释主义则发展基于情景的真理的推理。道奇甚至认为叙事政策框架使得叙事的力量消失,使得该框架不关心政策叙事本身的动态性,以及政策叙事对于政策变迁的影响。他指出:"在微观层次,叙事政策框架狭义地检验政策叙事特征对公众意见的影响(例如,叙事者越被公众信任,他们对个人越有说服力)。然而,这一途径不能够分析特定的叙事在其要素不发生变化时,叙事者是在什么时候、怎样和为什么失去公众信任的,以及这一过程是如何影响联盟变化进而产生政策变迁的。在中观层次,政策叙事会对联盟变化产生影响,但是否通过叙事而发生变化,这一影响是如何被理解的,这些问题都有待研究。叙事及其特征被假定为静态的,然而,叙事者正是通过对叙事的策略性使用而改变存在争议的价值观,从而促进联盟变迁的。很显然,价值观是如何转换的,以及这种转换如何影响政策变迁,其逻辑并不清晰。"[1]正是在这个意义上,道奇认为叙事政策框架的倡导者本身对社会科学中的解释主义范式缺乏深入研究和分析。

(二)逻辑搭建缺失

除了哲学上的争论之外,叙事政策框架仍然没有触及叙事在政策过程中作用的两个核心问题。一是如何区分叙事与其他因素在政策过程中作用的差异性,我们能否证明政策叙事真的对政策过程发挥作用。例如,到底是权力重要,还是叙事重要? 到底是理性重要,还是叙事重要? 到底是利益重要,还是叙事重要? 这其实是对观念在政策过程中作用的细化。对此,叙事政策框架在微观层次进行了很好的分析,讨论了政策叙事确实在微观层次能够对个人认知和行为产生影响,证明个人是叙事人的假设。但是,它在中观层次和宏观层次的研究,更多的仍然是解释不同联盟和主体之间在政策叙事方面的策略性差异,对于政策叙事对政策过程中其他环节的影响的讨论仍然不足。更为重要的是,对于政策叙事与政策变迁本身之间内在逻辑关系到底是什么这一问题,叙事政策框架还没有很好地涉及。这意味着,叙事政策框架还需要发展基于政策叙事的政策选择和政策变迁理论。[2]

---

[1] Jennifer Dodge, "Indication and Inference: Reflections on the Challenge of Mixing Paradigms in the Narrative Policy Framework," *Critical Policy Studies*, Vol. 9, No. 3, 2015, p. 364.

[2] 李文钊:《叙事式政策框架:探究政策过程中的叙事效应》,《公共行政评论》2017年第3期,第141—163、216—217页。

第十七章 政策叙事理论

【关键术语】

政策叙事理论 政策叙事 政策子系统 政策信仰 叙事策略 分析层次 解释主义

【复习思考题】

1. 什么是政策叙事理论？它的理论来源是什么？
2. 如何理解政策叙事这一概念？
3. 叙事政策框架的分析层次有哪些？其核心假设分别是什么？
4. 试简述政策叙事理论目前所面临的挑战。

【案例分析】

美国黄石公园野牛管理[①]

美国黄石国家公园的野牛群是美国最后一个自由放养、基因纯正的野牛群，因此备受各界关注，而对于野牛群的管理也成为一个充满争议的话题。2009年，根据美国国家公园管理局的数据，公园里大约一半的野牛被检测感染了布鲁氏菌病。对于蒙大拿州牧场主来说，这增加了家牛群被传染布鲁氏菌病的可能性，而跨州运输的牛只要有一只检测呈阳性，则需要花费高昂的成本对整个地区的牛进行强制检测，美国黄石野牛一度被大量扑杀。然而，也有研究发现，野生麋鹿是该地区家牛布鲁氏菌病的主要传播者。因此，许多环保组织认为不应大量扑杀野牛群。

其中，美国的非营利组织水牛场运动（Buffalo Field Campaign, BFC）反对声最为强烈。这个基层组织成立于1996年，其主要工作是监测黄石地区的野牛管理活动。他们反对针对黄石野牛群的扑杀政策，并利用新媒体（特别是YouTube）试图影响当地及全国观众支持他们的意见。

一、故事中的角色

BFC通过视频网站Youtube传播的视频故事中主要含有三种角色：第一类是"英雄"。他们是问题的解决者，这类角色大多数是当地原住民（美国原住民部落）和组织自身。第二类是"受害者"。他们是受到伤害的群体，这类角色主要就是黄石公园的野牛群，有时其他野生物种（麋鹿、驼鹿、天鹅、灰熊等）也会被描述成受害者。相比之下，人类受害者只有30名，这表明他们故事中的"受害者"绝对

[①] 节选自 Mark McBeth, et al., "Policy Story or Gory Story? Narrative Policy Framework Analysis of Buffalo Field Campaign's YouTube Videos," *Policy and Internet*, Vol. 4, No. 3-4, 2012, pp. 159-183.

是以生物为中心的。第三类是"坏人"。他们是导致问题发生的原因,这类角色主要指蒙大拿州畜牧部门和国家公园管理局以及捕杀野牛的猎人。

二、故事情节

为了构建感染力强的故事,BFC 拍摄的视频中主要有两种情节:一种情节是捕猎者驾驶警车和直升机追逐野牛群,并使用彩弹枪对野牛造成伤害,最后将野牛赶进围栏;另一种情节是猎人有组织地选择野牛进行捕猎活动,接着射杀野牛并吹嘘他们的行为。

三、故事类型

最常用的故事类型是"无助与控制"。一方面,野牛群被描绘成无助、无辜的受害者,遭到猎人的残忍对待;另一方面,叙事不断向人们展示这种糟糕的情况实际上是可以控制的,来达到说服人们的目的。BFC 的叙事寓意代表着他们提出的解决方案,即停止对野牛群的捕杀,放开对野牛使用黄石公园以外的自然迁徙道路的限制。

作为一个倡导保护野牛群的组织,BFC 开展政策叙事的目的是向公众传递物种平等主义的理念,并通过故事要素的设定采取扩大冲突范围(Expanding the Scope of Conflict)的叙事策略,吸引公众关注黄石公园的野牛保护问题并支持他们保护野牛群的政策主张。

案例讨论题

1. 请分别从情景、角色、情节、寓意四个维度分析本案例中的政策叙事。
2. BFC 采用何种叙事策略以达成自身的政策主张?
3. 你如何看待政策叙事在公共政策过程中的作用?

【推荐阅读文献】

1. 李文钊:《叙事式政策框架:探究政策过程中的叙事效应》,《公共行政评论》2017 年第 3 期,第 141—163、216—217 页。

2. 朱春奎、李玮:《叙事政策框架研究进展与展望》,《行政论坛》2020 年第 2 期,第 67—74 页。

3. 明翠琴:《政策科学中的叙事政策框架及其研究前沿》,《陕西行政学院学报》2019 年第 2 期,第 11—20 页。

4. Paul A. Sabatier, *Theories of the Policy Process*, Boulder: Westview Press, 2018.

5. Michael Jones, Elizabeth Shanahan, and Mark Mcbeth, eds., *The Science of Stories: Applications of the Narrative Policy Framework in Public Policy Analysis*, New York: Palgrave Macmillan, 2014.

第五编　公共政策分析

第十八章 公共政策的政治学分析

【内容提要】

本章从政治学的角度,对公共政策进行分析。本章介绍了公共政策的政治学分析框架和合法性基础,主要进行了公共政策的政治权力互动分析,分析了政治体制与官方决策主体的政治互动,以及非官方决策主体的作用,最后对政治学分析进行总评,提出分析的必要性、可能性和不足之处。

第一节 公共政策的政治学分析框架和合法性基础

一、公共政策的政治学分析框架

托马斯·戴伊认为:"公共政策就是政府选择干什么或者不干什么。"[①]当然,公共政策的制定和执行都离不开政策环境,一般而言,政策环境包括所处的自然环境、经济环境、政治环境、社会环境和国际环境等(图18-1)。政策环境会对政策产生重要影响,制定的政策一定要与环境相契合,契合度越高,公共政策的效果越好,时效越长。

政府作为公共政策的主体在公共政策过程中发挥了重大作用。公共政策形式主要表现为国家立法,比如《中华人民共和国宪法》;政府各部门所制定的规章制度,比如国务院各职能部门以及地方各级政府所制定的规章制度以及临时的规章制度,比如与车辆限购、住房限购等政策有关的规章制度。此外,还有惯例,即大家共同遵守的约定俗成的规则和习惯等。

对"政府为什么要这样做"的回答,就要探求公共政策形成的原因和背景。一方面,从政府的产生而言,西方学者从私有制的角度分析问题,认为政府的产生是为了保护私有财产不受侵害;而中国学者则从公有制的角度分析问题,认为政府的产生是为了保护公有财产。因所有制的不同带来了两者的差异,其共同点则表现为保护统治阶级的权利和利益不受侵害。

---

① 〔美〕托马斯·R.戴伊:《理解公共政策》(第十二版),谢明译,北京:中国人民大学出版社2011年版,第1页。

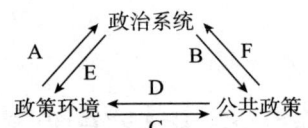

政策环境包括： 政治系统包括： 公共政策包括：
自然环境　　　立法机关　　　经济政策
经济环境　　　行政官僚　　　财税政策
政治环境　　　执政党团　　　教育政策
社会环境　　　司法机关　　　医疗政策
国际环境　　　利益集团　　　社会保障政策
　　　　　　　大众参与　　　环境保护政策
　　　　　　　媒体与学者

图 18-1　公共政策的政治学分析框架

资料来源：〔美〕托马斯·R. 戴伊：《理解公共政策》（第十二版），谢明译，北京：人民大学出版社 2011 年版，第 4 页。

另一方面，从政府的运行而言，政府通过公共政策实施有效治理，公共政策是实施公共权力的最有效路径。随着社会的发展和政治文明的发展，公共政策越来越能代表公共利益，成为公民和政府之间的主要桥梁。公共政策的执行主体是政府，但是公共政策反映的是公众的利益需求，同时公共政策的受众对象也是公众，这样的角色定位决定了，如果公共政策的利益聚合度越高，就越能反映公众利益，也决定了公共政策是利益较量的结果，公共政策的制定必然倾向于力量对比强势的群体。

公共政策是政府行为的体现，对于公共政策所带来的影响，我们不能孤立地分析。公共政策所带来的影响涉及两个方面——正面影响和负面影响。我们所期待的是前者，但是后者也是不可避免的。公共政策实施初期可能带来的是正面影响，但是随着时间的推移，政策渐渐不合时宜，需要进行修改和调整。可见，没有一成不变或永久的公共政策，公共政策的稳定性是有时效的。为了确保公共政策发挥更多的正面影响和尽可能地延长其时效性，就需要公共政策具有前瞻性和预见性。

分析公共政策产生的影响需要截取一个时点，这一时点下产生正面影响的公共政策应当予以保留，产生负面影响的公共政策应当调整或者取缔。对公共政策的影响效果的评价，实际上也是对政府行为的评价，因为公共政策是政府行为的体现。公共政策若很好地反映了公众的需求，实现了公共利益最大化，公众满意度较高，则被视为较为成功的公共政策；反之则被视为失败的公共政策。

二、公共政策的合法性基础

合法性,亦即公众的同意。取得公众的同意和认可,公共政策就赢得了存在的合法性,否则就不具有合法性。公共政策或通过法律路径上升为国家意志,或通过时间和实践检验赢得公众的心理认同。正如阿尔蒙德和鲍威尔(G. Bingham Powell)所言:"如果某一社会中的公民都愿意遵守当权者制定和实施的法规,而且还不仅仅是因为若不遵守就会受到惩罚,而是他们确信遵守是应该的,那么这个政治权威就是合法的。如果大多数公民都确信权威的合法性,法律就能比较容易地和有效地实施,而且为实施法律所需的人力和物力耗费也将减少。"[1]缺乏公众心理认同的公共政策不可能长久,随着时间的推移,必然被改变或者取缔。没有公众的认同作为合法性基础,让公众被动地接受公共政策的安排非常困难,摩擦妥协成本也很高。公民会采取多种形式进行对抗,或者采取漠视的态度,对公共政策视而不见;或者采取软抵抗的态度,对公共政策阳奉阴违;或者采取硬抵抗的态度,公然反对。公共政策受众者的态度极大地影响了公共政策的质量和效果,甚至决定了公共政策的存续。

具有合法性的公共政策具有很多优势。首先,具有合法性的公共政策受到公众认同,执行程度较高,贯彻较彻底;其次,在法律程序上更容易获得通过,执行顺畅度更高,执行效果更好;最后,这类政策能够得到公众的积极响应和回馈,针对存在的问题政府也便于获得及时的反映和进行纠正。公共政策的合法性基础是公共政策存在的源泉和力量,拥有合法性基础的公共政策具有发展的动力和潜在基础;反之则面临生存危机,随时有被推翻和取缔的可能,甚至为了维持其延续要花费高额的成本,且效果较差。

第二节 政治体制与官方决策主体的政治互动

公共政策的政治学分析主要通过公共政策过程中决策主体间的政治互动得以体现和说明。"政策制定中的多元政治互动主要体现在公共政策的直接决策者、间接参与者各自内部与相互间的冲突、沟通、取得一致的政治活动过程。"[2]各

---

[1] 〔美〕加布里埃尔·A. 阿尔蒙德、小 G. 宾厄姆·鲍威尔:《比较政治学:体系、过程和政策》,曹沛霖等译,北京:东方出版社 2007 年版,第 32 页。

[2] 王骚编著:《公共政策学》,天津:天津大学出版社 2010 年版,第 83 页。

国政治体制大不相同,因此与官方决策主体的政治互动体制也会所有差别。公共政策的官方决策主体包括立法机关、行政机关、司法机关和执政党团,其含义、地位、特征等具体内容在第三章有详细介绍,此处不再赘述。

一、西方国家的政治体制与官方决策主体的政治互动机制

西方国家的政治体制各有不同,比较典型的有以美国为代表的总统议会制、以英国为代表的议会内阁制、以瑞士为代表的联邦委员会制等。不同的政治体制下,官方决策主体的政治互动关系会有所不同。我们这里以美国为例进行说明。在三权分立的制衡原则之下,美国的总统具有最高的权力,包括最高国家行政权、最高军事指挥权、立法提案权以及对国会议案的否决权等。当然,总统所行使的各项权力要经过国会的批准。联邦最高法院法官实行终身制,大法官的任命由总统提名,国会通过,最高法院法官行使最高的司法审判权,对总统或者参众两院议员的违法行为进行审判。参议院有权监督和弹劾最高法院法官。

在美国总统议会制的政治体制下,美国公共政策的产生路径主要有两条:一是,公民通过选举产生议员,代表本团体的利益,表达本团体的意愿和利益需求;二是,公民选举产生总统和各州的州长等地方行政长官,由他们来代为行使行政权力,通过对行政官员的游说和劝说,使公共政策朝着有利于本利益团体的方向发展。总统议会制通过政治互动和利益协调,促成共同意愿的达成,最终形成共同遵守的公共政策。

二、我国的政治体制与官方决策主体的政治互动机制

人民代表大会制度是我国的根本政治制度,我国宪法规定,全国人民代表大会是最高国家权力机关,我国政治体制与官方决策主体的政治互动主要表现为人民代表大会制度与官方决策主体的政治互动。

我国的人民代表大会制定公共政策主要通过如下途径:第一,政府经过人民代表大会的授权直接促成公共政策的产生;第二,通过人民政治协商会议制度的辅助,促成公共政策的产生;第三,公民通过所在单位组织投票,表达意愿,提交人民代表大会,获得通过,形成公共政策;第四,社会公众通过信访等途径表达意愿,形成书面建议或方案,提交人大,获得批准,产生公共政策;第五,通过新闻媒体表达意愿和利益需求,提交人民代表大会,通过形成公共政策。这一过程既是人民代表大会制度形成决策的过程,也是该体制同官方决策主体进行政治互动的过程(图18-2)。

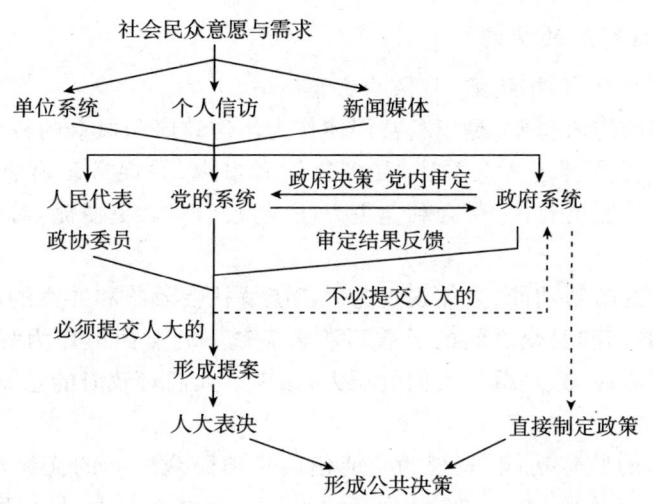

图 18-2　我国人民代表大会制度与官方决策主体的政治互动机制

资料来源：王骚编著：《公共政策学》，天津：天津大学出版社 2010 年版，第 87 页。

第三节　政策过程中非官方决策主体的作用

政策过程中非官方决策主体包括利益团体、公民、大众媒体和思想库（详见第三章）。他们并不是公共政策的直接制定者，却对公共政策的产生、执行、发展、反馈、修改和终止产生重要作用和影响。

一、利益团体

（一）利益团体的作用方式和途径

利益团体的主要作用方式是游说，分为直接和间接的游说方式。直接的游说方式指的是直接对决策者本人进行劝说和征服，动员其接纳有利于本利益团体的政策建议。间接的游说方式指的是对决策人以间接的方式施加影响，引导其决策的方向，包括对决策人有影响的第三方施加影响的方式和非直接劝说的方式。

利益团体的作用途径主要是，通过接近立法机关、行政机关和司法机关，运用游说的方式劝说决策者听取它们的意见或建议，使政策朝着有利于本利益团体利益的方向发展。大多数情况下，利益团体会采取温和的劝说方式使决策者接受它们的对策建议，但是在个别极端情况下，有的利益团体会采取暴力的甚至违法的方式实现本利益团体的目标，这必然导致犯罪，导致该团体的解散或被取缔。

（二）利益团体的功能

利益团体具有沟通、疏解、监督的功能。

利益团体的沟通功能，是指利益团体作为沟通政府和民众的桥梁和中介的职能。利益团体容易引起公众关注，受到决策者重视，并促进政府有效解决问题。利益团体表达意愿更自由，聚合利益更方便，与政府对话更便捷，对政策施加影响的效率较高。

利益团体的疏解功能，具体表现为承担疏解社会矛盾和冲突的职能。利益团体的介入，使政府和民众之间的矛盾不那么尖锐。利益团体作为缓冲器，合理调适和缓解了矛盾冲突，舒缓了人们的压力，减少了人们对政府的意见，有助于缓解矛盾。

利益团体的监督功能，表现为它能使政府和民众之间的交流沟通更简捷方便。公共利益团体承担的是监督政府的职能。公民个人力量微薄，通过组建利益团体进行利益表达，而利益团体为了实现本团体的利益目标，必然密切关注政策制定者的动向和取向，这一过程自然而然就形成了对政策制定者的有效监督。

（三）利益团体与政府决策

1. 利益团体对政府决策的影响

政府决策过程实际上是不同团体争取对政策施加影响的过程。在这种相互制约的过程中，政策便成为各种利益团体之间力量对比的最终结果。这种均衡取决于各个利益团体的相互影响力，一旦这种影响力的对比发生变化，政策便可能随之改变。在任何时候，公共政策都代表了占支配地位的团体的利益。有的时候，为了安抚被统治者的情绪，公共政策要适度向弱势利益团体倾斜，但政策的最终结果仍然受到占据统治地位的强势团体的利益驱使，且最终是为了维护强势团体的利益。目前，面临不同利益团体多元化的利益诉求，政府在做决策时不仅要考虑传统强势利益团体的影响，而且要重视弱势利益团体的影响，这些有利于更广泛的民主的实现。

2. 利益团体影响力的决定因素

利益团体影响力的大小取决于以下诸因素：成员的多少、财富的多寡、组织能力的强弱、领导能力的强弱、与决策者的亲疏以及团体内部的凝聚力等。一般而言，成员越多影响力越大；财富越多影响力越大；组织能力越强影响力越大；领导能力越强影响力越大；与决策者越接近影响力越大；团体内部凝聚力越大影响力越大。但是，实际情况并不尽然如此，且实际决策过程要复杂得多，可能会出现相反的结果或者一些特例。例如，成员越多，凝聚力不够，可能会对团体影响力产生负面影响;与决策者很近,但是和决策者沟通出现障碍,也可能对团体影响力产生负效应。

二、公民

现代民主社会的政策过程不仅强调民主参与,而且将公民视为公共政策的基石。但不可否认,目前公民参与公共政策的过程存在着现实困境。

(一) 公民参与是公共政策的基石

公民参与是公共政策的基石。公共政策需要公民的参与,公共政策的制定来自公民的需要,公共政策的执行需要公民的拥护,公共政策的修正需要公民的支持。具体而言,公民参与公共政策过程,一方面提升了政府公共政策质量,另一方面促进了公民个体全面发展。

1. 提升政府公共政策质量

公共政策的服务对象是公民,而公民的参与能够为公共政策的制定、执行和修正起到很好的促进作用,进而提升公共政策质量,使公共政策更加契合公民的需要,为公民提供更优质的服务。

(1) 优化公共政策制定。这主要体现在三个方面:第一,确保了公共政策的公共性。公民的参与度越高,越能确保公共政策的公共性。第二,提高了公共政策的科学性。公共政策的服务对象是公民,契合公民需要、服务效率高的政策才是科学的公共政策。第三,增强了公共政策的回应性。公民参与度越高,公民对公共政策的回应度越高。

(2) 完善公共政策执行。这主要体现在三个方面:第一,增强政策认同。公民参与度越高,对政策的认同度也越高,而认同度高的公共政策,公众执行度也高。第二,加强执行监督。公民参与度越高,他们对政策的熟悉和了解程度也越高,越容易对政策执行情况进行监督。第三,促进协同合作。公民参与度越高,对政策内容会更加理解,对政策也更加包容和易于接受,这就促进了协同合作。

2. 促进公民个体全面发展

公民参与公共政策可以促进公民个体全面发展,确保公民权利的实现,强化公民责任的承担,全面提升公民能力,使公民个体综合素质不断提高,综合能力增强,实现全面均衡发展。

(1) 保障公民权利。参与公共政策的过程是保障公民权利的过程。参与公共政策本身亦是公民的基本权利,公共政策的制定、执行和修正过程,就是公民确保权利实现的过程和路径。公共政策制定的对象是公民,满足的是公民的愿望和需求,表达的是公民的利益诉求。可见,公民参与作为公共政策的基石,起到了保障公民权利的作用。

（2）强化公民责任。参与公共政策的过程同时也是强化公民责任的过程。参与公共政策亦是公民的责任。公共政策约束的对象是公民，公民是公共政策的受众。公共政策的执行是公民被动接受政策的过程，但是公共政策的制定需要公众参与，而积极参与需要公民具有极强的责任感和责任意识，所以参与公共政策的过程本身也是强化公民责任的过程，需要公民以高度的热情和责任感来对待。

（3）提升公民能力。参与公共政策的过程是提升公民能力的过程。参与公共政策可以提升公民的参政和议政能力、政治理解力和表现力、自我价值实现能力和自我服务能力、意愿表达能力和利益实现能力。公民通过参与公共政策，能使自身的能力得到极大的改善和提高。

（二）公民参与政策过程的困境

如前所述，公民参与公共政策过程有很多好处，但是在现实生活中也存在着很多的困难。具体说来，东西方历史背景和文化差异也影响了公民的参与实践。

1. 公民自身因素

（1）公民的真实意愿很难确定。公民个人有自己的选择偏好，这种偏好会受到公民的性别、年龄、职业、收入、所属的社会阶层和群体等因素的影响。确定公众共同的真实意愿非常困难，公民个人可能因为所处的人生阶段、地理环境和生活境况不同而产生不同的意愿，而将这种意愿进行整合则非常困难。毋庸置疑，公民本人才是个人意愿的最佳表达者，也是意愿满足程度的最好评判者，因此除了意愿难以确定外，意愿的实现度和满足度也是很难从外界做出评价的。

（2）公民的意见有时短视。公民在参与公共政策过程的时候，其出发点是个体的，或者是所属的利益集团的，因此他所给出的对策难免带有局部性和自利性。此外，公民受个人的学识水平和见识程度的限制，对于问题的看法和认识难免有的时候会表现得不够全面和长远，因此公民的意见有时会出现短视倾向，这必然不利于科学决策。

（3）公民参与成本过高。公民参与决策是民主决策的一个重要表现方式，但是公民参与可能会带来高成本。在代议制国家，公民权利代为行使，一定程度上节约了社会成本；而全民参与决策或者直接参与决策都存在着意见整合困难、参与成本高昂等问题，以至于影响决策效率和效果。公民个人而言，参与公共决策也会影响公民个人正常的生产和生活，所以公民对公共决策的参与热情并不是很高。

2. 政府漠视公民参与

公民参与政策过程常被忽视。在政策过程中，部分决策者"官本位"思想根深蒂固,习惯于大包大揽、为民做主、替民做主,缺乏民主意识,常常漠视政策过程中的公民参与这一民主环节,导致公民难以真正参与政策过程,发挥实质性作用。即便公民能够参与到决策过程中,其意见也容易被忽视,而使公民参与沦为形式。

3. 公民参与决策具有滞后性

决策过程中,公民提出合理建议后,因为没有决策主动权,只能被动地等待和观察。此外,公民的建议多大程度上被接受取决于核心决策者多大程度上接受或采纳该建议,并且公民建议大多是在政策实施后才提出的,存在严重的滞后性,对决策效果不利。

4. 影响社会稳定性

公民参与公共政策过程分为两种不同的状态:合理、适度的良性参与和不合理、非适度的恶性参与。这里所说的公民参与可能会影响社会稳定主要是指后者。公民参与不足表现为参与态度消极、参与意愿缺乏,参与的主动性和自觉性较低,这就是所谓的"参与冷漠"。此时政府制定的公共政策不一定能很好地反映民意,进而出现决策质量下降、决策进程受阻、社会风险突发等。公民参与过度表现为参与动机过于功利、参与目的过于狭隘,对于和自身利益密切相关、会给自己带来较大成本或负担的政策问题,有着过高的积极性。由于对私利过度关注,容易采取过激的参与行为,使对话变成利益争斗的过程,使谈判陷入"零和博弈"的局面。这不仅影响公民正常的生产和生活,还会增加政府决策的难度和政府决策的风险,扰乱行政相对人的预期,进而带来社会秩序的不稳定。

三、大众传媒

大众传媒作为信息载体在公共政策领域发挥了重要的作用,是公民参与公共政策的重要途径和工具,在公共政策制定、执行和修正过程中都起到了不可小觑的作用。客观地讲,大众传媒在公共政策过程中产生了正负两种效应。

(一) 正效应

1. 扮演"守门人"和"议程建构者"的角色

在政策议程设定阶段,大众传媒扮演了"守门人"和"议程建构者"的角色。在政策议程设定之前,大众传媒都会对亟须解决的问题及政策需求进行宣传报道,聚焦问题并引导和掌控舆论方向,对进入政策制定者视线的问题进行把关,也就是履行"守门人"的职能。政策制定的先后顺序、轻重缓急等都是由大众传媒来掌控的。一般情况下,政策制定者会优先解决民众关注的焦点问题,而在民众焦点的形成过程中,大众传媒所发挥的作用至关重要。

2. 承担"要求通道"和"议题游说者"的责任

在政策议程创建之后到政策正式出台的这一阶段,大众传媒扮演的角色可称为"要求通道"和"议题游说者"。政策草案提上了议事日程以后,就会进入广泛的征求意见和讨论阶段,这时的大众传媒就会对政策进行广泛的推广和宣传,对公众进行舆论的引导,或者支持或者反对该项政策。所以大众传媒需要做到客观、公正和中立。但是大众传媒难以避免地会受到外界的影响而产生偏倚和导向性。大众媒体的宣传会对政策出台起到推动或者阻碍作用。

3. 发挥"政策宣传者"和"监督者"的职能

在正式政策出台以后,大众传媒的角色是"政策的宣传者和监督者"。在政策出台后,大众传媒会承担起宣传员和监督员的角色,对政策进行广泛的宣传,与政府保持高度一致,成为政府宣传的喉舌;同时对政策的实施和执行进行监督和反馈。对于符合公众需求,且公众满意度高的政策进行更加广泛的宣传和推广,对政策的不足之处进行宣传报道,引起公众和主管部门的高度注意,促使其对政策进行修正和调整,这在很大程度上提高了政策的效率和效度。

(二) 负效应

1. 有偿新闻和新闻广告化

新闻自由权在西方国家被视为最重要的自由权之一,它不受政治限制,受到国家法律的保护。有鉴于此,大众传媒应保持自身中立,宣传报道客观属实。但是,其又不免受到外界影响,甚至受到利益团体的左右,对舆论进行引导,以让政策朝着有利于利益团体的方向发展,使得新闻产生倾向性而不再客观中立,甚至成为有偿新闻,即利益团体付费,大众传媒从中获利;又或者新闻不再是新闻,而被广告化了,进行广告式的宣传。

2. 价值导向的紊乱

价值导向的紊乱使大众传媒扭曲了其职责和功能,引导人们关注细枝末节,而忽略了最关键的问题,这样的宣传必然带来负面影响。比如,召开两会的时候,大众传媒理应关注会议的动向和议题,可有些媒体偏偏只关注代表们的着装和配饰,引导民众过多地关注奢侈品牌,这必然带来不好的社会影响。

3. 低俗化粗俗化倾向

我国社会主义现代化建设的进程中,随着物质文明的进步,精神文明建设的重要性也逐渐凸显,政治文明是其中的重要组成部分,是社会发展到现阶段的必然要求,也是社会进步的重要体现。大众媒体在精神文明和政治文明建设过程中应该发挥重要的宣传阵地和精神堡垒的作用,对其进行正面的宣传教育和引导。但是,现阶段有些新闻媒体受到社会不良风气的影响,为了吸引眼球,出现报道低俗化和粗俗化的倾向,这有悖基本的职业道德伦理。这种倾向应当及时制止。

4. 信息霸权与数字鸿沟

信息霸权指的是大众传媒对信息进行垄断和霸占,不允许他人共享共占。大众传媒有时会受外界的影响,或者被利益团体俘获,对信息进行垄断、封闭,使公众无法获得本应知道的信息,以至于他们不能对政策进行有效反馈,阻碍了公共利益最大化的实现。一般而言,数字鸿沟(Digital Divide)指的是占有大量信息的人和占有少量信息的人之间的差距,最早由美国国家远程通信和信息管理局(National Telecommunications and Information Administration,NTIA)提出。确切地说,数字鸿沟指的是在信息时代,拥有信息工具的人和那些不曾拥有信息工具的人之间的差距。这种差距会带来机会的不对等,继而产生贫富差距,不利于社会的发展和稳定。

5. 受市场冲击而有失客观,影响公共政策的独立性和权威性

在市场经济的条件下,大众传媒常会受到市场的冲击和利益的驱使而丧失其应有的客观性,不能做出中立客观的判断,继而影响到公共政策的独立性和权威性。造成这一现象的主要原因在于大众传媒缺乏有效监督。监督者缺乏监督,会给社会带来更严重的损失。

四、思想库

(一)思想库在公共决策过程中所发挥的作用

思想库在公共决策过程中主要发挥三个方面的作用:政府的理性决策外脑、边缘利益代言人和社会监督职能。

1. 政府的理性决策外脑

思想库是专业的咨询机构,掌握相对完全的信息,一定程度上独立于决策者纷繁复杂的利益关系,能相对理性地对决策者施加影响,因此成为政府的理性决策外脑。思想库的这一角色使它更中立、更客观、更科学,为政府所提供的咨询信息更客观可信,对策建议更加具有说服力,因而能够更加广泛地被接受。很多国家的思想库在公共决策过程中很好地担当了政府理性决策的外脑,比如美国的兰德公司对白宫、五角大楼都有相当的影响力。我们国家还需要借鉴国外经验,更好地发挥思想库的决策外脑作用,利用其为公共决策提供更科学的依据和路径。

2. 边缘利益代言人

对公共政策而言,思想库既不是公共政策的直接制定者,也不是直接的受众对象。虽然受到利益团体等外部因素的影响,但是对于可参与的议题而言,思想库不是直接的利益相关者,因此成为边缘利益代言人。一方面,与议题有关的公民更愿意让思想库做代言人。思想库的专业性和权威性使利益相关者更加愿意相信它们所提供的数据和信息,认为它们了解实际的境况,能充分表达利益相关者的利益需求。另一方面,政府更愿意接受思想库的建议。思想库对公共政策议题个中的利害关系了如指掌,掌握相对完备的信息,所以对情况更为了解,所提供

的信息和数据对政府而言更有说服力,政府也更愿意倾听来自思想库的声音和利益诉求。

3. 社会监督职能

思想库在公共政策过程中理所当然地承担了社会监督职能,这是由思想库自身的特性决定的。(1)思想库的独立性。思想库是独立于政府以外的专业咨询机构,且思想库参与公共政策讨论的议题都是独立于利益团体的,具备了承担社会监督职能的首要条件。(2)思想库的中立性。思想库作为独立的政策咨询机构,并没有涉入公共政策所讨论议题的利害关系中,所以为公共政策建言献策的时候不会偏私,能够保持中立性,这就具备了承担社会监督职能的重要条件。(3)思想库的权威性。思想库作为权威的专业咨询机构,所提供的信息和数据可信度高、客观性强、专业权威性高,它们的观点和主张更加容易引起重视,为履行社会监督职能提供了保障和条件。

(二)思想库专家在公共决策过程中所发挥的作用

根据思想库专家在公共决策过程中所发挥的作用,可将其分为专家政治指导派和专家政治协商派。

1. 专家政治指导派

专家政治指导派指的是专家在公共决策过程中,为政治决策者提供专业技术咨询和帮助,给予技术上的指导,使决策者能够更理性、科学地做出决策。(1)随着社会政治、经济的不断深入发展,社会中各个决策领域的复杂性和相互依赖性不断加强,旧的知识范式已失去效力,新的知识范式起到的作用越来越大。(2)当代社会问题越来越需要专业政策分析人员通过提出或运用新的专门知识来解决。(3)政策选择在技术上的复杂性为高水平的专业政策分析家直接介入政府决策过程提供了广阔的空间。(4)地位较高的专业政策分析人员直接参与决策过程,增强了他们对重要决策施加影响的能力。(5)政治家对专业政策分析人员的依赖性不断增长,本身就削弱了政治家原有的决策权力,政府决策权事实上已经开始从政治家向政策分析人员转移与分散。

2. 专家政治协商派

专家政治协商派指的是专家在公共决策过程中,从独立于利益相关者的角度,为决策者提供专业技术咨询和对策建议,与政治家共同协商进行决策,进而增加决策的科学性、客观性和合理性。(1)重要政策的选择必然涉及不同群体之间相互冲突的价值观。(2)一定政治体制中相互冲突的要求主要依靠政治权力的权威性分配来加以解决。谁的要求被作为政策确定下来,谁就在利益角逐中取得胜利;相反则遭遇失败。(3)专业政策分析人员在利益冲突和政策制定过程中所起的作用,是为决策提供科学和技术的依据,并使其合法化,以缓和冲突,提高决策者及其他占支配地位群体的话语权,使之更有权威。(4)专业政策分析人员应通过科学和技术为各集团的共同利益服务,尽量保持中立、无私的立场。(5)如果政策失败,政策分析人员很可能被当作替罪羊,分担政策失败的责任。

第四节 公共政策政治学分析述评

一、公共政策过程本质上是一个政治过程

公共政策过程在本质上是一个政治过程,各种重要问题的最终决定还要依据政治实力的对比。公共政策从制定、修改、执行、反馈,到再修改,甚至终止都是不同利益团体对政策主体施加影响的政治过程。政策过程也是利益团体相互之间的博弈过程,这一过程是动态的,公共政策需要不断进行调整,而利益关系的变化永远快于公共政策的调整,因此公共政策不可避免地带有时滞性。尽可能地减少这种时滞性,增强时效性,是对公共政策的要求。针对不同议题,利益关系主体会有所不同,偏好必然有差异,不同偏好也会对政策倾向带来不同影响,所以政策制定过程中应尽量减少因主观偏好的差异带来的影响,使公共政策更加具有客观性。

与议题相关的政策取向依赖不同利益团体之间力量的对比结果,强势利益团体必然从公共政策中受益,当然形式上这项政策是公允的,是为公众所普遍接受的。但是,随着公共政策的推行,经过一段时间的发展,政策效果逐步显现,势必破坏原有的均衡状态,这就需要对公共政策进行适时调整;当其完全失衡的时候,即利益重新分配、公共政策重新制定的时候。比如,计划生育政策长期以来是我国的一项基本国策,并对我国的经济发展作出了不可磨灭的贡献,但是随着时间的推移和社会的发展,我国逐步丧失人口红利的优势,社会老龄化现象严重,这就需要对原有政策进行适时适度调整。

二、公共政策过程要处理好利益主体间的关系

在公共政策的过程中,一定要处理好三方面的关系,即政治精英与普通民众的关系,核心决策者与专家学者的关系,政治因素、民主因素、权力因素、知识(理性)因素的关系。如前所述,公共政策的过程就是政治互动的过程,是政治力量对比的过程,因此,处理好利益主体的相互关系显得尤为必要。

(一)要处理好政治精英与普通民众的关系

公共政策的受众是普通民众,大多数公共政策的制定者是政治精英。政治精

英和普通民众的关系能否处理好,关键就在于政治精英所制定的公共政策能够多大程度地体现和代表普通民众的利益。公共政策符合民众的利益需求,能够很好地表达民众的心声,那么政治精英和普通民众的关系就比较缓和,普通民众能够安居乐业,政治精英能获得来自民众的更多支持,政治寿命就更长久。若公共政策背离民众的利益需要,民众缺乏表达呼声的路径,那么政治精英和普通民众的关系就趋于紧张,民众生活质量下降,政治精英来自民众的支持率下降,政治生命受损。现代的公共政策过程中,民众不再只是受众对象,而越来越成为重要的参与者,听证会制度的发展就是一个重要体现;政治精英也不再是唯一的公共政策制定者和参与者,民主因素和理性因素的介入极大地提高了公共政策的科学性和客观性。

(二)要处理好核心决策者与专家学者的关系

公共政策由专家学者提供咨询意见和建议,最终由核心决策者定夺。核心决策者与专家学者的关系能否处理好,一方面在于公共政策制定过程中核心决策者对专家学者建议的接纳程度。核心决策者越尊重专家学者,越愿意接受其建议,二者的关系越融洽,也越有利于提高公共政策的科学性、客观性和效益性。另一方面还在于公共政策制定过程中专家学者对核心决策者意图的领会程度和对议题的把握程度。专家学者越能够深刻领会核心决策者意图,准确把握政策议题,二者的关系越融洽,越能在公共政策制定过程中更好地发挥其作用。

(三)要处理好政治因素、民主因素、权力因素、知识(理性)因素的关系

公共政策的过程汇集了政治因素、民主因素、权力因素和知识(理性)因素,是这几个因素结合的产物和共同发挥作用的过程。政治精英和普通民众的关系是政治因素和民主因素关系的体现,核心决策者与专家学者的关系是权力因素与知识(理性因素)关系的体现。处理好这几个重要因素的关系,就能充分发挥公共政策在国家政治生活的作用,实现国家长治久安、人民安居乐业。政治因素对公共政策的影响,包括政治支持者、中立者和反对者发出的不同声音所带来的影响,这是一个综合博弈的过程;民主因素对公共政策的影响,指的是公共政策多大程度上能代表公众的利益,包括普通民众对公共政策的认知度、参与度和反馈度等;权力因素对公共政策的影响,主要是要处理好公权与私权的关系,防止权力因素介入公共政策导致公权对私权的侵害;知识(理性)因素是公共政策过程中最中立的因素,其独立于利益关系之外,最能客观地反映公共政策过程中的问题,需要受到应有的重视。

三、政策分析必要而非万能

对政府决策而言,政策分析对整个公共决策过程很重要,但却并非万能。如前所述,公共政策过程本质上是一个政治过程,政策科学家所进行的政策分析很大程度上也只是掩饰政治冲突的一种时髦的虚饰而已。而且,简单的政策分析并不能囊括所有政治因素发挥作用的复杂性和特殊性。此外,政策分析本身存在悖论,政策分析基点是静态的某一时点的状况,但是却要求政策具有长久性;随着动态的发展和变迁,政策必然会出现不适应性,应适时作出调整,而调整后的政策所依据的基点,在政策实施时已发生了转移和变化。有鉴于此,需要公共政策具有前瞻性,但是政策制定所依据的分析基础却已经发生了变化。

此外,托马斯·戴伊对公共政策分析的局限性进行了阐述:(1)一些社会问题基于其被界定的方式,注定无法得到彻底解决;(2)人们的期望可能总会比政府的能力增长得快;(3)解决某一群体问题的政策可能会给其他一些群体带来问题;(4)一些社会变迁无法由政府强迫推动;(5)人们可能会调适自己的行为致使公共政策变得毫无用处;(6)某项具体的政策无法根除引发社会问题的多个原因;(7)一些社会问题的解决可能需要比问题本身更耗费成本的政策;(8)政治体系的建构可能不完全适宜进行理性决策,政府没有能力以理性主义的方式形成政策。① 戴伊的分析使政策分析看起来不那么可靠,至少如上几个方面是公共政策分析本身难以解决的问题。

虽然政策分析有这样那样的不足,但是没有政策分析却是万万不行的。不管是复杂的政治过程还是动态的变化过程都需要理性的政策分析。政治力量的对比、均衡和较量需要政策分析作为基础,合理的政策分析为政治力量参与竞争提供了有力的依据,虽然强势利益集团最终占据决策的主导地位,但是理性、客观和科学的政策分析会使其更有说服力,其提出的对策建议更容易为民众所接受。靠对权力的绝对服从进行统治的时代已经结束,即便在封建统治时期,统治者也要为自己的统治奠定合法性基础,神权的力量也好,外在的其他力量也罢,统治者要让民众相信其统治的合法性。现代政府的统治需要政策分析提供这样的合法依据,抑或为其统治提供合法的外衣。虽然政府所面临的情况变化万千,但是公共政策是政府代为行使公共权力的体现,相对理性、客观和科学的政策分析有利于政府维持正常的运行和统治秩序,确保社会的长治久安和安定团结。

---

① 〔美〕托马斯·R. 戴伊:《理解公共政策》(第十二版),谢明译,北京:中国人民大学出版社 2011 年版,第 6—7 页。

【关键术语】

分析框架　合法性基础　公共政策决策主体　政治互动

【复习思考题】

1. 简要概述公共政策的政治学分析框架。
2. 影响政策过程的官方主体有哪些？他们如何在公共政策过程中发挥作用？
3. 影响政策过程的非官方主体有哪些？他们如何在公共政策过程中发挥作用？
4. 公共政策政治学分析的局限性有哪些？

【案例分析】

2013年北京市出租车调价听证会案例[①]

北京出租车价格调整听证会于2013年5月23日在京举行。25名听证代表中，仅1人反对涨价，13人赞成2.3元/公里方案。从此前听证会惯例来看，出租车涨价几乎成定局。具体采用哪种方案，是否修改？北京市发改委表示，将在15日内将听证代表意见归纳整理上报市政府，由市政府做出决策。

北京出租车价格该不该涨？23日的听证会上，绝大多数听证代表都认为该涨。由于北京出租车2006年以来从未调价，司机收入偏低，对涨价呼声较高。唯一反对的听证会代表、来自腾讯的吴某，也认为出租车司机工资应当提高，只是不能仅仅让乘客来承担所有成本。

从此前北京组织的多次听证会看，听证会后，涨价几乎成必然。但与之同时，多数时候会选择调价低的方案。统计显示，此前北京召开的13场听证会方案中，半数是"二选一"方案，达6场。其中4场听证会上"价低"方案胜出，"成功率"达67%。

此前，曾任市发改委委员张某表示，"逢听必涨"是对听证会制度本身的不了解。"我认为，是逢涨必听而不是逢听必涨，"张某解释说，凡是关系到公共利益的公共服务制度的价格等，应该建立听证会制度，要征求消费者、经营者和有关方面的意见。价格听证会是政府价格决策之前广泛听取意见的法定程序，从听证会的本质来说应该是逢涨必听。

---

① 节选自《北京出租车涨价几成定局　听证会被指逢听必涨》，《新京报》2013年5月25日，第A06版。有改动。

国家行政学院竹立家表示,要改变价格听证的程序设置,不能让价格听证变成一道涨价选择题。价格听证的结果应该是"可能涨价,可能不涨价,还有可能降价"。同时,召开价格听证会必须以成本监审为基础。为什么要涨价、应该涨多少,要以成本监审为依据,不能由涨价申请方自说自话。

案例讨论题

1. 该项公共政策涉及的利益主体有哪些?请结合案例分别说明。
2. 结合案例分析,公共政策的官方主体和非官方主体如何对公共政策的出台施加影响?

【推荐阅读文献】

1. 王浦劬等:《政治学基础》(第四版),北京:北京大学出版社2018年版。
2. 〔美〕迈克尔·罗斯金等:《政治学》,林震等译,北京:华夏出版社2002年版。
3. 汪大海主编:《现代公共政策学》,北京:清华大学出版社2010年版。
4. 汪大海主编:《公共管理学》,北京:北京师范大学出版社2009年版。
5. 杨冠琼编著:《公共政策学》,北京:北京师范大学出版社2009年版。
6. 谭融:《美国利益集团政治研究》,北京:中国社会科学出版社2002年版。
7. 〔美〕安德鲁·里奇:《智库、公共政策和专家治策的政治学》,潘羽辉等译,上海:上海社会科学院出版社2010年版。
8. 〔美〕托马斯·R.戴伊:《理解公共政策》(十二版),谢明译,北京:中国人民大学出版社2011年版。

第十九章　公共政策的经济学分析

【内容提要】

公共政策的经济学分析,是通过经济学理论的范式方法,分析和理解原属于公共政策学科领域里的原理和问题。本章梳理了公共政策经济学分析的内涵、原因、逻辑和途径;分析了在经济学中,福利经济学派、新制度主义和公共选择学派对公共政策研究的影响;探究了政府、市场与公共政策关系分析的关系。

第一节　公共政策分析的经济学途径[①]

一、公共政策经济学分析的内涵

在公共政策学科的发展过程里,越来越多的学者意识到公共部门的决策也是一种价值的权衡取舍,因此将经济学这一"研究人和社会如何进行选择,来使用可以有其他用途的稀缺资源以便生产各种商品,并在现在和将来分配给社会的各个成员或群体以供消费之用"的方法应用到了决策领域,使其在公共政策的研究中地位日益重要。

对于现代公共政策的分析途径,美国学者波齐曼提出,在美国大学里,几乎同时出现了两种明显不同的途径:一种是来自传统公共行政的"政策途径"(the Policy-approach),即 P 途径;另一种是产生于工商管理,由私营组织管理和经济理论相结合,引入传统公共行政学之中的"商业途径"(the Business-approach),也就是 B 途径。

B 途径的研究范式,是将经济学原理引入公共政策的分析之中,强调以理论研究为基础,应用并融汇不同学科的方法和技术,发展出一种以公共管理与私营部门管理为基础的综合框架,注重实证,关注过程的一种政策分析的新途径。

[①] 本节内容参考了吴鸣:《公共政策的经济学分析》,《经济问题》2004 年第 5 期,第 12—14 页。

二、公共政策经济学分析的原因

公共政策为何成为经济学分析的热门领域呢？我们可以从以下几个方面来解答这一问题。

首先，实施任何公共政策都会涉及公众利益的调整和分配，必然面临着利益选择问题，而利益的权衡取舍正是经济学的一个基本原理。经济学是一门有关决策的科学，它要研究人们如何做出交易决策，如何决定投资和储蓄等。而一项公共政策的出台，是政府对各方面的利益进行权衡取舍的结果。

其次，经济学经过长期发展已经形成了一套较为完整的分析方法和分析工具，而且不可避免地会将各种经济政策纳入其分析范围。例如，经济学可以通过农产品供给和需求弹性的分析，对政府实施的农产品保护政策做出评价；可以从劳动力市场的一般均衡出发，对政府的就业政策提出建议等。实际上，经济学分析与政策分析紧紧地连在一起。虽然，经济学中涉及的主要是政府的经济政策或社会政策，但经济学的分析方法和分析工具逐渐成熟，增强了经济学家将它们运用于其他领域的信心。

再次，随着现代经济学研究领域的拓展，经济学家们在不少过去被认为是经济学无法涉足的领域取得了丰硕的成果，一些研究成果还产生了巨大的影响，这会进一步激起经济学家对涉及面极广的公共政策的研究热情。例如，经济学家利用著名的公共选择理论证明了存在着一个与一般商品市场极为相似的"政治市场"。既然经济学的分析可以在政治领域取得成功，用它来分析教育政策、科技政策、公共卫生政策同样也应该得心应手。

最后，"几乎没有哪一个负有使命感的社会科学家甘愿与公共政策的制定无关"[①]，经济学家常常有一种"经邦济世"的使命感，自然对政府的公共政策倾注极大的热情。虽然经济学家在提供公共政策的方案上常常不能让人满意，以至于美国总统杜鲁门曾为此而烦恼，希望"找个独臂的经济学家"，以免他在判断问题时总是说一方面如何，另一方面又如何。但从实际情况来看，经济学家参与公共政策的程度和范围要超过所有其他的社会科学家。不论是在经济领域还是在其他领域，经济学家都在相关公共政策的制定方面起着重要作用。同时，经济学也在这些领域获得了前所未有的发展，如政府经济学、环境经济学、教育经济学、医疗卫生经济学、规制经济学等。

[①] 〔美〕丹尼尔·W. 布罗姆利：《经济利益与经济制度：公共政策的理论基础》，陈郁等译，上海：上海人民出版社 2006 年版，第 4 页。

三、公共政策经济学分析的逻辑

按照经济学的理论,任何行为都是人们对成本和收益进行比较后权衡取舍的利己结果,人们选择的依据是行为所能带来的净收益。

在传统的经济理论中,市场是实现资源优化配置的最优机制,但市场不是完美的,有时候也会失灵。在市场力所不及的时候,政府的公共政策是一种替代选择。在市场失灵的情况下,制定和实施一定的公共政策可以降低社会成本,纠正市场导致的不合理结果。

市场不是完美的,政府的政策调控也不必然是有效的。如果一项公共政策所产生的社会成本比市场、个体自行解决问题时所产生的社会成本还要高,这种公共政策显然是无效率或者负效率的。公共政策的必要性在于公共政策可以解决问题,但既然公共政策不是万能的,政策本身也可能会出现问题,那么,受到成本和收益的制约,其必然是有局限的。当政府的公共政策的收益低于其成本时,这种公共政策就不应被采用。这时解决问题可以利用市场,也可以利用企业,或者什么也不采用。①

所以,公共政策是通过比较其成本和收益而产生的,公共政策存在的理由在于它在一些环境条件下的社会成本小于以市场和个体的方式来解决问题。这就是说,市场失灵并不是政府实施公共政策的充分条件。如果公共政策不符合上述逻辑,即使出现市场失灵,也并不意味着必须用公共政策来解决问题。

经济学还关注政策的价值因素,也就是人们所追求的理想状态及其实现。价值是公共政策固有的客观属性,是公共政策制定、执行的总体导向,是影响公共政策正确性、有效性的重要指标,是评价公共政策优劣得失的关键性因素。公共政策在制定、执行过程中,都会涉及价值的载体与实现的途径问题,因为公平和效率诸如此类的价值本身无法得以展示,只有通过最适当的内容与最满意的方式才能使价值符合预期目标,获得所认可的效果。政府在制定公共政策时力求通过管理、服务社会追求公平、公正的价值观。在此基础上,公共政策的执行应该强调它的有效性:一是公共政策的结果与预期的目标相符合,二是公共政策的总体结果与社会所持的价值观基本相吻合。而这一类的问题,正是经济学理论所期待解决的。

经济学将行为的价值分析纳入理论体系之中。依据经济学的观点,对于绝大多数人,在选择范围既定的条件下,都有若干基本价值,例如自由、公正、和平、安

---

① 本部分参考了王志立:《试论公共政策的经济维度分析》,《商场现代化》2007年10月(下旬刊),第378页。

全和繁荣等,并将这些基本价值置于高度优先的地位。所以公共政策应着眼于长远,并能够在一定程度上容忍短期的冲突,从而避免冲突并更好地实现人们的愿望。①

四、公共政策经济学分析的途径

在经济学中,公共选择、新制度主义和福利经济学派是对公共政策研究影响最深的几个流派。

通常来看,经济学理论的焦点主要集中在"为什么做""如何做"和"应该如何"等方面,是一种价值和事实、应然和实然的分析法,为公共政策提供了强大的分析工具和概念框架。上述三大理论,契合了公共政策问题分析的主题,是公共政策研究的经济学途径的典型。

福利经济学提出了经济效用和福利的概念,应用了帕累托最优、社会福利等标准衡量公共政策的公正公平,指出公共政策总是在公平和效率之间进行权衡取舍;公共选择将经济理论的理性人假定引入公共政策中,从理论层面解释了公共政策失灵和政策中的"寻租"行为。二者都是从理论层面对公共政策进行了经济学的分析。

制度经济学与公共政策有着密切的联系。制度经济学作为现代经济理论中的一个流派,比较重视由规则和组织构成的制度在人类经济活动中的作用。用制度和交易成本的观点来理解政策问题、解决政策问题,这也是经济学对公共政策研究的促进和发展。

第二节　福利经济学与公共政策分析

良好的公共政策必须从社会整体出发,同时还需要关注社会中个体的福利,那么,何为社会福利的最大化状态? 经济秩序会如何影响全体社会成员的福利? 为回答此类问题,以丁伯根为代表的福利经济学家将福利经济学引入了政策分析领域。

一、福利经济学的背景和内涵

在福利经济学的定义里,福利是指研究经济财富的分配和再分配以满足所有人需要的理论体系。"从抽象的角度来说,福利经济学主要讨论的是社会选择标准的界定、收入的再分配及资源的优化配置。从现实的角度来说,福利经济学利

---

① 卜慧敏:《公共政策的经济学分析》,《现代商业》2007 年第 30 期,第 184 页。

用这种标准来评价以不同制度（主要是政府和市场）为基础的经济，以便确认最理想经济的学科。"① "它是从社会经济福利的角度对市场经济机制进行评价，研究私人经济活动同社会经济福利之间的关系，探索实现社会经济福利最大化所必需的条件，并研究为克服市场经济机制的缺点，以谋求社会经济福利最大化所必须采取的政策措施。"②

收入的再分配和资源的有效配置，一直是福利经济学研究的中心问题。收入的再分配将促进收入的均等化，意味着平等；资源的有效配置意味着效率。因此，"平等"和"效率"既是福利经济学的基本社会目标，也是它的基本政策目标，但"平等"是否是实现福利最大化的必要条件，经济学家们存在着争论，而把实现经济资源的有效配置即"效率"作为促进福利的基本途径则是经济学家们一致同意的。③ 因此，将福利经济学的理论观点进行概括，即我们通常所说的：效率优先，兼顾公平。而这两点，也是公共政策分析的主要内容。

二、福利经济学中的核心内容

福利经济学对经济学研究的创新，在于它将公平正义的概念引入了研究之中，这也是福利经济学的核心研究内容。对于公平的标准，研究者之间存在着争议，至少有以下几种代表观点。

第一种观点，是以杰里米·边沁（Jeremy Bentham）和约翰·斯图亚特·穆勒（John Stuart Mill）为代表的功利主义。功利主义是将个人决策的逻辑运用于公共政策的问题之中，出发点是效用。功利主义认为，社会总福利的最大化即追求全体公民效用总和的最大化，因此，公共政策的正确目标是使社会中每一个人获得最大程度的满足。④ 这种观点在公共政策中的典型代表有个人所得税的累进税制和再分配制度。

第二种观点，是由约翰·罗尔斯提出的自由主义。罗尔斯提出了一个著名的问题：公正是否具有所有人都认同的客观标准？为了解决这个问题，公共政策应该是这样的：设想在任何一个人出生之前，所有人都要在一起开会设计统治社会的规则，此时我们对于每个人最终将所处的位置都一无所知，即处于"无知面纱"（the Veil of Ignorance）之后的"原始状态"（Original Position），在这种状态下，我们

---

① 〔意〕尼古拉·阿克塞拉：《经济政策原理：价值与技术》，郭庆旺等译，北京：中国人民大学出版社2001年版，第10页。
② 陶大镛主编：《外国经济思想史新编》，南京：江苏人民出版社1990年版，第463页。
③ 胡象明：《广义的社会福利理论及其对公共政策的意义》，《武汉大学学报（哲学社会科学版）》2002年第4期，第426—431页。
④ 〔英〕杰里米·边沁：《论道德与立法的原则》，程立显等译，西安：陕西人民出版社2009年版，第4页。

才有可能为社会选择一套公正的规则,因为我们必须考虑这些规则将如何影响每一个人。简单来说,包括两个方面。第一,每个人都有平等的权利享有最广泛的基本自由,但这种自由不背于其他人的类似自由。第二,社会的和经济的不平等应该这样安排,使它们既能够符合每个人的利益,又与地位和职务平等地向所有人开放相关联。①

第三种观点,是以哈耶克(Friedrich Von Hayek)为代表的自由至上主义。政府不应该为了实现任何一种福利分配而拿走一些人的财富给予另一些人。在辛勤劳动的人们获得的报酬中拿走一部分给予好吃懒做的人群,政府这样的行为对于辛勤劳动的人是否是公正的?因此,自由至上主义强调政府的职责在于严惩违反规则的行为并尊重自愿的协议,但不应该进行再分配。②

第四种观点,是具有代表性的传统的平均主义。社会的整体福利必须进行尽可能平均地分配,以使每个人获得趋向于完全均等的生存条件。在社会实践上,平均主义的理论会完全毁灭社会劳动的激励机制,产生"多劳少得,少劳多得"的现象。平均主义的观点存在着一种鼓励懒惰、消除勤劳的机制,其不现实性的根本原因就在于此。③

三、公共政策中的福利经济学原理

帕累托最优是这样的一种状态:任何一个人福利的改进,都将使得其他人的利益受到损失。如果对于一个既定的社会资源配置现状,能够重新优化调整配置,使得至少某个成员的境况变好,而没有其他成员的境况变坏,那么这样的资源配置就是非帕累托最优的,这样的改进称为帕累托改进。这一衡量社会整体福利的标准通常称为"帕累托标准"。

需要注意到,帕累托最优仅仅是展示出效率的最优特性,与公平毫不相关。对现实而言,对社会福利的探讨至少应包含两个方面:一是效率,即在给定的现实条件下,如何最大化社会的总体福利;另一个是公平,即在给定社会的总体福利后,每个社会成员是如何分配从而满足自身需要。帕累托最优状态解决的是第一个问题,但这个最优状态并不是公平的。

对于公平问题,一般认为"不患寡而患不均",即帕累托最优的状态并不是公平的必要条件。市场机制的作用并不包含公平的内容,因此,社会福利的总量一

---

① 〔美〕约翰·罗尔斯:《正义论的主要观念和两个正义原则》,何怀宏译,《哲学译丛》1988年第3期,第18页。
② 〔美〕迈克尔·桑德尔:《公正:该如何做是好?》,朱慧玲译,北京:中信出版社2011年版,第12页。
③ 李佼洋:《从福利经济学角度浅谈公平与正义》,《商》2012年第4期,第71页。

定,则需要政府进行福利的再分配以实现公平的目标。然而,政府的干预会给经济效率带来一定程度的损害。公平和效率的目标之间常常有非此即彼的矛盾,公共政策的制定,也是一个权衡取舍的博弈过程。

在讨论公平问题时,目前一般引入洛仑兹曲线和基尼系数开展分析。

如图 19-1 所示,横轴为人口数量百分比,纵轴为财富数量百分比,弧线为洛仑兹曲线。

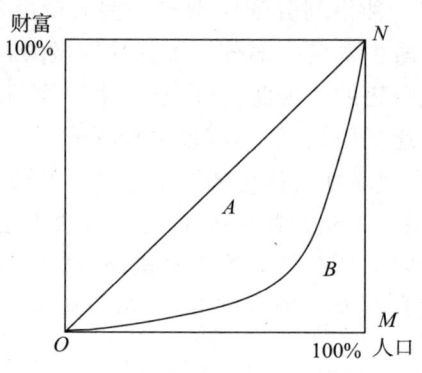

图 19-1 洛仑兹曲线和基尼系数

在图中,直线 ON 是绝对平均线,在这条线上,任意一点的横坐标与纵坐标相等。这意味着,从最穷人口开始计算的人口拥有的财富所占的比例,与人口在总人口中所占比例是相同的,社会的福利分配是绝对平等的。这是洛仑兹曲线的一个极端曲线,代表绝对公平。

同样,我们可以研究洛仑兹曲线的另一个极端曲线,也就是代表绝对不公平的坐标轴曲线 OMN。OM 线上,任何一点的纵坐标都等于零,这表示,除了 MN 线所代表的全社会最富有的最后一个人占有全部财产,其他人所占有的财富都是零。

现实中的洛仑兹曲线介于 ON 和 OMN 之间,即取值域在绝对平均和绝对不平均之间。这一取值域的特点在于,横坐标的取值大于纵坐标的取值,代表着从社会所占财富最少的人开始,其所占财富占社会总财富的比例,小于这些人口在总人口中所占的比例。实际的洛仑兹曲线越接近 ON,则社会福利的分配越公平;越接近 OMN,社会福利的分配越不公平。

具体的公平程度,通常用基尼系数来表示。基尼系数是绝对平均曲线与实际曲线之间的面积在绝对平均曲线与绝对不平均曲线之间的面积中所占的比值。如图 19-1,用 A 表示实际曲线与绝对平均曲线之间的面积,B 表示实际曲线与绝对不平均曲线之间的面积,则基尼系数$=A/(A+B)$。当 A 等于 0 时,基尼系数等于 0,处于绝对平均状态;当 B 等于 0 时,基尼系数等于 1,处于绝对不平均状态。基尼系数处于 0 和 1 之间,基尼系数越小,福利分配越公平,反之越不公平。

洛伦兹曲线揭示了经济财富的公平程度,在公共政策学的研究里,仅从经济财富的角度衡量不平等是不够的。公共政策应该起到一个"安全网"的作用,以确保没有任何一个公民陷入极度的不平等状态。一般来说,符合以下三项要素的公共政策可以称之为福利经济学的公共政策:第一,把生存权的保障作为公共政策的责任;第二,将经济福利的再分配当成公共政策的职责;第三,主动调节经济,积极干预社会整体福利的均等化分配。①

四、福利经济学对政策分析的影响

为了做到效率优先,兼顾公平,公共政策需要确立以下几方面的基本原则。

(1) 减少和消除不合理的不平等。由于自身能力的差别和后天努力程度等多方面的因素,合理的不平等是存在的。一方面,我们应该尊重效率,多劳多得;另一方面,我们也要减少和消除不合理的不平等,例如男女性别差异等方面的不合理不平等,改善福利的分配,提升人民满意度和整体福利。

(2) 促进机会均等。机会的均等意味着公平的竞争。福利分配的不均等,可以在机会均等或机会不均等的基础上产生。在很多情况下,福利分配的不均等主要反映的是机会的不均等,而不是后天的差别。因此,促进机会的均等也成为公共政策的一个重要理念。

(3) 实现生存权利和消灭贫穷。贫穷和生存权是福利经济学中的一个特殊的问题。贫穷的存在也反映了严重的不公正和公共政策的缺失。一个健全的公共政策系统不能无视其系统里存在一部分成员陷于贫穷困境,而保障每一个社会成员的生存权更是公共政策的题中应有之义。②

第三节 新制度经济学与公共政策分析

当今世界政治环境纷繁复杂,政府在分析制定公共政策时不得不考虑成本与收益、效率与公平,而这些问题一直以来是新制度经济学研究的主要方向。所以,新制度经济学的发展为政府制定公共政策注入了强大的动力。

---

① 〔日〕西尾胜:《行政学》(新版),毛桂荣等译,北京:中国人民大学出版社 2006 年版,第 5 页。
② 高鸿业主编:《西方经济学》(微观部分·第七版),北京:中国人民大学出版社 2018 版,第 360—366 页。

一、新制度经济学的内涵

按照科斯的定义,新制度经济学就是用正统经济学理论(新古典经济学)去分析制度的构成和运行,并发现这些制度在经济体系运行中的地位和作用。科斯指出:"当代制度经济学应该从人的实际出发来研究人,实际的人在由现实制度所赋予的制约条件中活动。"①新制度经济学的另一位代表人物诺思(Douglass C. North)认为:"制度经济学的目标是研究制度演进背景下人们如何在现实世界中作出决定和这些决定又如何改变世界。"②科斯与诺思都强调了新制度经济学应该研究人、制度与经济活动以及它们之间的关系。政府活动中"经济人"假设的存在,使政府活动与经济活动之间的界限越来越模糊,引入新制度经济学的研究显得十分重要。

新制度经济学的概念是由奥利弗·E.威廉姆森(Oliver E. Williamson)最先提出。他把新制度经济学的重要特征概括为四个方面:(1)新制度经济学充分假设制度有深刻的效率因素,即不同制度下的绩效不同。(2)新制度经济学坚持认为资本主义经济制度的重要性不仅在于技术本质,而且还在于管理方式结构,后者带来不同的经济类型中信息传递、激励和分权控制的区别。(3)新制度经济学用的是比较方法,一种可行的形式与另一种相比,而不是与抽象的无摩擦的理想形式相比较。(4)新制度经济学认为,经济组织的中心问题,归本求源是人类活动者的行动属性,行为假设被看作是现实中的重要部分。

二、新制度经济学主要理论

(一)制度理论

新制度经济学所研究的制度通常包括正式制度和非正式制度。正式制度是指人们有意识创造出来并以某种明确的形式被确定下来的成文规则;非正式制度则是指人们在长期的社会交往中逐步形成并得到社会认可的一系列约束性规则。公共政策的实施借助于法令、条例、规划、计划、方案、措施、项目等形式,比较发现,公共政策实施所凭借的工具就是新制度经济学中所提到的正式制度。于是我们完全可以用新制度经济学的有关理论来分析公共政策。

---

① 〔美〕罗纳德·H.科斯:《企业、市场与法律》,盛洪、陈郁译,上海:格致出版社、上海三联书店、上海人民出版社2014年版,第78—144页。
② 〔美〕道格拉斯·C.诺思:《经济史中的结构与变迁》,陈郁、罗华平等译,上海:上海三联书店1991年版,第2页。

(二) 交易费用理论

交易费用概念的提出是对新古典经济学的前提假设进行反思和质疑的结果。新古典经济学以交易费用的节约为核心来考察交易活动及经济体制，极大地扩展了经济学的视野和应用领域。如果像新古典经济学家那样，假设不存在交易成本从而也不需要节约这些成本的规则，则先进国家中过半数的经济努力，即服务部门中那些大型的和快速增长的处理交易和进行协调的功能部分，都会被弃置一边。由于低估协调问题，新古典经济学使自己的分析偏重生产和实际的分配。因此，对于大量涉及组织和协调供求关系双方决策的公共政策制定过程中，交易费用的研究就显得很有必要。[①]

(三) 企业理论

罗纳德·科斯发表于1937年的经典论文《企业的性质》开创了现代企业理论研究的先河。文中提出，与市场通过契约形式完成交易不同，企业作为一种组织是依靠权威，通过命令的形式在企业内部完成交易的。市场和企业可以看作是两种不同的经济组织形式，在一定条件下是可以相互替代的。它们之间的不同表现为：在市场上，资源的配置由价格机制来调节，而在企业内，则通过管理协调来完成。企业的边界由交易费用来决定，当扩大规模时，企业内的交易费用低于在市场上的交易费用时，企业的边界就会扩展，直至两者的交易费用相等时为止。

科斯的文章发表后并没有得到应有的重视，直到20世纪60年代后，在奥利弗·E.威廉姆森、哈罗德·德姆塞茨(Harold Demsetz)和张五常等学者的推动下，企业理论开始飞速发展，研究的领域也不断深入，其中便包括公共部门领域。企业理论研究的主要内容包括：企业的本质及界限的确定、企业内部结构与效率差异、企业的资本结构。

(1) 企业的本质及界限的确定。对于这一问题有几种不同解释。一种是间接定价理论，即企业的功能在于节省市场中的直接定价成本。另一派理论被称为资产专用性理论，当交易的对象中包括一种专用性投资时，机会主义行为将使市场的交易费用上升。这时，通过纵向一体化建立企业就可以减少由于机会主义行为所带来的损失。

(2) 企业内部结构与效率差异。主要包括团队生产理论和委托—代理理论。团队生产理论认为，企业的实质是一种"团队生产方式"，团队中的成员通过相互协作共同完成生产。在这一过程中每个人的贡献不可能得到精确的测量，因而也

[①] 〔德〕柯武刚、史漫飞:《制度经济学:社会秩序与公共政策》，韩朝华译，北京:商务印书馆2000版，第6页。

就不可能按每个人的真实贡献去分配,这就会产生"搭便车"的行为。为了消除或减少"搭便车"的行为,需要有能够占有剩余索取权的监督者来监督和规制其他成员的行为。委托—代理理论研究的是,在企业内部的委托人和代理人的行为方式以及如何使二者达到激励相容。基本结论是:第一,可以通过使代理承担部分风险的方式来约束其行为,达到与委托人的激励相容。第二,如果代理人是一个风险中性者,则可以通过使代理人承担完全风险的办法而达到最优结果。

(3)企业的资本结构。它主要研究企业资本的筹集方式及股票与债券的比例如何确定的问题。对于这部分内容,研究者们的分歧很大,许多问题都没有统一的结论,因此被称为"企业资本之谜"。目前最新的研究趋势是将非对称信息理论引入其研究中,为企业理论进行公共政策分析提供科学的依据。

三、新制度经济学对公共政策分析的影响

(一) 公共政策制定过程中的制度理论分析

在公共政策的制定过程中,公共管理所处的环境就是所谓的政策共同体。一个政策共同体就是处于某一具体政策领域中行为的集合体。处于政策共同体中的行为人必须有制度化的规范和引导,才能达到预期的理想效果。制度理论作为一种工具来分析公共政策,就是一种"制度化"的过程。

制度作为政策分析的工具有它的优越性。首先,因为政府不必事先弄清楚政策对象的偏好,制度理论只要设置政策制定的标准、说明政策执行的方式和希望达到的效果;它不同于激励措施,除非作用对象有明显的偏好,否则制度不会导致人们做出某种特定的反应。其次,出现了预料之外的情况时,政策制定者不会陷入无策可对的境地,最简单的办法就是用制度的办法颁布规制来应对突发情况的发生。再次,只要政府完全掌握了信息并且目标明确,制度的管理就比其他的政策工具的管理更有效率。它不必处理那些在间接工具中才会出现的不确定因素。此外,与补贴和税收激励措施相比,制度的政策分析成本更低,只需要一个管理机构来保证制度得到遵守。最后,当公众或下级机构希望政府采取迅速而明确的行动时,制度还可以发挥政治动员的作用。

当然,制度也存在缺陷。第一,制度经常扭曲自愿和私人行为并导致经济效率低下。价格管制和直接分配限制了供求双方的交易,影响了价格机制,有时还会引起市场上不可预见的经济混乱。第二,有时规制会遏制创新和技术进步,因为规制限制了实验的机会。第三,制度往往缺乏灵活性,不允许随机应变,导致决定和结果与政策目标相左。第四,从政府管理者的角度而言,不可能对任何不受欢迎的行为制定制度。

（二）公共政策分析过程中的交易费用理论

一项理性的政策是获得"社会收益最大化"的政策，这就是交易费用理论中一直强调的节约意识。政策制定者在制定政策的时候，首先必须考虑到政策制定交易成本。交易成本的界定有两个重要原则：第一，任何成本超过收益的政策，都不应该被采纳。第二，在所有可供选择的政策中，决策者应该选择那个收益超过成本最多的政策。

要做出一个符合交易成本理论的政策，政策制定者必须做到：(1)知道所有的社会价值偏好及其相对权重；(2)知道可以获得的所有备选政策方案；(3)知道每一备选方案的所有结果；(4)计算每一个备选政策方案的收益与成本的比例；(5)选择其中最有效率的政策方案。但是，交易费用理论在实际运用中也面临着许多障碍。一是社会上的利益通常不能达成一致；二是政策制定者的动机并不是以实现社会目标为基础做出决策，而是力图使他们自己在权力、地位、连选连任、金钱等方面的收益最大化；三是为了了解所有政策备选方案及其成果，需要收集所有的相关信息，但现实存在无数的限制性因素，如收集信息的成本、信息本身的可获得性等；四是在一些大型的官僚机构中，政策的制定需要多个部门参与，这种分散性使得决策协调变得困难，导致各方面专家的所有建议都呈现在决策者的面前。

（三）公共政策分析中的企业理论

企业理论为政府创新治理手段和途径、实现政策目标提供了可借鉴的方向。[①]首先，当资本成本过高或预期收入过低，使公共部门不能提供社会所需要的公共物品和劳务时，企业就是一个很有效率的政策工具。其次，在许多情况下，建立公共企业所需的信息成本比使用自愿性工具和规制的成本要低一些，政府作为所有者可以通过自己的企业做其想做的任何事情。再次，从管理者角度而言，如果制度被广泛确立和执行，企业管理流程会更加简化。最后，企业创造的利润可以充实公共基金，并用来支付公共支出。

企业理论的不足之处也是显而易见的。首先，企业的管理者可以采取很多规避手段，所以政府往往发现自己很难控制公共企业。其次，公共企业即使长期经营不善，也可以通过低效运行避免破产倒闭。最后，很多公共企业拥有垄断地位，使得它们得以将低效率的成本转嫁给消费者，这与处于垄断地位的私人公司的战略没有什么不同。

---

① B. M. Mitnick, *The Political Economy of Regulation: Creating, Designing, and Removing Regulatory Forms*, New York: Columbia University Press, 1980, p. 407.

第四节 公共选择理论与公共政策分析

公共选择理论是将微观经济学应用于政治领域而形成的一个新交叉学科。依据标准的经济学假设提出模型,然后寻求实践证据来验证模型是否正确,是公共选择理论对公共政策进行分析的思路。

一、公共选择理论的产生背景及内涵

在18世纪80年代,法国的数学家马奎斯·康多塞(Marquis de Condorcet)等人就开始对公共选择的问题进行研究,并通过数学的方法,提出了投票选择的"康多塞悖论"。在20世纪中期,肯尼思·阿罗(Kenneth J. Arrow)也通过数学的研究方法,推导论证了"阿罗不可能定理",随后,由布坎南建立了完整的公共选择的理论体系。

公共选择理论采用的是经济领域的研究范式,其理论的基本前提是人是自私的利己的"经济人"。这一前提包含两方面内容:人是自私利己的,人们在各项活动中的目的是追求自身利益的最大化;人是"经济人",即人是完全理性的,在各项决策行为中都具有足够的能力和完备的条件进行利益最大化的决策。

公共政策相当于是政府部门的产出,在政治活动中,人们遵循与在经济活动中同样的价值动机和行为准则。在产出政策的活动中,参与的所有人同样是依据投入产出分析,选择最为利己的决策。因此,政府采用公共政策介入社会生活虽然有可能改善社会的状况,但是,在引入一个积极干预的政府之前,需要考虑到这样的一个事实,政府也不是完美的,公共利益的实现依赖于公共诉求的表达,这是公共选择的理论渊源。

二、公共选择理论对公共政策的影响

(一)公共利益表达的康多塞悖论

康多塞悖论又称为投票悖论,是一种数学上的无限循环的多数选择。法国数学家康多塞通过自己的研究,发现在投票的机制中,多数同意规则无法取得一个一致稳定的结果。

公共选择的最普遍形式即投票机制,通过一人一票或者一个代表一票的形式,对公共事务进行决策。在投票机制里,通常有一致同意和多数同意两种不同的投票规则。在现实的投票活动中,一般都是采用的多数同意投票规则,于是,康多塞通过数学方法推断出,现实的投票机制无法产生可传递的公共偏好选择。

现在,我们假定有甲、乙、丙三种表决项目,而且有三类不同喜好的选民,通过多数同意的投票机制将个人选择转变为公共选择,该假定如表19-1所示。

表 19-1　选民投票假定

	第一类型选民	第二类型选民	第三类型选民
第一选择	甲	乙	丙
第二选择	乙	丙	甲
第三选择	丙	甲	乙

在表19-1中,三种方案的投票计数是均等的,为了避免平局的情况出现,通常采用两两选择的投票方式。如果先进行甲和乙方案的投票,甲方案胜出,接着进行甲和丙的投票,则是丙胜出,那么可以得出,丙是公众的选择。但是,改变投票顺序会如何？我们假定先进行乙和丙方案的表决,乙方案优于丙方案,然后进行第二轮表决,可以预见,甲乙方案中甲方案会获得胜利。

这就是康多塞发现的投票悖论,从常理上来看,公共选择会表现出传递性,也就是说,如果甲优于乙,乙优于丙,我们就会先验地认为,甲优于丙。康多塞悖论向我们揭示出,在现实投票的过程中,结果取决于表决的先后顺序,而不是公众真实的选择诉求,可见多数投票本身并不能表达出公共选择。

(二) 公共政策面临的阿罗不可能定理

肯尼思·阿罗提出,一个理想的投票程序应该满足以下五个原则:

(1) 确定性原则。如果社会中多数独立的个人对甲提案的偏好大于对乙的偏好,那么甲就优于乙方案。一个极端的情况是,如果全社会都认为甲和乙是同等好的,只有一个人认为甲好于乙,那么公共选择的结果仍是甲优于乙。

(2) 个人理性原则。每一个人所做出的选择具有完全性和传递性。完全性是指非此即彼,即在抉择过程中,要么认为甲比乙好,要么认为乙比甲好,或者甲和乙同等无差异,三个选项必居其一。传递性是指如果认为甲比乙好,而乙比丙好,那么甲一定比丙好。

(3) 不相关方案独立性原则。独立性是指备选方案之间互不干扰,如果甲乙是两个备选方案,那么无论是否有其他第三个或更多的方案,投票者对于甲乙两个备选方案的偏好排序不会改变。

(4) 非独裁原则。排除某一个人偏好强加于全社会的可能性。

(5) 非限制性原则。个人的偏好选择在公共投票的过程中被充分反映,个人可以按照自己意愿进行自由选择,不存在因选项设置不当导致的个人无法选择或折中选择。①

尽管每一种投票方法都符合其中的某几项原则,但是没有一种投票制度能满足所有这些特征,也就是说,五项原则是不能同时存在的。因此实际上不存在十全十美的公共选择规则,这就是阿罗不可能定理。

(三) 公共政策的中位数选民偏好取向

尽管有阿罗不可能定理,但政府不可能无所作为,于是采取尽量符合多数人利益的公共政策仍然是普遍的实际情况,这时就需要应用到中位数选民定理:如果要选民在一系列连续的选项中选择一个值,而且,每个选民都选择离他真实意愿最近的值,那么根据多数原则选出的结果恰好是中位数选民最偏好的值,中位数选民是正好分布在中间的选民。

中位数选民定理认为最贴近于多数人利益的公共政策一定是最符合中间数选民偏好的政策。通常认为,中位数选民往往是拥有社会中间收入或财产的居民,也就是中间阶级或中产阶级。在一个结构正常的社会里,公共政策将会向中产阶级的意愿靠拢,这可以让多数原则较好地发挥其作用,从而保证社会的民主和稳定。② 符合中位数选民偏好的公共政策,保证了政策的制定尽量符合多数人利益。

三、公共选择的"寻租"理论与公共政策

布坎南提出:"公共选择理论只是明确提出公共经济一般理论的一种努力,它可以帮助我们在集体选择方面从事人们长期以来在微观经济学方面所做的事情,即用一种相应的尽可能合适的政治市场运转理论来补充商品和服务的生产与交换的理论。"③对于政策分析来说,公共选择的特点在于"把人类行为的两个方面重新纳入单一的模式,该模式注意到,承担政府决定的结果的人就是选择决策的人"④。

公共选择理论对政策分析最大的启示在于对公务人员的价值动机和行为准则的内在分析,与其将公务人员视为大公无私、不偏不倚和仅仅受到公共利益激励的"无个性人",不如用"经济人"假设其追求自身利益最大化的行为假定更加

---

① 〔美〕肯尼思·J. 阿罗:《社会选择与个人价值》(第三版),丁建峰译,上海:格致出版社、上海三联书店、上海人民出版社 2020 年版,第 10—20 页。
② 唐任伍主编:《公共经济学》,北京:北京师范大学出版社 2009 年版,第 197 页。
③ 〔美〕詹姆斯·M. 布坎南、R. 托里森:《公共选择论:经济学的政治运用》,北京:商务印书馆 1972 年版,第 5 页。
④ 〔法〕亨利·勒帕日:《美国新自由主义经济学》,李燕生译,北京:北京大学出版社 1985 年版,第 123 页。

现实和可靠。公务人员的经济人属性不因其成为履行公务职责的人员而改变,其最终的工作目标也不是公共利益而是个人利益,同时,公务人员对个人利益最大化的追求也是导致官僚制组织低效率的原因。

政府既是由个人选出的,也是由个人组成的群体。因此,选举规则和个人的多元目标追求是决定政府行为的重要要素,在不合理的规则下产生的政府以及政府官员为满足不合理的个人追求而采取的行动,都将把经济状况和社会福利引入恶化的境地。公共选择理论对这些社会"痼疾"给予了独树一帜的分析。[1]

公共政策是官僚制组织的产出,除了政府和官僚制组织本身,没有人知道政策是如何产生的。因此,官僚制组织实际上是公共政策的唯一提供者。"这种政治技术的逻辑使得现代国家的增长和发展只有利于特权公民阶层,即官员阶层。公共选择理论的这些解释有助于更好地了解现代国家规模增长的原因。"[2]由此可知,由于公共政策的提供是唯一的,缺乏竞争,而官僚制组织的成员本身也不是只受到公共利益激励的"中立人",而是"经济人",因此,公共政策有时会有效地增进公共利益,但有时是低效的或者效应不明确甚至偏离公共利益目标的。

第五节 政府、市场与公共政策关系分析

政府、市场在社会发展过程当中相伴相生。当政府管理出现失灵时,市场这只看不见的手就会来调节经济发展;当市场出现混乱时,政府就会制定相关的经济政策来挽救市场失灵给社会发展带来的损失。经济和社会的发展使国家不再是亚当·斯密所说的"最小政府"并仅仅充当"守夜人"角色,而是越来越多的公共政策经由政府实施,以弥补和修正市场失灵带来的种种负面影响。

一、政府与市场

(一) 政府的基本职能

1. 资源配置职能

资源配置是政府经济职能在微观领域的实现方式。为了消除市场失灵带来的资源配置的效率损失,政府必须进行干预:一是提供公共产品。公共产品具有非排他性和非竞争性,因而只能由政府提供。二是调整产业政策,鼓励对基础产

---

[1] 〔美〕丹尼斯·缪勒:《公共选择》,王诚译,北京:商务印书馆1992年版,前言。
[2] 〔法〕亨利·勒帕日:《美国新自由主义经济学》,李燕生译,北京:北京大学出版社1985年版,第165页。

业及支柱产业、高新技术产业进行投资。三是政府对资源合理利用施加影响,如通过立法或行政干预,控制环境污染等。

2. 收入再分配职能

在市场经济条件下,生产要素所有者提供生产要素,并且按市场价格取得收入,这种分配的方式有效但缺乏公平。首先,市场经济中有一部分人可以依靠他们的财产或依靠他们的祖辈的财产,而非依靠他们的能力和工作取得高额收入。其次,人们的智力和接受教育的程度由遗传和家庭的经济状况决定。因此,他们所得到的收入受他们个人以外的因素影响。再次,在市场竞争中处于有利地位的生产要素所有者可以得到较高的收入,反之则可能被市场淘汰。政府在制定再分配政策方面具有强制性的权利,同时具备强制性的税收征收权,能够纠正由于生产要素市场不完善所导致的收入不公问题。具体而言,政府通过累进税取得收入,又以现金补助、补贴、公共产品和服务等形式进行收入的再分配。公共教育、社会福利、社会保障都是政府再分配职能的体现。

3. 稳定经济职能

社会总供给和总需求的失衡必然导致经济波动,阻碍市场经济的均衡发展。市场机制使经济从非均衡状态恢复到均衡状态是一个非常缓慢和痛苦的过程,并且以资源的严重浪费为代价。在这种情况下,政府有必要运用各种经济政策去影响和调节社会供需,使经济在尽可能短的时间内以较低的代价恢复到均衡状态。在短期需求管理上面,政府可以运用的工具包括货币政策和财政政策。此外,政府还可以通过制定中长期的经济发展规划和政策,保证国民经济长期稳定发展。

4. 市场管制职能

多元化的市场主体要自由进出市场,必须用法律来明确市场主体之间的产权关系、经营关系和交换关系。离开了规范的法律调节,市场主体的行为就会混乱不堪,陷入无序状态。因此,要保证市场竞争的规范化,维护市场经济的正常秩序,必须有一个完善的法律体系。这就需要政府通过法定的程序制定规则并监督规则的执行,以规范交易双方的经济行为。

(二)市场的基本功能

市场功能即市场的作用,主要体现在六个方面。

(1)交换功能。交换功能是市场最主要的功能。商品或劳务的价值只有通过市场交换才能得以实现;消费者也只有通过市场交换才能获得自己需要的商品或劳务。

(2)信息传递功能。市场在生产者、经营者、消费者之间传递信息,就实现了市场的信息传递功能。市场是各种经济信息的集散地,生产者、经营者、消费者都可以通过市场上的供求、价格等信息的传导反馈,了解行情,从而做出自己的选择。

(3) 调节功能。调节功能是指市场对国民经济的供需结构、产品结构、企业结构、产业结构和地区结构进行合理化的调节。

(4) 约束功能。市场作为一种利益的调节机制,不仅能激励各种市场主体,而且能约束各种市场主体。一方面,市场主体依据市场规律和自身条件来选择自己的交易行为方式;另一方面,市场主体必须对自己的选择和行为结果承担全部责任。

(5) 检验功能。市场既是实现商品或劳务交换的场所,也是检验商品或劳务的使用价值和价值的场所。一种商品或劳务是否能满足消费者的需要,是否为社会所承认,只有通过市场才能得到检验和评价。

(6) 促进技术进步功能。市场具有通过竞争促进技术进步的功能。市场竞争分为价格竞争和非价格竞争,价格竞争主要促使企业通过技术创新,降低现有产品成本,以实现资源的最优组合;非价格竞争主要是促使企业通过技术创新来开发新产品、开辟新市场,以适应消费需求的多元化和高级化。

二、政府失灵与公共政策

(一) 政府的政策偏差导致政府失灵

衡量政府的政策是否有偏差,首先必须确定判断政策好坏的标准。政策的好坏取决于一项政策对社会的贡献与社会为它所付出的代价之间的差额。政府政策之所以会发生偏差,原因主要有两个:一是改变某种体制或政策的代价与人们预计从这种改变中得到的好处相比太高了,因而人们不愿或实际上不可能改变这一体制或政策。二是由于某个地方出现了问题,体制或政策的运转没有起到应有的作用,而是变得只有利于某些特殊的利益集团。

(二) 政府政策的低效率导致政府失灵

低效率是指所执行的政策不能确保资源的最优配置,这是由民主决策程序本身固有的弱点决定的:其一,选民和政治家都是"经济人"。政治家们会尽可能地提出能够体现他们自身利益的提案,然后对选民进行劝说,使提案得以通过。选民既无途径也无经济实力去获取有关提案的详细内情,很难有效地运用其选举权来制约政府。其二,简单多数规则固有的缺陷。即使政府提供的政策方案确实是最好的,但选举中较多使用的是简单多数规则,它存在难以避免的缺陷(上文有详述),最终的决策结果也难以达到最优配置。其三,利益集团的影响。选民的意识常受到组织良好的利益集团的影响,有的利益集团可能还拥有不正当的政治权势,影响政府的议案与选民的投票选择行为,从而使政府做出不利于公众的决策。其四,主管部门领导人自身利益的驱动。每个政府部门或公共事业部门所遵循的政策通常都是由该部门领导人根据自己对共同利益的理解来决定的,由于自身存在"经济人"动机,他们对公共利益的理解常常难以真正符合公共利益的要求。

(三) 政府机构工作的低效率导致政府失灵

造成工作效率低下的原因有三个:一是政府工作缺乏竞争。从纵向来看,由于采取逐级任命的形式,部门领导不会因为效率低下而遭到上级的解雇,因而也就没有压力去高效率地工作。从横向来看,由于约束政治家个人活动的体制不以营利为目的,提供公共服务的各部门之间不存在竞争,过多的自由使它们缺乏提高效率的动力。二是缺乏降低成本的内在激励。从客观看,政府部门的活动大多不计成本,即使计算成本,也难以精确化,这促使政府部门对公共产品的供给超出社会财富最优分配时所需的数量,导致社会资源的浪费。从主观看,政府机构的工作大多具有一定的垄断性,一方面,政府可以利用这种垄断地位,在供给公共产品与劳务时尽可能降低服务质量,提高服务价格;另一方面,由于政府部门所承担的任务较为复杂,它们可以利用所处的垄断地位封锁一部分公共产品的生产职能及资源成本等信息,从而使承担制约任务和执行管理预算职能的部门无法了解真正成本,不能准确评价运行效率。三是监督信息不完备。从理论上说,政治家并不能为所欲为,而是必须服从公民代表的政治监督。然而,在现实中,这种监督作用常常由于信息不完备而失去效力,因为提供运行信息的正是被监督部门,监督者反而被被监督者所操纵。

(四) 政府部门的自我扩张

政府部门的自我扩张包括两个方面,即政府部门组成人员的增加和政府部门支出水平的增长。是什么原因导致了政府支出相对规模迅速增长?根据公共政策的分析,可以得出以下五种情况:其一,政府以提供公共产品和消除外部效应为职能时的扩张;其二,政府作为收入与财富的再分配者时的扩张;其三,利益集团存在时的政府扩张;其四,官僚机构与政府扩张;其五,财政幻觉与政府扩张。

(五) 政府的寻租活动

寻租活动是指人类社会中非生产性地追求经济利益的活动。寻租活动会使政府决策和运作受利益集团或个人的摆布。最常见的政府寻租活动有:其一,政府的特许权。特许权指政府对某类商品发放的特别生产许可权或特别销售许可权,获得许可的单位或个人能够凭借其垄断地位寻到租金。其二,政府的关税与进口配额。政府的关税政策主要是为了保护民族工业的发展,但国内市场被少数几家企业垄断时,这些企业可能就没有很强的动力去改进技术、提高产品质量,这时关税政策就成为寻租活动的保护伞。其三,政府订货。政府订货并不是每个厂商都能得到的,而且,厂商所承包的工程和生产的产品的质量同时又是政府工作人员负责验收的,当双方形成某种默契时,厂商就有机会通过虚报成本或降低工程与产品质量等来进行寻租活动。

三、市场失灵与公共政策

市场失灵的具体表现是多方面的,大致可归纳如下:

(一) 公共产品失灵

市场失灵的一个重要原因是市场无法配置纯公共产品。公共产品有两个显著特征:第一,非竞争性。也就是说,当增加一个消费者时,其边际成本为零。第二,非排他性,即排斥人们享用公共产品的成本非常高昂,甚至难以做到。

这两个特性的存在,使得私人不愿意参与公共产品的生产和供给,他们出于自身利益考虑,总希望由别人来提供公共产品,自己"搭便车"。当私人普遍具有这种想法时,市场就不可能自发地、有效地提供公共产品,从而就出现了市场失灵的现象。

(二) 外部效应

外部效应或外部性是指某些个人或企业经济行为影响了其他人或企业,却没有为之承担相应的成本费用或没有获得应有的报酬的现象。依靠外部效应的结果,可以将其分为正外部效应和负外部效应。

外部效应导致市场失灵。在完全竞争的市场当中,当存在只增加社会福利而不增加个人收益的正外部效应时,行为人从事经济活动的积极性受到打击,如果没有制度对之进行保护,这些经济活动可能日趋减少,这时企业和个人的产量可能会低于社会最优产量;而当存在只增加社会成本而不增加个人成本的负外部效应时,企业和个人的产量可能会超过社会最优产量。外部效应的存在,使私人的边际成本或边际效益与社会的边际成本或边际效益发生背离,所以,个人做出决策时,为了实现个人利益最大化,会忽略其行为带给他人或企业的效益或成本,从而使竞争的结果变得没有效率,资源的配置达不到最优水平,最终导致整个社会福利的下降。

(三) 垄断性失灵

垄断性失灵表现为市场上出现只有为数很少的几家供应商,甚至是独家垄断的局面,垄断厂商通过操纵物价,牟取暴利,使市场均衡作用失灵。

市场本身有一个悖论:市场的良好状态是竞争状态,只有保持竞争,市场机制才能有效地发挥作用。可是,在对于规模经济敏感的部门,市场竞争有一种趋势——生产经营规模越大,效益越高。这种趋势导致积聚和集中,形成垄断,从而抑制竞争。

(四) 信息不对称

完全竞争市场上,能够实现帕累托最优状态的一个重要假定就是完全信息,即市场交易双方对交易产品具有充分的信息。然而,在现实生活中,人们对信息的掌握是不完全的,而这种不完全又往往表现为信息的不对称。如果在一笔交易中,某些参与方比其他参与方知道更多的消息,就称存在信息不对称。

(五) 公平分配失灵

市场机制难以实现收入和财富的公平分配,其主要原因是:市场分配的标准是要素的功能,即要素的生产能力。在市场机制中,决定居民收入分配状况的因素,一是每个人所能提供的生产要素——如劳动力、资本、土地等的数量,二是这些生产要素在市场上所能获得的价格。由于人们所拥有或继承的生产要素的差别,人与人之间的收入分配往往会存在差距。若差距过大,不仅与社会公平的要求有违,而且会导致诸如贫困、富裕阶层中财富的浪费、社会冲突、低收入者阶层得不到发展与改善自己处境的机会等一系列不良的社会后果。市场经济条件下,社会分配不公状态可能正是市场有效配置资源的结果,但社会要求收入分配的公正,这是市场无法做到的,也就是说出现了市场失效。

(六) 经济周期性波动

经济周期(Business Cycle,也称商业周期、商业循环或经济循环),就是国民经济收入及经济活动的周期性波动。持续时间通常为2—10年,它以大多数经济部门的扩展或收缩为标志。

从微观上考察,资源配置的效率是可以运用帕累托效率准则来评判的。宏观经济领域资源配置效率即宏观经济效率的评判,还需要借助其他的指标,如就业、物价水平和经济增长等指标。自发的市场机制并不能自行趋向于充分就业、物价稳定和适度的经济增长。经济周期性波动是市场机制运行的基本特征。经济繁荣时期,经济增长速度快、失业率低、通货膨胀率低,宏观经济失衡的种种弊端表现得不甚明显。相反,经济衰退期间,经济增长停滞,失业率高,通货膨胀加剧,宏观经济失衡给人们带来诸多恶果。

【关键术语】

政府失灵　市场失灵　公共政策分析　福利经济学　公平正义　帕累托最优　洛仑兹曲线　"经济人"假设　康多塞悖论　公共选择理论

第十九章 公共政策的经济学分析

【复习思考题】

1. 公共政策经济分析的途径有哪些？
2. 对于社会公平正义的理解，有哪些具有代表性的观点？
3. 洛伦兹曲线是怎样表示社会福利的不平等水平的？
4. 运用福利经济学的分析方法，你如何看待公平与效率的权衡取舍？
5. 为什么说公共部门是弥补市场失灵的必然选择？

【案例分析】

节假日高速公路免费是否增进了社会福利？①

国务院于2012年7月下发通知，明确在春节、清明节、劳动节、国庆节重大节假日期间，7座以下（含7座）载客车辆，除机场高速外免收通行费。根据实施方案，免费通行的车辆范围为行驶收费公路的7座以下（含7座）载客车辆，包括允许在普通收费公路行驶的摩托车。免费通行的时间范围为春节、清明节、劳动节、国庆节四个国家法定节假日，以及当年国务院办公厅文件确定的上述法定节假日连休日。免费时段从节假日第一天0时开始，节假日最后一天24时结束。

对于颁布重大节假日高速公路免费的政策，一般认为其目的有二：一是还利于民，改善民生，方便人民群众假日出行和亲人团聚。二是促进节日消费拉动内需，为经济注入新动力，缓解经济发展减速及其带来的一系列问题。

在具体公共政策的运行过程中，各种可预见不可预见的宏微观因素都可能会成为公共政策的执行噪声，干扰或阻碍政策目的的实现。

面对这一政策执行中产生的问题，有人提出了下面的观点：

"高速公路的具体特性，决定了免费的高速公路成为一种准公共物品。"具有非排他性但具有竞争性的公共资源，即一个人的使用并不能阻碍其他人的使用，而资源本身的数量又是有限的，越来越多的使用者使得每人平均分配获得的资源变少，从而让每个人都无法享受到让自己满意的足够的资源，这也必然会产生激烈的竞争，也就是堵车。事实上，高速公路之所以为高速公路而不是普通公路，其主要特点就在于通过价格杠杆排挤了一部分使用者，使得付费的使用者能更好地享受到有限的资源。免费的高速公路取消了使用者付费，与普通公路没有区别，

---

① 节选自张净：《假日高速公路免费制度的一个经济学分析》，《牡丹江大学学报》2014年第4期，第156—157页。有改动。

也就没有因收费而被排挤的使用者,甚至还吸引了更多想要享受免费待遇的车流,有限的资源受到了超过供给能力的使用者的竞争,高速公路只是成为一条路面条件好的普通公路而已,自然也就造成了拥堵。

"同时,公路的自然属性决定了公路运输能力的增长天然无法与汽车保有量的增长相比。"也就是说,随着人民生活水平不断提高,汽车保有量迅速增加所带来的对公路运输能力的需求增长,将日益超过建设新道路所能带来的运输能力供给的提升,这一点,在全国的各大城市也都有了实践的证明。对此,在大力建设各种公共交通设施和兴建公路的同时,不同的城市都不约而同地采取了各种限制交通流量的行政措施,例如北京采取了汽车摇号限制、机动车限号出行、错峰出行等方式,分别从控制新增需求增长、削减已有需求、分段分时改变现有需求结构等方面来进行调控试图达到供求平衡。这些措施,从已有效果来看,收到的成效有限。另外,单纯依靠行政命令管控市场机制所能解决的问题,在小范围地区施行即便有效,也不适合在全国大范围推广采用。

供给和需求,这是经济学家一直不断强调的理念。价格机制是解决供求不平等的万能法宝,当一件商品的需求超过供给时,解决方法很简单:涨价。价格的波动将使需求减少,供需的矛盾即刻迎刃而解。而如果反其道而行之,将本在供需平衡点的价格通过行政手段降低,自然也就新生更多的额外需求,人为造成供求关系的矛盾。这也正是目前政策所面临的困境,"看不见的手"造就了节假日免费高速公路拥堵的局面。

案例讨论题

1. 有人认为产生免费高速拥堵这一问题的原因是公共政策和管理体制的不配套。请结合材料,给出你的观点并进行解释。

2. 试从福利经济学理论中对公正的不同定义出发,你认为福利经济学、新制度主义和公共选择学派三种学派分别会如何评价节假日高速免费这一公共政策?

3. 公共政策的目标通常不只有一个,在不同的目标相互之间存在着不一致时,你认为公共政策应该如何权衡取舍,调和相互矛盾的目标?

【推荐阅读文献】

1.〔美〕约瑟夫·E.斯蒂格利茨、杰伊·K.罗森加德:《公共部门经济学》(第四版),郭庆旺译,北京:中国人民大学出版社2020年版。

2.〔英〕阿尔弗雷德·马歇尔:《马歇尔文集 第二卷 经济学原理》(上),朱志泰译,北京:商务印书馆2019年版。

3.〔英〕阿尔弗雷德·马歇尔:《马歇尔文集 第三卷 经济学原理》(下),陈良璧译,北京:商务印书馆2019年版。

4.〔美〕李·S.弗里德曼:《公共政策分析的微观经济理论》,张伟等译,北京:中国人民大学出版社2019年版。

5.〔英〕亚当·斯密:《亚当·斯密全集 第二卷 国民财富的性质和原因的研究》(上),郭大力、王亚南译,北京:商务印书馆2014年版。

6.〔英〕亚当·斯密:《亚当·斯密全集 第三卷 国民财富的性质和原因的研究》(下),郭大力、王亚南译,北京:商务印书馆2014年版。

7.〔美〕理查德·W.特里西:《公共部门经济学》,薛涧坡译,北京:中国人民大学出版社2014年版。

第二十章　公共政策的系统分析

【内容提要】

系统分析强调整体性和优化性,强调系统组成部分之间的相互作用以及系统和环境的相互作用。系统分析的要素包含目标、备选方案、模型、费用与效益,以及评价标准。系统分析具有一般性的工作步骤框架,在实践中可以结合具体问题进入工作选择环节。对于公共政策研究来说,系统分析提供了一个定量与定性相结合的分析公共政策问题的基本框架。

系统是一群由相互关联的个体组成的集合。对于系统的理解,一般系统论创始人路德维希·冯·贝塔朗菲定义:"系统是相互联系相互作用的诸元素的综合体。"①中国学者钱学森认为:系统是由相互作用、相互依赖的若干组成部分结合而成的,具有特定功能的有机整体,而且这个有机整体又是它从属的更大系统的组成部分。② 英国诗人约翰·多恩(John Donne)曾经极富诗意地描述了社会系统,他认为"没有人是一座孤岛,可以离群索居;人人皆为'大陆'的一部分,海洋的一片"③。

系统科学强调整体性,强调系统是由相互关联、相互制约的各个部分组成的能够实现特定功能的有机整体。运用系统的方法就是采用系统性的思维方式,以系统为分析框架来解决问题。系统性的思维至关重要,因为整个世界从本质上来说就是一个相互关联着的系统的集合,任何事情的发生都不是孤立的。系统理论尽可能地把一切组织——小到家庭,大到国家,公共的和私人的——视为动态地相互联系、相互作用的部分组成的复合体。每一个系统都包含着输入、过程、输出、反馈,以及在其中运行并与之不断相互影响的环境。系统中任何元素的任何变化都会引起其他元素甚至整个系统的变化,系统和环境之间相互影响和相互作用。"城门失火,殃及池鱼""唇齿相依""唇亡齿寒""钉子缺,蹄铁卸;蹄铁卸,战马蹶;战马蹶,骑士绝;骑士绝,战事折;战事折,国家灭"等无不说明系统各元素之

---

① 魏宏森、曾国屏:《系统论:系统科学哲学》,北京:世界图书出版公司2009年版,第205页。
② 钱学森等:《论系统工程》(新世纪版),上海:上海交通大学出版社2007年版,第72—73页。
③ 〔美〕杰伊·沙夫里茨等:《公共政策经典》,彭云望译,北京:北京大学出版社2008年版,第3页。

间相互影响的普遍性。因此,当政策制定者做出涉及系统某一元素的决策时,可能会对整个系统乃至环境产生始料不及的影响。

当运用系统的方法分析问题时,系统分析便应运而生。系统分析一词最早是由兰德公司在20世纪40年代提出,是用以解决复杂问题的一套方法论。经过逐步地发展完善,其应用范围由早期的军事武器系统的研究与开发、政策制定等扩展到许多领域,已成为研究解决工程技术、经营管理、社会经济中复杂问题的日趋成熟的有效手段。

早期的系统分析方法源于和主要用于研究物的系统,常常带有技术的色彩。随后系统分析逐渐成为一种独立的、带有普遍意义的方法。20世纪60年代以来,人们开始将系统分析方法广泛地应用于各类系统的分析,并且在实践中逐步认识到仅有定量分析是不够的,还必须同时对众多的相互交叉影响的社会因素进行定性分析,只有这样才能使系统分析方法成为研究社会经济系统的强有力的工具。在这个背景之下,系统分析方法与传统的政策分析方法相结合,形成了新的应用系统分析方法分析政策的边缘科学——政策科学,系统分析的发展为政策科学的产生奠定了方法论基础。

第一节 系统分析

一、系统分析的概念

系统分析方法是指把要解决的问题作为一个系统,对系统要素进行综合分析,找出解决问题的可行方案的咨询方法。兰德公司认为,系统分析是一种研究方略,它能在不确定的情况下,确定问题的本质和起因,明确咨询目标,找出各种可行方案,并通过一定标准对这些方案进行比较,帮助决策者在复杂的问题和环境中做出科学抉择。系统分析作为一种研究解决复杂问题的方法,至今仍没有一个确切的定义和统一的解释。以下是两个具有代表性的观点:(1)国际应用系统分析研究所(IIASA)认为,系统分析是尚在发展中的一门学科,更恰当地讲,系统分析应当被称为一类科学技术。系统分析可以帮助决策者在不确定的条件下从许多行动方案中选取一种最合适的方案。(2)美国国家科学院国际科学技术发展局(DSRD)认为,应用系统分析不仅是一种技术方法,更确切地说,它可以被理解为一个广泛的研究策略。这个策略包括技术和概念的使用及解决复杂问题的一整套科学的系统方法。这种策略是用来帮助决策者选择满意的(在某些场合下是"最好的")行动方案的一种思想方法体系。

从以上几种解释中我们可以看出系统分析的两个基本特征,即辅助决策和系统方法的应用。从辅助决策来看,系统分析是一种决策分析方法。从分析问题所持的基本观点来看,和传统的基于还原论的研究方法不同(分解、单个部分),系统分析自始至终着眼于从整体上看待和解决问题,将复杂事物理解为一个系统的整体,并揭示其内部各个组成部分之间的内在联系,以及与外部环境的联系。

系统分析是一种科学地应用系统的方法和手段,对复杂系统问题进行深入的分析研究,为达到预期目标探索可能采取的方案和措施,并通过比较和评价,为决策者提供备选方案和相应的信息,以便使决策更科学、更合理。而应用系统分析的直接目的是了解系统;最终目的是在对系统有了深刻认识的基础上,采取合理可行的控制和措施,使系统在某些方面达到期望的目标。一般来讲,正确地运用系统分析将会达到以下效果:(1)决策者能够充分地考虑其所面临的各种不同选择;(2)能够更有效地进行资源配置;(3)能够达到目标的优化与完善。

二、系统分析的要素

系统分析的要素是指系统分析的项目,其主要分为以下五点:期望达到的目标、达到预期目标所需要的备选方案、建立方案的模型、达到各方案所需的费用与效益,以及按照费用和效益优选的评价标准。

(一)目标

目标是期望系统达到的状态、得到的结果、完成的任务及具体要求。目标的确定不仅是建立系统的依据,也是系统分析的出发点。只有全面、正确地理解和掌握所建系统的目标和要求,才能制订出备选方案,才能进行系统评价。对于问题,其目标的确定在最初可能并不十分清晰,而目标是用以标明系统的运动和发展方向的,如果对应达到的目标没有明确的认识,或模糊不清,就无法抓住问题的本质,最终可能事倍功半,或者导致决策失误。因此,系统分析的首要任务就是对系统的目标进行分析。首先要明确对系统的要求和期望得到的结果,明确要完成的任务是什么,应采用何种措施或手段,何时完成,完成到什么程度,达到何种效果等,然后才能进一步分析系统应具备的功能、结构等。

(二)备选方案

备选方案是指为达到系统目标可采取的各种手段和措施。一般情况下,当多种方案各有利弊时,需要对这些方案进行分析比较以确定运用何种方案为最优。拟定供选择的备选方案是系统分析的关键。只有拟定出一定数量和质量的备选方案,才能够通过分析、比较、评价,发现方案的优劣。所以,在系统分析中通常都要拟定多个方案作为备选方案。

备选方案应具备以下特性:(1)现实性,指方案能够实现的可能性和可行性;

(2)可靠性,指系统具有能够正常运作的性能;(3)适应性,指目标经过修正和改变或者环境发生较大变化时,原方案仍然能够适用;(4)鲁棒性,指在受到干扰的情况下,系统依然能够继续维持正常的运作。

备选方案的获得,有赖于对系统应具备的功能、结构及其特征做逐步深入的研究。最初的方案可能是粗略的,甚至还可能包括不可行的方案,但要随着认识的深化,对这些方案不断进行综合、完善。

(三)模型

模型是对客观事物或过程某个方面本质属性的抽象描述。对现实中的某种系统和过程,或其中某一部分的某种概念性的描述或模仿都是模型。模型是真实系统或活动的一种简化描述,略去了研究对象非本质的特性,所以利用模型可以将复杂问题简化为易于处理的形式。在尚未建立实际系统的情况下,或在一项措施、政策实施之前,可以借助模型进行分析研究。

系统分析所采用的模型是多种多样的,常用的模型有实物模型、图式模型、模拟模型、数学模型等,这些模型具有以下特征:模型是对现实系统的抽象描述,由一些与所分析的问题有关的主要因素构成并且能够标明这些有关因素之间的关系。对复杂问题模型化便于对问题进行处理,也可在决策前预测出问题的结果,因此模型是系统分析的主要工具。

(四)费用与效益

费用是指为实现系统的目标,实施方案所使用的人力、物力、财力、设备等资源的价值,或实际发生的支出。在考虑对社会有广泛和重要影响的大型项目、重大措施和政策时,还必须考虑无法用货币度量的非货币费用,如建设项目对生态环境的影响等。效益是指一个方案或一项措施实施后所产生的效果。费用与效益是评价方案优劣的重要指标,一般要求是效益应大于费用。

(五)评价标准

评价标准是用来衡量备选方案相对优劣的尺度。拟定的备选方案在功能、费用和效果等方面各有不同,所以需要通过评价标准,对备选方案各方面进行综合评价,排出方案的相对优劣顺序,最终得到有关的信息。不同的系统应根据其性质和要求建立不同的评价标准。评价标准应具有明确性、数量化和敏感性的特征。对大型复杂系统的评价往往涉及多个方面,通常需要使用一个评价指标体系。评价指标体系一般包括:政策性指标、技术性指标、社会性指标、时间性指标和资源性指标等,每一类指标还可以包括一些更具体的指标。对于具体的评价问题,可选择适当的指标构成评价指标体系。当评价指标较多时,可以通过设置权重以区别众多指标在重要程度上的差别。

系统分析的要素表明了系统分析活动的主要内容。但需要注意,早期关于系统分析的观点主要侧重于处理"硬问题",强调定量化、模型化和最优化,如工程技术项目。但是当系统分析的应用范围扩展到社会经济领域时,必须考虑到问题的复杂性,以及系统包含的众多随机因素和人的因素,此时片面强调定量化、模型化和最优化是不恰当的,因而形成了系统优化或满意的准则。优化是一种途径和方法,即从众多的备选方案中找到实现目标的最佳方案。对于复杂系统问题,尤其是社会经济系统和管理方面的问题,要么最优解难以达到,要么根本就不存在,所以备选方案的优劣应是相对的,最终方案则可能是决策者经过综合比较和权衡以后选择的满意方案。

三、系统分析的准则

系统分析的准则体现了以系统思想和观点为指导来考察事物、认识和解决问题的基本要求,反映了系统分析方法的重要特征。

(一) 外部条件和内部条件相结合

系统的生存与发展是以外部环境为条件的。系统的作用和功能的发挥,不仅取决于系统自身的条件,而且依赖外部环境。因此,在进行系统分析时,必须将系统内部和外部各种有关因素综合起来进行分析。对系统的外部条件进行分析和研究,目的在于弄清系统所处环境当下和未来的状况,对系统有何种影响,程度如何等,以形成正确全面的认识,从而把握对系统发展的有利条件和不利因素,再结合系统自身的内部条件、能力和特点等,制定适当的战略和方案,把握有利时机,采取相应的措施,取得自身的发展。

(二) 当前利益与长远利益相结合

在进行行动方案的选择时,需要对当前利益与长远利益进行分析与权衡。如果采用的方案对当前和未来都有利,这当然是最理想的情况。但是,在现实生活中,当前利益与长远利益经常会发生矛盾和冲突。在处理这类矛盾的问题时,要有战略眼光,以长远利益为重,兼顾当前利益,把当前利益和长远利益结合起来考虑,寻找妥善解决问题的办法和措施。

(三) 局部效益与整体效益相结合

局部是指系统整体中的部分,即某些子系统的集合。通常,如果局部的效益比较好,则系统整体的效益会比较理想。然而,现实中有时会出现某些局部效益好,而整体效益不好的情况。从整体性原则来看,这是不可取的。反之,如果某些局部的效益不太好,但系统整体的效益比较好,这却是可取的。

在处理问题或在设计、制造和管理各类系统时,必须坚持整体性原则,强调局部服从于整体,服务于整体。局部只能在整体之内,而不能在全局之上。但这并不是否认局部效益,也不是用全局效益代替局部效益,而是在优先保证系统整体效益的前提下,把局部效益与整体效益结合起来考虑,追求系统整体的目标和功能优化。

(四)定量分析与定性分析相结合

定量分析是指通过数量关系和指标来分析研究问题;定性分析是指对那些不容易用定量描述的问题所进行的分析,如对政治、政策、环境污染等问题则主要依靠经验、理论和统计进行分析,通过直觉判断、逻辑推理来分析和解决问题。

系统分析在研究各种系统问题时,不仅需要进行定量分析,而且需要进行定性分析,通常遵循"定性—定量—定性"这一往复循环的过程。定性分析是定量分析的基础,定量分析是对定性分析的量化。不了解系统各方面的性质、特点,就不可能建立探讨定量关系的数学模型。而定性分析得到的结果,需要通过定量分析进行评价和验证。因此,系统分析应有机地结合使用定性分析和定量分析,过分强调或偏废某一方面都是不恰当的。

第二节 系统分析的工作内容与步骤

应用系统思想、观点和科学的方法对复杂问题进行系统分析的整个过程,可以用一些典型的环节来描述和表示,这就是系统分析的步骤。(如图 20-1 所示)

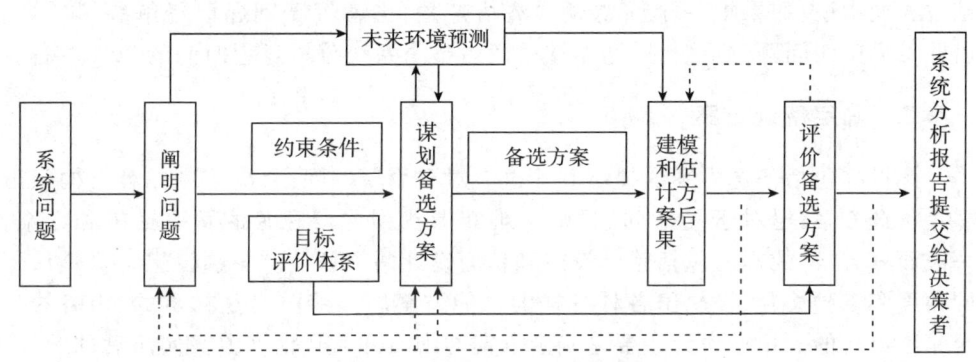

图 20-1 系统分析过程的描述

资料来源:王众托:《系统工程》(第二版),北京:北京大学出版社 2015 年版,第 41 页。有改动。

对提出的问题,应用系统分析进行研究的主要内容包括:首先是阐明问题,明确系统的目标,分析来自环境的制约因素,找出重要的约束条件,制定评价标准;谋划实现系统目标的方案;建立系统的模型,分析和估计每个方案的效果;对未来环境的可能状态及其影响进行预测,并在各环节中加以考虑;使用评价标准对备选方案进行多方面的评价,给出优劣顺序和相应的信息,最终形成系统分析报告,提交给决策者(机构),以决定执行方案。对复杂系统的分析不可能一次顺利完成,需要反复多次,图20-1中的虚线即表示这类活动。

一、明确问题

问题的提出者总是出于某种考虑或意图而提出问题,而分析人员则是通过对问题的研究,找出解决问题的适当途径以及可以采取的措施和方案,为决策者提供有关信息。因此系统分析有两项基本任务:(1)分析和认识问题。既要了解决策者提出问题的意图和目的、对问题的理解、对系统分析的要求等,还要分析问题的性质,现实中问题涉及的范围、包含的因素及其相互关系,对系统有重要影响的环境因素等。(2)寻求解决问题的途径和方案。在对问题有一定了解的基础上,弄清解决问题所需要的资源、技术条件和时间要求,构思和拟定解决问题的方案。实际中这两项任务密切相关,阐明问题应围绕这两项基本任务而展开,其工作内容可以进一步概括为:对某项具体问题和解决问题的活动做出详尽的说明,明确目标,界定问题的范围,划定系统与环境的边界,弄清约束条件,阐明解决问题的基本对策和所需要的基本条件等。通过阐明问题,最终可以形成一个阶段工作报告,提交给有关人员和决策者,并进行交流和探讨,以进一步明确问题。

阐明问题阶段通常是以定性分析和直观判断为主,主要为后面的工作打基础。人们常说:如果把一个问题说得清清楚楚,也就等于问题已经解决了一半。由此可见阐明问题的重要性,通常该阶段占整个系统分析过程时间的20%左右。

二、确定备选方案

此过程包括备选方案的提出和筛选。对于简单的问题,决策主体容易构想出多个备选方案;但对于复杂问题,则很难立即找到比较完善的解决措施和方案。一般而言,方案的提出包括轮廓设想和精心设计两个环节。轮廓设想主要是从不同角度和多种途径,设想出各种各样的可能方案。这些方案是初步的、粗略的甚至是不可行的。精心设计主要是确定方案的细节和大致估计方案实施后的效果。方案的提出可以有多种方式,系统分析人员、问题提出者和有关人员等都可以提出方案,也可以采用召开座谈会、讨论会、专家调查法和项目招标等方式获得方案。方案的提出要允许探索创新;应考虑各种可能的方案;保持系统原状,不采取任何措施也可以作为一种方案,因为它更具有现实性,也是各种方案对比的基准。筛选方案就是将所提的方案根据已确定的标准进行评价,将明显不足的方案舍去,也可以将几个方案中合理的部分加以综合,形成新的方案。最终形成的备选方案数量通常为3—5个,否则在进行分析、比较和评价时任务会过于繁重。

三、建模分析

建立系统模型的过程又称为模型化。通过建立模型,可以描述与研究对象有关的重要因素之间的相互关系。利用模型,可以在没有实际系统的情况下,做各种分析和计算,可以改变模型的参数、变量取值等,得到有关数据和信息,估计和评价方案的效果、技术性能和经济指标等。

系统分析可以使用的模型很多,对于结构比较清晰的问题,可侧重使用定量描述模型;对于结构不太清晰、机理不甚清楚的复杂问题,应侧重使用定量化程度低的模型方法。有时对同一问题可建立多种模型,以便相互印证。

四、预测未来环境

系统和环境之间存在着相互作用。而预测未来环境之所以必要和重要,主要基于以下原因:(1)从方案的分析、决策到实施是一个过程,需要一定的时间。实施方案时所面临的外部环境,不再是讨论方案时的环境。原来认为可能是很好的方案,由于环境的变化,方案实施后效果可能很差,甚至变得毫无价值。这类情况在投资项目、社会经济系统以及企业经营管理系统中并不罕见。(2)环境是动态复杂的,其中包含各种随机和不确定的因素。在系统寿命周期内,环境的状态可以是各式各样的、复杂多变的,政策研究人员必须对未来环境的可能状态做出估计,研究备选方案在各种可能情况下的性能和效果,这对寿命周期长的系统来说尤为重要。完全脱离未来实施方案的环境去谈方案的效果如何,是没有实际意义的。在向决策者提供有关方案效果的信息时,应该提供如下信息:在某种环境状态下,采取某种行动方案将会导致什么后果。

五、评价备选方案

根据约束条件或评价标准,对解决问题的备选方案进行评估。评估不仅要考虑技术因素,也要考虑社会经济等因素,根据评估结果确定最可行方案。评价备选方案是用前面各环节的分析结果、有关数据和资料,结合评价标准,对备选方案进行综合评价的过程,通过评价给出各方案的相对优劣顺序和有关信息。例如,兰德公司为荷兰三角湾防洪工程所做的系统分析,提出了四个备选方案:建封闭水坝、建防风浪水坝、修堤防和维持原状。在对方案进行评价之后,将投资、安全、生态、渔业、运输、旅游、国民经济以及区域经济等方面的后果指标,标记在一张用不同颜色区分的表格中,供决策者判断选择。

六、系统分析报告

把系统分析过程中得到的各种结果和信息加以综合整理,以期提交给决策者,这就是系统分析报告。作为对系统分析工作成果的总结,系统分析报告通常有三种形式:技术报告、主体报告和简略报告。技术报告主要包括系统分析中的技术内容,如分析过程中建立的数学模型、计算数据、计算机框图、程序和使用说明等,主要供实际工作者和评审专家使用。主体报告多用非技术语言描述分析得到的结论,包括背景分析、阐明问题、分析依据、方案筛选、结论和验证等,主要供项目负责人和主管部门中的实际工作者使用。简略报告主要根据主体报告做进一步概括,用简练的语言阐明问题的要点、依据和结论,以及关于行动方案的建议等,主要提交给决策者使用。

上述系统分析步骤的划分,只是一般的方法框架,实际应用中所采取的步骤可以有所不同,应根据问题的性质和特点设置相应的环节。如预测问题,仅需收集数据,建立预测模型,进行预测分析等。系统分析各环节之间可能存在着反馈,这表明对问题的分析不可能一次性顺利完成,而是一个反复修正、循环的过程。通过分析得到的暂时性结论,要通过验证来加以考察,必要时各种假定和问题的范围都要重新修订。有了更好的想法或方案,可再次使用模型进行评价。若方案的效果不理想,则需要重新设定目标,改变约束条件,再重复某些环节的工作。循环过程一直重复到获得满意结果为止。

系统分析作为一种科学的研究策略,其核心是系统概念和科学方法的有机结合及应用。系统分析用于辅助决策,能够使决策更科学更合理。掌握系统分析方法的框架和研究策略,有助于我们增强应用系统方法认识问题和解决问题的能力。

第三节 系统分析在公共政策中的应用

一般而言,公共政策分析要求根据政策问题确立目标,提出备选方案并依照一定标准给出方案实施的可能效果。由于公共政策普遍具有以下几个特征,所以采用公共政策系统分析的方法更加科学、合理、有效。

(1)公共政策的整体性和关联性。有时公共政策涉及多方面内容和步骤,需要权衡并协调其内部各组成部分之间的关系直至整体优化。同时,根据系统论的观点,世界上的任何事物都处于相互联系、相互作用的系统之中,公共政策问题也不例外。公共政策问题置身于开放的环境之中,所以对公共政策的分析应该考虑所研究问题(对象)的整体特性及环境影响。

(2) 公共政策的动态性。在政策分析的各个阶段,随着问题的"时过境迁",公共政策的目标有可能改变,或者随着时间的推移,政策实施的环境发生变化,使得政策的效果发生改变。因此,动态性要求在分析的过程中不断地调整,所考虑的情景要尽可能地全面。

(3) 超越理性的因素和公共政策的主观性。公共政策的诸多问题涉及诸如群体及个人的价值和偏好、生态环境的影响等超越理性的因素,纯理性模型并不能给出对其进行衡量和比较的途径,需要一种结合定性和定量的办法加以解决。

系统分析提供了一个定量与定性相结合的分析公共政策问题的基本框架。系统分析将公共政策视为一个内部元素相互作用的具有输入、过程、输出及反馈等的系统,将政治、经济、社会、文化、生态等环境视为与之交互并且互相影响的系统环境。系统分析着重考察和解释在这样一个开放的环境之中,公共政策达到系统内部之间、系统与环境之间动态平衡的最佳效果。

一、公共政策的研究对象

系统分析可以被用于分析政策可行性研究、政策实施过程和规则研究、问题解决方案的搜寻、组织体制问题的研究以及解决环境对政策客体的影响等。公共政策系统分析的研究对象主要为政策实施的客体[政策所发生作用的对象,包括所要处理的政策问题(事)和所要发生作用的目标群体(人)两个方面]。当研究对象在开放或者封闭的环境中开展研究时,研究对象之间以及研究对象与环境之间会进行相互作用与影响,从而导致研究对象的行为发生变化,并对政策产生相应的影响。

系统分析在公共政策研究中的主要作用有:帮助政策分析人员从整体性的角度理解政策系统,并在此基础上对不同的政策系统加以比较;鼓励政策分析人员同时对政策系统的各个子系统或系统中的不同部分进行研究,促使政策分析人员注意系统内部的结构和层次特点;强调并突出对未知事物和状态的探索,使人们能够在过去和现在的基础上预测未来,不断开拓新的领域,增加新的知识;引导政策分析人员在政策分析过程中转换视角,从不同的角度或侧面看待政策分析中的问题;促使分析人员在考虑政策目标和解决问题所需的要求和条件时,也注意考虑协调、控制、分析水平和贯彻执行等问题,发现新的方法和问题,并注意进行从目的到手段的全面调查等。

二、如何使用系统分析

对公共政策进行系统分析,要根据公共政策的系统特征,从公共政策的有机整体出发,着重分析研究公共政策整体与部分、整体与结构、整体与政策环境的相互作用和相互联系,以求得优化的整体政策目标效应。

(一) 公共政策系统分析的步骤

系统分析要求将专业技术问题、经济问题和组织体制、政治因素、社会因素、行为因素等相结合,逻辑推理和直感判断相结合,定量和定性分析相结合,这些都体现在系统分析的各个步骤中(一般系统分析的步骤流程见本章第二节)。对于公共政策的系统分析一般可以采取如下步骤:

1. 明确问题

明确问题是政策分析过程中最重要的一步,其内容包括:分析有关问题和争议点;弄清这些争论的来龙去脉;说明目标;发现所研究的决策问题中起作用的主要因素以及获取对它们之间的关系的初步认识;从这些因素中理清系统的边界,即明确这些因素中哪些是系统元素,哪些是系统环境。

多数情况下,系统的目标包含多个层次,系统功能多样化也要求同一层次的目标不止一个。因此,该步骤还包括筛选出合适的目标,确定全面的目标层次结构,从而构建出合理的评价指标体系来反映达到目标的程度。

从系统分析角度出发,系统分析的目标集中于发现获得期望输出的最有效途径是什么,比如在环境保护方面尝试把空气污染限定在一定范围以内。而传统的政府活动的思维方式则是把注意力集中于输入的标准上,如城市绿化面积。

2. 确定备选方案

确定备选方案即根据政策目标来搜寻和设计出所有可能的备选方案,包括对已有方案的整理。备选方案的来源主要有四种:(1)现有的制度或提案;(2)调整现有制度或方案;(3)通用的解决方案或调整过的通用的解决方案;(4)设计全新的解决方案。威廉·N.邓恩则认为方案的来源有以下几种①:(1)求助于专家,如美国总统的防范暴力委员会可以作为解决强制控制问题的政策方案的一个来源;(2)求助于具有"洞察力"的"有识之士",例如,美国教育部下属的儿童发展办公室的有关人士,曾被邀请就儿童福利领域的政策方案、目的和目标提供有见地的判断;(3)从分析中的创新方法获益,如系统分析中所得出的新方法有助于解决实际问题;(4)自然和社会科学做出的解释,如社会心理学的学习理论曾用作幼儿教育项目(如启蒙和跟踪计划)的一个来源;(5)动机(信仰、价值观及相关人士的需要),如工人变动的信念、价值观和需要促成了一个新的"工作准则",它涉及对闲暇和弹性工作时间的需求;(6)类似事件的经验,如美国纽约市和加利福尼

---

① 〔美〕威廉·N. 邓恩:《公共政策分析导论》(第二版),谢明等译,北京:中国人民大学出版社 2002 年版,第 220—221 页。

亚州的金融政策改革经验可为其他州所效仿;(7)从不同问题中的相似之处进行类推,如美国用来增加妇女平等就业机会的法案就是比照少数民族权益的有关政策来制定的;(8)理论体系,如由哲学家和其他社会思想家所提出的社会公平理论就为许多问题领域的政策方案所用。

在此基础上,还需进一步预测备选方案的效果。根据备选方案的内容和性质以及方案实施的环境和条件,对方案的效果做出估计。如果要预测的效果出现的时间太遥远或者不能确定,那么我们就要设计出备选方案可操作的条件,再根据这些条件来估算出备选方案的效果。

3. 建模分析

该步骤中需要构造一个或者多个关于政策系统及其环境的模型。根据模型,分析人员对政策系统的运行进行分析,并对政策系统的工作方式和工作性能做出估计。最简单的模型可能是一些表格和图解,常被用于定性描述模型。复杂精致的模型则用精确的数学语言来描述,我们称之为定量描述模型,它们可以是代数方程、微分方程或者是计算机程序。例如,政府制定环境保护政策时可以利用决策树模型,针对不同政策选择的可能结果的主观估计进行比较,如图20-2所示。

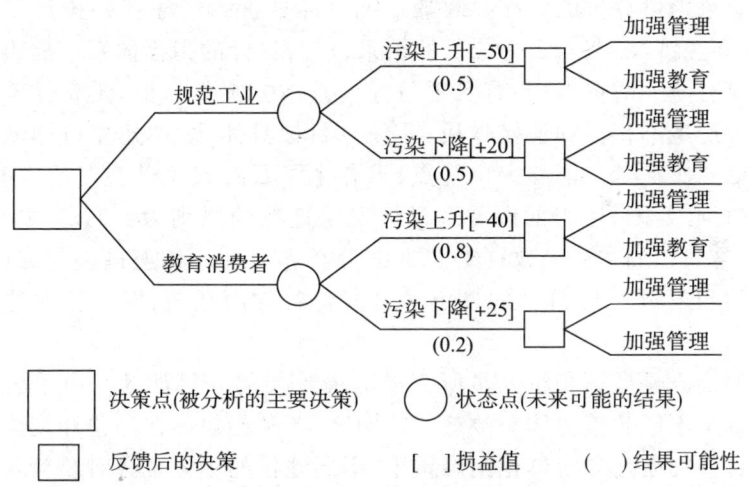

图 20-2　环境保护政策的决策树

资料来源:〔美〕邓恩:《公共政策分析导论》(第二版),谢明等译,北京:中国人民大学出版社2010年版,第134页。

4. 评估方案

对每一个备选方案,收集与之相关的资料和数据,通过模型进行分析,计算其结果并与评价指标(体系)进行比较,得出效果最优的方案。系统分析使用两种主要的理性方法来排列备选方案。一种是固定任务或效用水平,然后按照成本递减的顺序来排列方案;另一种是固定成本或预算,然后按照效用递减的顺序来排列方案。分析过程中还须考虑其他与目标相关的间接成本及收益,如外部性、副作用(或外溢性)。如一条根据既定运输目标而言是"最好"的公路线路,却可能对公园造成破坏并使市中心的交通阻塞更严重。[1]

公共政策分析的这些阶段并不是"一劳永逸"的程序,它在实际应用中同样需要互相交叉、互相渗透,循环往复若干次——通过过程中的反馈(某个决策产生的预期或非预期的效果如何,哪些元素起作用)重新进行目标修订、方案改进和选择等。此外,在对公共政策的分析和评价过程中,还须考虑未来环境改变、突发事件等情景下系统的鲁棒性,以便系统能适应环境的干扰和意外的冲击而不至于崩溃。

(二)公共政策系统分析的内容

1. 目标分析

政策系统的目标分析是政策系统分析和系统设计的出发点,是政策系统所要达到的目的的具体化。科学地确定目标,有助于对政策实施的情况加以控制,为政策实施效果提供评价的标准。政策系统目标分析的任务有[2]:论证目标的合理性、可行性和经济性;获取目标分析的结果,建立目标的指标体系。提出政策系统的总目标要有充分的依据;要有实现目标的具体方案作保证;要充分考虑到提出总目标可能产生的积极和消极作用;要使总目标具体化,在建立目标体系和指标体系时既要层次清楚又能够突出重点;当各个子目标发生冲突时要明确矛盾,理清线索,进行必要的、适当的调整。目标设定遵循的原则为:(1)实质相关,即与目的相关,与问题的本质一致;(2)目标的分类和展开应该遵循一定的原则,满足特定的规律和逻辑;(3)目标的设定尽可能将各方面涵盖,同一层次的目标尽量完备。

目标的确立是政策分析人员所完成的最重要的分析活动。由于公共政策目标集中反映了不同政策主体对政策的认同度,各利益集团在利益和观念上的差异通常使得目标的制定和具体化困难重重,不同地位的主体也会对政策目标的价值产生异议。因此,政策系统的最终目标(总体目标和各子目标)是由不同利益相关主体根据其所持的分歧意见,进行连续、反复地探究而得到的。

在目标分析中常用到的技术方法有目标图形化、价值澄清和价值评价等。

---

[1] 〔美〕詹姆斯·W. 费斯勒、唐纳德·F. 凯特尔:《行政过程的政治:公共行政学新论》(第二版),陈振明等译,北京:中国人民大学出版社 2002 年版,第 254 页。

[2] 宁骚主编:《公共政策学》(第二版),北京:高等教育出版社 2011 年版,第 57 页。

图 20-3 为开发国家能源政策目标图形化的例子。目标分析树可以通过层级分析、类别分析、头脑风暴等方式构建。目标树由上而下,目标越来越具体详细。自上而下,往往回答的是"我们应该怎样完成该目标";自下而上,往往回答的是"我们为什么要追求该目标"。因此,图形化有助于理清活动的目的和步骤。

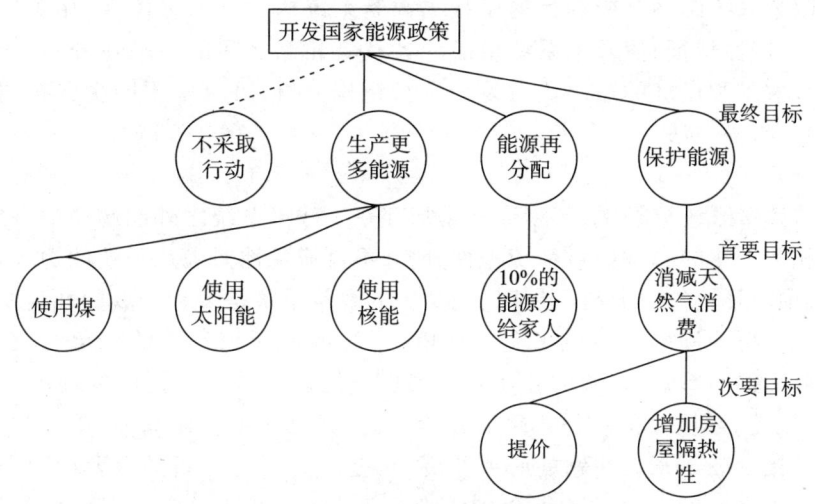

图 20-3　国家能源政策目标树

资料来源:〔美〕威廉·N. 邓恩:《公共政策分析导论》(第二版),谢明等译,北京:中国人民大学出版社 2002 年版,第 252 页。

2. 整体分析

整体性是系统的最基本的属性或特征之一,是构成系统分析的一个主要内容。用整体分析方法进行公共政策分析的核心是:从全局出发,从系统、子系统、单元、元素之间,以及它们与周围环境之间的相互关系和相互作用中探求系统整体的本质和规律,提高整体效应,追求整体目标的优化。在面对一些复杂的、较大的系统时,政策分析人员应先把系统分解为一组相关联的子系统,并在整体的指导下,协调各个子系统的目标,从而达到系统所要求的总目标。① 整体优化的原则为:根据已确定的目标,在整体利益最优的前提下,处理好整体与局部、近期与长远的关系。比如,在追求经济社会发展尤其是经济增长的政策目标时(如制定有关工业发展政策、资源开采政策),就应当处理好近期利益和长远利益的关系,考虑其与环境保护政策之间的协调。

3. 结构分析

系统的结构,是指系统内部各个元素进行的排列组合。系统内部同样的元

---

① 陶学荣主编:《公共政策学》,大连:东北财经大学出版社 2006 年版,第 291—292 页。

素,由于排列组合的方式不同,系统整体最终有可能表现出不同的特征、性质和功能。例如,某项公共政策的政策制定者在制订方案时,对方案当中的主体结构和行动顺序进行了调整,那么政策系统的内部需求和外部表现也会发生改变。

在公共政策系统分析领域,结构分析是寻求公共政策系统合理结构的途径和方法。政策系统结构分析的目的是找出政策系统构成上的整体性、相关性、层次性、环境适应性特征,使政策系统组成元素及其相互之间的关联在分布上产生最优的组合效果和最优的输出。对系统进行结构分析,可以采用层次分析、相关分析、协同分析等方法。

4. 环境分析

公共政策系统分析中,环境通常是指存在于政策系统之外的物质的、经济的、信息的相关因素的总称。对系统进行分析,不可避免地要确定系统的边界和约束条件,必须对环境做出分析。同时,现实中的政策系统是处于开放的环境之中的,政策系统分析的许多资料也来源于环境(系统的输入),环境的变化会对系统产生直接或间接的影响,系统的存在和发展也可能影响并改变周围的环境(系统的输出)。因此,环境分析对公共政策分析来说,其意义不言而喻,环境与政策系统的关系是接近政策系统问题的必要步骤,也是政策系统分析的重要内容,对政策环境的分析将有助于公共政策更加符合现实需要,更加适合客观环境的发展规律。例如,政府想要制订出合理的公共政策方案,并使它取得预期效果,那么,首先,也是最根本的一条就是从当地的实际情况出发尤其是社会经济发展的现实出发,考虑当地的社会经济发展水平、经济实力、环境约束等系统环境对公共政策的影响。否则,制定与环境不相容的公共政策最终注定会失败。再如,环境也为政策的制定和执行提供了根据:中东的沙特阿拉伯等国家的石油资源丰富,所以它们大力发展石油开发与炼制,使之成为国民经济的支柱产业;英国是作为一个有着绵长海岸线的岛国,有着优良的港湾条件和天然的海洋屏障,出于政治、经济、历史等方面的考虑,英国政府一直大力发展海军力量,因此皇家海军一直被看作是国家武装力量中最主要的军种,同时也是重要的外交政策工具。

5. 动态过程分析

任何系统都处在动态的过程之中,每一个元素的变化都会引起相关元素的结构及系统的变化,尤其是决定一个系统本质特性的元素一旦流到其他系统当中就会具有另一个系统的本质属性。分析一种现象就必须研究这种现象生成和变化的过程,并在变化运动中准确地把握其性质。事实上,系统各部分的变化也是可以通过观察统计出来的,是有规律可循的。同时,在系统与环境的互动过程中,要完成一个从输入到输出再到输入的循环,系统才能在动态过程中不断完善。因此,输出存在的意义,不仅在于它自身作为系统作为社会这个大生态系统中的一个元素而存在,而且在于它会因此而成为每个系统的下一轮的输入。一个开放的系统是一个内部不断变化着的,同时与环境不断进行交换的动力系统。因此,公共政策分析中同样应当注重政策系统的界限及其移动变化和发展的趋势,根据政策环境及条件的改变相应地制定对策,并努力改造公共政策的内外环境,实现公共政策与其环境的动态平衡,从而提高公共政策的质量。图 20-4 展示了某公共政策系统与环境之间的动态关系。

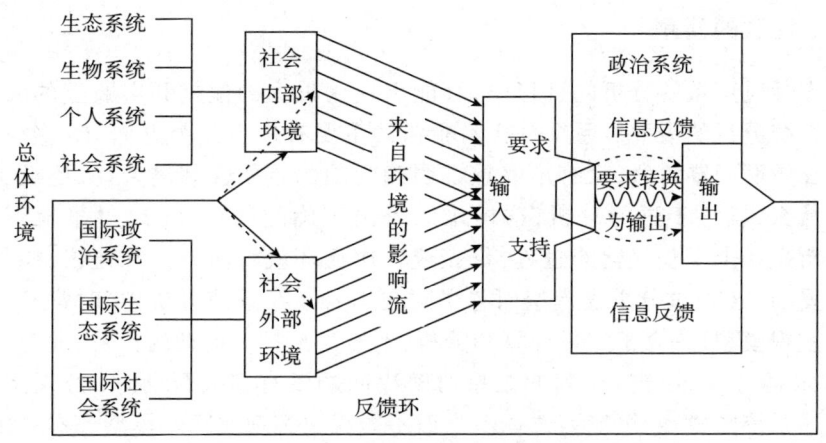

图 20-4　某公共政策系统与环境的动态关系

资料来源:〔美〕杰伊·沙夫里茨等:《公共政策经典》,彭云望译,北京:北京大学出版社2008 年版,第 12 页。

6. 反馈分析

信息反馈对于保持系统的稳定至关重要。反馈将系统活动过程的信息作为投入返回系统,直接导致系统活动过程或产出发生变化。公共政策系统分析的反馈形式如图 20-4 所示。公共政策应当建立有效的反馈机制,判断环境或社会成员对于输出的反应,对其进行分析,然后根据信息反馈随时调整下一步公共政策的努力方向,调整政策组织的行为方式,并使政策效果不断接近公共政策的目标。图 20-4 反映出,公共政策系统新一轮的输出、反应、信息反馈和政策制定者的再反应,是一个不断重复、动态变化的系列,也正因如此,一个较好的公共政策应能在如此循环的反馈环中,从容地应对环境或突然的冲击对政策系统造成的压力。

至今,系统分析仍没有一套普遍适用的技术方法,分析对象和分析问题不同,采用的具体方法也有所不同。大体上可以将各类方法分成定量方法、定性方法以及融合了定量和定性的方法。根据 R.M.克朗在《系统分析和政策科学》中的观点,系统分析可以被视为由定量、定性或两者相结合的方法组成的一个集合体。

其中,定量分析包括运筹学领域中的线性规划、动态规划、统筹法、决策树,随机分析中的马尔科夫方法、排队论,以及博弈论、网络分析等。定性方法包括因果分析法、KJ 法、目标—手段分析法等。在解决诸如带有极强的政治色彩、在决策过程中的非理性或超理性作用突出,必须在价值观和实际价值之间加以权衡,或者涉及系统结构不清、收集到的信息不太准确,或是由于评价者的偏好不一,对所提方案评价不一致等难以形成常规的数学模型的问题时较为有效。

三、注意的问题

在实际应用系统分析的过程中,可能出现认识上的偏差和实践上的失误,进而造成系统分析的失败。系统分析易犯错误主要有以下几个方面:(1)忽视明确问题。在阐明问题阶段,没有足够重视明确问题的重要性和复杂性,还没有弄清问题是什么,就急于进行分析,这样难以得出正确的结论。(2)过早地下结论。系统分析是一个反复优化的过程,仅完成一次循环就得出结论和建议,往往有失周密和妥当。(3)过分重视模型而忽视问题本身。在系统分析中,时常有分析人员过分重视模型,热衷于定量计算和分析,不恰当地扩大模型的作用,而忽视了问题本身,以至于系统分析得到的结果对解决问题没有多大帮助。(4)误用模型。用来描述系统的模型,可能因选择不当而不能反映客观实际。模型都有一定的假定条件和使用范围,超越了这些条件和范围,模型将失去意义。(5)抓不住重点。分析人员往往希望他建立的模型能面面俱到,使得模型变得越来越复杂,以至于过分注意细节,反而忽视了问题的重点所在。(6)数据有误。由于数据样本不足,造成以点概面的情况;由于考察对象选择错误,数据无法反映实际情况;由于分析有误,在错误剖释下所得的数据的真实性就会出现偏差。(7)忽视了主观因素。分析人员往往注重数量化的分析结论,而忽视非计量的因素和主观判断,从而导致未预料到的损失。

【关键术语】

系统　系统分析　政策科学　备选方案　评价标准　目标分析　整体分析　结构分析　环境分析

【复习思考题】

1. 系统分析的要素是什么?
2. 系统分析的基本流程包含哪些环节?
3. 如何用系统的观点看待公共政策研究?
4. 公共政策的系统分析的重点内容是什么?

第二十章 公共政策的系统分析

【案例分析】

规划—计划—预算制度(PPBS)[①]

理性途径凭借其逻辑而拥有许多追随者。然而,正如PPBS案例所表明的那样,理性决策直接明了的逻辑在现实中存在相当大的变动,而且,系统分析实施过程中存在的障碍可能会导致其最终失败。

1961年,美国国防部部长罗伯特·麦克纳马拉(Robert McNamala)在五角大楼里推介使用了PPBS。这一方法分三个步骤:(1)规划。高层官员制定国防活动的五年战略。(2)计划。将战略转化为国防需求的具体说明,包括应在何时购买何种武器系统。(3)预算。将计划转变为每个年度的预算要求,其基本思路就是要将年度预算程序与长期计划相挂钩,而不是与随意性要求相联系。而且,每个分支机构都要根据规划而不是单位编制来制定预算。如五角大楼会确定国家的战略要求是否需要喷气式战斗机,如果需要的话,那它要具备什么性能。而在预算方面,麦克纳马拉希望能够通过减少机构间因特有的武器系统而发生的竞争来压缩开支。

约翰逊总统对国防部所取得的成效甚为满意。1965年,他将PPBS推广到几乎所有的联邦非军事部门和机构,每个机构都要以计划的形式向预算局[Bureau of Budget,现在的行政管理与预算局(the Office of Management and Budget)]提交预算。规划预算要有大量的论证资料,这些资料包括"所有相关的结果、费用、资金需要"以及"解决问题的各种途径所需的成本和收益"。此外,各个机构还要为未来计划和资金要求拟定一个五年规划。然而,这些规划往往是"冗长的愿望清单,列明了机构在没有被施加财政约束的情况下在计划上所做的投入"。PPBS文件和机构实际计划之间的联系往往很模糊。同时,由于国会仍沿袭旧的方式来操作拨款程序,PPBS与国会决议间的联系实际上也很模糊。

PPBS不仅没有将总统及国会的预算决议这二者进行结合与改进,反而创建了自己的文案工作领域,导致PPBS最终不堪重负而失败。1971年6月,当行政管理与预算局停止要求各机构将常规预算申请同PPBS文件一起上交时,联邦政府的PPBS也就宣告终结了。

从其最初的目标来看,PPBS是个失败的例子,它未能改变政府计划的基础,也未能真正把预算、政府的投入和其产出联系起来。在尝试过该方法的其他国家

---

① 节选自〔美〕詹姆斯·W. 费斯勒、唐纳德·F. 凯特尔:《行政过程的政治:公共行政学新论》(第二版),陈振明等译,北京:中国人民大学出版社2002年版,第254—256页。

政府和几乎所有的州及地方政府中,其结果都是相似的。PPBS 的失败部分归因于预算者无法应付该制度在分析上的负担。从根本上讲,它失败是因为设计上存在明显缺陷:PPBS 没有根据它要运作的组织环境来设计。

然而,PPBS 仍具有相当大的成效。它把大量能干的分析者引入政府,其中的许多人仍在为政府效力。它使许多高层官员和职业公务员熟悉了一种论述问题的新风格:强调解释目标、形成实现目标的各种途径以及在适当的时候使成本收益量化。现在,制定项目成本的多年规划已成为美国国会预算程序中的例行部分。

此外,五角大楼现在仍积极地实施一项修正过的 PPBS。国防部官员继续制定长期规划,将这些规划转变为具体计划,然后再形成预算。这一过程的运作方式因行政方面的差异而有相当大的区别。科伯认为,国防部的规划对"预算程序几乎毫无影响",规划会议的参与人数过多以致根本无法做出有意义的决策,而前期的决策从来不会促成最终预算决策的形成。

案例讨论题

1. 从系统分析的角度来看,PPBS 案例失败的原因是什么?
2. 你如何对此案例进行系统分析?

【推荐阅读文献】

1. 〔美〕R. M. 克朗:《系统分析和政策科学》,陈东威译,北京:商务印书馆 1985 年版。
2. 〔美〕冯·贝塔朗菲:《一般系统论:基础、发展和应用》,林康义、魏宏森等译,北京:清华大学出版社 1987 年版。
3. 〔美〕戴维·伊斯顿:《政治生活的系统分析》,王浦劬译,北京:华夏出版社 1999 年版。
4. 姜璐、李克强编著:《简单巨系统演化理论》,北京:北京师范大学出版社 2002 年版。
5. 钱学森等:《论系统工程》(新世纪版),上海:上海交通大学出版社 2007 年版。
6. 魏宏森、曾国屏:《系统论:系统科学哲学》,北京:世界图书出版公司 2009 年版。
7. 汪应洛主编:《系统工程》(第五版),北京:机械工业出版社 2016 年版。
8. 李晓:《系统哲学——论系统的进化与控制》,北京:经济管理出版社 2017 年版。
9. 谭璐、姜璐编著:《系统科学导论》(第二版),北京:北京师范大学出版社 2018 年版。

第二十一章 比较公共政策

【内容提要】

20世纪80年代之后，公共政策领域的比较研究开始逐步成熟和完善，成为政策科学研究领域的一个重要分支。比较公共政策是对于如何、为何发展政府政策以及政策将产生何种政策效果的跨国性研究，其重点在于对各国的政策制定和政策执行因何比较以及如何比较做出界定。学习者必须了解比较公共政策的兴起背景和发展历程，重点掌握比较研究方法的运用和比较研究的理论。

第一节 比较公共政策概述

公共政策是第二次世界大战以后产生于美国的一门新兴的交叉学科。公共政策作为一门学科出现，是当今世界政治、经济和社会迅速发展的必然要求，也与战后美国特殊的社会状况密切相关。公共政策的出现对解决一系列的社会问题、减轻政府决策压力、满足公众的愿望和要求等方面起到举足轻重的作用。从20世纪60年代中期开始，伴随着比较政治学的发展，公共政策领域的比较研究开始起步。20世纪80年代之后这一比较研究领域开始逐步成熟和完善，成为政策科学研究领域的一个重要分支。

一、比较公共政策的兴起背景

比较公共政策的研究兴起于20世纪60年代初期，当时该研究途径仅被视为探讨比较政治的研究途径之一，比较政治学者希望从政策过程与结果观察政治体系的性质，并未成为独立的研究领域。20世纪70年代中期至90年代，比较公共政策研究处于繁荣局面，出现了一批比较公共政策研究的代表学者，如海登海默、赫克洛(Hugh Heclo)、亚当斯(Carolyn Adams)等。[①] 从70年代末80年代初开始，比较公共政策研究期刊大量兴起，一些大学也开始设置比较政策研究课程，比较公共政策的学术研讨会更是方兴未艾。

---

① 张亲培、张海柱：《比较公共政策研究：回顾与展望》，《经济社会体制比较》2011年第6期，第130页。

比较公共政策研究的发展基于以下背景①：

第一，以计算机为基础的资料分析技术促进了大规模的跨国性比较研究的发展，特别是此类研究在公共支出与预算分析领域的兴起。

第二，以政治体系模式为导向的比较政治研究过分重视政治投入功能，如政党、利益团体、选举行为等，而代表产出功能的公共政策则被忽略。比较政治学者认为有必要研究此领域。

第三，政治学者对政治研究进行批判与检讨，认为政治科学的研究应该回归到传统政治学对于价值问题的研究，而不应过分专注于政治现象的科学分析与事实描述。如政治学者伊斯顿宣称后行为时代（Postbehavioral Era）的来临，主张政治的研究不应仅着重于政治科学的发展，而应将政治科学的分析架构与方法应用到政策问题的研究上。

第四，政府的规模日趋扩大，其所扮演的角色日趋重要，政治学者卡梅伦（David Cameron）和霍夫伯特（Richard Hofferbert）指出：制定公共政策包括在公众利益竞技场中进行社会资源的分配。② 公共决策制定者，特别是政府所制定的政策，在集体与个人生活中扮演关键性的力量。

二、比较公共政策的概念

作为公共政策学科中一个处于不断完善中的研究领域，比较公共政策的概念界定目前还不统一。海登海默等认为，比较公共政策是对不同政府制定特定作为与不作为的相关方案，探讨其如何、为何以及造成何种效果的跨国研究。③

费勒尔·海迪（Ferrel Heady）认为，在现有民族国家开展比较公共政策研究必须选定核心议题。④ 除了要考察每个政策领域（如环境政策、教育政策、经济政策、社会政策等）的技术发展水平之外，还要探讨策略、方法论和政策应用等问题，并对过去的成就和未来的发展方向做出评价和估计。罗斯（Richard Rose）认为，比较公共政策研究关注不同国家政府面对公共问题时制定的政策的差异⑤，涉及

---

① 丘昌泰：《比较公共政策：研究方法论的检讨与展望》，《空大行政学报》1995年第4期，第1页。
② David R. Cameron and Richard I. Hofferbert, "The Impact of Federalism on Education Finance: A Comparative Analysis," *European Journal of Political Research*, No. 2, 1974, p. 225.
③ Arnold J. Heidenheimer, Hugh Heclo, and Carolyn Teich Adams, *Comparative Public Policy: The Politics of Social Choice in Europe and America*, New York: St. Martin's Press, 1975, p. i.
④ Ferrel Heady, *Public Administration: A Comparative Perspective*, Boca Raton: CRC Press, 1996, p. 56.
⑤ Richard Rose, *Learning from Comparative Public Policy: A Practical Guide*, New York: Routledge Press, 2005, p. 6.

政府与治理本质的问题。通过比较研究可以反映出全球治理模式与政策转移的趋向。安妮丽丝·多兹(Anneliese Dodds)认为,比较公共政策是运用比较的方法研究政策进程、产出和影响。[1] 马特·怀尔德(Matt Wilder)认为比较公共政策将公共过程理论和政治体系以及特定的议题相联系。[2]

三、比较公共政策的发展历程

比较政策研究是公共政策研究的一个重要分支,其研究包括对某些特定国家(如欧美国家)之间的比较,不同国别之间实质性政策(如保健政策、税收政策、教育政策、住房政策和环保政策等)内容的比较以及公共政策过程比较。早期公共政策比较研究由社会学和经济学的发展理论所主导,主要研究和探讨在经济发展和社会现代化一般过程中,国家是如何做出政策反应的。这种发展理论认为,随着各国从农业社会进入工业社会进而进入发达的现代化社会,每一个国家都要经历同样的发展阶段,而在同一发展阶段各国政府所采取的政策反应是相同的。在这种理论指导下,一些学者试图通过比较政策的研究来检验社会和经济发展的一般性理论。

进入20世纪70年代以后,这种理论越来越受到人们的批评,因为人们发现各国政府在同一政策问题上所做的不同反应与它们所处的经济社会发展阶段并不一定相关(如欧洲大陆国家和英美国家在社会福利政策上的差异)。对发展理论模式的批判促进了比较政策研究方法的多样化。一些学者试图证明不同历史经验和文化积淀所形成的不同文化价值对公共政策制定和执行的影响。也有学者重新从历史—制度的角度研究不同国家的政策过程,把人的行为或组织的行为放在特定历史环境和特定制度安排中进行考察。比较研究的发展和多样化使得公共政策研究突破了美国主流学派(多元主义学派)对该领域的垄断,新统合主义(Neo-corporatism)、新制度主义(Neo-institutionalism)、政策网络分析(Policy Networks)和社会选择(Social Choice)理论等新的理论和方法近期已经在政策过程研究中产生影响。

按照查尔斯·W. 安德森(Charles W. Anderson)《比较政策分析中系统与策略》中的说法,比较公共政策研究在20世纪70年代早期还是一个"不存在的研究领域"。从20世纪70年代中期开始,伴随着比较政治学的发展,公共政策领域的比较研究开始起步。20世纪80年代之后这一比较领域逐步发展和成熟,成为政

---

[1] Anneliese Dodds, *Comparative Public Policy*, London: Palgrave Macmillan Press, 2012, p. 13.
[2] Matt Wilder, "Comparative Public Policy: Origins, Themes, New Directions," *Policy Studies Journal*, Vol. 45, No. S1, 2017, pp. 47-66.

策研究的一个重要领域,出现了一批颇有影响力的专家学者,涌现出许多优秀著作。从美国的情况来看,70年代中期开始,学者们对公共政策的兴趣越来越浓厚,"出版了无数部著作,发表了大量的期刊文章(许多文章都是专门探讨政策问题的),给本科生与研究生开设了许多课程,建立了许多专门小组,并召开了许多由专业学会或者其他组织资助的会议"①。

美国著名的比较政治学家加布里埃尔·A.阿尔蒙德大力提倡应用政治学,即公共政策取向的政治学,他对于制度主义、规范主义过于重视演绎法的做法进行批判并提出自己的看法。他认为,演绎法对政策方案的选择和政策目标的达成毫无帮助。同时,阿尔蒙德和宾厄姆·鲍威尔合著的《比较政治学:体系、过程和政策》一书受到了政治学界的广泛关注,成为政策研究的经典著作。② 他们认为,要把政治过程、政府过程、政策过程三者作为同一的过程来分析,从而使政策研究与政治学研究紧密地结合在一起,这有利于克服政策研究中的纯技术、纯操作主义倾向。同时,他们把公共政策看作是政治系统输出的产品,公共政策通过提取、分配、管制、象征四种类型的输出而使公众共享福利、安全和自由等三种政策结果,并根据政治文化的功能确立了关于体系文化、过程文化和政策文化三个层次的划分。

美国著名公共政策学者斯图亚特·S.那格尔在其出版的《政策研究百科全书》中专门介绍了跨国家及跨文化的政策比较。③ 那格尔指出,政策选择有两种思维:一种是权衡(Trade-off)思维,用相互排斥的"对半"观念分析政策选择;一种是最佳解(Super-optimum Solution,SOS)思维,用兼容的"最佳解"思维做政策选择,即选择各方均受益的最适宜的政策。只有"最佳解"的公共政策才能经得起历史的检验。

此外,美国匹兹堡大学比较政治学教授道格拉斯·E.艾士福德的《比较公共政策》、阿诺德·海登海默、休·赫克洛、卡罗琳·T.亚当斯合作出版的《比较公共政策:欧美社会选择政治学》,以及西奥多·J.罗威的《公共政策与美国和法国的科层制》等著作都专门论述了比较公共政策,从而推动了比较公共政策研究的进程。

---

① 转引自〔美〕费勒尔·海迪:《比较公共行政》(第六版),刘俊生译,北京:中国人民大学出版社2006年版,第51页。
② 〔美〕加布里埃尔·A.阿尔蒙德、小G.宾厄姆·鲍威尔:《比较政治学:体系、过程和政策》,曹沛霖等译,北京:东方出版社2007年版。
③ 〔美〕斯图亚特·S.那格尔编著:《政策研究百科全书》,林明等译,北京:科学技术文献出版社1990年版。

四、比较公共政策的价值定位

比较公共政策作为公共政策学的一个重要分支,其产生的直接原因是当代社会各种社会经济问题的大量出现以及社会对于解决这些问题的迫切需要。研究比较公共政策的主要目标是了解和解决社会问题,提供关于公共政策的基本知识,改善公共决策系统,提高公共政策质量,并拓宽社会科学的研究范围,推进理论的发展。比较公共政策的价值可以从以下四个方面进行分析:

第一,全球化的冲击与影响需要研究比较公共政策。大多数学者认为,全球化是建立在资本、生产、通信、技术的一体化之上的,既是一种经济现象,也是政治现象和文化现象。随着经济生活的一体化,各国的政治和文化也会出现同质化的趋势。有学者认为,全球化是指"各种社会关系与处置措施等空间性组织发生转变而产生跨越洲际或横跨区域的行为、互动与权力运作等这一种(或一系列)交流过程"[①]。全球化引发社会、政治与经济变迁,并逐渐重塑现代社会与世界秩序,并且这是一个长期的历史过程。国家经济活动面临重组,与跨国生产、交易与金融体系紧密结合。同时,全球化必将对政府决策、制度、社会势力和资源进行重新分配以及结构调整,具体表现为各国政府、企业和公民个体在计算政策选择的相对成本与效益时必须考虑全球各方势力与国际环境的影响程度。同时,全球化造成了社会内部或社会之间社会势力的重新配置,各国国内社会、经济与政治等组织与行为的环境形态也受到了全球化的影响。为了应对这些变化,各国政府必将制定各项政策以解决全球化带来的和产生的前所未有的机遇和挑战。在这样的情况下,研究比较公共政策、探讨各国政策制定的经验和教训显得非常必要。

第二,拓展比较研究的基础。比较公共政策研究拓展了比较政治的基础。例如当我们以政党、民意与利益团体的自主性、合法性与效果比较民主与共产体系,很容易误以为生活在资本主义国家的公民生活水平一定比社会主义国家好。如果将政策产出与影响加入比较政治的变量后,我们观察的角度与视野无疑扩大了许多。

第三,避免文化局限的结论。发达国家公共政策的发展经验未必适用于其他发展中国家,因为文化背景限制了跨国运用的可能性。通过比较的方式可以将适用于某些国家的命题,在其他国家的系统中加以检验。如以美国经验而言,社会与经济变量对于公共政策的影响远大于政治变量。这个命题是否成立,可以通过比较公共政策的研究加以检验,从而减小了文化差异对研究结果的干扰。

---

① 〔英〕戴维·海尔德等:《全球化趋势与冲击:全球化对政治、经济与文化的冲击》,沈宗瑞等译,台北:韦伯文化国际出版有限公司 2007 年版,第 24 页。

第四，指导政策实践。比较公共政策通过比较的方法研究公共政策的因果关系。了解其他国家实际政策可以为本国制定相关政策提供指导和借鉴。至少近两百年来，欧洲学者中一直有从事比较研究的人员。美国公共行政领域的学者研究借鉴欧洲经验来认识和改善美国行政制度。为了使比较更有意义、更具价值，比较必须要基于丰富材料的收集和评价。

第二节 比较公共政策的方法论

亚里士多德运用比较的基本方法收集、获取和分析经验资料，首创了一门作为经验科学的政治学。比较是人类认识世界的基本方法，比较公共政策的重点在于比较，在于对各国的政策制定和政策执行因何比较、如何比较做出界定。

一、比较研究方法的运用

在比较研究方法的认识上，霍华德·威亚尔达（Howard J. Wiarda）在他的著作《比较政治学导论：概念与过程》中明确提出，比较的研究方法要求在同一研究中观察和分析的对象必须是不少于两个并且是互为参照系的个体或群体，比较的直接目的是辨识它们之间的差异性和相似性。比较始于对事物外部特征的描述，进而对其异同做出分析和解释。他认为，比较可以应用在任何事物的研究中，但是要使得比较更有学术意义和研究价值，比较分析必须选择和使用一定的理论工具。因此，比较的方法不是排他的，而是可以容纳其他理论方法和技术方法的一种应用性广泛的方法。①

作为一种应用性很强的研究方法，比较方法的应用范围非常广泛。在比较公共行政、比较政治学、比较行政法、比较政治制度等多个研究领域，比较的研究方法都得到了淋漓尽致的发挥和使用。这不仅拓宽了研究范围、提供了更宽泛的研究领域，而且为研究者寻找到收集经验资料以及划定学科边界的科学方法和尺度。例如，在比较政治学研究领域中，比较政治学的研究对象必须为民族国家，至少应当是独立的政治体系，所以当代的比较政治学可以简单地概括为"对民族国家的比较"。宁骚在"比较政府与政治译丛"总序中指出，只有跨国的政治比较研究才属于比较政治学，明确这一点对于研究比较政治学是非常有必要的，因为除此之外就难以划定比较政治学的学科边界。由此可见，比较研究方法在应用方面具有很强的实践意义。

---

① 〔美〕霍华德·威亚尔达：《比较政治学导论：概念与过程》，娄亚译，北京：北京大学出版社2005年版，第15页。

第二十一章 比较公共政策

作为一门经验科学,比较公共政策研究注重从现有的客观实际出发,通过跨国界的对比和研究以及实证研究和经验分析,总结各国政策制定固有的规律性。对公共政策进行比较研究,研究者可以跳出本国的局限,为制定高瞻远瞩的公共政策提供经验和指导。

一般来说,在比较的方法中最便于理解和操作的是快照法①,即在某一给定的时间点上比较两个或多个国家以及专门机构的具体行为,而这一时间点通常就是当下。同时,比较可以是在同一时间横向比较不同国家的状况,也可以是在不同的时间段上加以比较,以验证同样的过程。比较研究的类型主要有国别研究(对某个国家的某一制度、政治过程或公共政策进行研究)、对两个或更多个国家的研究、区域研究、跨地区研究以及全球比较。

二、如何比较②

一般而言,比较公共政策研究可以使用以下方法:

(一) 个案研究

以个案研究的方法,选择特定政策议题,如某项政策行动的决定③,进行比较研究是相当普遍的方法。就政策问题领域而言,环保政策、教育政策、税收政策、住房政策、社会保障政策的比较研究文献相当丰富,不过,此类研究的问题在于个案研究发现的推论性不够,无法以相同的理论架构与方法进行政策知识的积累。

(二) 集群资料分析

以联合国、国际组织或各国政府公布的统计资料为基础,以公共支出与政府预算为研究焦点是相当重要的研究途径,他们界定公共政策为公共支出的形态。④ 一般而言,此类研究有两种类型:截面研究(Cross-sectional Study)与纵贯研究(Longitudinal Study),前者以各国为分析单元,公共政策结果为因变量,自变量是政治、社会与经济变量,运用多元相关分析或多元回归分析探讨自变量与因变量之关系;后者则以时间为分析单元,选定一些政策结果变量的长期性资料进行时间序列的分析,以找出其发展型态。此研究的主要目的是凸显出一个政治体系

---

① 〔美〕霍华德·威亚尔达:《比较政治学导论:概念与过程》,娄亚译,北京:北京大学出版社 2005 年版,第 14 页。
② 丘昌泰:《比较公共政策:研究方法论的检讨与展望》,《空大行政学报》1995 年第 4 期,第 4 页。
③ 〔美〕格雷厄姆·艾利森、菲利普·泽利科:《决策的本质:还原古巴导弹危机的真相》,王伟光等译,北京:商务印书馆 2015 年版。
④ P. Cutright, "Political Structure, Economic Development, and National Social Security Programs," *American Journal of Sociology*, Vol. 70, No. 5, 1965, pp. 537-550; H. L.Wilensky, *The Welfare State and Equality: Structural and Ideological Roots of Public Expenditures*, Berkeley, CA: University of California Press, 1975.

的社会经济条件对于政策结果的影响。如李斯克和勒尔①的《比较公共政策》一书,将公共政策结果视为因变量,自变量则是环境因素与公共支出,前者从财政收入、机会成本与集体效用函数(Aggregate Utility Function)这三个经济学角度加以分析,后者则以政府在国防、健康政策的经费支出为指标,以统计分析方法建构自变量与因变量之间的关系。该研究途径的最大缺点为:第一,重视公共支出的政策决定因素(Policy Determinants),而非政策过程因素,所以无法了解政治因素对于公共支出的影响;第二,公共支出并非了解政治体系特性可信赖的指标,如法国公共部门的支出比例低,但不能以此断定其公共政策的绩效欠佳。

三、分析架构

以当前比较公共政策的文献看,诚如阿尔蒙德指出的,公共政策研究确实是多元形式的展览会,它们是叙述的、量化的、跨国的、横断面的、跨国性的单一政策、跨国性的多项政策,更不用说许多政策研究的后设理论与后设政治。在这种多元范式的情形下,比较公共政策的分析架构也不易掌握。一般而言,比较政策研究的分析架构有四个层次:

(一)一般性与理论性的观点

这包含两种不同的视角:第一,澄清社会的概念。多数比较政策研究奠基于理性主义与社会多元主义的"自由"概念之上,因此,多数研究隐含着社会民主取向(Social Democratic Orientation)。第二,澄清有关公共政策的基本概念。这些学者通常视公共政策为因变量,自变量则包括社会、经济或政治变量,但他们非常强调政治因素对于政策性质的影响。然而罗斯认为,公共政策可以视为政治的自变量或政治的因变量,正确的看法应该是,将比较政策视为一种包含许多步骤的过程模式,这些步骤包括大众认知政策存在之前的最初阶段,政策议题如何放在政治争论的议程上、需求如何被提升的过程,政府形式对于政策考虑的重要性,拥有的资源与既存的限制,朝向政策决定的行动,政府决策的决定因素,决定系统因素,执行,产出,政策评估,回馈。

(二)政策决定因素

决定各国政策发展的因素为何?这是比较政策学者关心的课题。根据威伦斯基②对于64个国家的公共支出与国家发展水平之间所进行的集群截面分析,经

---

① McCamant C. Liske and W. Loehr, eds., *Comparative Public Policy*, New York: Wiley, 1975, pp. 279-280.

② H. L. Wilensky, *The Welfare State and Equality: Structural and Ideological Roots of Public Expenditures*, Berkeley, CA: University of California Press, 1975.

济发展水平为影响公共政策最重要的因素,这是社会经济决定论(Socioeconomic Determinism)的典范。海格力(John Higley)则指出国家精英在设定政策议程与决定政策结果的作用。卡斯托斯(Francies G. Castles)认为,组织性团体,如政党才是最主要的因素。艾士福德从制度与政治过程(Institutional-political Process)角度认为国家的制度安排与制度性权力,才是政策结果的决定因素。最值得注意的是统合主义(Corporatism)的研究途径,政治学者史密特(Philippe C. Schmitter)认为当代公共政策主要是由政府、商业界与劳工代表共同协议达成的,这种思潮称为统合主义,是今天许多欧洲国家决定公共政策的主要方式。

(三)政策过程研究

比较政策研究学者非常强调从政策过程探讨公共政策,如格雷厄姆·阿利森(Graham Allison)与菲利普·泽利科(Philip Zelikow)在《决策的本质:解释古巴导弹危机》[①]中针对古巴事件提出三种政策过程模式:理性行动者模式(Rational-Actor Model)、组织过程模式(Organizational Process Model)与官僚政治模式(Bureaucratic Politics Model)。此研究途径的问题为:目前存在太多的政策过程模式,究竟何种为最理想的模式似乎仍无定论。此外,政策过程的研究似仍未掌握政治因素的影响作用,因此,如何在政策过程中加上政治变量就成为相当重要的工作。

(四)政策产出与评估

政策产出方面,包括健康政策、住宅政策、就业政策等,主要探讨政府制定与执行这些政策的范围、组织、成本与利益分析,研究的国度以北美与西欧国家为主,积累了相当丰富的观点与信息。政策评估方面,包括对短期政策冲击的评估;公共政策对于民主危机、福利国家、资本主义或统合主义的长期影响等。

第三节 比较研究的理论

比较公共政策主要涉及三个方面的问题:各国政策有什么区别?各国政策为什么有这些区别?政策对社会产生了什么影响?第一个问题是指政府做出了什么决定(政策产出),第二个问题是指哪些因素导致了不同的政策产出,第三个问题是指政策效果。也就是说,从政策分析的角度来说,政策比较主要解决描述、解释和评价三个层面。因此,要回答这三个问题,就要在一定的理论方法指导下,分析产生某一具体公共政策的历史条件,研究各国公共政策产生的制度背景。

---

① 〔美〕格雷厄姆·阿利森、菲利普·泽利科:《决策的本质:解释古巴导弹危机》(第二版),北京:北京大学出版社2008年版。

一、全球化理论

全球化是 20 世纪 80 年代以来在世界范围日益凸显的新现象,是当今时代的基本特征。全球化还没有统一的定义。从物质形态看,全球化是指货物与资本的越境流动,经历了跨国化、局部的国际化以及全球化这几个发展阶段。有学者认为,全球化在世界范围内改变了政府管理的性质,全球化的经济结构及相关的许多超结构变革,如跨国界的权力结构,对公共行政产生了深远影响。有学者描述了国家权力和权威在质量与数量方面的"退却性转移",分析了从"福利国家"转变到"竞争国家""空心国家"(the Hollow State)或者"法人国家"(the Corporate State)的过渡性特征,这种转变是国家为了"适应、塑造和控制不断增长的国际政治、经济渗透"而做出的努力。应该说,资本、政治、行政和文化的全球化对全部国家都产生了影响,没有一个国家能够置身于外。全球化对政府和公共行政带来了深远的影响,具体来说可概括为以下三个方面:

(一)国家特征的变化①

全球化没有终结国家及其行政组织,将来也不会引起国家的弱化,具有社会政治身份的地域国家会像过去几千年一样继续存在。市场与政治、资本主义与国家、私人部门的管理与公共部门的管理之间仍然会有密切的关系。这种关系将继续存在,因为公共行政凭借着同样历经了几千年政治经济变革的官僚机构,与包括资本主义在内的文明紧密相伴、彼此促进。但是,全球化也导致现代国家的特征发生了重要变化,至少可以分辨出五个方面的变化:一是世界银行、国际货币基金组织、世界贸易组织等超区域性治理组织加强,它们的决定和行为规范与民族国家捆绑在一起,影响了后者的行政体制。二是为了处理区域性和跨区域性事务,以及在诸如全球环境预警、保持生态可持续发展等共同利益方面谋求合作,现代国家之间相互依赖程度不断加大。在这里,地球村、全球环境和世界公民等概念越来越受到重视,给所有的政府及其公共行政实践形成了压力。三是所有政府都在处理国内、国际有关治理与行政管理的各种信息中,享受到了信息时代的好处,尽管欠发达国家还要落后一段时间。更值得一提的是,处于主导地位的国家特别是美国凭借着其军事和技术实力,主宰着地球直到外层空间,结果就是出现了全球霸权。四是政府作为私人部门合作伙伴和促进者的作用日益增长,但通常以牺牲公共物品和公共服务为代价。在全球化的压力之下,"政府的角色日益演

---

① 〔美〕阿里·法拉兹曼得:《全球化与公共行政》(下),曾峻译,《北京行政学院学报》2000 年第 6 期,第 75—78 页。

变成给私人(公司)企业提供适合的、法律许可的环境"。五是对公共行政管理者来说,也许最重要的变化是行政性国家从福利国家转变成了"法人国家",或者"影子国家"(Shallow State)、"无关紧要的国家"(Indifferent State)、"契约国家"(Contracting State)、"企业家国家"(Entrepreneurial State)。与此相应,公共行政与管理的变化可以用这样一些概念来概括,如"管理主义""政治管理""新公共管理""空心国家""法人行政国家"。

随着法人资本主义阶段的到来,全球化中的国家的方向和角色发生了变化。与几十年冷战期间倾向于维持法人、市场利益与社会、政治利益平衡的福利型行政国家不同,新的法人行政福利国家的作用具有这样几个特点,其中包括我们提到的平衡性的福利国家的萎缩,安全与军事或战争国家的膨胀,警察、监狱、法院及其辅助功能如社会工作、心理网络、咨询等国家强制机构的膨胀。

(二) 对国家主权的威胁

克拉斯纳区分出四种主权形式[1]:一是互赖主权(Interdependence Sovereignty),指政府实际控制疆域内活动的能力。全球化基本上加深了主权国家的互赖性,也使得主权管理的技巧面临改变,所谓"新主权体制"或"主权散置"即指这一主权特性。二是国内主权(Domestic Sovereignty),即特定政体内的权威组织,其统治的合法性没有因为全球化遭遇到太多挑战,反而因全球化的机会(经济管理和认同压力)更增强了其正当性。三是威斯特伐利亚主权(Westphalian Sovereignty),指排除其他统治权威的干预,即国家自主性。这种主权没有因全球化而降低,一如"文明分裂"(Clash of Civilization)。四是国际法律主权(International Legal Sovereignty),指被其他国家承认的法人地位。这种主权不但没有受到全球化的削弱,反而因为许多新条约的议定,国家的法律主权地位更为重要。

克里斯托弗·鲁道夫[2](Christopher Rudolph)认为,在当今世界秩序中,国家最重要的功能是保卫国家主权,主权安全不仅包括军事防御,也包括物质资源(经济优势)和国家统一。阿里·法拉兹曼得(Ali Falazmand)认为,在全球化中,国家的核心作用是"置主权于绝境",从而对国家的身份构成了威胁。挑战主权意味着民族国家丧失了单独实施宏观经济政策的能力。为了迎合全球化,许多国家把本国政策制定权拱手让给了地区性或国际性组织;为了取得地区合作之利,一些政府甚至修改了自己的宪法。20 世纪 70 年代以来,国际货币基金组织、世界银

---

[1] Stephen D. Krasner, *Sovereignty*: *Organized Hypocrisy*, Princeton: Princeton University Press, 1999, pp. 3-4.

[2] C. Rudolph, "Sovereignty and Territorial Borders in A Global Age," *International Studies Review*, Vol. 7, No. 1, 2005, pp. 1-20.

行和世界贸易组织对欠发达国家的货币和财政政策采取了更严厉的措施。

(三)公共政策的变化

在全球化的影响之下,公共政策的许多重要方面都发生了显著的变化。①

首先,政策影响范围的变化。以往公共政策的影响力大多都局限于一个国家的范围之内,即便对其他国家有一定的影响,很多也都是通过间接方式而发生作用的。然而,现在很多国内政策都会轻易地直接影响到其他国家、团体和个人,可以说国内政策超出了国家的领土边界,具有了全球性的特征。国家对内政策与对外政策的区分开始变得模糊。

其次,政策利益相关者的变化。公共政策本来是一个国家内部利益再分配的方式,然而现在由于国家界限的弱化,公共政策直接影响到国外的其他组织和个人等。公共政策可能会影响到跨国公司在东道国的利益。公共政策除原有的利益相关者外,现在还包括国际政府组织、非政府组织、跨国公司以及个人等等。

再次,政策权力分配的变化。从政治角度来看,全球化伴随的是政治权力和权威的重新分配,很多决策的权力已经不完全掌握在单个国家手中。联合国、世界贸易组织、世界银行等国际组织都在一定程度上替代或分享了原属于国家的权力。国际区域组织获得了越来越多的权力。欧盟是一个典型的代表,成员国建立了关税同盟,实行共同的农业政策。成员国在货币方面的权力也已经转移到欧盟的手中,欧洲中央银行行使统一的货币政策职能。国家的地方政府也逐渐获得更大的权力空间,分权化的政府改革浪潮也方兴未艾。因而,在全球化过程中,国家原来在某些经济管理、环境保护等方面的权力和权威已经发生一定程度的转移。

最后,政策制定独立性的变化。由于以上原因,国家政策的独立性受到了严重的削弱。国家间相互依赖的深化使得国家在公共政策方面受到其他国家的限制,同时也越来越受制于国际法、国际条约、国际机制等。可见,公共政策未来的发展趋势会逐渐脱离以"国内事务"为主体的公共行政,"公共事务"的范围、性质也将在全球化的冲击下不断重新定位。

二、治理理论

治理理论于20世纪90年代初期在西方国家兴起,现已逐渐成为社会管理与治理的重要理念和价值追求。治理理论作为一种新公共管理的方法,是在对政府、市民社会与市场的反思及西方政府改革的浪潮中产生的。治理理论不单强调

---

① 任丙强:《全球化与公共政策过程》,《美中公共管理》2004年第1期,第44页。

政府与市场的协调与合作,更重要的是寻求政府、社会与市场三者之间的合作和互动,寻求的是一种通过调动各种力量和资源达到"善治"的社会体制。

(一) 治理理论的思想内涵

1. 公共治理强调自由的价值

公共治理强调的自由是一种消极的自由,是一种"独立于他人的专断意志"的状态。在公共行政中,限制政府权力成为公共治理的焦点。现代福利国家鼓励了个人对政府的依赖,这种依赖使得国家更容易实施控制。国家过深地涉入资源分配,侵犯了个人对私有财产的绝对支配权。在西方,"大政府"造成的行政权力的膨胀,破坏了三权分立与制衡的原则,同时也引发了官僚制的扩张,等等。这些都会引发一系列社会问题和危机。公共治理重视社会组织在治理中的作用,主张有限政府,要求重新建立公共权威、分享公共权力、参与公共事务,都体现着消极自由的理念,其目的正是反对福利国家的扩张对自由造成损害。

2. 公共治理彰显公共性

公共治理强调政府维护公共利益的角色定位,同时宣称没有包容和参与,公共性就会堕落为狭隘性和私利性。只要共同的目标是维护和促进公共利益,各社会行为主体都可以参与到公共事务治理中。这是公共利益包容性的重要体现。

因而,公共治理重视社会组织在维护公共利益中的作用,将政府与这些组织在目标一致基础上的合作作为促进公共利益的重要方式。就政府而言,如果用"民有、民治、民享"来概括其公共性的话:"民有"说的是政府权力是来源于公众让渡的权力;"民享"是指既然是公共性的权力,政府权力就应该以服务公众、维护社会公益为唯一宗旨。公共治理在这两点上都只是沿袭了西方传统的观念,而公共治理的突破在于"民治"上。传统的"民治"是指公民通过代议制定期选举,组织政府,监督政府。公共治理更进一步,它要求社会自主自治。政府只应做个人和社会不能做好的事,剩下的事应该留待自组织网络自主治理。这是由代议制民主向参与式民主的跃升,提供给人民直接治理国家的实践机会。

3. 公共治理推崇诉求的多元化

公共治理的多元诉求在西方传统的思想脉络中来源于自由主义的传统。自由主义从来就以个人主义为逻辑起点,强调差异性是必不可少的价值,绝对不能因为社会一致的要求而牺牲差异性。它主张通过向社会其他组织开放国家对内主权中的行政管理权,实现多元主体的合作共治。

公共治理的多元诉求体现在四个层面上。一是政府治理工具的多样化。除了传统的行政手段外,以市场为核心的治理工具和机制、财政性工具与诱因机制、管制性工具与权威机制等都可以作为政府治理的手段,甚至能在很大程度上转变政府在治理过程中的角色形态。二是治理主体的多元化。政府与其他社会组织一方面都没有单独应对所有公共问题的资源与能力,另一方面又在各自熟悉的领域拥有解决问题所需的比较优势。各尽所能成为实现良好治理的前提条件。三是公共权力的多中心化。要实现各尽所能的良好治理,就必须让治理的各个主体参与权力的分享。在立体的合作网络中权力的网络化分布,形成了对政府权力的强有力约束,保障了其他治理主体在治理活动中的独立。四是政府与其他主体的互动合作。主体的多元化可能导致不同利益主体的对抗与对立。然而,公共治理是以公共利益为根本目标的合作网络管理。共同的目标与相互信任的文化,以及由此形成的协商对话的行动方式,确保了合作网络成员之间能够精诚合作,弥补各自不足,在公共利益中携手共进。

(二)治理理论对公共政策过程的影响

1. 治理对微观政策过程的影响

帕森斯认为,制定一项政策是令理由或主张合法化的过程,政策界定问题并提出解决问题的理论或原则,基于理论或原则实现需求的合法性。政策过程一般包括从问题界定到执行的各个阶段,从治理理论的角度来看,问题界定以及议程设定阶段受国际因素或全球事务状态影响较多,而决策、政策规划与执行则更受国内环境的影响。①

全球化带来的诸多问题,例如人口老龄化、犯罪、毒品与环境污染等政策议题,往往是人类共同面临的,而非单独一个社会可以衍生。因此,许多国家在经济、科技、社会发展至某种阶段时常常需要共同面对这些全球性议题与风险,更使得这些国家在政策问题界定过程与方式上也渐趋相同(Convergence)。全球治理在问题建构阶段上隐含的主要意义之一,是令非政府组织主导的跨国倡议网络(Transnational Advocacy Networks)、跨国社会运动(Transnational Social Movements)以及 BBC 或 CNN 等全球媒体在全球政策问题界定中日益发挥着举足轻重的作用。

因此,科布和埃尔德在《美国政策参与者:议题选定的动态过程》一书中提出,议程设定可区分成两大类②:一类是系统或公众议程,也就是社会上多数成员认为值得关注且属政府权责处理范围内的,另一类为制度或正式议程,即政府决策机关将采取行动讨论与处理的。科布和罗斯将一般常见的议程设定过程区分

---

① W. Parsons, *The Public Policy, An Introduction to the Theory and Practices of Policy Analysis*, UL: Edward Elgar, 1997, p. 15.

② 〔韩〕吴锡泓、金荣枰编著:《政策学的主要理论》,金东日译,上海:复旦大学出版社 2005 年版,第 332—333 页。

为四个阶段：议题发动、提出清楚的问题解决之道、扩大该议题之社会支持基础、进入制度议程。同时，科布在《比较政治过程的议程制定》一文中，将政策议程模型分为内在创始型、政治动员型、外在创始型。他认为议程设定形式与政权形式或民主开放程度有关，在多元化与民主化程度较高的国家，议程设定常是外在创始型。

2. 治理与宏观政策过程理论

整个政策发展过程，从问题界定到规划决策再到执行与评估，不断有来自环境与制度因素的影响，也涉及国家、社会或市场部门间的互动。微观型政策过程阶段论在某种程度上可对应于伊斯顿的政治系统模型的流程。然而通常在描绘伊斯顿模型的图形中，多是一种起始箭头来自环境的输入（需求与支持）的意象，这很容易让人误以为，环境因素所产生的影响只限于在政策发动初期阶段。实际上，外在环境因素在政策过程中应是持续发生作用的。也有可能决策人员在政策制定初期并未考虑到若干环境因素或未受到互动影响，但在往后的过程中，那些环境因素的重要性逐渐或突然呈现出来；此外，政策的制定、规划与执行，乃至评估阶段多少仍须寻求外界环境的支持。有别于前述微观型政策阶段过程的观点，宏观型政策过程理论的关注重点多围绕在政策过程中来自国家、民间社会或市场的组织形态及其内部所涉及不同政策行为者或制度间的互动关系。同时，政策过程中除了涉及前述三大部门的互动以及所处的宏观环境系统，也包括国际层次因素，国际机构也越来越多地影响到许多国家公共政策的制定过程及其结果。①

总之，如果以多层次治理、国际组织与制度和跨国政策网络作为界定全球治理的主要特征，对公共政策学来说，包括非政府组织、跨国企业与国际组织在内的跨国行为者及其所构筑的多层网络在政策过程中的重要性日渐不容忽视，也为未来公共政策理论的发展注入新的元素与着力方向。同时，国际制度与规范的发展趋势，在相当程度上也扩展了公共政策理论发展的视野。就后者而言，未来探讨国际制度与规范对公共政策影响的着力点，应不再局限于有形法规制度的作用，而应注重无形的制度规范对塑造政策行为者与标的人口的构成作用。

三、新制度主义理论

1983年，迪马吉奥和鲍威尔发表《关于"铁笼"的再思考：组织场域中的制度

---

① 〔美〕迈克尔·豪利特、〔澳〕M.拉米什：《公共政策研究：政策循环与政策子系统》，庞诗等译，北京：生活·读书·新知三联书店2006年版，第117页。

性同形与集体理性》①一文,该文也被誉为组织社会学的新制度主义奠基之作。新制度主义注重制度对政策过程的影响。概括而言,制度可以界定为:用以规范人(组织)际互动关系的、具有持久性特征、朝向稳定互动目标的正式与非正式的种种规则、实践程序或规范。与公共政策相关的新制度主义理论,主要在探讨制度设计如何影响政策过程。大致上,新制度主义可区分为经济学取向、社会学取向与政治学取向的新制度主义。

就经济学取向的新制度主义而言,制度的形成与维系的目的在于降低交易成本、清除信息上的不对称障碍、增加行为者间互动的稳定性与可预测性。制度的发展往往系于社会成员有意识的利益权衡。政治学与社会学取向的新制度主义则强调有形或无形的制度如何塑造个人偏好、利益、认同、对事实的看法,进而影响其行动的选择或不选择,或提供个体行动的合理化基础,或有利于(不利于)某些个人、团体或阶级利益的动员与集结联盟以及权力分配关系。②

运用新制度主义来研究政策过程常见的方式是,研究政府与宪法等政治制度有形层面如何影响政策制定与执行、理性与否以及成功或失灵。例如,宪法在不同时期的解释、规定的修宪程序、修宪通过的时机,赋予不同个人或团体影响政策制定的能力范围,使得某些人的利益追求行为被允许或不被允许,赋予其正当性的有无,影响团体动员的效能或集结联盟的大小。

另一种新制度主义,或称历史制度主义(Historical Institutionalism),则倾向从历史过程来看制度的演变,进而影响政策。它通常会强调历史演进过程的"不理性",即偶发性(Contingency)、非本意结果(Unintended Consequences)以及制度本身的持久性,也就是路径依赖。旧制度主义理论多只偏重该类制度本身功能与正式结构的描述,欠缺将制度理论抽象化的能力,以及制度如何影响政策层面的系统探讨。

新制度主义在分析公共政策过程时,多偏重研究国内层面的有形制度。如运用在全球治理相关议题,探讨重心则无可避免地必须扩展至国际建制或典则(International Regimes)以及如何影响国内游戏规则的协商制定之上。国际建制或典则指的是,国家的行为者通过合作协商所建立的一套规范适当互动行为的规则、规范、原则或决策程序。研究者除可探讨国际建制如何限制国内政策行为者的行动选择空间外,更可进一步探讨这些国际规范、规则与制度如何塑造相关行为者

---

① Paul J. DiMaggio and Walter W. Powell, "The Iron Cage Revisited: Institutional Isomorphism and Collective Rationality," *American Sociological Review*, Vol. 48, No. 2, 1983, pp. 147-160.

② P. A. Hall and R. C. R. Taylor, "Political Science and the Three New Institutionalisms," *Political Studies*, Vol. 44, No. 5, 1996, pp. 936-957.

的利益及其动员、权力分配与定位。就此而言,其对国内层面的政策过程所产生的明显影响之一为:国家或社会部门的不同政策行为者可能竞相援引相关国际规范与制度作为政策倡议的主要依据。国际关系研究领域有关国际建制的研究文献相当多,早期尤以经济学取向的新制度论者为多,近年发展并扩展至社会学取向新制度主义、融合社会建构论精神的研究途径。新制度主义对比较公共政策研究的作用可从以下两个方面进行分析:

第一,制度影响政策结果,凸显比较研究的重要性。

精英主义认为政策制定是精英之间相互妥协的结果。如戴伊提出,自上而下的政策制定是精英集团根据他们兴趣喜好的变化,对政策重新界定后产生的结果。可见,精英主义遵循着一种"行为—政策结果"的研究模式,即政治行为者的行动会直接导致某种政策结果的产生,而制度是一种既定的因素,因此成为固定的背景,从而忽视了制度对政策结果的影响。新制度主义政治学兴起后将研究视角从"人"转向"制度"。"认为社会科学如果从对结构的分析开始,并在此基础上再考虑人的独立影响会获得更大的解释力。"[1]因此在政策研究中,新制度主义反对"行为—政策结果"的研究模式,认为这种模式过于简单,不能真实地反映政策过程,对政策结果也缺乏解释力。因此,新制度主义对这种分析模式进行了扩展,把制度的因素考虑进去,从而提出了两种政策分析的模式,即"行为—制度—政策结果"模式和"制度—行为—政策结果"模式。

在"制度—行为—政策结果"模式中,制度本身是自变量,它影响着行为者的动机、目的和行为策略,从而使行为者的行动产生出某种政策结果。也就是说,制度通过影响参加者的行为,进而影响公共政策的制定和政策结果。在"行为—制度—政策结果"模式中,制度是一个中介变量,是行为者展开行为的背景因素,制度为行为提供了外在的制度框架,构成了行为的规则,从而规定和限制了参加者的行为,参加者就是在某种制度的背景下产生某种政治结果,制定出公共政策。

第二,有目的的制度设计可以引导行为与政策结果的改变。

新制度主义从制度和人的行为、偏好两个方面来研究政策变化,认为必须结合制度和人两方面的因素才能正确解释政策的变化。在结合制度和人二者的基础上,由于新制度主义各流派研究的出发点不同,对公共政策变化的解释也有不同。

理性选择制度主义基于理性人的假设,认为个体的偏好是追求自己效用的最

---

[1] 魏姝:《政治学中的新制度主义》,《南京大学学报(哲学·人文科学·社会科学版)》2002年第1期,第69页。

大化。"制度之所以产生,是因为行为者从这一过程可以获益,当现存的制度不能履行其形成之初被预想的功能时,人们就会对制度进行重新设计,也就是说制度是可以人为设计的。"①同时,理性选择制度主义也认为制度一旦形成,就会对个体形成约束,约束人们的策略选择,从而影响政策。这样,个人和制度之间就形成双向的作用:一方面,制度通过塑造人的行为影响政策结果;另一方面,个人也塑造了制度,制度是基于个人的需要才被创造出来的,即个体通过制度的创新提高收益水平。于是,政策的变化是这样进行的:或者是个人偏好的改变,使得人们重新设计制度,制度的变化引起公共政策的变化;或者是制度约束人们的偏好,改变人们的行为,进而引起政策的变化。

历史制度主义也考虑到行为者的个人偏好。但该理论认为,个人的偏好不是外生于制度的,而是内在于制度的,受制度影响的;个人的偏好并不是不证自明的,而是需要加以解释的变量。同时,制度本是旧制度中各种力量相互冲突产生的结果。一旦某项制度、某个政策形成,它们将通过影响个体偏好和策略的选择,通过影响个体之间的合作与冲突对未来的政策选择产生持续的决定性的影响。历史制度主义设想了制度引起政策变化的三种形式:其一是当旧制度面临新的外在压力时,旧制度内部的各种力量产生冲突,进而形成新的制度,从而引起政策的变化。其二是在旧制度内部可能产生某种激励因素,引发各种力量的冲突,引起政策的变化。其三是新观念的引入,可能会使旧制度下的某些集团重新思考自己的利益,引起政治力量的重组和制度的改变,进而引起政策的变化。②

四、政策网络理论

政策网络是将网络理论引入公共政策科学而形成的一种分析途径。政策网络兴起于20世纪70年代,它是一种描述和解释动态的、复杂的政策过程的分析手段,产生于美国,经过英国学者的发展,流行于整个欧美学界。

(一)政策网络的概念

随着全球化、信息化和知识化的发展,人类面临的各种社会问题、公共问题越来越多,越来越复杂。这些问题可能涉及国家机构和社会团体,跨越不同层

---

① 魏姝:《政治学中的新制度主义》,《南京大学学报(哲学·人文科学·社会科学版)》2002年第1期,第67页。
② 周健:《试论新制度主义对公共政策研究视角的影响》,《重庆社会科学》2006年第4期,第101—102页。

级政府,涉及不同政府部门,甚至超越民族国家界限,成为国际化、全球化的问题。很显然,要解决这些问题,相应政策的决策、执行需要涉及许多国际组织、各国政府、不同层级的政府部门、公共机构、社会团体和私有部门。当代各种公共问题和社会问题的空前复杂性使得传统上依靠政府机构制定和推行政策的旧范式不合时宜,跨国界、跨组织的多层治理理念应运而生。在多主体、多组织直接或者间接参与或者影响公共政策的背景下,各种"主义"已经无法解释复杂的政治过程与治理子系统(Governance Subsystem)[1],公共行政和政策研究需要新的理论框架和分析工具。政策网络分析正是网络理论被引入政治学与公共行政学,用来分析政府机构和利益集团之间的复杂关系的新框架和视角。作为一种强大的分析概念[2],政策网络成为理解和描述当前这种复杂政策过程的一种较好的工具。

政策网络理论认为公共行政或者政策过程发生于相互依赖的许多主体形成的各种网络之中。早期的网络分析主要试图揭示政府机构和利益集团之间的关系,后来学者又将政策网络的概念上升到宏观层面的治理范畴。尽管政策网络分析正流行于欧美学界,但学界对政策网络的内涵和本质并未形成一致认识,定义也各不相同。比较有代表性的政策网络定义是"由于资源相互依赖而联系在一起的一群组织或者若干群组织的联合体"[3];也有学者将政策网络定义为"在特定政策部门拥有各自的利益或者'股份',有能力推动政策成功或者引致政策失败的一群主体"[4]。

(二) 政策网络对公共政策的影响

1. 政策网络界定行动者的角色

政策网络包括信仰、价值、文化、与特定行为模式的制度化,因此包括行为的例行化(Routinization);网络通过限定行动、问题、与解决方案而简化政策过程;网络反映某种过去组织权力分配与冲突形态(及角色与响应),因此塑造现存政治

---

[1] G. Falkner, "Policy Networks in a Multi Level System: Convergence towards Moderate Diversity," *Western European Politics*, Vol. 24, No. 3, 2000, pp. 94-120.

[2] Hansen J. Blom, "A New Institutional Perspective on Policy Networks," *Public Administration*, Vol. 75, 1997, pp. 669-693.

[3] K. J. Benson, "A Framework for Policy Analysis," in D. L. Rogers and D. Whetten, eds., *Interorganizational Coordination: Theory Research and Implementation*, Ames, IA: Iowa State University Press, 1982, pp. 137-176.

[4] J. Peterson and E. E. Bomberg, *Decision Making in the European Union*, New York: Palgrave, 1999.

与政策结果;网络可能存在某种共同的世界观或文化价值。①

不少学者认为政策网络的结构会制约和影响网络主体的行为:"网络由各种规则所支配,这些规则决定决策如何做出以及谁参与决策。"②政策网络被理解为一些结构,它们既能规定网络主体讨论哪些问题,如何解决这些问题,又"决定这些主体在网络中具体扮演何种角色"。罗茨认为,政策网络的存在不仅影响(尽管不是明确决定)政策后果,而且反映某个政策领域内特定利益的相对地位甚至权力关系。转化为权力的可能性与每个组织的资源、游戏规则以及组织间交易的过程相关。③

弗雷斯特进一步提出有两个主要因素影响政策网络对社会主体的动员及其在政策过程中的作用。一是网络内部凝聚力和组织之间协调的程度。网络的凝聚力可以由网络中发挥推动作用的积极分子通过组织会议和研讨会来增强。就培育网络凝聚力而言,最关键的是在网络参与者之间建立高度的相互依赖关系,培育共同目标,形成信息共享和长期合作。④ 二是网络的封闭性。网络的封闭性是指网络对试图进入网络参与者的交流圈的新加入者的开放程度。封闭性强的网络往往通过有意的努力活动或者非正式行为模式和网络内部规则将潜在的加入者排除在外。值得注意的是,结构严密的网络,尽管本质上包容性较小,但也可能在实现政策目标方面优于较为开放的网络。此外,特殊的政治和历史背景,以及建立信任和共同价值观的能力也是网络绩效和作用的关键影响因素。要使根本不同的社会单元之间能够合作,就需要它们在根本价值观方面有相当大的共识,并建立起互信机制。然而,尽管信任是网络构建的必要基础,信任本身并不能够确保网络的延续性和具有强大能力。网络内部有效动员和协调组织资源的能力对于网络内部的稳定和外部的影响力至关重要。⑤

2. 政策网络影响政策结果

有学者认为,政策网络的结构与政策后果之间有明确关联。一般认为,在组

---

① David Marsh and Martin Smith, "Understanding Policy Networks: Towards a Dialectical Approach," *Political Studies*, Vol. 48, 2000, pp. 5-6; M. Evans, "Understanding Dialectics in Policy Network Analysis," *Political Studies*, Vol. 49, 2001, pp. 545-548.

② M. M. Atkinson and W. D. Coleman, "Policy Networks, Policy Communities and the Problems of Governance," *Governance*, Vol. 5, No. 2, 1992, p. 172.

③ R. A. W. Rhodes, "Understanding Governance: Policy Networks, Governance, Reflexivity and Accountability," *Administrative Theory & Praxis*, Vol. 20, No. 3, 1998, pp. 394-396.

④ J. B. Forrest, "Networks in the Policy Process: An International Perspective," *International Journal of Public Administration*, Vol. 26, No. 6, 2003, p. 595.

⑤ Ibid., p. 598.

织紧密、较为封闭的网络（如政策社群），成员之间的互动非常频繁，使得政策网络能够持续、稳定，有助于建立网络的共同价值观和信任。在网络成员频繁的相互影响的过程中，网络追求的目标、实现目标的工具、网络活动的准则等会逐渐制度化，并反过来制约、影响网络主体的行为。[①] 而在较为松散、制度化程度较低的议题网络中，网络互动发挥变革作用的可能性较小。尽管大多数学者认为，成员人数较少、结构紧密、制度化程度高、稳定性较强的政策社群往往排斥新的成员，倾向于保持现状，不利于政策变化和政策创新，而人数众多、结构较为松散的议题网络则往往有利于政策变化和新政策采纳，但安德森关于捷克社会救助改革的研究却得出了相反的结论，即结构较为松散的议题网络也倾向于保持政策稳定、抵制改革和创新。

马什和史密斯则在综合考量政策网络对政策结果影响的基础上提出辩证模型，认为政策网络与政策结果存在三重互动关系：网络结构与网络行动者、网络结构与网络环境、网络结构与政策结果。

3. 政策网络的结构会影响到政策变化

许多学者进一步论证政策网络的结构会影响到政策变化。例如，萨巴蒂尔等人提出的倡导联盟框架解释了网络参与者的信念、外部条件与政策变化之间的相互影响和相互作用的关系，解释了政策的发展和变化。[②] 豪利特通过对1990年到2000年这10年间加拿大交通、贸易、教育和银行四个政策部门的考察，进一步确认政策子系统、话语社群（Discourse Community）和利益网络（Interest Network）的结构对政策后果有重要影响，如表21-1所示。网络结构对政策变化有着重要影响：当一个政策子系统（政策网络）比较封闭，排斥新成员的加入，同一批核心政策主体较长时间参与确定政策的备选方案并形成对政策问题的共同的理解，从共同的经历和系统成员的长久利益的角度考虑寻求解决问题的方案时，往往会推动渐进的政策变化；如果子系统（政策网络）比较开放，新成员和新思想比较容易渗透进政策子系统，往往会引起"范式性"的政策变化。[③]

[①] D. Marsh and M. Smith, "Understanding Policy Networks: Towards a Dialectical Approach," *Political Studies*, Vol. 48, 2000, pp. 4-21.

[②] P. A. Sabatier, "An Advocacy Framework of Policy Change and the Role of Policy Oriented Learning therein," *Policy Science*, Vol. 21, 1998, pp. 129-168; P. A. Sabatier and H. C. Jenkins-Smith, *Policy Change and Learning: An Advocacy Coalition Approach*, Boulder, Colo: Westview Press, 1993.

[③] M. Howlett, "Do Networks Matter? Linking Policy Network Structure to Policy Outcomes: Evidence from Canadian Policy Sectors 1990-2000," *Canadian Journal of Political Science*, Vol. 35, No. 2, 2002, pp. 259-260.

表 21-1　政策子系统(政策网络)的特征对政策变化的重要性

		子系统对思想、观念的接受程度	
		低	高
子系统对新利益主体的接受程度	低	封闭型网络(渐进的、增量的改革)	抵抗型网络(渐进的、范式性的改革)
	高	争议型网络(快速的、增量的变革)	开放型网络(快速的、范式性的变革)

资料来源：朱亚鹏：《西方政策网络分析：源流、发展与理论构建》，《公共管理研究》2006年第0期，第217页。

4. 通过对社会结构的改变影响网络参与者的相互关系

政策网络有助于扩展政策决策过程，使得网络主体将信任转化为参与的行动。这表现在：使政策过程容纳了更多的参与主体，给政策制定带来更多的知识和信息；更多的参与主体有助于政策过程对多方利益和价值的考虑和采纳，这符合民主的价值理念；更多的非政府主体参与政策过程，会增进社会对政府政策的理解和支持，有利于政策的执行；通过网络内部的知识和价值交流，政府的问题解决能力和政府行政的有效性也得到提高，这实际上使得政策过程成为一个政府学习和社会学习的过程。按照这个思路和方向，网络构建是一个增效的过程。网络包容和多元的政治文化鼓励更多的民众参与网络管理。同时，政策网络也会提高政府的透明程度。[①]

然而，网络的非正式特征也可能被网络中某些人所利用以阻碍更广泛的参与进程，从而使网络外的人更难以影响网络的参与者。[②] 这具体表现在：其一，政策网络可能排斥新主体的参与，使得网络之外的公民在对政策影响方面成为"沉默的大多数"。其二，网络的非正式特征会导致政策过程的不透明。以上两点都会造成对政策和政府的合法性的侵蚀。网络对民主发展的可能的消极作用也表明政策网络对政策民主影响的关键所在。这里，网络内部关系是一个关键因素。网络成员拥有不同的资源和权力，网络内部资源和权力的非均衡分配可能使网络的安排有助于精英获取更多资源，有利于较强的网络成员控制较弱的网络成员。网络中权力的差别会导致某些网络成员在决策过程中被边缘化，尽管网络通过提供一个更加广泛的政治影响的光谱可能鼓励多元的政治文化的发展。

[①] J. B. Forrest, "Networks in the Policy Process: An International Perspective," *International Journal of Public Administration*, Vol. 26, No. 6, 2003, p. 600.

[②] Ibid.

第二十一章 比较公共政策

【关键术语】

比较公共政策　个案研究　集群资料分析　全球化　治理理论　新制度主义　政策网络

【复习思考题】

1. 比较政策研究的分析架构有哪几个层次？
2. 全球化对公共政策有什么影响？
3. 治理理论对公共政策过程的影响有哪些？
4. 新制度主义与比较公共政策研究的关系是什么？
5. 政策网络对比较公共政策研究有什么影响？

【案例分析】

美国与日本的环境管理体制①

随着环境问题日益突出，自20世纪70年代开始，各国纷纷加强了对环境的监督和管理。由于各国的行政体制、文化背景、经济发展、污染程度和特点以及对环境问题重视程度的不同，各国建立的环境管理体制也不同。

美国是联邦制国家，在环境管理体制上也体现出这一特点。美国由联邦政府制定基本的政策法规，由州政府负责具体实施。联邦政府设有专门的环境保护机构，同时联邦政府的其他部门也设有相应的环境保护机构。美国国家环境质量委员会（CEQ）是根据1969年《国家环境政策法》（The National Environmental Policy Act，NEPA）而设置的。CEQ设在总统办公室，直属于总统，既是环境保护管理机构，也是制定环境政策的主体，还是总统在环境政策方面的顾问，为总统提供有关环境问题的咨询和建议。美国国家环保局（EPA）成立于1970年12月，代表联邦政府全面负责环境管理，是联邦政府独立的执行机构，直接向总统负责，不附属于任何常设部门。

美国各州政府也设有专门的环境保护机构，它们不隶属于联邦环保局，而是依照州的法律独立履行职责，向州政府负责，但是州环境管理机构须接受美国国家环保局区域办公室的监督检查。各州环境管理机构负责制定和执行本州的环

---

① 节选自涂晓芳编著：《比较公共政策》，北京：北京航空航天大学出版社2011年版，第395—398页。

境保护政策法规,其制定的环境法规和规章不得与联邦的环境法规相抵触。另外,在一些面积比较大、人口比较多的州,州环保机构还设有分支机构(县市环保机构),对地方的环境问题进行监督管理。

日本从中央政府到地方政府,以及企业都有一套完整的环境管理体制。日本中央的环境保护机构有公害对策会议和环境省。公害对策会议是首相府的下属机构,会议由会长和若干委员组成。会长由内阁首相兼任,委员由内阁首相在有关的省、厅长官中任命。公害对策会议主要负责处理有关都道府县制定的公害防治计划的问题;审议有关防治公害的基本和综合的措施;处理法律、法令所规定的属于会议职权范围内的其他事宜。环境省由首相直接领导,长官为内阁大臣。环境省管理全国的环境保护工作,负责政府总体性环境政策的立案和推进;统一管理专门以环保为目的的业务;制定政策防止公害等。

日本地方政府在日本环境治理上发挥了决定性的作用。在对待日益严重的公害问题上,日本的一些地方政府先于中央政府采取措施控制污染,且地方政府制定的环境标准都严于中央政府,地方政府的行动为中央政府开展全国范围的环境治理提供了法规、政策和技术准备。日本地方环境主管部门只对当地政府负责,在地方政府的环保机构中还设立了环境审议和咨询部门以及环境科学研究机构,为地方环境保护工作提供政策建议和科学技术上的保障。日本企业界的努力也在日本的环境保护工作中发挥了不可或缺的作用。根据日本政府的规定,凡是职工人数在 20 人以上的工厂,都要配备防治公害的环境专职管理人员;凡排放烟尘达 40 000m^3/h 或废水 10 000m^3/h 的大型企业单位,都必须设置主管公害的科室和配备管理公害的主任。此外,日本还在企业中实行公害防治管理员制度,公害防治管理员必须通过国家专门的统一考试,录用后由企业领导直接领导,负责对本企业的污染物排放设施实施监视,对公害防治设施进行管理,对本企业排放的污染物进行监测并将数据进行记录整理后上交有关行政部门。

案例讨论题

1. 试比较美国与日本环境管理体制的异同。
2. 从新制度主义视角分析制度对美国与日本环境政策的影响。

【推荐阅读文献】

1. Francis G. Castles, *Comparative Public Policy: Patterns of Post-war Transformation*, Cheltenham: Edward Elgar, 1998.
2. Jamil E. Jreisat, *Comparative Public Administration and Policy*, New York: Routledge, 2018.

3. 〔英〕罗德·黑格、马丁·哈罗普:《比较政府与政治导论》(第五版),张小劲等译,北京:中国人民大学出版社2007年版。

4. 〔美〕马克·I.利希巴赫、阿兰·S.朱克曼:《比较政治:理性、文化和结构》,储建国等译,北京:中国人民大学出版社2008年版。

5. 涂晓芳编著:《比较公共政策》,北京:北京航空航天大学出版社2011年版。

6. 薛晓源、陈家刚主编:《全球化与新制度主义》,北京:社会科学文献出版社2004年版。

7. 吴帆、黄建忠主编:《中美社会政策比较研究》,北京:社会科学文献出版社2015年版。

第六编 结 语

第二十二章 政策风格、政策范式和政策循环

【内容提要】

本章分为政策风格、政策范式和政策循环三个部分。政策风格和政策范式是政策变革的两种模式,本章解析了政策风格的内涵、特性及其影响因素,探讨了政策范式的内涵、构成与变革的影响因素。此外,本章梳理了政策循环模型的演变,探析了政策循环中的重要概念:政策变革、政策子系统和政策学习。

第一节 政策风格

一、政策风格的内涵与特性

关于政策风格的研究可追溯至1982年杰里米·理查德森(Jeremy Richardson)、贡内尔·古斯塔夫森(Gunnel Gustafsson)与格兰特·乔丹(Grant Jordan)合著的《西欧政策风格》(*Policy Styles in Western Europe*)。他们在"政策风格的概念"一章将政策风格定义为:"政府解决问题的方式与在政策过程中政府与其他行动主体之间的关系,这两者间的交互作用即为政策风格。"此外,他们将解决问题的方式划分为"前瞻式"和"回应式"两种类型,将政府与社会之间的关系分为"意见一致型"和"强迫接受型"两种类型,并以此为基础定义了四种类型的政策风格(参见表22-1)。[①]

表22-1 政策风格的一个早期模型

		解决问题的主要手段	
		前瞻式	回应式
政府与社会之间的关系	意见一致型	德国"理性主义意见一致型"政策风格	英国"谈判式"政策风格
	强迫接受型	法国"协作式"政策风格	荷兰"谈判又斗争"政策风格

---

① Jeremy Richardson, Gunnel Guetafsson, and Grant Jordan, *Policy Styles in Western Europe*, London: Allen & Unwin, 1982, pp. 32–76.

随后，1995年豪利特和拉米什在《公共政策研究：政策循环与政策子系统》一书中对上述分类提出了质疑，认为此模型过于简单，缺乏问题分析的有效性。他们综合政策循环每个阶段所有影响公共政策的变量提出新的政策风格构成模型（参见表22-2）。① 他们提出影响政策风格的两个重要变量：一是相关的政策子系统的结构，包括观念的范围和其中的行动主体，这些主体相互之间的关系以及他们对公众支持的喜欢程度；二是国家自主权，包括其行政管理能力，以及行使职能时所受资源约束的性质。

表22-2 政策风格的构成部分

政策循环阶段		共同构成政策风格的要素			
议程设定		发起者之外	发起者之内	统一的	动员式的
政策规划	政策社群类型	支配式	强加式	无领导式	无政府主义式
	政策网络类型	官僚政治/共享的中央计划经济	客户型/夺取型	三方/社团主义	多元论者/问题
决策（决策风格）		累进式	满意型	最优化	理性化
政策执行（工具偏好）		市场为基础	管制/直接型	劝告式/补贴式	自调节/社团/家庭
政策评估（学习倾向性）		吸取教训式	正式评估	社会学习式	非正式评估

之后，西方国家关于政策风格的研究基本集中在部门层次，主要涉及环境管理、资产管理等领域；也有学者对同一部门所历经的不同风格类型做优劣分析。中国的政策风格研究尚处于起步阶段，仅有少数学者曾在其论著中对这一概念进行简单论述。

回顾以往研究可以发现，政策风格是分析政策变迁过程时引入的概念，是指在常规的政策变化中，政策的调整依托以往政策和实践，保持既有的基本走向与目标，从而令政策表现出一种"惊人的连续性"。林德布洛姆、鲍姆加特纳等人基于对这种连续性的研究提出自己的理论。林德布洛姆提出渐进主义决策模型，认为政策制定者必须讨价还价以达成决策，因此不太可能推翻基于以前谈判和妥协达成的协议。鲍姆加特纳和琼斯从政策子系统的角度，认为子系统倾向于建立政

---

① M. Howlett and M. Ramesh, *Studying Public Policy: Policy Cycles and Policy Subsystems*, Toronto: Oxford University Press, 1995, pp. 83-106.

策垄断,从而使得对某个问题的解释和常规的解决途径呈现固定性。以上解释都表明,在常规环境下,在很长一段时期内政策过程的参与主体具有稳定性,政策问题的处理倾向于依托现有的解决方式,使得公共政策展现出惊人的连贯性。大多数政府制定的政策在一定程度上都是过去政策和实践的延续。

政策风格具有以下三个基本特征:

（一）政治性

政策风格是解释常规政策变迁的概念,其涉及主体广泛,涵盖政治家、公众、记者等;其客体是公共政策,涉及公共政策制定与执行的一系列过程。因而它的形成与变化都处于整个政治框架当中,具有政治性。

（二）单一性与复杂性

一方面,政策风格在一段时间和既定范围内表现出稳定和单一化的倾向,与以往政策的目标与长期走向相一致;另一方面,由于公共政策的复杂性以及政策参与主体的多元性,政策风格在不同级别、不同部门都会有所差异。

（三）稳定性与变化性

制度环境是影响政策风格的重要基础,一般情况下,政策风格呈现出渐进的演化过程,然而突发事件会冲击现有制度环境,从而令政策风格发生显而易见的改变。

二、政策风格的影响因素

政策风格的形成与演变是一个复杂、长期的过程,受到多种因素的交互影响。总体来说有以下三个方面:

（一）制度环境

公共政策是环境的产物,制度是影响公共政策的重要变量。制度环境从作用角度可以分为内部制度环境与外部制度环境两个方面。

内部制度是从人类经验演化出来的(而不是由共同体外部强加的)规则体系,是一种集体无意识的共同选择。内部制度会约束共同体中个体的行为,并使得个体的行为规则一致趋向某种稳定的结构(偏好)。在政策制定过程中,政策活动者的思维与行动必须服从内部制度制约:一方面,由于分散、灵活的内部制度具有按环境对政策进行合理化解释的能力,从而使不同部门、层级、地域的公共政策及其过程呈现出有差异的风格;另一方面,由于非人格化的、排外的内部制度会一定程度上抑制政策系统中要素的流动与变革,因而也对政策风格的改变造成阻碍。

与内部制度相对,外部制度是由政治权力机构代理人自上而下设计、确立并强加于社会的,要求共同体成员遵守的规则。外部制度主要包括经济制度、政治制度、文化制度等三个方面。经济制度是构成制度环境的重要部分,既影响政策体系的性质和内容,也通过作用于政策运作进而影响政策风格的形成和改变。经济制度从资源与利益角度规范社会关系,形成不同的价值观念和行动模式,从而影响政策风格的导向。政治制度规范着一个国家的权力构成及其运行,不同的政治制度形成不同的权力分配状况和运行方式,从而在政策过程中形成不同的政策主体结构、行为方式和互动模式,进而影响政策风格内容。文化制度是围绕人们精神领域的一系列准则和规定,规范着人们的思想文化行为。文化制度影响价值观的形成,从而影响政策风格特性。

(二)政策系统

政策系统是政策运行的载体,它既受外界环境的制约和影响,也对环境产生反作用,相比于制度环境,政策系统呈现出较为不稳定和易于变动的特征。首先,政策子系统的结构影响着政策风格的特性。政策子系统的结构指政策活动主体的构成方式,从宏观层面来说不同政策系统的主体数量、类别、互动方式等存在差异性,从而形成了不同的政策偏好与政策风格。从微观层面来说,政策系统主体中的每一个体都对政策风格具有能动作用,尤其是领袖人物,他们依靠自身的权威强化自身影响力,对政策过程发挥显著作用。

此外,政策学习模式影响着政策风格变迁。伦德瓦尔(Bengt-Ake Lundvall)在《国家创新系统:构建创新和交互学习的理论》一书中说道:"在现代经济当中最重要的资源是知识,最重要的过程就是学习。"[①] 政策学习是政策变迁的动力,它不仅影响政策工具的设置和选择,甚至可能造成政策目标的变更。不同的政策学习模式会产生不同的政策变迁效果,当政策变迁即将突破临界值时,即发生政策风格的调整。

(三)突发事件

一般情况下,政策风格是稳定与渐进的,然而非常态事件的出现会打破一贯的局面,冲击人们的价值观念,甚至动摇整个政策过程,对政策风格形成最直接的冲击。突发事件既有人为的社会因素,如政治危机、公共卫生事件、社会群体性事件等,也包括不可控的自然因素,如地震、火灾、海啸等。

---

① 〔丹〕本特-奥克·伦德瓦尔:《国家创新系统:建构创新和交互学习的理论》,李正风等译,北京:知识产权出版社2016年版,第37页。

第二节 政策范式

一、政策范式的缘起与内涵

政策范式(Policy Paradigm)的概念最早由彼得·霍尔提出,其思想渊源可追溯至托马斯·库恩提出的"范式"(Paradigm)一词。托马斯·库恩最先在《科学革命的结构》中提出"范式是……一个科学共同体成员所共有的东西……也正由于他们掌握了共有的范式才组成了科学共同体"①。根据托马斯·库恩的观点,科学社群或基于其他知识的社群的观念不仅在变革,而且是以一种独特的方式变革。在他看来,科学的进步是革命性的,而不是像过去许多哲学家和科学历史学家所认为的那样,在本质上是进化的。

虽然范式作为一个术语,一开始是用于描述"硬"科学的发展,但它不久之后就被应用到了社会科学中,与社会学概念"话语"(Discourse)或者"论述治权"(Discursive Regimes)等产生紧密的联系。简·詹森(Jane Jenson)将社会范式(Societal Paradigm)定义为:一套共享的、相互联系的、可用于理解许多社会关系的假设,每个范式都包含了一种看待人性的观点,一个在人人平等的社会中人与人之间社会关系以及在等级制度中人与人之间社会关系的基本而适当形式的定义,以及社会机构之间关系的详细描述和这些社会机构所扮演角色的清晰界定。②

在科学哲学的理论范式概念和社会科学的社会范式概念的基础上,政策范式的概念逐渐产生。一方面,彼得·霍尔认为政策制定者和行动者习惯性地在一个由各种理念和标准组成的框架中工作,这个框架不仅明确了政策总体性目标和工具类别,还指明了政策要解决的问题性质,并将其称为政策范式。政策范式的序列更迭反映了政策的间断与均衡变迁过程,成为变迁研究的主要依据。其中,第一序列变化是政策设置的常规调整;第二序列是对政策工具的调整,这两种变化都属于渐进性变迁;第三序列则是政策总体性目标的改变,意味着政策变迁发生断裂。③ 另一方面,霍尔认为价值理念也是政策变迁范式转变的驱动力,主要体现为政府官员、政策专家、利益集团及社会公众等主体的话语、知识、理论、经验、

---

① 〔英〕保罗·皮尔逊编:《福利制度的新政治学》,汪淳波、苗正民译,北京:商务印书馆2004年版,第656页。
② 转引自〔美〕迈克尔·豪利特、〔澳〕M.拉米什:《公共政策研究:政策循环与政策子系统》,庞诗等译,北京:生活·读书·新知三联书店2006年版,第331页。
③ Peter A. Hall, "Policy Paradigms, Social Learning and the State: The Case of Economic Policy Making in Britain," Comparative Politics, Vol. 25, No. 3, 1993, pp. 275-296.

评论等,成为影响政策制定和推导变迁的隐性力量。

除此之外,霍尔提出的政策范式还区分了政策总体性目标、政策工具以及政策工具的精确设置三个变量,并根据政策范式的变化程度将其分为现有政策工具设置的调整、实现政策目标的基本工具的转变,以及政策目标的变化三种政策范式变迁类型。推动政策变迁的价值理念来源于多方行动者,核心主体有政治领导人,还有政策专家、政客、政府官员、利益集团等。政治领导人的价值取向是决定政策总体性目标的关键,子系统的政府官员或政客根据总体性目标选择具体的政策方案。政治领导人的更换或重大政治活动会导致政策范式的转移。此外,影响政策变迁的还有异常情况引发的政策问题、政策试验时导致的失败结果、外部情境对当前政策目标的挑战等。这些因素会使得旧的政策范式失去连贯性和可靠性,行动者需要调整既有的政策安排,建立新的政策范式,直到新范式走上制度化道路,政策才能均衡发展。

自霍尔明确提出政策范式后,这一概念受到广泛讨论。尽管在政策范式的定义上,政策学家们的意见并不一致,但对政策范式所讨论的内容,诸多学者均秉持同一观点。多数政策学家认为,政策范式主要是指政策行动主体,特别是决策者进行分析、研究的思维框架,它是由决策者头脑中解决问题的价值目标、理解问题的方式方法、采纳方案的类型途径、选择工具的原则偏好等方面的一组相对稳固的理念组合而成的思维模型。

二、政策范式的构成

政策范式作为指导政策行动主体开展政策活动所遵循的一组理念体系、思维框架和方式,它与政策行动主体的作用、政策价值取向、政策工具和手段的选择等有紧密联系。

(一)政策行动主体

政策活动是由众多政策代理人基于其所代表的个体、群体、团体和组织的利益而展开的行动所构成。政策代理人是具体、多元、变动的。不同的政策代理人在政策活动中的作用也不一样:有些政策代理人的作用是主导性的,有些则是跟从、随大流,甚至是对立性的。

(二)政策价值取向

政策价值在政策活动的子系统中处于核心地位。政策价值的选择既由政策代理人的不同利益需求所决定,也由一定时期社会发展的战略所规定,政策价值取向直接影响着人们在政策活动中配置资源的目标和方向。

（三）政策工具和手段

政策工具的选择反映出政策行动主体为更好更有效地实现利益和战略的一种考虑，也反映了政策行动主体思维的模式和风格。例如，有的政策行动主体倾向于选择强制性政策工具，因为这类工具可事先计划、见效快，但成本较高；有些政策行动主体则倾向于选择自愿性政策工具，因为这类工具使用时成本较小，无须政府直接干预，但这类工具见效慢，政府也不能随时干预。

三、政策范式的变革及其影响因素

库恩将范式作为一种独特的变革模式来理解，因此学者在探讨范式的概念时都会对变革的原因进行探讨，学者们关于变革原因的研究大致经过了以下三个阶段：

（一）关注内生因素

有学者认为这种变革模式的发生与深层信仰结构的改变有关。任何一个知识社群中的成员都持有某种基本价值和信念的"深层结构"，它能够使任何改动仅发生在内部。正如格斯克（Connie Gersick）所言，这种深层结构"产生了一种强大的惯性，首先是阻止了系统在其边界之外产生能够代替它的事物，再就是把所有的已发生的偏离都拉回到原路上。根据这种逻辑，深层结构必须首先被拆散掉，让系统暂时混乱，以使根本性的变革得到实现"[1]。关于深层结构的变革，库恩强调了原因的内生性。他认为异常现象的日积月累，导致了一些人致力于以一种全新的方式来理解现象，最终引致新范式的出现。但是为何出现对旧有范式的维护和新范式的创立这两个分立的状态，库恩并没有进行深入回答。之后，杰克·沃克从权力的角度对这种状态进行了分析，他认为"科学家们身处一个复杂的社会交换系统中，他们在其中提供信息和新的想法，并且以专业领域内的名声和认同作为其回报"[2]。当质疑现存范式的理论成熟起来时，它会引导着那些富于创造力的成员去寻找新挑战，削弱当前流行的理论框架，并为新的理论框架的出现做好铺垫。赫恩斯（Hernes）也发表了类似观点，"在很大程度上，接纳是一个权力问题，是一个随着时间的流逝而改变职业忠诚度的过程"[3]。当新的范式被

---

[1] Connie J. G. Gersick, "Revolutionary Change Theories: A Multilevel Exploration of the Punctuated Equilibrium Paradigm," *Academy of Management Review*, Vol. 16, No. 1, 1991, p. 19.

[2] Jack L. Walker, "The Diffusion of Knowledge and Policy Change: Toward A Theory of Agenda-Setting," paper presented to the Annual Meeting of the American Political Science Association, Chicago, 1974, pp. 8-9.

[3] 转引自〔美〕迈克尔·豪利特、〔澳〕M. 拉米什：《公共政策研究：政策循环与政策子系统》，庞诗等译，北京：生活·读书·新知三联书店2006年版，第326—327页。

所处社群成员认为是标准或主流的时候,范式变革的过程就完成了。

(二) 注意到外生因素

霍尔在分析政策变革时承继了上述观点,认同异常现象会削弱现有范式的基础,并导致其被新范式取而代之。然而,霍尔认为范式间的转移是一个社会学的而非纯粹理智的过程,而且范式变革的发生除内生因素外也有外生因素。霍尔关于政策范式变革过程的模型可用表 22-3 来说明。

表 22-3 政策范式的变革过程

阶段	特征
(1) 范式的稳定阶段	在这个阶段,占统治地位的正统学说被制度化,政策的调整在很大程度上是由一个封闭的专家和官员群体做出的
(2) 异常现象的累积阶段	在这个阶段,"真实世界"中发生的改变既不能用正统学说来预测,也不能被它充分解释
(3) 试验阶段	在这个阶段,现有范式被用于牵强地解释异常现象
(4) 权威的分裂阶段	在这个阶段,专家和官员出现分裂,新的参与者挑战现有范式
(5) 论战阶段	在这个阶段,争论扩大到公众,并且牵涉更大范围的政治过程,包括了选举因素和党派因素
(6) 新范式的制度化阶段	在这个阶段,在一段或长或短的时期之后,新范式的倡导者确立了权威的地位,并且改变现有的组织安排和决策安排,以将新的范式制度化

资料来源:Peter A. Hall, "Policy Paradigms, Social Learning and the State: The Case of Economic Policy Making in Britain," *Comparative Politics*, Vol. 25, No. 3, 1993, pp. 275-296。

由表 22-3 可知,政策范式的变革可以分为已确立范式的时期、过渡时期、新范式存在的时期三个部分。一个已确立范式的时期分为两个阶段:在第一个阶段,范式在很大程度上不受挑战;在第二个阶段,挑战开始逐步建立。过渡时期也分为两个阶段:在第一个阶段,挑战导致了一些暂时的或者试验性的改动;在第二个阶段,专家们出现了公开的意见分歧。新范式存在的时期也有两个阶段:在第一个阶段,专家之间的分歧走向公众,相关的政策社群被显著扩大;在第二个阶段,新的范式被制度化。

(三) 内生因素与外生因素相结合

霍尔虽注意到了政策范式变革的外生因素,然而并未具体指明有哪些因素。萨巴蒂尔更精确地定义了这些外生因素,他提出,尽管政策子系统中的显著变化可以通过内生的学习或者因觉察到异常现象的发生而出现,但还是必须等待合适的外部事件。这些事件包括社会经济条件的变化和技术上的变革、系统的政治联盟的改变、其他子系统的政策决定和影响等。然而,萨巴蒂尔和他的同事也认识到,外部冲击提供的机会所导致的内部变革,必定能在内部子系统的行为上体现出来,以及能在成员行为的变化中得到反映。此外,鲍姆加特纳和琼斯也提出,非子系统成员的行为,即那些没有受益以及不同意政策既定方向的人,会试图把他们的利益和想法与其他的机构和环境联系起来,这种行为有时会与子系统成员相结合,共同导致问题的扩大化与问题处理方式的显著变化。

综上,范式转移的最终发生是因为在范式声称能够解释的现实中异常现象逐步积累。这种变革既有内生因素的推动,也有外生因素作为机会条件。此外,这种变革的推动者是致力于创新的政策企业家们,其行为出于其自身职业进取心的鞭策,目的在于推动政策子系统对变化环境的适应。范式变革的过程在开始时是很不稳定的,因为相互冲突的思想纷纷出现,并且为取得统治地位而竞争。当一套新思想击败其他的思想,并且为政策子系统的大多数成员,或至少是最有权力的成员所接受时,这个过程便宣告结束,并且这种状态至少会持续到下一次剧变发生之前。新范式的统治地位最终得到确立,它的正统性被充分意识到,它以标准的形式出现,与其不相容的其他范式看起来都是异常的。

第三节　政策循环

一、政策循环模型

将公共政策制定的过程分解为一系列不连续的阶段和子阶段,由此产生的阶段序列被称为政策循环。以往学者对政策循环进行研究,形成了以下代表性成果。

(一) 拉斯韦尔的七阶段模型

拉斯韦尔是较早将政策制定过程分阶段进行研究的人。他将政策过程划分为七个阶段:信息、建议、法令、试行、执行、终止和评估。他认为这七个阶段描述的不仅是公共政策的实际制定过程,而且也是其制定应该遵循的程序。政策过程始于信息收集,即为那些参与决策过程者收集、加工和整理信息;然后,由参与决策制定者提出特定的选择;之后,决策制定者决定行动方针;接下来,决策制定者发布行动方针,并制定一些相应的制裁措施,以处罚那些不遵守方针的行动;政策由法院和行政部门执行,直至其被终止或取消;最后,对政策结果进行评估,看其是否违反了决策者最初的目标。

拉斯韦尔提出的政策阶段模型对政策科学的发展产生了深远影响,他将整个政策制定过程分为若干阶段,对每个阶段进行单独考察,从而减少了公共政策研究的复杂性,为后续政策研究提供了基础。然而,该模型也存在一些缺陷:一是对政策制定过程的分析集中于政府内部的决策过程,将决策制定的参与者限定于一小群政府官员,很少涉及外部或环境因素对政府行为的影响;二是该模型缺乏内部逻辑,尤其是将评估置于政策终止后进行,但是政策应该提前评估,而不是事后评估。①

(二)布鲁尔的六阶段模型

在拉斯韦尔的基础上,布鲁尔将政策过程划分成六个阶段:创意、预测、选择、执行、评估和终止。布鲁尔认为,开始阶段指的是问题最初理解后的最早一个阶段,包括对问题及其解决建议粗浅式的定义;第二阶段的预评估是在较早时期,对每一不同解决方案的风险、成本和收益进行计算,包括技术性评估和规范性选择;第三阶段包括采用或舍弃某一方案,或对经过评估阶段依然保留的方案进行某些组合;其余的三个阶段是,根据评估结果,执行被选择的方案、评估全过程的结果以及终止政策。

布鲁尔的政策过程模型将政策过程扩展至政府之外,而且他将政策过程视为一种正在进行的周期,认为大多数政策并没有严格周期,即从诞生到死亡,而是更像循环往复,一种政策胜过另一种政策仅仅是因为做了或大或小的修改。②

(三)五阶段模型

布鲁尔的思想启发了许多其他政策循环模型的诞生。政策循环观念背后的逻辑是实际解决问题的逻辑,这种实际解决问题的阶段及其在政策过程中对应的阶段如表22-4所示。

表22-4 政策循环的五阶段

实际解决问题的阶段	政策循环的阶段
(1)问题认识	(1)议程设定
(2)解决目标	(2)政策制定
(3)解决方案选择	(3)决策
(4)使方案产生作用	(4)政策执行
(5)监控结果	(5)政策评估

资料来源:转引自〔美〕迈克尔·豪利特、〔澳〕M.拉米什:《公共政策研究:政策循环与政策子系统》,庞诗等译,北京:生活·读书·新知三联书店2006年版,第17页。

---

① 转引自〔美〕保罗·A.萨巴蒂尔编:《政策过程理论》,彭宗超等译,北京:生活·读书·新知三联书店2004年版,第23页。

② 同上书,第24页。

在这一模型中,议程设定指问题引起政府关注的过程;政策制定指的是政策选择在政府内部形成的过程;决策指政府采用特定行动或无为路线的过程;政策执行指政策发生作用的过程;政策评估指由国家和社会行动主体对政策结果进行监控的过程,评估结果将是政策问题与解决方案的再概念化。

该模型有其优势:其一是将该过程的复杂性划分为有限的各个阶段和子阶段,对这些阶段可单独考察,或根据与其他阶段和政策循环的关系来考察,从而使得理解公共政策的制定更为容易;其二是考虑到与一项政策相关的所有行动主体和机构的角色,而不仅是正式承担任务的政府机构。然而该模型也有其缺陷和不足:一是可能会被误解为政策制定者解决公共问题时需要遵循系统化的程序,并且或多或少地遵循自上而下的线性模式;二是在实践中政策循环可能并非简单的往复循环,而是一系列小的循环,某些阶段可能会被压缩或跳过;三是该模型缺乏因果关系的观念,没有指出什么因素或什么人驱动一项政策从一个阶段走向另一阶段。

综合以往研究,一种完善的政策循环模型必须考虑到以下因素:政策过程的行动主体以及他们追求的利益;政策工具的性质;政府以往的经验对当前和未来行为的影响。政策制定过程中存在众多的行动主体,他们为了追求自身的利益以多种方式相互作用,这些相互作用的结构便是公共政策的内容。一方面,政策行动主体的行为受到其所处政治、经济、制度等大环境以及所要处理的问题性质等制约,不同的制度环境和问题性质会影响政策工具的使用和政策方案的选择;另一方面,政策行动主体之间会形成政策联盟,使其发挥一定程度的能动作用,但是这种能动作用是有限的,可能也会受到以往联盟与选择的限制,政策制定主体从过去处理问题的经验中吸取的教训会影响他们当前的思想观点和所采取的行动。

二、政策变革、政策子系统与政策学习

政策风格和范式性变革是政策变革的两种模式,二者都是与政策循环一般模型相联系的变革。两种政策变革的关键行动主体都是政策子系统。在常规的政策发展中,子系统所进行的关键活动是政策学习的一种形式,即"经验—教训"式的,它允许变革发生在已经确立的政策风格之内,而不触及政策根本基础的改变。可以说,这一意义上的变革是路径依赖的。范式性的政策变革代表着在总体政策目标、对公共问题的理解、问题解决方案以及将决定付诸实施等几个方面,对过去的虽不必是全部但一定是很显著的突破。当常规性的政策变革不足以应付现实局面时,这种深层次变革就会发生。其性质决定这一变革发生频率是较低的,但是一旦发生,其影响会远远超出当前政策范围。

在这些更加显著、更具革命性的范式变革中,主要的推动者仍然是政策子系

统成员,他们对于公共政策的作用正如科学社群对于自然科学的作用。在政策子系统成员本身的相互影响以及在对公共问题的日常处理中,他们产生了共同的知识、世界观或者范式。在他们获取的经验和新信息的基础上,政策子系统成员的观点中细微的适应和调整在政策过程中是常见的,并且也是"经验—教训"的一个组成部分,子系统成员对于公共问题及其解决方案的理解惊人地持久。但是,在政策子系统中获得的共同理解会不时地分解,为解决问题的新方法的出现打下基础,而这种新方法可能又会导致一种新范式的确立。

【关键术语】

政策风格　政策范式　政策循环　政策变革　政策子系统　政策学习

【复习思考题】

1. 政策风格的内涵与特性是什么？
2. 政策风格与政策范式的联系与区别是什么？
3. 政策循环模型的内涵是什么？
4. 政策循环模型有哪些关键要素？
5. 政策变革、政策子系统与政策学习的关系是什么？

【案例分析】

新中国成立后中国农村社会保障的发展演变①

社会保障即国家和社会依法对社会成员基本生活给予保障的社会安全制度。新中国成立后,在农村集体化时期,政府在理论上承担了向农民提供福利保障的责任。但实际上由于人口多、生产落后,除了灾害救济和对孤寡老人"五保"之外,农民很少得到政府的保障。20世纪60—70年代政府在农村实行的合作医疗制度曾对农民起了基础医疗保障作用,但到70年代后期,随着农村经济改革,合作医疗制度逐渐衰退,绝大多数乡村还没有正规的社会保障体系,农民仍以家庭自我保障为主,国家、集体和社会在一定程度上给予资助。农村实行联产承包责任制后,随着计划生育的推行和人口老龄化的加剧以及城市化和现代化的进展,传统的"养儿防老"失去了坚实的基础,使农村对养老、医疗等社会保障要求更加迫切。1990年民政部在部分农村地区进行"农村社会养老保险制度"试点,1992

---

① 节选自宋锦洲编著:《公共政策:概念、模型与应用》,上海:东华大学出版社2005年版,第291—297页。有改动。

年在全国推广。政策规定农村养老保险覆盖农村各业人员,采取以个人缴费为主、国家政策支持、集体适当资助、建立个人账户的办法,取得了明显的成绩。社会保障基本模式是以农民家庭自筹保障为主、国家保障和集体保障为辅,首先把重点放在社会救助保险和福利服务的层面上,重点是救灾救济、养老保险和优抚安置、社会福利服务。2003年后随着以人为本和科学发展观等理念的提出,农村社会保障力度得到加强。国家给予农村社会保障以财政、政策、理念的支持;建立农村最低生活保障制度,推行新型合作医疗制度和实施九年制义务教育等。

案例讨论题

1. 新中国成立后农村社会保障制度经过了哪些阶段的发展?
2. 试从政策学习与政策范式视角分析农村的社会保障制度。

【推荐阅读文献】

1. 〔加〕迈克尔·豪利特、〔澳〕M. 拉米什:《公共政策研究——政策循环与政策子系统》,庞诗等译,北京:生活·读书·新知三联书店2006年版。
2. 〔美〕托马斯·库恩:《科学革命的结构》(第四版),金吾伦、胡新和译,北京:北京大学出版社2012年版。
3. 严强:《社会转型历程与政策范式演变》,《南京社会科学》2007年第5期,第86—92页。
4. Peter A. Hall, "Policy Paradigms, Social Learning and the State: The Case of Economic Policy Making in Britain," *Comparative Politics*, Vol. 25, No. 3, 1993, pp. 275-296.

第二十三章 公共政策知识及其应用

【内容提要】

本章分成公共政策知识与应用两个部分,介绍了公共政策知识的价值、特征与类型,明晰了公共政策知识应用的思维、过程与模式,探讨了公共政策知识应用于实践的障碍及其克服路径。

第一节 公共政策知识的价值、特征与类型

一、公共政策知识的价值

(一) 知识的价值

知识的定义十分丰富,经济合作与发展组织(OECD)在1996年提出的关于知识的4W概念是其中较具代表性的观点之一:(1)知道是什么(Know-what)——指事实方面的知识;(2)知道为什么(Know-why)——指原理和规律方面的知识;(3)知道怎么做(Know-how)——指操作的能力,包括技术、技能、技巧和诀窍等;(4)知道是谁(Know-who)——包括特定关系的形成,以便可能接触有关专家并有效地利用他们的知识,即关于管理的知识和能力。

知识价值具有以下特征:

1. 知识价值具有继承性

知识的价值并不会因为使用频率低而遭到贬低,一种新知识的产生总是在原有知识的基础上诞生的,是对原有知识的继承与批判。知识价值可以延续和扩散,成为知识经济的主要价值源泉。

2. 知识价值具有时效性

人们对知识价值的评判标准会随着时代而不同。知识价值的时效性包括即时性和持续性,它是以时间、地点和条件为转移的。

3. 知识价值具有多维性

人对于知识价值的需求具有多样性,而知识价值也能够满足主体需要的复杂性。实质上,知识价值的多维性根源于人的本质和人的发展的全面性,全面性意

味着多维之间的相互连接、相互补充和相互统一。

4. 知识价值具有独特性

人作为知识价值的主体,对知识价值的需求是具有特殊性和差异性的。在知识经济活动和社会活动中,知识价值的表现是多层、异向、异质的。

（二）政策知识的价值

1. 政策知识的功能

政策分析属于知识系统的一部分,与知识系统的功能相类似,政策分析也具有一些相似的知识功能,主要有:(1)委托功能。主要是指以何种方式从事政策分析的决定。常见的委托方式包括对内部智囊的指示、命令,高等院校及科研机构的契约合同等。(2)创造功能。政策分析家往往被赋予创造"应用的""有用的"或"问题导向"的知识,然而,事实上,政策分析还可以有着许多不同的分类,国外有学者将之分成应用性科学研究、政策研究和政策分析。(3)构建功能。政策研究者不但从事探索性研究,也通过综合、评估及转换既有知识等方式对其予以重新建构。(4)存储功能。政策研究者利用图书馆、电脑资料库及其他传统的存储系统,以储存和利用前人已经创造出来的研究成果。(5)传送功能。主要是指政策研究者将已被创造、建构、存储的知识传送给政策制定者、政策利益相关者及其他政策分析家。(6)应用功能。除非让知识以某种方式得到应用,借此来改善政策的制定,否则知识的创造、建构、存储及传送等,都将毫无实质意义。

2. 政策知识的影响力

通常,政策分析可以通过下列三种方式来影响政策的制定。(1)将政策分析的结果当资料应用。当出现下列情形时,将政策分析结果当资料应用会彰显出政策知识的价值:当社会的价值与目标一致时;当两个或三个方案被提出时;当局势瞬息万变时。(2)将政策分析的结果当意见应用。当出现下列情形时,将政策分析结果当意见应用会彰显出政策知识的价值:当不确定性增加时;当决策权分散时;当政策处于杂乱无章的状态时。(3)将政策分析的结果当检验资料应用。当出现下列情形时,将政策分析结果当检验资料应用会彰显出政策知识的价值:冲突性增加之际;立法之际;合法化之际。从以上三种政策研究的应用中,基本可以了解政策知识的影响力和价值。

二、公共政策知识的特征

（一）知识的高度分散性

公共政策所需知识是高度分散的,这与个体知识的差异性有关。王礼鑫将公共政策知识分为现状知识、预测知识、目标知识、因果知识、协调知识等。① 公共政策的几类知识中,目标知识、协调知识的分散性尤其显著。例如,拟制定的一项公共政策,其现状知识主要分布在政策主管机关、执行机关、信息统计或监测机构、政策目标群体等之中;预测知识、因果知识等主要由政策企业家、主管机关、研究机构或研究人员等掌握;这项政策若跨时间、跨群体、跨地域、跨领域,那么与目标有关的知识将分布于代际、群际、区域、领域间;协调知识最有可能分布在政府首脑、综合部门、与该政策相关的政策主管部门及其执行机关、目标群体等之中。公共政策知识高度分散性要求政策社群中各个政策参与者分别具有某种相对知识优势。如果对这些知识优势不加以合理集中,那么公共政策将缺乏良好的知识基础。

(二) 知识结构的复杂性

知识结构指不同维度知识的构成或组合。公共政策所需的知识种类、数量、特征等方面的特点,决定了其知识结构的复杂性。首先,公共政策知识具有非对称性。政策参与者均具有某种知识方面的优势,优势领域各不相同,且具有互补性,均为公共决策所需。其次,公共政策知识评判标准具有多维性。不同知识体系所包含的评判标准不一,学科化知识与非学科化知识标准不同,不同学科的知识也不尽相同,当面对同一公共政策问题时,关于原因、解决方法等的认识也会产生差异。再次,隐性知识具有普遍性。隐性知识指那些难以或无法用符号表征的知识,往往"只能意会,不能言传",隐性知识遍及个体、机构,是公共决策所需目标知识、协调知识、因果知识等的基础。最后,知识表达能力、接受新知识的能力具有不平衡性。表达、接受能力与智力水平、教育水平、专业训练、实践经验等相关,拥有某种知识优势的人,可能囿于表达能力的限制而无法传递其所知。

(三) 知识及其运用的不稳定性

知识是认知的产物,很多知识是人为建构的。公共政策知识中,目标知识的建构性尤其明显。一方面,认知知识不稳定,如决策者的"理性"并不稳定,决策过程可能受到其他因素的干扰。决策心理学指出:"人类作为有别于其他物种的灵长类生物,最为显著的特征就是其做选择、判断和决策的能力,以及在做选择、判断和决策的过程中所具有的理性思考和感性直觉。……理性常常表现在人类能够为了整体的利益牺牲一点个人利益,为了未来的利益放弃一点眼前的利益;而感性的表现则使如此理性行为的出现常常并不稳定。"② 另一方面,知识有自己

---

① 王礼鑫:《公共政策的知识基础与决策权配置》,《中国行政管理》2018年第4期,第98—104页。
② 李纾:《决策心理:齐当别之道》,上海:华东师范大学出版社2016年版,第8—22页。

的新陈代谢过程,会随着时代发展而产生、发展,或被淘汰。"由于世界和其他人都在不断变化,现存的知识常常会失去其有用性。"①科学知识会因为认知能力提高而发生革命性变化;以社会为基础的知识会随社会变迁而改变,而且它还是一种因为预测而改变的混沌系统。

三、公共政策知识的类型

(一)知识的类型

关于知识的分类,从古至今,有许多思想家进行了一系列各自不同的尝试,为知识的积累和创新做出了重大贡献。亚里士多德将人类知识分为三大类,即纯粹理性、实践理性和技艺。亚里士多德对知识的划分对后续研究产生了重大影响。此外,恩格斯根据事物变化性质的不同,将知识分为三个部分:一是包括所有研究非生物界的并且或多或少能用数学方法处理的科学,即数学、天文学、力学、物理学、化学;二是研究活的有机体的科学,如生物学;三是按历史顺序和现今结果来研究人的生活条件、社会关系、法的形式和国家形式及其由哲学、宗教、艺术等等组成的观念上层建筑的历史科学。②另外,弗里茨·马克卢普(Fritz Machlup)根据认知者主观解释分析知识的种类,将知识分为实用知识、学术知识、闲谈与消遣知识、精神知识、不需要的知识五种类型。③

(二)公共政策知识的类型

公共政策知识除具有一般意义上知识分类特征外,还具有自己的独特性,可以根据研究场域大体划分为三种类型:

1. 学术型政策知识

学术型政策知识通常由学术研究者提出,主要目的在于增进对一般政策领域、政策过程或是政策研究方法论的了解,而对研究发现在实务上的应用情形并不十分关注;研究的重点在于方法论、过程与对结果的调查;研究领域重点着眼于一般综合性领域,研究结果一般通过出版物等方式来传播。

2. 应用型政策知识

应用型政策知识通常由实务界人士提出,研究目的在于了解实务问题及认定政策方案的效用;研究的重点在于对各项政策活动进行探讨;研究领域重点着眼

---

① 〔德〕柯武刚、史漫飞:《制度经济学:社会秩序与公共政策》,韩朝华译,北京:商务印书馆 2000 年版,第 62—69 页。
② 〔德〕恩格斯:《反杜林论》,北京:人民出版社 2018 年版,第 91—93 页。
③ Fritz Machlup, *The Production and Distribution of Knowledge in the United States*, Princeton:Princeton University Press, 1962, pp. 21-22.

于特定政策领域,研究成果一般通过出版研究报告以及共享研究形式来传播。

3. 混合型政策知识

上述两种政策知识都有其自身场域限制,将二者进行结合可以吸收二者的长处,更好地服务于社会发展。这类知识通常以解决实务问题为目标,同时又具有规范严谨的研究方法与研究过程,研究成果既有学术出版物,也有研究报告等。

第二节 公共政策知识应用的思维、过程与模式

一、公共政策知识应用的思维

政策知识应用过程中的常见思维方法,实质上属于现代科学思维方法中所涉及的一般人文学科和社会科学的研究方法,具有明显的特殊性。公共政策领域有两种重要的思维方法:头脑风暴法与德尔菲法。

(一)头脑风暴法

头脑风暴法(Brain-Storming)又称智力激励法、BS法、自由思考法,是由美国创造学家奥斯本(A. Osborne)于1939年首次提出的一种激发性思维方法,指无限制地自由联想和讨论,其目的在于产生新观念或激发创新设想。在群体决策中,受畏强及从众心理影响,群体成员易屈服于权威或大多数人的意见,形成所谓的"群体思维"。为了保证群体决策的创造性,提高决策质量,头脑风暴法逐渐发展起来。头脑风暴法可分为直接头脑风暴法(通常简称为头脑风暴法)和质疑头脑风暴法(也称反头脑风暴法)。前者是在专家群体决策中尽可能激发创造性,产生尽可能多的设想的方法;后者则是对前者提出的设想、方案逐一质疑,分析其现实可行性的方法。

(二)德尔菲法

德尔菲法又称专家意见法,是依据系统程序,采用匿名发表意见的方式,即团队成员之间不得互相讨论,不发生横向联系,只能与调查人员发生关系;通过让团队专家反复填写问卷的方法,集结问卷填写人的共识及搜集各方意见,最后汇总成专家基本一致的看法,作为预测的结果。该方法可用来构造团队沟通流程,应对复杂任务难题。1946年,兰德公司首次用这种方法进行预测,其后该方法迅速被广泛采用。

二、公共政策知识应用的过程

克诺特(Knott)和威尔达夫斯基在1980年提出公共政策知识应用的七个阶

段,具体如下①:

（一）接受

当政策制定者或者智囊接收到政策相关资讯时,应用的情况才开始发生。换言之,当资讯由某一遥远的资讯机构传送至政策制定者手中时,应用才算开始。

（二）认知

政策制定者必须阅读与理解政策相关资讯,而且唯有政策制定者已完成这些步骤,应用才算开始。

（三）参考

从实际效果方面来考虑,知识应在一定程度上影响政策制定者的现有认知,若资讯可以改变政策制定者的价值偏好以及增加对政策效果影响程度的了解,则应用才算真正存在。

（四）努力

为产生真正的实际效果,资讯必须能够影响政策制定者的行动。在政策制定过程中,虽然面临许多阻碍因素,但政策制定者仍然为某一政策建议的采纳而坚持不懈地活动时,此时表明决策家已经为知识应用尽了努力,应用才算开始。

（五）采纳

政策相关资讯是否能够投入政策制定过程之中并非最重要的,真正重要的是政策相关资讯是否真正被政策制定者所采纳。政策采纳,而非政策投入,才是知识应用的适当标准。

（六）执行

政策相关资讯的采纳固然重要,但是如果只有采纳而没有执行的话,政策相关资讯仍然不能实际影响政策行动。有采纳却没执行,只是一种空洞的胜利假象。

（七）影响

一项政策可能被执行,但是却未达到预期的效果。所以,有些知识应用学者认为,只有基于政策分析结果所确定的政策已经确实对目标产生实质性影响时,应用才算发生。

在以上七个阶段中,其中前四个阶段属于个人行为阶段,与个人因素有关;后三个阶段则是政策达成阶段,并非政策制定者个人所能控制。同时,这七个阶段是一个密不可分、相互联系、相互影响的整体,在观念上是累积式的。

---

① 转引自汪大海主编:《现代公共政策学》,北京:清华大学出版社2010年版,第324—325页。

三、公共政策知识应用的模式

公共政策知识应用的模式大致可以分为两种类型:应用程度之相关模式与应用目的之相关模式。

(一) 应用程度之相关模式

1. 拉森-维尔纳(Lsrsen-Werner)模式(1981)

二人将"应用"与"不应用"予以细分。其中"应用"的程度按以下方式划分:(1)资讯被悉数接纳实行;(2)资讯被改编;(3)资讯被部分应用;(4)资讯已经被采纳至接近实行程度,但尚未发生。"不应用"的程度被概念化并划分为以下程度:(1)资讯已被潜在采用者考虑,但随即予以拒绝;(2)资讯不被用来做任何决定;(3)资讯的实行尚未发生,但在考虑中。

2. 韦斯-布库瓦拉斯(Weiss-Bucuvalas)模式(1980)

对于不同程度之区分,两人做出了如下界定:(1)不应用,即资讯未被有意识地应用;(2)资讯被应用,但应用者无法以任何方式清楚地描述他应用的是什么;(3)资讯被应用且可以描述应用的一般化形态;(4)资讯被应用且可以清楚地描述。

3. 里奇-戈德史密斯(Rich-Goldsmith)模式(1982)

二人以运作化方式创造出一种衡量"应用"的量表形态。五点量表是由"不应用"到"应用"所组成,应用程度高则表示对特定决策的影响程度高。

(二) 应用目的之相关模式

卡罗尔·韦斯(Carol H. Weiss)提出了六种知识应用模式,后续的许多实证研究都以此为基础①:

1. 知识导向式

这种模式假定知识是以合乎逻辑的方式得到应用的,其逻辑顺序如下:基础研究—应用研究—研制—应用。这种模式认为,首先,基础研究揭示出可用于制定公共政策的机会;之后,进行应用研究以界定和检验基础研究得出的结论;最后,研制适当的技艺或工具以便在需要时利用这些结论。

2. 问题解决式

此种模式将一项社会科学的研究结果直接应用于政策决定。这种模式之所以可能,是由于政策制定者和研究者对于所期望的最终状态有一种共识,而且该

---

① Carol H. Weiss, "The Many Meanings of Research Utilization," *Public Administration Review*, Vol. 29, No. 5, 1979, pp. 426-431.

项研究确实有助于识别和选择达到这种状态的最佳方法。在此种模式中,政策制定者和研究者密切地相互作用:政策制定者对问题有清晰的概念,有一幅关于各种可能选择的图谱,但对有关事实或如何理解它们缺少某方面知识;研究者的任务是提供资料,分析综合,有时还提出建议。

3. 互动式

该模式认为研究成果能够作为探索知识的过程因素之一进入政策领域。在此领域内的政策规划者不仅向社会科学家,而且也向相关行业的其他行为者,如行政人员、专业从业人员、设计人员、新闻工作者等,寻求信息。这些行为者相互协商,共同推进政策制定的完善。

4. 政治式

此模式认为研究成果可以作为政治弹药以支持某种特定的党派立场,使反对派无计可施,或者说服动摇不定的人。此种类型的研究往往因带有政治价值色彩、失去中立性而为人们所贬低。不过也有学者认为,该模式减少了虚假的客观性和隐蔽的偏颇,使公共问题的讨论更加尖锐,并且使社会科学研究与实际政策问题的联系更加紧密。

5. 策略式

该模式指政府机关或其他机构利用研究作为一种反应策略,借以表明它将就某个特定问题采取某些措施。这种类型的研究是象征性的,应用情况与研究本身毫无实质性关系,之所以进行研究是为了应对公众舆论,而不是为了得出科学的研究结论。

6. 启发式

此模式指社会研究可以用于概括归纳各种政策问题的属性,甚至可以用来重新界定政策议程,即这种类型的应用可以帮助提高或降低某个问题在公共事务议程上的地位。与问题解决式不同,该模式不认为研究结果必须符合决策者的目标和价值观念,并对研究的未来价值充满信心。

第三节 公共政策知识应用的障碍及其克服

公共政策知识应用存在障碍的主要原因在于直接决策者与政策研究者之间存在差异和隔阂,导致公共政策知识无法顺利流向公共决策机构,化解这一障碍可通过改变领导风格、强化相关训练、培养共同认知等途径。

一、直接决策者与政策研究者之间的差异与隔阂

将公共政策知识应用于实践过程中,以达到服务社会的目的是政策研究者的期望所在,然而公共政策知识直接被决策者使用绝非易事。在政策研究与分析活动中形成的公共政策知识要进入决策者视野并为其所用,往往需要克服一定的障碍才能达到应用政策服务社会治理的目的。通常来说,尽管在社会公共事务治理过程中,科学恰当地应用公共管理与公共政策领域的理论知识能够有效化解社会难题,从而显著提高治理的效率和效益,然而在实际治理过程中,直接决策者与政策研究者之间出现隔阂的局面并不罕见:政策研究者往往抱怨决策者高高在上,听不进"逆耳忠言",而直接决策者则认为政策研究者提出的都是脱离现实的纸上谈兵式言论。

卡罗尔·韦斯认为,直接决策者与政策研究者之间出现隔阂主要有以下几点原因[①]:

(一)研究障碍

政策研究者基于研究分析得出的公共政策知识理论性太强,无法直接用于解决实际问题。政策研究者的知识无法直接与公共问题产生关联,导致理论研究成果对公共政策实践的指导出现空白,理论知识无法为公共问题的解决提供思路。简言之,如果公共政策理论知识无法直接转换为针对公共问题的政策知识,那就会为公共政策知识的应用产生障碍。

(二)决策体系障碍

科层制系统下的政府机关内部存在诸多限制,条块分割的行政系统导致其无法依据纯粹的政策知识制定政策。政府决策系统及其运行机制的专断特点决定其对开放性知识和信息的吸收本身就具有屏蔽和隔绝作用。因此,如果在决策体系中提供知识和信息的政策知识部门无法在制度保障层面获得与决策部门相匹配的地位,则公共政策知识对于直接决策的影响将是零碎、微弱、非常规和不可持续的。

(三)政策研究者与直接决策者之间沟通不善

促使政策研究者与直接决策者之间产生制度化和常规化沟通合作的意愿与激励机制较为薄弱。双方倾向于在相互独立的组织系统内单轨运作而不产生交叉互动,鲜有的一些互动也会由于不理性、不包容、非建设性的沟通方式而中断。这一沟通不善局面的形成往往是诸多因素共同作用的结果,如时间与物质成本、关注焦点与个人精力的差异、团队结构的合理性等。

---

① 丘昌泰:《公共政策:当代政策科学理论之研究》,台北:巨流图书公司1995年版,第353—355页。

（四）研究者与直接决策者之间的价值观念差异

政策研究者与直接决策者在理论研究与现实实践过程中往往会形成差异化的价值观念体系，两者之间缺乏相容性，在互动过程中更多地呈现一种非此即彼的"零和式博弈"，这使得双方无法实现在政策研究与公共决策中的真正融合。

除此之外，美国密歇根大学心理学教授纳森·卡普兰（Nathan Caplan）也曾提出过政策研究者与政策决策者之所以出现隔阂的三种解释：一是特定理论知识。基于政策研究形成的特定知识一般并不具有普遍适用性，导致公共政策知识的互通、传播与扩散存在先天性梗阻，无法对公共决策实践产生实质作用。二是政策制定者限制理论。不同于政策研究者，政府部门中的决策者处于层级制的官僚体制之中，这意味着决策者在做出政策决策时往往会受诸多限制，对公共政策知识的直接应用产生阻碍。这种限制主要包括部门的本位主义、部门的利益保护与权力争夺等，降低了公共政策知识应用和实施的效率。三是二元社群理论。政策研究者与直接决策者分属不同的社群，二者在各自相对独立的社群环境下往往会形成截然不同的专业术语、价值观与奖惩系统等，以致二者之间的沟通存在相当大的困难。这种根源于社群层面的差异阻碍了二者的合作，自然也会对政策研究应用于实践活动的有效性产生负面影响。

二、影响公共政策知识向公共决策机构流动的障碍

政府决策部门是以信息处理为核心职能的机构，关注相关决策信息如何顺利进入政府决策部门将是确定直接决策者会否直接使用政策研究者成果的必要前提。因此，这就需要明晰哪些因素会阻碍政府决策部门对公共政策知识的应用，从而有针对性地采取措施克服这类阻碍，以促进政府决策者对公共政策知识的直接应用。具体来说，阻碍公共政策知识顺利流入政府决策部门的因素主要有以下几类：

（一）对稳定的依赖和需求

外部流入的公共政策知识会对政府决策部门的原有秩序和稳定性产生冲击，知识创新可能会破坏组织成员和群体间的动态平衡，迫使其做出改变，使其认为接受和应用新公共政策知识带来的坏处会远远大于其好处，最终使政府决策部门以消极态度对待新公共政策知识。

（二）专业术语障碍

在新公共政策知识流入政府决策部门之前，部门成员之间已形成了因共同经验而产生的独特沟通方式。因此，新公共政策知识流入决策部门后能否使群体成

员与外界政策研究者之间产生顺利的沟通,取决于部门成员能否真正理解并接受新公共政策知识中的专业术语。如若部门成员无法切实理解新术语的真正含义,则必然导致决策部门成员与外界政策研究者之间沟通的困难,新公共政策知识的流入也就无从谈起。

(三) 对外来知识观念的恐惧

一般来说,从外部流入组织的新公共政策知识,常被组织成员视为组织生存和维系的威胁,会损害组织成员的利益。同时,新公共政策知识流入决策部门的过程也是暴露组织成员能力缺陷的过程。新公共政策知识所依存的新理念会使组织成员先前本已熟练掌握的处事方式变得落伍、错误或不恰当,进而使他们产生新知识会使自身能力受到质疑、工作绩效遭受贬损的错觉。

(四) 过高的组织自豪感

大多数组织都希望通过营造本组织的优势与独特价值的方式使组织成员对组织形成强烈的归属感与认同感,这种认同感会使组织成员对组织产生自豪感。但过高的自豪感会适得其反,引发组织成员的骄傲感,使其认为无须学习新知识或接受新信息,久而久之则使组织逐渐僵化、固执,趋于封闭。

(五) 组织社会地位的差异

组织间社会地位的差异是阻碍外部公共政策知识流入组织内部的重要阻碍之一。一般来说,社会地位较低的成员提供的信息往往被认为是难以令人信服的,这自然也会阻碍这类组织生成的公共政策知识与信息顺利流入决策组织之中。

(六) 组织经济条件和规模的差异

组织自身的财务状况与规模也会对组织对外部公共政策知识的接受度产生影响。一般来说,财务状况良好且规模较大的组织往往倾向于接受新知识、尝试新技术,并积极进行创新实验;而财务状况一般或者规模较小的组织,往往会将组织的稳定作为首要考虑的问题,因而对新知识和新技术的接受速度相对缓慢。

三、公共政策知识应用障碍的克服

传统官僚体制下的政府决策机构凭借封闭流程运作所形成的信息与技术优势致使普通公民难以了解政府的内部决策,这加剧了民众对政府运作的不满,政府与民众之间的隔阂由此产生。消除这一隔阂,进而提高政府合法性的重要方法便是将民众纳入政府决策主体范围内,这就需要拓宽外部公共政策知识流入政府

决策部门的途径。具体来说,包括以下几种方法①:

(一)改变领导风格

不同的领导风格会对公共政策知识的传播与扩散产生显著影响。组织领导者可以通过鼓励下属向其他机构寻求更多的信息,要求下属简化与人沟通的语言,适当运用报酬以激励知识在组织内部流动,训练下属评估、借鉴其他机构知识应用方法的能力以及调整组织结构以建立更多的知识流通渠道等方法提高组织内部新公共政策知识的应用程度。

(二)强化相关训练

适当的训练能够培养组织领导者及其成员评价某一项创新活动的能力。借鉴关注员工个人及其工作绩效两方面问题的方格理论,广泛系统地收集组织成员对组织意见或建议的调查反馈,以及采用帮助参与者了解自身潜力的群体训练法等,能够有效训练并提高组织成员学习及应用创新知识的能力。

(三)培养共同认知

组织内部对上级制定的政策目标的共同认知与共鸣同样有助于新公共政策知识在组织内的流通。例如,共同敌人的出现将迫使组织内部打破障碍,从而使内部差异得以消除。然而,这种合作现象只是暂时的,一旦共同敌人消失,知识流动的障碍又会重新出现。

(四)鼓励多主体参与

鼓励组织成员积极参与,共同讨论相关议题将非常有助于知识在组织横向间或纵向间的顺畅流通。在参与过程中,组织领导者须表现出对成员观念感兴趣的态度,并对成员的创新观念给予及时且适当的回应。

(五)发挥重叠群体的能动性

重叠群体特指隶属于两个或多个群体的组织成员,这类成员由于兼职、重叠的缘故能够有效增进外部知识在组织内部流动。这种类似于项目组建制的矩阵式组织形式能够有效帮助组织成员学习新知识、新经验,并将其带回原组织。

(六)工作轮调或轮岗

这一方法通过适时改变组织成员的工作内涵,能够有效消除其因工作重复而产生的厌烦情绪与惰性。同时,工作轮调或轮岗还有助于组织成员了解其他部门的工作情况,并将其从原部门积累的知识带到新部门或者将新部门的创新知识引入原部门,以此实现知识在不同部门间的流通。

---

① 翁兴利:《公共政策——知识应用与政策制定》,台北:商鼎文化出版社1999年版,第100—120页。

(七)求助联合专家

随着社会问题复杂性程度的不断提高,未来将会出现一大批对各专业知识均有所涉足的联合专家,这些复合型人才将扮演实现不同专门知识有机融合的协调者。这类联合专家往往具备结合不同专业知识的能力,并了解多种研究领域的语言,能够有效协调组织内的不同专业群体,并为其提供知识与信息。因此,在未来复杂社会问题的治理过程中,政府部门决策者应积极与组织外的专业团体和专家保持联系,通过他们不断向组织输入新知识、新信息。

(八)组织重组

组织重组最主要的目的是增加成员间沟通的渠道以使群体间关系更加紧密,以此提高知识的流动性。同时,适当的组织重组也有助于组织平均控制幅度的扩大,这同样有助于群体间的知识扩散与信息流动。

(九)实施社会工程法

工作流程的结构以及组织成员的社会行为同样会对组织内的知识流通产生重要影响。社会工程法将组织视为技术与组织成员互动的结果,两者的互动会对组织的形态与结构产生影响。一般来说,组织成员完全具备对其工作负责的知识与能力。由此出发,社会工程法认为,应该让员工弹性且自主地安排其工作以达成最恰当的工作方式,从而使其工作绩效实现最大化。

(十)完善回报结构

有效的组织管理方法之一便是对符合期望的行为予以恰当的报酬和奖励。如果领导者对成员创新性的知识活动给予适当的报酬,将显著增强未来成员产生类似行为的意愿,这种正向激励便会进一步强化知识流动活动更频繁地开展。

【关键术语】

政策知识　头脑风暴法　德尔菲法　政策知识应用过程　政策知识应用模式　政策知识应用障碍

【复习思考题】

1. 政策知识的特征有哪些?
2. 政策知识的类型有哪些?
3. 政策知识应用的模式有哪些?
4. 政策知识应用的障碍有哪些?
5. 如何克服政策知识应用的障碍?

第二十三章 公共政策知识及其应用

【案例分析】

怒江规划建大坝引争议 我们是否需要建更多水坝[①]

中国是世界上水坝最多的国家,共有 86 000 座水坝,占世界的 50%。2003 年以来,专家学者围绕在都江堰前建杨柳湖大坝和在怒江中下游进行 13 级梯级开发这两个项目展开了激烈的争论。

2003 年 10 月 25 日,在中国环境文化促进会第二届会员代表大会上,62 位科学、文化艺术、新闻、民间环保界人士联名呼吁:请保留最后的生态河——怒江。这个呼吁缘于副会长郁钧剑的一段发言。郁钧剑说:"目前世界上保持原始生态的江河几乎没有了,在中国也只剩两条:雅鲁藏布江和怒江。可是最近怒江流域也要进行大规模水电开发,为此我们心里很不踏实。"

2004 年下半年以来,怒江的 13 级梯级水电开发规划引起广泛关注和争论,从环境文化促进会的"呼吁"就可见一斑。

怒江发源于青藏高原,经过西藏和云南,入缅甸后叫萨尔温江,最后流入安达曼海。怒江流域处于三江并流地区,地貌十分复杂,地理比较封闭,生态系统保持得相对完整,在全世界都很有代表性。2004 年 7 月,"三江并流"地区被联合国列入世界自然遗产名录。怒江中下游的水电开发规划曾有过几个方案,最后推荐的是 13 级梯级开发方案,装机容量 2100 多万千瓦,年发电量一亿多度。

8 月 13 日有关部门曾牵头召集几大电力公司和相关部委,讨论怒江流域水能资源进行投资开发与建设的规划。在这次会上,赞成开发的意见占主流,专家们列举了怒江开发可能带来的诸多有利影响。

9 月 3 日,在北京举办了怒江流域水电开发活动生态环境保护问题专家座谈会,与会的大多数专家对怒江水电开发持反对意见,并从河流生态、地质地理、环境保护、文化保护、动植物种保护等方面进行分析,认为怒江的开发将弊大于利。

10 月 20 日至 10 月 21 日,在云南昆明召开了怒江流域水电开发与生态环境保护问题专家座谈会,参加会议的有来自社会学、生物学、动物学、经济学、环境学等专业领域的 12 位专家和云南省各部门的官员,两种意见在会上再次交锋,而且甚为激烈。

而另一个水坝的规划也聚焦了各界的目光,这就是关于都江堰前建杨柳湖水库大坝的争论。四川都江堰由于是"世界上历史最悠久、设计最科学、保存最完

---

① 节选自孙丹平:《怒江规划建大坝引争议 我们是否需要建更多水坝》,人民网,2003 年 10 月 30 日,http://www.tangwai.com/sitehtml/news/gn/2003/24746.htm,2022 年 2 月 25 日访问。有改动。

整、至今发挥作用最好、以无坝引水为特征的大型水利生态工程",于2000年1月被联合国教科文组织列入"世界文化遗产"。2000年在离都江堰六公里的地方立项动工了紫坪铺水利枢纽,2003年,紫坪铺工程的配套工程杨柳湖水坝将坝址选在距都江堰仅1310米的地方,激起强烈反响。专家们谈到要在这个举世闻名的、以无坝为特征的水利工程上游兴修大坝,均痛心疾首,表示"无颜见先人贤哲"。在各界的反对下,2003年10月底,四川省宣布停止杨柳湖工程,这个结果使环保界人士倍感振奋。

案例讨论题

1. 结合案例分析为什么怒江规划建大坝会引发激烈讨论。
2. 结合本章内容讨论如何减少或避免政策出台过程中的冲突。

【推荐阅读文献】

1. 李纾:《决策心理:齐当别之道》,上海:华东师范大学出版社2016年版。
2. 〔德〕柯武刚、史漫飞:《制度经济学:社会秩序与公共政策》,韩朝华译,北京:商务印书馆2000年版。
3. 王礼鑫:《公共政策的知识基础与决策权配置》,《中国行政管理》2018年第4期,第98—104页。
4. 王礼鑫:《政策知识生产:知识属性、过程特征与主要模式》,《行政论坛》2020年第1期,第63—71页。
5. 翁兴利:《公共政策——知识应用与政策制定》,台北:商鼎文化出版社1999年版。
6. 王久华:《知识价值的五大特征》,《经济学参考研究》1999年第65期,第41—42页。
7. Fritz Machlup, *The Production and Distribution of Knowledge in the United States*, Princeton: Princeton University Press, 1962, pp. 21-22.

第二十四章 政策理论的多样性和本土化

【内容提要】

自20世纪50年代公共政策学确立以来,对西方公共政策问题与实践进行研究分析,一直是西方公共政策领域的热点,由此涌现出众多有代表性的西方公共政策理论框架。在对西方公共政策理论框架的译介过程中,中国学者也开始了本土化政策理论框架的研究。本章主要分为两部分内容,第一部分将从政策过程具有复杂性这一现实背景出发,在探讨成熟政策理论的标准的基础上,介绍西方多样化政策理论中几种具有代表性的理论框架。第二部分将结合本土化政策理论的发展现状,分析本土化政策理论的研究内容,并介绍几种本土化政策理论分析框架。

第一节 政策理论的多样性

一、政策过程的复杂性

一般认为,公共政策制定的过程包括问题界定、提出初步解决方案、解决方案的设计与细化、选择最佳解决方案以及执行、评估和修订解决方案等环节。显然,这一过程是非常复杂的。

首先,这一过程涉及众多行动参与者,包括各类具有不同目标要求的利益集团、不同层级或领域的政府机构、在不同政策阶段发挥不同作用的政策研究者与新闻媒体以及直接或间接受到政策影响的普通民众等。不同的政策参与者往往秉持不同的价值观念或利益诉求,因此对同一问题会产生不同的看法,进而形成不同的政策偏好。

其次,政策过程往往具有较长的时间跨度,政策发挥作用存在时滞性。纵观历史,一些即使是在不经意间制定的政策,也会产生极其深远的影响。例如,中国为应对20世纪50年代末期的粮食危机而制定的临时性粮食政策极大地影响了中国的城乡二元发展格局。通常来说,从政策研究的角度来讲,理解长期政策过程的影响、理解社会经济条件对政策的影响、理解特定政策对社会经济条件的影响,以及积累有关特定政策问题的科学理论知识,对特定政策进行二十年至四十年的追踪调查研究是必要的。即使是对短期性政策进行研究,如果想得出高质量且令人信服的研究结论,也要以长期的研究分析为基础。

再次,在任何给定的政策领域,如污染防治、突发公共事件化解、医疗卫生防护等领域的政策,都会涉及多层级政府的共同参与,也会涉及对社会、企业甚至个体参与者行动计划的整合与协调。换言之,即使是一个具备高度专业化的政策问题,也会以一种综合项目的形式呈现出来,而问题的有效化解需要通过将这一综合性问题分解、简化为数个子项目的方式,逐一击破。这些子项目及其相互间的关系也是极其复杂的。

最后,在许多关于政策问题的研究与辩论中,关于社会问题严重性的认定、问题出现的原因以及政策方案的可能影响等问题的探讨中,政策参与者往往会形成由于技术性、价值性甚至政治性等方面的差异而引发的分歧。对于政策过程研究而言,关注这类基于分歧而展开的政策辩论对整个过程的影响是必需的。即使是在公共空间不够开放的社会环境下,在人们关于政策问题的分歧尚未浮出水面时,政策过程研究也必须想方设法透视和把握这类政策的辩论和分歧,并对其给予足够关注。①

基于以上分析可以发现,政策研究过程往往是极度复杂的。相对来说,人类的思维能力又是相对简单的。政策研究者为了理解复杂的政策过程,必须将错综复杂的政策情境予以简化。换言之,政策研究的发展需要忽略一些次要环节并重视一些关键问题,从而将复杂的社会现象进行抽象并予以归类。这意味着,当运用基于不同理解而形成的理论框架去观察同一情形时,研究者发现的问题可能是不同的,得出的结论也将存在差异。然而,为了从不同角度理解复杂的公共政策,形成并运用不同的理论视角显然又是必需的。

二、成熟政策理论的标准

自 20 世纪 50 年代哈罗德·拉斯韦尔确立公共政策学以来,西方公共政策理论层出不穷、观点纷呈。然而,由于种种原因,尽管公共政策理论被公共政策研究者开发出来,但能够成功应用并指导社会实践的公共政策理论并不多。究其原因,一旦公共政策理论过于抽象便会出现脱离实际的问题,而接近于社会实际的公共政策理论又会因理论水平不足而欠缺对社会问题的解释力。迄今为止,最为人所熟知的公共政策理论便是兴起于 20 世纪 70 年代的公共政策过程理论,这一

---

① 毛寿龙:《西方公共政策的理论发展之路及其对本土化研究的启示》,《江苏社会科学》2004 年第 1 期,第 143—148 页。

理论把政策过程细分为议程设定、政策合法化、政策执行与评估等一系列步骤。

尽管公共政策过程理论较为全面地展现了一项政策出台所要经历的阶段与过程,但随着时间的推移以及新理论方法的出现,这一理论也遭到了许多批评。例如,有学者认为该理论并非因果理论,因而也就无法识别出主导整个政策阶段过程的主要原因;也有学者认为该理论缺乏逻辑上的严谨性,实际上只是时间的流水账;还有学者认为该理论具有自上而下的偏见,忽视了政策执行与评估之间的互动关系;等等。基于此,许多批评者认为公共政策过程理论已经过时了,需要更好、更成熟的理论框架予以替代,而如何判断一个政策理论框架是否成熟呢?对此,美国政策学家保罗·萨巴蒂尔提出了成熟理论的五个标准[1]:

第一,理论应该具有逻辑的内在一致性。

理论话语体系中的关键术语应该被清晰界定,概念间的主要理论关系在逻辑上应该是前后一致的。如果理论缺乏逻辑上的内在一致性,则其证伪能力将成为一个重要问题。同时,构成理论的一系列假设命题所隐含的启示也将会是模糊不清的。

第二,理论应该有清楚的动因和一定程度的因果过程。

科学理论应该是解释某种类型现象是如何发生的因果理论。这些理论应该确认关键动因,即系统内根本性的"驱动器",这些关键动因能够通过过程或机制来影响系统内的其他变量。根据这一标准,诸多业已形成的公共政策分析框架,包括罗威的权力场理论和琼斯的阶段启发式分析框架等,未能发展为成熟理论的一个致命缺陷在于,它们没有细化驱动因素和过程。

第三,一些关键的命题在经验上应当是可证伪的。

证伪能力是科学理论区别于其他人文知识领域的重要内容。由于不同的假设相互之间存在着逻辑上的关联性,因此在一个理论未被验证的方面,其有效性应该是能够被评估的。

第四,理论的取向范围应该是清晰和相对广阔的。

成熟的理论框架应当能够处理很多组因素,如相互冲突的价值与利益、各种各样的信息流与制度安排以及多样化的社会经济环境等。这些因素对观察公共政策制定的不同方面是至关重要的,尽管随着时间的推移其取向范围可能会发生较大的变化。

第五,理论应该是能够"繁殖"的。

一方面,成熟理论应该可以产生不明确的启示,这通常会超越其初始范围;另

---

[1] 〔美〕保罗·A.萨巴蒂尔编:《政策过程理论》,彭宗超等译,北京:生活·读书·新知三联书店2004年版,第356—357页。

一方面,成熟理论也应该可以产生一个数目较大的、有意义的预测或假定,等待后续研究者予以检验和发展。

其中,西方公共政策理论中比较成熟的理论有制度理性选择理论、多源流框架、间断—均衡框架、倡导联盟框架、政策创新扩散框架以及较大数量的比较研究方法。

第二节 政策理论的本土化

一、本土化政策理论发展现状

(一) 本土化政策理论存在的问题

改革开放之后,中国的政策科学开始出现并在现实政策问题的助推下迅速发展,但由于政策研究主要借鉴西方现有理论与方法,导致本土化政策理论发展十分缓慢,仍旧长期停留在较低发展水平。这一现象也导致中国政策科学研究长期存在两个重要问题:一方面,对西方理论与方法的借鉴呈现碎片化,缺乏全面系统化的研究,致使中国政策科学研究无法及时吸收和消化国外最新的研究成果;另一方面,在对西方政策理论与方法的借鉴过程中,盲目相信其科学性与普遍适用性,缺乏必要的批判性吸收,导致在简单套用西方理论与方法解释中国政策问题时,缺乏原创性,无法对中国本土政策问题进行深入研究[1],因而也就无法真正理解和解决中国的实际政策问题。

(二) 本土化政策理论困境的原因剖析

本土化政策理论在我国发展存在困境是主客观诸因素综合作用的结果,如学科发展起步较晚,学术研究群体整体素质不高,受现实政治或政策敏感性影响较大,对政策理论研究重视程度不够,研究经费投入有限,等等。但究其根本原因,这一发展困境的出现根源在于没有正确认识西方政策理论借鉴与本土化政策问题研究之间的关系,未能实现二者的有机融合。借鉴的根本目的在于吸收西方政策科学理论与方法的先进成果,吸收其合理成分以此丰富和推动中国政策科学的发展。通常来说,不同文化间的学术交流和学习有利于学术研究的深入发展。鉴于中国政策科学研究起步较晚、学科体系尚未有效建立的事实,加强对西方政策科学理论与方法的学习、研究,吸收其先进成果,有利于中国政策科学理论体系的建立与完善,从而加速提高中国政策科学理论水平。但需要注意的是,借鉴不应是

---

[1] 徐湘林:《中国政策科学的理论困境及其本土化出路》,《公共管理学报》2004年第1期,第22—27、94页。

盲目和被动的。在吸收借鉴的过程中要始终明确自身的目的,在深入了解所借鉴理论与方法在学术与实践方法上的真正价值后,需对其进行批判性借鉴与采纳。

(三) 本土化政策理论体系的建构路径

针对本土化政策理论研究的现状与问题,未来在借鉴西方政策理论与方法的过程中须注意以下两方面问题:其一是西方政策科学的学术研究规范问题,即在对学术知识辨伪存真、积累承继以及进行学术对话与交流的过程中必须遵循的一整套规则与标准。这是本土化政策理论研究一直欠缺的内容,也是导致本土化政策研究一直存在臆想性和随意性的原因之一,其研究成果也就无法真实反映中国政策现象和过程的客观现实。其二是具体的西方政策科学的理论、方法、范式、研究途径,乃至学术体系等的适用性问题。研究吸收西方政策科学的既有成果无疑是十分必要的,但同时也要认识到,西方政策科学理论源于对西方社会实践的解释与分析,无法对所有文化和区域环境下的政策现象都具有普遍解释力。因此,在对西方学术成果的借鉴过程中必须具备辨别能力和批判态度,同时注重本土化特征知识的积累,并在此过程中探寻适合中国人文社会特征的本土化政策科学理论。

二、本土化政策理论研究内容

(一) 本土化政策理论的价值伦理问题

本土化政策理论的价值伦理,也就是研究者为进行客观事实分析而选择价值取向和价值定位标准时应遵循的伦理基础。换言之,实现政策理论问题的本土化必须首先使政策理论问题与政策科学研究社群成员的主观价值与研究取向产生共鸣。政策科学作为一门与现实社会密切关联的应用性学科,不但要求其研究要尽可能科学地揭示事物的客观性,同时还要求研究者在对政策问题的解释和对政策方案的评估过程中按照特定需求做出价值判断。由于各国政策研究社群成员均成长于特定的文化和价值体系之中,其研究取向和价值判断必然受到特定文化和价值体系的影响。政策理论本土化的实质便是要求研究者在研究特定社会环境下的政策现象和政策问题时,以本土意识确定研究的定位和价值判断标准。然而,在对西方政策理论的吸收借鉴过程中,由于西方政策理论体系的"强势"地位,致使本土研究者极易在研究过程中以西方价值观为价值判断依据而丧失研究的自主性和本土意识。因此,本土化政策理论研究的第一步便是要在政策科学研究的伦理层面探讨有关价值相关性和本土化的问题,提升我国政策研究社群成员的自主性意识,自觉地和有识地以自己的知识创造活动服务于本土政策科学理论的发展与完善。

（二）本土政策实践的原创性经验研究

在过去的几十年中，西方政策理论研究者对西方社会的政策现象和政策过程进行了大量实证研究，涉及西方公共政策问题的各个方面，并积累了大量的经验性研究资料。这些研究的积累能够帮助人们认识并理解西方国家的政策现象和政策过程。在对经验性研究成果和实证调查资料的进一步归纳与总结后形成了许多实质性的西方公共政策理论。然而，由于文化背景和社会结构等诸多方面的差异，基于西方实证研究而形成的政策理论并不能简单地应用于中国本土化政策问题的分析中。要想形成适用于本土经验的政策理论，就需要本国研究者进行扎根于本土的经验性研究和实证调查。就目前而言，尽管已有部分研究者开始尝试对中国公共政策问题进行经验性的调查研究，但大多是基于西方理论的中国政策分析，这类研究只能是对西方理论的检验与验证，而无法提出具有中国特征的实质性政策理论。显然，本土化公共政策经验性研究的不足已严重限制了中国政策理论的发展。因此，在公共政策理论的本土化过程中，研究者很有必要开展大规模的基于本国政策问题的实证调查研究，积累扎根于本土的公共政策经验性知识，为本土化政策理论的发展提供丰富的资料来源。

（三）政策概念、理论、方法的本土化与创新

从认识论和方法论的角度来讲，任何科学严谨的经验性研究和实证调查都需要有与之匹配的理论作为指导。因此，对本土化政策问题进行实证调查也需要本土化理论予以指导。目前我国政策科学在基本概念、理论假说和分析方法等方面仍主要以西方标准为主，公共政策学科发展从整体上存在一种对西方学术体系的结构性依赖，这严重制约了本土化政策理论的研究与发展。因此，在应用西方政策科学理论时应保持审慎态度。更为重要的是，应在大量开展本土研究的基础上，加强对本土化政策概念、理论和方法等方面的基础研究，立足于本土化经验研究进行理论的发展与创新，从而逐渐形成一条具有中国特色的政策科学理论的发展之路。

三、本土化政策理论分析框架

在借鉴西方公共政策研究经验的基础上，国内学者从中国政策实践的需要出发，开发出一些本土化的政策分析框架，这在一定程度上促进了中国特色的公共政策研究的发展与完善。其中比较有代表性的有宁骚基于中国经验提出的"上下来去"政策过程理论模型，张小明在对国情分析后形成的基于群众路线的"从群众中来，到群众中去"的中国特色政策过程模型，以及周望在对中国治理实践深入

考察后提出的"政策试点"机制。

（一）"上下来去"政策过程模型

鉴于以当代中国公共决策实践为原型的政策过程理论模型中的政策制定在认识论上是一个从"形而上"到"形而下"的过程，政策执行过程在认识论上是一个从"形而上"到"形而下"的过程，与此同时，整个政策过程从政策主体与政策客体的关系来看是"从群众中来，到群众中去"的过程，所以宁骚就从整体上把政策运作过程描述为"上下来去"的过程。[①] "上下来去"政策过程模型中的"上"指的是主观、精神、认识、理论以及居于上位或核心地位的政策行为者；"下"指的是客观、物质、实践、行动以及居于下位或外围地位的政策行为者。"上"与"下"是互动的，互动的路线和方向在政策的社会认识的过程中是客观—主观—客观（或物质—精神—物质）、实践—认识—实践、个别——般—个别；在社会操作的过程中是从群众中来，到群众中去，其具体操作性程序是群众—领导—群众、民主—集中—民主、点—面—点。这两个过程中的上下互动都不是一次完成的，而是要经过无数次的循环往复。由此可见，"上下来去"政策过程模型是一个以本土经验为依据、具有鲜明中国特色的政策过程模型。

（二）基于群众路线的中国特色政策过程模型

"一切为了群众，一切依靠群众，从群众中来，到群众中去"的群众路线构筑起我国公共政策过程本土化模型的基本架构。基于群众路线的中国特色政策过程模型是建立在追求人民群众利益最大化的政策哲学基础之上的。[②] 其基本架构分为三个阶段：政策制定阶段、政策执行阶段和政策检视阶段。其中，"一切为了群众"构成了政策过程的价值链；"一切依靠群众"则是政策手段和方法策略；"从群众中来"，即在调查听取群众多元化意见后，经过集中研究，将其整合为系统化意见；"到群众中去"则是将政策解释宣传给群众，使群众能够直接按照政策行动起来。此后，再度将群众的反馈输入政治系统，修改政策，再次输出到群众中，如此循环往复，实现政策的完善与优化。基于群众路线的公共政策过程模型是具有鲜明中国特色的本土化模型，是实现党的领导、巩固党的执政地位、对国家和社会进行有效治理的重要手段。这一模型揭示了只有坚持群众路线，坚持以群众利益的最大化为最高标准，才能确保党和国家的各项方针政策落到实处，从而

[①] 宁骚主编：《公共政策学》（第三版），北京：高等教育出版社 2018 年版，第 219—232 页。

[②] 张小明：《论公共政策过程理论分析框架：西方借鉴与本土资源》，《北京科技大学学报（社会科学版）》，2013 年第 4 期，第 95—104 页。

达成善治的目的。

(三)"政策试点"机制

"政策试点"是中国治理实践中所特有的一种政策测试与创新机制,具体类型包括各种形式的试点项目、试验区等。① 在中国各个层级、各个地区分布着大量各式各样的政策试点。中国政策实践中所广泛存在的"先行先试、典型示范、以点促面、点面结合、逐步推广"等特有词汇和术语亦是根源于此。"政策试点"以其特定的功能和鲜明的特质,给本土政策过程刻上了中国风格的深刻印记,是中国改革事业的整个策略体系中不可或缺的组成部分。"政策试点"发展至今天,其相关要素、主要特征已基本确定下来,并形成了相对稳定的框架。在组成类型方面,"政策试点"可以划分为两大类七小类:第一个大类型是试点项目,具体又可分为探索型试点、测试型试点和示范型试点等三个小类型;第二个大类型是试验区,具体又可分为国家综合配套改革试验区、部省共建试验区、国务院部委指导建设的试验区、地方自建试验区等四个小类型。在运行过程方面,"政策试点"在实践操作中已经形成了一整套相对稳定的程序和自成系统的做法,可以将其归纳为"两阶段十环节",它具体是指"先试先行"和"由点到面"这前后两个阶段,以及分别与之对应的选点、组织、设计、督导、宣传、评估、部署、扩点、交流、总结等共计十个环节。而在这些一般性步骤及环节的背后,还可以进一步将"政策试点"运行过程的内在逻辑及其作用机制抽象为"吸纳—辐射",其实质是强调将试验点的探索权限与上级政府及时有效的控制权限进行充分结合,这是隐含于"政策试点"技术性操作过程背后的精妙逻辑所在。

【关键术语】

  成熟政策理论的标准 制度理性选择理论 多源流框架 间断—均衡框架 倡导联盟框架 政策创新扩散框架 较大数量的比较研究方法 本土化政策理论研究 本土化政策理论分析框架

【复习思考题】

  1. 政策过程为什么是复杂的?
  2. 成熟政策理论的标准是什么?
  3. 西方公共政策代表理论有哪些?

---

① 周望:《中国"政策试点"研究》,天津:天津人民出版社2013年版,第1—17页。

4. 本土化政策理论研究内容包括什么？
5. 本土化政策理论分析框架有哪些？

【案例分析】

推进新型智慧城市建设的政策思考①

建设新型智慧城市是党中央、国务院立足于我国城市发展实际，推动经济高质量发展而作出的重要决策部署。尤其是新型智慧城市建设部际协调工作组的成立，加强了智慧城市工作的统筹、指导和协调，使智慧城市建设更加重视以人为本，可以更好地利用信息技术促进城市管理与服务水平的提升、加速传统产业转型升级、提高城市居民的获得感和参与感。全国各地开展了大量的实践探索，并取得显著成效。

近年来，智慧城市各相关领域的指导政策纷纷出台，智慧城市标准及评价指标体系基本建立。2014年8月，国家发改委、工信部、科技部等八部委联合印发《关于促进智慧城市健康发展的指导意见》。2016年3月，《国民经济和社会发展第十三个五年规划纲要》明确指出要加强现代信息基础设施建设，推进大数据和物联网发展，建设智慧城市。2016年4月，中央网信办、国家发改委等二十六部委联合成立了新型智慧城市建设部际协调工作组，并制定出台了《新型智慧城市建设部际协调工作组2016—2018年工作分工》，进一步加强对智慧城市建设的总体统筹和宏观指导。2016年11月，国家发改委、中央网信办、国家标准委联合发布了新型智慧城市评价指标，将城市居民感受、提升居民获得感和幸福感作为重要评价内容。国务院印发的《"十三五"国家信息化规划》中明确提出了新型智慧城市建设行动，相关各部委也陆续出台了多份专项领域的政策文件，各地方政府也积极制定了本地的"十三五"信息化发展规划或智慧城市建设发展规划。2018年3月的国务院《政府工作报告》强调，发展智能产业，拓展智能生活，运用新技术、新业态、新模式，大力改造提升传统产业。建设新型智慧城市是信息化和城镇化同步推进的最佳结合点，将为建设网络强国、数字中国、智慧社会提供有力支撑。

案例讨论题

1. 试用从本书所学西方政策理论框架分析中国智慧城市试点政策的演进。

---

① 节选自冯波等：《推进新型智慧城市建设的政策思考》，《中国经贸导刊》2018年第27期，第8—10页。有改动。

2. 运用西方政策理论框架解释中国智慧城市试点政策演进是否存在不足之处?

【推荐阅读文献】

1.〔美〕保罗·A.萨巴蒂尔编:《政策过程理论》,彭宗超等译,北京:生活·读书·新知三联书店2004年版。

2. 卓晓宁、周海生:《西方公共政策理论模型及方法论演进述评》,《南京社会科学》2010年第7期,第68—72页。

3. 叶海平、朱琳:《论我国政策科学基本理论的研究和拓展》,《学术界》2006年第1期,第154—159页。

4. 丁煌:《发展中的中国政策科学:我国公共政策学科发展的回眸与展望》,《管理世界》2003年第2期,第27—37、57页。

5. 毛寿龙:《西方公共政策的理论发展之路及其对本土化研究的启示》,《江苏社会科学》2004年第1期,第143—148页。

6. 徐湘林:《中国政策科学的理论困境及其本土化出路》,《公共管理学报》2004年第1期,第22—27、94页。

7. 张小明:《论公共政策过程理论分析框架:西方借鉴与本土资源》,《北京科技大学学报(社会科学版)》2013年第4期,第95—104页。

8. 周望:《中国"政策试点"研究》,天津:天津人民出版社2013年版。

教师反馈及教辅申请表

北京大学出版社本着"教材优先、学术为本"的出版宗旨,竭诚为广大高等院校师生服务。为更有针对性地提供服务,请您认真填写完整以下表格后,拍照发到 ss@pup.pku.edu.cn,我们将免费为您提供相应的课件,以及在本书内容更新后及时与您联系邮寄样书等事宜。

书名		书号	978-7-301-	作者	
您的姓名				职称、职务	
校/院/系					
您所讲授的课程名称					
每学期学生人数	_____人_____年级			学时	
您准备何时用此书授课					
您的联系地址					
联系电话(必填)				邮编	
E-mail(必填)				QQ	
您对本书的建议:					

我们的联系方式:

北京大学出版社社会科学编辑室

北京市海淀区成府路 205 号,100871

联系人:梁　路

电话:010-62753121 / 62765016

微信公众号:ss_book

新浪微博:@未名社科-北大图书

网址:http://www.pup.cn

更多资源请关注"北大博雅教研"